Apprendre à programmer en
ActionScript 3

3e édition

CHEZ LE MÊME ÉDITEUR

Du même auteur

A. Tasso. – **Le livre de Java premier langage (6ᵉ édition).** *Avec 90 exercices corrigés.*
N°12648, 2009, 526 pages + CD-Rom.

A. Tasso, S. Ermacore. – **Initiation à JSP.** *Avec 50 exercices corrigés.*
N°11532, 2004, 354 pages + CD-Rom.

Autres ouvrages sur Flash et le développement Web

D. Tardiveau. – L'**ActionScript 3 expliqué aux graphistes.** *Ou comment programmer facilement dans Flash.*
N°12673, 2010, 226 pages.

M. Lavant. – **Cahier n° 2 Flash (2ᵉ édition).** *Spécial débutants.*
N°12570, 2009, 136 pages.

D. Tardiveau. – **ActionScript 3 (2ᵉ édition).** *Programmation séquentielle et orientée objet.*
N°12552, 2009, 408 pages.

A. Vannieuwenhuyze. – **Programmation Flex 3.** *Applications Internet riches avec Flash ActionScript 3, MXML et Flex Builder.*
N°12387, 2008, 430 pages.

L. Jayr. – **Cahier du programmeur Flex 3.** *Applications Internet riches (RIA).*
N°12409, 2008, 226 pages.

D. Tardiveau. – **150 scripts pour Flash CS3.**
N°12112, 2007, 520 pages.

D. Tardiveau. – **La vidéo dans Flash.**
N°12048, 2007, 190 pages.

W. Siracusa. – **Faites vos jeux avec Flash !** – *Du Pacman au Sudoku.*
N°11993, 2006, 220 pages.

A. Boucher. – **Ergonomie web (2ᵉ édition).** *Pour des sites web efficaces.*
N°12479, 2009, 426 pages.

A. Boucher. – **Mémento Ergonomie web.** *Les bonnes pratiques.*
N°12386, 2008, 14 pages.

E. Sloïm. – **Mémento Sites web (2ᵉ édition).** *Les bonnes pratiques.*
N°12456, 2009, 14 pages.

J. Zeldman. – **Design web : utiliser les standards** – *CSS et XHTML.*
N°12026, 2006, 382 pages.

K. Goto, E. Cotler. – **Redesign web 2.0.**
N°11579, 2005, 294 pages.

A. Clarke. – **Transcender CSS.**
N°12107, 2007, 370 pages.

Anne Tasso

Apprendre à programmer en ActionScript 3

3e édition

EYROLLES

ÉDITIONS EYROLLES
61, bld Saint-Germain
75240 Paris Cedex 05
www.editions-eyrolles.com

Je tiens à remercier chaleureusement Éléna et Nicolas pour leur infinie patience, Antoine, Jocelyn, Sylvain et Lamb pour leur présence, leur attention et leur amitié nourrissante, ainsi que tous les étudiants curieux et imaginatifs.

Pour cette troisième édition, je souhaite également remercier mes nombreux lecteurs pour leurs messages de félicitations, qui me vont droit au cœur, et leurs remarques toujours constructives.

Avant-propos

La nouvelle version de Flash CS5 est sortie depuis peu. Depuis Flash CS3, le langage de programmation associé est désormais l'ActionScript 3.0 ou AS3. Cet ouvrage est entièrement dédié à l'apprentissage de l'AS3. Il va vous permettre de découvrir une nouvelle façon de programmer, plus simple et plus efficace.

Organisation de l'ouvrage

Ce livre est tout particulièrement destiné aux débutants qui souhaitent aborder l'apprentissage de la programmation en utilisant le langage ActionScript comme premier langage.

Les concepts fondamentaux de la programmation y sont présentés de façon évolutive. Chaque chapitre propose un cours théorique illustré d'exemples concrets et utiles pour le développement d'animations Flash. La syntaxe du langage est décrite avec précision et les exemples ont été choisis afin d'aborder de façon très pratique les algorithmes fondamentaux de la programmation ou encore pour examiner un point précis sur une technique de programmation spécifique à l'animation ou au langage ActionScript.

- L'introduction, « À la source d'un programme », constitue le préalable nécessaire à la bonne compréhension des chapitres suivants. Il détaille les mécanismes de construction d'un algorithme, compte tenu du fonctionnement interne de l'ordinateur. Il explique également les notions de langage informatique, de développement de scripts et d'exécution à travers un exemple de programme écrit en ActionScript.

- Le chapitre 1, « Traiter les données », aborde la notion de variables et de types. Il décrit comment stocker une donnée en mémoire, calculer des expressions mathématiques ou échanger deux valeurs. Le cahier des charges du projet mini site est défini à la fin de ce chapitre.

- Le chapitre 2, « Les symboles », aborde la notion de symbole sous Flash. Il décrit les trois formes fondamentales de symboles : les clips, les boutons et les graphiques. Il présente également comment les créer et les manipuler par programme. Il explique enfin comment utiliser les objets de type Shape et Sprite, les nouvelles classes poids plume de l'AS3.

- Le chapitre 3, « Communiquer ou interagir », montre comment transmettre des valeurs à l'ordinateur par l'intermédiaire du clavier et indique comment l'ordinateur fournit des résultats en affichant des messages à l'écran. Pour cela, il examine avec précision la notion d'événement et de gestionnaires d'événements.

- Le chapitre 4, « Faire des choix », explique comment tester des valeurs et prendre des décisions en fonction du résultat. Il traite de la comparaison de valeurs ainsi que de l'arborescence de choix.

- Le chapitre 5, « Faire des répétitions », est consacré à l'étude des outils de répétition et d'itération. Il aborde les notions d'incrémentation et montre comment positionner automatiquement des objets sur la scène.

- Le chapitre 6, « Collectionner des objets », concerne l'organisation des données sous forme de tableaux.

- Le chapitre 7, « Les fonctions », décrit très précisément comment manipuler les fonctions et leurs paramètres. Il définit les termes de variable locale et globale. Il explique le passage de paramètres par valeur ainsi que le passage de paramètres par référence.

- Le chapitre 8, « Les classes et les objets », définit à partir de l'étude de la classe Date ce que sont les classes et les objets dans le langage ActionScript. Il expose ensuite comment définir de nouvelles classes et construire des objets propres à l'application développée.

- Le chapitre 9, « Les principes du concept objet », développe plus particulièrement les différentes notions liées à l'utilisation de classes. Il décrit ensuite les principes fondateurs de la notion d'objet, c'est-à-dire l'encapsulation des données (protection et contrôle des données, constructeur de classe) ainsi que l'héritage entre classes.

- Le chapitre 10, « Le traitement de données multimédias », présente les différents outils permettant l'importation dynamique de données telles que le son, la vidéo, le texte ainsi que les fichiers au format XML.

- Le chapitre 11, « Carte postale vidéo et animation », est la nouveauté de cette troisième édition. L'objectif est ici de consolider vos acquis en programmation orientée objet et en algorithmique. L'étude porte sur la création d'une carte postale vidéo publiée sur le Web ou transformée en application de bureau grâce à la technologie Air.

À la fin de chaque chapitre, vous trouverez plusieurs sections :

- « Mémento » qui résume et relève les points importants à retenir.

- « Exercices » qui vous permettra de revoir les notions théoriques abordées au cours du chapitre et de parfaire votre pratique de la programmation. Certains exercices sont repris d'un chapitre à l'autre, avec pour objectif, de rendre à chaque fois, les applications plus conviviales et/ou plus complètes.

- « Le projet mini site ». Cette section est à suivre et à réaliser tout au long de la lecture de l'ouvrage. Elle vous permettra de construire une application de plus grande envergure que celles proposées en exercices.

Extension web

Vous trouverez sur le site web des éditions Eyrolles tous les exemples du livre, ainis que les corrigés des exercices et du projet mini site. Rendez-vous sur la fiche de l'ouvrage sur `www.editions-eyrolles.com`.

Table des matières

CHAPITRE 7

Les fonctions

Introduction

À la source d'un programme

Aujourd'hui, l'ordinateur est un objet courant qui est aussi bien capable d'imprimer les factures des clients d'un magasin d'outillage que d'analyser des molécules chimiques très complexes.

Bien évidemment, ce n'est pas la machine-ordinateur en tant que telle qui possède toutes ces facultés, mais les applications ou encore les logiciels installés sur celle-ci. Pour émettre une facture, l'utilisateur doit faire appel à une application spécifique de facturation. Pour étudier des molécules, les chercheurs utilisent des logiciels scientifiques très élaborés.

Un ordinateur sans programme n'a aucune utilité. Seul le programme fait de l'ordinateur un objet « intelligent », traitant l'information de façon à en extraire des valeurs pertinentes selon son objectif final.

Ainsi, créer un programme, une application, c'est apporter de l'esprit à l'ordinateur. Pour que cet esprit donne sa pleine mesure, il est certes nécessaire de bien connaître le langage des ordinateurs, mais surtout, il est indispensable de savoir programmer. La programmation est l'art d'analyser un problème afin d'en extraire la marche à suivre, l'algorithme susceptible de résoudre ce problème.

C'est pourquoi ce chapitre commence par aborder la notion d'algorithme. À partir d'un exemple, tiré de la vie courante, nous déterminerons les étapes essentielles à l'élaboration d'un programme (« Construire un algorithme »). À la section suivante, « Qu'est-ce qu'un ordinateur ? », nous examinerons le rôle et le fonctionnement de l'ordinateur dans le passage de l'algorithme au programme. Nous étudierons ensuite, à travers un exemple simple, comment écrire un programme en ActionScript 3 et comment l'exécuter (« Un premier programme en ActionScript 3 »).

Enfin, dans la section « L'environnement de programmation Flash », nous donnons un aperçu détaillé de l'interface de Flash CS3 et Flash CS4/CS5, base nécessaire pour écrire des programmes en ActionScript 3.

Construire un algorithme

Un programme est écrit avec l'intention de résoudre une problématique telle que stocker des informations relatives à un client, imprimer une facture ou encore calculer des statistiques afin de prévoir le temps qu'il fera dans 2, 3 ou 5 jours.

Un ordinateur sait calculer, compter, trier ou rechercher l'information dans la mesure où un programmeur lui a donné les ordres à exécuter et la marche à suivre pour arriver au résultat.

Cette démarche s'appelle un « algorithme ».

Déterminer un algorithme, c'est trouver un cheminement de tâches à fournir à l'ordinateur pour qu'il les exécute. Voyons comment s'y prendre pour le construire.

Ne faire qu'une seule chose à la fois

Avant de réaliser une application concrète, telle que celle proposée en projet dans cet ouvrage (voir chapitre 1 « Traiter les données », section « Le projet mini site »), nécessairement complexe par la diversité des actions qu'elle doit réaliser, simplifions-nous la tâche en ne cherchant à résoudre qu'un problème à la fois.

Considérons que créer une application, c'est décomposer cette dernière en plusieurs sous-applications qui, à leur tour, se décomposent en micro-applications, jusqu'à descendre au niveau le plus élémentaire. Cette démarche est appelée « analyse descendante ». Elle est le principe de base de toute construction algorithmique.

Pour bien comprendre cette démarche, penchons-nous sur un problème réel et simple à résoudre : « Comment cuire un œuf à la coque ? ».

Exemple : l'algorithme de l'œuf à la coque

Construire un algorithme, c'est avant tout analyser l'énoncé du problème afin de définir l'ensemble des objets à manipuler pour obtenir un résultat.

Définition des objets manipulés

Analysons l'énoncé suivant :

```
Comment cuire un œuf à la coque ?
```

Chaque mot a son importance. Ainsi, « à la coque » est aussi important que « œuf ». Le terme « à la coque » implique que l'on doit pouvoir mesurer le temps avec précision.

Notons que tous les ingrédients et ustensiles nécessaires ne sont pas cités dans l'énoncé. En particulier, nous ne savons pas si nous disposons d'une plaque de feu au gaz ou à l'électricité. Pour résoudre notre problème, nous devons prendre certaines décisions. Ces dernières vont avoir une influence sur l'allure générale de notre algorithme.

Supposons que pour cuire notre œuf nous soyons en possession des ustensiles et ingrédients suivants :

```
casserole
plaque électrique
```

```
eau
œuf
coquetier
minuteur
électricité
table
cuillère
```

En fixant la liste des ingrédients et des ustensiles, nous définissons un environnement, une base de travail. Nous sommes ainsi en mesure d'établir une liste de toutes les actions à mener pour résoudre le problème, et de construire la marche à suivre permettant de cuire notre œuf.

Liste des opérations

```
Verser l'eau dans la casserole, faire bouillir l'eau.
Prendre la casserole, l'œuf, de l'eau, le minuteur, le coquetier, la cuillère.
Allumer ou éteindre la plaque électrique.
Attendre que le minuteur sonne.
Mettre le minuteur sur 3 minutes.
Poser la casserole sur la plaque, le coquetier, le minuteur sur la table, l'œuf
dans la casserole, l'œuf dans le coquetier.
```

Cette énumération est une description de toutes les actions nécessaires à la cuisson d'un œuf.

Chaque action est un fragment du problème donné et ne peut plus être découpée. Chaque action est élémentaire par rapport à l'environnement que nous nous sommes donné.

En définissant l'ensemble des actions possibles, nous créons un langage minimal qui nous permet de cuire l'œuf. Ce langage est composé de verbes (Prendre, Poser, Verser, Faire, Attendre...) et d'objets (Œuf, Eau, Casserole, Coquetier...).

La taille du langage, c'est-à-dire le nombre de mots qu'il renferme, est déterminée par l'environnement. Pour cet exemple, nous avons, en précisant les hypothèses, volontairement choisi un environnement restreint. Nous aurions pu décrire des tâches comme « prendre un contrat d'accès à l'énergie électrique » ou « élever une poule pondeuse », mais elles ne sont pas utiles à notre objectif pédagogique.

Question

Quelle serait la liste des opérations si l'on décidait de faire un œuf poché ?

Réponse

Les opérations seraient :

```
Prendre du sel, du vinaigre, une assiette.
Verser le sel, le vinaigre dans l'eau.
Casser l'œuf et le verser dans l'eau.
Retirer l'œuf avec la cuillère.
```

Il est inutile de prendre un coquetier.

Ordonner la liste des opérations

Telle que nous l'avons décrite, la liste des opérations ne nous permet pas encore de faire cuire notre œuf. En suivant cette liste, tout y est, mais dans le désordre. Pour réaliser cette fameuse recette, nous devons ordonner la liste.

```
 1. Prendre une casserole.
 2. Verser l'eau du robinet dans la casserole.
 3. Poser la casserole sur la plaque électrique.
 4. Allumer la plaque électrique.
 5. Faire bouillir l'eau.
 6. Prendre l'œuf.
 7. Placer l'œuf dans la casserole.
 8. Prendre le minuteur.
 9. Mettre le minuteur sur 3 minutes.
10. Prendre un coquetier.
11. Poser le coquetier sur la table.
12. Attendre que le minuteur sonne.
13. Éteindre la plaque électrique.
14. Prendre une cuillère.
15. Retirer l'œuf de la casserole à l'aide de la cuillère.
16. Poser l'œuf dans le coquetier.
```

L'exécution de l'ensemble ordonné de ces tâches nous permet maintenant d'obtenir un œuf à la coque.

Remarque

L'ordre d'exécution de cette marche à suivre est important. En effet, si l'utilisateur réalise l'opération 12 (Attendre que le minuteur sonne) avant l'opération 9 (Mettre le minuteur sur 3 minutes), le résultat est sensiblement différent. La marche à suivre ainsi désordonnée risque d'empêcher la bonne cuisson de notre œuf.

Cet exemple tiré de la vie courante montre que pour résoudre un problème, il est essentiel de définir les objets utilisés, puis de trouver la suite logique de tous les ordres nécessaires à la résolution dudit problème.

Question

Où placer les opérations supplémentaires, dans la liste ordonnée, pour faire un œuf poché ?

Réponse

Les opérations s'insèrent dans la liste précédente de la façon suivante :

Entre les lignes 3 et 4,

```
Prendre le sel et le verser dans l'eau.
Prendre le vinaigre et le verser dans l'eau.
```

remplacer la ligne 7 par :

```
    Casser l'œuf et le verser dans l'eau.
```

remplacer les lignes 10 et 11 par :

```
    Prendre une assiette.
    Poser l'assiette sur la table.
```

remplacer la ligne 16 par :

```
    Poser l'œuf dans l'assiette.
```

Vers une méthode

La tâche consistant à décrire comment résoudre un problème n'est pas simple. Elle dépend en partie du niveau de difficulté du problème et réclame un savoir-faire : la façon de procéder pour découper un problème en actions élémentaires.

Pour aborder dans les meilleures conditions possibles la tâche difficile d'élaboration d'un algorithme, nous devons tout d'abord :

- déterminer les objets utiles à la résolution du problème ;

- construire et ordonner la liste de toutes les actions nécessaires à cette résolution.

Pour cela, il est nécessaire :

- d'analyser en détail la tâche à résoudre ;

- de fractionner le problème en actions distinctes et élémentaires.

Ce fractionnement est réalisé en tenant compte du choix des hypothèses de travail. Ces hypothèses imposent un ensemble de contraintes qui permettent de savoir si l'action décrite est élémentaire et peut ne plus être découpée.

Cela fait, nous avons construit un algorithme.

Et du point de vue de l'objet...

La programmation et par conséquent l'élaboration des algorithmes sous-jacents, s'effectuent aujourd'hui en mode objet.

Il s'agit toujours de construire des algorithmes et d'élaborer des marches à suivre, mais avec pour principe fondamental d'associer les actions (décrites dans la liste des opérations) aux objets (définis dans la liste des objets manipulés) de façon beaucoup plus stricte qu'en simple programmation.

Ainsi, une action est définie pour un type d'objet.

Reprenons par exemple le `minuteur` dans la liste des objets utilisés pour cuire notre œuf à la coque. En programmation objet, la liste des opérations concernant le `minuteur` peut s'écrire :

```
Minuteur_prendre
Minuteur_initialiser
Minuteur_sonner
```

Les termes `prendre`, `initialiser` et `sonner` représentent des blocs d'instructions qui décrivent comment réaliser l'action demandée. Ces actions sont accomplies uniquement si elles sont appliquées à l'objet `minuteur`. Ainsi, par exemple, l'instruction `œuf_sonner` ne peut être une instruction valide, car l'action `sonner` n'est pas définie pour l'objet `œuf`.

Grâce à ce principe, associer des actions à des objets, la programmation objet garantit l'exactitude du résultat fourni, en réalisant des traitements adaptés aux objets.

Passer de l'algorithme au programme

Pour construire un algorithme, nous avons défini des hypothèses de travail, c'est-à-dire supposé une base de connaissances minimales nécessaires à la résolution du problème. Ainsi, le fait de prendre l'hypothèse d'avoir une plaque électrique nous autorise à ne pas décrire l'ensemble des tâches consistant à allumer le gaz avec une allumette. C'est donc la connaissance de l'environnement de travail qui détermine en grande partie la construction de l'algorithme.

Pour passer de l'algorithme au programme, le choix de l'environnement de travail n'est plus de notre ressort. Jusqu'à présent, nous avons supposé que l'exécutant était humain. Maintenant, notre exécutant est l'ordinateur. Pour écrire un programme, nous devons savoir ce dont est capable un ordinateur et connaître son fonctionnement de façon à établir les connaissances et capacités de cet exécutant.

Qu'est-ce qu'un ordinateur ?

Notre intention n'est pas de décrire en détail le fonctionnement de l'ordinateur et de ses composants, mais d'en donner une image simplifiée.

Pour tenter de comprendre comment travaille l'ordinateur et, surtout, comment il se programme, nous allons schématiser à l'extrême ses mécanismes de fonctionnement.

Un ordinateur est composé de deux parties distinctes : la mémoire centrale et l'unité centrale.

La mémoire centrale permet de mémoriser toutes les informations nécessaires à l'exécution d'un programme. Ces informations correspondent à des « données » ou à des ordres à exécuter (« instructions »). Les ordres placés en mémoire sont effectués par l'unité centrale, la partie active de l'ordinateur.

Lorsqu'un ordinateur exécute un programme, son travail consiste en grande partie à gérer la mémoire, soit pour y lire une instruction, soit pour y stocker une information.

En ce sens, nous pouvons voir l'ordinateur comme un robot qui sait agir en fonction des ordres qui lui sont fournis. Ces actions, en nombre limité, sont décrites ci-dessous.

Déposer ou lire une information dans une case mémoire

La mémoire est formée d'éléments, ou cases, qui possèdent chacune un numéro (une adresse). Chaque case mémoire est en quelque sorte une boîte aux lettres pouvant contenir une information (une lettre). Pour y déposer cette information, l'ordinateur (le facteur) doit connaître l'adresse de la boîte. Lorsque le robot place une information dans une case mémoire, il mémorise l'adresse où celle-ci se situe afin de retrouver l'information le moment venu.

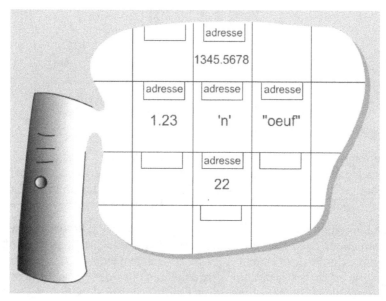

Figure I-1

La mémoire de l'ordinateur est composée de cases possédant une adresse et pouvant contenir à tout moment une valeur.

Le robot sait déposer une information dans une case, mais il ne sait pas la retirer (au sens de prendre un courrier déposé dans une boîte aux lettres). Lorsque le robot prend l'information déposée dans une case mémoire, il ne fait que la lire. En aucun cas il ne la retire ni ne l'efface. L'information lue reste toujours dans la case mémoire.

Remarque

Pour effacer une information d'une case mémoire, il est nécessaire de placer une nouvelle information dans cette même case. Ainsi, la nouvelle donnée remplace l'ancienne et l'information précédente est détruite.

Exécuter des opérations simples telles que l'addition ou la soustraction

Le robot lit et exécute les opérations dans l'ordre où elles lui sont fournies. Pour faire une addition, il va chercher les valeurs à additionner dans les cases mémoire appropriées (stockées, par exemple, aux adresses a et b) et réalise ensuite l'opération demandée. Il enregistre alors le résultat de cette opération dans une case d'adresse c. De telles opérations sont décrites à l'aide d'ordres, appelés aussi « instructions ».

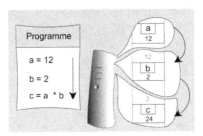

Figure I-2

Le programme exécute les instructions dans l'ordre de leur apparition.

Comparer des valeurs

Le robot est capable de comparer deux valeurs entre elles pour déterminer si l'une est plus grande, plus petite, égale ou différente de l'autre valeur. Grâce à la comparaison, le robot est capable de tester une condition et d'exécuter un ordre plutôt qu'un autre, en fonction du résultat du test.

La réalisation d'une comparaison ou d'un test fait que le robot ne peut plus exécuter les instructions dans leur ordre d'apparition. En effet, suivant le résultat du test, il doit rompre l'ordre de la marche à suivre, en sautant une ou plusieurs instructions. C'est pourquoi il existe des instructions particulières dites de « branchement ». Grâce à ce type d'instructions, le robot est à même non seulement de sauter des ordres, mais aussi de revenir à un ensemble d'opérations afin de les répéter.

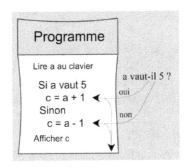

Figure I-3

Suivant le résultat du test, l'ordinateur exécute l'une ou l'autre des instructions en sautant celle qu'il ne doit pas exécuter.

Communiquer une information élémentaire

Un programme est essentiellement un outil qui traite l'information. Cette information est transmise à l'ordinateur par l'utilisateur. L'information est saisie par l'intermédiaire du clavier ou de la souris. Cette transmission de données à l'ordinateur est appelée « communication en entrée » (*input* en anglais). On parle aussi de « saisie » ou encore de « lecture » de données.

Après traitement, le programme fournit un résultat à l'utilisateur, soit par l'intermédiaire de l'écran, soit sous forme de fichiers que l'on peut ensuite imprimer. Il s'agit alors de communication en sortie (*output*) ou encore « d'affichage » ou « d'écriture » de données.

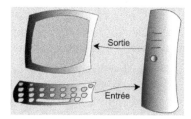

Figure I-4

La saisie au clavier d'une valeur correspond à une opération d'entrée et l'affichage d'un résultat à une opération de sortie.

Coder l'information

De par la nature de ses composants électroniques, le robot ne perçoit que deux états : composant allumé et composant éteint. De cette perception découle le langage binaire qui utilise par convention les deux symboles 0 (éteint) et 1 (allumé).

Ne connaissant que le 0 et le 1, l'ordinateur utilise un code pour représenter une information aussi simple qu'un nombre entier ou un caractère. Le codage s'effectue à l'aide d'un programme qui différencie chaque type d'information (donnée numérique ou alphabétique) et le transforme en valeurs binaires. À l'inverse, ce programme sait aussi transformer un nombre binaire en valeur numérique ou alphabétique. Il existe autant de codes que de types d'informations. Cette différenciation du codage (en fonction de ce qui doit être représenté) introduit le concept de « type » de données.

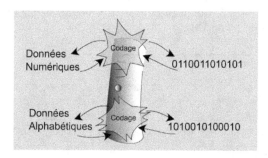

Figure I-5

Toute information est codée en binaire. Il existe autant de codes que de types d'informations.

> **Remarque**
>
> Toute information fournie à l'ordinateur est, au bout du compte, codée en binaire. L'information peut être un simple nombre ou une instruction de programme.

L'ordinateur n'est qu'un exécutant

En pratique, le robot est très habile à réaliser l'ensemble des tâches énoncées ci-dessus. Il les exécute beaucoup plus rapidement qu'un être humain.

En revanche, le robot n'est pas doté d'intelligence. Il n'est ni capable de choisir une action plutôt qu'une autre, ni apte à exécuter de lui-même l'ensemble de ces actions. Pour qu'il puisse exécuter une instruction, il faut qu'un être humain détermine l'instruction la plus appropriée et lui donne l'ordre de l'exécuter.

Le robot est un exécutant capable de comprendre des ordres. Compte tenu de ses capacités limitées, les ordres ne peuvent pas lui être donnés dans le langage naturel propre à l'être humain. En effet, le robot ne comprend pas le sens des ordres qu'il exécute mais seulement leur forme. Chaque ordre doit être écrit avec des mots particuliers et une forme, ou syntaxe, préétablie. L'ensemble de ces mots constitue un langage informatique. Les langages C, C++, Pascal, Basic, Fortran, Cobol, Java et ActionScript sont des langages de programmation, constitués de mots et d'ordres dont la syntaxe diffère selon le langage.

Pour écrire un programme, il est nécessaire de connaître un de ces langages, de façon à traduire un algorithme en un programme composé d'ordres.

Qu'est-ce qu'un programme en Flash ?

Flash est un logiciel conçu avant tout pour développer des applications graphiques. Il est surtout utilisé pour produire des documents composés d'animations plus ou moins complexes, destinés à la diffusion sur Internet.

À partir de la version MX 2004, Flash est doté d'un véritable langage de programmation, l'ActionScript 2. Aujourd'hui, depuis Flash CS3, le langage de programmation est l'AS3 – ActionScript 3 – avec lequel il devient possible de construire des applications complètes et légères, de la simple présentation d'exposés, à la mise en place d'un programme intégrant des bases de données sur une architecture client-serveur, en passant par la création de jeux off-line ou on-line.

> **Remarque**
>
> La nouvelle version de Flash est sortie depuis peu. Cet ouvrage est entièrement dédié à l'apprentissage de l'AS3. Lorsque nous utilisons le terme ActionScript, nous parlons du langage ActionScript 3. Parfois, nous serons amenés à évoquer les différences avec les versions précédentes de Flash, et dans ce cas, nous préciserons de quelle version nous parlons en spécifiant « Flash CS4/CS5 » ou « Flash CS3 ».

La puissance de Flash réside surtout dans sa facilité à mêler les images conçues par des graphistes avec des instructions de programmation très élaborées. Grâce à cela, programmeurs et graphistes ont la possibilité de créer très rapidement des applications conviviales, légères en poids et réactives aux actions de l'utilisateur.

Pour créer une application en ActionScript 3, nous allons avoir à décrire une liste ordonnée d'opérations dans ce langage. La contrainte est de taille et porte essentiellement sur la façon de définir et de représenter les objets nécessaires à la résolution du problème en fonction des instructions disponibles dans ce langage.

Pour bien comprendre la difficulté du travail à accomplir, examinons plus précisément les différentes étapes de réalisation d'une petite animation interactive.

Quelles opérations pour créer une animation ?

Pour cette première réalisation, nous allons créer une animation qui lance une bulle de savon vers le haut de l'écran, lorsque l'utilisateur clique sur un bouton d'envoi. La bulle revient à sa position initiale, lorsqu'elle sort de l'écran. La bulle est relancée en cliquant à nouveau sur le bouton d'envoi.

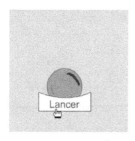 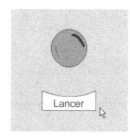

Figure I-6
Lorsque l'utilisateur clique sur le bouton Lancer, la bulle se déplace vers le haut de l'écran.

Définir les objets utiles à l'animation

L'exercice consiste à lancer une bulle de savon lorsque l'utilisateur clique sur un bouton d'envoi. Deux objets graphiques sont donc nécessaires à la réalisation de cette animation : la bulle de savon et le bouton de lancement.

> **Pour en savoir plus**
>
> Si vous ne savez pas utiliser les outils de dessin proposés par Flash, vous trouverez le fichier `animBulle.fla` contenant ces éléments graphiques, dans le répertoire `Exemples/Introduction` (cf. extension web).

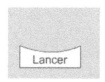 

Figure I-7
Une bulle de savon et un bouton de lancement

Une fois dessinés, ces objets doivent être transformés en symboles de type Clip ou Bouton, afin d'être considérés par Flash comme des objets utilisables par un programme écrit en ActionScript 3.

Pour cela, vous devez :

- sélectionner l'intégralité du bouton et taper sur la touche F8 (PC et Mac). Apparaît alors une boîte de dialogue (voir figure I-8 ci-après) qui vous permet de donner un nom et un comportement (clip, bouton ou graphique) à l'objet sélectionné. Pour le bouton d'envoi, nommez-le Bouton et sélectionner le comportement Bouton ;

- procéder de la même façon pour la bulle et donner le nom Bulle avec le comportement Clip.

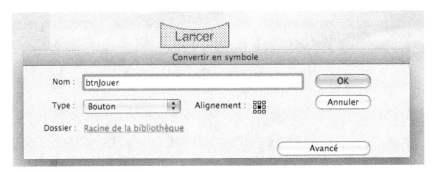

Figure I-8
Convertir le dessin du bouton d'envoi en un symbole de type Bouton

---

Pour en savoir plus

La notion de symbole est une notion clé pour la programmation en ActionScript. Elle est étudiée de façon plus détaillée au chapitre 2, « Les symboles ».

Décrire les opérations nécessaires à l'animation

Pour réaliser l'animation demandée, nous avons à effectuer un certain nombre d'opérations telles que :

```
Placer la bulle et le bouton sur la scène.
Détecter un clic de souris sur le bouton.
Déplacer la bulle de savon vers le haut.
Examiner la position de la bulle.
Observer si la bulle ne sort pas de l'écran.
Placer la bulle à sa position initiale.
```

Ces opérations s'enchaînent selon un ordre bien précis. Par exemple, la bulle ne peut se déplacer si l'utilisateur n'a pas encore cliqué sur le bouton d'envoi, l'animation ne s'arrête que lorsque la bulle sort de la fenêtre… Concrètement, pour construire cette animation, nous devons réaliser les opérations dans l'ordre suivant :

```
1. Centrer le bouton d'envoi en bas de l'écran.
2. Centrer la bulle de savon en la plaçant un peu au-dessus du bouton d'envoi.
3. Attendre un clic sur le bouton d'envoi.
4. Lorsqu'un clic est détecté, déplacer la bulle vers le haut de l'écran.
5. Lorsque la bulle se déplace, examiner sa position à l'écran.
6. Si la position de la bulle est hors écran, replacer la bulle à sa position d'origine.
```

Chacune de ces opérations est relativement simple, mais demande de connaître quelques notions indispensables comme positionner, déplacer un objet à l'écran ou encore détecter un clic de souris.

Placer un objet à l'écran

Pour placer un objet à l'écran, il est nécessaire de savoir comment déterminer un point sur la scène de votre animation. Pour cela, nous devons nous souvenir de ce qu'est un système de coordonnées.

Un système de coordonnées est composé d'une origine, d'un axe horizontal et d'un axe vertical. L'axe horizontal définit les abscisses, il est aussi appelé « l'axe des X ». L'axe vertical définit les ordonnées, il est appelé « l'axe des Y ». L'origine se trouve à la croisée des deux axes, qui se coupent en formant un angle droit.

Sur Flash, et plus généralement sur un ordinateur, le système de coordonnées est défini comme le montre la figure ci-dessous.

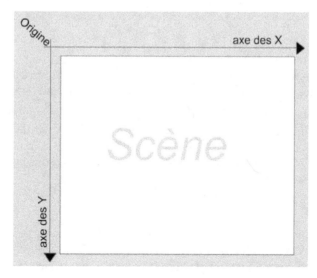

Figure I-9

L'origine se situe en haut et à gauche de la scène.

L'origine correspond au point où x = 0 et y = 0. Elle se situe en haut à gauche de la scène. Ensuite, plus on se déplace vers la droite, plus les valeurs de x augmentent et, de la même façon, plus on va vers le bas de l'écran, plus les valeurs de y augmentent.

Ainsi, pour placer un point à 300 pixels de l'origine horizontalement et 200 pixels de l'origine verticalement, il suffit d'écrire que la valeur du point en x vaut 300 et en y, 200, comme le montre la figure I-10 ci-après.

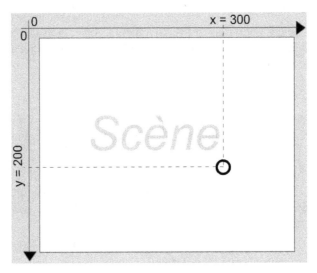

Figure I-10
La valeur de x augmente en allant vers la droite et celle de y en allant vers le bas de la scène.

Déplacer un objet

Pour déplacer un objet sur la scène, la méthode consiste à augmenter ou diminuer la valeur des coordonnées de l'objet en x et/ou en y suivant la trajectoire souhaitée.

Pour notre exemple, la bulle doit se déplacer vers le haut de la scène. En supposant que notre bulle soit positionnée à 300 pixels de l'origine, pour déplacer la bulle vers le haut nous devons diminuer la valeur de y. Partant de y = 300, la bulle doit, par exemple, s'afficher en y = 290, puis 280, 270... Pour réaliser cela, nous devons, à chaque image affichée, ôter 10 pixels à la valeur en y précédente.

Détecter un clic de souris

La détection d'un clic de souris ne peut s'effectuer sans l'aide d'un programme particulier à l'environnement de programmation utilisé. Avec Flash, cette détection est réalisée grâce à un programme qui gère les événements occasionnés par l'utilisateur.

Un événement, comme son nom l'indique, est le résultat d'une action produite soit par l'utilisateur, soit par l'application elle-même. Par exemple, lorsque l'utilisateur déplace la souris ou appuie sur une touche du clavier, un événement spécifique se produit.

Le programmeur peut décider de réaliser certaines actions lorsque l'un ou/et l'autre de ces événements sont émis.

Pour en savoir plus

L'étude des événements est détaillée au chapitre 3, « Communiquer ou interagir ».

Pour notre application, nous aurons à gérer les événements de type MouseEvent.CLICK pour savoir si le bouton d'envoi a été cliqué ainsi que les événements de type Event.ENTER_FRAME afin de déplacer la bulle vers le haut.

Détecter qu'un objet est sorti de l'écran

Pour détecter qu'un objet est sorti de la scène, nous devons connaître, avant tout, la hauteur et la largeur de la scène. Pour cela, nous allons définir des constantes correspondant à la taille de la scène, soit largeur et hauteur. La constante largeur correspond à la largeur de la scène, et hauteur à la hauteur de la scène, comme le montre la figure I-11.

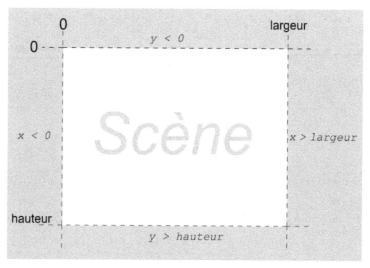

Figure I-11

Largeur et hauteur sont des constantes définissant les limites de la scène.

Pour détecter qu'un objet est sorti de la fenêtre, il suffit alors de tester si ses coordonnées sont plus petites que 0 ou plus grandes que largeur et hauteur.

Pour notre exemple, la bulle se déplace vers le haut de l'écran en diminuant sa valeur en y. Elle sort donc de l'écran lorsque sa valeur en y devient plus petite que 0.

Traduction en ActionScript 3

Nous avons examiné d'un point de vue théorique et « en français », la marche à suivre pour construire l'animation demandée. Regardons maintenant comment réaliser cela avec le langage de programmation ActionScript 3.

Où placer le code ?

L'animation que nous allons réaliser est essentiellement composée d'instructions écrites en ActionScript. Pour être lues et interprétées par Flash, ces instructions doivent être placées dans une fenêtre spécifique appelée Actions.

Pour ouvrir ce panneau, il suffit de taper sur la touche F9 de votre clavier en ayant sélectionné la première image du scénario, comme le montre la figure suivante.

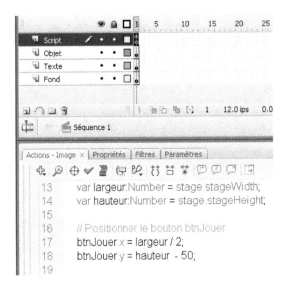

Figure I-12

Les instructions sont écrites dans le panneau Actions, lorsque la première image du scénario est sélectionnée.

Pour en savoir plus

Le panneau Actions est décrit à la section « L'interface de programmation », à la fin de ce chapitre.

Définir les constantes

Pour savoir si la bulle de savon sort de la scène, nous devons connaître la taille de cette dernière. Pour cela, il vous suffit de faire un clic droit (PC) ou Cmd + Clic (Mac) sur la scène, puis de sélectionner l'item « Propriétés du document... ». La boîte de dialogue ci-après apparaît.

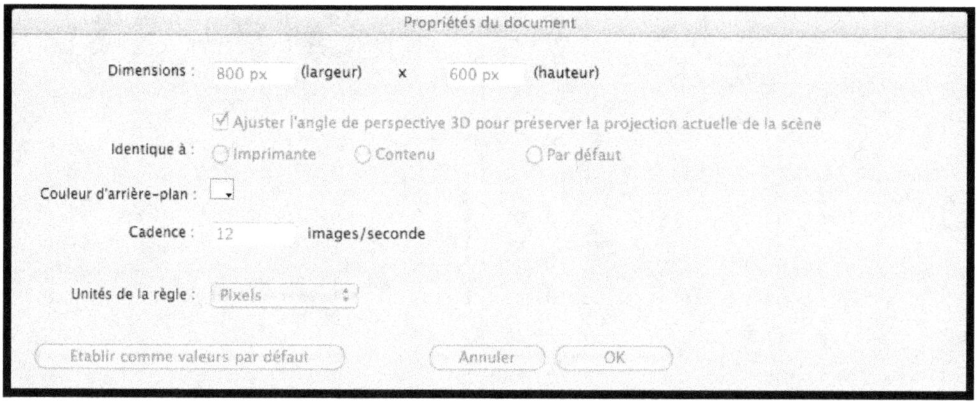

Figure I-13

La fenêtre de Propriétés du document nous permet de connaître la taille de la scène.

Les valeurs situées dans la rubrique Dimensions correspondent aux valeurs maximales en x (largeur) et en y (hauteur). Ces valeurs peuvent être récupérées par le programme grâce à l'objet stage (traduire par scène en français). Sachant cela, nous définissons deux variables largeur et hauteur dans lesquelles nous stockons la hauteur et la largeur de la scène de la façon suivante :

```
var largeur:uint = stage.stageWidth;
var hauteur:uint = stage.stageHeight;
```

Pour en savoir plus

La notion de variables est étudiée plus précisément au chapitre 1, section « Traiter les données ».

Donner un nom aux symboles

Les éléments Bulle et Bouton sont des graphiques que nous avons enregistrés sous forme de symboles à la section précédente « Définir les objets utiles à l'animation ». Lors de cet enregistrement, ces symboles ont été placés dans la bibliothèque de notre animation. Pour accéder à la bibliothèque (voir figure I-14), tapez sur la touche F11 (Mac et PC) ou Ctrl + L (PC) ou Cmd + L (Mac).

Chaque symbole défini dans la bibliothèque est un modèle qu'il est possible de dupliquer sur la scène autant de fois que l'on veut l'utiliser pour l'animation. Chaque élément dupliqué est appelé une « occurrence » ou encore une « instance ».

Dans notre cas, nous ne souhaitons animer qu'une seule bulle de savon à l'aide d'un seul bouton de lancement. Pour placer une instance d'un symbole sur la scène, vous devez :

• sélectionner dans le panneau Bibliothèque la ligne correspondant au symbole Bulle, et la faire glisser sur la scène ;

• répéter cette opération pour le symbole Bouton.

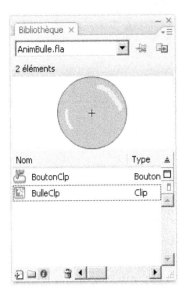

Figure I-14

La bibliothèque regroupe tous les symboles créés pour l'animation demandée (Flash CS3 – Flash CS4/CS5).

Ensuite, pour utiliser ces éléments à l'intérieur d'un programme ActionScript, nous devons leur attribuer un nom.

- Sélectionner la bulle de savon, puis, sur le panneau Propriétés associé à ce symbole, donner un nom (par exemple, `bSavon`) dans le champ situé juste en dessous de `Clip`, comme le montre la figure ci-dessous.

- Sélectionner le bouton d'envoi, et, sur le panneau Propriétés associé à ce symbole, lui donner le nom `btnJouer` dans le champ situé juste en dessous de `Bouton`, comme le montre la figure ci-dessous.

Figure I-15

Chaque élément de l'animation doit porter un nom pour être appelé par un programme ActionScript. La bulle est nommée bSavon (interface Flash CS3), le bouton btnJouer (interface Flash CS4/CS5).

> **Remarque**
>
> La position des deux éléments `btnJouer` et `bSavon` sur la scène importe peu. Nous allons définir leur position par programme en section suivante.

Définir la position du bouton d'envoi

Pour centrer le bouton d'envoi en bas de l'écran, nous devons calculer le centre sur l'axe horizontal de la scène et déterminer sa position sur l'axe vertical par rapport à la hauteur de la scène.

Pour calculer le milieu de la scène sur l'axe horizontal, il suffit de diviser en deux la largeur totale de la scène, soit `largeur / 2`. Ensuite, pour placer le bouton vers le bas de l'écran, nous pouvons décider de le positionner à `hauteur - 50` pixels, comme le montre la figure suivante.

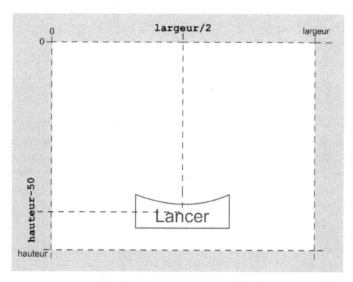

Figure I-16

Le bouton btnJouer est placé au centre sur l'axe des X et à 50 pixels du bord inférieur (axe des Y) de la scène.

Enfin, nous devons attribuer ces valeurs à l'objet `btnJouer` en définissant ses coordonnées en `x` et en `y`. Pour ce faire, il convient d'écrire les instructions suivantes :

```
btnJouer.x = largeur / 2;
btnJouer.y = hauteur - 50;
```

En écrivant ces deux instructions, nous demandons à Flash de placer l'occurrence nommée `btnJouer` à `largeur / 2` (soit pour notre cas 400 / 2 = 200) sur l'axe des X, et `hauteur -50` (soit pour notre cas 300 - 50 = 250) sur l'axe des Y.

> **Remarque**
>
> Les notations `nomDeL'Objet.x` et `nomDeL'Objet.y` sont issues des principes de la programmation objet. Les termes x et y ont été établis par les concepteurs du langage ActionScript. Ils permettent d'accéder à la position en x et en y de l'objet sur lequel ils sont appliqués.

> **Pour en savoir plus**
>
> Les principes de base de la programmation objet sont étudiés au chapitre 2, section « Les symboles ».

Définir la position de la bulle

Pour placer notre bulle sur la scène, nous devons comme précédemment calculer le centre de la scène sur l'axe horizontal, et déterminer la position de la bulle sur l'axe vertical. Ceci est réalisé grâce aux instructions suivantes :

```
bSavon.x = largeur / 2;
bSavon.y = btnJouer.y - 30;
posInit = bSavon.y;
```

Ici, l'occurrence nommée `bSavon` est placée à 400 / 2 = 200 sur l'axe des X et 300 - 30 = 270 sur l'axe des Y.

La position verticale de la bulle est calculée en fonction de la position du bouton (`bSavon.y = btnJouer.y - 30;`). De la même façon, les occurrences `bSavon` et `btnJouer` sont positionnées par rapport aux variables `largeur` et `hauteur`. En travaillant de la sorte, nous évitons d'avoir à recalculer la position de chaque objet, dans le cas où nous voudrions modifier la taille de la scène. En effet, si nous souhaitons élargir la scène, il suffit simplement de modifier la valeur `hauteur` pour voir les objets se placer à nouveau correctement sur la scène.

> **Remarque**
>
> La variable `posInit` permet de mémoriser la position initiale de la bulle. Grâce à cette variable, nous pourrons replacer la bulle à sa position d'origine, après sa sortie de l'écran.

Détecter un clic et lancer la bulle

La détection d'un clic de souris s'effectue à l'aide d'une fonction propre à Action-Script 3. Elle obéit à une syntaxe précise décrite ci-dessous :

```
btnJouer.addEventListener(MouseEvent.CLICK,auClic);
```

L'instruction se décompose en quatre termes.

1. La fonction `addEventListener()` est une méthode du langage qui fait en sorte qu'un objet puisse entendre un événement lorsqu'il est émis.

2. L'objet qui écoute l'événement correspond au premier terme de l'instruction, celui qui est juste placé devant la méthode. Ici l'objet qui écoute est `btnJouer`.

3. L'événement à écouter est spécifié en premier paramètre de la fonction `addEventListener()`. Ici, le bouton `btnJouer` écoute un événement particulier. Il s'agit de l'événement `MouseEvent.CLICK`, qui peut se traduire en français par : « lorsque le bouton de la souris est enfoncé puis relâché ».

4. Lorsque le clic est détecté, une action doit être menée par l'application. Celle-ci est décrite par un ensemble d'instructions regroupées sous un nom qui est fourni en second paramètre de la méthode `addEventListener()`. Dans notre cas, lorsque nous cliquons sur le bouton `btnJouer`, le bloc d'instructions à exécuter est nommé `auClick`.

Pour en savoir plus

Lorsqu'un bloc d'instructions est regroupé sous un nom, on dit qu'il forme une fonction. L'étude des fonctions est réalisée au cours du chapitre 7, « Les fonctions ».

Le bloc d'instructions (fonction) `auClick()` s'écrit comme suit :

```
function auClic(e:Event):void{
    bSavon.addEventListener(Event.ENTER_FRAME,seDeplace);
}
```

L'instruction placée à l'intérieur de la fonction `auClick()` met également en place un écouteur d'événements. En suivant le cheminement de décomposition précédent, on constate que :

- un écouteur d'événement est placé sur l'objet `bSavon` ;

- l'événement écouté est `Event.ENTER_FRAME` ;

- à réception de cet événement, la fonction `seDeplace` est exécutée.

L'événement `Event.ENTER_FRAME` est émis automatiquement par le lecteur Flash lorsque le curseur placé sur la ligne de temps se déplace d'une image à la suivante. Cet événement est en réalité lié à la cadence de l'animation qui est une propriété de l'animation définie à l'aide du panneau Propriétés du document (voir figure I-13).

Plus précisément, lorsque la cadence de l'animation est définie à 18 images par seconde, l'événement `Event.ENTER_FRAME` est émis par le lecteur Flash, tous les 18e de seconde. L'objet `bSavon` perçoit ainsi l'événement `Event.ENTER_FRAME` tous les 18e de seconde. Grâce à cela, les instructions situées dans le bloc `seDeplace` sont répétées à chaque fois que l'événement de type `Event.ENTER_FRAME` est perçu par l'objet `bSavon`.

La fonction `seDeplace()` s'écrit comme suit :

```
function seDeplace(e:Event):void{
  bSavon.y = bSavon.y - 10;
}
```

Ces instructions ont pour résultat :

- de retrancher 10 pixels à la position précédente de la bulle de savon, dix-huit fois par seconde ;

- d'afficher la bulle à sa nouvelle position, dix-huit fois par seconde.

Grâce à ce principe, la bulle se déplace automatiquement vers le haut de la scène indéfiniment. Sans autre instruction, la bulle sort de l'écran et poursuit son chemin, tant que l'animation n'est pas arrêtée par l'utilisateur (en cliquant sur l'icône de fermeture de la fenêtre d'animation).

Question

Quel est le comportement de la bulle si l'on remplace l'instruction bSavon.y = bSavon.y - 10 par bSavon.x = bSavon.x + 10 ?

Réponse

La bulle se déplace non plus vers le haut, mais sur le côté. La bulle se déplace à l'horizontal, puisque ce sont les coordonnées en x qui sont modifiées. Les coordonnées augmentent de 10 en 10, donc la bulle se déplace vers la droite.

Pour en savoir plus

L'étude des événements est détaillée au chapitre 3, section « Communiquer ou interagir ».

Détecter la sortie de l'écran et revenir à la position initiale

Pour arrêter l'animation lorsque la bulle sort de l'écran, nous devons insérer les instructions suivantes à l'intérieur de la fonction seDeplace() :

```
if (bSavon.y < 0)   {
    bSavon.y = posInit;
    bSavon.removeEventListener(Event.ENTER_FRAME, seDeplace);
}
```

En français, ces instructions se traduisent ainsi :

Si la bulle de savon dépasse le bord supérieur de l'écran sur l'axe des Y (if (bSavon.y < 0)), alors placer la bulle à sa position initiale (bSavon.y = posInit;) puis détruire l'écouteur d'événement placé sur l'objet bSavon (bSavon.removeEventListener(Event.ENTER_FRAME, seDeplace);).

L'objet bSavon ne percevant plus l'événement Event.ENTER_FRAME, la fonction seDeplace() n'est plus appelée, la bulle ne se déplace plus et reste à sa position initiale.

Code source complet

Pour résumer, le code qui permet de lancer la bulle de savon vers le haut de l'écran, après avoir cliqué sur le bouton de lancement, s'écrit de la façon suivante :

```actionscript
// La gestion des événements nécessite l'import
// des fonctions de la bibliothèque flash.events
import flash.events.*;
// Récupérer la hauteur et la largeur de la scène
var largeur:uint = stage.stageWidth;
var hauteur:uint = stage.stageHeight;

// Positionner le bouton btnJouer
btnJouer.x = largeur / 2;
btnJouer.y = hauteur  - 50;

// Positionner la bulle
bSavon.x = largeur / 2;
bSavon.y = btnJouer.y  - 30;

// Mémoriser la position initiale de la bulle
var posInit:Number = bSavon.y;

// Placer un écouteur de l'événement CLICK sur btnJouer
btnJouer.addEventListener(MouseEvent.CLICK,auClic);

// Définir les actions à réaliser lorsque l'on clique sur btnJouer
function auClic(e:Event){
   // Placer un écouteur de l'événement ENTER_FRAME sur bSavon
   bSavon.addEventListener(Event.ENTER_FRAME,seDeplace);
}
// Définir les actions à réaliser lorsque
// l'événement ENTER_FRAME est émis
function seDeplace(e:Event):void{
  bSavon.y = bSavon.y - 10;
  // si la bulle sort de l'écran
  if (bSavon.y  < 0)  {
    // placer la bulle à sa position initiale
    bSavon.y = posInit;
    // Détruire l'écouteur d'événement ENTER_FRAME
    bSavon.removeEventListener(Event.ENTER_FRAME, seDeplace);
  }
}
```

Les lignes du programme qui débutent par les signes // sont considérées par ActionScript non pas comme des ordres à exécuter mais comme des lignes de commentaires. Elles permettent d'expliquer en langage naturel ce que réalise l'instruction associée.

Remarque

La première instruction `import flash.events.*;` indique au compilateur que le programme utilise des fonctions de la bibliothèque `flash.events`. Une bibliothèque est un ensemble de programmes préécrits, qui propose au programmeur des fonctionnalités avancées comme le calcul de fonctions mathématiques ou le traitement des événements. Chaque bibliothèque porte un nom qui renseigne sur sa fonctionnalité. Ainsi, la bibliothèque où se trouve l'ensemble des fonctions de calcul mathématique s'appelle `flash.Math`, et celle relative à la gestion des événements porte le nom `flash.events`.

Question

Que se passe-t-il si l'on supprime l'instruction `bSavon.removeEventListener(Event.ENTER_FRAME, seDeplace);` ?

Réponse

La bulle revient à sa position initiale grâce à l'instruction précédente `bSavon y = posInit;`. La bulle détecte toujours l'événement `Event.ENTER_FRAME`, la fonction `seDeplace()` est alors exécutée, ce qui a pour conséquence de relancer la bulle vers le haut de l'écran. La bulle de savon ne s'arrête donc jamais, dès qu'elle sort de l'écran, elle retourne à sa position initiale, pour repartir aussitôt. L'utilisateur n'a plus besoin de cliquer sur le bouton pour lancer l'animation.

Exécuter l'animation

Nous avons écrit un programme constitué d'ordres, dont la syntaxe obéit à des règles strictes. Pour réaliser l'animation décrite dans le programme, nous devons la faire lire par l'ordinateur, c'est-à-dire l'exécuter.

Pour cela, nous devons traduire le programme en langage machine. En effet, nous l'avons vu, l'ordinateur ne comprend qu'un seul langage, le langage binaire.

Tester une animation

Cette traduction du code source (le programme écrit en langage informatique) en code machine exécutable (le code binaire) est réalisée en testant l'animation. L'opération consiste à lancer un module (appelé « interpréteur Flash ») qui lit chaque instruction du code source et vérifie si celles-ci ont une syntaxe correcte. S'il n'y a pas d'erreur, l'interpréteur exporte l'animation sous la forme d'un code binaire directement exécutable par l'ordinateur. Il exécute ensuite ce code en lançant l'animation.

Pour tester votre animation vous devez exécuter les opérations suivantes :

1. Sauvegarder votre animation (utiliser le raccourci clavier Ctrl + S (PC) ou Cmd + S (Mac)) sous le nom `animBulle.fla`.

2. Lancer le test de l'animation à l'aide du raccourci clavier Ctrl + Entrée (PC) ou Cmd + Entrée (Mac). L'exportation de l'animation est alors lancée et un fichier portant le nom `animBulle.swf` est créé sur votre disque dur.

Lors de l'exportation, l'interpréteur lit une à une chaque instruction. Il reconnaît les mots-clés tels que `function` ou encore `Event.ENTER_FRAME` grâce à une liste spécifique définie par les concepteurs du langage. C'est pourquoi, vous devez écrire ces mots-clés en respectant la même syntaxe (orthographe et présence ou non de majuscule/minuscule) que celle définie dans la liste.

Lorsque l'instruction est correctement interprétée, elle est traduite de façon à être directement exécutée par le processeur de l'ordinateur. Après interprétation, vous vous trouvez en possession de deux types de fichier :

- les fichiers `.fla` sont les fichiers contenant tous les dessins et programmes composant votre animation. Ils sont en quelque sorte les fichiers sources de vos animations. Seuls ces fichiers sont utilisables pour corriger et/ou modifier vos animations ;

- les fichiers `.swf` correspondent aux fichiers exécutables. Ils sont composés de codes binaires et ne peuvent être modifiés. Ils sont exécutés à travers le logiciel Flash ou grâce au plug-in Flash du navigateur de l'utilisateur.

Remarque

Les plug-ins sont des modules externes au navigateur (Firefox, Internet Explorer...) qui permettent la lecture de formats autres que le format HTML. Ces modules sont en général gratuits et téléchargeables depuis Internet.

Il existe d'autres formats d'exécution que le format `.swf`. Ce sont par exemple les formats `.exe` (PC) ou `.hqx` (Mac). Ils sont utilisés lorsqu'on souhaite exécuter l'animation de façon autonome et non à travers un navigateur.

L'environnement de programmation Flash

Outre le langage de programmation ActionScript 3, Flash propose une interface utilisateur conviviale pour élaborer des dessins, graphiques et autres éléments utilisés pour créer des applications publiables sur Internet.

L'interface graphique

L'interface utilisateur de Flash est composée de nombreux panneaux proposant des outils facilitant la création des dessins et leur mise en place dans une animation.

Notre objectif n'est pas d'étudier en détail chaque panneau, mais d'examiner ceux qui seront les plus utilisés dans ce livre.

La scène

La scène est l'espace de travail sur lequel nous pouvons dessiner et construire nos animations. Elle correspond à la page blanche de n'importe quel éditeur de texte. Elle se situe au centre de l'interface utilisateur comme le montre la figure suivante :

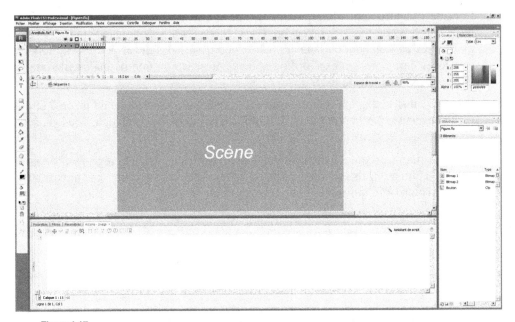

Figure I-17

L'interface utilisateur de Flash CS3 est composée de nombreux panneaux facilitant la création et la mise en place des éléments graphiques au sein d'une animation.

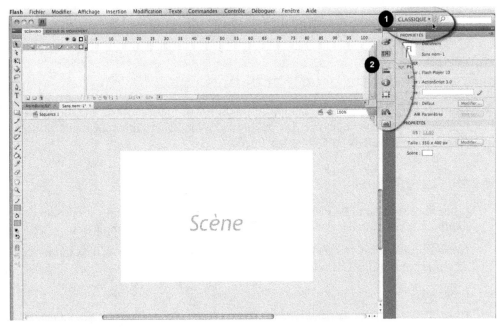

Figure I-18

L'interface utilisateur de Flash CS4/CS5 propose une nouvelle disposition de l'espace de travail.

L'interface utilisateur de Flash CS4 présente une nouvelle façon de naviguer entre les différents panneaux de l'espace de travail (voir figure I-18).

❶ Il est possible d'organiser l'espace de travail grâce à une liste prévue à cet effet, laquelle est accessible *via* un pop-up menu. Les choix proposés permettent à l'utilisateur d'afficher ses panneaux selon son activité : développeur, animateur ou concepteur. Il peut également opter pour les présentations Classique et Indispensable.

❷ L'accès aux panneaux Couleur, Nuancier, Aligner et Bibliothèque est facilité par la présence d'un nouveau panneau regroupant les icônes symbolisant chacun de ces panneaux.

La palette des outils de dessin

La barre d'outils, située à gauche de l'écran, offre un choix d'outils de dessin, de coloriage et de transformation des objets graphiques. Nous ne l'étudierons pas en détail.

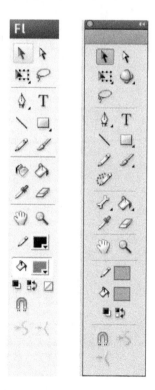

Figure I-19/CS5

La palette des outils de dessin (Flash CS3 – Flash CS4/CS5)

Le panneau Propriétés

Le panneau Propriétés se situe en bas de l'écran, sous la scène. Il s'agit d'un panneau contextuel, c'est-à-dire qu'il change en fonction des objets ou des outils sélectionnés.

Il fournit toutes les informations relatives à l'objet ou à l'outil sélectionné (épaisseur et couleur du trait pour l'outil Plume ; police, taille et style pour l'outil Texte, par exemple).

Ce panneau est très utile pour modifier les paramètres d'un objet graphique (taille, couleur…) ou pour donner un nom à un symbole.

Figure I-20

Le panneau Propriétés (Flash CS3 – Flash CS4/CS5) relatif à la scène indique la taille et la couleur de fond de la scène ainsi que la cadence par défaut de l'animation (nombre d'images par seconde).

Le scénario, les calques, les images et les images-clés

Le panneau Scénario est un panneau essentiel de Flash (pas nécessairement pour l'ActionScript). Il consiste en une représentation schématique du temps qui s'écoule au cours d'une animation. Grâce à ce panneau, nous pouvons déterminer quand et combien de temps un élément va s'afficher à l'écran.

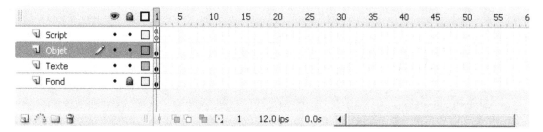

Figure I-21

Sur la partie gauche se trouve un calque nommé Action, sur la ligne de temps est placée une seule image-clé, en position 1.

Le panneau Scénario se divise en deux parties.

- À gauche se trouve un panneau de gestion des calques. Les calques offrent la possibilité de dessiner sur des niveaux différents. De cette façon, les objets graphiques se superposent sans s'effacer.

  Ainsi, une animation peut être composée de plusieurs plans : le fond (décor) et des éléments animés se situant à différents niveaux de profondeur. Par exemple, des nuages couvrant le soleil, un oiseau passant devant les nuages. Les calques facilitent la gestion des différents niveaux de profondeur.

  Les calques permettent aussi d'organiser les différents éléments de l'animation. Par exemple, il est pratique de créer un calque pour y placer tous les éléments relatifs à la navigation, un calque pour le fond, un calque pour les scripts, etc.

- À droite se situe la ligne de temps (ou *timeline*) et la tête de lecture (curseur rouge).

  La ligne de temps est une représentation simplifiée d'une bobine de film. Chaque cellule représente une image sur la bobine. Le curseur (ou tête de lecture), en se déplaçant image après image, simule le déroulement de la bobine devant le projecteur et donne l'illusion d'un déplacement ou d'une animation.

Remarque

Le panneau Scénario, comme nous le verrons au fur et mesure de la lecture de ce livre, devient un outil de moins en moins sollicité lorsqu'on programme les animations interactives en ActionScript.

À une suite d'images correspond un temps d'animation. La cadence (définie dans le panneau Propriétés de la scène) correspond au nombre d'images affichées par seconde. Par défaut, ce nombre est de 12 images par seconde. Plus la cadence est faible (par exemple, 8 images par seconde), plus l'animation semble saccadée. À l'inverse, une cadence trop élevée (plus de 24 images par seconde) n'améliore pas forcément la fluidité de l'animation, mais augmente le poids du fichier résultant.

Images intermédiaires et images-clés

La ligne de temps est constituée d'une suite de cellules. Chaque cellule représente une image-clé ou une image intermédiaire. Une image-clé est une image construite par le graphiste, alors qu'une image intermédiaire est définie et calculée par Flash. Une image-clé est une image sur laquelle nous pouvons positionner les dessins, déterminer leur taille, leur couleur, etc.

Une image-clé est symbolisée par une pastille noire ou blanche sur la ligne de temps. Si la pastille est blanche, cela signifie que l'image est vide (aucun symbole ni dessin ne sont placés sur cette image). Si elle est noire, cela signifie qu'elle contient des graphiques.

Le panneau Bibliothèque

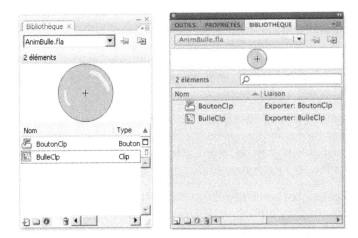

Figure I-22

La bibliothèque de l'application animBulle est composée de deux symboles nommés Bouton et Bulle (Flash CS3 – Flash CS4/CS5). Le symbole Bulle est sélectionné et apparaît dans la fenêtre d'aperçu située au-dessus de la liste de symboles.

Le panneau Bibliothèque apparaît en appuyant sur la touche F11 (PC et Mac) ou Ctrl + L (PC) ou Cmd + L (Mac) de votre clavier. Ce panneau rassemble, d'une part, tous les symboles créés pour votre animation, et d'autre part, tous les fichiers son, image ou vidéo que vous avez importés.

Il est possible d'obtenir une ou plusieurs copies d'un élément de la bibliothèque, en faisant glisser le symbole à l'aide de la souris, de la fenêtre Bibliothèque vers la scène principale. Cette copie est appelée « occurrence » ou encore « instance ».

Attention, transformer une instance ou une occurrence modifie le symbole et par conséquent toutes les occurrences présentes sur la scène.

Pour en savoir plus

La création de symbole ainsi que la notion d'occurrence sont traitées au chapitre 2, section « Les symboles ».

Les panneaux associés à la position

 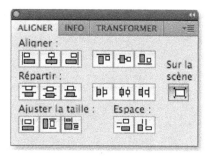

Figure I-23

Le panneau Aligner & Info & Transformation (Flash CS3 – Flash CS4/CS5). Pour passer de l'un à l'autre, cliquez sur l'onglet approprié.

Les panneaux Info et Aligner sont très pratiques pour positionner de façon exacte un élément sur la scène.

Le panneau Info apparaît à l'aide du raccourci clavier Ctrl + I (PC) ou Cmd + I (Mac). Grâce à ce panneau, nous pouvons connaître la taille de la forme sélectionnée ainsi que sa position à l'écran. Ces informations sont très utiles lorsqu'il s'agit de positionner des objets en utilisant des instructions en ActionScript 3.

Le panneau Aligner apparaît à l'aide du raccourci clavier Ctrl + K (PC) ou Cmd + K (Mac). Il facilite la mise en page et l'alignement des objets les uns par rapport aux autres. Il permet aussi de répartir de façon équilibrée les éléments se trouvant sur la scène.

L'interface de programmation

Pour écrire des programmes en ActionScript, Flash propose une interface de programmation composée d'un panneau d'édition appelé Actions dans lequel vous pouvez saisir vos lignes de programme.

Le panneau Actions

Le panneau Actions apparaît en appuyant sur la touche F9 (PC et Mac) de votre clavier. Il est attaché uniquement à une image-clé du scénario, à un clip ou à un bouton. Il n'est pas possible de placer des instructions sur un simple élément graphique. Si, par erreur, vous tentiez de le faire, vous constateriez que le panneau Actions n'accepte aucune saisie et affiche le message : « Aucune action ne peut être appliquée à la sélection en cours ».

Remarque

Lorsqu'un programme est placé sur une image-clé, la lettre a apparaît dans la cellule correspondant à l'image-clé, sur la ligne de temps, juste au-dessus de la pastille noire (voir figure I-21).

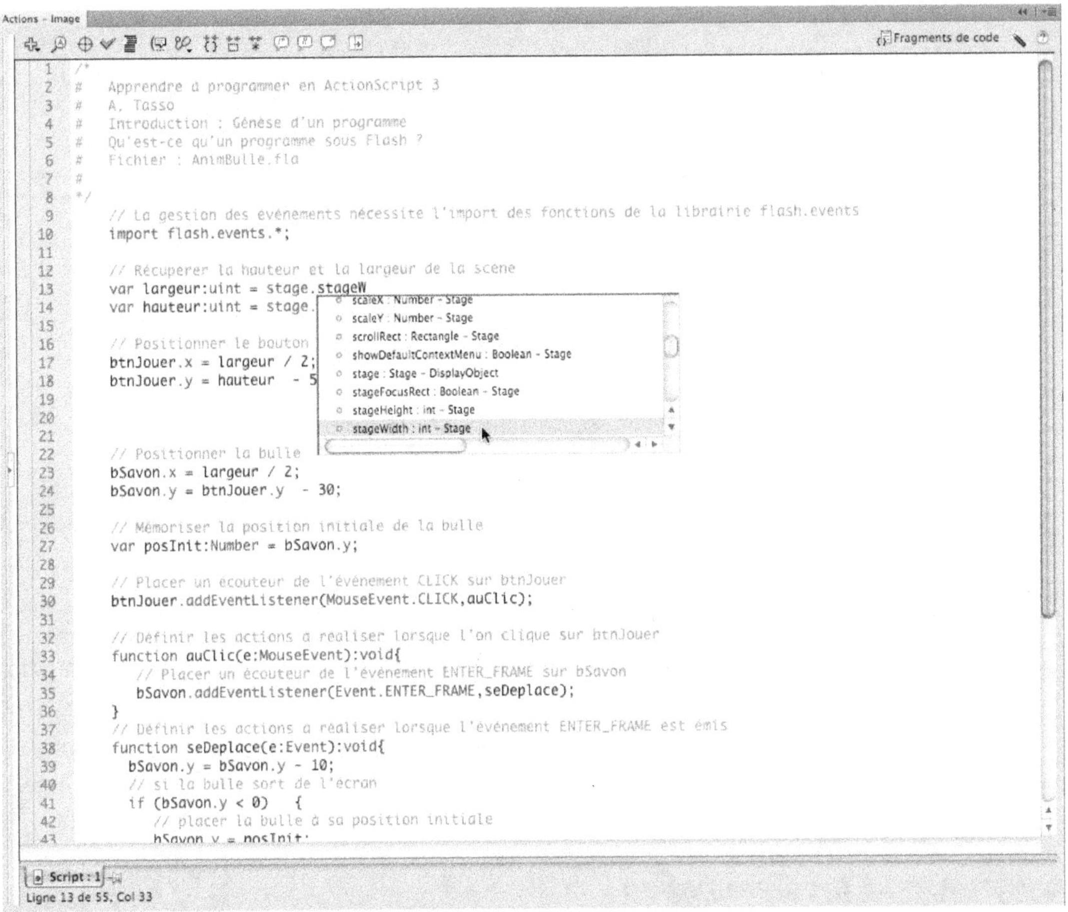

Figure I-24

Le panneau Actions (Flash CS5)

Avec la version CS5, le panneau Actions s'améliore, puisqu'il propose un système d'autocomplétion qui ouvre, lorsque cela est possible, une fenêtre (voir figure I-24) proposant tous les choix de valeurs possibles associables à l'instruction en cours d'écriture. Il ajoute également tous les imports indispensables à la bonne marche de l'application, lorsque cela est nécessaire.

Pour en savoir plus

La notion d'import est traitée au chapitre 8 « Les classes et les objets ».

Mémento

En informatique, résoudre un problème c'est trouver la suite logique de tous les ordres nécessaires à la solution dudit problème. Cette suite logique est appelée « algorithme ».

La construction d'un algorithme passe par l'analyse du problème, avec pour objectif de le découper en une succession de tâches simplifiées et distinctes. Ainsi, à partir de l'énoncé clair, précis et écrit en français d'un problème, nous devons accomplir les deux opérations suivantes :

- décomposer l'énoncé en étapes distinctes qui conduisent à l'algorithme ;

- définir les objets manipulés par l'algorithme.

Une fois l'algorithme construit, il faut « écrire le programme », c'est-à-dire *traduire* l'algorithme de façon à ce qu'il soit compris par l'ordinateur. En effet, un programme est un algorithme traduit dans un langage compréhensible par les ordinateurs.

Un ordinateur est composé des deux éléments principaux suivants :

- la mémoire centrale, qui sert à mémoriser des ordres ainsi que des informations manipulées par le programme. Schématiquement, on peut dire qu'elle est composée d'emplacements repérés chacun par un nom (côté programmeur) et par une adresse (côté ordinateur) ;

- l'unité centrale, qui exécute une à une les instructions du programme dans leur ordre de lecture. Elle constitue la partie active de l'ordinateur. Ces actions, en nombre limité, sont les suivantes :

  - déposer une information dans une case mémoire ;

  - exécuter des opérations simples telles que l'addition, la soustraction, etc. ;

  - comparer des valeurs ;

  - communiquer une information élémentaire par l'intermédiaire du clavier ou de l'écran ;

  - coder l'information.

Du fait de la technologie, toutes les informations manipulées par un ordinateur sont codées en binaire (0 ou 1). Pour s'affranchir du langage machine binaire, on fait appel à un langage de programmation dit évolué, comme les langages C, Java ou ActionScript. Un tel programme se compose d'instructions définies par le langage, dont l'enchaînement réalise la solution du problème posé.

Dans cet ouvrage, nous nous proposons d'étudier comment construire un programme en prenant comme support de langage ActionScript avec Flash. Cette application permet d'associer de façon très rapide des éléments graphiques avec des instructions évoluées, grâce à un environnement de travail composé de panneaux tels que la barre d'outils graphiques, le scénario ou encore la fenêtre d'actions.

Exercices

Observer et comprendre la structure d'un programme ActionScript

☞ **Exercice I.1**

Observez le programme suivant :

```
//
import flash.events.*;
//
var largeur:uint = stage.stageWidth;
var hauteur:uint = stage.stageHeight;


//
btnGauche.x = largeur / 2;
btnGauche.y = hauteur  - 50;
//
bSavon.x = largeur ;
bSavon.y = hauteur / 2;
//
btnGauche.addEventListener(MouseEvent.CLICK,auClic);


//
function auClic(e:Event){
  bSavon.addEventListener(Event.ENTER_FRAME,seDeplace);
}
//
function seDeplace(e:Event):void{
  //
  bSavon.x = bSavon.x - 10;
  //
  if (bSavon.x < 0) {
    //
    bSavon.x = largeur;
  }
}
```

1. En vous aidant du programme donné en exemple dans ce chapitre, expliquez, à l'aide des lignes de commentaires (//), le rôle de chaque bloc d'instructions.

2. Quel type d'événement est pris en compte dans ce programme ? Sur quel objet est-il appliqué ?

3. Que fait le programme, lorsque que l'on clique sur l'objet btnGauche ?

4. Que se passe-t-il lorsque la bulle sort de l'écran ?

> **Aide**
>
> Le fichier `ExerciceI_1.fla`, incluant tous les dessins nécessaires à la réalisation de ce premier programme, se trouve dans le répertoire `Exercices/SupportPourRéaliserLesExercices/Introduction` (cf. extension web).

> **Remarque**
>
> N'oubliez pas de vérifier que les symboles placés à l'écran ont tous été correctement nommés dans leur fenêtre de propriétés respective.

Écrire un premier programme en ActionScript

☞ **Exercice I.2**

En reprenant la structure du programme précédent, écrivez un programme qui :

- place un bouton nommé `btnDroit` au centre de la scène et à 50 pixels du bord inférieur de l'écran ;

- affiche une bulle de savon (`bSavon`) placée au centre de l'écran ;

- lorsque l'utilisateur clique sur le bouton `btnDroit`, la bulle de savon se déplace vers la droite ;

- si la bulle de savon sort de la fenêtre, elle revient sur le bord gauche de la scène.

> **Extension web**
>
> Le fichier `ExerciceI_2.fla`, incluant tous les dessins nécessaires à la réalisation de ce premier programme, se trouve dans le répertoire `Exercices/SupportPourRéaliserLesExercices/Introduction`.

1

Traiter les données

En décrivant, au chapitre « À la source d'un programme », l'algorithme de l'œuf à la coque, nous avons constaté que la toute première étape pour construire une marche à suivre consistait à déterminer les objets utiles à la résolution du problème. En effet, pour faire cuire un œuf à la coque, nous devons prendre un œuf, de l'eau, une casserole...

De la même façon, lorsqu'un développeur d'applications conçoit un programme, il doit non pas *prendre*, au sens littéral du mot, les données numériques, mais *définir* ces données ainsi que les objets nécessaires à la réalisation du programme. Cette définition consiste à nommer ces objets et à décrire leur contenu afin qu'ils puissent être stockés en mémoire.

C'est pourquoi nous étudions, dans ce chapitre, ce qu'est une variable et comment la définir (voir section « La notion de variable »). Nous examinons ensuite, à la section « Calculs et opérateurs arithmétiques », comment affecter une valeur à une variable. Nous analysons également comment écrire des opérations arithmétiques, très utiles lorsqu'on souhaite déplacer un objet automatiquement à l'écran. Ensuite, nous observons en section « Plus de précisions sur l'affichage » comment afficher, d'une manière détaillée, le contenu d'une variable.

Pour finir, nous décrivons, à la section « Le projet mini site », le cahier des charges de l'application projet que le lecteur assidu peut réaliser en suivant les exercices décrits à la fin de chaque chapitre.

Afin de clarifier les explications, vous trouverez tout au long du chapitre des exemples simples et concis. Ces exemples ne sont pas des programmes complets, mais de simples extraits qui éclairent un point précis du concept abordé.

La notion de variable

Un programme sous Flash manipule des valeurs comme le nombre d'objets qu'il doit afficher, ou encore la taille de la fenêtre sur laquelle s'effectue l'animation. Ces données varient en cours d'exécution du programme. Le nombre d'objets à afficher peut diminuer ou augmenter en fonction des actions de l'utilisateur.

Afin de faciliter la manipulation de ces valeurs, celles-ci sont stockées dans des cases mémoire portant un nom.

Ainsi, par exemple, si nous supposons que la case mémoire contenant la valeur correspondant au nombre d'objets à afficher s'appelle nbObjet, il suffit, pour connaître le nombre d'objets à afficher, que l'ordinateur recherche dans sa mémoire la case nommée nbObjet. Lorsqu'il l'a trouvée, il examine son contenu.

Une variable est donc définie par un nom et une valeur qui est elle-même caractérisée par un type. Nous examinons ce concept à la section « La notion de type ».

Donner un nom à une variable

Le choix des noms de variables n'est pas limité. Il est toutefois recommandé d'utiliser des noms évocateurs. Par exemple, les noms des variables utilisées dans une application qui gère les code-barres de produits vendus en magasin sont plus certainement article, prix, codebarre que xyz1, xyz2, xyz3. En effet, les premiers évoquent mieux l'information stockée que les seconds.

Les contraintes suivantes sont à respecter dans l'écriture des noms de variables.

- Le premier caractère d'une variable doit obligatoirement être différent d'un chiffre.
- Aucun espace ne peut figurer dans un nom.
- Les caractères &, ~, ", #, ', {, }, (,), [,], -, |, `, \, ^, @, =, %, *, ?, , :, /, §, !, <, >, £, ¤, ainsi que ; et , ne peuvent pas être utilisés dans l'écriture d'un nom de variable.
- Tout autre caractère peut être utilisé, y compris les caractères accentués, le caractère de soulignement (_), les caractères $ et µ.

> **Remarque**
> Aucun mot-clé du langage ActionScript ne peut être utilisé comme nom de variable. Les termes x et y sont utilisés pour positionner des objets sur la scène, il n'est donc pas possible de créer et de nommer des variables x ou y.

Le nombre de lettres composant le nom d'une variable est indéfini. Néanmoins, l'objectif d'un nom de variable étant de renseigner le programmeur sur le contenu de la variable, il n'est pas courant de rencontrer des noms de variables de plus de trente lettres.

> **Question**
>
> Parmi les variables suivantes, quelles sont celles dont le nom n'est pas autorisé et pourquoi ?
>
> Compte, pourquoi#pas, Num_2, -plus, Undeux, 2001espace, @adresse, VALEUR_temporaire, ah!ah!, Val$solde.
>
> **Réponse**
>
> Les noms de variables suivants ne sont pas autorisés :
>
> pourquoi#pas, -plus, @adresse, ah!ah!, car les caractères #, -, @ et ! sont interdits.
>
> 2001espace car, il n'est pas possible de placer un chiffre en début de variable.
>
> Par contre les noms de variables suivants sont autorisés :
>
> Compte, Num_2 (« _ » et pas « - »), Undeux (et pas Un Deux), VALEUR_temporaire, Val$solde.

Créer une variable

Pour créer une variable à l'intérieur d'un script, il suffit d'écrire une instruction qui associe un nom à une valeur et détermine son type. Par exemple, l'instruction :

```
var positionEnX:Number = 2;
```

crée une case mémoire nommée positionEnX. Grâce au signe =, la valeur 2 est enregistrée à cet emplacement. En utilisant le terme Number, la valeur enregistrée doit être un nombre et non un caractère.

> **Remarque**
>
> Les termes var et Number sont des mots-clés du langage ActionScript indiquant que l'instruction qui suit est une déclaration de variable numérique. Si l'utilisation de ces termes est fortement conseillée, elle n'est pas obligatoire, ce qui peut générer quelques problèmes (voir section « Différents résultats pour différents types de variables » dans la suite).

Le langage ActionScript est sensible à la casse. Il fait la différence entre les majuscules et minuscules lors de la définition du nom des variables. Ainsi, par exemple, les termes positionEnX, PositionEnX ou encore POSITIONENX représentent trois variables distinctes.

> **Remarque**
>
> Pour expliquer à l'ordinateur qu'une instruction est terminée, un point virgule (;) est placé obligatoirement à la fin de la ligne d'instruction.

Afficher la valeur d'une variable

Il est parfois important de connaître le contenu d'une variable à un moment donné de l'exécution d'une animation, surtout lorsque celle-ci ne se comporte pas exactement comme nous le souhaiterions.

Grâce à la commande `trace()`, nous allons pouvoir afficher le contenu d'une variable dans une fenêtre spécifique appelée « fenêtre de sortie » (voir figure 1-1).

La syntaxe d'utilisation de la commande `trace` est la suivante :

```
trace(nomDeLaVariable);
```

> **Extension web**
>
> Vous trouverez tous les exemples de ce chapitre dans le fichier `LesVariables.fla`, sous le répertoire `Exemples/Chapitre1`.

☞ **Exemple**

Le programme suivant :

```
var nbValeurs:Number = 10;
trace(nbValeurs);
```

a pour résultat d'afficher la fenêtre suivante, lors du test de l'animation.

Figure 1-1
La commande trace() affiche son message dans une fenêtre de sortie.

> **Pour en savoir plus**
>
> Les explications concernant le test d'une animation sont fournies au chapitre « À la source d'un programme », section « Traduction en ActionScript – Tester une animation ».

Il convient de déclarer la variable avant de l'utiliser dans une expression. Si vous utilisez une variable qui n'est pas déclarée, comme dans l'exemple suivant, un message d'erreur apparaît.

```
trace(nbValeurs);
```

La commande `trace()` ne peut afficher le contenu de la variable `nbValeurs` car la variable n'a pas été déclarée. Aucun espace mémoire n'a été réservé pour y stocker une valeur.

Le test de l'animation affiche le message d'erreur suivant « Accès à la propriété non définie `nbValeurs` ». L'application ne peut être exécutée.

Remarque

Lorsque la variable est déclarée après son affichage comme suit :

```
trace(nbValeurs);
var nbValeurs:Number = 10;
```

Le compilateur ne détecte pas d'erreur de syntaxe. Cependant la commande `trace()` ne peut afficher le contenu de la variable `nbValeurs`. La valeur affichée est `NaN`, c'est-à-dire « Not a Number ».

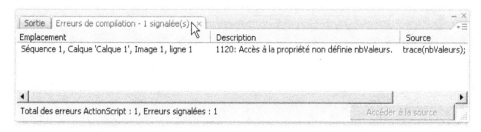

Figure 1-2

Une erreur de compilation apparaît lorsqu'une variable est utilisée sans avoir été déclarée au préalable.

La notion de type

Un programme gère des informations de natures diverses. Ainsi, les valeurs telles que `123` ou `2.4` sont de type numérique tandis que `Spinoza` est un mot composé de caractères. La notion de type permet de différencier ces données.

Ainsi, un type de données décrit le genre d'informations qu'une variable peut contenir. Sous ActionScript, il existe trois catégories de données : logique, numérique et caractère.

Catégorie logique

La catégorie logique est représentée par le type `Boolean`. Les valeurs logiques ont deux états : `true` (vrai) ou `false` (faux).

ActionScript convertit également les valeurs `true` et `false` en 1 et 0 lorsque cela est nécessaire. Les valeurs booléennes sont le plus souvent utilisées dans les instructions effectuant des comparaisons pour contrôler le déroulement d'un script.

Pour en savoir plus

Les structures effectuant des comparaisons sont étudiées au chapitre 4, « Faire des choix ».

Catégorie numérique

Cette catégorie contient trois types distincts : Number, int, uint.

Le type Number est utilisé pour décrire les nombres à virgule. Le type int permet l'utilisation de nombres entiers positifs ou négatifs. Le type uint, quant à lui, correspond aux entiers uniquement positifs (*uint* : *u*nsigned *int*).

L'utilisation des différents types numériques permet de gérer au mieux l'espace mémoire utilisé par l'animation. En effet, un nombre réel prend plus d'espace mémoire qu'un entier.

Remarque

Les entiers non signés sont essentiellement utilisés pour décrire les couleurs des objets à dessiner. La valeur correspondant à une couleur n'est jamais négative.

Catégorie caractère

Le type de données représentant la catégorie caractère est le type String.

Un String est une chaîne de caractères, autrement dit, une suite de caractères (suite de lettres, chiffres et signes de ponctuation, par exemple).

La déclaration d'une variable contenant des caractères s'effectue en plaçant la suite de caractères entre des guillemets droits simples ou doubles. De cette façon, la chaîne de caractères est traitée comme étant un mot et non comme représentant le nom d'une variable. Par exemple, dans l'instruction :

```
var mot:String = "Bonjour";
```

Grâce aux guillemets, le terme "Bonjour" est considéré comme une chaîne et non comme une variable. Le terme mot correspond au nom de la variable contenant la suite des caractères Bonjour.

Calculs et opérateurs arithmétiques

Pour réaliser une animation par programme, nous allons devoir apprendre à calculer ou plutôt, apprendre à écrire des opérations mathématiques. En effet, disposer des éléments graphiques sur la scène demande de savoir calculer leur position. Et certains mouvements complexes peuvent être simulés avec des équations mathématiques précises.

Mais avant d'examiner comment réaliser ces différentes opérations, observons de façon détaillée le fonctionnement de l'affectation.

Les mécanismes de l'affectation

L'affectation est le mécanisme qui permet de placer une valeur dans un emplacement mémoire. Elle a pour forme :

```
variable = valeur;
```

Si cette expression est impossible à écrire d'un point de vue mathématique, elle est très largement utilisée dans le langage informatique. Elle signifie :

- calculer l'expression `a + 1` ;

- ranger le résultat dans `a`.

Ce qui revient à augmenter de 1 la valeur de `a`.

> 2. `a + 5 = 3;`

Cette expression n?a aucun sens d'un point de vue informatique. Il n?est pas possible de placer une valeur à l'intérieur d'une expression mathématique, puisque aucun emplacement mémoire n?est attribué à une expression mathématique.

> 3. `a = b;` et `b = a;`

À l'inverse de l'écriture mathématique, ces deux instructions ne sont pas équivalentes. La première place le contenu de `b` dans `a`, tandis que la seconde place le contenu de `a` dans `b`.

Échanger les valeurs de deux variables

Nous souhaitons échanger les valeurs de deux variables de même type, appelées `a` et `b` ; c'est-à-dire que nous voulons que `a` prenne la valeur de `b` et que `b` prenne celle de `a`. La pratique courante dans l'écriture d'expressions mathématiques fait que, dans un premier temps, nous écrivons les instructions suivantes :

```
a = b;
b = a;
```

Vérifions sur un exemple si l'exécution de ces deux instructions échange les valeurs de a et de b. Pour cela, supposons que les variables a et b contiennent initialement respectivement 2 et 8.

Tableau 1-3 – Valeur des variables après affectation

	a	b
Valeur initiale	2	8
a = b	8	8
b = a	8	8

Du fait du mécanisme de l'affectation, la première instruction `a = b` détruit la valeur de `a` en plaçant la valeur de `b` dans la case mémoire `a`. Lorsque la seconde instruction `b = a` est réalisée, la valeur placée dans la variable `b` est celle contenue à cet instant dans la variable `a`, c'est-à-dire la valeur de `b`. Il n'y a donc pas échange, car la valeur de `a` a disparu par écrasement lors de l'exécution de la première instruction.

Une solution consiste à utiliser une variable supplémentaire, destinée à contenir temporairement une copie de la valeur de a, avant que cette dernière ne soit écrasée par la valeur de b.

Remarque

Pour évoquer le caractère temporaire de la copie, nous appelons cette nouvelle variable tmp. Nous aurions pu choisir tout aussi bien tempo, ttt ou toto.

Voici le déroulement des opérations :

```
tmp = a;
a = b;
b = tmp;
```

Vérifions qu'il y a réellement échange, en supposant que nos variables a et b contiennent initialement respectivement 2 et 8.

Tableau 1-4 – Valeur des variables après permutation par affectation

	a	b	tmp
Valeur initiale	2	8	–
tmp = a	2	8	2
a = b	8	8	2
b = tmp	8	2	2

À la lecture de ce tableau, nous constatons qu'il y a bien échange de valeurs entre a et b. La valeur de a est copiée dans un premier temps dans la variable tmp. La valeur de a peut dès lors être effacée par celle de b. Pour finir, grâce à la variable tmp, la variable b récupère l'ancienne valeur de a.

Pour en savoir plus

Une autre solution vous est proposée dans la feuille d'exercices, à la section « Comprendre le mécanisme d'échange de valeurs », placée à la fin du chapitre.

Les opérateurs arithmétiques

Écrire un programme ne consiste pas uniquement à échanger des valeurs, mais c'est aussi calculer des équations mathématiques plus ou moins complexes afin de réaliser, par exemple, certains effets spéciaux pour déplacer ou animer un objet.

Pour exprimer une opération, le langage ActionScript utilise des caractères qui symbolisent les opérateurs arithmétiques.

Tableau 1-5 – Opérateurs arithmétiques

Symbole	Opération
+	Addition
-	Soustraction
*	Multiplication
/	Division
%	Modulo

Exemple

Soit a, b, c trois variables de même type.

- L'opération d'addition s'écrit : a = b + 4.
- L'opération de soustraction s'écrit : a = b - 5.
- L'opération de division s'écrit : a = b / 2 et non pas a = $\frac{b}{2}$.
- L'opération de multiplication s'écrit : a = b * 4 et non pas a = 4b ou a = a x b.
- L'opération de modulo s'écrit : a = b % 3.

   Le modulo .d'une valeur correspond au reste de la division entière. Ainsi : 5 % 2 = 1.

   Il s'agit de calculer la division en s'arrêtant dès que la valeur du reste devient inférieure au diviseur, de façon à trouver un résultat en nombre entier. L'opérateur % ne peut être utilisé pour les réels, pour lesquels la notion de division entière n'existe pas.

Question

Les opérations suivantes sont elles valides ?

delta = b2 - 4ac;

z = $\frac{b}{2}$ + 3%xa;

Réponse

Aucune des deux opérations n'est valide.

delta = b2 - 4ac;

doit s'écrire delta = b * b - 4 * a * c;

z = $\frac{b}{2}$ + 3%xa;

doit s'écrire z = b / 2 + 3 % x * a;

L'ensemble de ces opérateurs est utilisé pour calculer des expressions mathématiques courantes. Le résultat de ces expressions n'est cependant pas toujours celui auquel on s'attend si l'on ne prend pas garde à la priorité des opérateurs entre eux (voir section « La priorité des opérateurs entre eux » ci-après).

Addition de mots

L'opérateur d'addition (+) peut être aussi utilisé pour additionner des chaînes de caractères. Ce type d'opération s'appelle la « concaténation ». Lorsque deux chaînes de caractères sont additionnées, les deux mots sont placés l'un à la suite de l'autre, dans le sens de lecture de l'opération.

Ainsi, les instructions :

```
var mot1:String = "Le mystère ";
var mot2:String  = "de la chambre jaune";
var titre:String = mot1 + mot2;
trace(titre);
```

ont pour résultat :

Figure 1-3

La somme de deux chaînes de caractères place le deuxième terme de l'addition à la suite du premier.

L'opération `mot1 + mot2` fait que le terme `"de la chambre jaune"` est placé à la suite du terme `"Le mystère"`.

> **Remarque**
> Notez que l'espace situé entre `"mystère"` et `"de"` doit être inclus dans les guillemets de la chaîne de caractères, que ce soit en fin de `mot1` ou au début de `mot2`.

La priorité des opérateurs entre eux

Lorsqu'une expression arithmétique est composée de plusieurs opérations, l'ordinateur doit pouvoir déterminer quel est l'ordre des opérations à traiter. Le calcul de l'expression `a - b / c * d` peut signifier a priori :

- calculer la soustraction puis la division et pour finir la multiplication, soit le calcul : `((a - b) / c) * d` ;

- calculer la multiplication puis la division et pour finir la soustraction, c'est-à-dire l'expression : `a - (b / (c * d))`.

Afin de lever toute ambiguïté, il existe des règles de priorité entre les opérateurs, règles basées sur la définition de deux groupes d'opérateurs.

Tableau 1-6 – Groupes d'opérateurs

Groupe 1	Groupe 2
+ –	* / %

Les groupes étant ainsi définis, les opérations sont réalisées sachant que :

- dans un même groupe, l'opération se fait dans l'ordre d'apparition des opérateurs (sens de lecture) ;

- le deuxième groupe a la priorité sur le premier.

L'expression `a - b / c * d` est donc calculée de la façon suivante :

Tableau 1-7 – Ordre de calcul de la formule `a - b / c * d`

Priorité	Opérateur	
Groupe 2	/	Le groupe 2 a priorité sur le groupe 1, et la division apparaît dans le sens de la lecture avant la multiplication.
Groupe 2	*	Le groupe 2 a priorité sur le groupe 1, et la multiplication suit la division.
Groupe 1	-	La soustraction est la dernière opération à exécuter, car elle est du groupe 1.

Cela signifie que l'expression est calculée de la façon suivante :

```
a - (b / c * d)
```

> **Remarque**
>
> Les parenthèses permettent de modifier les règles de priorité en forçant le calcul préalable de l'expression qui se trouve à l'intérieur des parenthèses. Elles offrent en outre une meilleure lisibilité de l'expression.

Différents résultats pour différents types de variables

Le langage ActionScript autorise à ne pas définir explicitement le type des données contenues dans une variable. En effet, lorsqu'on écrit :

```
var valeur = 15;
```

ActionScript détermine le type de donnée de la variable en évaluant l'élément à droite du signe =. Cette évaluation lui permet de savoir s'il s'agit d'un nombre, d'un booléen ou d'une chaîne de caractères. Ici, ActionScript détermine que valeur est de type Number, même si la variable n'a jamais été déclarée avec le mot-clé Number.

> **Remarque**
> Lorsqu'une variable n'est pas véritablement typée lors de sa déclaration, une affectation ultérieure peut changer le type de valeur. Ainsi, par exemple, l'instruction valeur = "A bientôt" modifie le type de valeur. Il passe automatiquement de Number à String.

Conversion automatique

Pour certaines opérations, ActionScript convertit les types de données en fonction des besoins. Par exemple, lorsqu'on écrit :

```
var phrase :String = "Dites : " + 33;
```

ActionScript convertit le chiffre 33 en chaîne "33" et l'ajoute à la fin de la première chaîne. Au final, la variable phrase contient la chaîne "Dites : 33".

Plus de précisions sur l'affichage

Flash est un logiciel offrant de multiples fonctionnalités en matière d'affichage (animation, présentation interactive d'exposés…). Alors évidemment, afficher le contenu d'une variable dans une fenêtre de sortie semble bien désuet et presque trop banal.

Pourtant, lorsqu'on apprend à programmer (et même lorsqu'on est un programmeur chevronné), il est parfois très utile de pouvoir connaître la valeur d'une variable à un instant donné, surtout lorsque l'animation ne se comporte pas comme nous le souhaiterions.

Dans ce type de situation, nous pouvons dire que l'affichage du contenu des variables est réellement une aide pour comprendre le déroulement d'un programme.

Nous vous invitons donc, le plus souvent possible, dès que vous ne comprenez pas pourquoi votre animation affiche autre chose que ce vous pensiez avoir écrit, à utiliser la commande trace() avec toutes ses possibilités.

Afficher le contenu d'une variable…

Soit la variable valeur. L'affichage de son contenu à l'écran est réalisé par :

```
var valeur:Number = 22;
trace(valeur);
```

Ce qui a pour résultat d'ouvrir une fenêtre de sortie, au moment de l'appel de la commande trace() et d'afficher le résultat de la façon suivante :

Figure 1-4

La commande trace() affiche le contenu d'une variable dans une fenêtre de sortie.

...avec un commentaire

Le fait d'écrire une valeur numérique, sans autre commentaire, n'a que peu d'intérêt. Pour expliquer un résultat, il est possible d'ajouter du texte avant ou après la variable, comme dans l'exemple :

```
trace("Position en x = " + valeur);
```

ou

```
trace(valeur + " -> x");
```

Pour ajouter un commentaire avant ou après une variable, il suffit de le placer entre guillemets (" ") et de l'accrocher à la variable à l'aide du signe +. De cette façon, Flash est capable de distinguer le texte à afficher du nom de la variable. Tout caractère placé entre guillemets est un message, alors qu'un mot *non* entouré de guillemets correspond au nom d'une variable.

En reprenant la même variable valeur qu'à l'exemple précédent, le résultat affiché pour les deux exemples est celui de la figure 1-5.

Figure 1-5

La commande trace() affiche également des commentaires.

Afficher plusieurs variables

On peut afficher le contenu de plusieurs variables en utilisant la même technique. Les commentaires sont placés entre guillemets, et les variables sont précédées, entourées ou suivies du caractère +. Le signe + réunit chaque terme de l'affichage au suivant ou au précédent. Pour afficher le contenu de deux variables :

```
var posX:Number = 255;
var posY:Number = 324;
trace(" position en x : " + posX + ", position en y : " + posY);
```

> **Question**
>
> Quel est le résultat de l'instruction précédente ?
>
> **Réponse**
>
> L'exécution de cette instruction a pour résultat :

Figure 1-6

Affichage de commentaires et de variables

Afficher la valeur d'une expression arithmétique

Dans une instruction d'affichage, il est possible d'afficher directement le résultat d'une expression mathématique, sans qu'elle ait été calculée auparavant. Par exemple, nous pouvons écrire :

```
a = 10;
b = 5;
trace(a+" fois " + b + " est égal a " + a * b);
```

À l'écran, le résultat s'affiche ainsi comme sur la figure 1-7.

Figure 1-7

Affichage d'une expression mathématique

Mais attention ! Cette expression est calculée au cours de l'exécution de l'instruction, elle n'est pas mémorisée dans un emplacement mémoire. Le résultat ne peut donc pas être réutilisé dans un autre calcul.

L'écriture d'une expression mathématique à l'intérieur de la fonction d'affichage peut être source de confusion pour Flash, surtout si l'expression mathématique comporte un ou plusieurs signes +. En remplaçant, dans l'exemple précédent, le signe * par +, nous obtenons :

```
trace(a + " plus " + b + " est égal a " + a + b);
```

À l'écran, le résultat s'affiche de la façon suivante :

Figure 1-8

L'affichage d'une addition à l'intérieur de la commande trace() ne fournit pas le bon résultat.

Remarque

L'ordinateur ne peut pas afficher la somme de a et de b parce que, lorsque le signe + est placé dans la fonction d'affichage, il a pour rôle de réunir des valeurs et du texte sur une même ligne d'affichage, et non d'additionner deux valeurs. 105 n'est que la réunion (concaténation) de 10 et de 5.

Pour afficher le résultat d'une addition, il est nécessaire de placer entre parenthèses le calcul à afficher. Par exemple :

```
trace(a + " plus " + b + " est égal a " + (a+b));
```

Le résultat à l'écran est :

Figure 1-9

Pour additionner deux nombres dans la commande trace(), il convient de placer l'opération entre parenthèses.

Le projet mini site

Pour vous permettre de mieux maîtriser les différentes notions abordées dans cet ouvrage, nous vous proposons de construire une application plus élaborée que les simples exercices appliqués donnés en fin de chapitre.

Notre objectif, n'est pas d'écrire une application très sophistiquée graphiquement ni d'écrire un programme complexe et optimal.

Nous souhaitons, à l'issue de ce projet, vous avoir initié aux techniques de programmation de base avec une bonne connaissance de la programmation objet, et vous avoir appris à transformer une simple idée en un programme qui la réalise au plus près.

Pour toutes ces raisons, nous allons définir le projet à partir de l'idée, puis examiner la démarche qui va permettre sa réalisation.

Le but est d'écrire une application interactive conviviale de type site Internet qui utilise, de par son contenu, une grande partie des capacités « multimédias » de Flash.

Pour sa réalisation, il convient de suivre les étapes suivantes :

- définition du problème (voir section « Cahier des charges ») ;

- description du fonctionnement de l'application (voir section « Spécifications fonctionnelles ») ;

- décomposition du problème en différentes étapes logiques (voir section « Spécifications techniques ») ;

- écriture des programmes associés à chacune des ces étapes (voir section « Le projet mini site » en fin de chaque chapitre de cet ouvrage) ;

- test des programmes (voir section « Le projet mini site » en fin de chaque chapitre de cet ouvrage).

Chacune de ces étapes est nécessaire à la bonne conduite d'un projet informatique.

Cahier des charges

La rédaction du cahier des charges va nous aider à délimiter le problème. Notre objectif est d'apprendre à programmer, tout en utilisant au mieux les capacités multimédias de Flash.

Examinons ce qu'il est possible de réaliser avec Flash :

- créer des animations plus ou moins complexes ;

- concevoir des éléments interactifs (boutons, menus, rubriques…) ;

- afficher des textes, des images, des vidéos ;

- intégrer du son.

Pour mettre en œuvre chacune des ces possibilités, nous vous proposons de construire un mini site qui rassemble, dans une même application, différents types de réalisations (photo, texte, animation avec ou sans son).

Les photos, les animations, les vidéos et les informations textuelles représentent des rubriques différentes.

La quantité d'informations (nombre de photos, d'animations…) n'est pas déterminée à l'avance. Pour que l'utilisateur puisse effectuer un choix, les photos, les animations, les vidéos sont présentées sous format réduit avant d'être affichées en grand format.

Un texte de présentation accompagne les éléments multimédias (photos, animations et vidéos). Il donne une brève description de l'élément informant par exemple sur le lieu ou la date de prise de la photo sous la forme d'une légende.

Spécifications fonctionnelles

Le cahier des charges définit certaines contraintes telles que le nombre de rubriques, la nécessité de créer des thèmes à l'intérieur de ces rubriques, ou encore la prise en compte des différents formats d'affichage. Pour répondre au plus près à ces contraintes, il est nécessaire de décrire le fonctionnement de l'application, c'est-à-dire d'en écrire les spécifications fonctionnelles.

Compte tenu du caractère multimédia de l'application, expliquer son fonctionnement revient à en présenter graphiquement les éléments (design) et la façon dont ils interagissent.

L'application doit présenter, sous une forme harmonieuse et cohérente, plusieurs thématiques. Pour réaliser cela, il existe différentes techniques usuelles permettant la navigation d'un thème à un autre. Il s'agit des éléments d'interaction comme les menus ou encore les barres de navigation.

Schémas de présentation

Compte tenu du cahier des charges et des différents éléments de navigation qui en découlent, nous vous proposons d'organiser le mini site sous différentes formes, selon le type d'information à présenter. Ces formes sont communément appelées les pages du site.

Les pages du mini site à construire sont la page principale offrant la possibilité à l'internaute de visiter l'intégralité du site. Nous appelons cette page, la page Accueil. Les autres pages du site sont nommées en fonction du type d'informations qu'elles contiennent. Ainsi nous aurons les pages Photos, Animes, Videos et Info.

La page Accueil

Lorsque l'internaute arrive sur le site, le titre du site s'affiche ainsi que les différentes rubriques proposées par le cahier des charges. Les rubriques se présentent sous la forme de zones rectangulaires colorées cliquables. À l'ouverture du site, les différentes zones colorées s'affichent au hasard sur la scène puis se déplacent en douceur vers leur position finale.

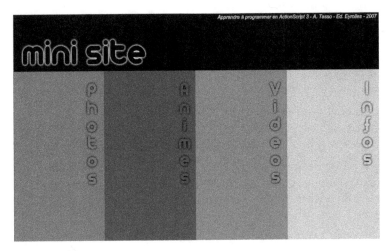

Figure 1-10

La page d'accueil du mini site présente les différentes rubriques du site sous forme de zones colorées cliquables.

Lorsque les zones colorées ont trouvé leur position définitive, elles deviennent des rubriques cliquables afin de permettre à l'internaute de visualiser ce qu'elles contiennent.

Les pages Photos et Animes

Les pages Photos et Animes s'affichent lorsque l'utilisateur clique sur les rubriques correspondantes. Les pages arrivent à l'écran à l'aide d'une petite animation qui rend la visite du site plus agréable (voir section « Navigation » ci-après).

Figure 1-11

La page Photos

Les pages Photos et Animes se présentent sous la même forme. Chacune possède une série de vignettes qui représentent sous un format réduit les photos ou les animations à visualiser. Lorsque le curseur de la souris survole une des vignettes, un texte apparaît donnant des informations plus précises sur la photo ou l'animation.

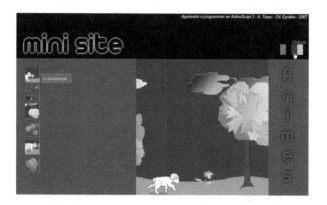

Figure 1-12

La page Animes

Lorsque l'utilisateur clique sur une des vignettes, la photo ou l'animation s'affiche en grand format à la droite des vignettes.

Les vignettes, les photos, les animations ainsi que les textes sont chargés dynamiquement de façon à rendre le site plus facilement téléchargeable.

La page Videos

La page Videos a pratiquement la même apparence que les pages Photos et Animes. Une série de vignettes représentant les thèmes généraux des vidéos est proposée à l'utilisateur. Les vignettes réagissent au survol de la souris de la même façon que les vignettes des pages Photos et Animes.

Figure 1-13

La page Vidéos

La différence entre la page Videos et les précédentes apparaît lorsque l'utilisateur clique sur une vignette. En effet, lorsque ce dernier clique sur des vignettes de la rubrique, un outil de contrôle des vidéos s'affiche en grand format à la droite des vignettes. Ce dernier propose des éléments d'interaction pour lancer, faire une pause ou arrêter la vidéo. Il est également possible de modifier le volume sonore de la vidéo en cours de lecture.

Les vignettes et les textes accompagnant les vidéos sont chargés dynamiquement. La vidéo est lue en *streaming*.

La page Infos

La page Infos se présente différemment des pages précédentes. L'objectif de cette page est d'exposer des informations relatives à l'environnement Flash sous la forme :

- d'informations textuelles (bibliographie) ;
- de liens cliquables (webographie) ;
- d'adresses de type courrier électronique pour dialoguer avec l'auteur.

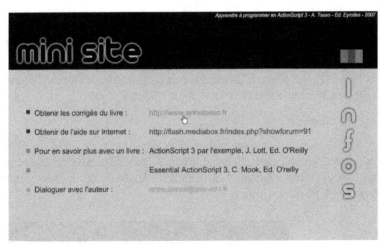

Figure 1-14
La page Infos

Les informations présentes sur la page sont lues à partir d'un fichier XML qui regroupe les différentes informations ainsi que leur type (lien, texte, mail).

Navigation

Pour passer d'une page à l'autre nous devons définir des éléments de navigation qui rendent le site plus agréable à visiter. Ces éléments sont ceux qui réagissent aux clics de l'internaute. Ils sont :

- les rubriques présentes dès la page d'accueil ;

- le titre du site ((voir figure 1-15. ❶) ;

- les vignettes associées à une page (voir figure 1-15. ❷) ;

- les petits rectangles colorés situés en haut et à droite de la scène (voir figure 1-15. ❸) ;

- les liens cliquables de la page Infos (voir figure 1-15. ❹).

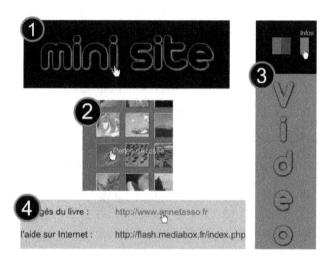

Figure 1-15
Le titre, les rubriques et les mini rubriques sont des éléments de navigation.

Pour indiquer qu'un élément est cliquable, nous devons faire en sorte qu'il réagisse au survol de la souris en changeant l'intensité de sa couleur et en transformant le flèche de la souris en forme de main.

Cliquer sur l'un des ces éléments a pour conséquence d'afficher un nouvel élément (une page, une photo, ...). La façon dont s'affiche ces nouveaux éléments ne doit pas être négligée car, elle permet d'améliorer l'ergonomie et la convivialité du site. Pour cela, il convient de définir un « scénario » d'affichage des éléments.

Affichage de la page d'accueil

Afficher la page d'accueil consiste à présenter les quatre rubriques sous la forme de quatre zones rectangulaires de couleur différente. Cet affichage s'effectue en douceur dès le chargement du site. Les quatre zones colorées sont tout d'abord invisibles puis progressivement visibles. Elles s'affichent n'importe où sur la scène et se déplacent peu à peu vers leur position finale.

Il est possible d'afficher à nouveau cette page introductive en cliquant sur le titre du site. L'affichage des rubriques s'effectue alors de la même façon que lors du chargement du site.

Affichage d'une page

Lorsque l'utilisateur clique sur une des rubriques, la page associée s'affiche tout d'abord sur une ligne dont la couleur correspond à celle de la rubrique. La ligne s'épaissit ensuite pour devenir une zone rectangulaire dont la taille correspond aux limites de la scène.

Lorsque la zone est entièrement affichée :

• les vignettes ou les liens cliquables s'affichent sur le côté gauche de la page. Cliquer sur une vignette a pour conséquence d'afficher une photo, une animation ou le lecteur vidéo. Ces éléments apparaissent à l'écran en donnant l'impression qu'ils s'agrandissent en partant de la vignette cliquée pour arriver sur le côté droit de la page.

• Lorsque l'utilisateur clique sur un des liens de la page Info, soit une nouvelle page est créée dans le navigateur afin d'afficher le contenu du site associé au lien, soit un message est crée à partir du logiciel de messagerie de l'utilisateur pour qu'il puisse envoyer un message à l'auteur ;

• trois petits rectangles symbolisant les autres rubriques s'affichent au dessus de la page. Si l'utilisateur clique sur l'un d'entre eux, la page correspondant à la rubrique s'affiche de la même façon que précédemment. Le petit rectangle correspondant à la page en cours est effacé. Un texte indiquant le nom de la rubrique s'affiche lorsque le curseur de la souris survole chacun des petits rectangles.

Spécifications techniques

Après avoir déterminé l'aspect graphique de notre application, ainsi que les interactions entre les différents éléments qui la composent, nous sommes en mesure d'examiner les étapes nécessaires à la réalisation du mini site.

Les objets manipulés

Chaque élément dessiné sur la présentation du mini site est un objet à créer en mémoire. Certains (les vignettes, les pages particulier) sont constitués également d'objets.

Chaque photo ou animation doit être placée dynamiquement dans le programme, de façon à pouvoir être modifiées sans avoir à transformer l'application finale. Ainsi, les photos sont placées dans un répertoire spécifique nommé Photos. Le répertoire contient par exemple tout ce qui concerne la page Photos (les vignettes - vignette0.jpg, vignette1.jpg..., les photos en grand format - Photos0.jpg, Photos1.jpg... ou les textes accompagnant les photos - Infos0.jpg, Infos1.jpg...).

La liste des ordres

Pour créer une application telle que le mini site, nous devons décomposer l'ensemble de ses fonctionnalités en tâches élémentaires. Pour ce faire, nous partageons l'application en différents niveaux, de difficulté croissante.

L'étude étape par étape de l'ensemble de cet ouvrage va nous permettre de réaliser cette application. Elle intégrera en fin de chaque chapitre les étapes de « Conception/développement » et « Implémentation/tests ».

Ainsi, pour commencer, nous verrons, au chapitre 2, « Les symboles », comment définir et représenter les objets utiles et nécessaires pour réaliser une telle application.

Mémento

- L'instruction :

```
var positionEnX:Number = 2;
```

  définit une variable nommée `positionEnX` de type numérique, contenant la valeur 2.

- L'instruction :

```
var mot:String = "Bonjour";
```

  déclare une variable nommée `mot` contenant la suite de caractères `"Bonjour"`. Cette variable est de type `String`.

- La commande :

```
trace(" x ------> " + positionEnX);
```

  affiche dans la fenêtre de sortie le contenu de la variable `positionEnX` précédé du commentaire `x ------>`.

- Les instructions :

```
a = 1;
a = 3;
```

  sont exécutées de haut en bas. Ainsi, la valeur initiale de a (1) est effacée et écrasée par la valeur 3.

- La suite des instructions :

```
n = 4;
p = 5*n+1;
```

  place la valeur 4 dans la variable n. L'expression `5 * n + 1` est ensuite calculée. Le résultat est enfin rangé dans la variable représentée par p.

- L'instruction :

```
a = a + 1;
```

  est une instruction d'incrémentation. Elle permet d'augmenter de 1, la valeur contenue dans la variable a.

- La suite des instructions :

```
tmp = a;
a = b;
b = tmp;
```

   a pour résultat d'échanger les contenus des variables a et b.

- Les instructions :

```
var mot1:String = "Le mystère ";
var mot2:String = "de la chambre jaune";
var titre:String = mot1 + mot2;
```

   placent la chaîne de caractères contenue dans mot2 à la suite de mot1, dans la chaîne nommée titre.

- Dans l'instruction :

```
var phrase :String = "Agent secret " + 707;
```

   ActionScript convertit le chiffre 707 en chaîne "707" et l'ajoute à la fin de la suite de caractères "Agent secret ". La variable phrase contient la chaîne "Agent secret 707".

Exercices

Repérer les instructions de déclaration, observer la syntaxe d'une instruction

☞ **Exercice 1.1**

Observez ce qui suit, et indiquez ce qui est ou n'est pas une déclaration et ce qui est ou n'est pas valide :

```
var i:Number = 210;
var valeur:Number = 320;
var limite - j = 1024;
var val:Number = tmp / 16;
var j + 1:Number;
var var:Number = 10;
var i:String ="cent";
var A:Number = i / 2;
var X:Number = i + 2;
```

Comprendre le mécanisme de l'affectation

☞ **Exercice 1.2**

Quelles sont les valeurs des variables A, B, C après l'exécution de chacun des extraits de programme suivants ?

a.	b.
`A = 3.5;`	`A = 0.1;`
`B = 1.5;`	`B = 1.1;`
`C = A + B;`	`C = B;`
`B = A + C;`	`D = A + 1;`
`A = B;`	`A = D + C;`

Comprendre le mécanisme d'échange de valeurs

☞ **Exercice 1.3**

Dans chacun des cas, quelles sont les valeurs des variables a et b après l'exécution de chacune des instructions suivantes ?

1.	2.
`a = 255`	`a = 255`
`b = 360`	`b = 360`
`a = b`	`b = a`
`b = a`	`a = b`

☞ **Exercice 1.4**

Laquelle des options suivantes permet d'échanger les valeurs des deux variables a et b ? Pour vous aider, supposez que a et b sont initialisées à 100 et 200 respectivement.

```
a = b; b = a;
t = a; a = b; b = t;
t = a; b = a; t = b;
```

☞ **Exercice 1.5**

Quel est l'effet des instructions suivantes sur les variables a et b (pour vous aider, initialisez a à 2 et b à 5) :

```
a = a + b;
b = a - b;
a = a - b;
```

☞ **Exercice 1.6**

Soient trois variables a, b et c. Écrivez les instructions permutant les valeurs, de sorte que la valeur de b passe dans a, celle de c dans b et celle de a dans c. N'utilisez qu'une (et une seule) variable entière supplémentaire, nommée `tmp`.

Calculer des expressions

☞ **Exercice 1.7**

Donnez la valeur des expressions suivantes, pour n = 10, p = 3, r = 8, s = 7, t = 21 et x = 2.0 :

a.	b.
x + n % p	r + t / s
(x + n) % p	(r + t) / s
x + n / p	r + t % s
(x + n) / p	(r + t) % s
5. * n	r + s / r + s
(n + 1) / n	(r + s) / (r + s)
n + 1 / n	r + s % t
r + s / t	

Comprendre les opérations de sortie

☞ **Exercice 1.8**

Soit un programme ActionScript contenant les déclarations :

```
var i:Number = 223;
var j:Number = 135;
var a:Number = 1.5;
var R:String = "T";
var T:String = "R";
trace("La fenêtre est placée en x : " + i + " et en y : "+ j);
trace(" avec le coefficient "+ a + " le déplacement : "+ a * i + j);
trace(" La variable R = " + R + " et T = " + T);
trace(" T + R = " + T + R);
```

☞ **Exercice 1.9**

Écrivez les instructions trace() de façon à obtenir les deux fenêtres de sortie suivantes, lorsque xx = 4 et yy = 2 ou lorsque xx = 9 et yy = 3 :

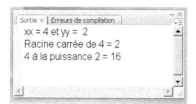 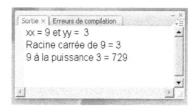

Figure 1-16

Le résultat est affiché dans la fenêtre de sortie.

Remarque

Notez que la racine carrée de x s'obtient par la fonction `Math.sqrt(x)` et que a^b se calcule avec la méthode `Math.pow(a,b)`...

2

Les symboles

Programmer avec Flash, c'est, nous l'avons vu en introduction, associer des éléments graphiques avec des instructions du langage ActionScript. En effet, une animation programmée sous Flash est composée d'éléments se déplaçant selon des trajectoires calculées à l'aide d'expressions mathématiques ou encore réagissant aux actions de l'utilisateur.

Chaque élément doit donc être reconnu par Flash comme un élément particulier, différent, par son comportement, des autres objets graphiques placés sur la scène.

Comme pour les variables, la seule façon de distinguer un élément graphique d'un autre est de lui donner un nom. Pour réaliser cette opération, nous devons transformer les éléments graphiques en symboles. Flash propose trois types de symboles. Nous étudierons en section « Les différents types de symboles » comment créer chacun d'entre eux.

La notion de symbole découle directement de la programmation objet. Nous examinerons, au cours de la section « Créer un objet à partir d'un symbole », chacun des concepts associés à ce mode de programmation. Au cours de la partie « Propriétés et méthodes d'un objet », nous préciserons le fonctionnement d'un symbole au sein d'un programme écrit en ActionScript.

Les différents types de symboles

L'environnement Flash propose un ensemble d'outils permettant de créer des éléments graphiques plus ou moins élaborés suivant le savoir-faire de l'utilisateur. Ces éléments ne restent que de simples dessins composés de matières (couleur, texture, bords…) tant que le concepteur ne les transforme pas en symboles.

En effet, ActionScript ne sait pas afficher, déplacer ou transformer un dessin, si ce dernier n'est pas décrit sous la forme d'un symbole.

Créer un symbole

Il existe deux façons de créer un symbole : soit en transformant un dessin en symbole, soit en créant un symbole vide dans lequel on place un dessin.

Transformer un dessin en symbole

Votre dessin se trouve sur la scène et il est constitué de matières (couleurs, traits…). Pour le transformer en symbole, il suffit de le sélectionner, puis de taper sur la touche F8 de votre clavier, ou encore de dérouler le menu Insertion et de sélectionner l'item Convertir en symbole.

La boîte de dialogue illustrée par la figure 2-1 apparaît.

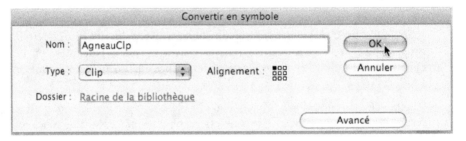

Figure 2-1
La boîte de dialogue Convertir en symbole apparaît en tapant sur la touche F8 de votre clavier (Flash CS4).

Cette boîte de dialogue est utile pour définir les caractéristiques du symbole, à savoir son nom, son comportement ainsi que son point d'alignement.

• Dans la zone Nom, tapez le nom que vous souhaitez attribuer au symbole.

Remarque

Tout comme pour les variables, il est conseillé de donner un nom significatif à chaque symbole créé. Évitez de garder symbole1, symbole2… proposés par défaut. Il est beaucoup plus facile de rechercher un symbole parmi une centaine d'autres lorsque son nom permet de l'identifier rapidement.

• Dans la zone Comportement, sélectionnez l'option Clip, Bouton ou Graphique selon le type de symbole que vous souhaitez créer. Les différents types de symboles sont décrits en détail par la suite.

- Sur la zone Alignement, vous pouvez choisir le point d'ancrage du symbole. Le choix du point d'alignement (rectangle noir) définit la position du point d'origine d'un symbole. Cette origine est utilisée lors d'un affichage par une instruction en ActionScript ou pour effectuer une rotation ou encore un déplacement. Par défaut, ce point est placé au centre.

Les caractéristiques du symbole sont enregistrées après validation de la boîte de dialogue. Le symbole apparaît alors sur la scène, encadré par un rectangle dont les bords sont bleus, englobant l'intégralité du dessin. Une croix représente le point d'ancrage du symbole.

Si vous souhaitez modifier le symbole, double-cliquez à l'intérieur de la zone rectangulaire. Vous n'êtes plus alors sur la scène principale, mais sur la scène du symbole comme le montre la barre de titre de la scène (voir figure 2-2). Vous disposez d'une ligne de temps propre au clip dans lequel vous vous trouvez.

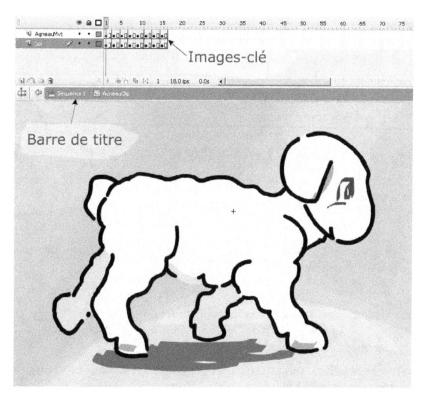

Figure 2-2

Fenêtre d'édition du symbole AgneauClp

Vous pouvez alors modifier votre symbole en travaillant de la même façon que si vous étiez sur la scène principale. Pour revenir sur cette dernière, il vous suffit de cliquer sur l'icône Séquence 1 située dans la barre de titre de la scène (voir figure 2-2).

Remarque

Si les éléments graphiques situés sur la scène principale sont disposés sur plusieurs calques, alors ceux-ci sont placés, lors de la transformation en symbole, sur un seul et unique calque. La perte de ces différents calques peut être une source d'inconvénients lorsque vous souhaitez modifier un élément du dessin.

Créer un symbole vide

Pour éviter la perte des calques lors de la transformation d'un dessin en symbole, il est préférable de créer un symbole à partir d'une fenêtre vide. Pour cela, tapez sur les touches Ctrl + F8 (PC) ou Cmd + F8 (Mac), ou alors déroulez le menu Insertion et sélectionnez l'item Nouveau Symbole.

La boîte de dialogue de la figure 2-3 apparaît.

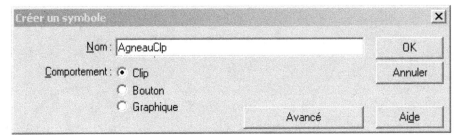

Figure 2-3

La boîte Créer un symbole apparaît en tapant sur les touches Ctrl + F8 de votre clavier (Flash CS3).

Cette boîte de dialogue est utilisée pour définir les caractéristiques du symbole, à savoir son nom, son comportement.

- Dans la zone Nom, tapez le nom que vous souhaitez attribuer au symbole.

- Dans la zone Comportement sélectionnez l'option Clip, Bouton ou Graphique, selon le type de symbole que vous souhaitez créer. Les différents types de symboles sont décrits en détail ci-après.

Après validation, vous pouvez travailler directement sur la scène du symbole, en utilisant les calques et les différents outils de dessin.

Remarque

Au centre de la scène associée au symbole, figure une croix représentant le point de référence du symbole. Elle définit le point origine utilisé lors d'un affichage par une instruction en ActionScript.

Symbole de type Clip

Le symbole de type `Clip` est également appelé « clip d'animation » ou encore en anglais *movie clip*. Il est le type de symbole le plus utilisé lorsque l'on utilise l'environnement Flash pour créer un symbole. Il permet de rassembler sous un même nom une animation à part entière, ayant son propre scénario. Il s'obtient en choisissant le comportement `Clip` dans les boîtes de dialogue Créer un symbole ou Convertir un symbole (voir figures 2-1 et 2-3).

> **Remarque**
>
> Dans cet ouvrage, nous choisissons, par convention, de donner la terminaison « Clp » à tous les symboles de type `Clip` que nous aurons à créer.

Un clip d'animation peut être un oiseau qui vole, un personnage qui marche ou encore un élément d'interface comme un menu déroulant. Un clip est autonome, il fonctionne indépendamment de l'animation principale, s'affiche ou s'efface à des instants précis au cours de l'animation principale. Chaque clip contient son propre scénario.

Un clip peut également contenir du son, des images ou de la vidéo.

Exemple : l'agneau

Examinons comment réaliser un clip représentant un agneau qui marche. Pour vous simplifier la tâche, nous avons placé les images-clés de ce mouvement dans le fichier `Exemples/chapitre2/AgneauImagesCle.fla` (cf. extension web).

Création du symbole

Nous allons créer un symbole vide de type `Clip`, nommé `AgneauClp`, en tapant sur les touches Ctrl + F8 de votre clavier.

Pour réaliser notre animation, nous devons être en possession de plusieurs images qui simulent le mouvement de marche de l'animal. Chacune de ces images s'appelle une image-clé. Symboliquement, une image-clé est représentée, sur la ligne de temps, par une cellule avec une pastille noire ou blanche (voir figures 2-2 et 2-4). Si la pastille est blanche, cela signifie que l'image est vide (aucun symbole ni dessin n'est placé sur cette image).

> **Remarque**
>
> La ligne de temps (*timeline*, en anglais) est constituée d'une suite de cellules. Chaque cellule représente une image-clé ou une image intermédiaire. Une image-clé est une image construite par le développeur ou le graphiste, alors qu'une image intermédiaire est définie et calculée par Flash. Les images-clés sont utilisées pour positionner vos dessins, définir leur taille, leur couleur, etc.

Insertion des images-clés

Pour insérer une image-clé, dans le clip, vous devez :

- sélectionner une cellule sur la ligne de temps ;

- taper sur la touche F6 de votre clavier ou encore dérouler le menu Insertion et sélectionner l'item Image-clé.

Ensuite, vous pouvez soit dessiner votre propre image, soit copier l'image-clé n° 1 du fichier Exemples/chapitre2/AgneauImagesCle.fla.

Après avoir copié la première image dans l'image-clé n° 1 du clip AgneauClp, sélectionnez la cellule n° 2 sur la ligne de temps, tapez sur la touche F6 de votre clavier pour créer l'image-clé n° 2 et copiez la seconde image-clé du fichier Exemples/chapitre2/AgneauImagesCle.fla. Répétez cette opération pour les 6 images-clés suivantes.

Les 8 images-clés que vous venez de créer correspondent aux 8 mouvements clés simulant le mouvement de marche de l'agneau. Après avoir réalisé l'ensemble de ces opérations, votre clip d'animation AgneauClp doit avoir une ligne de temps telle que le montre la figure 2-4.

Figure 2-4

La ligne de temps du clip d'animation AgneauClp est composée de 8 images-clés.

Contrôle du clip AgneauClp

Pour vérifier le bon fonctionnement du clip, vous devez :

- revenir sur la scène principale, en cliquant sur Séquence 1 dans la barre de titre de la scène ;

- afficher le panneau Bibliothèque en tapant sur la touche F11 de votre clavier ;

- sélectionner le clip d'animation AgneauClp dans le panneau Bibliothèque et le tirer à l'aide de la souris sur la scène principale. Ce faisant, vous venez de créer une instance, une occurrence (copie) du clip AgneauClp ;

- lancer la lecture de l'animation en tapant sur les touches Ctrl + Entrée (PC) ou Cmd + Entrée (Mac).

Extension web

Vous trouverez cet exemple dans le fichier `ClipAnimationAgneau.fla`, sous le répertoire `Exemples/chapitre2`.

Remarque

Lorsque l'instance du clip copié sur la scène est sélectionnée, observez le panneau Propriétés (voir figures 2-5). Grâce à ce panneau, nous pouvons vérifier le nom du symbole auquel appartient l'occurrence, modifier éventuellement son comportement et lui donner un nom.

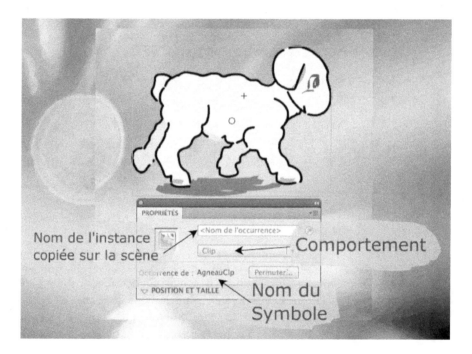

Figure 2-5

Panneau Propriétés d'un symbole de type Clip (Flash CS4).

À la lecture de l'animation, nous constatons que l'agneau est animé, mais il reste sur place. Pour simuler un déplacement, nous devons, par exemple, déplacer le clip de la gauche vers la droite afin de donner l'illusion que l'agneau marche vers la droite. Ce type de mouvement est très facilement réalisable en ActionScript. Nous l'étudierons en section « Les événements liés au temps » du chapitre 3, « Communiquer ou interagir ».

Symbole de type Bouton

Le symbole de type Bouton permet de créer l'interaction entre l'utilisateur et l'animation. Il permet, par exemple, de lancer d'un simple clic une animation ou un son.

Le symbole de type Bouton est très différent des autres types de symboles. Son comportement est entièrement dépendant de la position du curseur de la souris. Trois états le décrivent :

- le premier état correspond à l'état normal, lorsque aucune action n'est réalisée sur le bouton ;

- le second correspond à l'état du bouton lorsque le curseur de la souris passe sur le bouton (en anglais cet état s'appelle le *rollover*) ;

- le troisième et dernier état est celui où l'on clique sur le bouton.

Pour décrire chacun de ces comportements, le symbole de type Bouton possède un scénario très particulier, composé de quatre images-clés (voir figure 2-6).

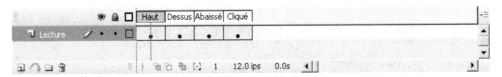

Figure 2-6
La ligne de temps du symbole Bouton est composée de 4 images-clés.

Ces trois états sont décrits par les cellules Haut, Dessus, et Abaissé. Chacune d'entre elles correspond à une image-clé sur la ligne de temps. En dernière position se trouve l'image-clé nommée Cliquable. Elle permet de définir la zone cliquable du bouton. Lorsque le curseur de la souris se trouve sur cette zone, ce dernier change de forme. La zone cliquable peut être plus grande ou plus petite que la forme du bouton.

Exemple : fabriquer un bouton Lecture

Examinons comment réaliser le bouton de lancement de la lecture d'une animation. Pour vous simplifier la tâche, nous avons placé les images-clés de ce bouton dans le fichier Exemples/chapitre2/LectureImagesCle.fla (cf. extension web).

Créer le symbole LectureBtn

Le symbole LectureBtn est créé en tapant sur les touches Ctrl + F8, lorsque nous nous trouvons sur la scène principale (Séquence 1). Après avoir sélectionné le comportement Bouton dans la boîte de dialogue Créer un symbole et l'avoir nommé LectureBtn, validez afin d'entrer dans la fenêtre d'édition du symbole (figure 2-7).

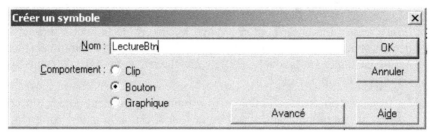

Figure 2-7

La boîte de dialogue Créer un symbole permet de créer un symbole de type Bouton, nommé LectureBtn (Flash CS3).

Remarque

Dans cet ouvrage, nous choisissons par convention, de donner la terminaison « Btn » à tous les symboles de type `Bouton` que nous aurons à créer.

L'image-clé Haut

Sur la ligne de temps, le curseur est positionné sur la première image-clé nommée `Haut`. Sur cette image est placée la forme du bouton dans son état initial, lorsque aucune action n'est réalisée. Nous vous proposons de créer un bouton dont la forme est la suivante (voir figure 2-8) :

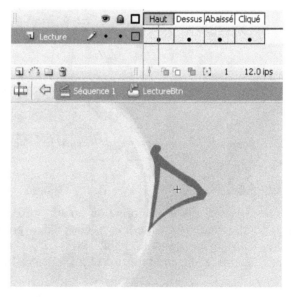

Figure 2-8

Forme du bouton au repos

L'image-clé Dessus

Pour créer la forme du bouton lorsque le curseur de la souris survole le bouton, nous devons créer une nouvelle image-clé dans la cellule Dessus. Pour cela, sélectionnez cette dernière et tapez sur la touche F6 de votre clavier, ou déroulez le menu Insertion et sélectionnez l'item Image-clé.

La forme du bouton de l'image Haut est automatiquement copiée sur la cellule Dessus. Le bouton, au moment du survol de la souris, est de la même forme qu'à l'état initial. Il change simplement de couleur. Nous vous proposons de modifier uniquement les couleurs du bouton comme sur la figure 2-9.

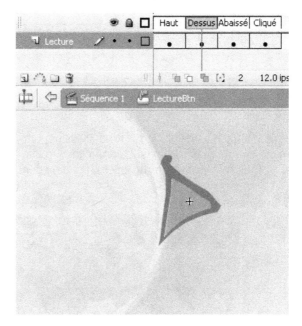

Figure 2-9

Le bouton change de couleur lorsque le curseur de la souris passe dessus.

L'image-clé Abaissé

Sur l'image Abaissé, est placée la forme du bouton lorsque l'utilisateur clique sur le bouton de la souris. Pour créer cette image, nous allons procéder comme pour l'image Dessus, en créant une image-clé sur la cellule Abaissé. Pour cela, tapez sur la touche F6 de votre clavier ou déroulez le menu Insertion et sélectionnez l'item Image-clé.

La forme du bouton de l'image Dessus est automatiquement copiée sur la cellule Abaissé. Le bouton, au moment du clic de la souris, est de la même forme qu'à l'état Dessus. Pour donner l'impression que le bouton s'enfonce au moment du clic, nous allons décaler le bouton vers le bas et la droite de quelques pixels, et rendre plus foncée la couleur de l'intérieur du triangle, comme le montre la figure 2-10.

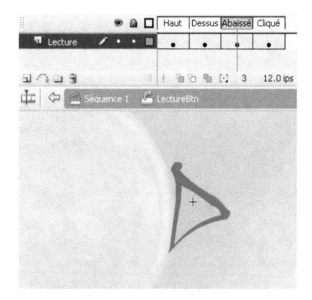

Figure 2-10

Le bouton change de couleur et se décale vers le bas lorsque l'utilisateur clique dessus.

L'image-clé Cliquable

La zone Cliquable correspond à la zone sensible du bouton. Cette zone peut être plus grande ou plus petite que la forme du bouton. Sur cette zone, le curseur change automatiquement de forme. Il devient une main dont l'index pointe sur le bouton.

Dans notre exemple, nous choisissons de prendre, comme zone cliquable, le triangle intérieur du bouton. Pour cela, nous devons créer une image-clé en tapant sur la touche F6 du clavier, après avoir sélectionné la cellule Cliquable ou encore en déroulant le menu Insertion et en sélectionnant l'item Image-clé.

La forme du bouton de l'image Abaissé est automatiquement copiée sur la cellule Cliquable. Pour obtenir, comme zone cliquable, le triangle interne au bouton, il nous reste à supprimer les bords du triangle, comme le montre la figure 2-11.

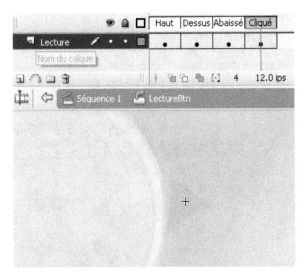

Figure 2-11

La zone cliquable correspond au triangle intérieur du bouton.

Contrôle du bouton LectureBtn

Pour vérifier le bon fonctionnement du bouton, vous devez :

- revenir sur la scène principale, en cliquant sur Séquence 1 dans la barre de titre de la scène ;

- afficher le panneau Bibliothèque en tapant sur la touche F11 de votre clavier, s'il n'est déjà affiché ;

- sélectionner le bouton LectureBtn dans le panneau Bibliothèque et le tirer à l'aide de la souris sur la scène principale. Ce faisant, vous venez de créer une instance, ou encore occurrence (copie) du bouton LectureBtn ;

- lancer la lecture de l'animation en tapant sur les touches Ctrl + Entrée (PC) ou Cmd + Entrée (Mac).

Extension web

Vous trouverez cet exemple dans le fichier BoutonLecture.fla, sous le répertoire Exemples/ Chapitre2.

Remarque

Lorsque l'instance du bouton copiée sur la scène est sélectionnée, observez le panneau Propriétés (voir figure 2-12). Grâce à ce panneau, il est possible de vérifier le nom du symbole auquel appartient l'occurrence, de modifier éventuellement son comportement et de lui donner un nom.

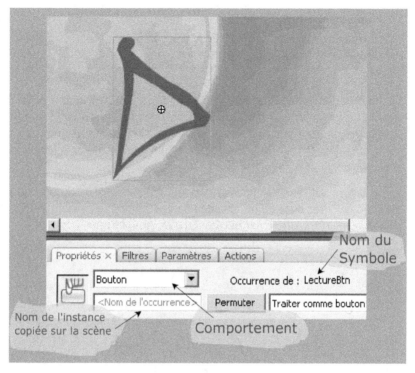

Figure 2-12

Panneau Propriétés d'un symbole de type Bouton (Flash CS3).

L'animation lancée, observez les différents états du bouton de lecture, les changements de couleur ainsi que l'effet d'enfoncement du bouton par décalage de sa forme. Notez également que le bouton et le curseur de la souris ne changent de forme que lorsque ce dernier se trouve à l'intérieur du bouton, dans la zone cliquable.

L'animation du bouton fonctionne correctement. Mais pour l'instant, il ne lance aucune animation. Nous verrons au chapitre 3, « Communiquer ou interagir », comment associer des actions aux boutons, en utilisant des instructions en ActionScript.

Symbole de type Graphique

Le symbole de type Graphique est le type le moins employé dans l'environnement Flash. Il est utilisé pour les éléments graphiques fixes et répétés. Les éléments de décor ou d'interface sont typiquement des dessins que l'on doit transformer en symbole Graphique.

Ce type de symbole s'obtient en sélectionnant le comportement Graphique dans les boîtes de dialogue Créer un symbole ou Convertir un symbole (voir figures 2-1 et 2-3).

> **Remarque**
>
> Dans cet ouvrage, nous choisissons, par convention, de donner la terminaison « Grq » à tous les symboles de type Graphique que nous aurons à créer.

La fenêtre d'édition d'un symbole graphique est identique à celle d'un symbole de type Clip. Le symbole graphique étant utilisé pour des images statiques contenant un simple dessin, la ligne de temps associée au symbole ne contient qu'une seule image-clé. Cependant, rien n'interdit de placer plusieurs images à l'intérieur d'un symbole graphique.

La seule vraie différence entre un symbole graphique et un clip est qu'il n'est pas possible de donner un nom à une instance de graphique (voir figure 2-15). Un graphique ne peut donc pas être utilisé par une commande ActionScript.

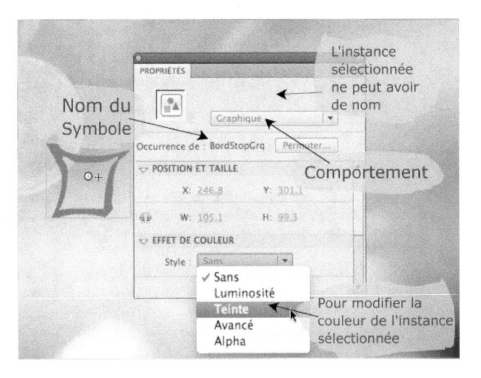

Figure 2-13

Panneau Propriétés d'un symbole de type Graphique (Flash CS4).

La question se pose de savoir pourquoi utiliser un tel type de symbole. En réalité, les symboles de type Graphique permettent d'alléger le poids des animations et de faciliter leur mise à jour.

Faciliter les modifications

Un site Internet écrit en Flash contient un très grand nombre d'éléments graphiques constants. Il s'agit de la charte graphique. Le logo, les boutons de navigation, les titres et sous-titres, le fond de la page en font partie. Leur utilisation est répétée plusieurs fois à l'intérieur du site.

Pour être vivant, un site change régulièrement d'allure. Il s'agit alors de modifier tout ou partie de la charte graphique. Ce travail peut être long et fastidieux si les éléments graphiques sont dispersés tout au long du site, sans avoir été enregistrés sous la forme de symboles graphiques. En effet, il faut alors rechercher chaque dessin, chaque forme à l'intérieur des différentes images-clés composant le site.

En décrivant les éléments constants sous la forme de symboles graphiques, les changements deviennent beaucoup plus faciles. En effet, modifier un symbole a pour résultat de corriger toutes les copies du symbole présentes dans l'animation.

Ainsi, transformer la forme du logo d'un site revient non plus à rechercher toutes les images contenant le logo et les rectifier une à une, mais à simplement retoucher le symbole représentant le logo. Cette modification est alors répercutée sur toutes les images contenant ce symbole.

> **Extension web**
>
> Vous trouverez un exemple utilisant des symboles de type `Graphique` dans le fichier `Bouton-LectureGrq.fla`, sous le répertoire `Exemples/chapitre2`.

Créer un objet à partir d'un symbole

Grâce aux symboles, chaque dessin est enregistré sous un nom qui lui est propre. De cette façon, les symboles sont réutilisables à tout moment et sont entièrement contrôlables par ActionScript. Utiliser des symboles au sein d'un programme apporte une grande souplesse et de très nombreuses possibilités pour créer des applications ou des animations.

Quelle différence entre un symbole et une occurrence ?

Créer un symbole, c'est placer un dessin sous forme de modèle dans la bibliothèque associée à l'animation. Le symbole ainsi enregistré devient le modèle de référence.

> **Remarque**
>
> Le panneau Bibliothèque apparaît en tapant sur la touche F11 de votre clavier ou en déroulant le menu Fenêtre et en sélectionnant l'item `LectureBtn` (voir figure 2-16).

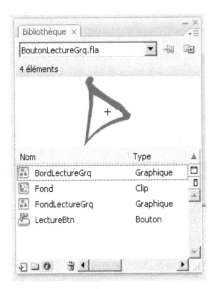

Figure 2-14
La bibliothèque associée à l'animation BoutonLectureGrq.fla

Par exemple, le panneau Bibliothèque de l'animation BoutonLectureGrq.fla est constitué de quatre symboles, appelés respectivement BordLectureGrq, Fond, FondLectureGrq et LectureBtn.

Ensuite, pour être utilisés par l'animation, les symboles doivent être placés sur la scène. Il existe différentes techniques pour réaliser une telle opération, comme nous le verrons à la section « Les différentes façons de créer des occurrences ».

En déplaçant un élément de la bibliothèque sur la scène, nous créons une instance ou encore occurrence. Il est possible de créer autant d'instances que nous le souhaitons.

Chaque occurrence est alors un élément individuel qui peut être nommé et traité de façon indépendante par rapport aux autres.

Modifier un symbole

Il existe deux façons de modifier un symbole : soit en double-cliquant sur l'objet dans le panneau Bibliothèque, soit en double-cliquant sur une instance de l'objet présente sur la scène. Ces deux méthodes nous amènent sur le scénario propre au symbole. Les transformations s'effectuent à l'intérieur de ce scénario, en utilisant les outils de dessin proposés par Flash.

Modifier l'occurrence d'un symbole, en entrant dans le scénario propre à l'occurrence, revient à corriger le symbole lui-même et donc toutes les occurrences. En effet, elles sont toutes une copie du modèle original. Si ce dernier est rectifié, alors toutes les occurrences présentes sur la scène le seront à leur tour.

Par exemple, si l'on ajoute un chapeau sur la tête de l'agneau dans le clip AgneauClp, en double-cliquant sur une des occurrences présentes sur la scène, nous voyons apparaître le chapeau sur chacune des occurrences comme le montre la figure 2-15.

Extension web

Vous trouverez cet exemple dans le fichier ModificationSymbole.fla, sous le répertoire Exemples/ Chapitre2.

Figure 2-15

Modifier le symbole entraîne la modification de toutes les occurrences.

Modifier l'occurrence

Il est cependant possible de modifier une instance précise placée sur la scène, et non le modèle, comme nous venons de le faire précédemment. Pour cela, il ne faut pas double-cliquer sur l'occurrence, mais simplement sélectionner celle que nous souhaitons transformer.

Les seules corrections possibles, pour une occurrence, sont la taille, l'orientation, la couleur et la transparence. Elles s'effectuent de façon indépendante, d'une instance à l'autre.

Pour changer la taille ainsi que l'orientation, il convient d'utiliser l'outil de transformation proposé dans la boîte à outils. Pour la couleur et la transparence, vous devez sélectionner les menus appropriés dans le panneau Propriétés de l'instance (voir figure 2-16).

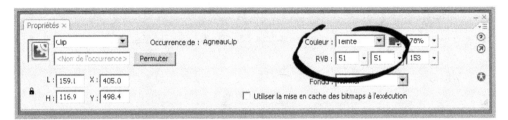

Figure 2-16
Le panneau Propriétés permet de modifier la couleur de l'occurrence sélectionnée (Flash CS3).

Par exemple, nous pouvons obtenir des agneaux de taille, de couleur et d'orientation différentes, comme le montre la figure 2-17.

Figure 2-17
La taille, l'orientation et la couleur des occurrences peuvent être modifiées séparément.

Remarque

Les transformations telles que le changement d'échelle, la transparence ou encore la rotation sont très facilement réalisables par programme. Pour cela, reportez-vous à la section « Propriétés et méthodes d'un objet » ci-après.

Les différentes façons de créer des occurrences

Chaque occurrence créée sur la scène peut être traitée de façon individuelle. Pour cela, il est nécessaire de les distinguer en les nommant. En effet, donner un nom à une occurrence offre l'avantage de pouvoir l'utiliser par son nom, à tout moment dans le déroulement de l'animation.

La façon de donner un nom diffère en fonction du mode de création de l'occurrence. Vous pouvez créer de nouvelles occurrences de deux manières : la première s'effectue manuellement, à l'aide de l'environnement Flash et la seconde est réalisée par programme.

> **Remarque**
>
> Donner un nom à une instance est une des opérations les plus importantes dont il faut absolument se souvenir si vous souhaitez animer des objets à l'aide de programmes écrits en ActionScript.

Créer et nommer une occurrence manuellement

La création manuelle d'une occurrence de symbole s'effectue en sélectionnant le symbole dans le panneau Bibliothèque et en le faisant glisser sur la scène à l'aide de la souris.

L'occurrence ainsi créée doit être nommée manuellement à l'aide du panneau Propriétés, dans le champ Nom de l'occurrence (voir figures 2-6 et 2-12).

> **Remarque**
>
> Le choix du nom d'une occurrence s'effectue selon les mêmes contraintes que pour celui des variables (voir Chapitre 1, « Traiter les données », section « Donner un nom à une variable »).

Exemple

> **Extension web**
>
> Vous trouverez cet exemple dans le fichier AgneauNomOccurrence.fla, sous le répertoire Exemples/ Chapitre2.

Ainsi, pour créer une instance nommée Brebis à partir du symbole AgneauClp, il vous faut :

- sélectionner le symbole AgneauClp dans le panneau de l'animation AgneauNomOccurrence.fla ;

- glisser le symbole sur la scène ;

- sélectionner l'occurrence ainsi placée sur la scène et ouvrir le panneau Propriétés associé, si ce n'est pas déjà fait. Vous pouvez également utiliser le raccourci clavier Ctrl + F3 (PC) ou Cmd + F3 (Mac) ;

- dans le champ Nom de l'occurrence, taper le mot Brebis, comme le montre la figure 2-18.

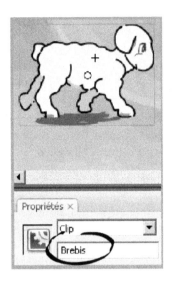

Figure 2-18

Le nom de l'occurrence est défini manuellement à l'aide du panneau Propriétés associé à l'occurrence (Flash CS3).

Remarque

Donner un nom à un symbole et donner un nom à l'occurrence du symbole sont deux actions totalement différentes. Le symbole est le modèle alors que l'occurrence est la copie de ce modèle. Bien que cela soit possible, il est déconseillé de donner un nom identique au symbole et à l'occurrence.

Ainsi nommée grâce au panneau Propriétés, l'occurrence Brebis peut être traitée, sous ce nom, par un programme écrit en ActionScript.

Créer une occurrence par programme

Le langage ActionScript 3 propose différentes méthodes pour créer des occurrences de symbole en cours de lecture de l'animation. La première méthode décrite ci-après, demande à ce que le symbole soit présent dans la bibliothèque. La seconde permet de créer des objets graphiques directement par programme sans avoir à les dessiner « à la main ». Ces objets ne sont pas enregistrés dans la bibliothèque.

Créer une occurrence à partir d'un objet défini dans la bibliothèque

Pour créer une occurrence par programme, il convient de rendre visible le symbole enregistré dans la bibliothèque, en l'exportant vers ActionScript. Pour cela, nous devons suivre les étapes suivantes :

- sélectionner le symbole à exporter dans le panneau Bibliothèque ;
- choisir l'item Liaison (Flash CS3) ou Propriétés (Flash CS4) dans le menu contextuel qui s'affiche par un clic droit (PC) ou en tapant le raccourci Ctrl + clic (Mac)

sur le symbole sélectionné. Avec Flash CS3, la boîte de dialogue Propriétés de liaison du symbole apparaît (voir figure 2-19). Avec Flash CS4, le panneau Propriétés du symbole apparaît. Pour voir le panneau s'afficher comme sur la figure 2-20, cliquez sur le bouton Avancé ;

- dans la zone Liaison, sélectionner l'option Exporter pour ActionScript ;

- dans la zone Classe, donner un nom unique pour le symbole Clip. Ce nom est ensuite utilisé pour ActionScript. Par défaut, Flash propose le nom du symbole lui-même comme nom de classe ;

- valider votre saisie en cliquant sur OK.

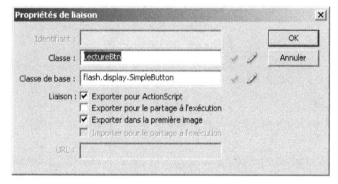

Figure 2-19

La boîte de dialogue Propriétés de liaison permet d'exporter le symbole pour ActionScript (Flash CS3).

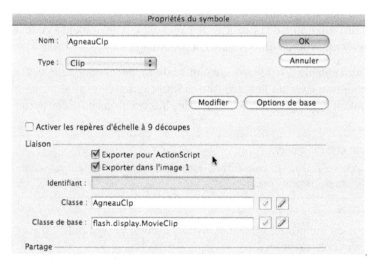

Figure 2-20

La boîte de dialogue Propriétés du symbole (mode Avancé) permet d'exporter le symbole pour ActionScript (Flash CS4).

Après validation, l'environnement Flash avertit l'utilisateur qu'il va créer la classe associée au symbole exporté (voir figure 2-21). Vous pouvez cocher la case « Ne plus afficher cet avertissement » pour ne plus afficher ce message à chaque exportation de clips.

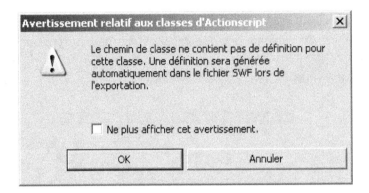

Figure 2-21
La boîte de dialogue Propriétés de liaison permet d'exporter le symbole pour ActionScript.

Lorsque la classe associée au symbole est enfin créée, il devient possible de définir de nouvelles occurrences du symbole, en utilisant la syntaxe suivante :

```
var nomOccurrence:NomDuSymbole = new NomDuSymbole() ;
```

Pour créer une occurrence, il suffit d'utiliser une instruction de déclaration débutant par var, suivie du nom de l'occurrence choisie. Le type associé à cette occurrence correspond au nom du symbole défini dans la bibliothèque.

La création de l'objet est ensuite réalisée par l'opérateur new. Cet opérateur est un programme natif du langage ActionScript qui crée et réserve un espace mémoire suffisamment grand pour stocker toutes les informations utilisées par le symbole.

Pour en savoir plus

L'opérateur new est un opérateur très connu dans le monde de la programmation objet. Son utilisation est détaillée au chapitre 8, « Classes et objets ».

Ainsi, en supposant que nous ayons exporté le symbole LectureBtn sous ce nom, les instructions suivantes :

```
var Lire:LectureBtn = new LectureBtn();
Lire.x = 400;
Lire.y = 300;
```

construisent une nouvelle occurrence à partir d'un symbole existant dans la bibliothèque. Elles créent une nouvelle instance nommée Lire à partir du symbole LectureBtn.

Le bouton est ensuite placé à 400 sur l'axe horizontal et à 300 sur l'axe vertical.

Cela fait, si vous contrôlez le bon fonctionnement de l'animation en tapant sur les touches Ctrl + Entrée (PC) ou Cmd + Entrée (Mac), vous constaterez que le bouton Lire ne s'affiche pas.

Pour voir le bouton s'afficher sur la scène, il convient d'utiliser ensuite la méthode addChild() de la façon suivante :

```
addChild(Lire);
```

La méthode addChild()est également une méthode native du langage ActionScript qui a pour tâche d'ajouter l'objet placé entre parenthèse à la liste d'affichage pour qu'il apparaisse à l'écran.

En réalité, le lecteur Flash s'exécute en deux temps et ce, de façon transparente pour l'utilisateur. Dans un premier temps, il exécute le code en créant tous les espaces mémoire nécessaires au bon fonctionnement de l'application (création de variables, opérateur new, etc.). Il s'occupe ensuite de l'affichage des objets sur la scène. Cette seconde étape est réalisée par l'intermédiaire de la méthode addChild().

Extension web

Vous trouverez cet exemple dans le fichier BoutonLectureAddChild.fla, sous le répertoire Exemples/Chapitre2.

Vous remarquerez que la scène de l'espace de travail de l'environnement Flash est totalement vide et que lorsque l'animation est lancée, le bouton Lire apparaît, comme par magie !

Créer une occurrence d'un objet qui n'existe pas dans la bibliothèque

Le langage ActionScript 3 définit de nouvelles classes d'affichage plus légères que la classe MovieClip. Parmi celles-ci, deux sont intéressantes pour leur simplicité d'utilisation. Ce sont les classes Shape et Sprite.

- La classe Shape contient une propriété graphics qui permet le dessin de lignes, de cercles, de zones de remplissage, etc. Elle ne peut être utilisée ni pour intercepter des événements, ni pour contenir d'autres occurrences de symbole. En ce sens, elle est plus proche du symbole de type Graphique que de MovieClip.

- La classe Sprite est identique à la classe Shape. Elle intègre cependant la possibilité de traiter les événements clavier ou souris. La classe Sprite peut contenir d'autres occurrences de symbole. Elle peut être vue comme un clip ne contenant qu'une seule image-clé, c'est-à-dire un clip sans scénario.

L'exemple suivant montre comment créer un cercle de type Shape et un carré de type Sprite (voir figure 2-22).

Figure 2-22
Le carré orange est légèrement transparent et s'affiche au-dessus du cercle.

La création d'un objet de type Sprite ou Shape s'effectue par l'intermédiaire d'une déclaration d'objet à l'aide du mot-clé var, suivi du nom de l'objet et de son type.

```
var nomObjet:Shape = new Shape();
```

ou

```
var nomObjet:Sprite = new Sprite();
```

Ainsi, un objet nommé carre, de type Sprite, sera créé en mémoire grâce à l'instruction :

```
var carre:Sprite = new Sprite() ;
```

et un objet nommé cercle, de type Shape, sera créé grâce à l'instruction :

```
var cercle:Shape = new Shape() ;
```

Le dessin de la forme carrée ou du cercle s'effectue par l'intermédiaire de :

• la propriété graphics des types Sprite et Shape ;

• des méthodes beginFill() et endFill() pour déterminer la couleur des objets ;

• des méthodes drawCircle() et drawRect() pour dessiner la forme souhaitée.

Pour en savoir plus

Les termes « propriété » et « méthode » sont issus de la programmation orientée objet. Leur utilité et leur fonctionnement sont détaillés au cours des chapitres 8, « Les classes et les objets », et 9, « Les principes du concept objet ».

Le programme se présente sous la forme suivante :

```
// Création de l'occurrence "cercle" de type "Shape"
var cercle:Shape = new Shape() ;
//  ❶ Remplir le cercle avec une couleur
cercle.graphics.beginFill(0x57DBB3);
//  ❹ Définition de la position et de la taille du rayon
cercle.graphics.drawCircle(300, 200, 50);
//  ❷ Cesser de remplir
cercle.graphics.endFill();
//  ❻ Afficher le cercle
addChild(cercle);

 // Création de l'occurrence "carre" de type "Sprite"
var carre:Sprite = new Sprite() ;
//  ❸ Remplir le cercle avec une couleur
carre.graphics.beginFill(0xFBCD15, 0.8);
//  ❺ Définition de la position et de la taille du carré
carre.graphics.drawRect(325, 150, 100, 100);
//  ❷ Cesser de remplir
carre.graphics.endFill();
//  ❻ Afficher le carré
addChild(carre);
```

Extension web

Vous trouverez cet exemple dans le fichier ShapeEtSprite.fla, sous le répertoire Exemples/Chapitre2.

---

❶ La méthode beginFill() est utilisée pour définir la couleur d'affichage de l'objet à dessiner. La valeur passée en premier paramètre est une valeur hexadécimale composée de 6 lettres (RRVVBB) précédée des caractères 0x afin de préciser qu'il s'agit bien d'une valeur hexadécimale.

Les deux premières valeurs (RR) définissent la quantité de rouge, les secondes (VV) la quantité de vert et les troisièmes (BB) la quantité de bleu. Les quantités de couleur varient elles-mêmes de 00, pas de couleur, à FF, le maximum de couleur. Ainsi, la valeur FF0000 correspond au rouge maximal, la valeur 00FF00 au vert maximal et 0000FF au bleu maximal. La même quantité de rouge, de vert et de bleu donne un gris plus ou moins foncé selon la quantité de couleur. Ainsi, 000000 donne du noir (pas de couleur du tout), 999999 un gris moyen et FFFFFF du blanc (quantité maximale de couleur) .

Pour notre exemple, la valeur 0x57DBB3 correspond à une couleur bleu-vert.

Remarque

Vous trouverez la valeur hexadécimale d'une couleur en affichant le panneau Mélangeur (Maj + F9). Lorsque vous sélectionnez une couleur à partir de ce panneau, vous voyez s'afficher sa valeur hexadécimale précédée d'un #.

Attention, le caractère # ne doit pas être placé dans la valeur passée en paramètre de la fonction beginFill().

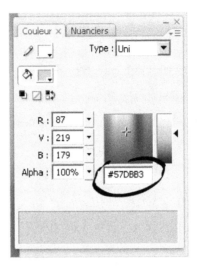

Figure 2-23

La valeur hexadécimale d'une couleur est affichée dans le panneau Mélangeur.

❷ La méthode endsFill() indique au lecteur Flash que le remplissage de la forme peut être effectué avec la couleur indiquée en paramètre de la méthode beginFill() précédente.

❸ La méthode beginFill() peut être appelée avec un second paramètre qui indique le niveau de transparence (alpha) de l'objet à dessiner. La valeur alpha varie de 0 à 1. Avec un alpha égal à 0, l'objet dessiné est totalement transparent, et s'il est égal à 1, la couleur est opaque. Dans notre exemple, la couleur d'affichage du second objet correspond à un orange (0xFBCD15) légèrement transparent (alpha = 0.8).

❹ La méthode drawCircle() est utilisée pour dessiner un cercle. Les deux premiers paramètres correspondent au centre du cercle, le troisième au rayon. Dans notre exemple, le centre de l'objet nommé cercle est placé à 300 pixels du bord gauche de la scène et à 200 pixels de son bord supérieur. Le rayon du cercle vaut 50.

❺ La méthode drawRect() est utilisée pour dessiner une forme rectangulaire. Les deux premiers paramètres correspondent au point supérieur gauche du rectangle, le troisième à la largeur et le quatrième à la hauteur. Dans notre exemple, le point supérieur gauche de l'objet nommé carre est placé à 325 pixels du bord gauche de la scène et à 150 pixels de son bord supérieur. La forme est carrée puisque la largeur est égale à la hauteur et vaut 100 pixels.

❻ Les objets cercle et carre ne sont affichés que s'ils sont ajoutés à la liste d'affichage à l'aide de la méthode addChild().

> **Pour en savoir plus**
>
> Le carré est affiché **sur** le cercle car il est ajouté à la liste d'affichage **après** le cercle. L'ordre d'empilement des objets dépend du moment où ils sont placés dans la liste d'affichage. Les techniques permettant de déplacer un objet en dessous ou au-dessus d'un autre sont étudiées en fin de chapitre, à la section « Gestion de la liste d'affichage ».

Propriétés et méthodes d'un objet

Le contrôle d'une occurrence, c'est-à-dire le déplacement, la visibilité ou encore le moment où celle-ci doit être animée ou non, s'effectue à travers les notions de propriétés et de méthodes.

Toute instance créée et nommée (quel que soit son mode de création) devient un objet contrôlable par des instructions du langage qui utilisent pour cela les propriétés et les comportements (méthodes) propres au symbole.

Un symbole de type `Bouton`, `Clip` ou `Graphique` ou encore un objet de type `Shape` ou `Sprite`, dispose de caractéristiques propres comme sa position à l'écran, sa largeur ou encore sa hauteur. Ces caractéristiques sont traitées par l'intermédiaire des propriétés de l'objet.

> **Remarque**
>
> Les symboles de type `Graphique` ne pouvant être nommés manuellement dans la barre de Propriétés, ils ne peuvent être appelés par une instruction ActionScript.

Un symbole possède également un comportement propre à son type. Un `Bouton` ne fonctionne pas de la même façon qu'un `Clip` ou qu'un `Sprite`. Les méthodes permettent de définir le comportement propre à une occurrence.

Propriétés

Tout comme un être humain possède des caractéristiques propres telles que son nom, son prénom, son âge ou encore sa taille, les objets Flash ont des propriétés propres à leur type, comme la position à l'écran, le nombre d'images contenues dans le clip, etc.

Certaines caractéristiques sont communes à tous les types (`Bouton`, `Clip` ou `Graphique`), d'autres n'appartiennent qu'à un seul type.

Principes de notation

L'accès aux propriétés d'un symbole s'effectue selon une syntaxe bien précise, issue de la notation « à point » dont l'usage est devenu la norme en programmation orientée objet. Pour obtenir la valeur d'une propriété concernant une instance précise, il convient d'écrire :

```
NomDeL'Instance.nomDeLaPropriété
```

où :

- le `NomDeL'Instance` correspond au nom défini par programme (résultat obtenu par l'opérateur `new`, etc.) ou à celui indiqué dans le panneau Propriétés de l'instance ;

- Le `nomDeLaPropriété` est celui défini par les concepteurs du langage ActionScript. Avant d'utiliser une propriété prédéfinie, vous devez vérifier que vous écrivez correctement son nom.

Exemple

L'expression `Brebis.x` permet d'accéder à la propriété `x` de l'instance nommée `Brebis`. La propriété `x` indiquant la position du clip sur l'axe horizontal, `Brebis.x` précise où se trouve l'instance `Brebis` dans la largeur de l'écran.

Question

Quel est le résultat de l'instruction `Brebis.X = 50;` ?

Réponse

Cette instruction n'effectue aucune modification à l'affichage. En effet, la propriété modifiée ici a pour nom X et non x. Cette instruction crée donc une nouvelle propriété nommée X pour y placer la valeur 50.

Pour placer l'occurrence `Brebis` à 50 pixels de l'origine sur l'axe des X, il faudrait écrire `Brebis.x = 50;`

Propriétés communes à tous les objets de type clip, bouton ou graphique

Les propriétés suivantes permettent le contrôle de l'apparence et de la position du symbole.

```
x, y, alpha, rotation, visible, height, width, scaleX, scaleY
```

Le contenu de chacune de ces propriétés est consultable et/ou modifiable en fonction de l'animation à réaliser.

Extension web

Vous trouverez l'ensemble des instructions décrites dans cette section, dans le fichier `Proprietes-Brebis.fla`, sous le répertoire `Exemples/Chapitre2`.

Les propriétés x et y

Les propriétés `x` et `y` indiquent la position du symbole sur l'axe horizontal et l'axe vertical respectivement.

Par exemple, les instructions :

```
Brebis.x = 300;
Brebis.y = 200;
```

ont pour effet de modifier la valeur des propriétés x et y. L'occurrence nommée Brebis s'affiche alors en bas, à droite de l'écran. En effet, l'origine se situant en haut et à gauche de la scène, ajouter 300 pixels sur l'axe horizontal déplace l'occurrence vers la droite, et de même l'ajout de 200 pixels sur l'axe vertical déplace l'occurrence vers le bas.

Pour en savoir plus

Le système de coordonnées est décrit en détail dans l'inroduction « À la source d'un programme », section « Quelles opérations pour créer une animation ? »

La propriété alpha

La propriété alpha permet la modification de l'opacité ou de la transparence d'une occurrence. Les valeurs de la propriété alpha sont comprises entre 0 (entièrement transparent) et 1 (entièrement opaque). La valeur par défaut est 1.

Par exemple, l'instruction :

```
Brebis.alpha = 0.5;
```

a pour résultat d'afficher l'occurrence Brebis avec une opacité diminuée de moitié. L'occurrence Brebis est alors très peu visible à l'écran. Les objets d'affichage où alpha est défini à 0 peuvent recevoir et traiter un événement, même s'ils sont invisibles.

La propriété rotation

La propriété rotation permet de faire tourner l'occurrence d'un symbole. Ses valeurs varient entre 0° et 360°.

Par exemple, l'instruction :

```
Brebis.rotation = 10;
```

a pour résultat d'afficher l'occurrence Brebis tournée de 10° dans le sens des aiguilles d'une montre. Le centre de rotation correspond au point d'ancrage du symbole défini lors de la création de ce symbole (voir section « Créer un symbole » au début de ce chapitre).

Les propriétés rotationX, rotationY et rotationZ

Grâce à Flash CS4, il devient possible de visualiser les objets sur la scène en pseudo 3D. Les propriétés rotationX, rotationY et rotationZ sont utilisées pour faire tourner l'occurrence d'un symbole selon les axes X, Y et Z respectivement. Leurs valeurs varient entre 0° et 360°.

Par exemple, l'instruction :

```
Brebis.rotationX = 10;
```

affiche l'occurrence Brebis tournée de 10° selon l'axe des X. Le centre de rotation correspond au point d'ancrage du symbole défini lors de la création de ce symbole (voir la section « Créer un symbole » au début de ce chapitre).

La propriété visible

La propriété visible contient une valeur booléenne (true ou false). Elle rend un objet visible ou invisible suivant sa valeur.

Par exemple, l'instruction :

```
Brebis.visible = false;
```

a pour résultat de rendre invisible l'occurrence Brebis.

Question

Quel est le résultat de l'instruction voitOnOuNon = Brebis.visible; ?

Réponse

Cette instruction ne modifie pas la valeur de la propriété visible. Elle permet de consulter et de récupérer le contenu de la propriété, à savoir true ou false. Il sera ainsi possible de rendre visible un objet invisible ou inversement, en testant le contenu de la variable voitOnOuNon.

Pour en savoir plus

Les structures de tests sont étudiées au chapitre 4, « Faire des choix ».

Les propriétés height et width

Les propriétés height et width représentent la taille de l'objet en hauteur et en largeur respectivement. Elles sont mesurées en pixels.

Par exemple, les instructions :

```
trace("Largeur : "+ Brebis.width + " pixels");
trace("Hauteur : "+ Brebis.height + " pixels");
```

ont pour résultat d'afficher dans la fenêtre de sortie les messages suivants :

```
Largeur : 89.5 pixels
Hauteur : 72.05 pixels
```

Les propriétés width et height offrent la possibilité de modifier la hauteur et/ou la largeur d'une occurrence en spécifiant de nouvelles valeurs. Cependant, il est parfois plus simple d'utiliser les propriétés scaleX et scaleY pour modifier la taille d'une occurrence.

Les propriétés scaleX et scaleY

Les propriétés scaleX et scaleY permettent de modifier la taille de l'occurrence de façon proportionnelle, selon l'axe des X et celui des Y.

Question

En supposant que nous ayons créé deux occurrences nommées Petit et Grand, quelle instruction permet d'obtenir le petit agneau deux fois plus petit que le grand, et ce, quelle que soit la taille du grand ?

Réponse

En écrivant les instructions :

```
var Petit:AgneauClp = new AgneauClp();
var Grand:AgneauClp = new AgneauClp();
Petit.scaleX = Grand.scaleX / 2;
Petit.scaleY = Grand.scaleY / 2;
```

l'occurrence Petit voit sa taille diminuer de moitié par rapport à la taille de l'occurrence Grand, puisque Grand.scaleX et Grand.scaleY valent 1 par défaut. Le changement d'échelle est proportionnel en largeur et en hauteur, les deux propriétés scaleX et scaleY étant toutes deux modifiées de la même façon.

Remarque

En nommant les occurrences de façon distincte, il est possible d'appliquer un traitement spécifique à chacune d'entre elles.

Propriétés spécifiques

Propriétés exclusivement réservées au Clip

Les symboles de type Clip ont des propriétés que l'on ne retrouve pas dans les autres types de symboles. Il s'agit des propriétés liées à la ligne de temps. Les deux principales sont currentFrame et totalFrames. Ces propriétés ne peuvent être modifiées.

currentFrame permet de savoir quelle est la position de la tête de lecture, à l'intérieur du clip, lorsque celui-ci est animé.

totalFrames, quant à elle, correspond au nombre total d'images stockées dans le clip.

Ces propriétés ne sont pas très utiles pour l'instant, mais elles le seront avec les méthodes que nous examinerons à la section « Méthodes » ci-après.

Propriété des objets de type Shape ou Sprite

La propriété des objets de type Shape et Sprite la plus utilisée est la propriété graphics, qui permet ensuite de faire appel aux méthodes permettant l'affichage de traits, de cercles ou de rectangles.

Les objets de type Shape et Sprite sont coloriés, déplacés ou effacés par l'intermédiaire de la propriété graphics.

Pour en savoir plus

Toutes ces techniques sont réalisées par l'intermédiaire de méthodes natives du langage ActionScript 3. Elles sont étudiées à la section « Méthodes » ci-après.

Méthodes

Si la taille et l'âge sont des propriétés, c'est-à-dire les caractéristiques des êtres humains, l'action de marcher, de parler ou de manger est la traduction de leurs comportements.

Remarque

Les propriétés représentent des caractéristiques et sont associées à des noms. En revanche, les méthodes reproduisent des actions et sont décrites par des verbes.

En programmation ActionScript, les méthodes ou encore les comportements correspondent aux actions réalisées par les objets, alors que les propriétés définissent les caractéristiques des symboles.

Principes de notation

L'accès aux méthodes d'un symbole s'effectue également en utilisant la notation « à point ». Pour cela, il convient d'écrire l'appel à une méthode comme suit :

```
NomDeL'Instance.nomDeLaMéthode()
```

où :

- le NomDeL'Instance est le nom de l'instance défini par programme (résultat obtenu par l'opérateur new) ou celui indiqué dans le panneau Propriétés de l'instance ;
- le nomDeLaMéthode() correspond au nom d'une méthode définie par les concepteurs du langage ActionScript.

Par convention :

- tout nom de méthode ActionScript commence par une minuscule ;
- si le nom de la méthode est composé de plusieurs mots, ceux-ci voient leur premier caractère passer en majuscule ;
- une méthode possède toujours des parenthèses ouvrante et fermante à la fin de son nom d'appel.

Pour en savoir plus

La syntaxe d'écriture des méthodes ainsi que les concepts de paramètres sont détaillés au chapitre 7, « Les fonctions ».

Exemple

Pour appliquer une méthode à une occurrence de type `Clip`, il suffit de placer derrière le nom de l'objet, un point suivi du nom de la méthode et de ses éventuels paramètres placés entre parenthèses.

Ainsi, l'expression `Brebis.stop()` permet d'exécuter la méthode `stop()` sur l'occurrence `Brebis`. La méthode `stop()` a pour résultat d'arrêter la tête de lecture du scénario sur lequel elle est appliquée. Ainsi, au lancement de l'animation, le lecteur Flash affiche la première image du clip `AgneauClp` et ne continue pas la lecture des images suivantes.

Les méthodes associées au Clip

Les méthodes sont utilisées pour exécuter des actions. Ces dernières sont différentes en fonction du type du symbole. Dans ce paragraphe, nous allons plus particulièrement étudier les méthodes relatives aux symboles de type `Clip`.

Pour en savoir plus

Les symboles de type `Bouton` ont également leurs propres méthodes. Pour bien comprendre leur fonctionnement, il est nécessaire d'étudier auparavant la notion d'événements. Tous ces concepts sont expliqués au chapitre 3, « Communiquer ou interagir ».

ActionScript propose plusieurs méthodes pour définir le comportement d'un `Clip`, les plus courantes sont les suivantes :

```
play()  stop()  gotoAndPlay()  gotoAndStop()  nextFrame()  prevFrame()
```

Les méthodes play() et stop()

La méthode `play()` lance la tête de lecture du clip sur laquelle elle est appliquée. La méthode `stop()` arrête la tête de lecture.

Ces deux méthodes ne demandent aucune valeur en paramètre. Cependant, puisque ce sont des méthodes (des actions, des comportements), il est nécessaire de mettre les parenthèses ouvrante et fermante à la fin du nom de la méthode. Sans les parenthèses, Flash considère les termes `play` ou `stop` comme des noms de propriétés et non comme des noms de méthodes.

Les instructions :

```
Petit.stop();
Grand.play();
```

ont pour résultat d'afficher un petit agneau figé, alors que le grand agneau est animé.

Extension web

Vous trouverez cet exemple dans le fichier `MethodesStopEtPlay.fla`, sous le répertoire `Exemples/Chapitre2`.

Les méthodes gotoAndPlay() et gotoAndStop()

Ces deux méthodes demandent en paramètre une valeur qui correspond au numéro de l'image sur laquelle nous souhaitons placer la tête de lecture.

La méthode gotoAndPlay() place la tête de lecture sur le numéro de l'image indiqué en paramètre et se déplace ensuite sur les images suivantes. La méthode gotoAndStop() place simplement la tête de lecture sur l'image sans lire les images suivantes.

Ainsi, les instructions :

```
Petit.gotoAndPlay(3);
Grand.gotoAndStop(Grand.totalFrames);
```

ont pour résultat de lancer l'animation du petit agneau à partir de l'image n°3 et d'afficher la dernière image du clip Grand, puisque Grand.totalFrames représente le nombre total d'images du clip.

Extension web

Vous trouverez cet exemple dans le fichier MethodesGotoAnd.fla, sous le répertoire Exemples/Chapitre2.

Ces deux méthodes offrent la possibilité de ne pas lire l'animation de façon séquentielle, en sautant un certain nombre d'images. Par exemple, l'instruction Petit.gotoAndPlay(3) lance l'animation à partir de l'image-clé n°3. Les deux premières images ne sont pas lues lorsque l'animation est lancée.

Question

L'animation de deux clips provenant du même symbole produit une animation synchronisée. Comment animer les occurrences Petit et Grand sur un mouvement non synchrone ?

Réponse

Lorsque les deux clips sont animés par défaut, ils ont tous les deux le même mouvement, puisque la tête de lecture de chacun des deux clips est lancée à partir de la première image du clip. La séquence d'images qui suit est identique, chacune des deux occurrences provenant du même symbole.

Pour désynchroniser les deux clips, il suffit donc de lancer la tête de lecture sur une image différente pour chacun des clips. Par exemple, en écrivant :

```
Grand.gotoAndPlay(3);
Petit.gotoAndPlay(6);
```

L'animation du petit agneau démarre à partir de l'image-clé n° 6 alors que celle du grand agneau démarre sur l'image n° 3. L'animation des deux occurrences n'est plus synchronisée.

Extension web

Vous trouverez cet exemple dans le fichier QuestionReponseAnimation.fla, sous le répertoire Exemples/Chapitre2.

Les méthodes nextFrame() et prevFrame()

La méthode `nextFrame()` déplace la tête de lecture d'une image vers la droite, dans le sens de la lecture. La méthode `prevFrame()` déplace la tête de lecture d'une image vers la gauche.

Les méthodes associées aux Sprite et Shape

En plus des méthodes `drawCircle()`, `drawRect()`, `beginFill()`et `endFill()`, la propriété `graphics` des objets de type `Sprite` ou `Shape` offre la possibilité de tracer des lignes en spécifiant le type de ligne (couleur, épaisseur...) ou encore de déplacer des objets ou de les effacer.

La méthode lineStyle()

La méthode `lineStyle()` est utilisée pour modifier l'apparence des lignes et des contours des objets tels qu'un cercle ou un rectangle. Elle possède un grand nombre de paramètres passant de la définition de la forme des extrémités (arrondie, carrée) au lissage du tracé des bords de forme. Pour simplifier, examinons les trois premiers paramètres qui s'avèrent les plus importants.

- Le premier paramètre est une valeur numérique comprise entre 0 et 255 qui définit l'épaisseur du trait.

- Le second paramètre est une valeur hexadécimale qui détermine la couleur de tracé de la ligne.

- Le troisième paramètre est une valeur numérique comprise entre 0 et 1 qui spécifie la transparence de la ligne. La valeur 1 correspond à une ligne opaque et 0 à une ligne invisible.

Pour en savoir plus

La représentation d'une couleur en valeur hexadécimale est expliquée à la section « Créer une occurrence d'un objet qui n'existe pas dans la bibliothèque » de ce chapitre.

Les méthodes moveTo() et lineTo()

La méthode `moveTo()` est utilisée pour positionner sur la scène le curseur de dessin au point de coordonnées (x, y) spécifié en paramètre. Elle est utilisée avec la méthode `lineTo()` pour tracer des droites d'un point à un autre.

La méthode `lineTo()` dessine un trait en utilisant le style de trait par défaut ou celui défini par `lineStyle()`. La ligne est tracée à partir de la position du curseur de dessin déterminée par la méthode `moveTo()` jusqu'au point de coordonnées (x, y) spécifié en paramètre.

Remarque

Par défaut, le curseur de dessin se trouve à l'origine de la scène, c'est-à-dire en (0,0). Voir figure I-9 et I-10 du chapitre introductif, « À la source d'un programme », pour visualiser le système de coordonnées de l'écran.

La méthode clear()

La méthode `clear()` est utilisée pour effacer les tracés de la propriété `graphics`. Elle réinitialise également les réglages de style de trait et de remplissage.

Exemple

L'exemple ci-après utilise les méthodes `lineStyle()`, `moveTo()` et `lineTo()` pour tracer un triangle au centre de la scène comme le montre la figure 2-24. Le tracé débute à partir du sommet A pour aller vers le sommet B, puis le C. Le triangle est refermé en traçant une ligne du sommet C vers le sommet A.

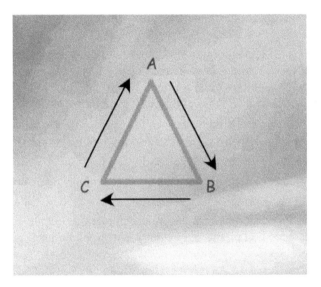

Figure 2-24
Le triangle est tracé au centre de la scène avec une épaisseur de trait égale à 3.

Extension web

Vous trouverez cet exemple dans le fichier `GraphicsMethodes.fla`, sous le répertoire `Exemples/ Chapitre2`.

Le code qui trace un tel triangle s'écrit de la façon suivante :

```
// Récupérer la hauteur et la largeur de la scène
var largeur:Number = stage.stageWidth;
var hauteur:Number = stage.stageHeight;
// ❶ Créer un objet dessin
var dessin :Shape = new Shape();
// ❷ Définir le style de la ligne
//    - épaisseur du trait 5,
//    - couleur rouge
//    - transparence 50 %
```

```
dessin.graphics.lineStyle(5, 0xFF0000, 0.5);
// ❸ Placer le curseur de dessin au sommet du triangle
dessin.graphics.moveTo( largeur/2, hauteur/2 - 50);
// ❹ Déplacer le curseur de dessin
//      et tracer une ligne entre chaque sommet
dessin.graphics.lineTo (largeur/2 +50, hauteur/2 + 50);
dessin.graphics.lineTo (largeur/2 -50, hauteur/2 + 50);
dessin.graphics.lineTo (largeur/2 , hauteur/2 - 50);
// Afficher l'objet dessin
addChild(dessin);
```

❶ La toute première instruction crée un objet qui va nous permettre d'utiliser les méthodes de tracé et donc de dessiner un triangle. Nous appelons cet objet dessin. Il est de type Shape, la classe poids plume du langage ActionScript 3.

❷ Pour tracer un triangle d'épaisseur 3, de couleur rouge et à moitié transparent, nous appelons la méthode lineStyle() avec dans l'ordre, les paramètres suivants :

- 3 pour l'épaisseur ;

- 0xFF0000 pour la couleur rouge ;

- 0.5 pour une transparence de 50 %.

L'appel de la méthode lineStyle() s'effectue à travers la propriété graphics de l'objet dessin comme suit :

```
dessin.graphics.lineStyle(5, 0xFF0000, 0.5);
```

❸ Le tracé du triangle débute en plaçant le curseur de dessin au sommet A du triangle. Aucun tracé n'est réalisé. Il s'agit uniquement de définir la position de départ du tracé. La méthode moveTo() réalise cette opération à l'aide de l'instruction :

```
dessin.graphics.moveTo(largeur / 2, hauteur / 2 - 50);
```

❹ La méthode lineTo() trace une droite à partir de la position du curseur de dessin (dans notre cas, A) jusqu'au point dont les valeurs sont placées en paramètres de la méthode.

Ainsi, le premier appel à la méthode :

```
dessin.graphics.lineTo(largeur / 2 + 50, hauteur / 2 + 50);
```

positionne le curseur de dessin sur le point B et trace une droite entre A et B.

L'instruction suivante :

```
dessin.graphics.lineTo(largeur / 2 - 50, hauteur / 2 + 50);
```

positionne le curseur de dessin sur le point C et trace une droite entre B et C.

La dernière instruction :

```
dessin.graphics.lineTo(largeur / 2, hauteur / 2 - 50);
```

positionne le curseur de dessin sur le point A et trace une droite entre C et A.

L'affichage du triangle sur la scène est réalisé en ajoutant l'objet dessin à la liste d'affichage, grâce à la méthode addChild().

Gestion de la liste d'affichage

Avec la nouvelle version du langage ActionScript 3 et le nouveau lecteur Flash, l'affichage des animations est effectué à l'aide d'un moteur de rendu qui ne traite que les éléments appartenant à la liste d'affichage.

Chaque animation ne contient qu'une seule liste d'affichage contenant trois types d'éléments : la scène, des objets contenant d'autres objets à afficher (conteneurs) et de simples objets à afficher.

La scène (stage) est à la racine de la liste d'affichage. Chaque animation ne contient qu'un seul objet stage. La scène contient ensuite les conteneurs (Sprite, MovieClip) d'objets à afficher et les objets à afficher (Shape, Sprite, MovieClip...) à travers l'application créée au moment du contrôle de l'animation.

Ajouter un élément à la liste

Tant qu'un objet ou un conteneur d'objet n'a pas été ajouté à la liste d'affichage, il n'est pas visible sur la scène. Les conteneurs et les objets à afficher sont ajoutés à la liste d'affichage par l'intermédiaire des méthodes addChild() et addChildAt().

La méthode addChild()

La méthode addChild() prend pour seul paramètre l'objet à afficher. Ce dernier est alors ajouté à la liste d'affichage.

Lorsque deux éléments sont ajoutés l'un après l'autre, l'objet ajouté en dernier est tracé au-dessus de l'objet précédemment ajouté. Contrairement aux versions précédentes du langage, les objets ajoutés à la liste d'affichage par l'intermédiaire de la méthode addChild() se superposent automatiquement sans que le programmeur n'ait à intervenir dans le choix du niveau de profondeur. C'est l'ordre de création des objets dans la liste qui définit le niveau de superposition des objets.

Ainsi, en supposant que nous créons deux objets A et B comme suit :

```
var A :Shape = new Shape() ;
var B :Shape = new Shape() ;
addChild(A);
addChild(B);
```

l'objet B se placera sur la scène au-dessus de l'objet A.

Pour ajouter un élément dans la liste à une position spécifique dans l'ordre d'empilement, il convient d'utiliser la méthode addChildAt().

La méthode addChildAt()

La méthode `addChildAt()` prend en paramètre deux valeurs, l'objet à afficher et la position de l'objet dans l'ordre d'empilement des objets à afficher.

Ainsi, les instructions suivantes :

```
var A :Shape = new Shape() ;
var B :Shape = new Shape() ;
addChild(A);
addChildAt(B,0);
```

ont pour résultat d'afficher B en dessous de A même s'il a été ajouté à la liste après A. En effet, si l'on positionne un objet au niveau 0, l'objet est placé tout en bas dans la liste d'affichage. Il apparaît en dessous de tous les autres objets présents dans la liste. Les autres éléments sont déplacés d'un cran vers le haut.

Remarque

Si la valeur correspondant au niveau d'affichage est négative ou supérieure au nombre d'éléments présents dans la liste d'affichage, le lecteur Flash génère une erreur du type `RangError : Error #2006: L'index indiqué sort des limites`. L'élément n'est pas ajouté à la liste d'affichage.

Créer un conteneur

Il est souvent intéressant de créer un ensemble d'objets à l'intérieur d'un objet appelé « conteneur ». Grâce au conteneur, il devient plus facile de :

- déplacer un ensemble d'objets en ne déplaçant que le conteneur ;
- vérifier le nombre d'éléments appartenant au conteneur, en évitant de compter des éléments appartenant à la liste d'affichage principale.

On dit que A est conteneur de B lorsque l'on écrit l'instruction :

```
A.addChild(B);
```

Le conteneur A est un objet de type `Sprite` ou `MovieClip`. L'objet B placé à l'intérieur de A est de type `Sprite`, `MovieClip`, `Shape` ou encore `TextField` (pour afficher du texte). Plusieurs objets de types différents peuvent être placés à l'intérieur d'un conteneur.

Remarque

Pour que B soit affiché sur la scène, le conteneur A doit l'être également. N'oubliez pas d'ajouter l'instruction `addChild(A);` avant ou après avoir ajouté des éléments au conteneur.

Un carré rouge avec légende

Extension web

Vous trouverez cet exemple dans le fichier `Conteneur.fla`, sous le répertoire `Exemples/Chapitre2`.

L'exemple suivant affiche un carré rouge ainsi qu'un texte en légende, comme le montre la figure 2-25 :

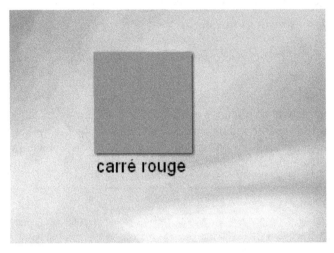

Figure 2-25

Le carré et le texte sont placés dans un conteneur.

Pour réaliser cet affichage, vous devez écrire les instructions suivantes :

```
// Récupérer la hauteur et la largeur de la scène
var largeur:uint = stage.stageWidth;
var hauteur:uint = stage.stageHeight;
var cote:uint = 100;
stage.scaleMode = StageScaleMode.NO_SCALE ;

// ❶ Créer un conteneur
var boite:Sprite = new Sprite();
// ❷ Créer un carré rouge de 100 pixels de côte, centré
var carre:Sprite = new Sprite();
carre.graphics.beginFill(0xFF0000); ()
carre.graphics.drawRect((largeur - cote)/2, (hauteur-cote)/2, cote, cote);
carre.graphics.endFill();
// Ajouter une ombre au carré
carre.filters = [new DropShadowFilter(2)];

// ❸ Placer le carré dans la boîte
boite.addChild(carre);

// ❹ Créer une zone de texte
var legende:TextField = new TextField();
// Définir la police et la taille du texte
var format:TextFormat = new TextFormat("Arial", 18);
// Modifier le format de texte par défaut
legende.defaultTextFormat = format;
```

```
// Positionner le champ de texte en dessous du carré
legende.x  =(largeur - cote)/2 ;
legende.y= (hauteur+cote)/2;
// Afficher un texte
legende.text = "carré rouge ";

// ❺ Placer la zone de texte dans la boîte
boite.addChild(legende);

// ❻ Afficher la boîte
addChild(boite);
```

❶ Le conteneur `boite` est créé à l'aide de l'opérateur `new`. Il est de type `Sprite`. Le type `Shape` ne peut être utilisé pour définir un conteneur.

❷ Le carré est défini à partir des méthodes `beginFill()`, `drawRect()` et `endFill()`. Notez l'instruction `carre.filters = [new DropShadowFilter(2)]` qui ajoute automatiquement au carré une ombre d'une épaisseur de 2 pixels.

❸ Le carré est placé dans le conteneur `boite`, à l'aide de l'instruction `boite.add-Child(carre)`.

❸ L'affichage d'un texte s'effectue par l'intermédiaire du type `TextField`. Ici, la police et la taille des caractères utilisés sont `Arial` corps `18`. Le contenu du texte est modifié par l'intermédiaire de la propriété `text`.

❹ Le texte est placé dans le conteneur `boite`, à l'aide de l'instruction `boite.add-Child(legende)`.

À cette étape, les objets `legende` et `carre` sont contenus dans `boite`. Aucun élément n'est affiché tant que le conteneur `boite` n'est pas ajouté à la liste d'affichage principale (❻).

Question

Que se passe-t-il si l'on remplace l'instruction :

```
boite.addChild(legende);
```
par
```
carre.addChild(legende);
```

Réponse

L'objet `carre` devient à son tour conteneur. L'objet `legende` appartient à la liste d'affichage du carré. L'ombre portée est appliquée au carré et à tous les objets que ce dernier est susceptible de contenir. Le texte apparaît donc avec une ombre.

Supprimer un élément

Pour effacer un objet de la scène, il convient de le supprimer de la liste d'affichage. La suppression d'un conteneur ou d'un objet passe par les méthodes `removeChild()` et `removeChildAt()`.

Les méthodes removeChild() et removeChildAt()

La méthode removeChild() prend pour seul paramètre l'objet à effacer. Ce dernier est alors supprimé de la liste d'affichage et n'apparaît plus sur la scène.

L'instruction :

```
removeChild(A);
```

supprime l'objet A de la liste d'affichage qui est alors effacé de la scène. S'il existe des objets se situant à un niveau supérieur à celui de A, ceux-ci voient leur niveau descendre automatiquement d'un cran dans la liste d'affichage.

Pour effacer un élément se situant à un niveau spécifique et dont vous n'avez pas forcément gardé la référence, vous pouvez utiliser la méthode removeChildAt() qui demande pour seul paramètre la valeur correspondant au niveau que vous souhaitez effacer.

L'instruction :

```
removeChildAt(0);
```

supprime l'objet se situant au niveau 0 dans la liste d'affichage. Dans notre exemple, il s'agit du niveau correspondant à l'objet B. Ce dernier est donc effacé de la scène.

Remarque

La propriété numChildren permet de connaître la taille de la liste d'affichage, c'est-à-dire le nombre de niveaux occupés par un objet.

La méthode removeChildAt() n'accepte que des valeurs comprises entre 0 et numChildren - 1.

Notez que si vous souhaitez supprimer un élément B contenu dans un objet A, vous devez utiliser une instruction du type :

```
A.removeChild(B);
```

Mémento

Un *symbole* est un dessin enregistré dans la bibliothèque du fichier source. Un *objet* est une copie du symbole, placée sur la scène ou créée par programme. Cette copie est aussi appelée une « instance » ou encore « occurrence ».

Pour créer un symbole, vous pouvez utiliser :

• la touche F8 pour transformer un dessin placé sur la scène ;

• les touches Ctrl + F8 (PC) ou Cmd + F8 (Mac) pour créer un symbole vide.

Une occurrence de symbole peut être créée soit :

• manuellement, en faisant glisser le symbole depuis le panneau Bibliothèque sur la scène ;

• par programme, en utilisant l'opérateur new dans une instruction de déclaration d'objet.

L'instruction :

```
var peloteDeLaine:AgneauClp = new AgneauClp();
```

crée une occurrence nommée `peloteDeLaine`. Le type `AgneauClp` correspond à un symbole `AgneauClp` enregistré dans la bibliothèque. Le symbole doit être exporté vers ActionScript à l'aide d'un nom de liaison.

Les instructions :

```
var carre:Shape = new Shape();
var cercle:Sprite = new Sprite() ;
```

créent des occurrences de symbole vide, nommées `cercle` et `carre`. Il est possible de dessiner par programme à l'intérieur de ces classes poids plume.

Tout symbole possède des propriétés et des méthodes.

Les propriétés `x` et `y` permettent de placer une occurrence à l'écran, la propriété `alpha` définit son niveau de transparence. Les instructions :

```
peloteDeLaine.x = 100;
peloteDeLaine.y = 200;
peloteDeLaine.alpha = 0.8;
peloteDeLaine.rotationX = 20;
```

placent l'occurrence `peloteDeLaine` à 100 pixels du bord gauche de la fenêtre et à 200 pixels du bord supérieur. L'occurrence est à 80 % visible. Avec Flash CS4, l'occurrence `peloteDeLaine` tourne de 20˚ selon l'axe des X.

Les méthodes `stop()` et `gotoAndPlay()` sont utilisées pour stopper l'animation d'un clip ou pour lancer l'animation à partir d'une image spécifique. Les instructions :

```
peloteDeLaine.stop();
peloteDeLaine.gotoAndPlay(6);
```

la première stoppe l'animation de l'occurrence `peloteDeLaine` et la seconde lance à nouveau l'animation de l'occurrence `peloteDeLaine` à partir de l'image-clé n° 6.

Les objets ne sont affichés sur la scène que lorsqu'ils sont ajoutés à la liste d'affichage grâce à la méthode `addChild()`.

Exercices

Les clips d'animation

☞ **Exercice 2.1**

Créer le clip OiseauClp

Créez un clip d'animation `OiseauClp` en utilisant les images-clés enregistrées dans le fichier `Oiseau.fla` figurant dans le répertoire `Exercices/SupportPourRéaliserLesExercices/Chapitre2` (cf. extension web).

Créer et nommer une occurrence manuellement

- Placez une instance du symbole `OiseauClp`, vers le haut de la scène et la nommer `piaf`.

- À l'aide du panneau Propriétés, modifiez la couleur de l'occurrence `piaf`.

Créer une occurrence par programme

En utilisant l'occurrence `piaf` comme clip d'amorçage, créez une instance du symbole `OiseauClp` en utilisant l'opérateur `new` et nommez-la `moineau`.

Les propriétés d'un clip d'animation

- À l'aide de la commande `trace()`, affichez la position de l'occurrence `piaf`.

- Placez l'occurrence `moineau` au centre de l'écran (pour connaître la taille de votre scène, reportez-vous au chapitre introductif, « À la source d'un programme », section « Définir les constantes »).

- Faites en sorte que l'occurrence `piaf` soit un tiers plus petite que l'occurrence `moineau`.

Les méthodes d'un clip d'animation

- Stoppez l'animation de l'occurrence `piaf` à la dernière image du clip.

- Stoppez l'animation de l'occurrence `moineau` au milieu du clip.

Les boutons

L'objectif est de créer un bouton `Stop` dont les 4 images-clés ont la forme suivante :

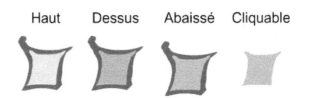

Figure 2-26
Les différents états du bouton Stop

Les formes du bord et du fond de chaque bouton sont identiques selon l'état dans lequel le bouton se trouve. Seules la couleur et la position du bouton changent.

Extension web

Vous trouverez la forme Haut du bouton dans le fichier `BoutonStop.fla` figurant dans le répertoire `Exercices/SupportPourRéaliserLesExercices/Chapitre2`.

☞ **Exercice 2.2**

Les symboles graphiques

- Pour optimiser notre bouton en poids ou pour la mise à jour, enregistrez les bords et le fond sous deux symboles de type graphique distincts.

- Nommez le bord du bouton BordStopGrq et le fond FondStopGrq.

Le bouton Stop

- Créez un symbole vide de type Bouton et nommez-le StopBtn.

- Sur chaque image-clé du bouton, placez deux instances des symboles graphiques BordStopGrq et FondStopGrq.

- Modifiez la couleur des instances des symboles graphiques BordStopGrq et FondStopGrq pour chacun des états.

- Faites en sorte que seule la partie intérieure du bouton soit cliquable.

Créer une occurrence par programme

- Créez une instance du symbole StopBtn à l'aide de l'opérateur new et nommez-la arret.

- Placez l'occurrence arret à 50 pixels au-dessus du bord inférieur et à 100 pixels du bord droit de la scène.

- Lancez la lecture de l'animation en tapant sur les touches Ctrl + Entrée (PC) ou Cmd + Entrée (Mac) pour vérifier le bon fonctionnement et la bonne position de l'occurrence arret.

☞ **Exercice 2.3**

L'objectif est de tracer un rectangle jaune semi-transparent aux bords rouges, à l'intérieur duquel se trouve une croix bleue comme le montre la figure 2-27.

Figure 2-27
Un rectangle jaune aux bords rouges avec une croix bleue placée en dessous.

Le rectangle est un objet de type Sprite et la croix de type Shape.

Le rectangle

- Créez un objet de type `Sprite`, et nommez-le `leRectangle`.

- À l'aide de la méthode `beginFill()`, définissez la couleur de fond du rectangle (jaune semi-transparent).

- À l'aide de la méthode `lineStyle()`, définissez le style du tracé du bord du rectangle (rouge, épaisseur 2).

- À l'aide de la méthode `drawRect()`, définissez la taille et la position du rectangle dans le quart supérieur gauche de la scène, la hauteur du rectangle est de 50, sa largeur vaut 100.

- Affichez `leRectangle` sur la scène.

> **Remarque**
>
> Vous pouvez définir quatre variables (par exemple, `largeur`, `hauteur`, `largeurRect` et `hauteurRect`) de type `Number` afin d'y stocker la taille de la scène ainsi que celle du rectangle.

La croix

- Créez un objet de type `Shape` et nommez-le `laCroix`.

- À l'aide de la méthode `lineStyle()`, définissez le style du tracé du bord du rectangle (bleu, épaisseur 1).

- À l'aide des méthodes `moveTo()` et `lineTo()`, définissez les deux diagonales du rectangle (les variables `largeur`, `hauteur`, `largeurRect` et `hauteurRect` sont utiles pour réaliser cette définition).

- Affichez `laCroix` sur la scène sous `leRectangle`. Pour vous aider, vous pouvez afficher le nombre d'éléments présents dans la liste d'affichage.

> **Remarque**
>
> Les éléments graphiques placés manuellement sur la scène (fond, rectangles grisés, …) sont affichés sur la scène. Ils constituent donc des éléments de la liste d'affichage.

Rotation en Y (Flash CS4)

Faites tourner les deux sprites `leRectangle` et `laCroix` de 45° selon l'axe des Y.

Le projet mini site

> **Extension web**
>
> Vous trouverez les corrigés de cette partie di projet dans le répertoire `Projet/Chapitre2`.

Mise en page du mini site

Les spécifications fonctionnelles décrites lors du chapitre précédent nous permettent de mettre en place, sur la scène, les différents éléments nécessaires pour réaliser le mini site.

Ces éléments sont au nombre de quatre, il s'agit du titre, des rubriques affichées sous forme de zones rectangulaires colorées, des mini rubriques et des pages comme le montre la figure suivante (figure 2-28) :

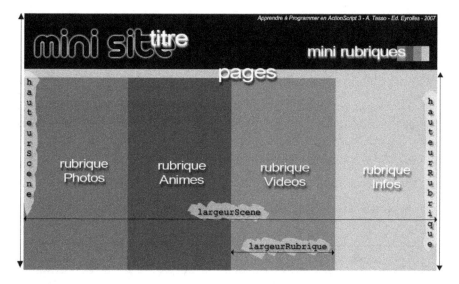

Figure 2-28

Mise en page du mini site

L'idée, pour réaliser ces différents éléments, est de :

- créer un espace de travail de 600 pixels en hauteur et de 1 000 pixels en largeur, de couleur noire ;

- Créer par programme autant de zones colorées qu'il y a d'éléments à afficher ;

- placer sur la scène, chacune de ces instances en modifiant leurs propriétés x et y ;

- créer un symbole pour le titre et le placer par programme.

Chaque élément est de taille fixe et doit être utilisé à tout moment dans le programme. Il convient donc de définir des variables pour y stocker les valeurs les plus couramment utilisées. Ainsi, nous choisissons de nommer la largeur et la hauteur de la scène largeurScene et hauteurScene, respectivement. Ces variables sont initialisées dès le début du programme à la taille de la scène en utilisant les outils stage.stageWidth et stage.stageHeight.

Les couleurs sont définies également en début de programme. Leur initialisation est effectuée lors de la déclaration des quatre variables, comme suit :

```
var couleurBleu:uint = 0x016087;
var couleurViolet:uint = 0x660066;
var couleurRouge:uint = 0xCC0033;
var couleurOrange:uint = 0xFF9900;
```

Les rubriques

La largeur d'une rubrique est stockée dans la variable `largeurRubrique` et sa hauteur `hauteurRubrique`. Les rubriques sont au nombre de quatre. Elles recouvrent l'intégralité de la scène. La largeur d'une rubrique vaut donc le quart de la largeur de la scène. La hauteur d'une rubrique vaut la hauteur de la scène moins 150 pixels.

Les zones rectangulaires colorées sont dessinées à l'aide des méthodes `graphics.beginFill()`, `graphics.drawRect()` et `graphics.endFill()`. Chaque zone est enregistrée dans un objet de type `Sprite`, nommé respectivement `rubriquePhotos`, `rubriqueAnimes`, `rubriqueVideos` et `rubriqueInfos`.

Le placement des rubriques sur la scène s'effectue en remarquant que :

- la première rubrique est positionnée en (0*`largeurRubrique`, 150) ;

- la seconde en (1*`largeurRubrique`, 150) ;

- la troisième en (2*`largeurRubrique`, 150) ;

- la quatrième en (3*`largeurRubrique`, 150).

Les minis rubriques

La largeur d'une mini rubrique est stockée dans la variable `largeurMini` et sa hauteur `hauteurMini`. La largeur d'une mini rubrique est de 20 pixels, sa hauteur de 35. Les mini rubriques sont au nombre de quatre et sont également dessinées à l'aide des méthodes `graphics.beginFill()`, `graphics.drawRect()` et `graphics.endFill()`. Elles sont enregistrées dans des objets de type `Sprite`, nommés respectivement `miniPhotos`, `miniAnimes`, `miniVideos` et `miniInfos`.

Le placement des mini rubriques s'effectue en remarquant que :

- la première mini rubrique est positionnée en (0*`largeurMini` + `largeurScene` - `ecartBord`, `ecartBord`) ;

- la seconde en (1*`largeurMini` + `largeurScene` - `ecartBord`, `ecartBord`) ;

- la troisième en (2*`largeurMini` + `largeurScene` - `ecartBord`, `ecartBord`) ;

- la quatrième en (3*`largeurMini` + `largeurScene` - `ecartBord`, `ecartBord`).

Les pages

La largeur d'une page est stockée dans la variable `largeurPage` et sa hauteur `hauteurPage`. La largeur d'une page correspond à la largeur de la scène, sa hauteur à celle d'une rubrique. Les pages sont au nombre de quatre. Elles sont dessinées à l'aide des méthodes `graphics.beginFill()`, `graphics.drawRect()` et `graphics.endFill()`. Elles sont enregistrées dans des objets de type `Sprite`, nommés respectivement `pagePhotos`, `pageAnimes`, `pageVideos` et `pageInfos`.

Les pages sont toutes placées en (0,150).

Remarque

Attention de ne pas ajouter les pages en fin de la liste d'affichage, sous peine de voir les rubriques disparaître dessous.

Le titre

Le titre du site est un symbole de type `Clip` nommé `titreClp`, à l'intérieur duquel est placée une zone de texte statique contenant le nom du site. Les caractéristiques du texte sont les suivantes.

- Police : AristaFont (voir police enregistrée dans la bibliothèque de projet).

- Taille de la police : 100

- Couleur : noir

- Filtre : Ombre portée avec un flou de 5 pixels, de couleur blanche, d'intensité 164 % et de qualité élevée.

Lors de la création du symbole, prenez soin de placer le point d'origine (point d'ancrage) sur le coin inférieur gauche du texte, afin de faciliter son positionnement ultérieur sur la scène. Vous pouvez vous aider du panneau Aligner obtenu en tapant sur Ctrl + K pour les PC et Cmd + K pour les Mac.

L'occurrence du titre est créée ensuite par programme. Ne pas oublier d'exporter le symbole pour ActionScript, comme indiqué au cours de la section « Créer une occurrence par programme » de ce chapitre.

Pour afficher le titre, il convient ensuite de :

- créer une instance `titre` à partir du symbole `TitreClp`, à l'aide de l'opérateur `new` ;

- positionner l'occurrence en (20, 150) ;

- placer l'occurrence dans la liste d'affichage à l'aide de la méthode `addChild()`.

3

Communiquer ou interagir

Les animations réalisées au cours des chapitres précédents sont exécutées en boucle, de la première à la dernière image. La tête de lecture se déplace d'une image à l'autre, et l'utilisateur n'a aucun moyen d'en modifier le cours, ni de transmettre une quelconque information.

Or, tout l'intérêt d'un programme est de produire un résultat en fonction des informations transmises par l'utilisateur. L'application a besoin de données précises qui lui sont communiquées par l'intermédiaire de formulaires, de déplacements de souris ou encore de clics. En contrepartie, l'application réagit en affichant les informations saisies par l'utilisateur, en modifiant la couleur ou la forme de la zone cliquée. On dit alors qu'il y a interaction ou encore que l'application est interactive.

Pour réaliser de telles applications, nous sommes amenés à définir le comportement des objets en fonction des actions de l'utilisateur sur ces derniers. Ces actions sont traitées en utilisant la notion d'événement.

Dans ce chapitre, nous aborderons les différentes techniques de communication entre une application et l'utilisateur. Au cours de la section « Les différents modes de communication », nous étudierons comment saisir une valeur au clavier, puis comment afficher le résultat d'un calcul en cours d'exécution. Nous examinerons ensuite, dans la section « La gestion des événements », comment associer une action à un événement. Pour cela, nous définirons les notions d'événement et de gestionnaire d'événement.

Pour finir, dans la section « Les techniques de programmation incontournables », nous réaliserons les bases d'un jeu Flash interactif, afin d'étudier les techniques fondamentales de programmation telles que l'incrémentation ou encore la modification de la couleur d'un objet en cours d'animation.

Les différents modes de communication

Comme nous l'avons observé au cours du chapitre introductif, une application communique avec l'utilisateur en affichant ou en réceptionnant des valeurs textuelles ou numériques. Ces valeurs sont par exemple transmises par l'intermédiaire du clavier pour être ensuite traitées et modifiées directement par l'application. De telles informations sont appelées « informations dynamiques » puisqu'elles sont transformées en cours d'exécution du programme.

> **Remarque**
>
> Les informations dynamiques sont affichées non pas dans la fenêtre de sortie (comme nous avons pu le réaliser au cours du chapitre 1, « Traiter les données », section « Afficher la valeur d'une variable »), mais directement dans l'animation Flash.

Observons sur un exemple simple comment réaliser chacune de ces techniques.

Une calculatrice pour faire des additions

Pour examiner le fonctionnement des entrées/sorties, construisons une application qui va nous permettre d'additionner deux valeurs. Celles-ci sont saisies au clavier par l'utilisateur. Le résultat de l'addition est ensuite affiché après validation des valeurs saisies.

L'application se présente sous la forme suivante :

Figure 3-1

L'application addition.swf est constituée de 5 objets permettant la saisie de 2 valeurs (❶ et ❸) et l'affichage du résultat (❺)

La mise en place de l'application addition.fla s'effectue en plusieurs étapes :

- la définition des objets nécessaires à l'application ;
- le positionnement des objets à l'écran ;
- la description des comportements de chaque objet, en fonction des actions de l'utilisateur.

Afin de faire comprendre au lecteur la démarche à suivre pour construire une telle application, chacune des étapes va donner lieu à une description détaillée et sera suivie de sa traduction commentée en ActionScript 3.

Définition des objets

L'application `addition.fla` est composée de 5 objets, placés à l'écran selon un ordre précis (voir figure 3-1).

• Les objets ❶ et ❸ permettent la saisie des deux valeurs à additionner.

• L'objet ❷ indique à l'utilisateur que l'opération réalisée est une simple addition.

• L'objet ❹ est, quant à lui, un peu plus complexe, puisqu'il va permettre de valider la saisie des valeurs afin d'afficher le calcul résultant.

• L'objet ❺ est utilisé pour afficher le résultat de l'addition.

Ces objets sont construits chacun à partir d'un symbole dont les caractéristiques assurent la réalisation des fonctions attendues. Nous les décrivons ci-après.

Le symbole SaisirClp

Le symbole `SaisirClp` est un symbole de type `Clip`. Il est constitué d'une zone de texte et d'un rectangle permettant de colorer le fond de la zone de saisie. La zone de texte est placée sur un calque nommé `Texte`, le rectangle sur un second calque nommé `Fond`. Le calque `Texte` est placé au-dessus du calque `Fond`.

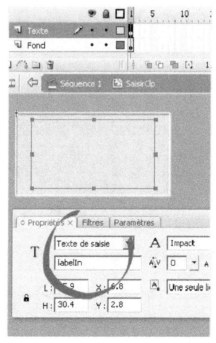

Figure 3-2
Le symbole SaisirClp (Flash CS3)

Pour que l'utilisateur puisse saisir une valeur, nous devons transformer la zone de texte en type Texte de saisie. Pour ce faire, avant de tracer la zone de texte, allez dans le panneau Propriétés de l'outil Texte et choisissez l'item Texte de saisie, dans la liste (voir figure 3-2).

Ensuite, afin de récupérer la valeur saisie, il convient de nommer la zone de texte, dans le champ Nom de l'occurrence situé juste en dessous du type de la zone de texte (voir figure 3-2).

> **Remarque**
>
> Par souci de clarté, nous choisissons de prendre la convention de nommer les zones de texte de saisie labelIn quelle que soit la finalité du symbole dans lequel se situe la zone de texte.

L'objet AfficherClp

Le symbole AfficherClp est un symbole de type Clip. Il est constitué d'une zone de texte et d'un rectangle permettant de colorer le fond de la zone d'affichage. La zone de texte est placée sur un calque nommé Texte, le rectangle sur un second calque nommé Fond. Le calque Texte est placé au-dessus du calque Fond.

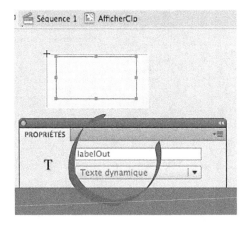

Figure 3-3
Le symbole AfficherClp (Flash CS4)

Pour que l'application puisse afficher un message dans la zone de texte, nous devons la transformer en type Texte dynamique. Pour ce faire, avant de tracer la zone de texte, allez dans le panneau Propriétés de l'outil Texte et choisissez l'item Texte dynamique, dans la liste (voir figure 3-3).

Afin de transmettre la valeur à afficher, il convient de nommer la zone de texte dans le champ Nom de l'occurrence, situé juste en dessous du type de la zone de texte (voir figure 3-3).

> **Remarque**
>
> Par souci de clarté, nous choisissons de prendre la convention de nommer les zones de texte dynamique labelOut quelle que soit la finalité du symbole dans lequel se situe la zone de texte.

Les symboles OperateurClp et ValiderClp

Les symboles OperateurClp et ValiderClp sont de type Clip. Ils sont constitués chacun d'un calque Fond et d'un calque Texte sur lequel est tracé le signe + pour le symbole OperateurClp, et le signe = pour le symbole ValiderClp.

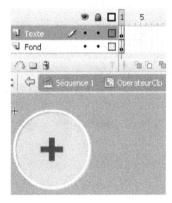

Figure 3-4
Le symbole OpérateurClp (Flash CS3)

Ces deux symboles ne contiennent pas de zone de texte dynamique ni de saisie, puisqu'ils restent identiques tout au long de l'application.

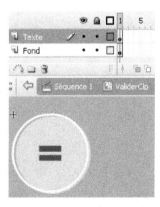

Figure 3-5
Le symbole ValiderClp (Flash CS3)

Création des objets

Les objets sont créés à l'aide de l'opérateur new.

> **Pour en savoir plus**
>
> La création d'un objet par programme est décrite au chapitre 2, « Les symboles », section « Les différentes façons de créer des occurrences ».

Les objets ❶ et ❸ permettant la saisie des deux valeurs à additionner sont créés par les instructions :

```
var valeur_1:SaisirClp = new SaisirClp();
var valeur_2:SaisirClp = new SaisirClp();
```

> **Remarque**
>
> Les deux objets valeur_1 et valeur_2 sont créés à partir du même symbole SaisirClp. Seule la différence concernant le nom des occurrences permet de distinguer le premier objet du second.

L'objet ❷, indiquant à l'utilisateur que l'opération réalisée est une simple addition, est créé par l'instruction suivante :

```
var signe:OperateurClp = new OperateurClp();
```

Ce nouvel objet a pour nom signe.

L'objet ❹ permettant la validation de la saisie des valeurs est créé par l'instruction ci-dessous ; il a pour nom egal.

```
var egal:ValiderClp = new ValiderClp();
```

Pour finir, l'objet ❺ utilisé pour afficher le résultat est défini grâce à l'instruction ci-après ; il a pour nom resultat.

```
var resultat:AfficherClp = new AfficherClp();
```

Les objets sont ensuite affichés sur la scène en les ajoutant à la liste d'affichage comme suit :

```
addChild(valeur_1);
addChild(valeur_2);
addChild(signe);
addChild(egal);
addChild(resultat);
```

> **Remarque**
>
> Si un symbole ne s'affiche pas à l'écran après sa création par new, vérifiez que la liaison « Exportez pour ActionScript » a bien été effectuée (voir la section « Créer une occurrence par programme » du chapitre 2).

Positionnement des objets à l'écran

Les objets sont placés de façon à les rendre indépendants de la taille de la scène et des objets eux-mêmes. Pour cela, nous devons placer ces derniers en utilisant des valeurs calculées à partir de la taille de la scène (hauteur et largeur) et de la taille des objets affichés. Aucune valeur déterminée de façon fixe ne doit être codée directement dans le programme.

Ainsi, nous supposons que les éléments de la calculatrice sont placés à mi-hauteur de la fenêtre, et qu'un écart de 5 % de la largeur de la fenêtre sépare le premier objet du bord gauche de la fenêtre (voir figure 3-6). Chaque objet est ensuite espacé de ce même écart.

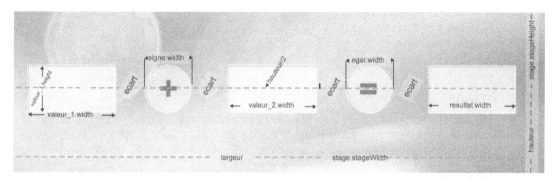

Figure 3-6
Les objets sont placés sur la scène compte tenu de leur largeur et d'un écart donné.

La hauteur de la scène, ainsi que sa largeur sont calculées à partir de l'objet Stage de la façon suivante :

```
var largeur:uint = stage.stageWidth;
var hauteur:uint = stage.stageHeight;
```

Position sur l'axe des Y

Pour placer un objet à mi-hauteur de la fenêtre, il suffit alors de le positionner à la moitié de la hauteur de la fenêtre, comme ceci :

```
objet.x = hauteur / 2;
```

Pour placer un objet sur la scène, Flash utilise le point de référence défini lors de la création du symbole dont est issu l'objet. Selon la position du point de référence (en haut, à gauche, au centre…), l'objet affiché n'est pas forcément placé à la mi-hauteur de la scène.

Ainsi, pour notre exemple, nous avons choisi de prendre comme point de référence le coin supérieur gauche du symbole. Pour placer les objets à mi-hauteur, nous devons donc retirer la moitié de la hauteur de l'objet (voir figure 3-6).

> **Remarque**
>
> Pour être sûrs que les objets se positionnent de façon harmonieuse, nous avons pris soin de tous les dessiner de la même hauteur.

Le code permettant de placer le premier objet à mi-hauteur quelles que soient les hauteurs de l'objet et de la scène s'écrit :

```
valeur_1.y = (hauteur - valeur_1.height) /2;
```

Ensuite, comme tous les autres objets se situent à la même hauteur que l'objet valeur_1, nous pouvons initialiser leur position sur l'axe des Y à valeur_1.y, comme suit :

```
signe.y = valeur_1.y;
valeur_2.y = valeur_1.y;
egal.y = valeur_1.y;
resultat.y = valeur_1.y;
```

> **Question**
>
> Quelles sont les instructions qui permettent de placer similairement, les objets resultat, valeur_1, valeur_2, egal et signe sur la scène, si l'on suppose que le point de référence des symboles AfficherClp, SaisirClp, ValiderClp et OperateurClp est centré sur le bord gauche du clip ?
>
> **Réponse**
>
> Lorsque le point de référence est centré sur le bord gauche du clip, il n'est plus besoin de retrancher la moitié de la hauteur du clip pour le placer au centre de la scène. L'instruction :
>
> ```
> valeur_1.y = hauteur /2;
> ```
>
> suffit à placer l'objet valeur_1 à mi-hauteur de la scène. Les autres objets se placent ensuite de la même façon par rapport à ce dernier (voir extension web, fichier QuestionReponsePosition.fla sous le répertoire Exemples/Chapitre3).

Position sur l'axe des X

Un écart de 5 % de la largeur de la fenêtre sépare le premier objet du bord gauche de la fenêtre. Cet écart est calculé par l'instruction :

```
var ecart:Number = 5 * largeur / 100;
```

L'objet ❶ (valeur_1) est ensuite placé sur l'axe des X, par l'instruction :

```
valeur_1.x = ecart;
```

L'objet suivant (❷ - signe) est placé juste après la première valeur à saisir avec également un écart de 5 % de la largeur de la fenêtre. Le calcul de sa position exacte s'effectue grâce à l'instruction (voir figure 3-6) :

```
signe.x = valeur_1.x + valeur1.width + ecart;
```

Les trois autres objets composant la calculatrice sont positionnés de la même façon, dans leur ordre d'apparition, en tenant compte de la position de l'objet précédent, de sa largeur et de l'écart imposé entre chaque objet.

```
valeur_2.x = signe.x + signe.width + ecart;
egal.x = valeur_2.x + valeur_2.width + ecart;
resultat.x = egal.x + egal.width + ecart;
```

Saisir une information au clavier

Une fois tous les objets positionnés, examinons comment les valeurs saisies au clavier sont transmises au programme pour être additionnées.

Les valeurs sont saisies par l'intermédiaire des objets valeur_1 et valeur_2 via le clavier, après que l'utilisateur ait cliqué sur chacun de ces objets. Les valeurs ainsi saisies sont enregistrées dans des variables (ici a et b), en utilisant le champ de texte labelIn, créé lors de la mise en place du symbole SaisirClp, comme suit :

```
// Déclaration des variables pour mémoriser les valeurs saisies
var a, b:Number;
// La première valeur est saisie dans la zone de texte labelIn de l'objet valeur_1
a = valeur_1.labelIn.text;
trace("a : " + a);
// La seconde valeur est saisie dans la zone de texte labelIn de l'objet valeur_2
b = valeur_2.labelIn.text;
trace("b : " + b);
```

Les commandes trace() ne sont pas obligatoires. Leur présence permet de vérifier que les valeurs saisies sont effectivement bien enregistrées dans les variables a et b.

Afficher une information

Lorsque les deux valeurs sont saisies, le résultat de l'addition est stocké dans une troisième variable nommée c. Cette variable est ensuite utilisée pour afficher son contenu, via l'objet resultat, comme le montrent les instructions ci-après.

```
// Déclaration de la variable mémorisant le résultat de l'addition
var c:Number;
// Calcul de l'addition
c = a + b;
trace ("c : "+ c);
// Le résultat est affiché par l'intermédiaire de la zone de texte dynamique nommée
// labelOut.
resultat.labelOut.text = c;
```

Remarque

Observez qu'il est obligatoire, pour accéder aux valeurs saisies, de placer le terme .text derrière le nom de la zone de saisie.

De la même façon, la commande trace() n'est pas obligatoire. Elle permet simplement vérifier que l'addition a bien été effectuée.

Exécution de l'application

Le programme tel que nous l'avons réalisé s'exécute correctement, il n'y a pas d'erreur de syntaxe. Cependant, il ne réalise pas la fonction attendue, à savoir afficher le résultat de l'addition. En effet, les valeurs saisies par l'utilisateur ne sont pas transmises au programme. Elles ne sont pas enregistrées dans les variables a et b. Les commandes trace() affichent des valeurs vides (voir figure 3-7).

Figure 3-7
Les valeurs saisies au clavier ne sont pas enregistrées dans les variables a et b.

Que se passe-t-il ?

Pour que les valeurs soient transmises à l'application, l'utilisateur doit valider leurs saisies soit en tapant sur la touche Entrée du clavier, soit en cliquant sur le bouton égal.

Or, ces deux actions ne sont pas directement compréhensibles par le lecteur Flash. Le fait de taper sur une touche du clavier ou de cliquer sur un objet doit être traduit en langage informatique. Cette traduction passe par la mise en place d'un système d'écoute du clavier ou de la souris, système qui se met en œuvre grâce aux gestionnaires d'événements.

Pour en savoir plus
La suite de cet exemple est traitée à la fin de la section « La gestion des événements ».

La gestion des événements

ActionScript 3 est un langage de programmation événementielle. Il a été conçu de façon à faciliter la description des comportements de l'animation en fonction des actions réalisées par l'utilisateur. Ainsi, chaque action ou non-action provoque un comportement spécifique. Ces comportements sont décrits par l'intermédiaire d'un gestionnaire d'événement.

Qu'est-ce qu'un événement ?

La notion d'événement est très simple à comprendre. Dans la vie réelle, nous agissons très souvent en fonction d'événements. Reprenons l'exemple de la recette de l'œuf à la coque décrite au chapitre introductif de cet ouvrage. D'un point de vue programmation événementielle, nous pouvons décrire les comportements suivants.

• Lorsque l'eau bout (événement), placer l'œuf dans la casserole (action).

ou encore :

• Lorsque le minuteur sonne (événement), éteindre la plaque électrique, prendre une cuillère, retirer l'œuf de la casserole à l'aide de la cuillère et poser l'œuf dans le coquetier (série d'actions).

Les événements sont associés au temps (attendre que l'eau soit en ébullition) ou à un changement d'état d'un objet (le minuteur sonne). Ensuite, à chaque événement sont associées une ou plusieurs actions (placer l'œuf, retirer l'œuf...).

Les types d'événements sous Flash sont, bien entendu, très différents de ceux de la vie réelle. Ils sont en général associés à un mouvement, à un clic de souris ou encore à la pression d'une touche du clavier. Le fait qu'aucune action ne soit réalisée dans un laps de temps donné peut également constituer un événement. Les événements sont donc liés soit au temps qui passe, soit à une action de l'utilisateur sur un périphérique (clavier, souris...).

Les différents types d'événements

ActionScript 3 propose un très grand nombre d'événements à gérer. Certains se produisent pendant la lecture de l'animation, lorsque la tête de lecture se déplace d'image en image, d'autres répondent à une action de l'utilisateur.

Comme nous avons pu le constater avec la calculatrice, une animation ne gère pas d'événement, par défaut. Elle s'exécute de façon continue, sans qu'aucun événement ne soit traité. C'est au programmeur de déterminer quel type d'événement l'application doit recevoir.

Plus précisément, ce n'est pas l'application en tant que telle qui gère les événements, mais les objets définis au sein de l'application. Ainsi, lorsque l'utilisateur clique sur un bouton Jouer, seul ce bouton reçoit l'événement correspondant au clic.

> **Remarque**
> Chaque événement ne peut être traité que par un seul objet à la fois. En revanche, un objet est capable de traiter plusieurs types d'événements.

Un clic ou un déplacement de souris sur le bouton Jouer ont pour résultat un comportement propre à l'événement reçu. Le premier démarre par exemple un jeu, alors que le second modifie la couleur d'un autre bouton.

Pour réaliser l'association type d'événement-objet, la technique consiste à ajouter un écouteur d'événement sur l'objet donné, en lui spécifiant le nom de l'événement à traiter et l'action à mener. La syntaxe est la suivante :

```
NomDeL'Objet.addEventListener(NomDeL'Evenement,quelleAction);
```

où :

- NomDeL'Objet correspond au nom d'un objet créé par l'opérateur new, ou un nom d'objet de type Sprite, ou encore défini par l'intermédiaire du panneau Propriétés.

- NomDeL'Evenement est un nom d'événement défini par le langage ActionScript 3.

Le langage ActionScript 3 définit un grand nombre d'événements. Parmi ceux-ci, il existe des événements de base que l'on utilise de façon constante. Il s'agit des événements associés au bouton et ceux liés au temps. Ils s'appliquent aux objets de types clip d'animation, bouton et Sprite.

> **Remarque**
> Il n'est pas possible d'ajouter un écouteur d'événement sur un objet de type Shape.

Les événements liés au bouton

Les boutons sont des éléments d'interaction très importants dans les présentations Flash (site web, animations…). Le développement d'applications Flash ne peut donc s'effectuer sans une bonne connaissance des événements standards liés à ces éléments graphiques (clic, déplacement de la souris…).

Ainsi, les événements ayant pour nom `MouseEvent.MOUSE_UP`, `MouseEvent.MOUSE_OVER`, `MouseEvent.MOUSE_OUT` et `MouseEvent.MOUSE_CLICK` vont permettre de contrôler les actions et réactions d'un objet en fonction de la position du curseur et de l'état du bouton de la souris (cliqué, relâché…).

Par exemple, l'ajout de l'écouteur de l'événement `MouseEvent.MOUSE_UP` sur le bouton `egal` :

```
egal.addEventListener(MouseEvent.MOUSE_UP,quelleAction);
```

fait que l'objet `egal` devient en mesure de traiter l'événement `MouseEvent.MOUSE_UP`, c'est-à-dire l'événement associé au relâchement d'un bouton de la souris.

Les événements liés au temps

Les événements liés au temps sont détectés par le lecteur Flash en fonction du déplacement de la tête de lecture. L'événement le plus couramment utilisé pour gérer le temps a pour nom `Event.ENTER_FRAME`. Il est déclenché automatiquement à chaque fois que la tête de lecture passe sur une image de la ligne de temps. Ainsi, si votre animation est définie sur 24 images par seconde, l'événement `Event.ENTER_FRAME` est déclenché 24 fois par seconde.

L'ajout de l'écouteur de l'événement `Event.ENTER_FRAME` sur l'objet `bSavon` (voir chapitre introductif de cet ouvrage, section « Qu'est qu'un programme sous Flash ? ») fait que l'objet `bSavon` détecte l'événement `Event.ENTER_FRAME` tous les 24e de seconde.

Lorsqu'un objet est en mesure de détecter un événement, il convient ensuite de décrire la ou les actions à réaliser pour cet événement. Cette description s'effectue à l'intérieur d'un bloc d'instruction nommé fonction.

Définir un gestionnaire d'événement

À un événement sont associés un comportement, une action. Chaque objet capable de recevoir un événement doit traiter ce dernier en réalisant l'action attendue par l'utilisateur (un clic de souris sur un bouton `Jouer` lance le jeu attendu).

La mise en place d'un élément d'interaction s'effectue donc en deux temps :

1. Définir l'association type d'événement-objet.

2. Décrire les actions réalisées à réception de l'événement.

Remarque

L'association type d'événement-description des actions à réaliser constitue, dans le jargon informatique, un gestionnaire d'événement.

Pour créer un gestionnaire d'événement, la syntaxe est la suivante :

```
// ❶ Ajouter un écouteur d'événement
NomDeL'Objet.addEventListener(NomDeL'Evenement,quelleAction);
// ❷ Définir l'action à mener
function quelleAction(e:TypeEvenenemt):void{
  // instructions décrivant l'action
}
```

L'instruction ❶ définit le nom de l'objet ainsi que l'événement perçu par l'objet. Les actions à réaliser lorsque l'objet reçoit l'événement sont ensuite décrites dans le bloc ❷ `function() { }`.

Pour en savoir plus

Les fonctions sont traitées plus en détail au chapitre 7, « Les fonctions ».

Les gestionnaires d'événements pour le bouton egal

Examinons sur un exemple plus concret comment écrire différents gestionnaires d'événements pour le bouton nommé egal, décrit en section précédente, de façon à ce que lorsque l'utilisateur :

- clique ou relâche le bouton de la souris alors que le curseur de la souris se trouve sur le bouton egal, un message personnalisé apparaît dans la fenêtre de sortie ;

- fait simplement passer le curseur de la souris sur ce même bouton, un message approprié apparaît également dans la fenêtre de sortie.

Extension web

Vous trouverez cet exemple dans le fichier GestionnaireEvenement.fla, sous le répertoire Exemples/Chapitre3.

Événement lié à une action de l'utilisateur

- Événement MouseEvent.MOUSE_DOWN

L'événement MouseEvent.MOUSE_DOWN est utilisé pour détecter le fait que l'utilisateur appuie sur le bouton de la souris, lorsque le curseur se trouve sur l'objet auquel est associé l'événement. Le gestionnaire d'événement s'écrit sous la forme suivante :

```
egal.addEventListener(MouseEvent.MOUSE_DOWN, onAppuie);
function onAppuie(event:MouseEvent):void {
 trace("MOUSE_DOWN : le bouton egal a été enfoncé") ;
}
```

Ainsi, lorsque l'utilisateur appuie sur le bouton de la souris, le curseur étant positionné sur le bouton egal, la fonction onAppuie() est exécutée et le message « MOUSE_DOWN : le bouton egal a été enfoncé » apparaît dans la fenêtre de sortie.

- Événement `MouseEvent.MOUSE_UP`

L'événement `MouseEvent.MOUSE_UP` est utilisé pour détecter le fait que l'utilisateur cesse d'appuyer sur le bouton de la souris, lorsque le curseur se trouve sur l'objet auquel est associé l'événement. Le gestionnaire d'événement s'écrit sous la forme suivante :

```
egal.addEventListener(MouseEvent.MOUSE_UP, onRelache);
function onRelache(event:MouseEvent):void {
    trace("MOUSE_UP : le bouton egal a été relâché") ;
}
```

Ainsi, lorsque l'utilisateur relâche le bouton de la souris, le curseur étant positionné sur le bouton egal, la fonction onRelache() est exécutée et le message « MOUSE_UP : le bouton egal a été relâché » apparaît dans la fenêtre de sortie.

- Événement `MouseEvent.MOUSE_OVER`

L'événement `MouseEvent.MOUSE_OVER` est utilisé pour détecter le fait que le curseur de la souris se trouve sur l'objet auquel est associé l'événement. Le gestionnaire d'événement s'écrit sous la forme suivante :

```
egal.addEventListener(MouseEvent.MOUSE_OVER,auSurvol);
function auSurvol(event:MouseEvent):void {
    trace("MOUSE_OVER : le curseur de la souris est sur le bouton egal");
}
```

Ainsi, lorsque le curseur passe sur le bouton egal, le message « MOUSE_OVER : le curseur de la souris est sur le bouton egal » apparaît dans la fenêtre de sortie.

- Événement `MouseEvent.MOUSE_OUT`

L'événement `MouseEvent.MOUSE_OUT` est utilisé pour détecter le fait que le curseur de la souris sort de l'objet auquel est associé l'événement. Le gestionnaire d'événement s'écrit sous la forme suivante :

```
egal.addEventListener(MouseEvent.MOUSE_OUT,alExterieur);
function alExterieur(event:MouseEvent):void {
    trace("MOUSE_OUT : le curseur de la souris est sorti du bouton egal");
}
```

Ainsi, lorsque le curseur sort du bouton egal, le message « MOUSE_OUT : le curseur de la souris est sorti du bouton egal » apparaît dans la fenêtre de sortie.

- Événement `MouseEvent.CLICK`

L'événement `MouseEvent.CLICK` est utilisé pour détecter le fait que l'utilisateur appuie puis relâche le bouton de la souris, le curseur de la souris se trouvant sur l'objet auquel est associé l'événement. Le gestionnaire d'événement s'écrit sous la forme suivante :

```
egal.addEventListener(MouseEvent.CLICK,auClic);
function auClic(event:MouseEvent):void{
    trace("CLICK : le bouton egal a été enfoncé puis relâché ");
}
```

Ainsi, lorsque l'utilisateur clique sur le bouton egal, la fonction auClic() est exécutée et le message « CLICK : le bouton egal a été enfoncé puis relâché » apparaît dans la fenêtre de sortie.

Événement lié au temps

- Événement Event.ENTER_FRAME

    L'événement Event.ENTER_FRAME est utilisé pour détecter le déplacement de la tête de lecture du lecteur Flash, sur l'objet auquel est associé l'événement. Le gestionnaire d'événement s'écrit sous la forme suivante :

```
egal.addEventListener(Event.ENTER_FRAME,sAnimer);
function sAnimer(e:Event):void{
    trace("ENTER_FRAME : événement déclenché");
}
```

En supposant que votre animation est lue à raison de 18 images par seconde, le message « ENTER_FRAME : événement déclenché » est donc affiché 18 fois par seconde.

Remarque

Le type d'événement passé en paramètre de la fonction sAnimer() est Event, alors que celui passé en paramètre des fonctions auClic(), auSurvol()... est MouseEvent.

Pour en savoir plus

Pour définir la cadence d'une animation (nombre d'images affichées par seconde), reportez-vous au chapitre introductif, « À la source d'un programme », section « Le scénario, les calques, les images et les images-clés ».

Une calculatrice pour faire des additions (suite et fin)

Comme nous avons pu l'observer au cours de la section « Exécution de l'application » de ce chapitre, le résultat de l'addition ne peut s'afficher qu'après validation des valeurs saisies.

Nous vous proposons de réaliser cette validation en cliquant sur le bouton egal de la calculatrice. Pour cela, nous devons écrire un gestionnaire d'événement Mouse Event.MOUSE_UP pour l'objet egal, dans lequel nous placerons les instructions de calcul de l'addition et l'affichage du résultat dans l'objet resultat. Le gestionnaire d'événement s'écrit comme suit :

```
egal.addEventListener(MouseEvent.MOUSE_UP,onRelache);
function onRelache(event:MouseEvent):void{
```

```
    var a, b, c ;
    a = valeur_1.labelIn.text;
    trace("a : " + a);
    b = valeur_2.labelIn.tex);
    trace("b : " + b);
    c = a + b;
    trace ("c : "+ c);
    resultat.labelOut.text = c;
}
```

L'exécution du programme montre que les valeurs sont bien enregistrées dans les variables a et b après avoir cliqué sur le bouton egal (voir figure 3-8). Cependant, vous pouvez constater que le résultat affiché ne correspond pas à celui attendu.

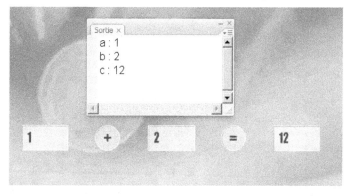

Figure 3-8

Les valeurs saisies au clavier sont des caractères et non des valeurs numériques.

Les valeurs saisies et enregistrées dans les variables a et b correspondent à des chaînes de caractères. L'addition de deux variables contenant des caractères a pour résultat de placer les deux chaînes l'une derrière l'autre dans la variable c. Ainsi, l'addition des caractères 1 et 2 a pour résultat le mot 12. Dans le jargon informatique, l'addition de caractères est aussi appelée la « concaténation » de caractères.

Pour obtenir un résultat correct, nous devons traduire les valeurs saisies en valeurs numériques. Pour cela, ActionScript 3 propose la fonction prédéfinie Number() qui convertit une chaîne de caractères passée en paramètre, en valeur numérique.

Remarque

Les caractères passés en paramètres sont nécessairement des caractères numériques. Ainsi, la chaîne 12 peut être convertie en valeur numérique, contrairement à douze qui ne peut l'être.

```
function onRelache(event:MouseEvent):void{
    var a, b, c:Number;
    a = Number(valeur_1.labelIn.text);
```

```
    b = Number (valeur_2.labelIn.text);
    c = a + b;
    resultat.labelOut.text = c;
}
```

Ainsi corrigée, l'application fournit désormais un résultat correct (voir figure 3-9).

Figure 3-9
La calculatrice sait enfin additionner !

Question

Pourquoi vaut-il mieux utiliser l'événement MouseEvent.MOUSE_UP plutôt que l'événement MouseEvent.MOUSE_DOWN pour valider la saisie d'une valeur ?

Réponse

Avec l'événement MouseEvent.MOUSE_DOWN, la validation des valeurs s'effectue au moment où l'on presse le bouton de la souris. Avec l'événement MouseEvent.MOUSE_UP, la validation n'est réalisée que lorsque l'on relâche le bouton. Dans le cas où la saisie est erronée, nous avons la possibilité, avec l'événement MouseEvent.MOUSE_UP, de relâcher le bouton de la souris en dehors du bouton egal pour empêcher la validation et corriger l'erreur. Avec l'événement MouseEvent.MOUSE_DOWN, l'erreur ne peut pas être corrigée, l'événement étant pris en compte dès le début du clic, sans possibilité de revenir en arrière (voir extension web, fichier QuestionReponseMouse_Down.fla sous le répertoire Exemples/Chapitre3).

Les techniques de programmation incontournables

Tout bouton ou élément constituant l'interface graphique d'une application possède un comportement spécifique que nous devons traduire sous la forme de programmes ActionScript 3. Ainsi, décrire les actions à réaliser lors d'un clic de souris constitue le cœur d'un programme basé sur la programmation événementielle. Ces actions sont décrites par des instructions qui font appel le plus souvent à des techniques de base qu'il est indispensable de connaître. Parmi celles-ci, examinons l'incrémentation qui est un procédé très utilisé en informatique.

Dans l'environnement Flash, l'incrémentation est très utile, en particulier pour déplacer un objet sur la scène. Aussi, nous nous proposons de réaliser un petit jeu simple qui va nous permettre de saisir tout l'intérêt de cette technique associée à la gestion des événements.

Ce jeu nous permettra également d'examiner des techniques plus spécifiques à Flash, comme changer la couleur d'un objet en cours d'animation ou déplacer un objet à l'aide de la souris.

Cahier des charges

Le jeu consiste à faire éclater des bulles de savon à l'aide d'un curseur. Ce dernier ne se déplace qu'horizontalement et se situe vers le bas de la scène.

Au lancement de l'animation, la scène se présente comme le montre la figure 3-10.

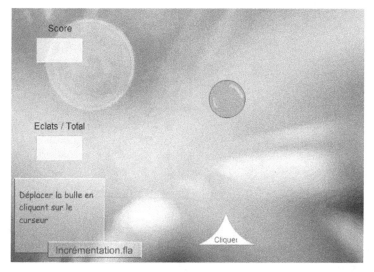

Figure 3-10
Le jeu a pour objectif de faire éclater les bulles à l'aide du curseur triangulaire.

Lorsque le curseur de la souris se trouve sur le curseur triangulaire, le terme « Cliquer » remplace le terme « Jouer » afin d'inviter l'utilisateur à démarrer le jeu.

Lorsque l'utilisateur clique sur le curseur Jouer, celui-ci change de couleur et une bulle de savon apparaît puis descend à la verticale. Le curseur se déplace de gauche à droite et inversement, en fonction de la position de la souris. L'utilisateur doit déplacer le curseur de façon à se placer sous la bulle et faire éclater la bulle.

Comme pour la calculatrice, la mise en place de ce jeu s'effectue en plusieurs étapes :

• la définition des objets nécessaires à l'application ;

• le positionnement des objets à l'écran ;

• la description des comportements de chaque objet en fonction des actions de l'utilisateur.

Toutes les fonctionnalités du jeu ne pourront être réalisées dans ce chapitre. Elles le seront au cours des chapitres à venir, lorsque les techniques (test, boucle...) nécessaires à leur mise en œuvre auront été étudiées en détail.

Définition des objets

- La bulle

  La bulle est un simple objet défini comme un symbole de type `Clip`. Le symbole est nommé `BulleClp`. Elle représente une bulle de savon, comme le montre la figure 3-11 :

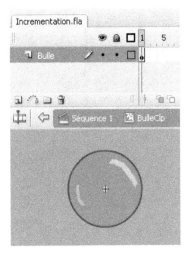

Figure 3-11
Le symbole BulleClp (Flash CS3)

- Le curseur

  Le curseur représenté par la figure 3-12 est un symbole de type `Clip` nommé `BoutonClp`. Il est composé de deux calques nommés `Texte` et `Forme`.

  Sur le premier calque se trouve une zone de texte dynamique contenant le terme « Cliquer ». La zone de texte est nommée `labelOut` dans le panneau Propriétés associé (voir figure 3-12-❶). Elle permet la modification de texte placé sur le bouton, en cours d'exécution du jeu.

  Pour modifier la couleur du fond du bouton lorsque le curseur de la souris se trouve dessus, nous plaçons sur le second calque deux objets :

  1. Le contour du triangle, tracé en noir et placé en dehors du symbole (voir figure 3-12-❷).

2. La couleur de fond du bouton (triangle sans bord), placée à l'intérieur d'un symbole (voir figure 3-12-❸).

Le symbole représentant le fond est nommé FondClp. La copie de ce symbole (l'instance), placée dans le clip BoutonClp est nommée fond, dans le panneau Propriétés associé (voir figure 3-12-❹).

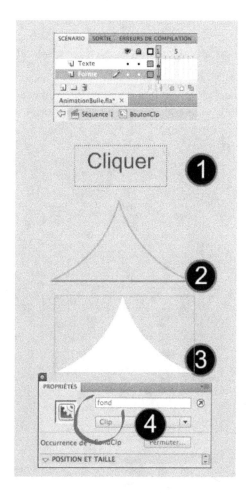

Figure 3-12
Le symbole BoutonClp (Flash CS4)

Remarque

Le contour du triangle (❷) ne varie ni de forme, ni de couleur. Il n'est pas nécessaire de l'enregistrer sous forme de symbole.

- Les zones de texte

  Les deux zones de texte sont utilisées pour afficher le nombre de bulles éclatées par le curseur, ainsi que le score réalisé. Ces deux zones d'affichage sont issues du même symbole nommé AfficherClp.

  Le symbole AfficherClp est un symbole de type Clip. Il est constitué de deux zones de texte dynamique et d'un rectangle permettant de colorer le fond de la zone d'affichage. Les deux zones de texte sont placées sur un calque nommé Texte, le rectangle sur un second calque nommé Fond. Le calque Texte est placé au-dessus du calque Fond.

  Chaque zone de texte porte un nom dans le panneau Propriétés qui les distingue l'une de l'autre. Celle située au-dessus du rectangle est nommée titreOut, celle située au centre a pour nom labelOut (voir figure 3-13).

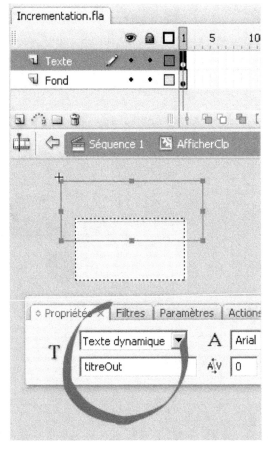

Figure 3-13

Le symbole BulleClp (Flash CS3)

Positionnement des objets à l'écran

Comme le montre la figure 3-10, nous devons placer les objets de façon à ce que :

- la bulle se situe au centre de l'écran ;

- le curseur soit centré horizontalement, vers le bas de la scène ;

- un écart de 5 % de la largeur de la fenêtre sépare les deux zones de texte du bord gauche de la fenêtre. La zone de texte correspondant à l'affichage du score se situe au premier tiers de la hauteur, tandis que la zone de texte affichant le nombre de bulles éclatées se trouve dans le second tiers.

Ces contraintes sont réalisées grâce aux instructions suivantes :

```
// Stocker la hauteur et la largeur de la scène
var largeur:uint = stage.stageWidth;
var hauteur:uint = stage.stageHeight;

// Calculer un écart de 5 % de la largeur de la fenêtre
var ecart:Number = 5 * largeur / 100 ;

// Déclarer et initialiser la variable vitesse
var vitesse:uint = 10;

// Créer une instance de BoutonClp
var btnJouer:BoutonClp = new BoutonClp();

// Le curseur de la souris prend la forme d'une main au survol du bouton
btnJouer.buttonMode = true;

// Placer le curseur au centre sur l'axe des X et vers le bas
btnJouer.x = largeur / 2;
btnJouer.y = hauteur  - btnJouer.height;
addChild(btnJouer);

// Créer une instance de BulleClp
var bSavon:BulleClp = new BulleClp();

// Placer la bulle au centre de la scène
bSavon.x = (largeur ) / 2;
bSavon.y = (hauteur) / 2 ;
addChild(bSavon);

// Créer les deux zones de texte
var score:AfficherClp = new AfficherClp();
var eclats:AfficherClp = new AfficherClp();
```

```
// Placer les zones de texte sur le bord gauche de la scène
score.x = ecart;
score.y = (hauteur - score.height) / 3;
eclats.x = ecart;
eclats.y = 2*(hauteur - eclats.height) /3;

addChild(score);
addChild(eclats);
// Donner un titre aux deux zones de texte
score.titreOut.text = "Score";
eclats.titreOut.text = "Eclat / Total";
```

Remarque

Observez l'instruction :

```
btnJouer.buttonMode = true;
```

Elle a pour rôle d'afficher le curseur de la souris non plus comme une flèche mais sous la forme d'une main lorsque le curseur survole l'objet `btnJouer`. De cette façon, l'utilisateur s'attend à voir l'objet `btnJouer` se comporter comme un bouton et non comme un clip.

La bulle se déplace vers le bas à chaque clic

Pour déplacer un objet sur la scène, il suffit de modifier ses coordonnées en X et en Y. Déplacer un objet vers la droite ou vers la gauche s'effectue en modifiant les coordonnées en X, alors que déplacer un objet vers le haut ou le bas, s'accomplit en modifiant les coordonnées en Y.

Ici, la bulle doit être déplacée vers le bas lorsque l'utilisateur clique sur le curseur. En supposant que la bulle soit placée en 150 sur l'axe des Y, pour voir descendre la bulle au moment du clic, il suffit de la déplacer en 151 au premier clic, puis en 152 au clic suivant, puis en 153...

Pour en savoir plus

Le système de coordonnées qui permet de placer des objets sur la scène est décrit au chapitre introductif de cet ouvrage, à la section « Qu'est-ce qu'un programme en Flash ? ».

La propriété y de l'objet à déplacer prend les valeurs 150, 151, 152, ... Elle augmente de 1 à chaque clic.

Pour augmenter (dans le jargon informatique on dit « incrémenter ») une valeur de 1, la solution consiste à utiliser l'instruction suivante :

```
a = a + 1
```

En effet, comme nous avons pu le remarquer au cours du chapitre 1, « Traiter les données », à la section « Quelques confusions à éviter », cette instruction ajoute 1 à la valeur de a située à droite du signe = et enregistre la valeur augmentée de 1 dans la même variable a grâce au signe d'affectation. L'enregistrement efface la valeur précédemment enregistrée.

Pour réaliser l'incrémentation sur la bulle de savon, il suffit de remplacer la variable a par la position de l'objet sur l'axe des Y, à savoir bSavon.y. Cette instruction s'insère dans le gestionnaire d'événement MouseEvent.MOUSE_DOWN, comme suit :

```
btnJouer.addEventListener(MouseEvent.MOUSE_UP, onAppuie);
function onAppuie(e:Event){
  bSavon.y = bSavon.y +1;
}
```

De cette façon, à chaque fois que l'utilisateur clique sur le curseur, la position de la bulle (bSavon.y) est incrémentée de 1, ce qui a pour résultat de la déplacer de 1 pixel vers le bas de la scène (voir figure 3-14).

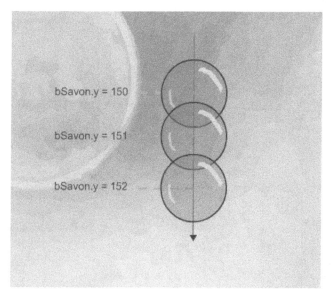

Figure 3-14
Le centre de la bulle se déplace de 1 pixel à chaque clic.

Code complet de incrementation.fla

> **Extension web**
>
> Vous trouverez cet exemple dans le fichier Incrementation.fla, sous le répertoire Exemples/ Chapitre3.

```
// Stocker la hauteur et la largeur de la scène
var largeur:uint = stage.stageWidth;
var hauteur:uint = stage.stageHeight;

// Calculer un écart de 5 % de la largeur de la fenêtre
var ecart:Number = 5 * largeur / 100 ;

// Déclarer et initialiser la variable vitesse
var vitesse:uint = 10;

// Créer une instance de BoutonClp
var btnJouer:BoutonClp = new BoutonClp();

// Le curseur de la souris prend la forme d'une main au survol du bouton
btnJouer.buttonMode = true;

// Placer le curseur au centre sur l'axe des X et vers le bas
btnJouer.x = largeur / 2;
btnJouer.y = hauteur  - btnJouer.height;
addChild(btnJouer);

// Créer une instance de BulleClp
var bSavon:BulleClp = new BulleClp();

// Placer la bulle au centre de la scène
bSavon.x = (largeur ) / 2;
bSavon.y = (hauteur) / 2 ;
addChild(bSavon);

// Créer les deux zones de texte
var score:AfficherClp = new AfficherClp();
var eclats:AfficherClp = new AfficherClp();

// Placer les zones de texte sur le bord gauche de la scène
score.x = ecart;
score.y = (hauteur - score.height) / 3;
eclats.x = ecart;
eclats.y = 2*(hauteur - eclats.height) /3;

addChild(score);
addChild(eclats);
// Donner un titre aux deux zones de texte
score.titreOut.text = "Score";
eclats.titreOut.text = "Eclat / Total";

// Définir un gestionnaire d'événement MouseEvent.MOUSE_DOWN pour le curseur
btnJouer.addEventListener(MouseEvent.MOUSE_DOWN, onAppuie);
function onAppuie(e:Event){
  bSavon.y = bSavon.y +1;
}
```

La bulle se déplace toute seule en un seul clic

L'objectif n'est plus ici de déplacer la bulle en cliquant sur le curseur – ce qui est plutôt fastidieux –, mais que la bulle se déplace toute seule vers le bas de la fenêtre dès que l'utilisateur clique sur le curseur.

Pour cela, deux événements sont à traiter :

- l'événement `MouseEvent.MOUSE_DOWN`, puisque l'utilisateur doit cliquer sur le curseur pour lancer l'animation ;

- l'événement `Event.ENTER_FRAME` pour que la bulle se déplace d'un cran vers le bas à chaque fois que ce dernier est déclenché par le lecteur Flash.

Extension web

Vous trouverez cet exemple dans le fichier `AnimationBulle.fla`, sous le répertoire `Exemples/ Chapitre3`.

Le gestionnaire d'événement `Event.ENTER_FRAME` est composé des instructions suivantes :

```
bSavon.addEventListener(Event.ENTER_FRAME,seDeplace);
function seDeplace(e:Event):void{
  // La bulle se déplace d'un point à chaque
  // émission de l'événement
  bSavon.y = bSavon.y +1;
}
```

Il permet de réaliser le déplacement de l'objet `bSavon` toutes les 18 images par seconde.

Le déplacement automatique n'est réalisé que lorsque l'utilisateur clique sur le curseur, c'est pourquoi nous devons modifier la fonction `onAppuie()` du gestionnaire d'événement `MouseEvent.MOUSE_DOWN` comme suit :

```
function onAppuie(event:MouseEvent):void {
    bSavon.addEventListener(Event.ENTER_FRAME,seDeplace);
}
```

En insérant l'écouteur d'événement `Event.ENTER_FRAME` sur l'objet `bSavon`, nous sommes assurés que ce dernier ne se déclenchera que lorsque l'utilisateur aura cliqué sur le curseur. L'animation de la bulle ne s'effectue qu'à cette condition.

Code complet de animationBulle.fla

Les deux gestionnaires d'événements `MouseEvent.MOUSE_DOWN` et `Event.ENTER_FRAME` s'insèrent dans le code ActionScript 3 précédent de la façon suivante :

```
// Stocker la hauteur et la largeur de la scène
var largeur:uint = stage.stageWidth;
var hauteur:uint = stage.stageHeight;
var ecart:Number = 5 * largeur / 100 ;
```

```
// Le bouton btnJouer
var btnJouer:BoutonClp = new BoutonClp();
btnJouer.buttonMode = true;
btnJouer.x = largeur / 2;
btnJouer.y = hauteur  - btnJouer.height;
addChild(btnJouer);

// La bulle de savon
var bSavon:BulleClp = new BulleClp();
bSavon.x = (largeur ) / 2;
bSavon.y = (hauteur) / 2 ;
addChild(bSavon);

// Les zones de texte
var score:AfficherClp = new AfficherClp();
var eclats:AfficherClp = new AfficherClp();
score.x = ecart;
score.y = (hauteur - score.height) / 3;
eclats.x = ecart;
eclats.y = 2*(hauteur - eclats.height) /3;
addChild(score);
addChild(eclats);
score.titreOut.text = "Score";
eclats.titreOut.text = "Eclat / Total";

// Définir un gestionnaire d'événement MouseEvent.MOUSE_DOWN pour le curseur
btnJouer.addEventListener(MouseEvent.MOUSE_DOWN, onAppuie);
function onAppuie (event:MouseEvent):void {
    // Définir un gestionnaire d'événement Event.ENTER_FRAME pour la bulle de savon
    bSavon.addEventListener(Event.ENTER_FRAME,seDeplace);
}
function seDeplace(e:Event):void{
    // La bulle se déplace d'un point à chaque émission de l'événement Event.ENTER_FRAME
    bSavon.y = bSavon.y +1;
}
```

La bulle se déplace plus vite depuis l'extérieur de la fenêtre

La bulle ne se déplace pas très vite, aussi nous aimerions augmenter sa vitesse de déplacement.

Le déplacement de la bulle est réalisé par le pas d'incrémentation.

Remarque

Lorsque l'instruction d'incrémentation s'écrit i = i + n, n est appelé le « pas d'incrémentation ».

Jusqu'à présent, nous avons déplacé la bulle de 1 pixel à chaque fois. Mais rien ne nous interdit de modifier cette valeur, de façon à ce que la bulle se déplace plus rapidement vers le bas de la scène.

Nous pouvons ainsi écrire :

```
function seDeplace(e:Event):void{
  // La bulle se déplace de 10 pixels à chaque émission de l'événement Event.ENTER_FRAME
    bSavon.y = bSavon.y + 10;
}
```

Dans ce cas, la bulle se déplace de 10 en 10 et non plus de 1 en 1.

Pour faciliter de développement, il est conseillé de ne pas écrire une valeur spécifique d'incrémentation, mais de l'enregistrer dans une variable déclarée en début de programme. Ainsi, si vous n'êtes pas satisfait de la façon dont se déplace la bulle, il vous suffit de modifier la variable et non pas d'aller rechercher dans le code l'endroit où se trouve l'instruction d'incrémentation pour en modifier la valeur.

Aussi, nous déclarons la variable `vitesse` de la façon suivante :

```
var vitesse:uint = 10;
```

et nous transformons le gestionnaire `Event.ENTER_FRAME` comme suit :

```
function seDeplace(e:Event):void{
    bSavon.y = bSavon.y + vitesse;
}
```

Pour en savoir plus

L'utilisation de la variable `vitesse` nous sera également très utile lorsque nous animerons plusieurs bulles avec des vitesses différentes calculées aléatoirement. Voir l'exercice 5.4 du chapitre 5, « Faire des répétitions ».

Une fois cela fait, la bulle se déplace beaucoup plus vite.

Pour finir, nous devons déplacer la position initiale d'affichage de la bulle. En effet, dans le jeu, les bulles traversent la scène de haut en bas. Elles ne partent pas du centre de l'écran. Pour cela, nous transformons l'instruction :

```
bSavon.y = (hauteur) / 2;
```

en

```
bSavon.y = -bSavon.height;
```

Ainsi initialisé, l'objet `bSavon` s'affiche non plus au centre mais en dehors de l'écran, au-dessus de la scène, comme le montre la figure 3-15.

Figure 3-15

La bulle est placée au-dessus de la scène et descend dès le premier clic sur le curseur.

Extension web

Vous trouverez cet exemple dans le fichier `AnimationBulleVitesse.fla`, sous le répertoire `Exemples/Chapitre3`.

Code complet de animationBulleVitesse.fla

La nouvelle position de la bulle et son déplacement plus rapide s'insèrent dans le code ActionScript 3 précédent de la façon suivante :

```
// Stocker la hauteur et la largeur de la scène
var largeur:uint = stage.stageWidth;
var hauteur:uint = stage.stageHeight;
var ecart:Number = 5 * largeur / 100 ;

// Définir la vitesse
var vitesse:uint = 10;
```

```
// Le bouton btnJouer
var btnJouer:BoutonClp = new BoutonClp();
btnJouer.buttonMode = true;
btnJouer.x = largeur / 2;
btnJouer.y = hauteur  - btnJouer.height;
addChild(btnJouer);

// La bulle de savon
var bSavon:BulleClp = new BulleClp();
bSavon.x = (largeur ) / 2;
bSavon.y = (hauteur) / 2 ;
addChild(bSavon);

// Les zones de texte
var score:AfficherClp = new AfficherClp();
var eclats:AfficherClp = new AfficherClp();
score.x = ecart;
score.y = (hauteur - score.height) / 3;
eclats.x = ecart;
eclats.y = 2*(hauteur - eclats.height) /3;
addChild(score);
addChild(eclats);
score.titreOut.text = "Score";
eclats.titreOut.text = "Eclat / Total";

// Définir un gestionnaire d'événement MouseEvent.MOUSE_DOWN  pour le curseur
btnJouer.addEventListener(MouseEvent.MOUSE_DOWN, onAppuie);
function onAppuie (event:MouseEvent):void {
// Définir un gestionnaire d'événement Event.ENTER_FRAME pour la bulle de savon
   bSavon.addEventListener(Event.ENTER_FRAME,seDeplace);
}
function seDeplace(e:Event):void{
// La bulle se déplace de la valeur contenue dans la variable  vitesse à chaque
// émission de l'événement Event.ENTER_FRAME
   bSavon.y = bSavon.y +vitesse;
}
```

Notation condensée de l'incrémentation

L'incrémentation est une technique de base de programmation, quel que soit le langage utilisé. Ce type d'instruction est si courant, que les développeurs de langage en ont défini une forme condensée, afin de simplifier l'écriture des programmes. Ainsi, depuis le langage C, en passant par Java, JavaScript, PHP ou ActionScript, la convention d'écriture de l'incrémentation est devenue la suivante :

Les différentes formes de notation condensée de l'incrémentation

	Instruction développée	Instruction condensée
Incrément de 1	i = i + 1;	i++;
Incrément de n	i = i + n;	i += n;
Décrément de 1	i = i - 1;	i--;
Décrément de n	i = i - n;	i -= n;

L'incrémentation permet d'augmenter la valeur de 1 ou de n selon l'instruction choisie. À l'inverse, la décrémentation diminue la valeur de 1 ou de n.

Il est également possible d'utiliser ce mode d'écriture pour les opérateurs tels que la multiplication ou la division. Ainsi :

   i*= n;   se traduit par :   i = i / n;

ou encore :

   i/= n;;   se traduit par :   i = i / n;

Question

Que se passe-t-il si l'on remplace bSavon.y+=vitesse par bSavon.y/=vitesse dans le gestionnaire de l'événement Event.ENTER_FRAME appliqué à l'objet bSavon ?

Réponse

Dans le premier cas, (bSavon.y+=vitesse), l'objet se déplace vers le bas avec un écart correspondant à la valeur stockée dans la variable vitesse. Dans le deuxième cas, la position de l'objet est divisée par vitesse.

Si l'on suppose que l'objet est placé en 400 en Y, et que vitesse vaut 2, la position suivante vaudra 200 (400 / 2), puis 100 (200 / 2), puis 50 (100 / 2)... L'objet se déplace donc vers le haut, se rapprochant de plus en plus lentement vers 0. En effet, plus le nombre est divisé, plus le résultat s'approche de 0 (voir extension web, fichier QuestionReponseVitesse.fla sous le répertoire Exemples/Chapitre3).

Le curseur change de couleur

Examinons maintenant une technique plus spécifique au langage ActionScript 3, à savoir changer la couleur d'un objet en cours d'animation. Pour cela, nous allons modifier la couleur du bouton d'action du jeu (appelé « curseur » dans les sections précédentes) lorsque le curseur de la souris survole ce dernier.

Définir les gestionnaires d'événements

Lorsque le curseur de la souris se trouve en dehors du bouton d'action du jeu, la couleur de fond du bouton est blanche. Lorsque le curseur de la souris se trouve sur le bouton d'action, la couleur change pour devenir vert pâle.

Extension web

Vous trouverez cet exemple dans le fichier `ChangeCouleur.fla`, sous le répertoire `Exemples/Chapitre3`.

La modification de la couleur ne s'effectue que lorsque la souris survole le bouton d'action du jeu. Les instructions modifiant la couleur doivent donc être insérées à l'intérieur des gestionnaires d'événements de type `MouseEvent.MOUSE_OVER` et `MouseEvent.MOUSE_OUT`. Ils concernent uniquement l'objet `btnJouer`. La structure d'appel des gestionnaires s'écrit comme suit :

```
// Lorsque la souris est sur le curseur Jouer
btnJouer.addEventListener(MouseEvent.MOUSE_OVER,colorierEnBleu);
// Lorsque la souris n'est plus sur le curseur Jouer
btnJouer.addEventListener(MouseEvent.MOUSE_OUT,colorierEnBlanc);v
function colorierEnBleu(e:Event):void{
  // La couleur  de fond du curseur devient bleue
}
function colorierEnBlanc(e:Event):void{
  // La couleur de fond du curseur devient blanche
}
```

Modifier la couleur du curseur

Pour modifier la couleur d'un objet, nous devons faire appel à une méthode prédéfinie du langage ActionScript 3. La technique consiste à créer un objet qui met en relation la couleur et l'objet à colorier. Cette relation s'effectue à l'aide des outils de la classe `ColorTransform`.

La toute première instruction demande donc d'importer ces outils, pour que le programme puisse les utiliser. Ceci est réalisé grâce à l'instruction :

```
import flash.geom.ColorTransform;
```

Ensuite, le coloriage à proprement parlé est réalisé au sein des fonctions `colorierEnBleu()` et `colorierEnBlanc()` comme suit :

```
function colorierEnBleu(e:Event):void{
    // ❶ Définir l'objet support de couleur
    var bleu:ColorTransform = new ColorTransform();
    // ❷ La couleur bleu
    bleu.color = 0x33CCCC;
```

```
    // ❸ Associer le fond et la couleur
    var objetAcolorier:Transform = new Transform(btnJouer.fond);
    // ❹ Colorier en bleu
    objetAcolorier.colorTransform = bleu;
}

// Lorsque la souris n'est plus sur le curseur
function colorierEnBlanc(e:Event):void{
    // ❶ Définir l'objet support de couleur
    var blanc:ColorTransform = new ColorTransform();
    blanc.color = 0xFFFFFF;
    var objetAcolorier:Transform = new Transform(btnJouer.fond);
    objetAcolorier.colorTransform = blanc;
}
```

❶ Pour changer la couleur, la première étape consiste à définir un objet de type ColorTransform, en utilisant l'opérateur new. L'objet ainsi défini est ensuite utilisé pour définir la couleur à utiliser pour le coloriage. Ici, dans chacune des fonctions un objet bleu ou blanc est créé. Les noms bleu et blanc ont été choisis pour faciliter la lecture du programme. Nous aurions pu choisir d'autres mots comme couleur ou codeCouleur.

❷ La couleur de l'objet bleu est initialisée à l'aide du code couleur 0x33CCCC et celle de l'objet blanc est initialisée à l'aide du code couleur 0xFFFFFF.

Pour en savoir plus

Pour trouver le code couleur de la couleur avec laquelle vous souhaitez colorier le fond de votre bouton, reportez-vous au chapitre 2, « Les symboles », section « Créer une occurrence d'un objet qui n'existe pas dans la bibliothèque ».

---

❸ Pour expliquer au lecteur Flash, que le fond du bouton doit être colorié en bleu ou en blanc, nous devons mettre en relation la couleur avec le fond du bouton. L'instruction :

```
var objetAcolorier:Transform = new Transform(zoneDeColoriage);
```

réalise cette association, en passant en paramètre du constructeur Transform() l'objet que l'on souhaite colorier. Pour notre exemple, l'objet à colorier est défini à l'intérieur du symbole BoutonClp. Il s'agit de l'occurrence du symbole FondClip que nous avons pris soin de nommer fond, dans le panneau Propriétés associé au symbole (voir figure 3-12).

L'objet fond est défini à l'intérieur du symbole BoutonClp. Pour modifier sa couleur, nous devons utiliser la notation objet btnJouer.fond.

❹ La dernière instruction permet de modifier la couleur de l'objet par celle définie dans la propriété de l'objet blanc ou bleu. Pour notre exemple, les couleurs choisies sont un vert clair dont la valeur hexadécimale vaut 0x33CCCC ou un blanc de valeur hexadécimale égale à 0xFFFFFF.

Code complet de changeCouleurCurseur.fla

La mise en place de la couleur et des gestionnaires MouseEvent.MOUSE_OVER et MouseEvent.MOUSE_OUT s'insère dans le code ActionScript 3 précédent de la façon suivante :

```
// Importer les outils de coloriage
import flash.geom.ColorTransform;
import flash.events.*;

// Stocker la hauteur et la largeur de la scène
var largeur:uint = stage.stageWidth;
var hauteur:uint = stage.stageHeight;
// Calculer un écart de 5% de la largeur de la fenêtre
var ecart:Number = 5 * largeur / 100 ;

// Déclarer et initialiser la variable vitesse
var vitesse:uint = 10;
//  Le bouton btnJouer
var btnJouer:BoutonClp = new BoutonClp();
btnJouer.x = largeur / 2;
btnJouer.y = hauteur  - btnJouer.height;
btnJouer.buttonMode = true;
addChild(btnJouer);

// La bulle de savon
var bSavon:BulleClp = new BulleClp();
bSavon.x = (largeur ) / 2;
bSavon.y = (hauteur) / 2 ;
addChild(bSavon);

// Les zones de texte
var score:AfficherClp = new AfficherClp();
var eclats:AfficherClp = new AfficherClp();
score.x = ecart;
score.y = (hauteur - score.height) / 3;
eclats.x = ecart;
eclats.y = 2*(hauteur - eclats.height) /3;
addChild(score);
addChild(eclats);
score.titreOut.text = "Score";
eclats.titreOut.text = "Eclat";

// Les gestionnaires d'événements
btnJouer.addEventListener(MouseEvent.MOUSE_DOWN,onAppuie);
function onAppuie(e:Event){
    bSavon.addEventListener(Event.ENTER_FRAME,seDeplace);
}
```

```
function seDeplace(e:Event):void{
  bSavon.y = bSavon.y +vitesse;
}
btnJouer.addEventListener(MouseEvent.MOUSE_OVER,colorierEnBleu);
function colorierEnBleu(e:Event):void{
    // La couleur 0x33CCCC
    var bleu:ColorTransform = new ColorTransform();
    bleu.color = 0x33CCCC;
    var objetAcolorier:Transform = new Transform(btnJouer.fond);
    objetAcolorier.colorTransform = bleu;
}
btnJouer.addEventListener(MouseEvent.MOUSE_OUT,colorierEnBlanc);
function colorierEnBlanc(e:Event):void{
    // La couleur 0xFFFFFF
    var blanc:ColorTransform = new ColorTransform();
    blanc.color = 0xFFFFFF;
    var objetAcolorier:Transform = new Transform(btnJouer.fond);
    objetAcolorier.colorTransform = blanc;
}
```

Le curseur se déplace horizontalement

Dans notre jeu, le curseur se déplace horizontalement pour permettre à l'utilisateur de toucher le plus de bulles possible. Le mouvement du curseur est lié au déplacement de la souris.

Pour déplacer un objet en fonction des mouvements de la souris, ActionScript 3 propose les méthodes startDrag() et stopDrag(). La syntaxe d'utilisation de ces méthodes est la suivante :

```
objetADéplacer.startDrag();
objetADéplacer.stopDrag();
```

La première instruction fait que l'objet à déplacer « s'accroche » au curseur de la souris et le suit dans tous ses mouvements. La seconde instruction stoppe le processus et l'objet est relâché dès l'appel de la méthode stopDrag().

Ces instructions ne peuvent pas être placées ainsi dans un programme. Il est nécessaire de les insérer dans les gestionnaires d'événements MouseEvent.MOUSE_DOWN et MouseEvent.MOUSE_UP. En effet, l'objet suit le déplacement de la souris lorsque l'utilisateur clique sur celui-ci et il s'arrête lorsque l'utilisateur cesse de cliquer, c'est-à-dire lorsqu'il relâche le bouton de la souris. La structure des gestionnaires d'événements s'écrit donc comme suit :

```
btnJouer.addEventListener(MouseEvent.MOUSE_DOWN, leCurseurSeDeplace);
function leCurseurSeDeplace(event:MouseEvent):void {
    bSavon.addEventListener(Event.ENTER_FRAME,seDeplace);
    btnJouer.startDrag();
}
btnJouer.addEventListener(MouseEvent.MOUSE_UP, leCurseurSarrete);
```

```
function leCurseurSarrete(event:MouseEvent):void {
    btnJouer.stopDrag();
}
```

Ainsi mis en place, le curseur `btnJouer` se déplace avec la souris sur toute la scène et non sur un axe horizontal.

Pour réaliser un déplacement avec contrainte (déplacement horizontal, vertical ou dans une zone déterminée), la méthode `startDrag()` dispose d'un paramètre définissant le périmètre de déplacement de l'objet (voir figure 3-17). La syntaxe d'appel de la méthode avec paramètres est la suivante :

```
startDrag(verrouiller, zoneDeDéplacement)
```

où :

- `verrouiller` correspond à une valeur booléenne qui indique la façon de positionner le curseur de la souris sur l'objet au moment de « l'accrochage ». Lorsque `verrouiller` vaut `false`, le curseur de la souris reste sur le point où l'utilisateur a cliqué, sinon le curseur se positionne automatiquement au centre de l'objet ;

- `zoneDeDéplacement` est un rectangle qui définit la zone dans laquelle l'objet peut se déplacer avec la souris, comme le montre la figure 3-16.

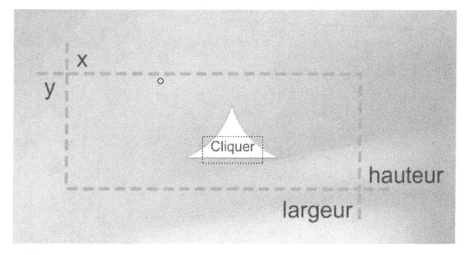

Figure 3-16

Le second paramètre de la méthode startDrag() définit la zone de déplacement de l'objet sélectionné.

Pour notre jeu, le curseur doit se déplacer le long d'une ligne horizontale passant par la position initiale du curseur. Il ne peut se déplacer en hauteur. Le rectangle correspond donc à un rectangle de hauteur nulle, de largeur égale à la largeur de la scène. L'origine du rectangle est placée sur le bord gauche de la scène, à la hauteur du curseur.

Pour toutes ces raisons, la zone de déplacement est définie en utilisant un objet de type Rectangle, dont les paramètres de création sont les suivants :

```
var zoneDeplacement:Rectangle = new Rectangle(0, btnJouer.y, largeur, 0);
```

Le gestionnaire d'événement MouseEvent.MOUSE_DOWN s'écrit alors comme suit :

```
btnJouer.addEventListener(MouseEvent.MOUSE_DOWN, leCurseurSeDeplace);
function leCurseurSeDeplace(event:MouseEvent):void {
   bSavon.addEventListener(Event.ENTER_FRAME,seDeplace);
   var zoneDeplacement:Rectangle = new Rectangle(0, btnJouer.y, largeur, 0);
   btnJouer.startDrag(true,zoneDeplacement);
}
```

Extension web

Vous trouverez cet exemple dans le fichier DeplaceCurseur.fla, sous le répertoire Exemples/Chapitre3.

Code complet de deplaceCurseur.fla

Le déplacement du curseur et les gestionnaires MouseEvent.MOUSE_DOWN et MouseEvent.MOUSE_UP s'insèrent dans le code ActionScript 3 précédent de la façon suivante :

```
// Stocker la hauteur et la largeur de la scène
var largeur:uint = stage.stageWidth;
var hauteur:uint = stage.stageHeight;
// Calculer un écart de 5% de la largeur de la fenêtre
var ecart:Number = 5 * largeur / 100 ;

// Déclarer et initialiser la variable vitesse
var vitesse:uint = 10;

// Le bouton btnJouer
var btnJouer:BoutonClp = new BoutonClp();
btnJouer.x = largeur / 2;
btnJouer.y = hauteur  - btnJouer.height;
btnJouer.buttonMode = true;
addChild(btnJouer);

// La bulle de savon
var bSavon:BulleClp = new BulleClp();
bSavon.x = (largeur ) / 2;
bSavon.y = (hauteur) / 2 ;
addChild(bSavon);

// Les zones de texte
var score:AfficherClp = new AfficherClp();
var eclats:AfficherClp = new AfficherClp();
```

```
score.x = ecart;
score.y = (hauteur - score.height) / 3;
eclats.x = ecart;
eclats.y = 2*(hauteur - eclats.height) /3;
addChild(score);
addChild(eclats);
score.titreOut.text = "Score";
eclats.titreOut.text = "Eclat";

// Les gestionnaires d'événements de l'animation
function seDeplace(e:Event):void{
  bSavon.y = bSavon.y +vitesse;
}
// Le coloriage
btnJouer.addEventListener(MouseEvent.MOUSE_OVER,colorierEnBleu);
function colorierEnBleu(e:Event):void{
    // La couleur 0x33CCCC
    var bleu:ColorTransform = new ColorTransform();
    bleu.color = 0x33CCCC;
    var objetAcolorier:Transform = new Transform(btnJouer.fond);
    objetAcolorier.colorTransform = bleu;
}
btnJouer.addEventListener(MouseEvent.MOUSE_OUT,colorierEnBlanc);
function colorierEnBlanc(e:Event):void{
    // La couleur 0xFFFFFF
    var blanc:ColorTransform = new ColorTransform();
    blanc.color = 0xFFFFFF;
    var objetAcolorier:Transform = new Transform(btnJouer.fond);
    objetAcolorier.colorTransform = blanc;
}
// Le déplacement du curseur
btnJouer.addEventListener(MouseEvent.MOUSE_DOWN,leCurseurSeDeplace);
function leCurseurSeDeplace(event:MouseEvent):void {
  bSavon.addEventListener(Event.ENTER_FRAME,seDeplace);
  var zoneDeplacement:Rectangle = new Rectangle(0, btnJouer.y, largeur, 0);
  btnJouer.startDrag(true,zoneDeplacement);
}
btnJouer.addEventListener(MouseEvent.MOUSE_UP, leCurseurSarrete);
  function leCurseurSarrete(event:MouseEvent):void {
  btnJouer.stopDrag();
}
```

Mémento

Saisie d'une valeur au clavier

La saisie d'une valeur au clavier s'effectue par l'intermédiaire d'une zone de texte de saisie nommée, par exemple, labelIn dans le panneau Propriétés. Si la zone de saisie est définie à l'intérieur d'un objet, l'instruction suivante enregistre la valeur contenue dans la variable a.

```
a = objet.labelIn.text;
```

Afficher une valeur en cours d'animation

L'affichage d'une valeur en cours d'animation s'effectue par l'intermédiaire d'une zone de texte dynamique nommée, par exemple, labelOut dans le panneau Propriétés. Si la zone de texte est définie à l'intérieur d'un objet, l'instruction suivante affiche le contenu de la variable a à l'écran.

```
objet.labelOut.text = a;
```

Les valeurs saisies au clavier sont de type textuel. La méthode Number() permet de les transformer en valeurs numériques.

Définir un gestionnaire d'événement

Pour créer un gestionnaire d'événement, la syntaxe est la suivante :

```
// ❶ Ajouter un écouteur d'événement
NomDeL'Objet.addEventListener(NomDeL'Evenement,quelleAction);
// ❷ Définir quelle action mener
function quelleAction(e:TypeEvenenemt):void{
    // Instructions décrivant l'action
}
```

Les événements MouseEvent.MOUSE_UP, MouseEvent.MOUSE_DOWN, MouseEvent.MOUSE_OVER et MouseEvent.MOUSE_OUT sont utilisés pour définir les gestionnaires d'événements liés à la souris.

Le gestionnaire ci-après a pour résultat de colorier en rouge un objet, lorsque l'utilisateur clique sur ce dernier.

```
objet.addEventListener(MouseEvent.CLICK,colorierEnRouge);
function colorierEnRouge (e:Event):void{
    var couleur:ColorTransform = new ColorTransform();
    couleur.color = 0xFF0000;
    var objetAcolorier:Transform = new Transform(objet);
    objetAcolorier.colorTransform = couleur;
}
```

L'événement Event.ENTER_FRAME est associé à la cadence de l'animation. Le gestionnaire ci-après a pour résultat de déplacer un objet automatiquement le long de l'axe horizontal.

```
objet.addEventListener(Event.ENTER_FRAME,seDeplace);
function seDeplace(e:Event):void{
    objet.x = objet.x + vitesse;
}
```

L'instruction `objet.x = objet.x + vitesse;` est une instruction très courante en programmation. Elle permet d'augmenter une variable de la valeur enregistrée dans `vitesse`. On dit que `objet.x` est « incrémenté » de `vitesse`. La variable `vitesse` est appelée « pas d'incrémentation ».

Exercices

Saisir ou afficher un texte en cours d'animation

☞ **Exercice 3.1**

L'objectif est d'écrire un formulaire demandant la saisie du login et du mot de passe d'un utilisateur comme le montre la figure 3-17.

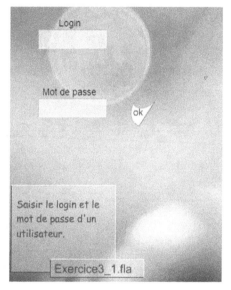

Figure 3-17
Saisir un login et un mot de passe

La réalisation de cette application passe par les étapes suivantes :

> **Extension web**
>
> Pour vous faciliter la tâche, les symboles proposés dans cet exercice sont définis dans le fichier `Exercice3_1.fla` situé dans le répertoire `Exercices/SupportPourRéaliserLesExercices/Chapitre3`. Dans ce même répertoire, vous pouvez accéder à l'application telle que nous souhaitons la voir fonctionner (`Exercice3_1.swf`) une fois réalisée.

Définition des objets nécessaires à l'application

1. Créez un symbole `SaisirClp` composé :

   – d'une zone rectangulaire représentant le fond de la zone de saisie ;

   – d'une zone de texte de saisie nommée `labelIn`, centrée sur la zone rectangulaire ;

   – d'une zone de texte dynamique nommée `labelOut`, située au-dessus de la zone de saisie.

2. Créez un symbole `BoutonClp` pour valider la saisie de données.

3. À l'aide de l'opérateur `new`, créez les objets `login`, `motDePasse` et `OK` à partir des symboles `SaisirClp` et `BoutonClp`, respectivement. `Login` et `motDePasse` sont tous les deux issus du même symbole.

Positionnement des objets à l'écran

4. Placez les objets `login`, `motDePasse` et `OK`, sur la scène sachant que :

   – l'objet `login` se situe dans le quart supérieur gauche de la scène. Un écart de 5 % de la largeur de la scène le sépare de son bord gauche ;

   – l'objet `motDePasse` se trouve juste en dessous de l'objet `login` ;

   – l'objet `OK` se trouve à côté de l'objet `motDePasse` avec un écart de 5 % de la largeur de la scène.

5. Afin de distinguer le champ de saisie du login de celui du mot de passe, le texte « Login » est placé dans le champ `labelOut` de l'objet `login` et « Mot de passe » est placé dans le champ `labelOut` de l'objet `motDePasse`.

Remarque

La saisie du mot de passe peut être sécurisée en initialisant la propriété `displayAsPassword` du champ `labelIn` de l'objet `motDePasse` à `true`. Dans ce cas, les caractères saisis ne sont pas affichés dans la zone de texte.

Description des actions

Lorsque l'utilisateur valide la saisie des informations entrées par l'intermédiaire des objets `login` et `motDePasse`, l'application affiche les valeurs saisies dans une simple fenêtre de sortie.

6. Insérez les commandes `trace()` dans le gestionnaire d'événement approprié de façon à afficher les informations saisies lorsque l'utilisateur clique sur l'objet `OK`.

☞ **Exercice 3.2**

Dans le jeu de bulles présenté en exemple dans ce chapitre, le texte situé sur le curseur n'est pas le même si l'utilisateur clique ou non dessus. Le texte « Jouer » apparaît lorsque l'utilisateur clique sur le curseur. Dans tous les autres cas, le texte « Cliquer » est affiché sur le curseur.

> **Extension web**
>
> Vous trouverez dans le répertoire Exercices/SupportPourRéaliserLesExercices/Chapitre3 l'application telle que nous souhaitons la voir fonctionner (Exercice3_2.swf) une fois réalisée.

1. Reprenez l'exemple DeplaceCurseur étudié en section « Les techniques de programmation incontournables – Le curseur se déplace horizontalement » et rechercher l'objet btnJouer.

2. Quels sont les événements à prendre en compte pour modifier le texte du curseur ?

3. Pour ces événements, créez ou modifiez les gestionnaires appropriés de façon à remplacer le texte « Cliquer » par le message « Jouer » lorsque l'utilisateur clique sur le curseur.

Apprendre à gérer les événements liés à la souris et comprendre la notion d'incrémentation

☞ **Exercice 3.3**

L'objectif est de déplacer un objet en cliquant sur des flèches qui donnent la direction du déplacement. L'application se présente sous la forme suivante (voir figure 3-18) :

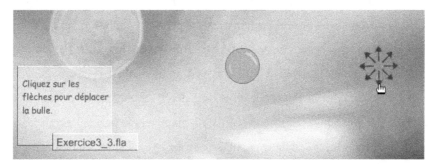

Figure 3-18
La bulle se déplace dans la direction indiquée par la flèche cliquée.

Les 8 flèches déterminent chacune une direction. Lorsque l'utilisateur clique sur l'une d'entre elles, la bulle se déplace de 1 pixel dans la direction désignée par la flèche.

> **Extension web**
>
> Pour vous faciliter la tâche, les symboles proposés dans cet exercice sont définis dans le fichier Exercice3_3.fla situé dans le répertoire Exercices/SupportPourRealiserLesExercices/ Chapitre3. Dans ce même répertoire, vous pouvez accéder à l'application telle que nous souhaitons la voir fonctionner (Exercice3_3.swf) une fois réalisée.

Pour réaliser cette application, vous devez suivre les étapes suivantes :

Créer et placer les objets

1. Créez graphiquement une bulle et une flèche verticale. La bulle est un symbole de type `Clip` nommé `BulleClp` et la flèche est également un symbole de type `Clip` nommé `FlecheClp`.

2. Les 8 flèches placées sur la scène sont des objets créés à partir du symbole `FlecheClp`. À l'aide de l'opérateur `new`, créez et nommez chacune d'elle respectivement `FlecheN`, `FlecheS`, `FlecheW`, `FlecheE`, `FlecheNE`, `FlecheNW`, `FlecheSE` et `FlecheSW`.

3. À l'aide des propriétés `x`, `y` et `rotation`, placer et orienter chacune des flèches de façon à obtenir les 8 flèches telles que celles présentées sur la figure 3-18.

Remarque

Chaque flèche est positionnée à mi-hauteur de la fenêtre, avec un écart de 10 % de la largeur de la fenêtre, à partir du bord droit de la scène. Chaque flèche forme un angle de 45° avec la suivante.

Description des actions

Lorsque l'utilisateur clique sur une flèche, la bulle se déplace de 1 pixel. Plus précisément :

- la flèche `FlecheNE` déplace la bulle de 1 pixel vers le haut et vers la droite de l'écran ;

- la flèche `FlecheSE` déplace la bulle de 1 pixel vers le bas et vers la droite de l'écran ;

- la flèche `FlecheNW` déplace la bulle de 1 pixel vers le haut et vers la gauche de l'écran ;

- la flèche `FlecheSW` déplace la bulle de 1 pixel vers le bas et vers la gauche de l'écran ;

- la flèche `FlecheN` déplace la bulle de 1 pixel vers le haut de l'écran ;

- la flèche `FlecheS` déplace la bulle de 1 pixel vers le bas de l'écran ;

- la flèche `FlecheW` déplace la bulle de 1 pixel vers la gauche de l'écran ;

- La flèche `FlecheE` déplace la bulle de 1 pixel vers la droite de l'écran.

4. Compte tenu des différents déplacements proposés, écrivez les gestionnaires d'événements pour chacune des flèches en prenant soin d'incrémenter de façon appropriée les propriétés `x` et/ou `y` de la bulle.

Comprendre la gestion des événements associés au temps

☞ **Exercice 3.4**

L'objectif est de créer une application composée de clips dont l'animation est contrôlée par des boutons `Lecture`, `Pause` et `Stop`. L'application se présente sous la forme suivante (voir figure 3-19) :

Figure 3-19

L'agneau et l'oiseau se déplacent si l'utilisateur clique sur le bouton Lecture.

Extension web

Pour vous faciliter la tâche, les symboles proposés dans cet exercice sont définis dans le fichier Exercice3_4.fla situé dans le répertoire Exercices/SupportPourRéaliserLesExercices/ Chapitre3. Dans ce même répertoire, vous pouvez accéder à l'application telle que nous souhaitons la voir fonctionner (Exercice3_4.swf) une fois réalisée.

Cahier des charges

Lorsque l'animation est lancée, seul le bouton Lecture est visible. Ni les clips animés ni les autres boutons ne sont présents sur la scène.

Quand l'utilisateur clique sur le bouton Lecture :

- les clips animés sont lancés et traversent la scène de part en part. Un des deux clips avance plus vite que l'autre ;

- le bouton Pause remplace le bouton Lecture ;

- le bouton Stop est placé à côté du bouton Pause.

Quand l'utilisateur clique sur le bouton Pause :

- les clips animés sont toujours animés mais ne se déplacent plus à travers la scène ;

- le bouton Lecture remplace le bouton Pause afin de pouvoir relancer l'animation.

Quand l'utilisateur clique sur le bouton Stop :

- les clips animés ne sont plus animés et ne se déplacent plus à travers la scène ;

- le bouton Lecture remplace le bouton Pause afin de pouvoir relancer l'animation.

Créer et placer les objets

Les symboles AgneauClp, OiseauClp, StopBtn et LectureBtn ont été créés au cours des exemples et des exercices du chapitre précédent. Seul le bouton Pause reste à créer, nommez-le PauseBtn.

1. Créez les occurrences des symboles à l'aide de l'opérateur new et nommer les respectivement : agneau, piaf, stopper, lire et faireUnePause.

2. Placez les clips animés en dehors de la scène, l'agneau à mi-hauteur de la scène et l'oiseau légèrement au-dessus de l'agneau. Pour cela, vous devez utiliser les propriétés height, width, x et y des deux objets. Vous pouvez également utiliser une variable ecart pour augmenter ou diminuer l'écart entre les deux clips.

3. Placez les boutons de la façon suivante :

   – le bouton lire se trouve aux deux tiers de la largeur de la fenêtre, avec un écart de 5 % de la scène par rapport au bas de la scène ;

   – le bouton faireUnePause se superpose au bouton lire. Il n'est pas visible quand le bouton Lecture l'est ;

Remarque

Pour rendre un objet invisible, vous devez mettre à false la propriété visible de l'objet. À l'inverse, si la propriété vaut true l'objet est visible.

   – un écart de 5 % de la scène sépare le bouton stopper du bouton lire. Le bouton stopper n'est pas visible lorsque le bouton Lecture l'est.

Description des actions

1. Le déplacement des clips

   En utilisant la notion d'incrémentation, écrire les gestionnaires d'événements Event.ENTER_FRAME pour les objets piaf et agneau, de manière à ce qu'ils se déplacent horizontalement, de gauche à droite. L'oiseau allant plus vite que l'agneau, utiliser deux pas d'incrémentation distincts.

2. La gestion des boutons

   Associez les boutons lire, faireUnePause et stopper à l'événement MouseEvent.MOUSE_UP.

   Les actions réalisées par le bouton lire sont les suivantes :

   – rendre invisible le bouton lire ;

   – rendre visible les boutons faireUnePause et stopper ;

   – lancer l'animation des clips piaf et agneau avec la méthode play() ;

   – lancer le déplacement des clips piaf et agneau (voir paragraphe précédent) en initialisant les pas d'incrémentation à deux valeurs distinctes.

Les actions réalisées par le bouton `faireUnePause` sont les suivantes :

– rendre visible le bouton `lire` ;

– rendre invisible le bouton `faireUnePause` ;

– arrêter le déplacement des clips `piaf` et `agneau`. Pour cela, vous initialiserez les pas d'incrémentation des deux clips à `0` ;

– lancer le déplacement des clips `piaf` et `agneau` (voir paragraphe précédent).

Les actions réalisées par le bouton `stopper` sont les suivantes :

– rendre visible le bouton `lire` ;

– rendre invisible le bouton `faireUnePause` ;

– arrêter le déplacement des clips `piaf` et `agneau`. Pour cela, vous initialiserez les pas d'incrémentation des deux clips à `0` ;

– arrêter l'animation des clips `piaf` et `agneau` en utilisant la méthode `stop()`.

Pour en savoir plus

Les méthodes `play()` et `stop()` sont étudiées au chapitre 2, « Les symboles », section « Les méthodes associées au clip ».

Le projet mini site

Les notions développées au cours de ce chapitre ne sont pas suffisantes pour commencer à développer l'application dans son intégralité. Néanmoins, comme nous l'avons précisé au chapitre introductif de cet ouvrage, un programme est fait de briques qui, assemblées les unes aux autres, font de lui une application à part entière.

Nous allons ici aborder la mise en place des gestionnaires d'événements `MouseEvent.MOUSE_OVER`, `MouseEvent.MOUSE_OUT` et `MouseEvent.MOUSE_UP` sur les différents éléments interactifs du site. Nous n'aborderons le déplacement des rubriques et des pages qu'au cours du chapitre 4 « Faire des choix ».

Extension web

Pour vous faciliter la tâche, vous trouverez le fichier `ProjetChapitre3.fla`, dans le répertoire `Projet/ SupportPourRéaliserLeProjet/Chapitre3` comme support pour vous aider à réaliser cette partie du projet. Dans ce même répertoire, vous pouvez accéder à l'application à réaliser telles que nous souhaitons la voir fonctionner (`ProjetChapitre3.swf`) une fois terminée.

La page accueil

La page Accueil est la page qui s'affiche en premier dans le navigateur, lorsque l'internaute a tapé l'URL du site dans la barre de navigation.

La page Accueil est constituée uniquement des quatre zones colorées indiquant les rubriques Photos, Animes, Videos et Infos. Le titre du site est placé en haut à gauche de la page.

Examinez le code proposé au sein du fichier `ProjetChapitre3.fla` et modifiez les propriétés `visible` des objets ne devant pas apparaître sur la page Accueil – pages et mini rubriques. Vérifiez le bon fonctionnement du code en exécutant le code à l'aide des touches Ctrl + Entrée (PC) ou Cmd + Entrée (Mac).

Le survol de la souris

Le mini site est composé de plusieurs éléments interactifs qui sont :

- les rubriques ;
- les mini rubriques ;
- le titre.

Pour montrer à l'internaute que ces éléments sont réactifs au clic de la souris, l'usage veut que ces éléments changent d'aspect au survol de la souris. Les éléments voient leur opacité diminuer lorsqu'ils sont survolés. Le curseur de la souris de transforme également pour passer d'une simple flèche à la forme d'une main.

MOUSE_OVER

Le changement d'aspect d'un élément interactif est toujours le même quelque soit l'élément (rubrique, titre, …). Ainsi par exemple, le gestionnaire du survol de la rubrique Photos pourrait s'écrire de la façon suivante :

```
rubriquePhotos.addEventListener(MouseEvent.MOUSE_OVER, surOverPhotos);
function surOverPhotos(e:MouseEvent):void {
    // La rubrique devient plus transparente
    rubriquePhotos.alpha = 0.6;
    // Le curseur prend la forme d'une main
    rubriquePhotos.buttonMode = true;
}
```

Pour réaliser le changement d'aspect de tous les éléments interactifs du site, une première solution consisterait à copier/coller ces quelques lignes et à modifier à chaque fois le nom de l'objet sur lequel s'applique l'événement, ainsi que le nom de la fonction qui traite l'action. Cette solution est laborieuse et dénuée d'intérêt.

La seconde solution peut paraître plus complexe aux novices, mais a l'avantage de simplifier grandement le code. La technique consiste à utiliser un outil proposé par les concepteurs du langage qui permet de récupérer le nom de l'objet qui reçoit l'événement.

La fonction ci-après utilise cet outil de la façon suivante :

```
function surOver(e:MouseEvent):void {
    var cible:Sprite = e.currentTarget as Sprite;
```

```
    cible.alpha = 0.6;
    cible.buttonMode = true;
}
```

L'événement perçu par l'objet à l'aide de la fonction surOver() est transmis à l'action, par l'intermédiaire du paramètre e, de type MouseEvent. Pour connaître le nom exact de l'objet qui vient de recevoir l'événement MOUSE_OVER, il suffit de rechercher la propriété currentTarget (en français cible courante) associé à cet événement. Cette recherche est réalisée grâce à l'instruction :

```
    var cible:Sprite = e.currentTarget as Sprite;
```

Pour en savoir plus

Les notions de fonction et de paramètre sont étudiées plus précisément au cour du chapitre 7 « Les fonctions ». Les objets et les propriétés sont traités au chapitre 8 « Les classes et les objets ».

L'objet retrouvé par l'intermédiaire de la propriété currentTarget est alors traité comme un Sprite et mémorisé dans la variable cible.

Une fois mémorisé, il est possible de modifier les propriétés de l'objet ayant reçu l'événement afin de transformer son apparence et changer la forme du curseur de la souris. Ces transformations sont réalisées en modifiant directement les propriétés de l'objet cible comme suit :

```
    cible.alpha = 0.6;
    cible.buttonMode = true;
```

Grâce à cette technique, vous pouvez ajouter la même action surOver() à tous les objets intéressés par le traitement de l'événement MOUSE_OVER, en écrivant :

```
    rubriquePhotos.addEventListener(MouseEvent.MOUSE_OVER, surOver);
    rubriqueAnimes.addEventListener(MouseEvent.MOUSE_OVER, surOver);
    rubriqueVideos.addEventListener(MouseEvent.MOUSE_OVER, surOver);
```

Ainsi, pour faire en sorte que tous les éléments interactifs du site réagissent au survol de la souris, examinez le code proposé au sein du fichier ProjetChapitre3.fla et retrouvez tous les objets sensibles à l'événement MouseEvent.MOUSE_OVER afin de leur ajouter le gestionnaire décrit précédemment.

Vérifiez le bon fonctionnement du code en exécutant le code à l'aide des touches Ctrl + Entrée (PC) ou Cmd + Entrée (Mac).

MOUSE_OUT

Lorsque le curseur de la souris n'est plus sur l'objet percevant l'événement MOUSE_OVER, l'apparence de l'objet doit revenir à l'état précédent. L'événement à détecter est MouseEven.MOUSE_OUT.

En vous inspirant du gestionnaire MOUSE_OVER et de son action surOver() écrire le gestionnaire MOUSE_OUT et son action surOut() de façon à rendre son opacité à l'objet percevant l'événement. Ajoutez ensuite ce gestionnaire à tous les objets concernés.

Vérifiez le bon fonctionnement du code en exécutant le code à l'aide des touches Ctrl + Entrée (PC) ou Cmd + Entrée (Mac).

Le clic de souris

Le clic de souris est perçu par un objet lorsqu'on lui ajoute l'écouteur MouseEvent.MOUSE_UP à l'aide de la fonction addEventListener().

À réception de l'événement, une action est menée soit pour afficher une nouvelle page, soit pour effacer une mini rubrique selon l'objet cliqué. L'action est parfois différente, parfois semblable même si l'objet percevant l'événement diffère. Examinons les différents scénarios possibles.

Sur une rubrique

Lorsque l'utilisateur clique sur une rubrique, toutes les rubriques disparaissent pour laisser apparaître la page correspondant à la rubrique cliquée. Les mini rubriques apparaissent également, sauf celle correspondant à la rubrique cliquée.

Pour chaque rubrique (rubriquePhotos, rubriqueAnimes, rubriqueVideos et rubriqueInfos), écrire les gestionnaires MOUSE_UP et les actions associées clicSurPhotos(), clicSurAnimes(), clicSurVideos() et clicSurInfos(), respectivement, sachant que chaque action rend visible :

- la page concernant sa rubrique ;
- les mini rubriques ;

et rend invisible :

- toutes les rubriques ;
- la mini rubrique associée à la page affichée.

La visibilité ou non d'un objet est modifiée en mettant à true ou false la propriété visible de l'objet concerné.

Vérifiez le bon fonctionnement du code en exécutant le code à l'aide des touches Ctrl + Entrée (PC) ou Cmd + Entrée (Mac).

Sur une mini rubrique

Lorsque l'utilisateur clique sur une mini rubrique, la page courante disparaît pour laisser apparaître la page correspondant à la mini rubrique cliquée. Les rubriques sont invisibles. Les mini rubriques apparaissent également, sauf celle correspondant à la rubrique cliquée.

En réalité, l'action à mener lorsque l'utilisateur clique sur une mini rubrique est identique à celle menée lorsque l'on clique sur une rubrique.

Pour obtenir le bon affichage, vous devez donc faire en sorte que les actions `clicSurPhotos()`, `clicSurAnimes()`, `clicSurVideos()` et `clicSurInfos()` soient également réalisées lorsque l'on clique sur les objets `miniPhotos`, `miniAnimes`, `miniVideos` et `miniInfos` respectivement.

Vérifiez le bon fonctionnement du code en exécutant le code à l'aide des touches Ctrl + Entrée (PC) ou Cmd + Entrée (Mac).

Sur le titre

Lorsque l'utilisateur clique sur le titre, la page courante disparaît ainsi que les mini rubriques ; parallèlementles rubriques `rubriquePhotos`, `rubriqueAnimes`, `rubriqueVideos` et `rubrique-Infos` apparaissent.

Écrivez l'action `clicSurTitre()` qui réalise l'ensemble de ces actions et ajouter l'écouteur d'événement `MouseEvent.MOUSE_UP` à l'instance `titre`.

Vérifiez le bon fonctionnement du code en exécutant le code à l'aide des touches Ctrl + Entrée (PC) ou Cmd + Entrée (Mac).

4

Faire des choix

Avec les gestionnaires d'événements, il est possible de réaliser des comportements différenciés en fonction des actions (choisies) de l'utilisateur. Les gestionnaires d'événements permettent donc, dans une certaine mesure, de concevoir des programmes qui ne sont pas exécutés de façon séquentielle (de la première à la dernière ligne).

Les gestionnaires d'événements ne sont pas les seuls outils de programmation pour réaliser des choix. Il existe d'autres structures de programmation qui permettent de rompre l'ordre d'exécution d'une application. Il s'agit des structures conditionnelles qui permettent d'ignorer une ou plusieurs instructions en fonction du résultat d'un test précis. Le programme s'exécute alors, en tenant compte de contraintes imposées par le programmeur et non pas par l'utilisateur.

Dans ce chapitre, nous abordons la notion de choix ou de test, en reprenant l'algorithme de l'œuf à la coque, pour le transformer en un algorithme de l'œuf à la coque *ou* poché (voir section « L'algorithme de l'œuf à la coque ou poché »).

Ensuite, à la section « L'instruction if-else », nous étudierons la structure if-else proposée par le langage ActionScript, qui permet de réaliser des choix.

Au cours de la section « Les techniques de programmation incontournables », nous expliquerons comment compter des valeurs et nous apprendrons également à utiliser les variables « drapeaux » à l'intérieur des structures de test.

Enfin, à la section « L'instruction switch ou comment faire des choix multiples », nous examinerons le concept de choix multiples par l'intermédiaire de la structure switch.

L'algorithme de l'œuf à la coque ou poché

Pour mieux comprendre la notion de choix, nous allons reprendre l'algorithme de l'œuf à la coque pour le transformer en algorithme de l'œuf à la coque ou poché. L'énoncé ainsi transformé nous oblige à modifier la liste des objets manipulés, ainsi que celle des opérations à réaliser.

Définition des objets manipulés

Pour obtenir un œuf poché au lieu d'un œuf à la coque, nous devons ajouter à notre liste deux nouveaux ingrédients, le sel et le vinaigre, ainsi qu'un nouvel objet, une assiette.

```
casserole
plaque électrique
eau
œuf
coquetier
minuteur
électricité
table
cuillère
sel
assiette
vinaigre
```

Liste des opérations

De la même façon, nous devons modifier la liste des opérations, afin de prendre en compte les nouvelles données :

```
Verser l'eau dans la casserole, le sel, le vinaigre dans l'eau, faire bouillir l'eau.
Prendre la casserole, l'œuf, de l'eau, le minuteur, le coquetier, le sel, le vinaigre,
➥la cuillère.
Allumer ou éteindre la plaque électrique.
Attendre que le minuteur sonne.
Mettre le minuteur sur 3 minutes.
Casser l'œuf.
Poser la casserole sur la plaque, le coquetier, l'assiette, le minuteur sur la table,
➥l'œuf dans la casserole, l'œuf dans le coquetier, l'œuf dans l'assiette.
```

Ordonner la liste des opérations

Ainsi modifiée, la liste des opérations doit être réordonnée afin de rechercher le moment le mieux adapté pour ajouter les nouvelles opérations.

En choisissant de prendre le sel et la petite cuillère en même temps que l'eau et la casserole, nous plaçons les nouvelles instructions prendre... entre les instructions 2 et 3 définies à la section « Ordonner la liste des opérations » du chapitre introductif, « À la source d'un programme ».

En décidant de casser l'œuf au lieu de le placer directement dans l'eau bouillante, nous modifions les instructions placer... et poser... du même exemple.

Nous obtenons la liste des opérations suivantes :

```
 1. Prendre une casserole.
 2. Verser l'eau du robinet dans la casserole.
 3. Poser la casserole sur la plaque électrique.
 4. Prendre le sel et le verser dans l'eau.
 5. Prendre le vinaigre et le verser dans l'eau.
 6. Allumer la plaque électrique.
 7. Faire bouillir l'eau.
 8. Prendre l'œuf.
 9. Casser l'œuf.
10. Placer l'œuf dans la casserole.
11. Prendre le minuteur.
12. Mettre le minuteur sur 3 minutes.
13. Prendre un coquetier.
14. Prendre une assiette.
15. Poser le coquetier sur la table.
16. Poser l'assiette sur la table.
17. Attendre que le minuteur sonne.
18. Éteindre la plaque électrique.
19. Prendre une cuillère.
20. Retirer l'œuf de la casserole à l'aide de la cuillère.
21. Poser l'œuf dans le coquetier.
22. Poser l'œuf dans l'assiette.
```

Écrite ainsi, cette marche à suivre nous permet d'obtenir un œuf poché puisque l'œuf est obligatoirement cassé lors de l'instruction 8.

Dans l'exemple précédent, les instructions 13 et 14, 15 et 16, 21 et 22 sont réalisées quel que soit le choix de la recette, alors qu'il n'est pas nécessaire de prendre le coquetier pour la recette de l'œuf poché et inversement. Pour éviter de réaliser des actions inutiles, nous devons introduire un test, en posant une condition devant chaque instruction spécifique aux deux modes de cuisson, c'est-à-dire :

```
 1. Prendre une casserole.
 2. Verser l'eau du robinet dans la casserole.
 3. Poser la casserole sur la plaque électrique.
 4. Si (œuf poché) Prendre le sel et le verser dans l'eau.
 5. Si (œuf poché) Prendre le vinaigre et le verser dans l'eau.
 6. Allumer la plaque électrique.
 7. Faire bouillir l'eau.
 8. Prendre l'œuf.
 9. Si (œuf poché) Casser l'œuf.
10. Placer l'œuf dans la casserole.
11. Prendre le minuteur.
```

```
12. Mettre le minuteur sur 3 minutes.
13. Si (œuf coque) Prendre un coquetier.
14. Si (œuf poché) Prendre une assiette.
15. Si (œuf coque) Poser le coquetier sur la table.
16. Si (œuf poché) Poser l'assiette sur la table.
17. Attendre que le minuteur sonne.
18. Éteindre la plaque électrique.
19. Prendre une cuillère.
20. Retirer l'œuf de la casserole à l'aide de la cuillère.
21. Si (œuf coque) Poser l'œuf dans le coquetier.
22. Si (œuf poché) Poser l'œuf dans l'assiette.
```

Dans cette situation, nous obtenons un œuf à la coque ou poché, selon notre choix. Observons cependant que le test Si (œuf poché) est identique pour les instructions 4, 5, 9, 14, 16 et 22. Pour cette raison, et sachant que chaque test représente un coût en termes de temps d'exécution, il est conseillé de regrouper au même endroit toutes les instructions relatives à un même test.

C'est pourquoi nous distinguons 6 blocs d'instructions distincts :

1. Les instructions soumises à la condition de l'œuf poché (II Préparer un œuf poché et V Obtenir un œuf poché).

2. Les instructions soumises à la condition de l'œuf à la coque (III Préparer un œuf à la coque et VI Obtenir un œuf à la coque).

3. Les instructions réalisables quelle que soit la condition (I Préparer les ingrédients et IV Faire cuire).

Dans ce cas, la nouvelle marche à suivre s'écrit :

Instructions	Bloc d'instructions
1. Prendre une casserole. 2. Verser l'eau du robinet dans la casserole. 3. Poser la casserole sur la plaque électrique. 4. Allumer la plaque électrique. 6. Faire bouillir l'eau. 7. Prendre l'œuf.	I Préparer les ingrédients
Si (œuf poché)	
1. Prendre le sel et le verser dans l'eau. 2. Prendre le vinaigre et le verser dans l'eau. 3. Prendre une assiette. 4. Poser l'assiette sur la table. 5. Casser l'œuf.	II Préparer un œuf poché
Sinon	
1. Prendre un coquetier. 2. Poser le coquetier sur la table.	III Préparer un œuf à la coque

Instructions	Bloc d'instructions
8. Placer l'œuf dans la casserole. 9. Prendre le minuteur. 10. Mettre le minuteur sur 3 minutes. 11. Attendre que le minuteur sonne. 12. Éteindre la plaque électrique. 13. Prendre une cuillère. 14. Retirer l'œuf de la casserole à l'aide de la cuillère.	IV Faire cuire
Si (œuf poché)	
1. Poser l'œuf dans l'assiette.	V Obtenir un œuf poché
Sinon	
1. Poser l'œuf dans le coquetier.	VI Obtenir un œuf à la coque

La réalisation du bloc I Préparer les ingrédients permet de mettre en place tous les objets nécessaires à la réalisation de la recette œuf poché ou œuf à la coque. Ensuite, en exécutant le test Si (oeuf poché), deux solutions sont possibles :

1. La proposition (œuf poché) est vraie, et alors les instructions 1 à 5 du bloc II Préparer un œuf poché sont exécutées.

2. La proposition (œuf poché) est fausse et les instructions qui suivent ne sont pas exécutées. Seules les instructions placées dans le bloc sinon (III Préparer un œuf à la coque) sont exécutées.

Le mode de cuisson est identique quelle que soit la recette choisie, le bloc IV Faire cuire est réalisé en dehors de toute condition. Le second test Si (oeuf poché) permet de prendre le meilleur support pour déposer l'œuf une fois cuit.

> **Remarque**
> Un bloc d'instructions peut être composé d'une seule ou de plusieurs instructions.

Pour programmer un choix, nous avons placé un test (une condition) devant les instructions concernées. En programmation, il en est de même. Le langage ActionScript 3 propose plusieurs instructions de test, à savoir la structure if-else, que nous étudions ci-après ainsi que la structure switch que nous analysons à la section « L'instruction switch ou comment faire des choix multiples », un peu plus loin dans ce chapitre.

L'instruction if-else

L'instruction if-else se traduit en français par les termes si-sinon. Elle permet de programmer un choix, en plaçant derrière le terme if une condition, comme nous avons placé une condition derrière le terme si de l'algorithme de l'œuf à la coque ou poché.

L'instruction if-else se construit de la façon suivante :

1. En suivant une syntaxe, ou forme précise du langage ActionScript 3 (voir section « Syntaxe d'if-else »).

2. En précisant la condition à tester (voir la section « Comment écrire une condition »).

Nous présentons à la fin de cette section, différents exemples utilisant la structure de test if-else à partir de l'exemple du jeu de bulles développé au chapitre précédent.

Syntaxe d'if-else

L'écriture de l'instruction if-else obéit aux règles de syntaxe suivantes :

```
if  (condition)    // si la condition est vraie
{                  // faire
    plusieurs instructions;
}                  // fait
else               // sinon (la condition ci-dessus est fausse)
{                  // faire
    plusieurs instructions;
}                  // fait
```

1. Si la condition située après le mot-clé if et placée obligatoirement entre parenthèses est vraie, alors les instructions placées dans le bloc défini par les accolades ouvrante et fermante immédiatement après sont exécutées.

2. Si la condition est fausse, alors les instructions définies dans le bloc situé après le mot-clé else sont exécutées.

De cette façon, un seul des deux blocs peut être exécuté à la fois, selon que la condition est vérifiée ou non.

> **Remarque**
> La ligne d'instruction if(condition)ou else ne se termine jamais par un point-virgule (;).

Les accolades fermante et ouvrante ({ et }) définissent un bloc d'instructions. Cela permet de regrouper ensemble toutes les instructions relatives à un même test (comme nous avons pu le faire en créant les blocs II Préparer un œuf poché et III Préparer un œuf à la coque, lors de la mise en place de l'algorithme de l'œuf à la coque ou poché).

L'écriture du bloc else n'est pas obligatoire. Il est possible de n'écrire qu'un bloc if sans programmer d'instruction dans le cas où la condition n'est pas vérifiée. En d'autres termes, il peut y avoir des if sans else.

S'il existe un bloc else, celui-ci est obligatoirement « accroché » à un if. Autrement dit, il ne peut y avoir d'else sans if.

Le langage ActionScript propose une syntaxe simplifiée lorsqu'il n'y a qu'une seule instruction à exécuter dans l'un des deux blocs `if` ou `else`. Dans ce cas, les accolades ouvrante et fermante ne sont pas obligatoires :

```
if (condition) une seule instruction;
else  une seule instruction;
```

ou :

```
if (condition)
{                          // faire
    plusieurs instructions;
}                          // fait
else  une seule instruction;
```

ou encore :

```
if (condition)  une seule instruction;
else
{                          // faire
    plusieurs instructions;
}                          // fait
```

Une fois connue la syntaxe générale de la structure `if-else`, nous devons écrire la condition (placée entre parenthèses, juste après `if`) permettant à l'ordinateur d'exécuter le test.

Comment écrire une condition ?

L'écriture d'une condition en ActionScript 3 fait appel aux notions d'opérateurs relationnels et conditionnels.

Les opérateurs relationnels

Une condition est formée par l'écriture de la comparaison de deux expressions, une expression pouvant être une valeur numérique ou une expression arithmétique. Pour comparer deux expressions, le langage ActionScript 3 dispose de 6 symboles représentant les opérateurs relationnels traditionnels en mathématiques.

Tableau 4-1 – Liste des opérateurs de comparaison en ActionScript

Opérateur	Signification pour des valeurs numériques	Signification pour des valeurs de type caractère
= =	égal	identique
<	inférieur	plus petit dans l'ordre alphabétique
<=	strictement inférieur ou égal	plus petit ou identique dans l'ordre alphabétique
>	supérieur	plus grand dans l'ordre alphabétique
>=	strictement supérieur ou égal	plus grand ou identique dans l'ordre alphabétique
!=	différent	différent

Un opérateur relationnel permet de comparer deux expressions de même type. La comparaison d'une valeur numérique avec une suite de caractères n'est valide que si la suite de caractères est composée de caractères numériques.

Lorsqu'il s'agit de comparer deux expressions composées d'opérateurs arithmétiques (+, -, *, /, %), les opérateurs relationnels sont moins prioritaires par rapport aux opérateurs arithmétiques. De cette façon, les expressions mathématiques sont d'abord calculées avant d'être comparées.

Notons que pour tester l'égalité entre deux expressions, nous devons utiliser le symbole == et non pas un simple =. En effet, en ActionScript 3, le signe = n'est pas un signe d'égalité au sens de la comparaison, mais le signe de l'affectation, qui permet de placer une valeur dans une variable.

Question

En initialisant les variables a, b, mot, test et valNum de la façon suivante :

```
var a:Number = 3, b:Number = 5;
var mot:String = "ascete", test:String = "ascenceur";
var valNum :String = "2.5";
```

examinez si les conditions ci-dessous sont vraies ou fausses :

- (a != b)
- (a + 2 == b)
- (a + 8 < 2 * b)
- (a > valNum)
- (test <= mot)
- (mot == "wagon")

Réponse

- La condition (a != b) est vraie car 3 est différent de 5.
- La condition (a + 2 == b) est vraie car 3 + 2 vaut 5.
- La condition (a + 8 < 2 * b) est fausse car 3 + 8 est plus grand que 2 * 5.
- La condition (a > valNum) est vraie car même si les variables a et valNum ne sont pas de même type, le lecteur Flash peut les comparer. Elles contiennent toutes deux des valeurs numériques. 3 est bien supérieur à 2.5.
- La condition (test <= mot) est vraie car le mot "ascenceur" est placé avant "ascete" dans l'ordre alphabétique.
- La condition (mot == "wagon") est fausse car le mot "ascete" est différent de la chaîne de caractères "wagon".

Extension web

Vous trouverez cet exemple dans le fichier QuestionReponseTest.fla sous le répertoire Exemples/ Chapitre4.

Les opérateurs logiques

Les opérateurs logiques sont utilisés pour associer plusieurs conditions simples et, de cette façon, créer des conditions multiples en un seul test. Il existe trois grands opérateurs logiques, symbolisés par les caractères suivants :

Tableau 4-2 – Liste des opérateurs logiques en ActionScript

Opérateur	Signification
!	NON logique
&&	ET logique
||	OU logique

Question

En initialisant les variables x, y, z et r de la façon suivante :

```
var x:Number = 3, y:Number = 5, z:Number = 2, r:Number = 6;
```

examinez si les conditions suivantes sont vraies ou fausses :

- (x < y) && (z < r)
- (x > y) || (z < r)
- !(z < r)

Réponse

- Sachant que la condition (x < y) && (z < r) est vraie si les deux expressions (x < y) **et** (z < r) sont toutes les deux vraies et devient fausse si l'une des deux expressions est fausse, l'expression donnée en exemple est vraie. En effet, (3 < 5) est vraie et (2 < 6) est vraie.

- Sachant que la condition (x > y) || (z < r) est vraie si l'une des expressions (x > y) **ou** (z < r) est vraie et devient fausse si les deux expressions sont fausses, l'expression donnée en exemple est vraie car (3 > 5) est fausse, mais (2 < 6) est vraie.

- Sachant que la condition !(z < r) est vraie si l'expression (z < r) est fausse et devient fausse si l'expression est vraie, alors l'expression donnée en exemple est fausse car (2 < 6) est vraie.

Remarque

Pour obtenir les deux barres verticales du « ou » logique, ou pipe, vous devez effectuer le raccourci clavier Alt Gr + 6 sur votre PC ou, sur votre Mac, presser simultanément les trois touches Alt, Maj et L.

Exemple : le jeu de bulles

Pour mettre en pratique les notions théoriques abordées aux deux sections précédentes, nous allons reprendre le jeu de bulles commencé au chapitre précédent (voir chapitre 3, « Communiquer ou interagir », section « Les techniques de programmation incontournables ») avec pour objectif d'améliorer son fonctionnement en modifiant par exemple le parcours de la bulle lorsque celle-ci sort de l'écran ou lorsqu'elle est touchée par le curseur.

La bulle remonte quand elle sort de la scène

Lorsque la bulle sort de la scène, le jeu n'a plus grand intérêt... Nous ne pouvons plus toucher la bulle avec le curseur. Pour la voir descendre à nouveau sous nos yeux, nous devons la replacer en haut de la scène dès qu'elle sort totalement de la fenêtre.

Extension web

Vous trouverez cet exemple dans le fichier `BulleSortieEcran.fla`, sous le répertoire `Exemples/Chapitre4`.

Pour savoir si la bulle se trouve sur la scène ou en dehors, nous devons tester si la position de la bulle selon l'axe des Y dépasse la hauteur de la fenêtre. Ce test s'écrit en Action-Script :

```
if (bSavon.y > hauteur + bSavon.height/2) {
    // Replacer la bulle au-dessus de la scène n?importe où
    // sur la largeur de la scène
```

La condition placée entre parenthèses de la structure `if` précise que les actions sont réalisées seulement si la position en y de `bSavon` dépasse la hauteur de la scène plus la moitié de la hauteur de la bulle. En effet, le point de référence du symbole `BulleClp` est défini au centre de la bulle (voir figure 4-1-❶). Lorsque ce point dépasse la hauteur de la scène, la moitié supérieure de la bulle reste encore visible. En ajoutant `bSavon.height/2` à `hauteur`, la bulle sort totalement de la scène avant d'être remontée en haut de la scène (voir figure 4-1-❷).

Pour replacer la bulle au-dessus de la scène, la technique consiste à modifier la coordonnée en y de la bulle de façon à ce que celle-ci se trouve au-dessus et en dehors de la scène.

Pour ce faire, nous proposons de placer l'objet `bSavon` à une hauteur qui corresponde à son diamètre, soit `-bSavon.height` (voir figure 4-1-❸). L'instruction :

```
bSavon.y = - bSavon.height;
```

placée à l'intérieur du bloc `if` réalise ce positionnement.

Pour rendre le jeu plus attractif, la bulle doit apparaître n'importe où sur la largeur de la scène. Cette opération est réalisée en calculant une valeur aléatoire comprise entre 0 et `largeur` grâce à l'instruction :

```
bSavon.x = Math.random() * largeur;
```

`Math.random()` est une fonction prédéfinie du langage ActionScript qui calcule une valeur aléatoire comprise entre 0 et 1. En multipliant cette valeur par `largeur`, nous sommes assurés que la position en x de l'objet `bSavon` est comprise entre 0 et `largeur` (voir figure 4-1-❹).

Le déplacement répétitif de la bulle du haut vers le bas s'effectue à chaque émission de l'événement `Event.ENTER_FRAME`. En effet, la coordonnée en y de la bulle est incrémentée à l'intérieur du gestionnaire `Event.ENTER_FRAME`. Le test doit donc être effectué à chaque fois que cette valeur est modifiée.

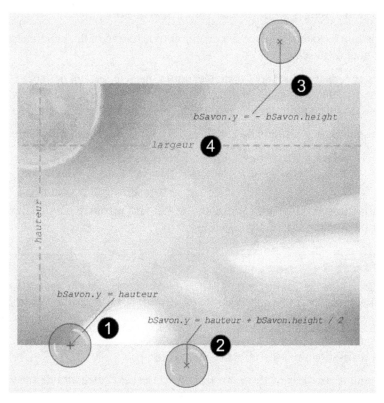

Figure 4-1

Positions d'une bulle sur l'axe des Y

L'ensemble du bloc if, tel que nous l'avons construit, s'insère dans le gestionnaire Event.ENTER_FRAME comme suit :

```
// Définir un gestionnaire d'événement MouseEvent.MOUSE_DOWN pour le curseur
btnJouer.addEventListener(MouseEvent.MOUSE_DOWN, leCurseurSeDeplace);
function leCurseurSeDeplace(event:MouseEvent):void {
    bSavon.addEventListener(Event.ENTER_FRAME,seDeplace);
    // Déplacement du curseur avec startDrag();
}
function seDeplace(e:Event):void{
 bSavon.y  +=vitesse;
 // Si la bulle de savon sort de la scène
 if ( bSavon.y > hauteur +  bSavon.height/2)  {
    // Remonter la bulle et la placer au hasard sur l'axe des X
    bSavon.y = -bSavon.height ;
    bSavon.x = Math.random()*largeur;
 }
}
```

La bulle remonte quand elle rencontre le curseur

Lorsque le joueur déplace le curseur et touche une bulle, celle-ci est de nouveau placée en haut de la scène.

Les actions à réaliser sont donc identiques, mais le test qui permet de les réaliser est différent. En effet, il s'agit ici de détecter si les objets btnJouer et bSavon se rencontrent. Pour cela, nous devons utiliser une méthode prédéfinie d'ActionScript 3 nommée hitTestPoint().

La syntaxe d'utilisation de la méthode hitTestPoint() est la suivante :

```
if (objetA.hitTestPoint (objetB.x, objetB.y) == true ) {
  trace(" L'objet A est entré en collision avec l'objet B");
}
```

La méthode hitTestPoint() examine si l'objetA recouvre ou recoupe le point spécifié par les paramètres objetB.x et objetB.y.

Remarque

La méthode hitTestPoint()peut prendre un troisième paramètre de type booléen, qui indique si la vérification doit porter sur les pixels réels de l'objet (true) ou sur le cadre de délimitation (false). Par défaut, le booléen est placé à false.

La réalisation du test s'effectue en deux temps :

- tout d'abord, la méthode hitTestPoint() est exécutée afin de savoir si le premier objet recouvre le point indiqué en paramètre. Si c'est le cas, la méthode retourne en résultat la valeur true, sinon false ;

- la seconde partie du test consiste à vérifier si le résultat retourné par la méthode hitTestPoint() est égal à true ou non. S'il y a égalité, le bloc if est exécuté. Dans le cas contraire, c'est le bloc else qui l'est.

Remarque

Par facilité d'écriture, un test d'égalité avec une valeur booléenne s'écrit plus simplement :

```
if (objetA. hitTestPoint(objetB.x, objetB.y))
```

Lorsque la condition est écrite ainsi, la méthode hitTestPoint() est exécutée, et la structure if (objetA.hitTestPoint(objetB.x, objetB.y)) est traduite littéralement par if (true) ou if (false) selon la situation. Dans le premier cas, le bloc if est exécuté, alors que dans le second cas, le bloc else est exécuté s'il existe.

Dans notre exemple, le test s'écrit en remplaçant objetA et objetB par bSavon et btnJouer :

```
if ((bSavon.hitTestPoint(btnJouer.x, btnJouer.y)) {
// Replacer la bulle au-dessus de la scène n?importe où
 // sur la largeur de la scène
}
```

Les actions à réaliser lorsque le curseur touche la bulle sont identiques à celles exécutées lorsque la bulle sort de l'écran. Autrement dit, lorsque la bulle sort de la fenêtre *ou* lorsqu'elle est touchée par le curseur, la bulle est replacée en haut de la scène.

Ainsi, en associant les deux conditions bSavon.hitTestPoint(btnJouer.x, btnJouer.y) et (bSavon.y > hauteur + bSavon.height / 2) avec l'opérateur logique ou (||), nous allons pouvoir réaliser les mêmes actions, quelle que soit la situation.

Le test complet permettant de déplacer la bulle quel que soit le cas s'écrit donc de la façon suivante :

```
// Définir un gestionnaire d'événement MouseEvent.MOUSE_DOWN pour le curseur
btnJouer.addEventListener(MouseEvent.MOUSE_DOWN, leCurseurSeDeplace);
function leCurseurSeDeplace(event:MouseEvent):void {
    bSavon.addEventListener(Event.ENTER_FRAME,seDeplace);
    // Déplacement du curseur avec startDrag();
}
function seDeplace(e:Event):void {
  bSavon.y  +=vitesse;
  // Si la bulle de savon sort de la scène ou si elle rencontre le curseur
  if ((bSavon.y > hauteur + bSavon.height/2) ||
     (bSavon.hitTestPoint(btnJouer.x, btnJouer.y)) ) {
    // Remonter la bulle et la placer au hasard sur l'axe des X
    bSavon.y = -bSavon.height ;
    bSavon.x = Math.random()*largeur;
  }
}
```

Deux erreurs à éviter

Deux types d'erreur sont à éviter par le programmeur débutant. Il s'agit des erreurs issues d'une mauvaise construction des blocs if ou else et d'un placement incorrect du point-virgule.

La construction de blocs

Lors de la construction d'un bloc if-else, veillez à bien vérifier le nombre d'accolades ouvrante et fermante. Par exemple :

```
if (première > deuxième)
    trace(deuxième + "  " + première);
    laPlusGrande = première;
else
  {
    trace(première+" "+deuxième);
    laPlusGrande = deuxième;
  }
```

En exécutant pas à pas cet extrait de programme, nous observons qu'il n'y a pas d'accolade ouvrante ({) derrière l'instruction if. Cette dernière ne possède donc pas de bloc composé de plusieurs instructions. Seule l'instruction d'affichage trace(deuxième + " " + première); se situe dans le test if. L'exécution de la structure if s'achève donc juste après l'affichage des valeurs dans l'ordre croissant.

Ensuite, l'instruction laPlusGrande = première; est théoriquement exécutée en dehors de toute condition. Cependant, l'instruction suivante est else, alors que l'instruction if s'est achevée précédemment. Le lecteur Flash ne peut attribuer ce else à un if. Il y a donc une erreur du type « 'else' rencontré sans 'if' correspondant ».

De la même façon, il y a une erreur de lecture lorsque le programme est construit sur la forme suivante :

```
if (première > deuxième)
{....
}
laPlusGrande = première;
else
{...
}
```

Le point-virgule

Dans le langage ActionScript 3, le point-virgule constitue une instruction à part entière qui représente l'instruction vide. Par conséquent, écrire le programme suivant ne provoque aucune erreur à la lecture de l'animation :

```
if (première > deuxième);
    trace(deuxième + "  " + première);
```

L'exécution de cet extrait de programme a pour résultat :

Si première est plus grand que deuxième, l'ordinateur exécute le ; (point-virgule) situé immédiatement après la condition, c'est-à-dire rien. L'instruction if est terminée, puisqu'il n'y a pas d'accolades ouvrante et fermante. Seule l'instruction ; est soumise à if.

Le message affichant les valeurs par ordre croissant ne fait pas partie du test. Il est donc affiché, quelles que soient les valeurs de première et deuxième.

Des if-else imbriqués

Dans le cas de choix arborescents – un choix étant fait, d'autres sont à faire, et ainsi de suite –, il est possible de placer des structures if-else à l'intérieur d'autres if-else. On dit alors que les structures if-else sont imbriquées les unes dans les autres.

Lorsque ces imbrications sont nombreuses, il est possible de les représenter à l'aide d'un graphique de structure arborescente, dont voici un exemple :

Imbrications d'if-else	Représentation du choix arborescent
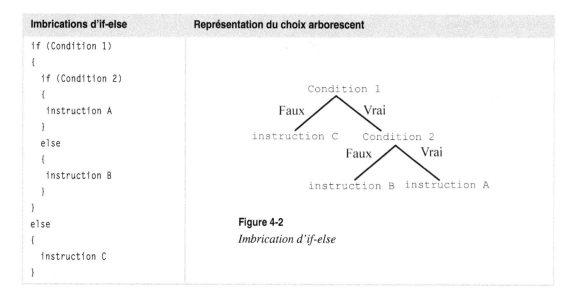	

```
if (Condition 1)
{
  if (Condition 2)
  {
   instruction A
  }
  else
  {
   instruction B
  }
}
else
{
  instruction C
}
```

Figure 4-2
Imbrication d'if-else

Quand il y a moins d'else que d'if

Une instruction if peut ne pas contenir d'instruction else. Dans de tels cas, il peut paraître difficile de savoir à quel if est associé le dernier else. Comparons les deux exemples suivants :

Imbrications d'if-else	Arbre des choix
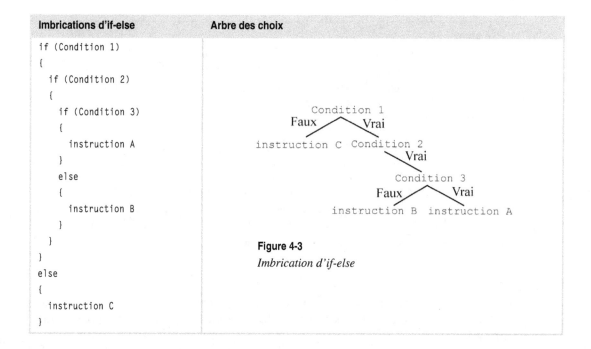	

```
if (Condition 1)
{
  if (Condition 2)
  {
   if (Condition 3)
   {
     instruction A
   }
   else
   {
     instruction B
   }
  }
}
else
{
  instruction C
}
```

Figure 4-3
Imbrication d'if-else

Imbrications d'if-else	Arbre des choix
| ```
if (Condition 1)
{
  if (Condition 2)
  {
    if (Condition 3)
    {
      instruction A
    }
    else
    {
      instruction B
    }
  }
  else
  {
    instruction C
  }
}
``` | 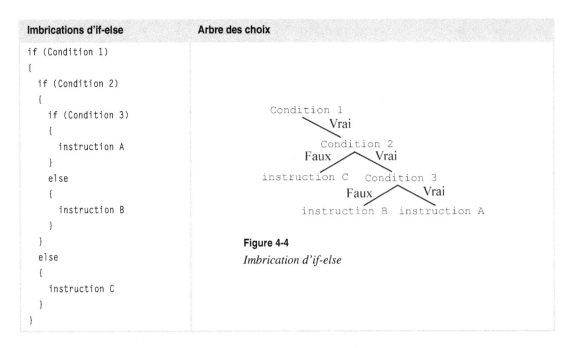 **Figure 4-4** *Imbrication d'if-else* |

Du premier au deuxième exemple, par le jeu des fermetures d'accolades, le dernier bloc else est déplacé d'un bloc vers le haut. Ce déplacement modifie la structure arborescente. Les algorithmes associés ont des résultats totalement différents.

Remarque

• Pour déterminer quel if se rapporte à quel else, observons qu'un « bloc else » se rapporte toujours au dernier « bloc if » rencontré auquel un else n'a pas encore été attribué.

• Les blocs if et else étant délimités par les accolades ouvrante et fermante, il est conseillé, pour éviter toute erreur, de bien relier chaque accolade ouvrante avec sa fermante.

Les techniques de programmation incontournables

L'objectif ici est d'améliorer sensiblement le jeu de bulles, en y ajoutant l'affichage d'un score et en simplifiant le lancement du jeu ainsi que la manipulation du curseur. Ces changements utilisent des techniques de programmation usuelles telles que le comptage de valeurs (voir la section « Calculer un score ») ou la mise en place de variables « drapeau » (voir la section « Le bouton à bascule »).

Calculer un score

Le score est une valeur numérique qui augmente à chaque fois que le joueur touche une bulle et qui diminue dans le cas contraire. Il existe différentes méthodes pour calculer cette valeur.
```

Dans notre cas, nous prenons pour hypothèse que :

• chaque bulle est dotée d'un coefficient variant entre 0 et 5 ;

• le score correspond à la somme des coefficients des bulles touchées par le curseur ;

• lorsque le joueur manque une bulle, le score diminue de 5 points.

Le score ainsi calculé est affiché dans la zone de texte « Score » (voir figure 4-5-❶).

Parallèlement, nous affichons dans la zone de texte « Eclats/Total » (voir figure 4-5-❷) le nombre de bulles touchées par le joueur ainsi que le nombre de bulles effectivement lancées pendant toute la durée du jeu.

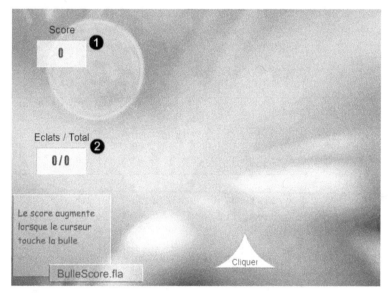

Figure 4-5
Le score et le nombre de bulles lancées et/ou touchées sont affichés dans les zones de texte ❶ et ❷.

Pour calculer chacune de ces valeurs (score, nombre de bulles lancées et/ou touchées), nous devons savoir compter les bulles.

Compter des objets, accumuler des valeurs

Le comptage des valeurs, quelles qu'elles soient, est une technique très utilisée en informatique. Il existe deux façons de compter :

• le **comptage** d'un certain nombre de valeurs. Par exemple, compter le nombre de pièces se trouvant dans votre porte-monnaie ;

• l'**accumulation** de valeurs. Calculer la valeur de votre porte-monnaie, le nombre d'euros et de centimes dont vous disposez (la valeur de chaque pièce est accumulée).

Le comptage et l'accumulation de valeurs sont des techniques indépendantes du langage utilisé. Elles s'appliquent dans bien des cas, du plus simple au plus complexe.

Ainsi, dans notre cas, connaître le nombre de bulles lancées et/ou touchées consiste simplement à compter les bulles en fonction de la situation (bulles touchées ou non), alors que pour calculer le score, nous devons accumuler le coefficient associé à chaque bulle. Examinons plus précisément la marche à suivre pour obtenir ces différentes valeurs.

Compter les bulles

Pour connaître le nombre total de bulles lancées au cours de la partie, il suffit d'en ajouter une à la totalité à chaque fois qu'une bulle est remontée au-dessus de la scène, c'est-à-dire dès qu'elle sort de l'écran ou qu'elle rencontre le curseur.

En supposant que la variable nbBullesTotal représente le nombre total de bulles créées lors de la partie, l'instruction permettant d'en ajouter une au nombre total s'écrit :

```
nbBullesTotal++;
```

> **Pour en savoir plus**
>
> La notion d'incrémentation est étudiée au chapitre 3, « Communiquer ou interagir », section « La bulle se déplace toute seule en un seul clic ». La notation condensée de l'incrémentation est également décrite dans le chapitre 3, section « Notation condensée de l'incrémentation ».

Le nombre total de bulles est incrémenté uniquement lorsque la bulle sort de la scène ou lorsqu'elle est touchée par le curseur. L'instruction d'incrémentation doit donc être insérée à l'intérieur du test suivant :

```
if ((bSavon.y > hauteur + bSavon.height/2) ||
    (bSavon.hitTestPoint(btnJouer.x, btnJouer.y)) ) {
        nbBullesTotal++;
        // Replacer la bulle au-dessus de la scène n'importe où
        // sur la largeur de la scène
}
```

> **Remarque**
>
> Au lancement du jeu, le nombre total de bulles est nul, la variable nbBullesTotal doit donc être initialisée à 0 avant toute opération.

De la même façon, pour connaître le nombre de bulles touchées, il suffit d'en ajouter une au nombre total de bulles touchées. En supposant que la variable nbBullesTouchees représente cette valeur, l'instruction nbBullesTouchees++; placée à l'intérieur du test if (bSavon.hitTestPoint(btnJouer.x, btnJouer.y)) permet d'incrémenter le nombre de bulles touchées. La variable nbBullesTouchees doit également être initialisée à 0, dès le lancement du jeu.

> **Remarque**
>
> Le compteur `nbBullesTouchees` ne doit pas être incrémenté lorsque la bulle sort de l'écran ; il est nécessaire d'insérer un test vérifiant que la bulle a bien été touchée, à l'intérieur du test à double condition, comme suit :
>
> ```
> if ((bSavon._y > hauteur + bSavon._height/2) ||
>     (bSavon.hitTest(btnJouer)) ) {
>         nbBullesTotal++;
>         // Replacer la bulle au-dessus de la scène n'importe où
>         // sur la largeur de la scène
>         if ( bSavon.hitTestPoint(btnJouer.x, btnJouer.y)) {
>           nbBullesTouchees++;
>         }
>    }
> ```

Accumuler les coefficients

Pour calculer le score, la méthode est un peu moins simple. Le calcul s'effectue uniquement lorsque le curseur touche une bulle. Dans ce cas, nous devons :

* calculer le coefficient associé à la bulle en tirant au hasard un nombre entre 0 et 5 ;

* accumuler le coefficient au score déjà obtenu ;

* diminuer le score de 5 points, si une bulle n'est pas touchée par le curseur.

Ces différentes opérations sont réalisées par les instructions suivantes :

```
❶  valeurBulle =  Math.random()*5;
❷  scoreBulles =  scoreBulles + Math.round(valeurBulle);
❸  scoreBulles =  scoreBulles - 5;
```

où `valeurBulle` est une valeur calculée au hasard et `scoreBulles` représente le score réalisé par le joueur.

❶ En multipliant `Math.random()` par 5, nous sommes assurés que `valeurBulle` prend des valeurs comprises entre 0 et 5, `Math.random()` tirant une valeur au hasard entre 0 et 1.

❷ La variable `scoreBulles` augmente progressivement la valeur tirée au hasard, par accumulation de la valeur précédente de `scoreBulles` avec la nouvelle valeur de `valeurBulle`. La valeur calculée par `Math.random()` est un chiffre à virgule, alors que le score correspond à une valeur entière. Il convient donc d'arrondir la valeur en utilisant la méthode `Math.round()`.

❸ La valeur du score est diminuée de 5 points par rapport à la valeur précédente.

Ces différents calculs s'effectuent soit lorsque le curseur rencontre une bulle, soit, à l'inverse, lorsque le curseur ne touche pas la bulle. Les instructions doivent donc être placées à l'intérieur d'une structure de test de type `if-else`, comme suit :

```
if ( bSavon.hitTestPoint(btnJouer.x, btnJouer.y)) {
    valeurBulle =  Math.random()*5;
```

```
        scoreBulles += Math.round(valeurBulle);
        nbBullesTouchees++;
    }
    else {
        scoreBulles -= 5;
    }
```

Remarque

• Les instructions :

```
    scoreBulles = scoreBulles + Math.round(valeurBulle);
    scoreBulles = scoreBulles - 5;
```

peuvent s'écrire d'une façon plus condensée comme suit :

```
    scoreBulles += Math.round(valeurBulle);
    scoreBulles -= 5;
```

• La variable scoreBulles doit obligatoirement être déclarée et initialisée à 0 dès le lancement du jeu, sous peine de fausser le résultat.

Code complet de bulleScore.fla

La mise en place du score et des différents compteurs de bulles s'insère dans le code ActionScript comme ci-après.

Extension web

Vous trouverez cet exemple dans le fichier BulleScore.fla sous le répertoire Exemples/Chapitre4.

Notez que les instructions (en gras) permettent l'affichage des variables nbBullesTouchees, scoreBulles et nbBullesTotal dans les zones de texte ayant pour titre « Score » et « Eclats / Total ». Ces instructions doivent être insérées dans le code au moment de l'initialisation des variables, puis à chaque fois qu'un événement Event.ENTER_FRAME est traité par la bulle, de façon à ce que les valeurs affichées correspondent aux exploits de l'utilisateur.

```
// Stocker la hauteur et la largeur de la scène
var largeur:uint = stage.stageWidth;
var hauteur:uint = stage.stageHeight;
// Calculer un écart de 5 % de la largeur de la fenêtre
var ecart:Number = 5 * largeur / 100;

// Déclarer et initialiser les variables concernant le score et la vitesse
var vitesse:uint = 10;
var nbBullesTotal:uint = 0;
var nbBullesTouchees:uint = 0;
var valeurBulle:uint = 0;
var scoreBulles:uint = 0;
```

```
// Le bouton btnJouer
var btnJouer:BoutonClp = new BoutonClp();
btnJouer.x = largeur / 2;
btnJouer.y = hauteur  - btnJouer.height;
btnJouer.buttonMode = true;

// Lorsque le jeu est arrêté, le texte « Cliquer » s'affiche dans le bouton
btnJouer.labelOut.text = "Cliquer" ;
addChild(btnJouer);

// La bulle de savon
var bSavon:BulleClp = new BulleClp();
bSavon.y = -bSavon.height ;
bSavon.x = Math.random()*largeur;
addChild(bSavon);

// Les zones de texte
var score:AfficherClp = new AfficherClp();
var eclats:AfficherClp = new AfficherClp();
score.x = ecart;
score.y = (hauteur - score.height) / 3;
eclats.x = ecart;
eclats.y = 2*(hauteur - eclats.height) /3;
addChild(score);
addChild(eclats);
score.titreOut.text = "Score";
eclats.titreOut.text = "Eclat";
// Afficher les valeurs initiales du score et des compteurs de bulles
eclats.labelOut.text = nbBullesTouchees + " / " + nbBullesTotal;
score.labelOut.text = scoreBulles;

// Les gestionnaires d'événements de l'animation
function seDeplace(e:Event):void{
  bSavon.y  +=vitesse;
  // Si la bulle sort de la fenêtre ou si elle rencontre le curseur
  if ((bSavon.y > hauteur + bSavon.height/2) ||
    (bSavon.hitTestPoint(btnJouer.x, btnJouer.y)) ) {
    // Le nombre total de bulles affichées augmente de 1
    nbBullesTotal++;
    // Si la bulle rencontre le curseur
    if ( bSavon.hitTestPoint(btnJouer.x, btnJouer.y)) {
        // La bulle possède un coefficient entre 0 et 5
        valeurBulle =  Math.random()*5;
        // le nombre de bulles touchées augmente de 1
        nbBullesTouchees++;
        // Le score est calculé
        scoreBulles += Math.round(valeurBulle);
```

```
            // Les valeurs ainsi calculées sont placées dans leur zone respective
            eclats.labelOut.text = nbBullesTouchees + " / " + nbBullesTotal;
            score.labelOut.text = scoreBulles;
        }
        // Si la bulle n?est pas touchée par le curseur
        // Le score diminue de 5
        else scoreBulles -= 5;
        score.labelOut.text = scoreBulles;
        eclats.labelOut.text = nbBullesTouchees + " / " + nbBullesTotal;
        bSavon.y = -bSavon.height ;
        bSavon.x = Math.random()*largeur;
    }
}


// Le coloriage
btnJouer.addEventListener(MouseEvent.MOUSE_OVER,colorierEnBleu);
function colorierEnBleu(e:Event):void {
    // La couleur 0x33CCCC
    var bleu:ColorTransform = new ColorTransform();
    bleu.color = 0x33CCCC;
    var objetAcolorier:Transform = new Transform(btnJouer.fond);
    objetAcolorier.colorTransform = bleu;
}
btnJouer.addEventListener(MouseEvent.MOUSE_OUT,colorierEnBlanc);
function colorierEnBlanc(e:Event):void {
    // La couleur 0xFFFFFF
    var blanc:ColorTransform = new ColorTransform();
    blanc.color = 0xFFFFFF;
    var objetAcolorier:Transform = new Transform(btnJouer.fond);
    objetAcolorier.colorTransform = blanc;
}
// Le déplacement du curseur
btnJouer.addEventListener(MouseEvent.MOUSE_DOWN, leCurseurSeDeplace);
function leCurseurSeDeplace(event:MouseEvent):void {
    bSavon.addEventListener(Event.ENTER_FRAME,seDeplace);
    var zoneDeplacement:Rectangle = new Rectangle(0, btnJouer.y, largeur, 0);
    btnJouer.startDrag(true,zoneDeplacement);
    // Lorsque le jeu est lancé, le texte "Jouer" s'affiche dans le bouton
    btnJouer.labelOut.text = "Jouer" ;
}
btnJouer.addEventListener(MouseEvent.MOUSE_UP,onRelache);
function onRelache(e:Event) {
    // Lorsque le jeu est arrêté, le texte « Cliquer » s'affiche dans le bouton
    btnJouer.labelOut.text = "Cliquer" ;
}
```

Le bouton à bascule

Nous souhaitons modifier le mode de fonctionnement du curseur. En effet, pour démarrer le jeu, le joueur doit cliquer sur le curseur et maintenir le clic pour déplacer le curseur et continuer à jouer. Ce mode d'interaction est peu ergonomique.

Nous nous proposons de modifier le lancement du jeu de façon à ce que le joueur n'ait plus à maintenir le clic pour continuer à jouer. La méthode est la suivante :

- le jeu démarre au premier clic sur le curseur. Le joueur peut relâcher le bouton de la souris et continuer à déplacer le curseur. Le jeu fonctionne alors comme précédemment, en affichant le score ainsi que le nombre de bulles touchées et créées ;

- le jeu s'arrête lorsque le joueur clique une seconde fois sur le curseur ;

- pour recommencer à jouer, le joueur clique une nouvelle fois sur le curseur.

Le curseur fait office de bouton à bascule. Son comportement est similaire à celui d'un interrupteur qui éteint une lampe lorsqu'elle est allumée et inversement allume cette même lampe si elle est éteinte. Ici, un clic sur le curseur lance le jeu si celui-ci est arrêté, et stoppe le jeu s'il est en cours de fonctionnement.

Les variables « drapeau »

Pour réaliser le comportement d'un bouton à bascule, la technique consiste à utiliser une variable « drapeau » (« flag » en anglais) dont la valeur change en fonction de celle qu'elle contient.

> **Remarque**
> Le terme « drapeau » fait allusion au système de fonctionnement des boîtes aux lettres américaines munies d'un drapeau rouge. Lorsque le facteur vient déposer du courrier, le drapeau est relevé. Le facteur abaisse le drapeau pour indiquer la présence de courrier. Lorsque le destinataire prend son courrier, il relève le drapeau, indiquant que la boîte est désormais vide. Ainsi, la position (état) du drapeau indique la présence (drapeau abaissé) ou non (drapeau levé) de courrier dans la boîte aux lettres.

Plus précisément, une variable « drapeau » est susceptible de contenir deux valeurs (état abaissé ou levé). Le plus souvent il s'agit de valeurs booléennes (`true` ou `false`). Le changement d'état du drapeau s'effectue de la façon suivante :

```
Si (drapeau est vrai) {
   Réaliser les actions concernées par l'état « vrai »;
   Mettre le drapeau à faux;
}
Sinon {
   Réaliser les actions concernées par l'état « faux »;
   Mettre le drapeau à vrai ;
}
```

Concernant le jeu de bulles, la traduction de cet algorithme en ActionScript s'effectue en supposant que l'état :

- « faux » correspond au jeu arrêté ;

- « vrai » correspond au jeu en cours de fonctionnement.

La variable « drapeau » est nommée jeuLancer. Elle est initialisée à false, le jeu ne fonctionnant pas au lancement de l'application. La structure générale du programme est la suivante :

```
// La variable jeuLancer représente l'état du jeu
// Au début, le jeu est arrêté, jeuEnCours est initialisé à false
var jeuLancer:Boolean = false;
// Lorsque l'on clique sur le curseur :
btnJouer.addEventListener(MouseEvent.MOUSE_DOWN, onAppuie);
function onAppuie(event:MouseEvent):void {
  // Si le jeu est lancé (une bulle se déplace)
  if (jeuLancer == true) {
    // Arrêter le jeu
    jeuLancer = false;
  } else {
    // Si le jeu est arrêté (aucune bulle ne se déplace)
    // Lancer le jeu
    jeuLancer = true;
  }
}
```

Examinons maintenant quelles instructions sont à insérer dans les blocs if ou else, pour lancer ou stopper le jeu.

Lorsque le jeu est arrêté

Le jeu est arrêté et nous devons le lancer. Nous devons faire en sorte que :

- la bulle descende ;

- le curseur se déplace à l'horizontale ;

- le score s'affiche au fur et à mesure des bulles touchées.

Les instructions réalisant toutes ces actions sont celles écrites dans la fonction onAppuie() du programme bulleScore.fla précédent. Pour lancer le jeu, il suffit donc d'insérer l'ensemble de ces instructions à l'intérieur du test if (jeuLancer == true). Reportez-vous à la section « Le gestionnaire MouseEvent.MOUSE_DOWN de bulleBoutonBascule.fla » ci-après, pour examiner le nouveau code du gestionnaire MouseEvent.MOUSE_DOWN.

Lorsque le jeu est lancé

Le jeu est en cours et nous devons l'arrêter. Pour cela :

* la bulle doit être placée en haut de la scène et doit rester invisible.

    Pour que la bulle reste invisible, il convient de la placer en haut de la scène, de façon aléatoire, sur toute la largeur de la scène grâce aux instructions :

```
bSavon.x = Math.random()*largeur;
bSavon.y = -bSavon.height;
```

    La bulle ne doit plus se déplacer vers le bas. Pour cela, nous devons l'empêcher de traiter les événements de type Event.ENTER_FRAME. Cette action est réalisée par l'instruction :

```
bSavon.removeEventListener(Event.ENTER_FRAME, seDeplace);
```

    En supprimant la méthode seDeplace() de l'écouteur d'événements Event.ENTER_FRAME, associé à l'objet bSavon, nous empêchons ce dernier de réceptionner l'événement Event.ENTER_FRAME. La position de la bulle n'est plus incrémentée. La bulle reste sur place ;

* le curseur doit rester à la position du dernier clic. Il ne peut plus être déplacé. Pour stopper le déplacement du curseur, il suffit de faire appel à la méthode stopDrag(), comme suit :

```
btnJouer.stopDrag();
```

Le déplacement de la bulle vers le haut de la scène ainsi que l'arrêt de l'animation sont des actions effectuées pour donner la sensation au joueur que le jeu est arrêté. L'ensemble de ces instructions doit être placé à l'intérieur du bloc else { jeuxLancer = false; }. Reportez-vous à la section « Le gestionnaire MouseEvent.MOUSE_DOWN de bulleBoutonBascule.fla » ci-après, pour examiner le nouveau code du gestionnaire MouseEvent.MOUSE_DOWN.

Question

Comment donner la sensation au joueur qu'il commence une nouvelle partie à chaque fois qu'il relance le jeu ?

Réponse

Lorsque le joueur stoppe le jeu puis le relance, le nouveau score est calculé à partir du score précédent. Pour donner la sensation au joueur qu'il débute une nouvelle partie, la technique consiste à repartir d'un score nul, en réinitialisant toutes les valeurs – score, nombre total de bulles et/ou touchées – à 0, grâce aux instructions :

```
nbBullesTotal = 0;
scoreBulles = 0;
nbBullesTouchees = 0;
```

L'initialisation de ces valeurs est effectuée lorsque le jeu est stoppé, de façon à ce que les valeurs soient correctement réinitialisées pour la partie suivante.

Le gestionnaire MouseEvent.MOUSE_DOWN de bulleBoutonBascule.fla

La mise en place du curseur sous forme d'un bouton à bascule s'insère dans le code du gestionnaire d'événement `MouseEvent.MOUSE_DOWN` de l'objet `btnJouer`, comme ci-après.

Extension web

Vous trouverez cet exemple dans le fichier `BulleBoutonBascule.fla` sous le répertoire Exemples/ Chapitre4.

```
btnJouer.addEventListener(MouseEvent.MOUSE_DOWN, onAppuie);
function onAppuie(event:MouseEvent):void {
  var zoneDeplacement:Rectangle = new Rectangle(0, btnJouer.y, largeur, 0);
  // Si le jeu est lancé (une bulle se déplace)
  if (jeuLancer == true) {
    // Arrêter le jeu
    jeuLancer = false ;
    btnJouer.labelOut.text = "Cliquer" ;
    // Réinitialiser le score et les compteurs de bulles pour créer une nouvelle partie
    nbBullesTotal = 0;
    scoreBulles = 0;
    nbBullesTouchees = 0;
    eclats.labelOut.text = nbBullesTouchees+ " / " + nbBullesTotal;
    score.labelOut.text = scoreBulles;
    bSavon.removeEventListener(Event.ENTER_FRAME, seDeplace);
    bSavon.y = -bSavon.height ;
    bSavon.x = Math.random()*largeur;
    btnJouer.stopDrag();
  } else {
    // Si le jeu est arrêté (aucune bulle ne se déplace)
    // Lancer le jeu
    jeuLancer = true ;
    btnJouer.labelOut.text = "Jouer" ;
    btnJouer.startDrag(true,zoneDeplacement);
    bSavon.addEventListener(Event.ENTER_FRAME,seDeplace);
  }
}
```

Remarque

La mise en place du drapeau `jeuLancer` fait qu'il n'est plus nécessaire de traiter l'événement `MouseEvent.MOUSE_UP`. Le déplacement du curseur (`stopDrag()` et `startDrag()`) est entièrement traité par le gestionnaire d'événement `MouseEvent.MOUSE_DOWN`.

L'instruction switch ou comment faire des choix multiples

Lorsque le nombre de choix possibles est plus grand que deux, l'utilisation de la structure if-else devient rapidement fastidieuse. Les imbrications de blocs demandent à être vérifiées avec précision, sous peine d'erreurs de compilation ou d'exécution.

C'est pourquoi, le langage ActionScript 3 propose l'instruction switch (traduire par « selon » ou « suivant »), qui permet de programmer des choix multiples selon une syntaxe plus claire.

Construction du switch

L'écriture de l'instruction switch obéit aux règles de syntaxe suivantes :

```
switch (valeur)
{
  case etiquette 1 :
     // Une ou plusieurs instructions
  break;
  case etiquette 2 :
  case etiquette 3 :
     // Une ou plusieurs instructions
  break;
  default :
     // Une ou plusieurs instructions
}
```

La variable valeur est évaluée. Suivant celle-ci, le programme recherche l'etiquette correspondant à la valeur obtenue et définie à partir des instructions case etiquette.

1. Si le programme trouve une étiquette correspondant au contenu de la variable valeur, il exécute la ou les instructions qui suivent l'étiquette, jusqu'à rencontrer le mot-clé break.

2. S'il n'existe pas d'étiquette correspondant à valeur alors le programme exécute les instructions de l'étiquette default

---

Remarque
- Une étiquette peut contenir aucune, une ou plusieurs instructions.
- L'instruction break permet de sortir du bloc switch. S'il n'y a pas de break pour une étiquette donnée, le programme exécute les instructions de l'étiquette suivante.

Une calculatrice à 4 opérations

Pour mettre en pratique l'utilisation de la structure switch, nous allons transformer l'application AdditionFinal.fla construite au chapitre 3 de façon à obtenir une calculatrice qui effectue les quatre opérations élémentaires : addition, soustraction, multiplication et division.

Pour en savoir plus

L'application `AdditionFinale.fla` est développée dans les sections « Une calculatrice pour faire des additions » et « Définir un gestionnaire d'événement » du chapitre 3, « Communiquer ou interagir ».

Le mode de fonctionnement de la calculatrice reprend celui de l'application `additionFinale.fla`. La différence réside dans la gestion de l'opérateur.

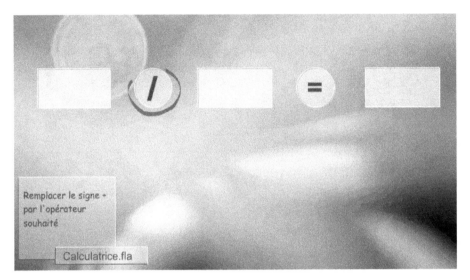

Figure 4-6
L'opérateur est saisi par l'intermédiaire de l'objet signe.

L'objet correspondant à l'opérateur n'est plus une simple zone d'affichage (voir figure 4-6), mais une zone de saisie permettant à l'utilisateur d'indiquer quelle opération il souhaite effectuer.

Sachant cela, nous devons, à partir du fichier `AdditionFinale.fla`.

1. Transformer le symbole `OpérateurClp`, en modifiant la zone de texte statique en zone de texte de saisie, et en la nommant `labelIn`. L'objet créé à partir de ce symbole s'appelle toujours `signe`.

Pour en savoir plus

La manipulation des zones de texte de saisie est décrite au chapitre 3, « Communiquer ou interagir », section « Les différents modes de communication ».

2. À l'aide de l'objet `signe.labelIn`, récupérer le signe de l'opérateur saisi dans une variable de type `String` nommée `operateur`.

> **Remarque**
>
> Pour connaître le type de l'opération à réaliser, la structure switch évalue le contenu de la variable operateur.

3. À l'intérieur de la structure switch, traiter les différents types d'opérations en créant autant d'étiquettes qu'il y a d'opérateurs, c'est-à-dire quatre. Compte tenu du fonctionnement de la structure switch, chaque étiquette correspond au caractère représentant l'opération demandée (+ pour l'addition, - pour la soustraction, etc.).

4. Pour chacune des étiquettes, réaliser l'opération souhaitée et afficher le résultat dans la zone d'affichage resultat.labelOut.text.

Le gestionnaire MouseEvent.MOUSE_UP de calculatrice.fla

La mise en place de la structure switch s'insère dans le code du gestionnaire d'événement MouseEvent.MOUSE_UP de l'objet egal, comme ci-après.

> **Extension web**
>
> Vous trouverez cet exemple dans le fichier Calculatrice.fla sous le répertoire Exemples/Chapitre4.

```
egal.addEventListener(MouseEvent.MOUSE_UP,onRelache);
function onRelache(event:MouseEvent):void{
   var a, b :Number ;
   // Transformer la valeur saisie depuis l'objet valeur_1 en valeur numérique
   a = Number(valeur_1.labelIn.text);
   trace("a : " + a);
   //Transformer la valeur saisie depuis l'objet valeur_2 en valeur numérique
   b = Number(valeur_2.labelIn.text);
   trace("b : " + b);
   // Récupérer le signe de l'opération et le stocker dans operateur
   var operateur:String = signe.labelIn.text;
   trace("operateur : "+ operateur);
   switch (operateur) {
      // Par défaut la calculatrice fait une addition
      default :
      case "+" :
         // Afficher le résultat de l'opération directement dans l'objet resultat
         resultat.labelOut.text = a + b;
         break;
      case "-":
         // Afficher le résultat de l'opération directement dans l'objet resultat
         resultat.labelOut.text = a - b;
         break;
      case "*" :
```

```
        // Afficher le résultat de l'opération directement dans l'objet resultat
        resultat.labelOut.text  = a * b;
        break;
    case "/" :
        resultat.labelOut.text  = a / b;
        break;
    }
}
```

Après avoir saisi les deux valeurs et l'opérateur, l'utilisateur valide ses choix en cliquant sur le signe =. La variable operateur est évaluée. Le lecteur Flash compare cette valeur aux étiquettes proposées dans la structure switch.

Ainsi, par exemple :

• si l'utilisateur saisit les valeurs 4, * et 2, le lecteur Flash trouve la correspondance avec l'étiquette "*" et exécute les instructions associées à cette étiquette. Le résultat affiché est 8 ;

• si l'utilisateur saisit les valeurs 2, % et 5, le lecteur Flash ne trouve aucune correspondance entre le caractère % et les étiquettes proposées. Il exécute alors les instructions de l'étiquette default. Cette dernière ne contient aucune instruction et précède l'étiquette "+". Puisque aucune instruction break ne sépare ces deux étiquettes, le lecteur Flash exécute les instructions de l'étiquette "+". Le résultat affiché est 7.

Remarque

L'erreur de saisie d'une valeur peut être évitée en utilisant l'option Caractère située dans le panneau Propriétés d'une zone de texte de type Texte Dynamique ou Texte de Saisie. Par cet intermédiaire, il est possible de contraindre l'affichage ou la saisie de valeurs à un jeu de caractères spécifiques. Ainsi, la zone de saisie des objets valeur_1 et valeur_2 (voir figure 4-7), est restreinte aux chiffres compris entre 0 et 9 ainsi qu'au caractère de ponctuation « . ».

Question

Que se passe-t-il si l'utilisateur effectue une division par 0 ?

Réponse

Le programme affiche le terme « Infinity » dans la zone de texte resultat.labelOut.text. Pour remplacer le terme « Infinity » par « Infini », vous devez tester la valeur du quotient de façon à modifier l'affichage du résultat comme suit :

```
case "/" :
    // Vérifier si on divise par 0 ou non
    if ( b == 0) {
        resultat.labelOut.text = "infini";
    } else {
        resultat.labelOut.text  = a / b;
    }
break;
```

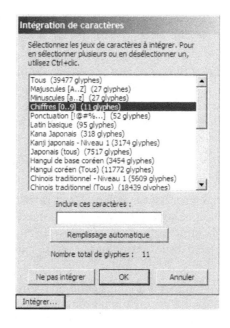

Figure 4-7
L'option Intégrer d'une zone de texte dynamique ou de saisie permet de restreindre le type de caractères à afficher.

Comment choisir entre if-else et switch ?

Dans la plupart des langages (C, Java…), la structure switch ne permet de tester que des égalités de valeurs. Elle n'est pas utilisée pour rechercher si la valeur est plus grande, plus petite ou différente d'une certaine étiquette. À l'inverse, l'instruction if-else peut être employée dans tous les cas en testant tout type de variable, selon toute condition.

Cependant, avec le langage ActionScript, il est possible de tester grâce à la structure switch si une variable appartient à un intervalle de valeurs ou non. La technique consiste à remplacer la valeur testée par un booléen, et les étiquettes par les différents intervalles à tester, comme suit :

```
switch(true) {
    case (objet.x < 0) :
        trace (" objet.x < 0");
    break;
    case (objet.x >=0 && objet.x <= largeur) :
        trace("L'objet se situe sur la scène");
    break;
    case (objet.x > largeur) :
        trace ("objet.x > largeur");
    break;
}
```

Lorsque la structure switch est exécutée, chacune des étiquettes est évaluée comme une condition dont le résultat est vrai ou faux. Ce résultat est ensuite comparé à la valeur testée, soit ici true.

Ainsi, par exemple, si l'objet étudié se trouve au milieu de la scène, la coordonnée en x, est supérieure à 0 et inférieure ou égal à la largeur. L'étiquette (objet.x >=0 && objet.x <= largeur) vaut true. Il y a donc égalité entre l'étiquette et l'expression true placée à l'intérieur du switch. L'instruction associée à l'étiquette trace("L'objet se situe sur la scène) est alors exécutée.

Notez que si plusieurs étiquettes sont évaluées à true, seules les instructions de la première étiquette de la liste seront exécutées.

Ainsi, pour choisir entre la structure if-else et switch, tout n'est donc qu'une histoire de probabilités. En effet, si toutes les conditions ont une probabilité voisine ou équivalente d'être réalisées, la structure switch est plus efficace. Elle ne demande qu'une seule évaluation, alors que dans les instructions if-else imbriquées, chaque condition doit être évaluée.

Enfin, si une condition parmi d'autres conditions envisagées a une plus grande probabilité d'être satisfaite, celle-ci doit être placée en premier test dans une structure if-else, de façon à éviter à l'ordinateur d'effectuer trop de tests inutiles.

Mémento

Les structures de test permettent d'exécuter ou non un bloc d'instructions en fonction de la véracité d'une condition.

Vérifier si un objet est sur la scène ou non

```
if  (objet.x >= 0 && objet.x <= largeur){
     trace("L'objet se situe sur la scène");
}
else {
   if (objet.x < 0){
      trace ("L'objet se trouve à gauche de la scène");
   }
   else {
      trace ("L'objet se trouve à droite de la scène");
   }
}
```

Ici, deux structures if-else sont imbriquées. La première vérifie si la position en x d'un objet est comprise entre 0 et largeur. Dans ce cas, l'objet se situe bien à l'intérieur de la scène (en x). Sinon, deux autres solutions sont possibles : soit la position est inférieure à 0, l'objet se trouve à gauche de la scène, soit elle est supérieure à largeur (le cas inférieur à largeur étant traité par la toute première condition). L'objet se trouve alors à droite de la scène.

Vérifier si un objet entre en collision avec un autre

La méthode `hitTestPoint()` détecte si deux objets placés sur la scène se recouvrent. La syntaxe d'utilisation de la méthode `hitTestPoint()` est la suivante :

```
if (objetA.hitTestPoint(objetB.x, objetB.y) == true ) {
  trace(" L'objet A se situe sur la position objetB.x, objetB.y");
}
```

La technique des variables drapeau

Une variable « drapeau » est utilisée pour modifier le comportement de l'application en fonction de l'état du drapeau (`true` ou `false`). Le changement d'état du drapeau s'effectue de la façon suivante :

```
Si (drapeau est vrai) {
    Réaliser les actions concernées par l'état « vrai »;
    Mettre le drapeau à faux;
}
Sinon {
    Réaliser les actions concernées par l'état « faux »;
    Mettre le drapeau à vrai
}
```

Choisir une option parmi d'autres

```
switch (option) {
    case "MenuFichier" :
    // Afficher les options du menu Fichier
    break;
    case "MenuEdition" :
    // Afficher les options du menu Édition
    break;
    case "MenuAffichage" :
    // Afficher les options du menu Affichage
    break;
    default :
    // Traiter les autres cas
}
```

La structure `switch` simplifie l'écriture des tests à choix multiples. Suivant la valeur contenue dans la variable `option`, l'une des 4 étiquettes proposées (`MenuFichier`, `MenuEdition`, `MenuAffichage` ou `default`) est exécutée.

Exercices

Extension web

Pour vous faciliter la tâche, les symboles proposés pour chacun des exercices sont définis dans le fichier `Exercice4_*.fla` (* variant de 1 à 7), situé dans le répertoire `Exercices/ SupportPourRéaliserLesExercices/Chapitre4`. Dans ce même répertoire, vous pouvez accéder à l'application telle que nous souhaitons la voir fonctionner (`Exercice4_*.swf`) une fois réalisée.

Rechercher la plus grande valeur parmi d'autres (le meilleur score)

☞ **Exercice 4.1**

L'objectif de cet exercice est d'afficher un tableau de scores (voir figure 4-8) dès que l'utilisateur clique sur le curseur pour arrêter la partie. Le tableau affiche le score de la partie courante, le meilleur score réalisé lors de la session ainsi que le taux de bulles éclatées.

La mise en place du tableau de scores s'effectue en trois temps :

1. Créer le symbole représentant le tableau de scores.

   Le tableau est un clip nommé `ScoreFinalClp` composé de trois symboles `AfficherScoreClp` nommés respectivement `score` (voir figure 4-8-❶), `meilleurScore` (voir figure 4-8-❷) et `tauxBulle` (voir figure 4-8-❸). Le symbole `AfficherScoreClp` est composé d'un fond et d'une zone de texte dynamique nommée `labelOut`.

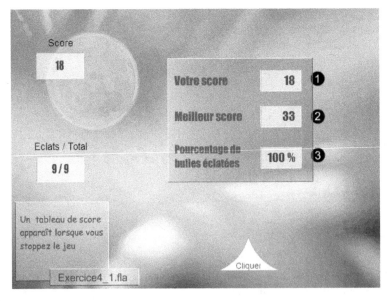

Figure 4-8

Le tableau de scores

2. Le tableau de scores s'affiche lorsque le joueur clique sur le curseur pour arrêter le jeu. L'affichage du tableau de scores s'effectue de la façon suivante :

   – créez en mémoire deux objets : un objet nommé `boite` de type `Sprite` et un objet nommé `tableauScore` de type `ScoreFinalClp` ;

   – placez le conteneur `boite` au centre de la scène. À cette étape, les objets `boite` et `tableauScore` ne sont pas placés dans la liste d'affichage ;

   – l'affichage du tableau de scores s'effectuant au moment du second clic sur le curseur, repérez, dans le gestionnaire associé à `btnJouer` (voir le fichier `bulleBoutonBascule.fla` donné en exemple, à la section « Le bouton à bascule »), le lieu où placer les instructions de création du tableau de scores ;

   – à cet endroit, ajoutez l'objet `tableauScore` à la liste d'affichage du conteneur `boite`. Ajoutez également le conteneur `boite` à la liste d'affichage principale.

Remarque

L'instruction A.addchild(B) a pour résultat d'ajouter l'objet B à la liste d'affichage de l'objet A. Les objets A et B sont de type `Sprite` et/ou `MovieClip`. Le conteneur `boite` est avant tout utilisé pour traiter l'effacement de la boîte de score, à la reprise du jeu.

---

3. Afficher les valeurs correspondant au score, au nombre de bulles éclatées dans les zones de texte dynamique :

   – la zone de texte dynamique `score` affiche le score courant qui correspond à la variable `scoreBulle` ;

   – le meilleur score est calculé en créant une variable `scoreMax` initialisée à 0. Pour calculer le meilleur score, la technique consiste à vérifier si le score (`scoreBulle`) est plus grand que le meilleur score (`scoreMax`). Si tel est le cas, cela signifie que le meilleur score n'est plus `scoreMax` mais `scoreBulle`. Il convient donc d'enregistrer cette valeur dans la variable `scoreMax`. Affichez ensuite le meilleur score à l'aide de la zone de texte dynamique `meilleurScore` ;

   – le taux de bulles éclatées est affiché dans la zone de texte dynamique `tauxBulle`. Sa valeur est obtenue en calculant le pourcentage de bulles éclatées par rapport au nombre de bulles créées, avec la formule :

   ```
   NombreDeBullesEclatées / nombreDeBullesCréées * 100
   ```

4. Effacer le tableau de scores :

   Le joueur relance le jeu en cliquant sur le curseur. Le tableau doit s'effacer pour laisser place à la bulle. Le tableau s'efface en le supprimant de la liste d'affichage par l'intermédiaire de la méthode `removeChildAt()`. Pour supprimer le tableau de la liste d'affichage, il est nécessaire de vérifier qu'il est présent dans cette liste. Pour cela, vos devez vérifier que le conteneur `boite` possède un élément dans sa propre liste d'affichage. Cette vérification est réalisée en utilisant le test `if (boite.numChildren > 0)`.

> **Remarque**
>
> La présence ou non du tableau de scores sur la scène peut être plus simplement traitée en utilisant la propriété `visible` de l'objet `tableauScore`. Dans ce cas, il n'est pas nécessaire d'utiliser le conteneur `boite` pour placer le tableau de scores sur la scène. (voir corrigé `Exercice4_1bis.fla`). Afficher ou non le tableau de scores en utilisant cette technique est plus simple. Cependant, cette technique présente l'inconvénient de surcharger inutilement la liste d'affichage. Le tableau est toujours présent dans la liste, mais il n'est affiché qu'en fin de chaque partie.

Comprendre les niveaux d'imbrication

☞ **Exercice 4.2**

Le jeu de bulles s'arrête automatiquement au bout de 50 bulles lancées. Le tableau de scores apparaît alors.

Les instructions qui ont pour rôle d'arrêter le jeu ne sont plus placées dans le gestionnaire associé au bouton `btnJouer` mais dans le gestionnaire qui compte le nombre de bulles lancées.

Repérez dans l'exercice précédent le gestionnaire qui s'occupe de déplacer et de compter les bulles lancées. Placez à l'intérieur de ce gestionnaire le test décrit ci-après.

Si le nombre de bulles dépasse 50, vous devez :

- vérifier si le score effectué est meilleur que le précédent et mettre à jour la variable `scoreMax` le cas échéant ;

- afficher le tableau de scores ;

- réinitialiser les différents compteurs ;

- arrêter l'animation de la bulle ;

- replacer la bulle vers le haut de la scène ;

- stopper le déplacement du curseur.

Si le nombre de bulles est inférieur à 50, le jeu continue sauf si le joueur clique sur le curseur. Dans ce cas, l'animation est arrêtée, les scores et les compteurs ne sont pas réinitialisés et le curseur ne se déplace plus.

☞ **Exercice 4.3**

Une bulle se déplace sur la scène sans sortir de l'écran. Lorsqu'elle se trouve sur un de ses bords, elle rebondit. La bulle se déplace plus ou moins vite, en fonction d'une valeur calculée aléatoirement. Pour réaliser cette animation, vous devez :

1. Définir les valeurs maximales de la scène et placer la bulle sur la scène, au hasard.

2. Calculer une vitesse de déplacement sur la verticale et sur l'horizontale (comprise entre 10 et 20).

3. Lancer l'animation en détectant l'événement Event.ENTER_FRAME. La bulle se déplace en fonction des vitesses calculées à l'étape précédente.

4. Pour faire rebondir la bulle :

   • Vérifier que sa position en x ne dépasse pas la valeur maximale (bord droit de la scène).

     – Si tel est le cas, modifier la vitesse de façon à déplacer la bulle vers la gauche.

     – Sinon, vérifier que sa position en x ne dépasse pas la valeur minimale (bord gauche de la scène). Si tel est le cas, modifier la vitesse de façon à déplacer la bulle vers la droite.

   • Vérifier que sa position en y ne dépasse pas la valeur maximale (bord inférieur de la scène).

     – Si tel est le cas, modifier la vitesse de façon à déplacer la bulle vers le haut.

     – Sinon, vérifier que sa position en y ne dépasse pas la valeur minimale (bord supérieur de la scène). Si tel est le cas, modifier la vitesse de façon à déplacer la bulle vers le bas.

Remarque

• Pour donner la sensation que la bulle entre en collision avec les bords de la scène, le test vérifiant que la bulle ne dépasse pas les limites de la scène doit tenir compte de la position du point de référence du symbole BulleClp.

• Pour changer le sens de déplacement de la bulle, il suffit de rendre la vitesse positive ou négative, selon l'orientation choisie.

☞ **Exercice 4.4**

Reprendre l'exercice 3-4 du chapitre précédent.

L'oiseau et l'agneau reviennent à leur position initiale lorsqu'ils sortent de la scène. L'agneau revient directement à sa position de départ alors que l'oiseau fait demi-tour et traverse la scène dans le sens inverse. Les deux traversent à nouveau la scène. L'animation boucle de façon infinie. Les boutons Lecture, Pause et Stop ont les mêmes comportements que ceux définis lors de l'exercice 3-4 du chapitre précédent.

1. Animation de l'agneau

   L'agneau va uniquement de la gauche vers la droite. Testez la position de l'agneau lors de son déplacement. Si sa position en x dépasse la largeur de la scène, replacez l'agneau sur le côté gauche de la scène.

2. Animation de l'oiseau

L'oiseau va de la gauche vers la droite puis de la droite vers la gauche, etc. L'oiseau sort donc de la scène par la gauche ou par la droite.

- Testez la position de l'oiseau lors de son déplacement. Si sa position en x dépasse la largeur de la scène (sortie à droite) ou devient négative (sortie à gauche), changez l'oiseau d'orientation et modifiez son sens de déplacement.

- Pour aller de la droite vers la gauche, la position en x de l'oiseau est incrémentée de vitesseOiseau. À l'inverse, pour aller de la gauche vers la droite, la position est incrémentée de -vitesseOiseau. La vitesse passe donc d'une valeur négative à une valeur positive en fonction du sens de déplacement de l'oiseau. Ce changement est facilement réalisable en utilisant l'instruction :

```
vitesseOiseau *= -1;
```

À chaque fois que cette instruction est exécutée, la variable change de signe (son contenu est multiplié par -1), l'oiseau se déplace donc dans le sens inverse.

- Pour changer l'orientation de l'oiseau (tête en avant vers la gauche ou tête en avant vers la droite), la méthode consiste à effectuer une mise à l'échelle inverse. En effet, faire une mise à l'échelle de -1 sur l'axe des X a pour effet de réaliser une symétrie par rapport à l'axe vertical lorsque l'objet est affiché à l'échelle 1. Ainsi, l'instruction :

```
oiseau.scaleX *= -1;
```

change l'orientation de l'oiseau à chaque fois qu'elle est appelée.

3. Faire une pause, ou stopper l'animation

Lorsque l'utilisateur clique sur le bouton Pause ou Stop, les objets cessent leur course à travers l'écran. Si l'utilisateur clique à nouveau sur le bouton Lecture, les objets recommencent à se déplacer. L'oiseau se déplace dans le sens où il volait avant la pause.

- Que se passe-t-il si vous appuyez sur le bouton Pause ou Stop, puis Lecture alors que l'oiseau se déplace de la droite vers la gauche ? Pourquoi ?

- Pour corriger ce défaut, il convient de mémoriser la vitesse de l'oiseau (et donc le sens de déplacement) lorsque l'utilisateur clique sur Pause ou Stop, puis d'initialiser la vitesse de l'oiseau à cette valeur lorsque l'utilisateur clique sur le bouton Lecture.

- La variable permettant de mémoriser cette valeur doit être correctement initialisée au moment de sa déclaration.

Manipuler les choix multiples

☞ **Exercice 4.5**

Modifier l'exercice 4.3, de façon à remplacer les tests `if-else`, vérifiant que la bulle reste sur la scène par une structure `switch`. Les étiquettes de la structure `switch` sont composées de tests d'inégalité de valeurs.

☞ **Exercice 4.6**

Nous souhaitons calculer automatiquement le nombre de jours correspondant à un mois donné. Le nombre de jours du mois de février variant selon l'année (bissextile ou non), l'application demande de saisir le mois et l'année comme suit :

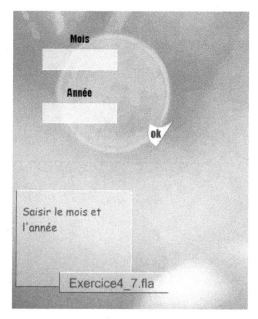

Figure 4-9

Champs de saisie du mois et de l'année

Le nombre de jours dans un mois peut varier entre les valeurs 28, 29, 30 ou 31, suivant le mois et l'année. Les mois de janvier, mars, mai, juillet, août, octobre et décembre sont des mois de 31 jours. Les mois d'avril, juin, septembre et novembre sont des mois de 30 jours. Seul le mois de février est particulier, puisque son nombre de jours est de 29 pour les années bissextiles et de 28 dans le cas contraire. Sachant cela, nous devons :

1. Enregistrer les valeurs du mois et de l'année saisies dans les zones de texte, dans les variables `moisLu` et `anLu`. Évaluer la variable `moisLu` par l'intermédiaire de la structure `switch`.

2. Créer autant d'étiquettes qu'il y a de mois dans une année, c'est-à-dire 12. Chaque étiquette est une chaîne de caractères correspondant au nom du mois de l'année (janvier, février, etc.).

3. Regrouper les étiquettes relatives aux mois à 31 jours et stocker cette dernière valeur dans une variable spécifique.

4. Regrouper les étiquettes relatives aux mois à 30 jours et stocker cette dernière valeur dans une variable spécifique.

5. Pour l'étiquette relative au mois de février, tester la valeur de l'année pour savoir si celle qui est concernée est bissextile ou non. Une année est bissextile tous les quatre ans, sauf lorsque le millénaire est divisible par 100 et non pas par 400. En d'autres termes, pour qu'une année soit bissextile, il suffit que l'année soit un nombre divisible par quatre et non divisible par 100 ou alors par 400. Dans tous les autres cas, l'année n'est pas bissextile.

6. Afficher le résultat par l'intermédiaire d'un objet composé de 3 zones d'affichage comme le montre la figure ci après.

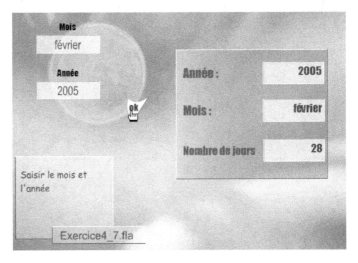

Figure 4-10

Affichage du nombre de jours d'un mois et d'une année donnés

Remarque

Vous pouvez transformer le symbole ScoreFinalClp créé au cours de l'exercice 4-1 en modifiant les titres et labels des champs.

---

7. Pour revenir à la fenêtre de saisie du mois et de l'année, créer un gestionnaire d'événement sur l'objet correspondant à la zone d'affichage des résultats. Ce gestionnaire détruit la zone d'affichage lorsque l'utilisateur clique dessus.

Le projet mini site

L'objectif est d'améliorer les programmes réalisés à la fin du chapitre 3, « Communiquer ou interagir », en utilisant les concepts développés au cours de ce chapitre. Nous vous proposons de perfectionner les transitions d'affichage entre les rubriques et les pages lorsque l'utilisateur clique sur le titre ou une rubrique.

Se déplacer en douceur

> **Extension web**
>
> Pour vous faciliter la tâche, la mise en place des objets proposés dans cet exercice est définie dans le fichier `SeDeplacerEnDouceur.fla` situé dans le répertoire `Projet/SupportPourRéaliserLesExercices/ Chapitre4`. Dans ce même répertoire, vous pouvez accéder à l'application telle que nous souhaitons la voir fonctionner (`SeDeplacerEnDouceur.swf`) une fois réalisée.

L'affichage des rubriques ou encore le passage d'une page à un autre, peuvent être améliorés en déplaçant les objets pour rendre l'effet de transition plus agréable à l'œil. Avant de réaliser ses transitions sur les objets propres au mini site, examinons comment déplacer un objet en donnant une impression de vitesse et de douceur.

Dans ce chapitre, les déplacements d'objets ont tous été réalisés par incrémentation d'une variable `vitesse` de valeur constante. Pour donner le sentiment qu'un objet se déplace tout en ralentissant lorsqu'il s'approche de sa position finale, nous devons faire varier la vitesse de déplacement en fonction de la position de l'objet par rapport à sa destination.

Pour déplacer un objet horizontalement, d'un point A vers un point B, en faisant varier la vitesse au fur et à mesure du déplacement, l'algorithme est le suivant (voir figure 4-11).

- Placer l'objet en A.

- Calculer et mémoriser la distance entre le point B et le point A, dans une variable nommée `ecart`.

- Le `deplacement` de l'objet est obtenu en divisant `ecart` par 6.

- Mettre à jour la `position courante` de l'objet, pour le déplacer.

- Calculer l'`ecart` entre l'objet déplacé et le point B. Cet écart est plus faible que le précédent (voir figure 4-11).

- Calculer le `deplacement` en divisant `ecart` par 6. le `deplacement` est également plus faible que le précédent.

- Mettre à jour la `position courante` de l'objet, pour le déplacer.

- Répéter ces opérations tant que le `deplacement` de l'objet est plus grand que `0.4` pixel.

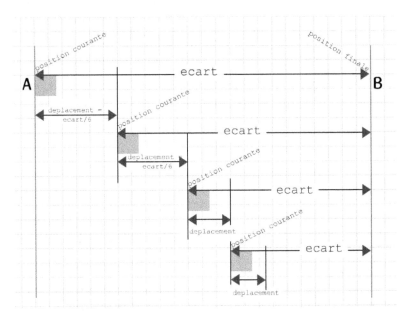

Figure 4-11

Plus le carré s'approche de sa position finale, plus sa vitesse diminue.

Remarque

Le choix des valeurs 6 et 0.4 est intuitif, il permet de réaliser un déplacement relativement harmonieux, tout en évitant d'effectuer trop de calculs. Si vous divisez l'écart par une valeur plus grande, le déplacement sera plus lent. De la même façon, si vous augmentez la précision du test de fin de répétition, beaucoup de calculs seront effectués pour des déplacements imperceptibles.

Pour traduire cet algorithme en ActionScript, vous devez, après examen du code source `SeDeplacerEnDouceur.fla`, faire en sorte que :

- l'objet `carre` soit à l'écoute de l'événement `Event.ENTER_FRAME`. À chaque émission de cet événement l'action `seDeplacerVers()` est appelée ;

- la fonction `seDeplacerVers()` définisse les éléments `ecart`, `deplacement` et `positionCourante` ;

- la `positionCourante` soit mise à jour en utilisant l'expression `positionCourante = carre.x` ;

- les calculs de l'`ecart` et du `deplacement` soient effectués dès que la `positionCourante` est connue ;

- le `carre` prenne sa nouvelle position grâce à l'expression `carre.x = positionCourante + deplacement` ;

- si le `deplacement` est inférieur à `0.4` en valeur absolue, l'objet `carre` ne doit plus être en mesure de recevoir l'événement `Event.ENTER_FRAME`. Positionnez alors le `carre` à sa position finale.

> **Remarque**
>
> Pour qu'un objet ne puisse plus recevoir un événement particulier, il suffit de détruire le gestionnaire de cet événement en utilisant la méthode `removeEventListener()`. La méthode `removeEventListener()` prend en paramètre le nom de l'événement ainsi que l'action à détruire. Par exemple, ici, pour stopper définitivement le carré, nous devons écrire l'instruction :
>
> ```
> carre.removeEventListener(Event.ENTER_FRAME, seDeplacerVers);
> ```

Vérifiez le bon fonctionnement du code en l'exécutant à l'aide des touches Ctrl + Entrée (PC) ou Cmd + Entrée (Mac).

Déplacer les rubriques

Maintenant que nous savons déplacer un petit carré sur l'axe des X, nous allons améliorer la page d'accueil du mini site en déplaçant les rubriques de façon aléatoire, jusqu'à leur position finale.

> **Extension web**
>
> Pour vous faciliter la tâche, la mise en place des objets proposés dans cet exercice est définie dans le fichier `DeplacerUneRubrique.fla` situé dans le répertoire `Projet/SupportPourRéaliserLesExercices/Chapitre4`. Dans ce même répertoire, vous pouvez accéder à l'application telle que nous souhaitons la voir fonctionner (`DeplacerUneRubrique.swf`) une fois réalisée.

À cette étape du livre, nous n'avons pas encore en main tous les outils nécessaires pour répéter les traitements sur des objets ayant un même comportement. Sans ces outils nous devons réaliser des copier/coller d'instructions et modifier les noms des objets (rubriques, pages, …) concernés par le traitement. La tâche est relativement simple mais longue et fastidieuse. C'est pourquoi nous allons restreindre nos ambitions à ne déplacer que la rubrique Animes du site.

> **Pour en savoir plus**
>
> La réalisation des animations pour toutes les rubriques et toutes les pages est traitée en fin du chapitre 7 « Collectionner des objets ».

À l'affichage de la page Accueil

Pour réaliser le déplacement de la rubrique Animes, la démarche est la suivante :

- positionner au hasard sur la scène la rubrique Animes. Les valeurs tirées au hasard sont comprises entre `-largeurRubrique` et `largeurScene + largeurRubrique` pour l'axe des X et `-hauteurRubrique` et `hauteurScene + hauteurRubrique` pour l'axe des Y ;

- mémoriser la position finale de la rubrique dans les variables `finalXRubriqueAnimes` et `finalYRubriqueAnimes` ;

- ajouter l'écouteur d'événement `Event.ENTER_FRAME` à la l'objet `rubriqueAnimes` ;

- transformer l'action `seDeplacerVers()` de l'exercice précédent de façon à ce que l'objet à déplacer ne soit plus le carre mais la `rubriqueAnimes`.

Remarque

Au lieu de remplacer `carre` par `rubriqueAnimes`, nous vous conseillons d'utiliser la propriété `currentTarget` étudiée au cours de la section « Le projet mini site » du chapitre précédent.

Dans la fonction `seDeplacerVers()`, faites en sorte que le déplacement s'effectue à la fois sur l'axe des X et sur l'axe des Y. À cette fin, vous pouvez définir des variables `ecartX`, `ecartY`, `deplacementX`, `deplacementY`, ...

Arrêter le déplacement de la rubrique lorsque les déplacements en X et en Y sont inférieurs à `0.4`, en valeur absolue.

Vérifiez le bon fonctionnement du code en exécutant le code à l'aide des touches Ctrl + Entrée (PC) ou Cmd + Entrée (Mac).

Lors d'un clic sur le titre

Lorsque l'utilisateur clique sur le titre du site, la page Accueil réapparaît en affichant le déplacement des rubriques. Modifiez l'action `clicSurTitre()` de façon à :

- calculer une nouvelle position tirée au hasard pour `rubriqueAnimes` ;

- ajouter à nouveau l'écouteur d'événement `Event.ENTER_FRAME` à la l'objet `rubrique Animes`.

Remarque

Pour rendre l'apparition des rubriques plus réelles, vous pouvez initialiser la propriété `alpha` de la `rubriqueAnimes` à 0, lors de la création de la rubrique. La propriété augmente ensuite en même temps que la rubrique se déplace. Cette même propriété doit être réinitialisée à 0, dans la définition de l'action `clicSurTitre()`.

Afficher la page Animes

Comme il est précisé dans le cahier des charges du projet, le passage d'une page à l'autre du site s'effectue à l'aide d'une transition qui rend la visite du site plus agréable.

Ainsi, lorsque l'utilisateur clique sur une des rubriques de la page Accueil, la page associée s'affiche tout d'abord sur une ligne dont la couleur correspond à celle de la rubrique. La ligne s'épaissit ensuite pour devenir une zone rectangulaire dont la taille correspond aux limites de la scène.

> **Extension web**
>
> Pour vous faciliter la tâche, la mise en place des objets proposés dans cet exercice est définie dans le fichier `AfficherUnePage.fla` situé dans le répertoire `Projet/SupportPourRéaliserLesExercices/Chapitre4`. Dans ce même répertoire, vous pouvez accéder à l'application telle que nous souhaitons la voir fonctionner (`AfficherUnePage.swf`) une fois réalisée.

Pour réaliser cette animation, nous allons à nouveau utiliser la méthode de déplacement en douceur, présentée en début de section. La technique est la suivante :

Après avoir créé la `pageAnimes` :

- réduisez sa taille de 99 % de sa taille réelle et déplacer la au centre de la scène ;

- modifiez la propriété `alpha` afin de la rendre totalement transparente.

Lorsque l'utilisateur clique sur la rubrique Animes, la transition est amorcée. Pour cela :

- ajoutez l'écouteur d'événement `MouseEvent.MOUSE_UP` à la l'objet `rubriqueAnimes` de façon à rendre invisible la rubrique et à lancer l'animation de la `pageAnimes`. L'animation commence lorsque la `pageAnimes` écoute l'événement `Event.ENTER_FRAME`. L'action à mener est appelée `agrandirPageAnimesEnX()` ;

- transformez la fonction `seDeplacerVers()` en la renommant `agrandirPageAnimesEnX()`.

À l'intérieur de la nouvelle fonction `agrandirPageAnimesEnX()` :

- faites en sorte de ne déplacer l'objet que sur l'axe des X ;

- augmentez la largeur de l'objet en incrémentant la propriété `width` de 40 pixels ;

- augmentez la transparence, en incrémentant la propriété `alpha` de `0.05` point ;

- lorsque le déplacement devient inférieur à `0.4` en valeur absolue :

  – arrêter l'écoute du gestionnaire d'événement `Event.ENTER_FRAME` à l'aide de la méthode `removeEventListener()` ;

  – initialiser les propriétés `alpha` et `width`, afin de remettre l'objet à son opacité et sa largeur naturelle ;

  – ajouter un nouvel écouteur d'événement `Event.ENTER_FRAME`. L'action à mener est maintenant appelée `agrandirPageAnimesEnY()`.

Recopier la fonction `agrandirPageAnimesEnX()` en la renommant `agrandirPageAnimesEnY()`. À l'intérieur de cette nouvelle fonction :

- Faites en sorte de ne déplacer l'objet que sur l'axe des Y.

- Augmentez la hauteur de l'objet en incrémentant la propriété `height` de 25 pixels ;

- Lorsque le déplacement devient inférieur à `0.4` en valeur absolue :

  – Arrêter l'écoute du gestionnaire d'événement `Event.ENTER_FRAME` ;

– Initialiser les propriétés x, y et height, afin de remettre l'objet sa position et sa hauteur naturelle.

Vérifiez le bon fonctionnement du code en exécutant le code à l'aide des touches Ctrl + Entrée (PC) ou Cmd + Entrée (Mac).

Lors d'un clic sur le titre

Lorsque l'utilisateur clique sur le titre du site, la rubrique Animes réapparaît alors que la page associée disparaît. Modifier l'action clicSurTitre() de façon à :

• replacer la page Anime à ses valeurs initiales (centrée, réduite et transparente) ;

• rendre l'objet rubriqueAnimes visible.

Vérifiez le bon fonctionnement du code en exécutant le code à l'aide des touches Ctrl + Entrée (PC) ou Cmd + Entrée (Mac).

5

Faire des répétitions

La répétition constitue l'une des notions fondamentales de la programmation. En effet, beaucoup de traitements informatiques sont répétitifs. Par exemple, la création d'un agenda électronique nécessite de saisir un nom, un prénom et un numéro de téléphone autant de fois qu'il y a de personnes dans l'agenda.

Dans de tels cas, la solution n'est pas d'écrire un programme qui comporte autant d'instructions de saisie qu'il y a de personnes, mais de faire répéter par le programme le jeu d'instructions nécessaires à la saisie d'une seule personne. Pour ce faire, le programmeur utilise des instructions spécifiques, appelées « structures de répétition », ou « boucles », qui permettent de déterminer la ou les instructions à répéter.

Dans ce chapitre, nous aborderons la notion de répétition à partir d'un exemple imagé (voir section « Combien d'œufs à cuire »).

Nous étudierons ensuite les différentes structures de boucles proposées par le langage ActionScript (voir les sections « La boucle while », « La boucle do...while » et « La boucle for »). Pour chacune de ces structures, nous présenterons et analyserons un exemple afin d'examiner les différentes techniques de programmation associées aux structures répétitives.

Pour finir, en section « La boucle interne à Flash », nous observerons que le gestionnaire d'événement `Event.ENTER_FRAME` peut être considéré comme une structure répétitive.

Combien d'œufs à cuire ?

Pour bien comprendre la notion de répétition ou de boucle, nous allons améliorer l'algorithme de l'œuf poché, de sorte que le programme demande à l'utilisateur de choisir le nombre d'œufs qu'il souhaite manger. Pour cela, nous reprenons uniquement les instructions nécessaires à la réalisation de la cuisson de l'œuf poché (voir chapitre 4, section « L'algorithme de l'œuf à la coque ou poché »).

```
1. Prendre l'œuf.
2. Prendre le sel et le verser dans l'eau.
3. Prendre le vinaigre et le verser dans l'eau.
4. Casser l'œuf.
5. Placer l'œuf dans la casserole.
6. Faire cuire.
7. Prendre une assiette.
8. Poser l'assiette sur la table.
9. Poser l'œuf dans l'assiette.
```

L'exécution de ce bloc d'instructions nous permet de cuire un seul œuf. Si nous désirons en cuire plusieurs, nous devons exécuter les instructions 1 et 4 autant de fois que nous souhaitons cuire d'œufs. Observons que, dans ce bloc, aucune autre instruction n'est à répéter, sous peine de trop saler l'eau de cuisson ou d'y verser trop de vinaigre. La marche à suivre devient dès lors :

```
1. Prendre le sel et le verser dans l'eau.
2. Prendre le vinaigre et le verser dans l'eau.
Début répéter :
      1.  Prendre l'œuf.
      2.  Casser l'œuf.
      3.  Placer l'œuf dans la casserole
      4.  Poser la question : "Souhaitez-vous un autre œuf ?"
      5.  Attendre la réponse.
Tant que la réponse est OUI, retourner à Début répéter.
3. Faire cuire.
4. Prendre une assiette.
5. Poser l'assiette sur la table.
6. Poser l'œuf dans l'assiette
```

Analysons les résultats possibles de cette nouvelle marche à suivre :

Dans tous les cas, nous prenons le sel et le vinaigre.

Ensuite, nous entrons sans condition dans une structure de répétition.

Nous prenons et cassons un œuf, quelle que soit la suite des opérations. De cette façon, si la boucle n'est exécutée qu'une seule fois, un œuf est quand même préparé.

Puis, le programme nous demande si nous souhaitons un nouvel œuf à cuire.

Si notre réponse est oui, le programme retourne au début de la structure répétitive `Placer l'œuf dans la casserole` et demande de nouveau si nous souhaitons un œuf, etc.

Si la réponse est négative, la répétition s'arrête, la cuisson des œufs commence alors.

Remarque

- Pour écrire une boucle, il est nécessaire de déterminer où se trouve le début de la boucle et où se situe la fin (`Début répéter` et `Tant que` pour notre exemple).

- La sortie de la structure répétitive est soumise à la réalisation ou non d'une condition (`la réponse fournie est-elle affirmative ou non ?`).

- Le résultat du test de sortie de boucle est modifiable par une instruction placée à l'intérieur de la boucle (la valeur de la réponse est modifiée par l'instruction `5. Attendre la réponse`).

Question

Que se passe-t-il si l'on place les instructions :

```
4. Prendre une assiette.
5. Poser l'assiette sur la table.
```

à l'intérieur de la structure de répétition :

```
Début répéter :
...
Tant que la réponse est OUI, retourner à Début répéter.
```

Réponse

L'instruction est répétée autant de fois que l'on souhaite d'œufs. Il y aura autant d'assiettes posées sur la table que d'œufs cuits.

Dans le langage informatique, la construction d'une répétition, ou boucle, suit le même modèle. Dans le langage ActionScript, il existe trois types de boucles appelées boucles « ordinaires » et décrites par les constructions suivantes :

```
while        Tant que
do...while   Faire... tant que
for          Pour
```

Dans la suite de ce chapitre, nous allons, pour chacune de ces boucles :

- étudier la syntaxe ;

- analyser les principes de fonctionnement ;

- donner un exemple qui introduit aux concepts fondamentaux de la programmation graphique, à savoir calculer automatiquement la position d'un objet sur une ligne et/ou une colonne.

La boucle while

La boucle while est une structure répétitive dont les instructions sont exécutées après avoir testé la condition d'exécution de la boucle. Avec la boucle while, la décision de commencer ou de poursuivre la répétition s'effectue en début de boucle. Pour construire une telle structure, il est nécessaire de suivre les règles de syntaxe décrites ci-après.

Syntaxe

La boucle while s'écrit de deux façons différentes en fonction du nombre d'instructions qu'elle comprend. Dans le cas où une seule instruction doit être répétée, la boucle s'écrit :

```
while (expression conditionnelle)
une seule instruction;
```

Si la boucle est composée d'au moins deux instructions, celles-ci sont encadrées par des accolades, ouvrante et fermante, de façon à déterminer où débute et se termine la boucle.

```
while (expression conditionnelle)
{
    plusieurs instructions;
}
```

Principes de fonctionnement

Le terme while se traduit par tant que. La structure répétitive s'exécute selon les principes suivants :

• tant que l'expression à l'intérieur des parenthèses reste vraie, la ou les instructions composant la boucle sont exécutées ;

• le programme sort de la boucle dès que l'expression à l'intérieur des parenthèses devient fausse.

Une instruction est placée à l'intérieur de la boucle pour modifier le résultat du test à l'entrée de la boucle, de façon à stopper les répétitions.

Si l'expression à l'intérieur des parenthèses est fausse dès le départ, les instructions ne sont jamais exécutées.

Observons qu'il n'y a pas de point-virgule à la fin de l'instruction while (expression).

Un exemple simple

Examinons le fonctionnement de la boucle while sur un exemple très simple. Les instructions sont les suivantes :

```
var i:uint = 5;
while (i < 10) {
    trace("Boucle n° "+ i );
}
```

Une boucle sans fin

D'un point de vue syntaxique, le bloc d'instructions précédent est correct. Cependant, lors de son exécution, le programme ne fonctionne pas réellement comme nous le souhaiterions. En effet, la fenêtre de sortie a du mal à s'afficher et il est difficile de quitter correctement le programme. Au bout d'un certain temps, un message peut apparaître dans la fenêtre de sortie indiquant que « la durée d'exécution d'un script excède le délai par défaut ».

Que se passe-t-il ?

La variable i est déclarée et initialisée à 5. Ensuite, le lecteur Flash vérifie que i est bien inférieur à 10, avant d'entrer dans le bloc d'instructions de la boucle while. La variable i vaut 5, le résultat du test (i < 10) est donc vrai, la fenêtre de sortie affiche le commentaire Boucle n°5.

Cela fait, le lecteur Flash remonte en début de boucle, vérifie à nouveau que i est bien inférieur à 10. Puisque cela est vrai (i ne change pas de valeur), la fenêtre de sortie affiche à nouveau le commentaire Boucle n°5.

Le lecteur Flash retourne alors en début de boucle et comme i n'a toujours pas changé de valeur, le test reste vrai et la commande trace() est encore exécutée.

Est-il besoin de continuer l'exécution de ce programme ? Le programme tourne sans fin et est condamné à afficher éternellement Boucle n°5. Dans cette situation, on dit alors que le programme « boucle ».

Comment faire pour sortir de cette boucle sans fin ?

Nous devons placer, à l'intérieur de la boucle, une instruction qui modifie la valeur de i, de façon à ce que le test (i < 10) devienne à un moment donné faux, et que le programme puisse enfin sortir de la boucle.

Comment être sûr de sortir d'une boucle ?

Ainsi, partant de 5, i doit progressivement devenir plus grand que 10. Pour cela, nous devons incrémenter la variable i, en insérant par exemple l'instruction i++ comme suit :

```
var i:uint = 5;
while (i < 10) {
    trace("Boucle n° "+ i );
    i++;
}
```

L'instruction i++ est insérée en fin de boucle, de façon à afficher sa valeur avant qu'elle ne soit incrémentée. Lorsque le lecteur Flash parcourt la boucle, il exécute la commande trace(), puis il augmente la variable i de 1.

À chaque tour de boucle, la valeur de i est ainsi modifiée. À la fin de la première itération, i vaut 6. Ensuite, i prend les valeurs 7, 8, 9 et 10. Les messages Boucle n°5, Boucle n°6, Boucle n°7... apparaissent dans la fenêtre de sortie. Lorsque i prend la valeur 10, le test (i < 10) devient faux. La boucle cesse donc d'être exécutée.

Question

Que se passe-t-il si, dans l'exemple précédent, la variable i est initialisée à 10 au lieu de 5 ?

Réponse

Lorsque le lecteur Flash vérifie si i est bien inférieur à 10 pour entrer dans la boucle while, le résultat du test (i < 10) est faux. Le programme ne peut entrer dans la boucle et les instructions placées à l'intérieur ne sont donc pas exécutées. La fenêtre de sortie ne s'affiche pas.

L'instruction i++ est donc une instruction fondamentale pour le bon déroulement de la boucle. C'est elle qui permet de compter les tours de boucle et de faire que la répétition s'arrête au bout d'un certain nombre de tours.

Remarque

La variable i est appelée « compteur de boucles ». Traditionnellement, en programmation, les lettres i, j et k sont utilisées pour représenter une variable compteur.

La variable i prend donc un ensemble de valeurs successives, prévisibles et déterminées par la valeur initiale fournie au moment de sa déclaration et son pas d'incrémentation. Cet ensemble de valeurs peut être utilisé pour créer, par exemple, des clips de façon systématique.

Pour en savoir plus

Le pas d'incrémentation est défini à la section « La boucle for », à la fin de ce chapitre.

Automatiser la création d'occurrences

En effet, jusqu'à présent, pour créer plusieurs occurrences d'un même symbole, nous devions écrire la suite d'instructions :

```
var photo1: PhotoClp = new PhotoClp();
var photo2: PhotoClp = new PhotoClp();
var photo3: PhotoClp = new PhotoClp();
var photo4: PhotoClp = new PhotoClp();
var photo5: PhotoClp = new PhotoClp();
var photo6: PhotoClp = new PhotoClp();
var photo7: PhotoClp = new PhotoClp();
var photo8: PhotoClp = new PhotoClp();
var photo9: PhotoClp = new PhotoClp();
```

qui a pour résultat de créer 9 occurrences du symbole PhotoClp, ayant pour nom photo1, photo2, ..., photo9.

Même si cette séquence d'instructions est syntaxiquement correcte, il n'est pas très pratique de l'écrire ainsi. Il est en effet beaucoup plus simple de créer ces mêmes occurrences à l'aide d'une boucle, comme suit :

```
var i:uint = 1;
var tmp:PhotoClp;
while (i < 10) {
    tmp = new PhotoClp();
    addChild(tmp);
    i++;
}
```

Pour mieux comprendre en pratique le déroulement de cette boucle, examinons l'évolution des variables en l'exécutant pas à pas.

Extension web

Vous trouverez cet exemple dans le fichier `PhotoWhile.fla`, sous le répertoire `Exemples/chapitre5`.

Tableau 5-1 – Évolutions pas à pas des variables lors de l'exécution

Instructions	i	Explication
`var i:uint = 1;` `var tmp:PhotoClp`	1	Initialisation
`while (i < 10) {`		i est inférieur à 10. On entre dans la boucle.
`tmp = new PhotoClp();` `addChild(tmp)`	1	Une première occurrence est créée et enregistrée dans l'objet tmp. tmp est ajouté à la liste d'affichage au niveau 0.
`i++;`	2	i est incrémenté de 1.
`}`	2	Fin de boucle. Le programme retourne en début de boucle.
`while (i < 10) {`	2	i est inférieur à 10. On entre dans la boucle.
`tmp = new PhotoClp();` `addChild(tmp)`	2	Une secondre occurrence est créée et enregistrée dans l'objet tmp. tmp est ajouté à la liste d'affichage au niveau 1.
`i++;`	3	i est incrémenté de 1.
`}`	3	Fin de boucle. Le programme retourne en début de boucle.
`while (i < 10) {`	3	i est inférieur à 10. On entre dans la boucle.
`tmp = new PhotoClp();` `addChild(tmp);`	3	Une troisième occurrence est créée et enregistrée dans l'objet tmp. tmp est ajouté à la liste d'affichage au niveau 2.
`i++;`	4	i est incrémenté de 1.
`}`	4	Fin de boucle. Le programme retourne en début de boucle.
`while (i < 10) {`	4	i est inférieur à 10. On entre dans la boucle.

Tableau 5-1 – Évolutions pas à pas des variables lors de l'exécution *(suite)*

Instructions	i	Explication
...	4 5 6 7 8	Les occurrences 4, 5, 6, 7 et 8 sont créées de la même façon, i étant incrémenté de 1 à chaque tour de boucle.
i++;	9	i est incrémenté de 1
tmp = new PhotoClp(); addChild(tmp)	9	Une neuvième occurrence est créée et enregistrée dans l'objet tmp. tmp est ajouté à la liste d'affichage au niveau 8.
i++;	10	i est incrémenté de 1
}	10	Fin de boucle. Le programme retourne en début de boucle.
while (i < 10) {	10	i est supérieur à 10, le programme n'entre pas dans la boucle.

Ainsi, grâce à la boucle while, nous avons créé et placé dans la liste d'affichage 9 occurrences de type PhotoClp, par programme, sans avoir à copier-coller, puis modifier à chaque fois la même instruction.

Les occurrences sont placées, par défaut, à l'origine de la scène comme le montre la figure 5-1. En effet, aucune instruction ne modifie les propriétés x et y de chacune des occurrences créées.

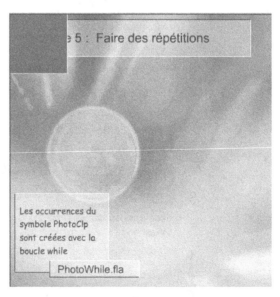

Figure 5-1
Les 10 occurrences photo0, photo1… sont placées par défaut à l'origine de la scène.

Pour en savoir plus

• Les notions de niveau et de liste d'affichage sont étudiées au chapitre 2, « Les symboles », section « La gestion de la liste d'affichage ».

• La manipulation des occurrences créées de façon automatique est expliquée à la section « La boucle do...while » ci-après.

Remarque

Observons qu'en utilisant une structure répétitive, il devient très facile de créer 100 occurrences en modifiant simplement le test (i < 5) par (i < 100). Imaginez combien il aurait été fastidieux de créer les 100 occurrences en écrivant les 100 appels à l'opérateur new !

La boucle do...while

Le langage ActionScript propose une autre structure répétitive, analogue à la boucle while, mais dont les instructions sont exécutées avant même d'avoir testé la condition d'exécution de la boucle. Il s'agit de la boucle do...while.

Syntaxe

La boucle do...while se traduit par les termes faire...tant que. Cette structure s'écrit de deux façons différentes en fonction du nombre d'instructions qu'elle comprend.

Dans le cas où une seule instruction doit être répétée, la boucle s'écrit de la façon suivante :

```
do
    une seule instruction;
while (expression conditionnelle);
```

Si la boucle est composée d'au moins deux instructions, celles-ci sont encadrées par des accolades, ouvrante et fermante, de façon à déterminer où commence et se termine la boucle.

```
do {
    plusieurs instructions;
} while (expression conditionnelle);
```

Principes de fonctionnement

Ainsi décrite, la boucle do...while s'exécute selon les principes suivants :

• les instructions situées à l'intérieur de la boucle sont exécutées tant que l'expression conditionnelle placée entre parenthèses () est vraie ;

• les instructions sont exécutées au moins une fois, puisque l'expression conditionnelle est examinée en fin de boucle, après exécution des instructions.

Si la condition mentionnée entre parenthèses reste toujours vraie, les instructions de la boucle sont répétées à l'infini. On dit que le programme « boucle ».

Une instruction modifiant le résultat du test de sortie de boucle est placée à l'intérieur de la boucle, de façon à stopper les répétitions au moment souhaité.

Observons qu'un point-virgule est placé à la fin de l'instruction `while (expression);`.

Une nuit étoilée

L'objectif de cet exemple est double : apprendre à construire une boucle `do…while` et étudier comment manipuler les objets créés à la volée (dynamiquement, en cours d'exécution du programme).

Pour cela, nous vous proposons de dessiner un ciel rempli d'étoiles scintillantes comme le montre la figure 5-2.

Figure 5-2

Un ciel composé de 20 étoiles issues du même symbole.

Cahier des charges

Toutes les étoiles sont issues du même symbole nommé `AnimStarClp`. Ce symbole est de type `MovieClip`. Il contient 40 images construites à l'aide d'interpolations modifiant la taille et la transparence de l'étoile et faisant apparaître l'étoile scintillante.

Extension web

Vous pourrez examiner le symbole `AnimStarClp` dans le fichier `EtoileDoWhile.fla`, sous le répertoire `Exemples/chapitre5`.

Les étoiles sont au nombre de 20. Elles sont placées au hasard sur la moitié supérieure de la scène. Elles sont de tailles inégales et leur scintillement n'est pas synchronisé.

Créer 20 étoiles avec la boucle do...while

La création des 20 étoiles s'effectue à l'aide d'une boucle do...while, comme le montrent les instructions suivantes :

```
// ❶ Définition du compteur et de l'objet cetteEtoile
var i:uint = 0;
var cetteEtoile:AnimStarClp ;
// ❷ Début de la boucle do...while
do {
   // ❸ Créer une étoile
   cetteEtoile = new AnimStarClp() ;
   // ❹ Passer à l'occurrence suivante
   i++;
// ❺ Test de fin de boucle
}while (i < 20);
```

Le fonctionnement de la boucle do...while est très proche de celui de la boucle while. Après avoir créé et initialisé i à 0 (❶), le lecteur Flash entre dans la boucle do...while, sans test préalable (❷). Il crée alors une première étoile grâce à l'opérateur new (❸). La variable i est ensuite incrémentée de 1 (i++, ❹). Le programme arrive en fin de boucle et vérifie si i est inférieur à 20 (while (i < 20), ❺). Puisque i vaut 1, le test est vrai et le programme remonte en début de boucle (do, ❷) pour créer un nouveau symbole (❸), incrémenter i de 1 ❹)...

Lorsque i vaut 19, 20 étoiles ont été créées. Le compteur i est à nouveau incrémenté de 1 ❹) et prend la valeur 20. Le test de fin de boucle s'avère alors faux (❺). Le programme sort alors de la boucle.

À l'issue de la boucle, les étoiles sont créées et placées par défaut à l'origine de la scène. Pour simuler une nuit étoilée, nous devons les placer au hasard sur la moitié supérieure de la scène. Pour cela, nous avons à modifier les propriétés x et y de chacune des étoiles créées par l'opérateur new.

Placer les étoiles au hasard

Plaçons maintenant les étoiles au hasard sur la scène. Pour cela, nous utilisons la méthode Math.random().Les étoiles sont placées sur toute la largeur de la scène et sur sa moitié supérieure grâce aux instructions suivantes :

```
var largeur:uint = stage.stageWidth;
var hauteur:uint = stage.stageHeight;
cetteEtoile.x = Math.random()*largeur;
cetteEtoile.y = Math.random()*hauteur/2;
```

Les deux dernières instructions sont insérées dans la boucle do…while, juste après la création des objets, par l'opérateur new.

Pour en savoir plus

Le positionnement d'un objet sur la scène ainsi que la méthode Math.random() sont étudiés plus précisément au chapitre 4, « Faire des choix », section « Exemple, le jeu de bulles ».

L'objet cetteEtoile représente, à chaque tour de boucle, l'étoile courante. Le positionnement des étoiles s'effectue en modifiant les propriétés x et y de chacune des étoiles à partir d'une valeur calculée au hasard.

Modifier la taille des étoiles

Les étoiles ne sont pas toutes de la même taille. Nous devons effectuer un changement d'échelle variable. Pour respecter la forme du symbole, le changement d'échelle doit être identique tant en largeur qu'en hauteur. Pour cela, nous tirons au hasard une seule valeur de changement d'échelle et nous appliquons ce même coefficient (compris entre 0.1 et 0.6) sur les deux propriétés scaleX et scaleY comme suit :

```
var taille:Number;
taille = Math.random()*0.5 + 0.1;
cetteEtoile.scaleX = taille;
cetteEtoile.xscaleY = taille;
```

Ces instructions sont placées à l'intérieur de la boucle do…while, juste après le positionnement des objets. L'instruction de déclaration de la variable taille est placée en dehors de la boucle.

Faire scintiller les étoiles

Si vous lancez l'animation à ce stade des opérations, vous constaterez que les étoiles se trouvent bien dans la moitié supérieure de la scène et qu'elles ont toutes une taille différente. Cependant un détail choque : elles scintillent toutes de façon très synchronisée !

En effet, lorsque l'animation est lancée, chaque clip joue sa propre animation à partir de la première image du clip, en utilisant la même cadence d'affichage. Pour différencier la synchronisation des clips, nous allons lancer l'animation de chaque clip non plus à partir de la 1ère image, mais à partir d'une image tirée au hasard.

Le numéro de l'image à partir de laquelle le clip est animé doit correspondre à une valeur comprise entre 1 et le nombre d'images contenues dans le clip. L'instruction permettant d'obtenir une telle valeur s'écrit :

```
var debut:Number;
debut = Math.random()*cetteEtoile.totalFrames + 1;
```

Pour finir, le lancement de l'animation d'une étoile à partir d'une image donnée est réalisé par l'instruction suivante :

```
cetteEtoile.gotoAndPlay(Math.round(debut));
```

Ces instructions sont placées à l'intérieur de la boucle do…while, juste après le changement d'échelle des étoiles. L'instruction de déclaration de la variable debut est placée en dehors de la boucle.

Pour en savoir plus

La propriété totalFrames et la méthode gotoAndPlay() des objets de type MovieClip sont étudiées au chapitre 2, « Les symboles », section « Propriétés et méthodes d'un objet ».

Code complet de etoileDoWhile.fla

L'intégralité du code permettant d'obtenir une nuit étoilée s'écrit comme suit :

```
// Stocker la hauteur et la largeur de la scène
var largeur:uint = stage.stageWidth;
var hauteur:uint = stage.stageHeight;
// Déclaration des variables
var i:uint = 0;
var taille, debut:Number;
// Déclaration d'un objet de type AnimStarClp
var cetteEtoile:AnimStarClp;

// Début de la boucle do...while
do {
   // Créer une étoile
   cetteEtoile = new AnimStarClp();
   // Placer l'occurrence courante au hasard dans la moitié supérieure de la scène
   cetteEtoile.x = Math.random()*largeur;
   cetteEtoile.y = Math.random()*hauteur/2;
   // Diminuer la taille de l'occurrence courante de 0.1 à 0.5 fois la taille initiale
   taille = Math.random()*0.5 + 0.1;
   cetteEtoile.scaleX = taille;
   cetteEtoile.scaleY = taille;
   // Faire jouer le clip à partir d'une image tirée au hasard
   debut = Math.random()*cetteEtoile.totalFrames +1; ().
   cetteEtoile.gotoAndPlay(Math.round(debut));
   // Ne pas oublier d'ajouter chaque étoile à la liste d'affichage
   addChild(cetteEtoile);
   // Passer à l'occurrence suivante
   i++ ;
} while (i < 20);
```

Question

Que se passe-t-il si l'on remplace les instructions :

```
var i:uint = 0;
do {
  // Création des étoiles
} while (i < 20);
```

par :

```
var i:uint = 0;
do {
  // Création des étoiles
} while (i < 0);
```

Réponse

La variable i est déclarée et initialisée à 0. Dans les deux cas, les instructions placées à l'intérieur de la boucle do…while sont exécutées puisqu'il n'y a pas de test préalable à l'entrée de la boucle. Une étoile est donc créée et placée au hasard sur la scène. En remplaçant la condition (i < 20) par (i < 0), le test est faux dès le départ. Le programme sort de la boucle. Celle-ci n'est donc exécutée qu'une seule fois. La nuit n'est étoilée que d'une seule étoile !

La boucle for

L'instruction for permet d'écrire des boucles dont on connaît à l'avance le nombre d'itérations (de boucles) à exécuter. Elle est équivalente à l'instruction while mais est plus simple à écrire.

Syntaxe

La boucle for s'écrit, elle aussi, de deux façons différentes en fonction du nombre d'instructions qu'elle comprend.

Dans le cas où une seule instruction doit être répétée, la boucle s'écrit :

```
for (initialisation; condition; incrément)
  une seule instruction;
```

Si la boucle est composée d'au moins deux instructions, celles-ci sont encadrées par deux accolades, ouvrante et fermante, de façon à déterminer où débute et se termine la boucle.

```
for (initialisation; condition; incrément)
{
    plusieurs instructions;
}
```

Les termes Initialisation, Condition et Incrément sont des instructions séparées obligatoirement par des points-virgules (;). Ces instructions définissent une variable, ou indice, qui contrôle le bon déroulement de la boucle.

Ainsi :

- `Initialisation` permet d'initialiser la variable représentant l'indice de la boucle (exemple : `i = 0`, `i` étant l'indice). Elle est la première instruction exécutée à l'entrée de la boucle ;

- `Condition` définit la condition à vérifier pour continuer à exécuter la boucle (exemple : `i < 10`). Elle est examinée avant chaque tour de boucle, y compris au premier ;

- `Incrément` est l'instruction qui permet de modifier le résultat du test précédent en augmentant ou diminuant la valeur de la variable testée. L'incrément peut être augmenté ou diminué de *N*. *N* est appelé le « pas d'incrémentation » (exemple : `i = i + 2`). Cette instruction est exécutée à la fin de chaque tour de boucle.

Pour en savoir plus

Il existe une autre boucle `for` appelée `for-in`. Ce type de boucle est utilisé pour examiner le contenu des propriétés d'un objet. Nous l'étudierons au cours du chapitre 9, « Les principes du concept "objet" », section « La boucle for-in ».

Principes de fonctionnement

Les boucles `for` réalisent un nombre précis de boucles dépendant de la valeur initiale, de la valeur finale et du pas d'incrémentation. Voyons sur différents exemples comment ces boucles sont exécutées :

Tableau 5-2 – Exemples de fonctionnement de la boucle for

int i;	Valeur initiale	Valeur finale	Pas d'incrémentation	Nombre de boucles	Valeurs prises par i
`for (i = 0; i < 5; i = i + 1)`	0	4	1	5	0, 1, 2, 3, 4
`for (i = 4; i <= 12; i = i + 2)`	4	12	2	5	4, 6, 8, 10, 12
`for (i = 5; i > 0; i = i - 1)`	5	1	−1	5	5, 4, 3, 2, 1

Remarques
- Le nombre de tours est identique dans chacune de ces boucles, malgré une définition différente pour chacune des instructions de contrôle.
- L'écriture de l'instruction `Incrément`, qui augmente ou diminue de 1 la variable de contrôle de la boucle, s'écrit plus simplement `i++`, ou `i--`.

Le trombinoscope – 1re version

L'objectif de cet exemple est d'apprendre à construire des boucles `for` simples et imbriquées ainsi que de s'initier au placement automatique des objets sur la scène. Pour cela, nous allons travailler à la mise en place d'un trombinoscope virtuel. Cet exemple sera utilisé par la suite, pour aborder les notions de tableaux et de programmation objet.

Cahier des charges

Le trombinoscope est un tableau de vignettes représentant les personnes enregistrées dans un agenda électronique par exemple. Ici, nous ne présentons que la partie affichage des photos en lignes et colonnes comme le montre la figure 5-3.

Six photos placées dans un quadrillage, avec deux boucles for

PhotoForImbrique.fla

Figure 5-3

Présentation du trombinoscope sous forme de tableau

L'affichage des photos s'effectue automatiquement, par programme, en tenant compte de la taille des photos (100 pixels en largeur et en hauteur). L'écart entre les photos est constant et déterminé par le programmeur.

Les photos sont enregistrées dans un répertoire nommé `Photos` et se nomment respectivement `MiniPhoto0.jpg`, `MiniPhoto1.jpg`... `MiniPhoto6.jpg`.

Les photos sont chargées en cours d'exécution de l'application et non dans la bibliothèque du fichier `.fla`.

Avant de réaliser l'affichage sous la forme d'un tableau à deux lignes et trois colonnes, examinons tout d'abord comment placer les photos sur une seule ligne, puis sur une seule colonne.

Des photos sur une ligne horizontale

L'objectif ici est de placer, par programme, une série de photos sur une ligne horizontale comme le montre la figure 5-4.

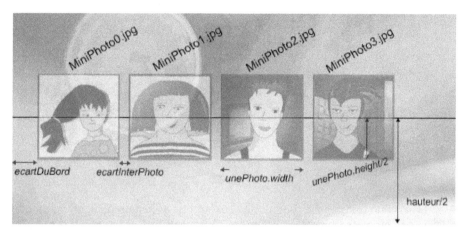

Figure 5-4

Les photos sont alignées en tenant compte de leur taille et d'un écart donné.

Pour obtenir l'affichage des quatre photos sur une ligne horizontale placée au centre de la scène, nous devons utiliser, sans connaître les structures répétitives, la série d'instructions ci-après :

```
var aCharger:Loader;
// Photo n° 0
// Définir un support pour stocker la photo
var unePhoto:PhotoClp;
// Créer le chargeur et charger la photo MiniPhoto0.jpg
aCharger = new Loader() ;
aCharger.load(new URLRequest("Photos/MiniPhoto0.jpg"));
Créer le support qui contient la photo
unePhoto= new PhotoClp();
// Placer le support sur la scène
unePhoto.x =( unePhoto.width + ecartInterPhoto)*0 + ecartDuBord;
unePhoto.y = (hauteur- unePhoto.height) /2;
// Ajouter la photo dans la liste d'affichage du support
unePhoto.addChild(aCharger);
// Ajouter le support dans la liste d'affichage de l'animation
addChild(unePhoto);
// Photo n° 1
aCharger = new Loader() ;
aCharger.load(new URLRequest("Photos/MiniPhoto1.jpg"));
unePhoto= new PhotoClp();
unePhoto.x =( unePhoto.width + ecartInterPhoto)*1 + ecartDuBord;
unePhoto.y = (hauteur- unePhoto.height) /2;
```

```
unePhoto.addChild(aCharger);
addChild(unePhoto);
// Photo n° 2
aCharger = new Loader() ;
aCharger.load(new URLRequest("Photos/MiniPhoto2.jpg"));
unePhoto= new PhotoClp();
unePhoto.x =( unePhoto.width + ecartInterPhoto)*2 + ecartDuBord;
unePhoto.y = (hauteur- unePhoto.height) /2;
unePhoto.addChild(aCharger);
addChild(unePhoto);
// Photo n° 3
aCharger = new Loader() ;
aCharger.load(new URLRequest("Photos/MiniPhoto3.jpg"));
unePhoto= new PhotoClp();
unePhoto.x =( unePhoto.width + ecartInterPhoto)*3 + ecartDuBord;
unePhoto.y = (hauteur- unePhoto.height) /2;
unePhoto.addChild(aCharger);
addChild(unePhoto);
```

Dans cette suite d'instructions, nous avons mis volontairement en avant (en italique gras) la structure répétitive des différents éléments utilisés. Mais avant d'examiner plus attentivement cette structure, observons comment charger dynamiquement une photo, c'est-à-dire en cours d'exécution de l'animation.

Le chargement d'une photo

Le chargement des photos « à la volée », s'effectue par l'intermédiaire d'un chargeur de type Loader .

L'instruction var aCharger:Loader = new Loader(); définit un objet nommé aCharger utilisé dans la suite du programme pour charger les photos. L'opérateur new crée un espace mémoire pour stocker une photo chargée.

Pour en savoir plus

Le fonctionnement de l'opérateur new et son utilité sont détaillés au chapitre 8, « Classes et objets ».

Le chargement d'une photo est réalisé par la méthode load() qui demande en paramètre l'emplacement de la photo à charger. Pour cela, vous devez placer l'instruction new URLRequest("chemin/d'accès/auFichier/nomDuFichier.jpg") à l'intérieur des deux parenthèses de la méthode load().

Dans notre exemple, le fichier image MiniPhoto0.jpg est à rechercher dans le répertoire Photos où se trouve l'application. Une fois identifié, par l'intermédiaire de la classe URLRequest, le fichier est chargé et enregistré dans l'objet aCharger.

Le chargement systématique de plusieurs photos

Observez, dans notre exemple, que les noms de fichiers sont identiques, seule une valeur numérique représentant le numéro de la photo et incrémentée de 1 en 1 (MiniPhoto0,

MiniPhoto1...) permet de les distinguer les unes des autres. L'instruction permettant le chargement de chaque photo est composée d'éléments constants et d'éléments variants. Ces derniers sont les éléments numériques variant de 0 à 3.

La création du chargeur de photo peut donc être traitée à l'intérieur d'une boucle for, de la même façon qu'en section « La boucle do...while ». Les instructions sont les suivantes :

```
for (var i:uint = 0; i < 4;  i++ ) {
❶    aCharger = new Loader();
❷    aCharger.load(new URLRequest("Photos/MiniPhoto"+i+".jpg"));
}
```

Le nom des fichiers images possède un numéro qui permet d'utiliser la méthode load() de façon systématique. Chaque fichier est chargé en appelant la méthode URLRequest avec, comme chaîne de caractères, "Photos/MiniPhoto"+i+".jpg" en paramètre. De cette façon, à chaque tour de boucle, le nom du fichier chargé diffère par sa valeur numérique.

Les instructions ❶ et ❷ sont répétées pour i partant de 0 jusqu'à i égal à 3. Lorsque i prend la valeur 4, la condition i < 4 n'est plus vérifiée, le programme sort de la boucle.

L'instruction ❶ crée un nouvel emplacement mémoire, pour recevoir les informations concernant les photos à charger. Le chargement est ensuite effectué grâce à l'instruction ❷. Le fichier chargé a pour nom d'accès "Photos/MiniPhoto"+i+".jpg" pour i variant de 0 à 3.

Remarque

Pour chaque nouvelle photo à charger, il convient de créer un espace mémoire spécifique à l'aide de l'opérateur new. Sans cela, le chargement suivant efface le contenu du chargement précédent, les images chargées utilisant alors le même espace mémoire.

Le positionnement en hauteur

Une fois la photo chargée, plusieurs possibilités s'offrent à nous pour positionner les photos à l'écran. La première et la plus simple consiste à utiliser directement les propriétés x et y de l'objet aCharger.

Chaque photo doit au final se trouver à mi-hauteur de la scène. Le point de référence de l'objet aCharger se situe en haut et à droite de l'objet. Pour placer chaque photo à mi-hauteur, nous devons utiliser l'instruction :

```
aCharger.y = (hauteur- aCharger.height) / 2;
```

de façon à placer le centre (en y) du chargeur au centre (en y) de la scène. Or, si vous testez cette instruction, vous observerez que la photo n'est pas centrée en hauteur. En réalité, la propriété height du chargeur n'est pas égale à la hauteur de la photo.

Pour faire en sorte que la propriété height du chargeur corresponde exactement à la taille de la photo chargée, nous devons mettre en place un écouteur d'événement sur le chargeur afin de vérifier si le chargement de la photo est terminé. Cette technique est un peu complexe et pour simplifier la compréhension de cet exemple, nous choisissons d'utiliser une autre façon de faire (voir figure 5-4).

La deuxième solution consiste à créer un symbole de type clip dans lequel placer l'image chargée. Le symbole, par exemple `PhotoClp`, est de même taille que les photos à charger. Ainsi, pour placer les photos à mi-hauteur, nous utilisons les instructions :

```
// Créer une occurrence laPhoto
var laPhoto:PhotoClp = new PhotoClp();
// Placer l'occurrence laPhoto à mi-hauteur sur la scène
laPhoto.y = (hauteur- laPhoto.height) /2;
// Afficher le chargeur à l'intérieur du clip laPhoto
laPhoto.addChild(aCharger);
// Afficher le clip laPhoto et son contenu
addChild(laPhoto);
```

Grâce à l'instruction `laPhoto.addChild(aCharger)`, l'objet `laPhoto` joue le rôle de conteneur des photos chargées. Ainsi, pour placer la photo à mi-hauteur de la scène, il suffit de déplacer non plus le chargeur, mais le conteneur, c'est-à-dire `laPhoto`. L'objet `laPhoto` est de taille définie et fixe, l'instruction `laPhoto.y = (hauteur - laPhoto.height) / 2` positionne correctement la photo.

Pour positionner l'ensemble des quatre photos, il suffit d'insérer ces instructions à l'intérieur de la boucle `for` comme suit :

```
var aCharger:Loader;
var laPhoto:PhotoClp;
for (var i:uint = 0; i < 4; i++) {
  aCharger = new Loader();
  aCharger.load(new URLRequest("Photos/MiniPhoto"+i+".jpg"));
  laPhoto = new PhotoClp();
  laPhoto.y = (hauteur - laPhoto.height) / 2;
  laPhoto.addChild(aCharger);
  addChild(laPhoto);
}
```

Le positionnement en largeur

La première photo (nommée `Photos/MiniPhoto0.jpg`) est placée à `ecartDuBord` (soit `0+ecartDuBord`) de la scène en partant de la gauche.

Pour placer la photo suivante (nommée `Photos/MiniPhoto1.jpg`), il suffit d'ajouter à `ecartDuBord` une fois la largeur de la photo, ainsi que la valeur `ecartInterPhoto` qui permet d'obtenir un écart entre les deux photos (voir figure 5-4).

Pour placer la troisième photo (nommée `Photos/MiniPhoto2.jpg`), nous devons ajouter 2 fois la largeur d'une photo (celle des deux photos précédentes) ainsi que 2 fois `ecartInterPhoto`.

Ainsi, l'instruction doit être :

```
laPhoto.x = (laPhoto.width + ecartInterPhoto)*i + ecartDuBord;
```

> **Remarque**
>
> Il y a correspondance entre le nom de la photo et le nombre de fois que nous devons ajouter la largeur d'une photo et l'écart entre deux photos.

insérée dans la boucle for, juste après avoir positionné laPhoto en y. Elle reprend cette concordance et place, par programme, chaque photo les unes à la suite des autres.

Code complet de photoForHorizontal.fla

> **Extension web**
>
> Vous pourrez tester cet exemple en examinant le fichier PhotoForHorizontal.fla, sous le répertoire Exemples/chapitre5.

L'intégralité du code permettant d'obtenir les photos placées sur une ligne horizontale s'écrit comme suit :

```
// Stocker la hauteur et la largeur de la scène
var largeur:uint = stage.stageWidth;
var hauteur:uint = stage.stageHeight;
var ecartInterPhoto:uint = 10;
var ecartDuBord:uint = 30;
var laPhoto:PhotoClp;
var aCharger:Loader;
for (var i:uint = 0; i < 4; i++) {
    aCharger = new Loader();
    laPhoto = new PhotoClp();
    aCharger.load(new URLRequest("Photos/MiniPhoto"+i+".jpg"));
    laPhoto.x =(laPhoto.width + ecartInterPhoto)*i + ecartDuBord;
    trace(" x : " + laPhoto.x  + " width " + laPhoto.width);
    laPhoto.y = (hauteur - laPhoto.height) / 2;
    trace(" y : " + laPhoto.y  + " height " + laPhoto.height);
    laPhoto.addChild(aCharger);
    addChild(laPhoto);
}
```

En exécutant cette boucle, nous obtenons le tableau d'évolution des variables ci-après :

Instructions	i	x	y	Explication

`var ecartInterPhoto:uint = 10;`
`var ecartDuBord:uint = 30;`
`var largeur:uint = stage.stageWidth;`
`var hauteur:uint = stage.stageHeight;`
`var laPhoto:PhotoClp;`
`var aCharger:Loader;`
	-	-	-	Déclaration et initialisation des constantes et des objets.

Instructions	i	x	y	Explication
`for (var i:uint = 0; i < 4; i++)`	0	-	-	Début de boucle. i est initialisé à 0. i est inférieur à 4. On entre dans la boucle.

`aCharger = new Loader();`
`laPhoto = new PhotoClp();`
`aCharger.load(new     URLRequest("Photos/Mini Photo"+i+".jpg"));`
	0	-	-	Deux espaces mémoires sont réservés pour les objets aCharger et laPhoto. Le fichier MiniPhoto0.jpg est chargé dans l'objet aCharger.

`laPhoto.x = (laPhoto.width + ecartInterPhoto)*i + ecartDuBord;`	0	30	-	x = (100 + 10) * 0 + 30
`laPhoto.y = (hauteur - laPhoto.height) / 2;`	0	30	100	y = (300 - 100) / 2
`laPhoto.addChild(aCharger);` `addChild(laPhoto);`	0	30	100	Le chargeur est affiché dans le conteneur laPhoto, qui est lui-même affiché sur la scène.
`for (var i:uint = 0; i < 4; i++)`	1	-	-	Retour en début de boucle, i est incrémenté de 1. i est inférieur à 4. On entre à nouveau dans la boucle.

`aCharger = new Loader();`
`laPhoto = new PhotoClp();`
`aCharger.load(new     URLRequest("Photos/Mini Photo"+i+".jpg"));`
	1	-	-	Deux espaces mémoires sont réservés pour les objets aCharger et laPhoto. Le fichier MiniPhoto1.jpg est chargé dans l'objet aCharger.

`laPhoto.x = (laPhoto.width + ecartInterPhoto)*i + ecartDuBord;`	1	140	-	x = (100 + 10) * 1 + 30
`laPhoto.y = (hauteur - laPhoto.height) / 2;`	1	140	100	y = (300 - 100) / 2
`laPhoto.addChild(aCharger);` `addChild(laPhoto);`	1	140	100	Le chargeur est affiché dans le conteneur laPhoto, qui est lui-même affiché sur la scène.
`for (var i:uint = 0; i < 4; i++)`	1	-	-	Retour en début de boucle, i est incrémenté de 1. i est inférieur à 4. On entre à nouveau dans la boucle.

`aCharger = new Loader();`
`laPhoto = new PhotoClp();`
`aCharger.load(new     URLRequest("Photos/Mini Photo"+i+".jpg"));`
	2	-	-	Deux espaces mémoires sont réservés pour les objets aCharger et laPhoto. Le fichier MiniPhoto2.jpg est chargé dans l'objet aCharger.

`laPhoto.x = (laPhoto.width + ecartInterPhoto)*i + ecartDuBord;`	2	250	-	x = (100 + 10) * 2 + 30
`laPhoto.y = (hauteur - laPhoto.height) / 2;`	2	250	100	y = (300 - 100) / 2

Instructions	i	x	y	Explication
`laPhoto.addChild(aCharger);` `addChild(laPhoto);`	2	250	100	Le chargeur est affiché dans le conteneur `laPhoto`, qui est lui-même affiché sur la scène.
`for (var i:uint = 0; i < 4; i++)`	3	-	-	Retour en début de boucle, i est incrémenté de 1. i est inférieur à 4. On entre à nouveau dans la boucle.

`aCharger = new Loader() ;`
`laPhoto = new PhotoClp();`
`aCharger.load(new     URLRequest("Photos/Mini`
`Photo"+i+".jpg"));`
	3	-		Deux espaces mémoires sont réservés pour les objets `aCharger` et `laPhoto`. Le fichier `MiniPhoto2.jpg` est chargé dans l'objet `aCharger`.

`laPhoto.x = (laPhoto.width + ecartInterPhoto)*i` `+ ecartDuBord;`	3	360	-	x = (100 + 10) * 3 + 30
`laPhoto.y = (hauteur - laPhoto.height) / 2;`	3	360	100	y = (300 - 100) / 2
`laPhoto.addChild(aCharger);` `addChild(laPhoto);`	3	360	100	Le chargeur est affiché dans le conteneur `laPhoto`, qui est lui-même affiché sur la scène.
`for (var i:uint = 0; i < 4; i++)`	4	-	-	Retour en début de boucle, i est incrémenté de 1. i est égal à 4. On sort de la boucle.

Des photos sur une ligne verticale

L'objectif ici est de placer, par programme, une série de photos sur une ligne verticale comme le montre la figure 5-5.

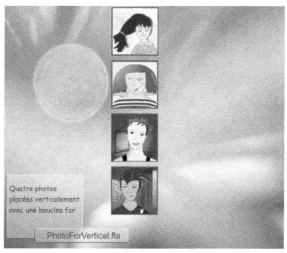

Figure 5-5

Les photos sont placées sur une ligne verticale centrée sur la scène.

La mise en place des photos sur une colonne au lieu d'une ligne utilise la même démarche que celle décrite en section précédente, à savoir :

- création d'un chargeur ;

- chargement du fichier `Photos/MiniPhoto`*i*`.jpg` (*i* variant de 0 à 2) ;

- création d'un conteneur ;

- placement du conteneur en `y` ;

- placement du conteneur en `x` ;

- affichage du chargeur dans le conteneur puis affichage du conteneur.

La différence s'opère dans le placement le long de l'axe des `Y` au lieu de l'axe des `X`. Ainsi, pour que les photos se placent de haut en bas, nous devons positionner la première photo à un certain écart du bord supérieur puis ajouter, à chaque nouvelle photo à afficher, la hauteur d'une photo et un écart donné. La formule est quasi identique à celle utilisée pour le placement en `x` (voir section précédente) et s'écrit :

```
laPhoto.y = (laPhoto.height + ecartInterPhoto)*j + ecartDuBord;
```

Le placement en `x` est constant et situé au centre de la scène. Compte tenu du point d'ancrage du symbole `PhotoClp`, chaque photo est positionnée à la moitié de la largeur de la scène moins la moitié de la largeur d'une photo. La commande est la suivante :

```
laPhoto.x = (largeur - laPhoto.width) / 2;
```

Cette instruction est à insérer à l'intérieur d'une boucle `for`, juste après avoir créé les objets nécessaires au chargement du fichier image.

Code complet de photoForVertical.fla

Extension web

Vous pourrez tester cet exemple en examinant le fichier `PhotoForVertical.fla`, sous le répertoire `Exemples/chapitre5`.

L'intégralité du code permettant d'obtenir les photos placées sur une ligne verticale s'écrit comme suit :

```
// Stocker la hauteur et la largeur de la scène
var largeur:uint = stage.stageWidth;
var hauteur:uint = stage.stageHeight;
var ecartInterPhoto:uint = 10;
var ecartDuBord:uint = 80;
var laPhoto:PhotoClp;
var aCharger:Loader;
for (var j:uint = 0; j < 4; j++) {
```

```
// Réserver un espace mémoire pour charger la photo
aCharger = new Loader();
aCharger.load(new URLRequest("Photos/MiniPhoto"+j+".jpg"));
// Créer une occurrence laPhoto
laPhoto= new PhotoClp();
// Placer l'occurrence laPhoto à mi-hauteur sur la scène
laPhoto.y = (hauteur - laPhoto.height) / 2;
// Afficher le chargeur à l'intérieur du clip laPhoto
laPhoto.addChild(aCharger);
// Afficher le clip laPhoto et son contenu
addChild(laPhoto);
// Afficher les coordonnées et la taille de la photo dans la fenêtre de sortie
laPhoto.y =(laPhoto.height + ecartInterPhoto)*j + ecartDuBord;
laPhoto.x = (largeur - laPhoto.width) / 3;
trace(" x : "+    laPhoto.x  + " width " +    laPhoto.width);
trace(" y : "+    laPhoto.y  + " height " +    laPhoto.height);
laPhoto.addChild(aCharger);
addChild(laPhoto);
}
```

Remarque

Pour différencier la boucle d'affichage sur l'axe des X de celle sur l'axe des Y, il est courant d'utiliser la variable i pour l'axe horizontal et j pour l'axe vertical.

Un tableau de photos

L'affichage des photos sous la forme d'un tableau constitué de lignes et de colonnes utilise les mêmes techniques de création d'objets et de placements que celles étudiées au cours des deux sections précédentes.

Cependant, pour placer automatiquement une photo, à la fois en x et en y, nous aurons à faire varier deux indices (i et j), de façon à calculer la position d'une photo pour une ligne et une colonne données. Pour cela, nous devons utiliser deux boucles imbriquées.

Les boucles imbriquées

On dit que deux boucles sont imbriquées lorsqu'une des deux se trouve à l'intérieur de l'autre. Par exemple, dans le code suivant :

```
for (var j:uint = 0; j < 2;  j++ ) {
  for (var i:uint = 0; i < 3;  i++ ) {
    trace(" i : " + i  + " j : " +j);
  }
}
```

la boucle « i » (en gras) est placée à l'intérieur de la boucle « j ».

Pour mieux comprendre le fonctionnement des boucles imbriquées, examinons le tableau d'évolution des variables i et j, lorsque les deux boucles précédentes sont exécutées.

Instructions	j	i	Explication
`for (var j:uint = 0; j < 2;  j++ ) {`	0	-	Début de la boucle « j ». j est initialisé à 0. j est infé-rieur à 2. On entre dans la boucle « j ».
`for (var i:uint = 0; i < 3;  i++ ) {`	0	0	Début de la boucle « i ». i est initialisé à 0. i est infé-rieur à 3. On entre dans la boucle « i ».
`    trace(" i : " + i  + " j : " +j);`	0	0	Le texte i : 0 j : 0 s'affiche dans la fenêtre de sortie.
`for (var i:uint = 0; i < 3;  i++ ) {`	0	1	Retour au début de la boucle « i », i++, i est infé-rieur à 3. On entre dans la boucle « i ».
`    trace(" i : " + i  + " j : " +j);`	0	1	Le texte i : 1 j : 0 s'affiche dans la fenêtre de sortie.
`for (var i:uint = 0; i < 3;  i++ ) {`	0	2	Retour au début de la boucle « i », i++. i est infé-rieur à 3. On entre à nouveau dans la boucle « i ».
`    trace(" i : " + i  + " j : " +j);`	0	2	Le texte i : 2 j : 0 s'affiche dans la fenêtre de sortie.
`for (var i:uint = 0; i < 3;  i++ ) {`	0	3	Retour au début de la boucle « i », i++, i n'est plus strictement inférieur à 3. On sort de la boucle « i ».
`for (var j:uint = 0; j < 2;  j++ ) {`	1	-	Retour au début de la boucle « j », j++,.j est infé-rieur à 2. On entre à nouveau dans la boucle « j ».
`for (var i:uint = 0; i < 3;  i++ ) {`	1	0	Début de la boucle « i ». i est initialisé à 0. i est infé-rieur à 3. On entre dans la boucle « i ».
`    trace(" i : " + i  + " j : " +j);`	1	0	Le texte i : 0 j : 1 s'affiche dans la fenêtre de sortie.
`for (var i:uint = 0; i < 3;  i++ ) {`	1	1	Retour au début de la boucle « i », i++. i est inférieur à 3. On entre à nouveau dans la boucle « i ».
`    trace(" i : " + i  + " j : " +j);`	1	1	Le texte i : 1 j : 1 s'affiche dans la fenêtre de sortie.
`for (var i:uint = 0; i < 3;  i++ ) {`	1	2	Retour au début de la boucle « i », i++. i est inférieur à 3. On entre à nouveau dans la boucle « i ».
`    trace(" i : " + i  + " j : " +j);`	1	2	Le texte i : 2 j : 1 s'affiche dans la fenêtre de sortie.
`for (var i:uint = 0; i < 3;  i++ ) {`	1	3	Retour au début de la boucle « i », i++, i n'est plus strictement inférieur à 3. On sort de la boucle « i ».
`for (var j:uint = 0; j < 2;  j++ ) {`	2	-	Retour en début de la boucle « j », j++, j n'est plus strictement inférieur à 2. On sort de la boucle « j ».

Comme vous pouvez le constater sur cet exemple très simple, la boucle « i » est exécutée deux fois puisqu'elle est placée à l'intérieur de la boucle « j », le compteur j variant de 0 à 1. Au cours de ces deux exécutions, le compteur i varie à chaque fois de 0 à 3.

> **Remarque**
>
> La boucle intérieure (i) est exécutée dans son intégralité avant de passer à l'indice suivant de la boucle extérieure (j).

Placement en lignes et colonnes

Pour afficher le trombinoscope en lignes et colonnes, la méthode consiste à positionner les photos ligne par ligne sachant que pour chaque ligne, les photos sont placées les unes après les autres pour former à chaque fois une colonne. Le positionnement en x et en y reprend les mêmes calculs que ceux étudiés au cours des sections « Des photos sur une ligne horizontale » et « Des photos sur une ligne verticale».

Concrètement, le passage de ligne à ligne s'effectue à l'aide d'une première boucle d'indice j et celui de colonne à colonne avec une seconde boucle d'indice i, imbriquée dans la première (voir figure 5-6).

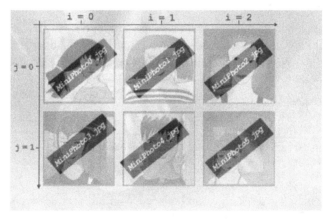

Figure 5-6

Les photos sont placées en ligne et en colonne.

La marche à suivre pour réaliser un tableau de photos en lignes et colonnes est donc la suivante :

```
// Pour chaque ligne
for (var j:uint = 0; j < 2;  j++ ) {
  // Pour chaque colonne
  for (var i:uint = 0; i< 3;  i++ ) {
    // ❶ Un chargeur et un conteneur
    // ❷ Charger le fichier dans l'objet créé à l'étape précédente
    // ❸ Positionner le conteneur sur l'axe des X
    //     à l'aide de l'indice i
    // ❹ Positionner le conteneur sur l'axe des Y
    //     à l'aide de l'indice j
  }
}
```

❶ La création du chargeur `aCharger` et du conteneur `laPhoto` s'effectue comme pour les exemples précédents en utilisant l'opérateur `new`.

❷ Examinons d'un peu plus près le paramètre de la méthode `URLRequest`. Dans les deux exemples précédents, nous avions :

```
aCharger.load(new URLRequest("Photos/MiniPhoto"+i+".jpg"));
```

ou encore :

```
aCharger.load(new URLRequest("Photos/MiniPhoto"+j+".jpg"));
```

selon l'indice utilisé dans la boucle.

Ici, nous ne pouvons utiliser ni l'indice `i`, ni l'indice `j`. En effet, dans chacune des deux boucles imbriquées, les indices varient de 0 à 1 pour `j` (nombre de lignes) et de 0 à 2, pour la boucle `i` (nombre de colonnes). Or, les 6 photos à afficher se nomment `MiniPhoto0`, `MiniPhoto1`... et `MiniPhoto5`. Nous devons donc utiliser un compteur différent de `i` et de `j`, qui varie de 0 à 5.

Comme la boucle interne `i` est exécutée en tout 6 fois (2 ¥ 3), nous pouvons insérer un compteur spécifique (`compteurPhoto`) à l'intérieur de la boucle `i` variant de 0 à 5, et créer de cette façon 6 occurrences dont le numéro correspond à celui de l'image à afficher. La méthode pour créer et gérer ce compteur est la suivante :

```
var compteurPhoto:uint=0;
for (var j:uint = 0; j < 2;  j++ ) {
  for (var i:uint = 0; i< 3;  i++ ) {
    aCharger.load(new URLRequest("Photos/MiniPhoto"+ compteurPhoto +".jpg"));
    compteurPhoto++;
  }
```

La variable `compteurPhoto` est initialisée à 0 au moment de sa déclaration. Ensuite, lors du premier tour de la boucle interne (`i`), les valeurs du compteur `compteurPhoto` varient de 0 à 2 et permettent de créer les occurrences `photo0`, `photo1` et `photo2`. Lors de la seconde exécution de la boucle `i`, `compteurPhoto` n'est pas réinitialisée (au contraire de l'indice `i`). Ses valeurs varient donc de 2 à 5. Elles permettent ainsi de créer les occurrences `photo3`, `photo4` et `photo5`.

❸ Le placement selon l'axe des X reprend le même calcul que celui décrit au cours de la section « Des photos sur une ligne horizontale », soit :

```
laPhoto.x = (laPhoto.width + ecartInterPhoto)*i +ecartDuBordGauche;
```

L'indice `i` représente ici le numéro d'une colonne. L'instruction est placée dans la boucle interne d'indice `i`.

❹ Le placement selon l'axe des Y reprend le même calcul que celui décrit au cours de la section « Des photos sur une ligne verticale », soit :

```
laPhoto.y = (laPhoto.height + ecartInterPhoto)*j + ecartDuBordHaut;
```

L'indice `j` représente ici le numéro d'une ligne. L'instruction est également placée dans la boucle interne d'indice `i`.

Code complet de PhotoForImbrique.fla

L'intégralité du code permettant d'obtenir les photos placées en lignes et colonnes s'écrit
comme suit :

```
// Déclaration des variables
var ecartInterPhoto:uint = 10;
var ecartDuBordHaut:uint=100;
var ecartDuBordGauche:uint=50;
var compteurPhoto:uint=0;
var cettePhoto:PhotClp;
var aCharger:Loader ;
for (var j:uint = 0; j < 2; j++) {
    for (var i:uint = 0; i< 3; i++) {
        aCharger = new Loader() ;
        laPhoto = new PhotoClp();
        aCharger.load(new URLRequest("../Photos/MiniPhoto"+compteurPhoto+".jpg"));
        laPhoto.x =(laPhoto.width + ecartInterPhoto)*i  + ecartDuBordGauche;
        trace(" x : " + laPhoto.x  + " width " + laPhoto.width);
        laPhoto.y = (laPhoto.height + ecartInterPhoto)*j + ecartDuBordHaut;
        trace(" y : " + laPhoto.y  + " height " + laPhoto.height);
        laPhoto.addChild(aCharger);
        addChild(laPhoto);
        compteurPhoto++;
    }
}
```

Question

Que se passe-t-il si l'on échange les deux boucles, en plaçant la boucle j à l'intérieur de la boucle i,
comme suit :

```
for (var i:uint = 0; i< 3;  i++ ) {
   for (var j:uint = 0; j < 2;  j++ ) {
      // Créer deux occurrences nommées laPhoto et aCharger
      // Charger le fichier dans l'objet créé à l'étape précédente
      // Positionner la photo sur l'axe des X à l'aide de l'indice i
      // Positionner la photo sur l'axe des Y à l'aide de l'indice j
   }
}
```

Réponse

Placer la boucle j en boucle interne de la boucle i ne modifie en rien le résultat du programme. Les
images sont affichées colonne par colonne, sachant que pour chaque colonne les photos sont placées les
unes sous les autres pour former les deux lignes.

Quelle boucle choisir ?

Chacune des trois boucles étudiées dans ce chapitre permet de répéter un ensemble d'instructions. Cependant, les différentes propriétés de chacune d'entre elles font que le programmeur utilisera un type de boucle plutôt qu'un autre, suivant le problème à résoudre.

Choisir entre une boucle do…while et une boucle while

Les boucles do…while et while se ressemblent beaucoup dans leur syntaxe, et il paraît parfois difficile au programmeur débutant de choisir l'une plutôt que l'autre.

Notons cependant que la différence essentielle entre ces deux boucles réside dans la position du test de sortie de boucle. Pour la boucle do…while, la sortie s'effectue en fin de boucle, alors que, pour la boucle while, la sortie se situe dès l'entrée de la boucle.

De ce fait, la boucle do…while est plus souple à manipuler, les instructions qui la composent étant exécutées au moins une fois, quoi qu'il arrive. Pour la boucle while, il est nécessaire de veiller à l'initialisation de la variable figurant dans le test d'entrée de boucle, de façon à être sûr d'exécuter au moins une fois les instructions composant la boucle.

Certains algorithmes demandent à ne jamais répéter, sous certaines conditions, un ensemble d'instructions. Dans de tels cas, la structure while est préférable à la structure do...while.

Choisir entre une boucle for et une boucle while

Les boucles for et while sont équivalentes. En effet, en examinant les deux boucles du tableau ci-dessous :

La boucle for	La boucle while

``
var i :uint;
 	
for (i = 0; i <= 10; i = i+1)
 	
{
 	
}
``
	``
	var i :uint = 0;
	
	while (i <= 10)
	
	{
	
	  i = i+1;
	
	}
	``

nous constatons que, pour chacune d'entre elles, la boucle débute avec i = 0, puis, tant que i est inférieur ou égal à 10, i est incrémenté de 1.

Malgré cette équivalence, pour choisir entre une boucle for et une boucle while, observons que :

• la boucle for est utilisée quand on connaît à l'avance le nombre d'itérations à exécuter ;

- la boucle `while` est employée lorsque le nombre d'itérations est laissé au choix de l'utilisateur du programme ou déterminé à partir du résultat d'un calcul réalisé au cours de la répétition.

La boucle interne à Flash

Les boucles `while`, `do…while` et `for` sont des boucles « ordinaires ». Ces structures répétitives existent dans la plupart des langages de programmation (C, Java, PHP…) et s'utilisent de façon courante.

Il existe, dans l'environnement Flash, un autre type de boucle que nous avons déjà utilisé sans jamais le présenter comme une structure de répétition. Il s'agit de la boucle de scénario.

La boucle de scénario

Lorsque l'on exécute une application Flash, l'animation est réalisée grâce au déplacement de la tête de lecture sur la ligne de temps. La tête de lecture « boucle » sur la ligne de temps puisque, lorsqu'elle arrive sur la dernière image, elle se place à nouveau sur la première image pour rejouer l'animation. Le déplacement continu et répété de la tête de lecture forme donc une structure répétitive. Nous l'appelons « boucle interne à Flash » ou encore « boucle de scénario ».

La principale caractéristique de la boucle interne est de permettre le rafraîchissement de l'écran, c'est-à-dire de remplacer une image par une autre en fonction des instructions placées dans le script.

Remarque

La vitesse de déplacement de la tête de lecture, et donc le rafraîchissement de l'écran, est associée à la cadence de l'animation : c'est-à-dire le nombre d'images affichées (traitées) par seconde.

Pour en savoir plus

Pour modifier la cadence de votre animation, reportez-vous à la section « L'environnement de programmation Flash », paragraphe « Le scénario, les calques, les images et les images-clés » du chapitre introductif de cet ouvrage.

Les boucles ordinaires (`while`, `do…while` et `for`) n'ont pas la capacité de rafraîchir l'écran. En effet, lorsqu'un programme (script) placé sur une image du scénario est exécuté, l'affichage résultant (rafraîchissement) n'est réalisé qu'une fois le script intégralement exécuté.

Cela signifie que les boucles ordinaires ne peuvent être utilisées pour déplacer un objet sur la scène. En effet, prenons par exemple le script suivant :

```
bSavon.x =0;
for (var i:uint = 0; i< 10;  i++ ) {
    bSavon.x += 5;
}
```

L'exécution de ce script ne déplace pas, comme nous pourrions l'imaginer, l'objet bSavon de 5 pixels en 5 pixels le long de l'axe des x.

En effet, même si en théorie l'idée est bonne – l'objet bSavon voit sa coordonnée en X augmenter de 5 en 5 à chaque tour de boucle –, en réalité, l'exécution de ce programme a pour effet d'afficher une bulle de savon à 50 pixels du bord de la scène. Nous ne voyons jamais la bulle se déplacer de 5 en 5.

Extension web

Vous pourrez tester cet exemple en examinant le fichier AnimationFor.fla, sous le répertoire Exemples/chapitre5.

Que se passe-t-il lors de l'exécution du programme ?

Nous l'avons écrit plus haut, une image n'est rafraîchie (affichée) que lorsque l'intégralité du script est exécutée et quand les boucles « ordinaires » ne rafraîchissent pas l'écran. Pour ces deux raisons, la bulle de savon n'est affichée que lorsque la boucle for a été totalement exécutée, c'est-à-dire quand i vaut 10 et donc bSavon.x = 50. Aucune image n'est affichée avant cela.

Ainsi, après exécution du script, l'image est affichée avec l'objet bSavon placé à 50 pixels du bord gauche de la scène.

Pour réaliser une animation, nous devons utiliser une boucle de scénario et non une boucle « ordinaire ». L'emploi des boucles de scénario s'effectue en traitant l'événement Event.ENTER_FRAME.

La boucle d'événement Event.ENTER_FRAME

L'événement Event.ENTER_FRAME permet, lorsqu'il est capté, de forcer l'exécution d'une ou plusieurs instructions à chaque fois qu'il y a rafraîchissement de la scène.

Entrer dans une boucle d'événements

Pour entrer dans une boucle d'événements, nous devons faire en sorte de capturer l'événement Event.ENTER_FRAME à chaque fois qu'il est émis. Cette capture est réalisée par l'intermédiaire d'un gestionnaire d'événement.

Ainsi, pour déplacer la bulle de savon, comme nous l'avons vu au chapitre 3, « Communiquer ou interagir », nous devons écrire le gestionnaire d'événement suivant :

```
bSavon.addEventListener(Event.ENTER_FRAME,seDeplace);
function seDeplace(e:Event):void {
    bSavon.x= bSavon.x +5;
}
```

De cette façon, à chaque fois que l'objet bSavon réceptionne l'événement Event.ENTER_FRAME, l'image est rafraîchie et la bulle de savon est affichée avec un décalage vers la droite de 5 pixels.

Sortir d'une boucle d'événement

La boucle Event.ENTER_FRAME est répétée à l'infini – tant que l'application est en cours d'exécution –, la bulle se déplace vers la droite et sort de la scène, sans jamais s'arrêter. Pour stopper le déplacement et donc sortir de la boucle Event.ENTER_FRAME, deux solutions sont possibles.

• Supprimer l'écouteur d'événement Event.ENTER_FRAME qui associe l'objet bSavon à l'action seDeplace() grâce à la méthode removeEventListener(). Ainsi, l'instruction :

```
if (bSavon.x > 50)
  bSavon.removeEventListener(Event.ENTER_FRAME, seDeplace);
```

supprime l'écouteur d'événement Event.ENTER_FRAME associé à l'objet bSavon de l'animation. L'objet bSavon ne réceptionnant plus l'événement, l'instruction d'incrémentation bSavon.x = bSavon.x + 5 n'est plus exécutée, la bulle est stoppée dans son parcours et reste affichée à sa dernière position.

• Arrêter la réception de l'événement Event.ENTER_FRAME à réception de l'événement Event.COMPLETE comme suit :

```
bSavon.addEventListener(Event.ENTER_FRAME,seDeplace);
function seDeplace(e:Event):void {
    if (bSavon.x > 50) {
        // ❶ Émettre un événement
        bSavon.dispatchEvent(new Event(Event.COMPLETE));
    }
}
// ❷ Le gestionnaire d'événement Event.COMPLETE
bSavon.addEventListener(Event.COMPLETE,sArrete);
function sArrete(e:Event) {
    // ❸
    bSavon.removeEventListener(Event.ENTER_FRAME, seDeplace);
}
```

❶ Lorsque la bulle de savon se trouve à 50 pixels du bord droit de la scène, elle émet un événement Event.COMPLETE grâce à la méthode dispatchEvent().

Extension web

La méthode dispatchEvent() peut être utilisée pour faire interagir deux objets entre eux, sans intervention de l'utilisateur. Par exemple, un objet A émet un événement lorsqu'il finit son animation. L'objet B détecte cet événement, il lance sa propre animation.

❷ Lorsque l'objet bSavon reçoit l'événement Event.COMPLETE, la méthode sArrete() est activée.

❸ La méthode sArrete() supprime l'écouteur d'événement Event.ENTER_FRAME qui associe l'objet bSavon à l'action seDeplace(). La bulle cesse de se déplacer.

Extension web

Les deux solutions sont proposées dans le fichier AnimationBoucleEvt.fla, sous le répertoire Exemples/chapitre5.

Répéter une boucle d'événement

Tout comme deux boucles ordinaires peuvent être imbriquées, il est possible d'inclure une boucle d'événement à l'intérieur d'une boucle « ordinaire ».

Lorsqu'une boucle d'événement Event.ENTER_FRAME est placée à l'intérieur d'une boucle ordinaire, l'animation réalisée par la boucle d'événement est associée à chaque objet créé par la boucle ordinaire. Ainsi, chaque objet possède son propre gestionnaire d'événement, et donc sa propre animation.

Reprenons par exemple le cas de l'animation d'une nuit étoilée (voir section « La boucle do…while »). Dans cet exemple, le scintillement des étoiles est réalisé par l'intermédiaire d'un clip composé de plusieurs interpolations faisant varier plus ou moins la transparence de l'étoile.

Nous pouvons réaliser cette variation par programme, en définissant une boucle d'événement pour chaque étoile créée à l'intérieur de la boucle do…while. La structure du programme est la suivante :

```
// Définir des variables contrôlant la luminosité
var luminosite, maxLuminosité :Number;
var minLuminosité, vitesseScintillement:Number;
// Déclaration d'un objet de type AnimStarClp
var cetteEtoile:StarClp ;
// ❶ Début de la boucle do...while
   do {
   // ❷ Créer une étoile
   cetteEtoile = new StarClp() ;
   // Placer l'occurrence courante au hasard
   // Voir section La boucle do?while ? Une nuit étoilée
   // ❸ Définir la luminosité initiale de l'étoile courante
   luminosite = Math.random()*0.8;
   cetteEtoile.alpha = luminosite;
   // Définir une vitesse de scintillement
   vitesseScintillement = Math.random()*0.08;
   // Définir un intervalle de luminosité
   maxLuminosité = Math.random()*0.8;
   minLuminosité = Math.random()*0.1;
   //❹  Entrer dans la boucle d'événement de l'étoile courante
   cetteEtoile.addEventListener(Event.ENTER_FRAME,brille);
```

```
    function brille(e:Event):void {
        // ❺ Retrouver la bonne étoile
        var cible:MovieClip = e.currentTarget  as MovieClip;
        cible.alpha -=vitesseScintillement;
        if (cible.alpha <  minLuminosité) {
            luminosite = Math.random()*maxLuminosité;
            cible.alpha = luminosite;
            vitesseScintillement = Math.random()*0.08;
             maxLuminosité = Math.random()*0.8;
             minLuminosité = Math.random()*0.1;
        }
    }
    addChild(cetteEtoile);
    // Passer à l'occurrence suivante
    i++ ;
} while (i < 20);
```

Extension web

Ce script est enregistré dans le fichier `EtoileBoucleEvt.fla` sous le répertoire `Exemples/chapitre5`.

---

❶ La boucle `do…while` est utilisée pour créer les 20 étoiles. C'est une boucle « ordinaire » exécutée dans son intégralité, avant l'affichage des 20 étoiles.

❷ À chaque tour de boucle, une occurrence `cetteEtoile` est créée pour un `i` donné. `cetteEtoile` correspond donc, à chaque tour de boucle effectué, à une des 20 étoiles. Chaque étoile est un clip composé d'une seule image représentant une étoile fixe.

❸ Avant de lancer l'animation, chaque étoile possède sa propre luminosité calculée au hasard entre 0 et 0.8. Des valeurs (`maxLuminosité`, `minLuminosité` et `vitesseScintillement`) sont également calculées aléatoirement afin de rendre le scintillement propre à chaque étoile.

❹ Chaque étoile possède sa propre boucle d'événement définie à l'aide du gestionnaire d'événement `Event.ENTER_FRAME`. Pour chacune des étoiles, la méthode `brille()` est activée.

Remarque

Il est obligatoire, dans la méthode `brille()`, d'utiliser un objet `cible` au lieu de `cetteEtoile` en utilisant l'instruction :

```
    var cible:MovieClip = e.currentTarget  as MovieClip;
```

Dans cette instruction, `e` représente l'événement reçu (objet passé en paramètre de la fonction `brille()`) et `currentTarget` l'objet qui vient de réceptionner l'événement.

---

❺ Si nous utilisons le terme `cetteEtoile` au lieu de `cible` à l'intérieur du gestionnaire d'événement (et beaucoup de programmeurs débutants commettent cette erreur), l'animation ne fonctionne plus correctement. Une seule étoile scintille et toutes les autres restent désespérément fixes.

Que se passe-t-il ?

La boucle do…while est une boucle « ordinaire », exécutée dans son intégralité avant tout affichage. Elle permet la création des 20 étoiles et la définition des gestionnaires d'événements pour l'objet cetteEtoile. Lorsque la boucle est entièrement exécutée, l'objet cetteEtoile correspond à la 19ᵉ étoile et uniquement celle-là. Lorsque l'animation est enfin affichée en sortie de la boucle do…while, toutes les étoiles sont créées et placées au hasard sur la scène. Les gestionnaires d'événements sont également définis, mais tous s'exécutent sur l'objet cetteEtoile, c'est-à-dire l'étoile n° 19, puisque, par principe, une boucle « ordinaire » est entièrement traitée avant tout rafraîchissement.

L'emploi de l'objet cible permet d'éviter cet inconvénient. En effet, lors de la création du gestionnaire d'événement d'une étoile donnée, e.currentTarget indique quel objet est en train de recevoir l'événement. e. currentTarget représente donc l'étoile courante dans la boucle d'événement et non l'objet courant dans la boucle « ordinaire ». Chaque gestionnaire d'événement s'applique à l'étoile courante et réalise le traitement pour l'étoile chargée en mémoire au moment de la définition du gestionnaire. De cette façon, l'action de « briller » est activée pour toutes les étoiles et toutes scintillent.

Pour chacune des étoiles, le gestionnaire d'événement modifie la transparence de l'objet concerné. L'objet cible représente l'objet cetteEtoile, lequel correspond à une étoile pour un i donné. Lorsque l'objet devient trop transparent, une nouvelle luminosité est calculée de façon à voir réapparaître l'étoile courante.

Mémento

Les trois boucles décrites ci-après ont toutes pour résultat l'affichage de la fenêtre de sortie suivante :

Figure 5-7

Affichage du compteur de boucle

La boucle while

```
var i:uint = 5;
while (i < 10) {
   trace("Boucle n° "+ i );
   i++;
}
```

Dans la boucle while, le test de continuation de boucle s'effectue à l'entrée de la boucle. La variable i (compteur) doit donc être déclarée et initialisée correctement pour être sûr que les instructions placées à l'intérieur de la boucle soient exécutées au moins une fois. L'instruction i++, placée à l'intérieur de la boucle, garantit que le test (i < 10) ne reste pas toujours vrai et empêche le programme de boucler à l'infini.

La boucle do...while

```
var i:uint = 5;
do {
   trace("Boucle n° "+ i );
   i++;
} while (i < 10);
```

Dans la boucle do...while, le test de continuation de boucle s'effectue en sortie de boucle. Ainsi, quelle que soit la condition, nous sommes assurés que la boucle est exécutée au moins une fois.

La boucle for

```
for (var i:uint = 5; i < 10; i++) {
   trace("Boucle n° "+ i );
}
```

Dans la boucle for, la déclaration, l'initialisation, le test de continuation de boucle ainsi que l'incrémentation du compteur sont placés à l'intérieur d'une seule et même expression. La boucle for est utilisée quand on connaît à l'avance le nombre d'itérations à exécuter.

La boucle d'événement Event.ENTER_FRAME

```
var i:uint = 5;
cetObjet.addEventListener(Event.ENTER_FRAME,compter);
function compter(e:Event):void {
  trace("Boucle n° "+ i );
  i++;
  if ( i >= 10)
    cetObjet.removeEventListener(Event.ENTER_FRAME, compter);
}
```

Le gestionnaire d'événement `Event.ENTER_FRAME` force l'exécution d'une ou plusieurs instructions à chaque émission de l'événement, c'est-à-dire à chaque fois qu'il y a rafraîchissement de la scène. Les boucles ordinaires (`while`, `do…while` et `for`) n'ont aucun effet sur le rafraîchissement de la scène.

Exercices

L'objectif de cette série d'exercices est de réaliser une course (improbable) entre un troupeau d'agneaux et un groupe d'oiseaux. La course démarre au lancement de l'animation et s'arrête dès que l'un des participants touchent le bord droit de la fenêtre (voir figure 5-8).

Figure 5-8

À l'arrivée, le gagnant se félicite, les autres sont dépités.

La course terminée, le gagnant est placé au centre de la scène et affiche un message de satisfaction, tandis que les perdants restent dans un coin de la scène affichant leur désappointement.

Remarque

Pour réaliser ces exercices, nous vous proposons d'utiliser, dans l'ordre donné, les trois types de boucles à des fins pédagogiques mais toutes pourraient être utilisées de façon équivalente pour réaliser l'application.

La boucle do...while

Au lancement de la course, un troupeau d'agneaux est créé à l'extérieur gauche de la scène, sur une bande centrée au trois quart de la hauteur de l'animation.

☞ **Exercice 5.1**

Pour créer et positionner les agneaux, l'algorithme est le suivant :

Faire

1. Créer une occurrence nommée `agneau`, de type `AgneauClp`.

2. Positionner l'agneau en dehors de la scène, à gauche.

3. La position des agneaux est calculée au hasard dans un intervalle de :
   – `0` à `40` pixels pour `x`.
   – `hauteur / 4` et `3*hauteur / 4` pixels pour `y`.

4. Chaque agneau possède sa propre vitesse calculée au hasard entre `2` et `7`. Pour cela, utiliser le code suivant :

```
agneau.vitesse = Math.random()*5+2;
```

où `agneau` correspond à l'occurrence courante dans la boucle de création des agneaux, et `vitesse` devient par l'intermédiaire de la notation « . », une nouvelle propriété de l'objet `agneau`. Chaque agneau possède ainsi une vitesse spécifique.

Pour en savoir plus

La définition de propriété d'objet est étudiée plus précisément au cours du chapitre 8, « Les classes et les objets », section « Construire et utiliser ses propres classes ». L'ajout d'une propriété est traité au chapitre 9, « Les principes du concept objet », section « Les classes dynamiques ».

---

5. Les agneaux ne sont pas synchronisés, calculer au hasard l'image de départ de l'animation du clip (voir en exemple le fichier `QuestionReponseAnimation.fla`, sous le répertoire `Exemple/Chapitre2`).

6. Afficher l'agneau.

7. Passer à l'agneau suivant.

Tant que le compteur d'agneaux est plus petit que le nombre maximal d'agneaux.

> **Remarque**
>
> Avant de mettre en place la boucle do…while, veillez à bien déclarer une variable pour définir le nombre maximal d'agneaux et une autre pour le compteur d'agneaux.

☞ **Exercice 5.2**

Chaque agneau possède un numéro de participant affiché dynamiquement sur le dos de l'animal, à l'aide des classes TextFormat et TextField.

1. En dehors de la boucle, définir un format d'écriture à l'aide de l'instruction :

```
var format:TextFormat = new TextFormat(police, taille, couleur);
```

où le premier paramètre est une chaîne de caractères correspondant au nom de la police que vous souhaitez utiliser, le second paramètre est une valeur numérique déterminant la taille de la police, et le troisième paramètre est le code hexadécimal de la couleur d'affichage du texte.

2. À l'intérieur de la boucle, après l'affichage de l'agneau, créer un champ de texte en utilisant l'instruction :

```
var dossard:TextField = new TextField();
```

3. Modifier le format de texte par défaut du dossard comme suit :

```
dossard.defaultTextFormat = format;
```

4. Positionner le champ de texte au centre du clip en modifiant les propriétés x et y du dossard.

5. Afficher le numéro du participant. Vous aurez pris soin de définir auparavant une variable pour compter le nombre de participants qui est pour l'instant égal au nombre d'agneaux créés mais qui dans l'exercice suivant sera égal au nombre d'agneaux et d'oiseaux créés. Le numéro s'affiche en modifiant la propriété text de dossard.

6. Placer l'objet dossard dans la liste d'affichage de l'agneau en cours de création, grâce à l'instruction :

```
agneau.addChild(dossard);
```

La boucle while

☞ **Exercice 5.3**

La boucle while est utilisée pour créer le groupe d'oiseaux. En utilisant la même démarche que celle décrite au cours des exercices 5.1 et 5.2, créer un groupe d'oiseaux se situant dans le premier quart supérieur de la scène, et à gauche de la scène. Chaque oiseau possède un dossard affichant un numéro de participant.

> **Remarque**
>
> Avant de mettre en place la boucle `while`, veillez à bien déclarer une variable pour définir le nombre maximal d'oiseaux et une autre pour le compteur d'oiseaux. Ce dernier doit obligatoirement être initialisé à 0 pour que le test d'entrée de boucle soit vrai.

Répéter une boucle d'événement

☞ **Exercice 5.4**

1. Les agneaux et les oiseaux se déplacent de la gauche vers la droite. Créez pour chaque clip (`oiseau` et `agneau`) un gestionnaire d'événement `Event.ENTER_FRAME` qui a pour action de déplacer chaque clip avec sa propre vitesse. Un agneau ou un oiseau se déplace de la même façon. L'action (`seDeplace()`) attribuée au gestionnaire est identique, quel que soit l'objet écouteur.

> **Remarque**
>
> Pour déplacer un élément (oiseau ou agneau) en utilisant la vitesse qui lui a été attribuée au moment de sa création, vous devez utiliser un objet `cible` déclaré comme suit, à l'intérieur de la fonction `seDeplace()` :
>
> ```
> var cible:MovieClip = e.currentTarget  as MovieClip;.
> ```

2. Lorsqu'un oiseau ou un agneau dépasse la largeur de la scène, il émet un événement `Event.COMPLETE`. L'action associée à cet événement (nommée `sArrete()`) a pour résultat d'afficher (pour l'instant), un message indiquant que l'oiseau ou l'agneau est sorti.

☞ **Exercice 5.5**

Lorsqu'un oiseau ou un agneau sort, le premier est placé au centre de la scène affichant un message du type « J'ai gagné », les autres sont placés dans le coin inférieur gauche affichant leur déception.

2. La méthode `sArrete()` doit avoir accès à l'ensemble des clips présents sur la scène pour éviter d'avoir à traiter les éléments déjà présents, par exemple le fond de l'animation, les zones de texte et ne traiter que les clips `AgneauClp` et `OiseauClp` :

  – créez en début de programme un conteneur de type `Sprite`. Nommez-le `terrainCourse`. Affichez le terrain de course ;

  – dans les deux boucles `while` et `do…while`, ajoutez les agneaux et les oiseaux au conteneur `terrainCourse` à l'aide d'une instruction du type :

```
terrainCourse.addChild(oiseau);
```

ou

```
terrainCourse.addChild(agneau);
```

2. Dans la méthode sArrete() :

 — récupérez l'objet émetteur de l'événement Event.COMPLETE, grâce à l'instruction :

```
var cible:MovieClip = e.currentTarget  as MovieClip;
```

 — parcourez la liste d'affichage du conteneur terrainCourse, à l'aide d'une boucle for. Le test de fin de boucle s'effectue sur terrainCourse.numChildren. Pour chaque élément de la liste enregistré dans terrainCourse :

 — récupérez, grâce à la méthode getChildAt(), le clip enregistré au niveau i. Enregistrez-le dans un objet tmp de type MovieClip ;

 — supprimez les écouteurs d'événement Event.COMPLETE et Event.ENTER_FRAME associés au clip tmp ;

 — déplacez l'objet tmp en bas à gauche de la scène et stoppez son animation.

Remarque

L'objet tmp représente à chaque tour de boucle un élément de la liste d'affichage de terrainCourse, c'est-à-dire au final tous les agneaux et tous les oiseaux.

---

3. Tous les clips sont arrêtés, y compris le gagnant ! Comment retrouver le gagnant ?

 Tous les clips étant stoppés et déplacés en bas à gauche, ils ne pourront plus émettre d'événement Event.COMPLETE. Le seul ayant émis cet événement est le premier à avoir franchi la ligne, il est enregistré dans l'objet cible.

 — Placez l'objet cible au centre et jouer son animation

 — Affichez un message pour le gagnant en utilisant le clip BulleClp présent dans la bibliothèque, grâce au texte dynamique labelOut.

 — Affichez un message pour les perdants en utilisant le clip BulleClp présent dans la bibliothèque, grâce au texte dynamique labelOut.

Le projet mini site

Les pages Photos, Animes et Videos se présentent sous la même forme. Chacune possède une série de vignettes qui représentent sous un format réduit les photos, les animations ou les vidéos à visualiser. Lorsque le curseur de la souris survole une des vignettes, la vignette change d'aspect. Son opacité diminue et le curseur de la souris se transforme également pour passer d'une simple flèche à la forme d'une main.

Nous vous proposons pour ce chapitre d'insérer l'affichage des vignettes pour la page Photos (voir figure 5-9), en utilisant deux boucles for imbriquées.

Figure 5-9

La page Photos affiche une série de vignettes en ligne et en colonnes

Arborescence du site

Le site propose quatre rubriques distinctes contenant chacune des informations spécifiques. Afin de retrouver ces informations sans jamais pouvoir les intervertir avec une autre page, nous vous proposons d'organiser les répertoires contenant l'information comme suit :

- la racine du site est composée de quatre répertoires nommés respectivement Photos, Animes, Videos et Infos. À l'intérieur de ces répertoires se trouvent les vignettes, les photos, les animations, les vidéos ainsi que des fichiers dans lesquels se trouvent des informations plus précises sur les photos, les animations, etc. ;

- le répertoire Photos contient des fichiers images nommés vignette0.jpg, vignette1.jpg, vignette2.jpg, ... dans lesquels est stocké un extrait de la photo grand format à laquelle est associée la vignette. Les photos grand format sont enregistrées dans des fichiers nommés Photos0.jpg, Photos1.jpg, Photos2.jpg, etc. Les informations textuelles sont stockées dans des fichiers texte, nommés Infos0.txt, Infos1.txt, Infos2.txt, etc. ;

- le répertoire Animes contient également des fichiers images nommés vignette0.jpg, vignette1.jpg, vignette2.jpg, ... dans lesquels est stockée une prise de vue de l'animation. Les animations sont enregistrées dans des fichiers nommés Animes0.swf, Animes1.swf, Animes2.swf, etc. Les informations textuelles sont stockées dans des fichiers texte, nommés Infos0.txt, Infos1.txt, Infos2.txt, etc.

Les autres répertoires Videos et Infos contiennent également des fichiers images et textuels, nous les examinerons plus précisément au cours du chapitre 10 « Le traitement de données multimédias ».

Afficher les vignettes

L'affichage de la page Photos reprend les techniques de transitions réalisées au cours du chapitre précédent.

Extension web

Pour vous faciliter la tâche, la mise en place des objets proposés dans cet exercice est définie dans le fichier `ProjetChapitre5.fla` situé dans le répertoire `Projet/SupportPourRéaliserLesExercices/Chapitre5`. Dans ce même répertoire, vous pouvez accéder à l'application telle que nous souhaitons la voir fonctionner (`ProjetChapitre5.swf`) une fois réalisée.

Reprendre le code du script `ProjetChapitre5.fla` et modifiez le de façon à afficher non plus la rubrique Animes, mais la rubrique Photos.

Émettre l'événement Event.COMPLETE

L'affichage des vignettes s'effectue au moment où la page Photos a fini de s'afficher. Afin de réaliser cet affichage, nous allons mettre en place un émetteur d'événement qui indiquera à la page Photos qu'elle a fini son affichage. L'événement envoyé est `Event.COMPLETE`. Parallèlement, un écouteur de l'événement `Event.COMPLETE` est ajouté à la page Photos. Lorsque cette dernière reçoit l'événement, elle affiche les vignettes.

Pour réaliser ce type de communication, vous devez :

- rechercher la fonction affichant la page Photos ;

- à l'intérieur de cette fonction, retrouver le bloc d'instruction qui indique que la page est totalement affichée ;

- à l'intérieur de ce bloc, faire en sorte d'envoyer un événement `Event.COMPLETE`. Vous utiliserez pour cela la méthode `dispatchEvent()` comme suit :

```
cible.dispatchEvent(new Event(Event.COMPLETE))
```

où `cible` représente l'objet `pagePhotos`.

Recevoir l'événement Event.COMPLETE

Lors de la définition de l'objet `pagePhotos`, définir l'écouteur d'événement `Event.COMPLETE`, comme suit :

```
pagePhotos.addEventListener(Event.COMPLETE,afficherLesVignettes);
```

De cette façon, la page Photos affiche les vignettes dès que l'événement `Event.COMPLETE` est émis. Cet affichage est réalisé par la fonction `afficherLesVignettes()`.

La fonction afficherLesVignettes()

Pour afficher les vignettes en ligne et en colonne, nous vous proposons de reprendre la technique étudiée au cours de ce chapitre, en section « Un tableau de photos ».

Le nombre de lignes et de colonnes dépend du nombre de vignettes à afficher. Pour notre exemple, il y a 35 vignettes que nous affichons sur 7 lignes et 5 colonnes.

Quelques précisions cependant, si vous souhaitez voir les vignettes disparaître lorsque vous cliquez sur le titre, vous devez :

créer un conteneur `boitePhotos` de type `Sprite` afin d'y insérer les photos en ligne et en colonne à l'aide de la méthode `addChild()`. Le conteneur est déclaré au même endroit que l'objet `rubriquePhotos` ;

pour chaque vignette créée, ajouter les écouteurs d'événement `MouseEvent.MOUSE_OVER`, et `MouseEvent.MOUSE_OUT`. Les actions à mener sont celles définies au cours du chapitre 3 « Communiquer ou interagir », section « Le projet mini site - Le survol de la souris ».

Pour en savoir plus

La création et la gestion des conteneurs sont étudiées au chapitre 2 « Les symboles », section « Gestion de la liste d'affichage – Créer un conteneur ». L'influence du lieu de déclaration des variables est traitée au chapitre 7, « Les fonctions », section « Influence de la structure d'un script sur son comportement ».

Afficher le conteneur `boitePhotos`.

À l'intérieur de la fonction `clicSurTitre()` insérer les instructions suivantes :

```
// Si la boitePhotos a déjà été créée
if (boitePhotos != null) {
  // Supprimer la boitePhotos afin de l'effacer
  removeChild(boitePhotos);
  // Cree rune nouvelle boitePhotos vide
  boitePhotos = new Sprite();
  // afficher la boitePhotos vide
  addChild(boitePhotos);
}
```

6

Collectionner des objets

Comme nous l'avons observé tout au long de cet ouvrage, l'atout principal de l'ordinateur est sa capacité à manipuler un grand nombre de données pour en extraire de nouvelles informations. Or, les structures de stockage étudiées jusqu'ici, telles que variables ou objets, ne permettent pas toujours d'appliquer de traitements systématiques sur des ensembles de valeurs.

Nous étudions dans ce chapitre une nouvelle structure de données : les tableaux. Ceux-ci permettent la création et la manipulation d'un très grand nombre de valeurs de façon répétitive.

Dans un premier temps (voir section « Les tableaux »), nous étudierons la structure générale d'un tableau et observerons comment les créer. Nous découvrirons également comment créer des tableaux multidimensionnels.

Nous examinerons ensuite comment enregistrer ou consulter les éléments d'un tableau (voir section « Accéder aux éléments d'un tableau »). Au cours de la section « Les outils proposés par ActionScript », nous détaillerons les différentes méthodes propres au langage pour ajouter, supprimer ou trier les éléments d'un tableau.

Pour finir, l'étude de la section « Le trombinoscope – 2e version » vous aidera à mieux comprendre la manipulation de ces structures, grâce à une analyse et une mise en œuvre des différentes techniques de programmation appliquées aux tableaux.

Les tableaux

Pour manipuler plusieurs valeurs à l'intérieur d'un programme, nous devons déclarer autant de variables que de valeurs à traiter. Ainsi, pour stocker les huit notes d'un élève donné, la technique consiste à déclarer huit variables, comme suit :

```
var note1, note2, note3, note4, note5, note6, note7, note8:Number;
```

Le fait de déclarer autant de variables qu'il y a de valeurs présente les inconvénients suivants.

- Si le nombre de notes est modifié, il est nécessaire de :
  - déclarer de nouvelles variables ;
  - insérer ces variables dans le programme, en ajoutant de nouvelles instructions afin de les traiter en plus des autres notes ;
  - exécuter à nouveau le programme pour que les modifications soient prises en compte.
- Il faut trouver un nom de variable pour chaque valeur traitée. Imaginez déclarer 1 000 variables portant un nom différent !

Ces inconvénients majeurs sont résolus grâce aux tableaux. En effet, les tableaux sont des structures de données qui regroupent sous un même nom de variable un certain nombre de valeurs. Les tableaux sont proposés par tous les langages de programmation. Ils sont construits par assemblage d'une suite de cases mémoire, comme illustré à la figure 6-1.

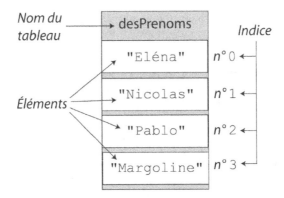

Figure 6-1
La taille du tableau desPrenoms est égale à 4.

Structure d'un tableau

En ActionScript, un tableau est constitué d'un nom et d'une suite de cases mémoire appelées « éléments de tableau ». Chaque élément de tableau :

- est utilisé pour stocker une donnée qui peut être de n'importe quel type ;

- possède un numéro unique qui permet de retrouver l'élément. Ce numéro correspond à la position de l'élément à l'intérieur du tableau. Ce numéro est également appelé « indice ». Le premier élément d'un tableau a pour numéro 0 et non 1.

Le nombre d'éléments contenus dans un tableau détermine la longueur ou encore la taille du tableau.

Créer un tableau

Il existe deux façons de créer un tableau en ActionScript, soit en le déclarant à l'aide de l'outil Array(), soit en l'initialisant directement avec l'expression [].

La méthode Array()

La méthode Array() est une fonction proposée par les concepteurs du langage Action-Script, qui permet de construire des tableaux. La syntaxe d'écriture de cette méthode varie en fonction des paramètres passés lors de son appel.

> **Remarque**
>
> En terminologie objet, on dit que la méthode Array() est un « constructeur ». Les constructeurs sont étudiés plus précisément au chapitre 8, « Les classes et les objets ».

- Appel sans paramètre

L'instruction suivante utilise le constructeur Array() sans paramètre, comme le montre l'instruction :

```
var desPrenoms:Array = new Array();
```

Cette instruction a pour résultat de créer, grâce à l'opérateur new, un tableau desPrenoms ne contenant qu'une seule case vide.

- Appel avec un seul paramètre numérique

Lorsque l'on passe en argument du constructeur une et une seule valeur numérique comme suit :

```
var desPrenoms:Array = new Array(4);
```

Le tableau créé contient autant de cases vides que le nombre spécifié en paramètre. Ici, le tableau desPrenoms contient quatre cases vides.

- Appel avec plusieurs paramètres

Lorsque l'on passe en argument du constructeur Array() une suite de valeurs comme suit :

```
var desPrenoms:Array = new Array("Eléna", "Nicolas","Pablo", "Margoline");
```

chaque terme passé en paramètre du constructeur Array() devient un élément du tableau desPrenoms. Le premier paramètre est placé à l'indice 0, le second à l'indice 1... (voir figure 6-1). Dans cet exemple, Elena est placé à l'indice 0 du tableau desPrenoms et Margoline à l'indice 3.

Question

Que réalise l'instruction suivante ?

```
var desAges:Array = new Array(12, 9, 16, 22);
```

Réponse

Les paramètres du constructeur Array() sont numériques et ils sont en nombre supérieur à 1 (nous ne sommes donc pas dans le cas « Appel avec un seul paramètre numérique » évoqué ci-dessus). Dans cette situation, le lecteur Flash crée un tableau constitué de quatre éléments contenant chacun une valeur numérique. La valeur 12 est enregistrée à l'indice 0 et la valeur 16 à l'indice 2.

En ActionScript, les éléments d'un même tableaupeuvent être de types différents, ce qui n'est pas toujours le cas dans d'autres langages de programmation comme le langage C ou Java. Ainsi, la déclaration suivante :

```
var desPrenoms:Array = new Array("Eléna", 12, "Nicolas", 9
                                 "Pablo", 16, "Margoline", 22);
```

est valide et a pour résultat de créer un tableau dont les éléments d'indice pair correspondent à des chaînes de caractères (prénoms), et les éléments d'indice impair à des valeurs numériques (âge).

D'une manière générale, le constructeur Array() est plutôt utilisé pour créer des tableaux vides avec, selon le cas, un nombre donné d'emplacements.

L'expression [ ]

En pratique, les tableaux sont créés en utilisant l'expression [] à la place du constructeur Array().

Ainsi, l'instruction :

```
var desPrenoms:Array = ["Eléna", "Nicolas", "Pablo", "Margoline"];
```

a pour résultat de créer un tableau desPrenoms dont le premier élément d'indice 0 est "Eléna" et le dernier d'indice 3 est "Margoline".

Les crochets ouvrant et fermant, [et], indiquent au lecteur Flash qu'il doit créer un tableau et que toutes les données situées à l'intérieur de ces crochets correspondent aux éléments du tableau. Chaque donnée doit être séparée par une virgule.

Tableau et adresse mémoire

Un tableau est une suite de cases mémoire allouées par le lecteur Flash à l'aide de l'opérateur new. Examinons plus attentivement les opérations réalisées lors de l'exécution de l'instruction :

```
var notes:Array = new Array(8);
```

- la variable `notes` est créée dans un premier temps. Cet espace mémoire est vide pour l'instant ;

- l'opérateur `new` réserve ensuite autant de cases mémoire qu'il est indiqué entre parenthèses du constructeur `Array()`, soit 8 ;

- l'opérateur `new` détermine enfin l'adresse de la première case du tableau et la stocke grâce au signe d'affectation dans la case `notes` créée à l'étape précédente.

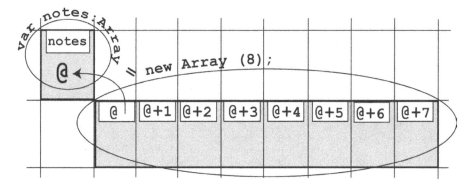

Figure 6-2

L'opérateur new réserve le nombre de cases mémoire demandé (8) et mémorise l'adresse de la première case mémoire dans la variable notes grâce au signe d'affectation.

La variable `notes` ne contient donc pas de valeurs numériques mais une adresse mémoire qui correspond à l'adresse de la première case du tableau. À ce titre, `notes` n'est plus considéré comme une variable mais comme un objet.

Pour en savoir plus

Les notions d'objet et d'adresse sont développées au chapitre 8, « Les classes et les objets ».

Tableau à plusieurs dimensions

Les tableaux créés au cours des deux sections précédentes sont des tableaux à une dimension, c'est-à-dire que les données qu'ils contiennent sont représentées par une ligne ou une colonne.

Il est possible de travailler avec des tableaux de deux, trois, voire *n* dimensions.

Remarque

Le langage ActionScript ne dispose pas d'outil spécifique pour créer des tableaux à plusieurs dimensions. Il ne fournit que des outils de création de tableaux à une dimension.

Pour créer, ou plutôt simuler, un tableau à plusieurs dimensions, nous devons donc imbriquer des tableaux à l'intérieur de tableaux. Pour simplifier, examinons comment créer un tableau à deux dimensions constitué de 2 lignes et de 3 colonnes.

- Avec le constructeur `Array()`, la démarche est la suivante :

```
var ligne0:Array = new Array ("Eléna", "Nicolas", "Pablo");
var ligne1:Array = new Array (12, 9, 16);
var tableau:Array = new Array (ligne0, ligne1);
```

Les deux premières instructions créent deux tableaux, `ligne0` et `ligne1`, constitués chacun de 3 éléments (3 prénoms et 3 âges respectivement). Grâce à la troisième instruction, ces deux tableaux deviennent à leur tour les éléments de `tableau` (voir figure 6-3).

- Avec l'expression `[]`, nous devons écrire :

```
var ligne0:Array = ["Eléna", "Nicolas", "Pablo"];
var ligne1:Array = [12, 9, 16];
var tableau:Array = [ligne0, ligne1];
```

Nous obtenons aussi un tableau constitué de 2 lignes et de 3 colonnes comme le montre la figure 6-3.

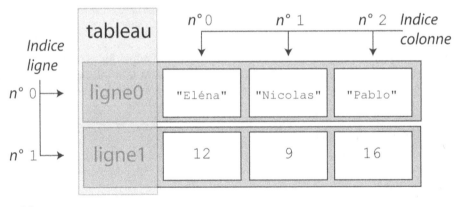

Figure 6-3

Un tableau de 2 lignes contenant chacune 3 éléments

Accéder aux éléments d'un tableau

Un tableau est donc un ensemble d'éléments, chacun d'entre eux pouvant être considéré comme une variable. Chaque élément du tableau peut être manipulé de façon à :

- placer une valeur dans une case du tableau à l'aide de l'affectation ;
- utiliser un élément du tableau dans le calcul d'une expression mathématique ;
- afficher un élément du tableau.

Tableau à une dimension

Sachant que `nomDuTableau[0]` représente la première case du tableau, l'accès à la `n-ième` case s'écrit `nomDuTableau[n]`.

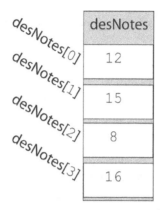

Figure 6-4

desNotes est le nom du tableau et les notes 12, 15, 8, 16 sont des valeurs placées à l'aide du signe d'affectation dans les cases numérotées respectivement 0, 1, 2 et 3 (indices).

Par exemple, l'instruction :

```
desNotes[0] = 12;
```

mémorise la première note d'un étudiant dans la première case du tableau (`desNotes[0]`). De la même façon, la deuxième note est stockée grâce à l'affectation :

```
desNotes [1] = 15;
```

et ainsi de suite, jusqu'à stocker la quatrième et dernière note à l'aide de l'instruction :

```
desNotes [3] = 16;
```

Les valeurs placées entre les crochets `[]` sont appelées les « indices » du tableau.

Remarque

La première case d'un tableau est numérotée à partir de 0 et non de 1 (voir figure 6-4).

Les éléments d'un tableau étant ordonnés grâce aux indices, il est possible d'y accéder à l'aide de constructions itératives (boucle `for`) , comme le montre l'exemple suivant.

Exemple : consulter les éléments d'un tableau

```
❶ var desPersonnes:Array = ["Eléna",12, "Nicolas", 9, "Pablo", 16];
❷ for (var i:uint = 0; i< 6;  i+=2 ) {
     trace(desPersonnes[i] + " a " + desPersonnes[i+1] + " ans");
   }
```

Ces instructions ont pour résultat d'afficher dans la fenêtre de sortie les lignes suivantes :

```
Eléna a 12 ans
Nicolas a 9 ans
Pablo a 16 ans
```

❶ Le tableau est initialisé. Les prénoms sont enregistrés aux indices 0, 2 et 4 et les âges le sont aux indices 1, 3 et 5.

❷ Le programme entre dans une boucle for. La variable i correspond au compteur de boucles. Elle varie entre 0 et 6. Le pas d'incrémentation de la boucle est de 2.

Ainsi, à chaque tour de boucle, la variable i est utilisée comme indice du tableau, la commande trace() affiche en une seule fois le prénom (desPersonnes[i]) et l'âge d'une personne (desPersonnes[i+1]).

La boucle for s'arrête lorsque i vaut 5 (i strictement inférieur à 6), alors que le tableau contient 6 éléments. En effet, la commande trace() affiche à la fois l'élément courant [i] et le suivant [i+1]. Si la boucle for cessait d'être exécutée pour i valant 6, l'accès à l'élément desPersonnes[i+1] poserait problème, l'élément desPersonnes[7] n'étant pas défini.

Remarque

La somme, la soustraction, la division et la multiplication directe de deux tableaux sont des opérations impossibles. En effet, chaque opération doit être réalisée élément par élément, comme le montre le tableau suivant :

Correcte	Impossible
`var tab1:Array = [10, 8, 6];`	`var tab1:Array = [10, 8, 6];`
`var tab2:Array = [2, 16, 22];`	`var tab2:Array = [2, 16, 22];`
`somme = new Array(3);`	`somme = new Array(3);`
`for (i = 0; i < 3; i++)`	
`somme[i] = tab1[i] + tab2[i];`	`somme = tab1 + tab2;`

Tableau à deux dimensions

Pour initialiser, modifier ou consulter la valeur d'un élément d'un tableau à deux dimensions, il convient d'utiliser deux indices : un pour les lignes et un pour les colonnes. Chaque indice étant contrôlé par une boucle for, la technique consiste à imbriquer deux boucles de la façon suivante :

```
for (var i:uint = 0; i < nombreDeLignes; i++) {
    for (var j:uint = 0; j < nombreDeColonnes; j++) {
        nomDuTableau[i][j] = uneValeur;
    }
}
```

Les variables i et j sont utilisées comme compteurs de boucles et indices du tableau nomDuTableau. Elles permettent l'accès aux lignes et aux colonnes de nomDuTableau grâce aux doubles crochets entourant les deux indices. Les deux premiers crochets donnent accès aux lignes, et les seconds aux colonnes.

Exemple : consulter les éléments d'un tableau

```
var ligne0:Array = ["Eléna", "Nicolas", "Pablo"];
var ligne1:Array = [12, 9, 16];
var tableau:Array = [ligne0, ligne1];

for (var i:uint = 0; i< 2;  i++ ) {
  for (var j:uint = 0; j< 3;  j++ ) {
     trace(" tableau ["+i+"]["+j+"] = " + tableau[i][j]);
  }
}
```

Ces instructions ont pour résultat d'afficher dans la fenêtre de sortie les lignes suivantes :

```
tableau [0][0] = Eléna
tableau [0][1] = Nicolas
tableau [0][2] = Pablo
tableau [1][0] = 12
tableau [1][1] = 9
tableau [1][2] = 16
```

Les prénoms sont enregistrés sur la première ligne de tableau alors que les âges le sont sur la seconde ligne. Les deux boucles i et j sont imbriquées, la boucle j se trouvant à l'intérieur de la boucle i. À chaque tour de boucle i, la boucle j est totalement exécutée pour j valant de 0 à 2. De cette façon, tous les éléments de la première ligne sont affichés (tableau[0]), puis tous ceux de la seconde ligne (tableau[1]).

Pour en savoir plus

Les boucles imbriquées sont étudiées en détail au chapitre 5, « Faire des répétitions », section « Un tableau de photos », paragraphe « Les boucles imbriquées ».

Déterminer la taille du tableau

Le parcours de l'intégralité d'un tableau s'effectue très aisément avec une structure répétitive telle que la boucle for. L'indice du tableau varie entre 0 et une valeur qui est fonction du nombre d'éléments défini à l'intérieur du tableau.

En ActionScript, ce nombre n'est pas nécessairement fixe, il peut augmenter ou diminuer en cours d'exécution de l'application. C'est pourquoi il convient, plutôt que d'écrire une valeur fixe (comme nous avons pu le faire au cours des deux exemples précédents), d'utiliser la propriété length.

La propriété length d'un tableau indique à tout moment la longueur du tableau, c'est-à-dire le nombre d'éléments contenus dans un tableau.

Remarque

Si l'on suppose qu'un tableau a pour longueur nbElements, le premier élément d'un tableau est placé à l'indice 0 et le dernier se situe à l'indice nbElements -1.

La syntaxe d'utilisation de cette propriété est la suivante :

- pour un tableau à une dimension

  Il suffit d'appliquer la propriété length au nom du tableau en utilisant la notation « . », comme suit :

```
var desPersonnes:Array = ["Eléna",12, "Nicolas", 9, "Pablo", 16];
trace ("La longueur du tableau desPersonnes vaut : " + desPersonnes.length);
```

  La commande trace() affiche :

```
La longueur du tableau desPersonnes vaut : 6
```

- pour un tableau à deux dimensions

  La longueur correspondant au nombre de lignes s'effectue en appliquant directement la propriété length au nom du tableau.

  En revanche, pour connaître la longueur d'une ligne, la technique consiste à appliquer la propriété length aux éléments donnant accès aux lignes du tableau, en utilisant les crochets comme suit :

```
var ligne0:Array = ["Eléna", "Nicolas", "Pablo"];
var ligne1:Array = [12, 9, 16];
var tableau:Array = [ligne0, ligne1];

trace ("Le tableau a " + tableau.length + " lignes ");
trace ("Longueur de la première ligne : " + tableau[0].length);
```

  La première instruction trace() affiche le nombre de lignes du tableau, soit 2. La seconde affiche la longueur de la première ligne, soit 3.

Question

Comment utiliser la propriété length dans les deux exemples de parcours de tableaux précédents ?

Réponse

Dans le premier exemple, la boucle doit s'arrêter un élément avant la fin du tableau pour éviter de sortir des limites du tableau. En effet, si i valait desPersonnes.length, l'affichage de l'élément [i+1] poserait problème. Nous devons donc écrire :

```
for (var i:uint = 0; i < desPersonnes.length-1; i+=2 ) {
    trace(desPersonnes[i] + " a " + desPersonnes[i+1] + " ans");
}
```

Dans le second exemple, la première boucle examine toutes les lignes enregistrées dans tableau grâce au test i < tableau.length. La boucle interne j parcourt tous les éléments d'une ligne grâce au test j < tableau[i].length de façon à calculer la longueur de la ligne traitée, à chaque tour de la boucle i. Les deux boucles imbriquées s'écrivent :

```
for (var i:uint = 0; i< tableau.length;  i++ ) {
    for (var j:uint = 0; j< tableau[i].length;  j++ ) {
        trace(" tableau ["+i+"] ["+j+"] = " +tableau[i][j]);
    }
}
```

Nommer les éléments du tableau

ActionScript autorise de nommer les éléments d'un tableau plutôt que de les numéroter par un indice. La syntaxe est la suivante :

```
nomDuTableau[nomDeLelement] = valeur;
```

où nomDeLelement est une chaîne de caractères et non une valeur numérique. Ainsi, nous pouvons par exemple écrire :

```
var age:Array = new Array();
age["Eléna"] = 12;
age["Nicolas"] = 9;
age["Pablo"] = 16;
```

Le tableau age doit obligatoirement être créé par le constructeur Array() avant de pouvoir insérer des éléments nommés. Ensuite, les instructions :

```
var quelAge:uint = age["Pablo"];
trace("Pablo a "+ quelAge + " ans ");
```

affiche dans la fenêtre de sortie, le message suivant :

```
Pablo a 16 ans
```

Pour récupérer la valeur enregistrée à l'intérieur d'un élément, il est nécessaire de connaître l'identifiant de l'élément, sous peine de ne jamais pouvoir y accéder.

La suppression d'un élément nommé s'effectue par la commande delete, de la façon suivante :

```
delete age["Pablo"];
```

Nommer les éléments d'un tableau plutôt que les numéroter permet de rendre le code plus lisible et surtout d'accéder à un élément d'un tableau sans connaître sa position.

En ActionScript, l'accès à un élément nommé ne peut s'effectuer autrement que par l'identifiant. Il n'est pas possible d'y accéder par un nombre ni d'utiliser les méthodes d'ajout, de suppression et de tri proposées par le langage (voir section ci-après).

Les outils proposés par ActionScript

Un tableau est une liste d'éléments créée et initialisée en début de programme, qui évolue en cours d'exécution de l'application. Le nombre d'éléments peut augmenter ou diminuer en fonction des actions de l'utilisateur. Les éléments peuvent également changer de place, passer du premier indice au dernier ou encore être triés dans un ordre donné.

Toutes ces manipulations (ajout, suppression, tri…) sont des opérations courantes que l'on peut réaliser simplement en utilisant les fonctions prédéfinies du langage ActionScript.

Nous décrivons ci-dessous, regroupées par thème, une grande partie des méthodes définies pour gérer les objets de type Array. Nous donnons, en exemple, pour chaque thème, un programme qui utilise ces méthodes.

L'ajout d'éléments

Opération	Méthode
Ajoute les éléments passés en paramètre, à la fin du tableau sur lequel est appliquée la méthode.	push(element1, element2, …)
Insère les éléments passés en paramètre, au début du tableau sur lequel est appliquée la méthode.	unshift(element1, element2, …)
Supprime, ajoute ou remplace des éléments du tableau en fonction des paramètres passés. Le premier paramètre aPartirDe indique l'indice de l'élément à partir duquel la modification doit s'effectuer, le second paramètre nbElement indique le nombre d'éléments à supprimer. Si ce dernier vaut 0, aucun élément n'est supprimé, et les paramètres suivants sont insérés en fonction de aPartirDe.	splice(aPartirDe, nbElement, element1, element2, …)
Retourne dans un nouveau tableau les éléments du tableau sur lequel est appliquée la méthode, suivis des éléments fournis en paramètre.	concat(element1, element2, …)

Exemples

```
var desPersonnes:Array = new Array("Eléna",12, "Nicolas", 9, "Pablo", 16);
var desAmis:Array = ["Garance", 12, "Elliot", 9];

trace("---------------------------------------------------------");
// ❶ Ajouter un élément en modifiant length directement
desPersonnes[12] = "Lamy";
desPersonnes[13] = 21;
trace("Ajouter un élément en modifiant length");
```

```
for (var i:uint = 0; i< desPersonnes.length-1;  i+=2 ) {
   trace(desPersonnes[i] + " a " + desPersonnes[i+1] + " ans");
}
trace ("La longueur du tableau desPersonnes vaut : " + desPersonnes.length);


trace("----------------------------------------------------------");
// ❷ Ajouter des éléments avec push()
desPersonnes.push("Isis", 18);
trace("Ajouter des éléments avec push()");
for (var i:uint = 0; i< desPersonnes.length-1;  i+=2 ) {
   trace(desPersonnes[i] + " a " + desPersonnes[i+1] + " ans");


trace ("La longueur du tableau desPersonnes vaut : " + desPersonnes.length);


trace("----------------------------------------------------------");
// ❸ Ajouter des éléments avec unshift()
desPersonnes.unshift("Elsa", 22);
trace("Ajouter des éléments avec unshift()");
for (var i:uint = 0; i< desPersonnes.length-1;  i+=2 ) {
   trace(desPersonnes[i] + " a " + desPersonnes[i+1] + " ans");
}
trace ("La longueur du tableau desPersonnes vaut : " + desPersonnes.length);


trace("----------------------------------------------------------");
// ❹ Ajouter des éléments avec splice()
desPersonnes.splice(10,0,"Cilou",21);
trace ("Ajouter des éléments avec splice()");
for (var i:uint = 0; i< desPersonnes.length-1;  i+=2 ) {
   trace(desPersonnes[i] + " a " + desPersonnes[i+1] + " ans");
}
trace ("La longueur du tableau desPersonnes vaut : " + desPersonnes.length);


trace("----------------------------------------------------------");
// ❶ Ajouter des éléments avec concat()
var nouveauxAmis:Array = desPersonnes.concat(desAmis);
trace("Ajouter des éléments avec concat()");
for (var i:uint = 0; i< desPersonnes.length-1;  i+=2 ) {
   trace(desPersonnes[i] + " a " + desPersonnes[i+1] + " ans");
}
trace ("La longueur du tableau desPersonnes vaut : " + desPersonnes.length);
trace("----------------------------------------------------------");
trace("Le tableau nouveauxAmis après concaténation");
for (var i:uint = 0; i< nouveauxAmis.length-1;  i+=2 ) {
   trace(nouveauxAmis[i] + " a " + nouveauxAmis[i+1] + " ans");
}
trace ("La longueur du tableau nouveauxAmis vaut : " + nouveauxAmis.length);
```

Extension web

Vous pourrez tester cet exemple en exécutant le fichier `AjouterElements.fla`, sous le répertoire `Exemples/chapitre6`.

Résultat de l'exécution

L'exécution du programme `AjouterElements.fla` a pour résultat d'afficher les messages suivants dans la fenêtre de sortie :

```
Ajouter un élément en modifiant length
Eléna a 12 ans
Nicolas a 9 ans
Pablo a 16 ans
undefined a undefined ans
undefined a undefined ans
undefined a undefined ans
Lamy a 21 ans
La longueur du tableau desPersonnes vaut : 14
```

---

❶ Sans utiliser les méthodes proposées par ActionScript, il est possible d'ajouter des éléments à un tableau en modifiant simplement la taille de ce dernier. Ici, nous avons créé deux nouveaux éléments aux indices 12 et 13, alors qu'aucun n'était défini après l'indice 5. Le lecteur Flash crée de lui-même les six éléments manquants et les insère en tant que `undefined` entre les éléments initiaux et les deux éléments ajoutés. La taille du tableau augmente automatiquement de 8.

```
Ajouter des éléments avec push()
Eléna a 12 ans
Nicolas a 9 ans
Pablo a 16 ans
undefined a undefined ans
undefined a undefined ans
undefined a undefined ans
Lamy a 21 ans
Isis a 18 ans
La longueur du tableau desPersonnes vaut : 16
```

---

❷ La méthode `push()` ajoute les deux éléments passés en paramètres (`Isis` et 18) à la fin du tableau `desPrenoms`. La taille du tableau augmente automatiquement de 2.

```
Ajouter des éléments avec unshift()
Elsa a 22 ans
Eléna a 12 ans
Nicolas a 9 ans
Pablo a 16 ans
```

```
undefined a undefined ans
undefined a undefined ans
undefined a undefined ans
Lamy a 21 ans
Isis a 18 ans
La longueur du tableau desPersonnes vaut : 18
```

❸ La méthode `unshift()` ajoute les deux éléments passés en paramètres (`Elsa` et `22`) au début du tableau `desPrenoms`. La taille du tableau augmente automatiquement de `2`.

```
Ajouter des éléments avec splice()
Elsa a 22 ans
Eléna a 12 ans
Nicolas a 9 ans
Pablo a 16 ans
undefined a undefined ans
Cilou a 21 ans
undefined a undefined ans
undefined a undefined ans
Lamy a 21 ans
Isis a 18 ans
La longueur du tableau desPersonnes vaut : 20
```

❹ Les paramètres `Cilou` et `21` sont insérés dans le tableau à partir de la 10e position, le premier paramètre valant `10` et le second `0`. La taille du tableau augmente automatiquement de `2`.

```
Ajouter des éléments avec concat()
Elsa a 22 ans
Eléna a 12 ans
Nicolas a 9 ans
Pablo a 16 ans
undefined a undefined ans
Cilou a 21 ans
undefined a undefined ans
undefined a undefined ans
Lamy a 21 ans
Isis a 18 ans
La longueur du tableau desPersonnes vaut : 20
---------------------------------------------
Le tableau nouveauxAmis après concaténation
Elsa a 22 ans
Eléna a 12 ans
Nicolas a 9 ans
Pablo a 16 ans
undefined a undefined ans
```

```
Cilou a 21 ans
undefined a undefined ans
undefined a undefined ans
Lamy a 21 ans
Isis a 18 ans
Garance a 12 ans
Elliot a 9 ans
La longueur du tableau nouveauxAmis vaut : 24
```

❺ Les contenus des tableaux desPersonnes et desAmis sont placés les uns après les autres dans le tableau nouveauxAmis, grâce au signe d'affectation. Les deux tableaux desPersonnes et desAmis restent inchangés.

La suppression d'éléments

Opération	Méthode
Extrait le dernier élément du tableau sur lequel est appliquée la méthode. La valeur de cet élément est retournée et le tableau est réduit d'un élément.	pop()
Extrait le premier élément du tableau sur lequel est appliquée la méthode. La valeur de cet élément est retournée et le tableau est réduit d'un élément.	shift()
Supprime, ajoute ou remplace des éléments du tableau en fonction des paramètres passés. Le premier paramètre aPartirDe donne l'indice de l'élément à partir duquel la modification doit s'effectuer, le second, nbElement, indique le nombre d'éléments à supprimer. Si ce dernier est supérieur à 0, la méthode supprime le nombre d'éléments indiqué par nbElement. Si nbElement est omis, l'élément aPartirDe et son suivant sont supprimés.	splice(aPartirDe, nbElement)
L'opérateur delete met à undefined le contenu d'un élément sans le supprimer.	delete

> **Remarque**
>
> L'opérateur delete supprime définitivement un élément nommé et efface seulement le contenu d'un élément numéroté (voir section « Nommer les éléments du tableau » ci-dessus).

Exemples

```
var desPersonnes:Array = new Array("Eléna", 12, "Nicolas", 9,
                        "Pablo", 16,"Garance", 12,
                        "Elliot", 9, "Lamy", 21, "Isis", 18);

trace("--------------------------------------------------------");
trace("Le tableau initial desPersonnes ");
trace("--------------------------------------------------------");
for (var i:uint = 0; i< desPersonnes.length-1;  i+=2 ) {
   trace(desPersonnes[i] + " a " + desPersonnes[i+1] + " ans");
}
trace ("La longueur du tableau desPersonnes vaut : " + desPersonnes.length);
trace("--------------------------------------------------------");
```

```
// ❶ Supprimer des éléments avec length
desPersonnes.length = 12;
trace("Supprimer des éléments avec length ");

for (var i:uint = 0; i< desPersonnes.length-1;  i+=2 ) {
    trace(desPersonnes[i] + " a " + desPersonnes[i+1] + " ans");
}
trace ("La longueur du tableau desPersonnes vaut : " + desPersonnes.length);
trace("---------------------------------------------------------");

// ❷ Effacer des éléments avec delete
delete desPersonnes[10];
delete desPersonnes[11];
trace("Effacer des éléments avec delete ");

for (var i:uint = 0; i< desPersonnes.length-1;  i+=2 ) {
    trace(desPersonnes[i] + " a " + desPersonnes[i+1] + " ans");
}
trace ("La longueur du tableau desPersonnes vaut : " + desPersonnes.length);
trace("---------------------------------------------------------");

// ❸ Supprimer des éléments avec pop()
desPersonnes.pop();
desPersonnes.pop();
trace("Supprimer des éléments avec pop()");

for (var i:uint = 0; i< desPersonnes.length-1;  i+=2 ) {
    trace(desPersonnes[i] + " a " + desPersonnes[i+1] + " ans");
}
trace ("La longueur du tableau desPersonnes vaut : " + desPersonnes.length);
trace("---------------------------------------------------------");

// ❹ Supprimer des éléments avec shift()
desPersonnes.shift();
desPersonnes.shift();
trace("Supprimer des éléments avec shift()");
for (var i:uint = 0; i< desPersonnes.length-1;  i+=2 ) {
    trace(desPersonnes[i] + " a " + desPersonnes[i+1] + " ans");
}
trace ("La longueur du tableau desPersonnes vaut : " + desPersonnes.length);
trace("---------------------------------------------------------");

// ❺ Supprimer des éléments avec splice()
desPersonnes.splice(2,4);
trace("Supprimer des éléments avec splice()");
for (var i:uint = 0; i< desPersonnes.length-1;  i+=2 ) {
    trace(desPersonnes[i] + " a " + desPersonnes[i+1] + " ans");
}
trace ("La longueur du tableau desPersonnes vaut : " + desPersonnes.length);
trace("---------------------------------------------------------");
```

Extension web

Vous pourrez tester cet exemple en exécutant le fichier `SupprimerElements.fla`, sous le répertoire `Exemples/chapitre6`.

Résultat de l'exécution

L'exécution du programme `SupprimerElements.fla` a pour résultat d'afficher les messages suivants, dans la fenêtre de sortie :

```
Le tableau initial desPersonnes
--------------------------------------------
Eléna a 12 ans
Nicolas a 9 ans
Pablo a 16 ans
Garance a 12 ans
Elliot a 9 ans
Lamy a 21 ans
Isis a 18 ans
La longueur du tableau desPersonnes vaut : 14
--------------------------------------------
Supprimer des éléments avec length
Eléna a 12 ans
Nicolas a 9 ans
    Pablo a 16 ans
    Garance a 12 ans
    Elliot a 9 ans
    Lamy a 21 ans
    La longueur du tableau desPersonnes vaut : 12
```

❶ Sans utiliser les méthodes proposées par ActionScript, il est possible de supprimer des éléments du tableau, en modifiant simplement la taille de ce dernier. La taille initiale du tableau vaut 14. En modifiant la taille à 12, nous supprimons automatiquement les deux derniers éléments du tableau.

```
Effacer des éléments avec delete
Eléna a 12 ans
Nicolas a 9 ans
Pablo a 16 ans
Garance a 12 ans
Elliot a 9 ans
undefined a undefined ans
La longueur du tableau desPersonnes vaut : 12
```

---

❷ La commande `delete` a pour effet d'effacer l'information enregistrée à l'indice indiqué entre crochets, sans pour autant la supprimer de la mémoire. Ainsi, la taille du tableau reste identique, les éléments concernés sont `undefined`.

```
Supprimer des éléments avec pop()
Eléna a 12 ans
    Nicolas a 9 ans
    Pablo a 16 ans
    Garance a 12 ans
    Elliot a 9 ans
La longueur du tableau desPersonnes vaut : 10
```

❸ La méthode pop() est appelée deux fois afin de supprimer les deux derniers éléments du tableau desPrenoms. La taille du tableau diminue automatiquement de 2.

```
Supprimer des éléments avec shift()
Nicolas a 9 ans
Pablo a 16 ans
Garance a 12 ans
Elliot a 9 ans
La longueur du tableau desPersonnes vaut : 8
```

❹ La méthode shift() est appelée deux fois afin de supprimer les deux premiers éléments du tableau desPrenoms. La taille du tableau diminue automatiquement de 2.

```
Supprimer des éléments avec splice()
Nicolas a 9 ans
Elliot a 9 ans
La longueur du tableau desPersonnes vaut : 4
```

❺ Le premier paramètre indique l'indice à partir duquel les éléments sont supprimés et le second le nombre d'éléments à supprimer. Ici, quatre éléments (Pablo, 16, Garance et 12) sont détruits à partir de l'indice n° 2. La taille du tableau diminue automatiquement de 4.

La manipulation de tableaux

Opération	Méthode
Inverse l'ordre de classement des éléments du tableau sur lequel est appliquée la méthode.	reverse().
Effectue un tri alphabétique sur les éléments du tableau sur lequel est appliquée la méthode.	sort().
Extrait un ou plusieurs éléments successifs du tableau sur lequel est appliquée la méthode, sans en altérer la structure.	slice(debut, fin).
Retourne une chaîne de caractères contenant tous les éléments du tableau séparés par un séparateur fourni en paramètre.	join(separateur).
Retourne une chaîne de caractères contenant tous les éléments du tableau séparés par une virgule.	toString().

Exemples

```
var desPersonnes:Array = new Array("Eléna", "Nicolas", "Pablo", "Garance",
                            "Elliot", "Lamy", "Isis");

trace("Le  tableau initial desPersonnes  ");
trace("-----------------------------------------------------------");
for (var i:uint = 0; i< desPersonnes.length;  i++ ) {
    trace("Je m'appelle " + desPersonnes[i] );
}


trace("-----------------------------------------------------------");
// ❶ Inverser l'ordre du tableau
desPersonnes.reverse();
trace("Inverser l'ordre du tableau ");
for (var i:uint = 0; i< desPersonnes.length;  i++ ) {
    trace("Je m'appelle " + desPersonnes[i] );
}


trace("-----------------------------------------------------------");
// ❷ Trier le tableau dans l'ordre alphabétique
desPersonnes.sort();
trace("Trier le tableau dans l'ordre alphabétique ");
for (var i:uint = 0; i< desPersonnes.length;  i++ ) {
    trace("Je m'appelle " + desPersonnes[i] );
}


trace("-----------------------------------------------------------");
// ❸ Récupérer une partie du tableau dans un nouveau tableau
var nouveauTableau:Array = desPersonnes.slice(2, 6);
trace("Récupérer une partie du tableau dans un nouveau tableau ");
for (var i:uint = 0; i< nouveauTableau.length;  i++ ) {
    trace("nouveauTableau ["+i+"] = " + nouveauTableau[i] );
}


trace("-----------------------------------------------------------");
// ❹ Récupérer le contenu du tableau dans une chaîne de caractères
var listeDePrenom:String = nouveauTableau.join(" | ");
trace("La liste des prénoms après slice() et join() : "+ listeDePrenom);


trace("-----------------------------------------------------------");
// ❺ Récupérer le contenu du tableau dans une chaîne de caractères
var listeDePrenomTriee:String = desPersonnes.toString();
trace("La liste de tous les prénoms triés après toString() :"
     + listeDePrenomTriee);
trace("-----------------------------------------------------------");
```

> **Extension web**
>
> Vous pourrez tester cet exemple en exécutant le fichier `TransformerTableau.fla`, sous le répertoire `Exemples/chapitre6`.

Résultat de l'exécution

L'exécution du programme `TransformerTableau.fla` a pour résultat d'afficher les messages suivants, dans la fenêtre de sortie :

```
Le tableau initial desPersonnes
---------------------------------------------
Je m'appelle Eléna
Je m'appelle Nicolas
Je m'appelle Pablo
Je m'appelle Garance
Je m'appelle Elliot
Je m'appelle Lamy
Je m'appelle Isis
---------------------------------------------
Inverser l'ordre du tableau
Je m'appelle Isis
Je m'appelle Lamy
Je m'appelle Elliot
Je m'appelle Garance
Je m'appelle Pablo
Je m'appelle Nicolas
Je m'appelle Eléna
```

❶ L'ordre des éléments du tableau `desPersonnes` s'est inversé. `Isis` est passée en première position, `Eléna` en dernière, ainsi que toutes les positions intermédiaires.

```
Trier le tableau dans l'ordre alphabétique
Je m'appelle Elliot
Je m'appelle Eléna
Je m'appelle Garance
Je m'appelle Isis
Je m'appelle Lamy
Je m'appelle Nicolas
Je m'appelle Pablo
```

❷ Les éléments du tableau sont triés dans l'ordre alphabétique. Attention, les capitales passent avant les minuscules, ce qui fait que le mot « Wagon » se situe avant le mot « train » par exemple.

> **Remarque**
>
> Il est possible de modifier les règles de tri de façon à organiser les éléments d'un tableau dans un ordre de notre choix (ordre alphabétique ascendant, descendant, ordre numérique, ordre relatif à la taille des objets...). Pour cela, les règles de tri doivent être définies à l'intérieur d'une fonction, laquelle est passée en paramètre de la méthode `sort`.

```
Récupérer une partie du tableau dans un nouveau tableau
nouveauTableau [0] = Garance
nouveauTableau [1] = Isis
nouveauTableau [2] = Lamy
nouveauTableau [3] = Nicolas
```

---

❸ Les quatre éléments du tableau `desPersonnes`, comptés à partir du deuxième élément (`slice(4, 2)`), sont extraits du tableau et enregistrés dans le tableau `nouveauTableau`.

```
La liste des prénoms après slice() et join() : Garance | Isis | Lamy | Nicolas
```

---

❹ Tous les éléments de `nouveauTableau` sont enregistrés dans une chaîne de caractères, du premier au dernier élément. Chaque élément est séparé par le caractère « | » comme spécifié en paramètre de la méthode `join()`.

```
La liste de tous les prénoms triés après toString() :
Elliot,Eléna,Garance,Isis,Lamy,Nicolas,Pablo
```

---

❺ Tous les éléments du tableau `desPersonnes` sont enregistrés dans une chaîne de caractères. Ici, il n'y a pas de choix possible pour le caractère de séparation, la méthode `toString()` sépare les éléments du tableau avec le caractère « , ».

Le trombinoscope – 2e version

L'objectif est ici de modifier et d'améliorer le trombinoscope 1re version en intégrant les notions apprises au cours de ce chapitre. Le nouveau trombinoscope utilise des tableaux et propose quatre fonctionnalités supplémentaires :

- l'affichage du prénom et de l'âge des personnes ;
- l'ajout d'une nouvelle photo ;
- la suppression d'une photo ;
- le tri des photos par ordre alphabétique du prénom.

Cahier des charges

Le trombinoscope 2e version se présente sous la forme suivante :

Figure 6-5

Le trombinoscope 2e version

Fonctionnalités

Les photos se placent horizontalement, les unes à la suite des autres. Si le nombre de photos ne permet pas l'affichage sur une seule ligne, l'application place les photos sur plusieurs lignes comme le montre la figure 6-5.

Lorsque le curseur de la souris survole une des photos, une bulle apparaît indiquant le prénom et l'âge de la personne représentée sur la photo.

Les boutons ajouter, trier et supprimer sont placés dans le bas de la scène. Ils permettent respectivement :

• d'ajouter une nouvelle personne à la liste. Lorsque l'utilisateur clique sur ce bouton, un panneau demandant la saisie du prénom et de l'âge de la personne apparaît. La nouvelle photo s'affiche à la suite des précédentes, après validation de la saisie ;

• d'afficher dans l'ordre alphabétique la liste des personnes enregistrées ;

• de supprimer une personne de la liste. Après avoir cliqué sur le bouton supprimer, l'utilisateur choisit l'élément à supprimer en cliquant sur la photo correspondante. Le bouton supprimer reste enfoncé tant que l'utilisateur n'a pas sélectionné la photo à effacer.

Structure associée aux prénoms

Le trombinoscope nouvelle version met en jeu plusieurs types de données : des photos, des listes de noms et de valeurs numériques. Il existe différentes façons d'organiser ces informations et selon la structure des données choisie, la charpente générale de l'application sera différente. Pour notre exemple, nous choisissons :

- de définir la liste des prénoms et celle des âges, à l'aide de deux tableaux distincts, l'un pour les prénoms (nommé prenoms), l'autre pour les âges (nommé ages) comme suit :

```
// Le tableau des prénoms
var prenoms:Array = ["Elena", "Marine", "Margoline", "Lamy",
                     "Nicolas", "Ivan", "Isis",
                     "Pablo", "Annabel"];
// Le tableau des âges
var ages:Array = Array(12, 28, 24, 20, 9, 19, 14, 19, 11, 16);
```

La correspondance entre le prénom et l'âge s'effectue grâce à la position respective des éléments. Si Eléna a son prénom enregistré en position 0 dans le tableau des prénoms, alors son âge est enregistré à l'indice 0 dans le tableau des âges ;

- d'enregistrer chaque photo sous le prénom de la personne. Par exemple, le fichier correspondant à la photo d'Eléna a pour nom Elena.jpg, celui de Nicolas, Nicolas.jpg.

Ainsi, avec cette façon de structurer les données, l'affichage des informations concernant Eléna et l'accès à son fichier photo s'effectuent de la façon suivante :

```
trace("Je m'appelle " + prenoms[0] + " et j'ai "+ age[0] +" ans");
trace ("nom du fichier image : " + prenoms[0] + ".jpg");
```

La fenêtre de sortie du lecteur Flash affiche alors les messages suivants :

```
Je m'appelle Elena et j'ai 12 ans
nom du fichier image : Elena.jpg
```

Définition des objets graphiques

De nouveaux symboles sont à ajouter au trombinoscope. Les boutons pour ajouter, supprimer ou trier les données, la bulle pour afficher le prénom et l'âge d'une personne et enfin le tableau de saisie du prénom et de l'âge de la personne que l'on souhaite insérer dans le trombinoscope.

Chacun de ces symboles définit un champ de saisie ou d'affichage qui lui est propre et qui, tout comme la structure des données, façonne l'architecture de l'application. Dans notre exemple, nous choisissons de définir :

- les trois boutons ajouter, trier et supprimer comme occurrences du même symbole BoutonClp.

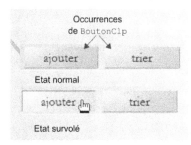

Figure 6-6

Les différentes formes du symbole BoutonClp

Le symbole BoutonClp est constitué de deux images-clés (voir figure 6-6) pour distinguer l'état survolé de l'état normal. Il possède également une zone de texte dynamique nommée labelOut, afin d'y placer les mots ajouter, trier et supprimer en fonction du bouton traité ;

- le symbole BulleClp, pour afficher le prénom et l'âge des personnes dans une bulle lorsque la souris survole leur photo.

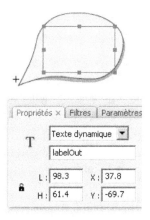

Figure 6-7

Le symbole BulleClp

Le symbole BulleClp possède une zone de texte dynamique nommée labelOut, ce qui permet de modifier les données prénom et âge en fonction de la position du curseur ;

- le symbole `SaisirNomAgeClp`, utilisé pour afficher le panneau de saisie du nom et de l'âge de la personne lorsque l'utilisateur a choisi d'ajouter une nouvelle photo.

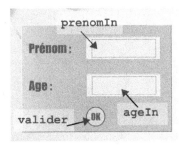

Figure 6-8

Le symbole SaisirNomAgeClp

Le symbole `SaisirNomAgeClp` possède trois zones d'interaction, les deux zones de texte de saisie nommées `prenomIn` et `ageIn`, pour entrer le prénom et l'âge de la personne à ajouter, et le symbole `BoutonOKClp`, nommé `valider`, qui permet la validation de la saisie des valeurs lorsque l'utilisateur clique dessus.

Marche à suivre

La mise en place des nouvelles fonctionnalités s'effectue en quatre étapes que nous décrivons ci-après.

> **Remarque**
>
> La suppression d'une image à l'aide du bouton `Supprimer` est traitée sous forme d'exercice (voir exercice 6-3 en fin de chapitre).

Afficher une liste de photos

La toute première étape consiste à afficher les photos en tenant compte de la nouvelle structure des données.

L'accès aux photos ne se fait plus en fonction d'un numéro (voir section « Le trombinoscope – 1re version » du chapitre 5, « Faire des répétitions »), mais en utilisant la liste des prénoms, enregistrée dans le tableau `prenoms`. L'affichage des photos s'effectue selon la démarche suivante :

❶ pour chaque élément du tableau `prenoms` ;

❷ créer un clip support et un chargeur pour la photo ;

❸ charger la photo et la placer dans le conteneur ;

❹ placer la photo à la suite de la précédente ;

❺ si photo sort de la scène, la placer sur la ligne suivante.

La marche à suivre décrite ci-dessus se traduit en ActionScript par la suite des instructions suivantes :

```
var prenoms:Array = ["Elena", "Marine", "Margoline", "Lamy", "Nicolas",
              "Ivan", "Isis", "Pablo", "Annabel"];
var posX:uint=0, posY:uint=0;
var cettePhoto:PhotoClp;
var aCharger:Loader;
// ❶ Pour chaque prénom du tableau prenoms
for (var i:uint = 0; i< prenoms.length; i++) {
    // ❷ Créer un conteneur et chargeur pour chaque photo
    cettePhoto = new PhotoClp() ;
    aCharger= new Loader();
    // Charger la photo
        // ❸ Charger la photo et la placer dans le conteneur
    aCharger.load(new URLRequest("../Photos/"+prenoms[i]+".jpg"));
    cettePhoto.addChild(aCharger);
    // Afficher la photo
    addChild(cettePhoto);
    // ❹ Placer chaque photo les unes derrière les autres
    //      sur une ligne
    cettePhoto.x = (cettePhoto.width + ecartInterPhoto)*posX +  ecartDuBordGauche;
    cettePhoto.y = (cettePhoto.height + ecartInterPhoto)*posY +  ecartDuBordHaut;
    posX++;
    // ❺ Lorsque la ligne sort de la scène,
    //      passer à la ligne suivante.
    if (cettePhoto.x > largeur -  2*cettePhoto.width) {
        posX=0;
        posY++;
    }
}
```

Question

Quel est le rôle des variables posX et posY ?

Réponse

La variable posX est utilisée pour positionner les photos le long de l'axe des X. Elle est initialisée à 0 et, pour chaque photo placée, posX est incrémentée de 1 afin de positionner la photo suivante juste après. Le calcul de la position suivante prend en compte la largeur de la photo. Lorsqu'une des photos sort de la scène, posX est de nouveau initialisée à 0. La propriété x de cettePhoto reprend la valeur ecartDuBordGauche, ce qui a pour conséquence de placer la photo en début de ligne.

La variable posY est utilisée pour passer à la ligne en dessous. Elle est initialisée à 0. Lorsqu'une des photos sort de la scène, posY est incrémentée de 1, ce qui ajoute à la propriété y de cettePhoto une hauteur de photo.

Afficher une bulle d'info pour chaque photo

La seconde étape a pour objectif d'afficher une infobulle lorsque la souris survole une photo. Les informations affichées sont le prénom et l'âge de la personne correspondant à la photo survolée. Chaque photo affichée doit donc être en mesure de capturer les événements MouseEvent.MOUSE_OVER et MouseEvent.MOUSE_OUT.

La mise en place des gestionnaires des événements MouseEvent.MOUSE_OVER et MouseEvent.MOUSE_OUT s'effectue alors comme suit :

❶ pour chaque objet cettePhoto, définir son comportement lorsque le curseur de la souris survole une photo. Pour cela, créer le gestionnaire d'événement MouseEvent.MOUSE_OVER ;

❷ à l'intérieur de celui-ci, créer l'objet parole à partir du symbole bulleClp et le positionner sur la photo ;

❸ afficher le texte « Je m'appelle … et j'ai … ans » dans l'infobulle en utilisant les tableaux prenoms et ages. L'affichage du prénom et du nom varie en fonction de la photo survolée, c'est-à-dire de la position qu'elle occupe dans le tableau prenoms.

Pour cela, l'objet survolé, c'est-à-dire e.currentTarget dans le gestionnaire correspondant, doit connaître la place qu'il occupe dans le tableau prenoms ;

❹ nous devons donc créer une propriété numPhoto, pour chaque objet cettePhoto créé afin de mémoriser l'indice de la photo et donc la position du prénom et de l'âge dans leurs tableaux respectifs ;

❺ utiliser la propriété numPhoto pour retrouver le prénom ainsi que l'âge de la personne survolée, et afficher le texte « Je m'appelle … et j'ai … ans » correspondant ;

Pour en savoir plus

La définition de propriétés d'objet est étudiée plus précisément au chapitre 8, « Définir ses propres classes ».

---

❻ définir le comportement de chaque cettePhoto lorsque le curseur de la souris ne survole plus la photo. Pour cela, créer le gestionnaire d'événement MouseEvent.MOUSE_OVER afin de détruire et donc d'effacer l'objet parole.

La marche à suivre décrite ci-dessus se traduit, en ActionScript, par la suite des instructions suivantes :

```
for (var i:uint = 0; i< prenoms.length;  i++ ) {
   // Charger et positionner les photos
   // Voir section précédente
   // ❹ Mémoriser le numéro de la photo
   cettePhoto.numPhoto = i;
```

```
    // Définir le gestionnaire MouseEvent.MOUSE_OVER
    cettePhoto.addEventListener(MouseEvent.MOUSE_OVER, auSurvolPhoto);
// ❶ Lorsque le curseur de la souris survole la photo
    function auSurvolPhoto(e:MouseEvent):void {
    // Récupérer la photo qui reçoit l'événement
      var cible:MovieClip = e.currentTarget  as MovieClip;
      // ❷ Créer l'infobulle
      parole =  new BulleClp() ;
      parole.x = cible.x + cible.width/2;
      parole.y = cible.y + cible.height/2;
      addChild(parole);
      // ❸ et ❺ Afficher dans l'infobulle le texte correspondant
      //  à la photo survolée
      parole.labelOut.text = "Je m'appelle " +
                            prenoms[cible.numPhoto]+ "\net j'ai "+
                            ages[cible.numPhoto]+" ans";
    }
    // ❻ Lorsque le curseur de la souris sort de la photo
    cettePhoto.addEventListener(MouseEvent.MOUSE_OUT, alExterieurPhoto);
    // Lorsque le curseur sort de la photo
    function alExterieurPhoto(e:MouseEvent):void {
        // Effacer l'infobulle
        removeChild(parole);
    }
}
```

Remarque

L'affichage du texte s'effectue en plaçant la chaîne « `Je m'appelle " + prenoms[cible.numPhoto]+ "\net j'ai "+ ages[cible.numPhoto]+" ans` », dans le champ de texte dynamique `labelIn` de l'objet `parole`. Le caractère `\n` est utilisé pour forcer les caractères suivants (`et j'ai…`) à passer à la ligne.

Ajouter une nouvelle photo

L'ajout d'une nouvelle photo dans le trombinoscope fait l'objet de la troisième étape de notre marche à suivre. La mise en œuvre de cette nouvelle fonctionnalité se décompose de la façon suivante :

Extension web

Le survol des boutons `ajouter` et `trier` ne fait pas appel à la structure de tableau, nous ne développerons pas ici leur fonctionnement. Vous pourrez cependant examiner leur mise en place en étudiant le script associé au fichier `TrombinoscopeV2.fla`, sous le répertoire `Exemples/chapitre6`.

❶ une nouvelle photo est ajoutée à la suite des autres lorsque l'utilisateur clique sur le bouton ajouter situé en bas de la scène. Pour cela, nous devons créer et positionner un objet ajout à partir du symbole BoutonClp ;

❷ lorsque l'utilisateur clique sur le bouton ajouter, un panneau s'affiche permettant la saisie des données. Il convient donc de définir le gestionnaire MouseEvent.MOUSE_UP de la façon suivante :

❸ créer l'objet saisir à partir du symbole SaisirNomAgeClp (voir figure 6-8) et l'afficher au centre de la scène ;

❹ l'utilisateur saisit le prénom et l'âge de la personne à ajouter, puis valide sa saisie en cliquant sur le bouton OK. Ce dernier a pour nom valider (voir figure 6-8). La validation et l'enregistrement des données s'effectuent par conséquent par l'intermédiaire du gestionnaire d'événement MouseEvent.MOUSE_UP appliqué à l'occurrence saisir.valider comme suit :

❺ le prénom et l'âge de la personne à ajouter sont transmis au programme à l'aide des zones de texte prenomIn et ageIn, respectivement (voir figure 6-8). Ces nouvelles valeurs s'insèrent en fin des tableaux prenoms et ages en utilisant la méthode push() ;

Remarque

Le nom du fichier portant le prénom de la personne à ajouter doit se trouver obligatoirement dans le répertoire Photos se trouvant dans le répertoire courant de l'application.

---

❻ pour finir, une fois les valeurs saisies et insérées dans les tableaux, nous devons effacer le panneau Saisir ;

❼ le panneau effacé, la nouvelle photo doit apparaître. Pour cela il convient d'afficher la nouvelle liste de prénoms en recopiant l'intégralité des instructions décrites en section « Afficher une liste de photos » de ce chapitre. Pour simplifier le code, nous avons choisi de copier ces instructions à l'intérieur d'une fonction et d'appeler cette dernière en lieu et place. La fonction s'appelle ici afficherLesPhotos().

Pour en savoir plus

La définition et l'appel de fonctions sont étudiés en détail au cours du chapitre 7, « Les fonctions ». La création et la mise en place de la fonction afficherLesPhotos() sont étudiées plus précisément à la section « Le projet mini site » du chapitre 7.

La marche à suivre décrite ci-dessus se traduit en ActionScript par la suite des instructions suivantes :

```
// ❶ Créer et positionner le bouton ajout
var ajout:BoutonClp = new BoutonClp();
```

```
ajout.x = 4*ecartDuBordGauche;
ajout.y = hauteur - 4*ajout.height;
ajout.labelOut.text="ajouter";
ajout.alpha = 0.8;
ajout.buttonMode = true;
addChild(ajout);
// ❷ Lorsque l'utilisateur clique sur le bouton ajout
function onRelacheAjout(e:MouseEvent):void {
  // ❸ Afficher le panneau de saisie du prénom et de l'âge
  var saisir:SaisirNomAgeClp = new SaisirNomAgeClp();
  saisir.x = (largeur ) / 2;
  saisir.y = (hauteur ) / 2 ;
  addChild(saisir);
  // Définir un gestionnaire d'événement MOUSE_UP
  // pour le bouton saisir
  // ❹ Lorsque l'utilisateur clique sur le bouton OK
  saisir.valider.addEventListener(MouseEvent.MOUSE_UP, onValide);
  // Lorsque l'utilisateur clique sur le bouton OK
  function onValide():void {
    // ❺ Insérer en fin de tableau le prénom et l'âge saisis
    prenoms.push(saisir.prenomIn.text);
    ages.push(Number(saisir.ageIn.text));
    // ❻ Effacer le panneau de saisie
    removeChild(saisir);
    // ❼ Afficher à nouveau toutes les photos
    afficherLesPhotos();
  }
}
```

Trier les photos

Pour finir, voici la quatrième et dernière étape de la 2e version du trombinoscope. Il s'agit du tri des photos par ordre alphabétique des prénoms. La mise en œuvre de cette nouvelle fonctionnalité est un peu plus subtile que les précédentes.

En effet, les données « prénoms » et « âges » sont stockées dans deux tableaux distincts. Appliquer un tri sur le seul tableau des prénoms a pour conséquence de modifier l'ordre des prénoms, sans changer celui des âges. Nous devons donc trouver une méthode pour ordonner le tableau des âges de façon à obtenir la bonne correspondance prénom-âge.

Pour cela, la technique consiste à :

❶ enregistrer les âges dans un tableau nommé (ageNomme), afin de reconnaître l'âge d'une personne non plus par sa position dans le tableau, mais directement par le prénom (voir figure 6-9) ;

❷ trier le tableau prenoms à l'aide de la méthode sort() ;

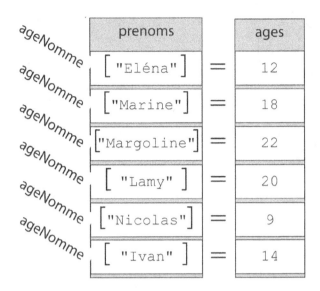

Figure 6-9

L'indice du tableau ageNomme est un prénom et non une valeur numérique.

❸ la liste des prénoms étant triée, l'élément `ageNomme[prenoms[0]]` correspond maintenant à l'âge du premier prénom dans l'ordre alphabétique et le suivant correspond
à l'âge du second prénom dans l'ordre alphabétique. Ainsi, pour obtenir une liste
des âges correspondant à la liste des prénoms triée, il suffit de modifier le tableau
`ages` façon à ce que chaque élément `ages[i]` prenne la valeur de
`ageNomme[prenoms[i]]` ;

❹ le tri des prénoms et des âges est réalisé lorsque l'utilisateur clique sur le bouton Tri.
Nous devons insérer les opérations décrites de ❶ à ❸ dans le gestionnaire d'événement
`MouseEvent.MOUSE_UP` appliqué à l'objet `tri` ;

❺ il convient, une fois le tri effectué, d'afficher à nouveau les photos pour les voir se
présenter dans l'ordre alphabétique. Pour cela, nous faisons à nouveau appel à la
fonction `afficherLesPhotos()` ;

La marche à suivre décrite ci-dessus se traduit en ActionScript par la suite des instructions
suivantes :

```
// ❹ Lorsque l'utilisateur clique sur le bouton tri
tri.addEventListener(MouseEvent.MOUSE_UP, onRelacheTri);
function onRelacheTri( e:MouseEvent):void {
    // Créer un nouveau tableau ageNomme
    var ageNomme:Array = new Array();
    // ❶ Chaque élément du tableau a pour nom le prénom
    //    À chaque prénom correspond l'âge
```

```
    for(var i:uint = 0; i< prenoms.length; i++) {
        ageNomme[prenoms[i]]=ages[i];
    }
    // ❷ Trier dans l'ordre alphabétique le tableau prenoms
    prenoms.sort();
    // ❸ Modifier le tableau ages en reprenant
    //    le tableau ageNomme, les prénoms étant triés
    for(var i:uint = 0; i< prenoms.length; i++) {
        ages[i] = ageNomme[prenoms[i]];
    }
    // ❺ Afficher les photos '
    afficherLesPhotos();
}
```

Mémento

Un tableau est constitué d'un nom et d'une suite d'éléments utilisés pour stocker chacun une valeur. Chaque élément possède un numéro unique qui permet de le retrouver.

Créer un tableau

- Avec `Array()`

```
var exemple:Array = new Array();
```

Cette instruction a pour résultat de créer un tableau nommé `exemple` ne contenant qu'une seule case vide. Alors que l'instruction :

```
var prixDesPommes:Array = new Array(12, "pommes", 3.5);
```

a pour résultat de créer un tableau nommé `prixDesPommes` contenant trois éléments de types différents.

- Avec l'expression []

```
var prixDesPommes:Array = [12, "pommes", 3.5];
```

Cette instruction est équivalente à la précédente en créant également trois éléments de types différents.

- À deux dimensions

Les instructions :

```
var fruit:Array = [12, "pommes", 3.5];
var legume:Array = [5, "carottes", 2.5];
var listeCourse:Array = [fruit, legume];
```

ont pour résultat de créer un tableau de deux éléments (lignes - `fruit`, `legume`) nommé `listeCourse`, contenant chacun un tableau constitué de trois éléments (colonnes).

Accéder aux éléments d'un tableau

L'accès à un élément spécifique d'un tableau s'effectue en plaçant derrière le nom du tableau le numéro de l'indice entre crochets.

La boucle for suivante :

```
for (var i:uint = 0; i < prixDesPommes.length; i++ ) {
    trace(prixDesPommes[i]);
}
```

permet d'afficher chaque élément du tableau prixDesPommes, en faisant varier l'indice i de 0 à la longueur totale du tableau (prixDesPommes.length).

Les deux boucles for imbriquées, qui suivent :

```
for (var i:uint = 0; i < listeCourse.length;  i++ ) {
    for (var j:uint = 0; j < listeCourse[i].length;  j++ ) {
        trace("listeCourse ["+i+"]["+j+"] = "+listeCourse [i][j]);
    }
}
```

ont pour résultat d'afficher les lignes et les colonnes du tableau listeCourse.

Modifier un tableau avec des méthodes prédéfinies

ActionScript propose différentes méthodes permettant l'ajout, la suppression ou la transformation des éléments d'un tableau.

Ainsi, par exemple, dans la suite d'instructions :

```
prixDesPommes.push("rouge");
prixDesPommes.shift();
prixDesPommes.reverse();
```

La méthode push() ajoute l'élément "rouge" en fin du tableau prixDesPommes.

La méthode shift() supprime le premier élément du tableau prixDesPommes.

La méthode reverse() inverse les éléments du tableau prixDesPommes, le premier se trouvant en dernière position, le dernier en première.

Exercices

L'objectif de cette série d'exercices est d'améliorer le jeu de bulles développé au cours des chapitres précédents afin d'accroître la complexité du jeu. Nous travaillons à la fois sur les tableaux et sur les différents types de boucles.

Nous souhaitons créer des niveaux de difficulté croissants de façon à ce que :

• quel que soit le niveau du joueur, une session lance, en tout et pour tout, 50 bulles ;

- pour chaque session, le joueur obtient un score. Si ce dernier est meilleur que le précédent, le nombre de bulles lancées en même temps, croît ;

- les bulles sont de couleurs différentes. Le choix de la couleur de la bulle s'effectue en fonction de la valeur de la bulle qui sert au calcul du score. Le nombre de couleurs proposées dépend du niveau du joueur. Au niveau 1, il n'y a que deux couleurs possibles, au niveau 2, trois couleurs…

Extension web

Pour vous faciliter la tâche, le fichier `Exercice6.fla`, à partir duquel nous allons travailler, se trouve dans le répertoire `Exercices/SupportPourRéaliserLesExercices/Chapitre6`. Dans ce même répertoire, vous pouvez accéder aux différentes applications telles que nous souhaitons les voir fonctionner (`Exercice6_1.swf` à `Exercice6_5.swf`) une fois réalisées.

Tableau à une dimension

☞ **Exercice 6.1**

Au lancement du jeu, le joueur débute avec un niveau égal à 1. Deux bulles sont lancées en même temps. Pour créer plusieurs bulles, vous devez :

1. Créer et initialiser une variable `niveauJoueur` à 1. Déclarer un tableau `listeBulle`.

2. Créer et initialiser à 0 une variable compteur de boucles (par exemple `i`).

3. À l'aide d'une boucle `while` et des deux variables précédentes, créer les deux bulles correspondant au niveau initial du joueur. Stocker la bulle ainsi créée dans le tableau `listeBulle`, à l'indice `i`.

4. Placer chaque bulle au hasard sur la toute la largeur et au-dessus de la scène.

5. Chaque bulle possède sa propre vitesse calculée au hasard entre 10 et 15. Pour cela insérer le code suivant, dans la boucle :

```
listeBulle[i].vitesse = Math.round( Math.random()*5);
```

où `listeBulle[i]` correspond à la bulle courante dans la boucle de création des bulles, et `vitesse` devient par l'intermédiaire de la notation « . » une nouvelle propriété de l'objet `listeBulle[i]`. Chaque bulle possède ainsi une vitesse spécifique.

Pour en savoir plus

La définition de propriété d'objet est étudiée plus précisément au chapitre 8, « Les classes et les objets », section « Construire et utiliser ses propres classes ». L'ajout d'une propriété est également traité au chapitre 9, « Les principes du concept objet », section « Les classes dynamiques ».

---

6. Afin de vérifier le bon fonctionnement de la boucle, nous allons afficher, à l'intérieur des bulles, leur numéro respectif.

Pour cela :

– modifiez le symbole `BulleClp` en créant à l'intérieur une zone de texte dynamique nommée `labelOut` ;

– pour chaque bulle créée, affichez son numéro, c'est-à-dire le compteur de la boucle.

☞ **Exercice 6.2**

Pour que chaque bulle se déplace vers le bas, nous devons définir un gestionnaire d'événement pour chacune d'entre elles en imbriquant les gestionnaires d'événements `Event.ENTER_FRAME` à l'intérieur d'une boucle `for`.

1. Repérez le gestionnaire d'événement `Event.ENTER_FRAME`. Insérez ce gestionnaire à l'intérieur d'une boucle `for`. La boucle doit être exécutée tant que le compteur est inférieur ou égal au niveau du joueur.

2. L'objet sur lequel s'applique le gestionnaire `Event.ENTER_FRAME` n'est plus `bSavon`, mais la bulle courante représenté par `listeBulle[i]`.

3. Modifiez l'action `seDeplace()` de façon à ce que l'objet traiter par la méthode corresponde à la bulle d'indice `i`. Pour cela vous devez faire appel à un objet `cible` et récupérer l'objet courant grâce à la propriété `currentTarget` de l'événement en cours de traitement.

Remarque

Modifier le terme `cetteBulle` par `cible`.

---

4. La bulle se déplace avec sa propre vitesse, et lorsqu'elle remonte, celle-ci doit être recalculée.

☞ **Exercice 6.3**

Lorsque vous stoppez le jeu en cliquant une seconde fois sur le curseur ou, lorsque vous avez terminé une session, l'ensemble des bulles doivent s'arrêter. Il est donc nécessaire de stopper le gestionnaire d'événement pour toutes les bulles créées :

• lorsque la session est terminée ;

• lorsque le joueur clique sur le curseur pour interrompre momentanément le jeu.

Pour cela, vous devez, à l'aide d'une boucle `for` :

1. Supprimer l'écouteur d'événement `Event.ENTER_FRAME` pour chaque bulle de la liste.

2. Placer à nouveau chacune des bulles au hasard sur la toute la largeur et au-dessus de la scène et recalculer une nouvelle vitesse.

☞ **Exercice 6.4**

Chaque bulle possède son propre coefficient variant entre 0 et 5. Le score correspond à l'accumulation des coefficients pour chaque bulle touchée par le curseur. Si le coefficient d'une bulle vaut 5, le score est décrémenté de 5 points.

1. En reprenant le principe de la propriété `vitesse`, créez une propriété `valeur` et définir pour chaque bulle, un coefficient spécifique à la bulle courante.

2. Afficher le coefficient associé à chaque bulle à la place du numéro de la bulle.

3. À l'intérieur de la méthode `seDeplace()`, calculer le score en accumulant le coefficient de la bulle courante (`cible.valeurBulle`) à chaque fois que le curseur touche une bulle.

4. Lorsque la bulle n'est pas touchée, le score est décrémenté de la valeur de la bulle.

5. Pour chaque bulle remontant au-dessus de la scène, calculer et afficher son nouveau coefficient.

☞ **Exercice 6.5**

Le jeu passe à un niveau supérieur lorsque le joueur améliore son score.

Repérez la structure de test qui permet de savoir si l'utilisateur a amélioré son score par rapport à la session précédente et, à l'intérieur de cette structure :

1. Incrémenter la variable `niveauJoueur`.

2. Ajouter une nouvelle bulle à la liste de bulles, en utilisant comme indice de tableau la valeur incrémentée de `niveauJoueur`.

3. Placer la nouvelle bulle au hasard sur la toute la largeur et au-dessus de la scène.

4. Calculer une vitesse de déplacement et un coefficient afin d'initialiser les propriétés `vitesse` et `valeur` respectivement.

5. Afin de connaître le niveau du joueur, créer sur la scène une nouvelle zone d'affichage à l'aide du symbole `AfficherClp` comme le montre la figure 5-9.

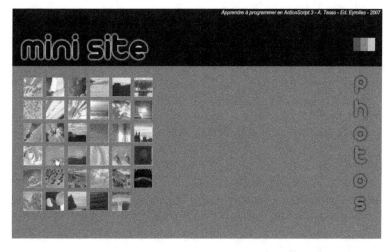

Figure 5-9

Le coefficient est affiché à l'intérieur de la bulle, la zone Niveau indique le degré de difficulté du jeu.

☞ **Exercice 6.6**

L'objectif de cet exercice est de modifier le jeu de bulles de façon à afficher des bulles avec des couleurs différentes en fonction de leur valeur. Pour réaliser la correspondance entre la valeur de la bulle (valeur tirée au hasard) et la couleur, la technique consiste à définir une liste de couleurs dans un tableau et d'obtenir la couleur d'une bulle en utilisant l'indice du tableau de couleurs.

1. Définissez un tableau `listeCouleurs` composé de 10 éléments. Chaque élément décrit, sous la forme d'une chaîne de caractères, une valeur hexadécimale représentant une couleur.

Pour en savoir plus

La manipulation des couleurs est expliquée au chapitre 3, « Communiquer ou interagir », section « Les techniques de programmation incontournables », paragraphe « Le curseur change de couleur ».

---

2. Repérez dans le code les instructions qui calculent la valeur de la bulle. Modifier ces instructions de sorte que la valeur tirée au hasard varie entre 0 et le niveau du joueur – le nombre de couleurs proposées dépendant du niveau du joueur.

3. Définissez un objet de type `ColorTransform`, en utilisant l'opérateur `new`. Nommez-le `uneCouleur`.

4. À l'aide de la propriété `color`, initialiser la couleur de la bulle à l'aide du code couleur enregistré dans le tableau `listeCouleurs`, à l'indice correspondant à la valeur de la bulle.

5. Créez un objet `objetAcolorier` de type `Transform`, afin de réaliser l'association objet à colorier et couleur de coloriage. Le paramètre placé entre parenthèses de `Transform()` indique la bulle à colorier.

Remarque

Attention, le coloriage d'une bulle doit être effectué à différents moments :

• lors de la création des bulles ;

• lorsque les bulles sont replacées en haut de la scène ;

• quand l'utilisateur change de niveau.

☞ **Exercice 6.7**

L'objectif de cet exercice est d'ajouter la fonctionnalité « Supprimer » au trombinoscope présenté au cours de ce chapitre. Si l'utilisateur choisit de supprimer une photo du trombinoscope, il doit tout d'abord cliquer sur le bouton `Supprimer` pour cliquer ensuite sur la photo qu'il souhaite effacer. Tant qu'une photo n'a pas été sélectionnée, le bouton `Supprimer` reste enfoncé.

La réalisation de ces différentes fonctionnalités s'effectue à travers les étapes suivantes.

> **Extension web**
>
> Pour vous faciliter la tâche, le fichier `Exercice6_7.fla` à partir duquel nous allons travailler se trouve dans le répertoire `Exercices/SupportPourRéaliserLesExercices/Chapitre6`. Dans ce même répertoire, vous pouvez accéder à l'application telle que nous souhaitons la voir fonctionner (`Exercice6_7.swf`) une fois réalisée.

Le bouton à bascule

Le bouton `Supprimer` est un bouton à bascule. Reportez-vous au chapitre 4, « Faire des choix », section « Les techniques de programmation incontournables », paragraphe « Le bouton à bascule » pour sa mise en œuvre.

Quelques conseils, cependant :

- l'effet bascule est réalisé par le gestionnaire d'événement `MouseEvent.MOUSE_UP`. Créez une occurrence de `BoutonClp` nommée `supprime` ainsi qu'une variable drapeau nommée `modeSupprimer`, variant de `true` à `false` selon son état ;

- pour donner un effet bouton « normal » et « enfoncé », le symbole `BoutonClp` définit deux images-clés `haut` et `bas`. Pour passer de l'une à l'autre, vous devez utiliser la méthode `gotoAndStop("haut")` ou `gotoAndStop("bas")`.

Suppression de l'élément cliqué

La suppression d'une photo s'effectue lorsque l'utilisateur clique sur celle-ci, sachant que le bouton `Supprimer` est enfoncé. Vous devez donc, à l'intérieur du gestionnaire `MouseEvent.MOUSE_UP`, associé à la photo :

1. Tester si le drapeau `modeSupprimer` est vrai, et si tel est le cas :
   - supprimer, dans les tableaux `prenoms` et `ages`, l'élément correspondant au numéro de la photo. Vous pouvez utiliser la méthode `slice()` ;
   - afficher à nouveau les photos à l'aide de la fonction `afficherLesPhotos()`.

2. Examiner le résultat. Que se passe-t-il lorsque vous supprimez une image ? Pourquoi ?

Amélioration de l'interactivité

La mise en place du bouton `Supprimer` apporte quelque dysfonctionnement dans l'affichage des photos et la gestion des deux autres boutons.

Lors de l'affichage de la liste de photos après suppression de l'une d'entre elles, la dernière photo de la liste précédente reste affichée, puisque aucune autre ne vient la remplacer sur le niveau d'affichage correspondant. Pour corriger ce problème :

1. Définissez un objet de type `Sprite` nommé `boiteAphotos`. À l'intérieur de la fonction `afficherLesPhotos()`, créez à l'aide de l'opérateur `new` l'occurrence `boiteAphotos` et ajoutez-le à la liste d'affichage.

2. Ajoutez les photos au conteneur `boiteAphotos`.

3. Pour être sûr d'afficher les photos correctement, supprimez le conteneur `boiteAphotos` au début de la fonction `afficherLesPhotos()`. Pour cela vous devez vérifier que le conteneur existe et, s'il existe, vous devez le supprimer à l'aide de la méthode `removeChild()`.

Si l'utilisateur clique sur le bouton `Supprimer`, puis clique sur l'un des deux autres boutons sans sélectionner de photo à supprimer, le bouton `Supprimer` doit revenir automatiquement à son état normal.

4. Pour cela, vous devez placer à l'intérieur des gestionnaires `MouseEvent.MOUSE_UP` des boutons `ajout` et `tri`, un test vérifiant la valeur du drapeau `modeSupprimer`. Si celui-ci est vrai, vous devez revenir à l'image-clé `haut` de l'objet `supprimer`, et mettre le drapeau `modeSupprimer` à faux.

Tableau à deux dimensions

L'objectif est ici de comprendre le traitement des tableaux à deux dimensions ainsi que l'utilisation des boucles imbriquées.

☞ **Exercice 6.8**

L'application a pour résultat d'afficher la scène suivante :

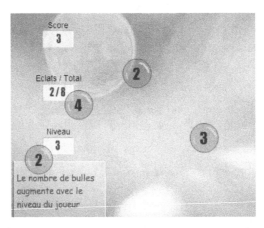

Figure 6-10

Une étoile composée de puces qui s'enfoncent lorsque le curseur les survole.

Extension web

Pour vous faciliter la tâche, le fichier `Exercice6_4.fla` à partir duquel nous allons travailler se trouve dans le répertoire `Exercices/SupportPourRéaliserLesExercices/Chapitre6`. Dans ce même répertoire, vous pouvez accéder à l'application telle que nous souhaitons la voir fonctionner (`Exercice6_4.swf`) une fois réalisée.

Pour réaliser cette application, la méthode est la suivante :

1. Créez un tableau de 7 lignes, composées elles-mêmes de 7 éléments (colonnes).

2. À l'aide de boucles imbriquées, initialisez le tableau aux valeurs suivantes :

```
1  0  0  1  0  0  1
0  1  0  1  0  1  0
0  0  1  1  1  0  0
1  1  1  1  1  1  1
0  0  1  1  1  0  0
0  1  0  1  0  1  0
1  0  0  1  0  0  1
```

Remarque

L'ensemble des éléments du tableau est initialisé à 0. Les valeurs 1 sont placées en choisissant de faire évoluer astucieusement les indices du tableau à l'aide de boucles.

---

3. Affichez les puces (voir la bibliothèque du fichier `Exercice6_4.fla`) à l'écran en utilisant l'opérateur `new` et en calculant leur position en fonction des compteurs de boucles i et j.

4. Rendez visible la puce positionnée en `[i][j]` si l'élément du tableau associé vaut 1, et invisible sinon.

5. Définissez des gestionnaires `MouseEvent.MOUSE_OVER` et `MouseEvent.MOUSE_OUT` sur chacune des puces et, réalisez l'effet d'enfoncement de la puce en passant de l'image-clé 1 à 2 et inversement lorsque le curseur entre ou sort de l'objet.

Le projet mini site

Jusqu'à présent, il nous était difficile d'afficher l'intégralité du site en utilisant les différents modes de navigation. Nous n'avions que peu d'outils à notre disposition. Avec les tableaux, cette difficulté est résolue en grande partie.

En effet, le fait de pouvoir stocker au sein de tableaux, les différents éléments du site va nous permettre de les créer très simplement à l'intérieur de boucle `for`, sans avoir à copier/coller des blocs d'instructions comme nous avons pu le faire jusqu'à maintenant.

Ainsi, pour réaliser l'affichage des pages, des rubriques et des minis rubriques, nous allons procéder en plusieurs étapes, tout en nous aidant des différents codes réalisés au cours des chapitres précédents.

La première étape va consister à créer les différents éléments du site au sein de tableaux. À la fin de cette étape, le site présentera sa page d'accueil sous la forme de rubriques disposées au hasard sur la scène. Le fait de cliquer sur le titre, nous permettra d'afficher à nouveau les rubriques au hasard sur la scène. Aucune animation n'est réalisée à cette étape.

Au cours de la seconde étape, nous allons mettre en place les différents événements afin par exemple, d'afficher la page d'accueil sous une forme animée, ou encore de visualiser l'affichage d'une page, après un clic sur une rubrique.

Extension web

Pour vous faciliter la tâche, la mise en place des objets proposés dans cet exercice est définie dans le fichier `ProjetChapitre6.fla` situé dans le répertoire `Projet/SupportPourRéaliserLesExercices/Chapitre6`. Dans ce même répertoire, vous pouvez accéder aux différentes étapes de construction de l'application telle que nous souhaitons la voir fonctionner en examinant les applications `ProjetChapitre6_a.swf` à `ProjetChapitre6_d.swf`.

Création et initialisation des éléments du site

L'objectif est ici de créer tous les éléments du site de façon à afficher les rubriques au hasard sur la scène. Les pages et les mini rubriques sont créées mais ne sont pas visibles comme le montre la figure 6-11.

Figure 6-11

Les quatre rubriques s'affichent au hasard sur la scène.

Afin de travailler sur les mêmes bases, nous vous proposons de déclarer les objets suivants :

```
var listeCouleurs:Array = [0x016087, 0x660066, 0xCC0033, 0xFF9900];
var listeNoms:Array = ["Photos", "Animes", "Videos", "Infos"];
var listeRubriques:Array = new Array(4);
var listePages:Array = new Array(4);
var listeMinis:Array = new  Array(4);
```

L'ordre des couleurs et des noms de rubrique a son importance. Ainsi par exemple, la couleur définie en indice 0 du tableau listeCouleurs, correspond à la couleur de la page Photos, puisque le terme "Photos" apparaît à l'indice 0 du tableau listeNoms.

Les autres variables :

```
var largeurPage:uint = largeurScene;
var hauteurPage:uint = hauteurScene - 150;
var finalXPage:uint = 0;
var finalYPage:uint = 150;
var largeurRubrique:uint = largeurScene/4;
var hauteurRubrique:uint = hauteurScene - 150;
var largeurMini:uint = 20;
var hauteurMini:uint = 35;
var finalYMini:uint = 75;
var finalXMini:uint = largeurScene - ecartDuBord;
```

sont utilisées pour définir la taille des éléments et leur position sur la scène.

Les pages

Sachant que les pages sont créées à l'aide de la boucle for suivante :

```
for (i = 0; i < listePages.length; i++) {
   listePages[i] = new Sprite();
   listePages[i].x = finalXPage;
   listePages[i].y = finalYPage ;
   listePages[i].graphics.beginFill(listeCouleurs[i], 1);
   listePages[i].graphics.drawRect(0, 0, largeurPage, hauteurPage);
   listePages[i].graphics.endFill();
   listePages[i].alpha = 0;
   addChild(listePages[i]);
}
```

Faites en sorte que les pages se positionnent au centre de la scène avec une largeur et une hauteur réduite au centième de leur valeur par défaut. Chaque page est totalement transparente.

Pour en savoir plus

La mise en place d'une page transparente et centrée sur la scène a été étudiée au chapitre 4 « Faire des choix », section « Le projet mini site - Afficher la page Animes ».

Les rubriques

En vous inspirant de la boucle for précédente, écrire une seconde boucle for pour créer les quatre rubriques du site. Chaque rubrique est positionnée au hasard sur la scène.

Pour en savoir plus

Le positionnement d'une rubrique au hasard sur la scène a été étudié au chapitre 4 « Faire des choix », section « Le projet mini site - À l'affichage de la page Accueil ».

Les rubriques sont initialement transparentes. Pour tester la bonne marche du programme, il est préférable de garder pour l'instant les rubriques visibles.

Les minis rubriques

Écrivez une troisième boucle for pour créer et positionner les quatre minis rubriques du site en haut et à droite de la scène. Les minis rubriques sont initialement non visible. Pour vérifier leur bon positionnement, il est préférable de les garder visibles.

Le titre

La mise en place du titre est réalisée de la même façon que pour les exercices précédents. Cependant, lorsque l'utilisateur clique sur celui-ci, les rubriques s'affichent à de nouvelles positions tirées au hasard. Pour cela, vous devez :

- créer un gestionnaire d'événement MouseEvent.MOUSE_UP sur l'objet siteTitre, dont l'action est clicSurTitre() ;

- écrire l'action clicSurTitre() afin de modifier les propriétés x et y de chacun des éléments de la liste listeRubriques. Les nouvelles valeurs sont calculées au hasard, comme lors de la création des rubriques.

Le titre réagit aux événements MouseEvent.MOUSE_OVER et MouseEvent.MOUSE_OUT. Mettre en place les actions surOver() et surOut() étudiées au cours des chapitres précédents (section Le projet mini site).

Les transitions

La mise en place des transitions entre les pages et les rubriques demande d'ajouter des gestionnaires d'événements de type Event.ENTER_FRAME sur les rubriques ou encore sur les pages à afficher.

Déplacer les rubriques

L'ajout du gestionnaire d'événement Event.ENTER_FRAME sur les rubriques s'effectue en insérant l'instruction suivante :

```
listeRubriques[i].addEventListener(Event.ENTER_FRAME, seDeplacerVers);
```

dans la boucle de création des rubriques.

L'action `seDeplacerVers()` reprend pour une bonne part le code étudié en section « Le projet mini site - Déplacer les rubriques » su chapitre 4 « Faire des choix ». Examinons le bloc d'instructions qui fait l'essentiel du déplacement de la rubrique Animes.

```
positionCouranteX = cible.x;
positionCouranteY = cible.y;
ecartX =  finalXRubriqueAnimes - positionCouranteX;
deplacementX= ecartX / 6;
cible.x= positionCouranteX + deplacementX;
ecartY = finalYRubriqueAnimes - positionCouranteY;
deplacementY= ecartY / 6;
cible.y= positionCouranteY + deplacementY;
```

Pour se déplacer, une rubrique, quelle qu'elle soit, a besoin de connaître sa destination finale. Ici, la rubrique Animes a pour destination finale le point (`finalXRubriqueAnimes`, `finalYRubriqueAnimes`).

La propriété numero

Concrètement, la destination finale d'une rubrique diffère pour chaque rubrique. Elle dépend de sa position lors de la définition des noms de rubrique. Ainsi, la rubrique :

- Photos est définie à l'indice 0 du tableau `listeNoms`, sa position finale est (`0*largeurRubrique`, `finalYPage`) ;

- Animes est définie à l'indice 1 du tableau `listeNoms`, sa position finale est (`1*largeurRubrique`, `finalYPage`) ;

- Videos est définie à l'indice 2 du tableau `listeNoms`, sa position finale est (`2*largeurRubrique`, `finalYPage`) ;

- Infos est définie à l'indice 3 du tableau `listeNoms`, sa position finale est (`3*largeurRubrique`, `finalYPage`).

Comme nous pouvons le constater, il est possible d'afficher n'importe quelle rubrique dès lors que nous connaissons son indice dans le tableau des noms de rubrique.

En réalité, cet indice est toujours le même quel que soit le tableau. L'indice 0 correspond au thème Photos, pour une page, une rubrique ou une mini rubrique. L'indice 1 correspond au thème Animes, pour une page, une rubrique ou une mini rubrique, etc.

L'action `seDeplacerVers()` doit donc être en mesure de connaître la valeur de l'indice de la rubrique à déplacer. Pour cela, nous devons ajouter, lors de la définition des rubriques, une nouvelle propriété nommée `numero` comme suit :

```
for (i = 0; i < listeRubriques.length; i++) {
  listeRubriques[i] = new MovieClip();
  listeRubriques[i].numero = i;
  // positionner les rubriques
}
```

Remarque

L'ajout de propriétés est une technique courante. Nous l'avons réalisé avec le trombinoscope pour afficher une bulle d'info propre à la photo survolée. Notez que l'objet créé n'est plus de type `Sprite` mais de type `MovieClip`. En effet l'ajout de propriétés n'est possible que sur les objets de type `MovieClip`.

Une fois la propriété `numero` mise à jour, vous devez modifier l'action `seDeplacerVers()` de façon à calculer la position de la rubrique en fonction de son `numero`. Ce dernier est obtenu grâce à l'expression `cible.numero`. Attention de bien modifier le type de la `cible`, pour qu'elle soit traitée en tant que `MovieClip` et non comme `Sprite`.

Sensibiliser les rubriques

Lorsque les rubriques sont placées à leur position définitive, elles deviennent sensibles aux événements `MouseEvent.MOUSE_OVER` et `MouseEvent.MOUSE_OUT`.

Mettre en place les actions `surOver()` et `surOut()` pour chacune d'entre-elles dès ce moment là. Il convient également de supprimer le gestionnaire `Event.ENTER_FRAME` afin de ne pas trop surcharger l'application.

Cliquer sur le titre

Lorsque l'utilisateur clique sur le titre du site, les rubriques se repositionnent au hasard et se déplacent ensuite vers leur position définitive. Modifiez l'action `clicSurTitre()` afin de :

• remettre en place l'écouteur d'événement `Event.ENTER_FRAME` pour chacune des rubriques ;

• supprimer les gestionnaires `MouseEvent.MOUSE_OVER` et `MouseEvent.MOUSE_OUT` pour chacune des rubriques ;

• rendre transparente les rubriques.

Afficher une page

Une page s'affiche lorsque l'utilisateur clique sur une rubrique. En vous aidant des programmes réalisés pour le mini site, au chapitre 4 et 5 et en utilisant la même démarche que celle utilisée pour l'animation des rubriques en section précédente.

• Ajouter le gestionnaire d'événement `MouseEvent.MOUSE_UP` aux différentes rubriques lorsque celles-ci ont fini de se déplacer. L'action à mener est la fonction `clicSurRubrique()`.

• Modifier la fonction `clicSurRubrique()` de façon à centrer chaque page et diminuer leur taille. Ajouter le gestionnaire `Event.ENTER_FRAME` sur la page correspondant à la rubrique cliquée. Vous atteindrez cette page en utilisant l'expression `listePages[cible.numero]`.

• L'action menée par le gestionnaire `Event.ENTER_FRAME()` est `agrandirPageEnX()`. Elle déplace la page vers sa position finale sur l'axe des X et incrémente sa largeur de 40 pixels à chaque fois que l'objet se déplace.

- Lorsque la page a atteint sa position finale sur l'axe des X :

    - détruire le gestionnaire `Event.ENTER_FRAME()` associé à l'action `agrandirPageEnX()` ;

    - mettre en place un nouveau gestionnaire `Event.ENTER_FRAME()` qui a pour action `agrandirPageEnY()`. Cette fonction déplace la page vers sa position finale sur l'axe des Y et incrémente sa hauteur de 25 pixels à chaque déplacement.

- Lorsque la page a atteint sa position finale sur l'axe des Y, détruire le gestionnaire `Event.ENTER_FRAME()` associé à l'action `agrandirPageEnY()`.

Cliquer sur le titre

Lorsque l'utilisateur clique sur le titre du site alors qu'une page est affichée, celle-ci disparaît pour laisser place au déplacement des rubriques jusqu'à leur position finale.

Modifiez l'action `clicSurTitre()` afin de les réinitialiser les pages pour les centrer, les diminuer et les rendre invisibles

Afficher les minis rubriques

Les minis rubriques s'affichent lorsque la page est entièrement affichée. Utilisons l'outil `dispatchEvent()`, pour réaliser cette affichage.

Pour en savoir plus

L'outil `dispatchEvent()` ainsi que l'émission de l'événement `Event.COMPLETE` ont été étudié au chapitre 5 « Les répétitions », section « Le projet mini site - Afficher les vignettes ».

- Mettez en place l'émission de l'événement `Event.COMPLETE` dès que la page a fini de s'afficher.

- Ajoutez l'écouteur d'événement `Event.COMPLETE` pour chaque objet `listePage`. L'action à mener est nommée `afficherLesMinis()`.

- Écrivez la fonction `afficherLesMinis()` de façon à ce que chaque mini rubrique deviennent visible. Seule la mini rubrique correspondant à la page affichée reste invisible. Pour cela, vous devez connaître le numéro de la page affichée. Vous devez donc ajouter une propriété `numero` à chacune des pages du site.

Sensibiliser les minis rubriques

Lorsque les minis rubriques sont affichées elles deviennent sensibles aux événements `MouseEvent.MOUSE_OVER` et `MouseEvent.MOUSE_OUT`. Mettre en place les actions `surOver()` et `surOut()` pour chacune d'entre-elles dès leur création.

Cliquer sur une mini rubrique

Cliquer sur une mini rubrique a pour conséquence d'afficher la page correspondante. Cette action est identique à celle réaliser lorsque l'on clique sur rubrique.

Il vous suffit donc :

- d'ajouter le gestionnaire MouseEvent.MOUSE_UP à chacune des minis rubriques lors de leur création, l'action à mener étant clicSurRubrique() ;

- de créer une propriété numero à chacune des minis rubriques lors de leur création.

Cliquer sur le titre

Lorsque l'utilisateur clique sur le titre du site alors que les minis rubriques sont affichées, celles-ci disparaissent pour laisser place au déplacement des rubriques jusqu'à leur position finale.

Modifiez l'action clicSurTitre() afin de rendre les minis rubriques invisibles.

7

Les fonctions

L'étude des chapitres précédents montre qu'un script est constitué d'instructions élémentaires (affectation, comparaison ou encore répétition) et de sous-programmes (calcul d'arrondis, affichage de données, gestionnaire d'événement), appelés « fonctions » ou encore « méthodes ».

Ces instructions sont de nature suffisamment générale pour s'adapter à n'importe quel problème. En les utilisant à bon escient, il est possible d'écrire des applications simples mais d'une grande utilité.

Dans le cadre du développement de logiciels de grande envergure, les programmeurs souhaitent aussi définir leurs propres instructions adaptées au problème qu'ils traitent. Pour cela, les langages de programmation offrent la possibilité de créer des fonctions spécifiques, différentes des fonctions natives du langage.

Pour comprendre l'intérêt des fonctions, nous analyserons d'abord le concept d'algorithme paramétré à partir d'un exemple imagé (voir la section « Algorithme paramétré »).

Nous étudierons ensuite quelques fonctions natives du langage (section « Utilisation des fonctions natives ») afin d'en extraire les principes de fonctionnement. Puis, nous expliquerons comment élaborer et définir vos propres fonctions (section « Construire ses propres fonctions »).

La mise en place de fonctions au sein d'un script modifie sa structure. Nous examinerons au cours de la section « Influence de la structure d'un script sur son comportement », les notions de visibilité ou portée des variables, de variables locales et de variables globales à partir d'exemples simples. Pour chacune de ces notions, nous observerons leur répercussion sur le résultat des différents programmes donnés en exemple.

Nous analyserons ensuite (section « Les fonctions communiquent ») comment les fonctions échangent des données par l'intermédiaire des paramètres et du retour de résultat.

Pour finir, nous examinerons comment mettre en œuvre toutes les notions acquises au cours de ce chapitre, en écrivant une application créant une palette de couleur interactive.

Algorithme paramétré

Certains algorithmes peuvent être appliqués à des problèmes voisins en modifiant simplement les données pour lesquelles ils ont été construits. En faisant varier certaines valeurs, le programme fournit un résultat différent du précédent. Ces valeurs, caractéristiques du problème à traiter, sont appelées « paramètres » du programme.

Pour comprendre concrètement ce concept, nous allons reprendre l'algorithme de l'œuf poché pour le transformer en un algorithme qui nous permettra de réaliser un plat de pâtes.

Cuire des pâtes ou comment remplacer l'œuf par des pâtes

Pocher un œuf ou faire cuire des pâtes sont des recettes qui utilisent des procédés à peu près semblables. En reprenant la liste de toutes les opérations nécessaires à la réalisation de l'œuf poché, nous constatons qu'en remplaçant simplement le mot « œuf » par « pâtes » et le mot « vinaigre » par « huile d'olive », nous obtenons un plat de pâtes. Remarquons également que le temps de cuisson diffère d'une recette à l'autre.

```
 1. Prendre une casserole.
 2. Verser l'eau du robinet dans la casserole.
 3. Poser la casserole sur la plaque électrique.
 4. Prendre le sel et le verser dans l'eau.
 5. Prendre l'huile d'olive et la verser dans l'eau.
 6. Allumer la plaque électrique.
 7. Faire bouillir l'eau.
 8. Prendre les pâtes et les placer dans la casserole.
 9. Prendre le minuteur.
10. Mettre le minuteur sur 8 minutes.
11. Prendre une assiette et la poser sur la table.
12. Attendre que le minuteur sonne.
13. Éteindre la plaque électrique.
14. Prendre une cuillère.
15. Retirer les pâtes de la casserole à l'aide de la cuillère.
16. Poser les pâtes dans l'assiette.
```

Pour faire un œuf poché ou des pâtes, il suffit d'employer la même recette, ou méthode, en prenant comme ingrédient un œuf et du vinaigre ou des pâtes et de l'huile d'olive, et de modifier le temps de cuisson, selon notre choix.

Dans la réalité, le fait de remplacer un ingrédient par un autre ne pose pas de difficultés particulières. Dans le monde informatique, c'est plus complexe. En effet, l'ordinateur ne fait qu'exécuter la marche à suivre fournie par le programmeur. Dans notre cas, pour avoir un œuf poché ou des pâtes, le programmeur doit écrire la marche à suivre pour chacune des recettes. La tâche est fastidieuse, puisque chacun des programmes se ressemble, tout en étant différent sur deux points (les ingrédients, le temps de cuisson).

Remarque

Nous avons supprimé l'opération « Casser l'œuf », parce qu'il n'est pas possible de « Casser des pâtes ». Nous supposons pour simplifier le problème que l'œuf est déjà cassé.

Définir les paramètres

Pour éviter d'avoir à recopier à chaque fois des marches à suivre qui ne diffèrent que sur quelques détails, l'idée est de construire un algorithme général. Cet algorithme ne varie qu'en fonction d'ingrédients déterminés qui font que le programme donne un résultat différent.

En généralisant l'algorithme de l'œuf poché ou des pâtes, on exprime une marche à suivre permettant de réaliser des préparations cuites à l'eau. Pour obtenir un résultat différent (œuf ou pâtes), il suffit de définir comme paramètre de l'algorithme, l'ingrédient à choisir.

La marche à suivre s'écrit en remplaçant les mots « œuf » ou « pâtes » par premierIngrédient, « vinaigre » ou « huile d'olive » par secondIngrédient, et « 3 » ou « 8 » par tempsCuisson.

Tableau 7-1 – Algorithme de cuisson de préparations à l'eau

Instructions	Nom du bloc d'instructions
1. Prendre une casserole.	cuire(
2. Verser l'eau du robinet dans la casserole.	premierIngrédient,
3. Poser la casserole sur la plaque électrique.	secondIngrédient,
4. Prendre le sel et le verser dans l'eau.	tempsCuisson)
5. Prendre **secondIngrédient** et le verser dans l'eau.	
6. Allumer la plaque électrique.	
7. Faire bouillir l'eau.	
8. Prendre **premierIngrédient** et le placer dans la casserole.	
9. Prendre le minuteur.	
10. Mettre le minuteur sur **tempsCuisson** minutes.	
11. Prendre une assiette et la poser sur la table.	
12. Attendre que le minuteur sonne.	
13. Éteindre la plaque électrique.	
14. Prendre une cuillère.	
15. Retirer **premierIngrédient** de la casserole à l'aide de la cuillère.	
16. Poser **premierIngrédient** dans l'assiette.	

Faire un œuf poché équivaut donc à exécuter le bloc d'instructions `cuire(premierIngrédient, secondIngrédient, tempsCuisson)` en utilisant comme ingrédients un œuf cassé, du vinaigre et 3 minutes de temps de cuisson. L'exécution du bloc `cuire(l'œuf cassé, le vinaigre, 3)` a pour conséquence de réaliser les instructions 5, 8, 10, 15 et 16 du bloc d'instructions avec les ingrédients concernés. L'instruction 5, par exemple, s'exécute en remplaçant le terme `secondIngrédient` par `le vinaigre`. Au lieu de lire `prendre secondIngrédient`, il faut lire `prendre le vinaigre`.

De la même façon, faire des pâtes revient à exécuter le bloc d'instructions `cuire(les pâtes, l'huile d'olive, 8)`. Le paramètre `premierIngrédient` correspond ici aux pâtes, `secondIngrédient` à l'huile d'olive et `tempsCuisson` à 8 minutes. Les instructions 5, 8, 10, 15 et 16 sont exécutées en conséquence.

Suivant la valeur prise par les différents paramètres, l'exécution de cet algorithme fournit un résultat différent. Cela peut être un œuf poché ou des pâtes.

Donner un nom au bloc d'instructions

Nous constatons qu'en paramétrant un algorithme, nous n'avons plus besoin de recopier plusieurs fois les instructions qui le composent pour obtenir un résultat différent.

En donnant un nom au bloc d'instructions correspondant à l'algorithme général `Préparer()`, nous définissons un sous-programme capable d'être exécuté autant de fois que nécessaire. Il suffit pour cela d'appeler le sous-programme par son nom.

De plus, grâce au paramètre placé entre les parenthèses qui suivent le nom du sous-programme, la fonction s'exécute avec des valeurs différentes, modifiant de ce fait le résultat.

Remarque

Un algorithme paramétré est défini par :

• un nom ;

• un ou plusieurs paramètres.

En fin d'exécution, il fournit :

• un résultat qui diffère suivant la valeur du ou des paramètres.

En ActionScript, les algorithmes paramétrés s'appellent des « fonctions » ou encore « méthodes ». Celles-ci permettent de traduire un algorithme paramétré en programme informatique. Avant d'examiner quelle syntaxe utiliser pour les décrire, nous allons tout d'abord étudier quelques fonctions natives du langage, de façon à mieux comprendre comment elles s'utilisent.

Utilisation des fonctions natives

Comme nous avons pu le constater au cours des chapitres précédents, ActionScript propose un ensemble de fonctions prédéfinies très utiles. Notre objectif n'est pas de décrire l'intégralité des fonctions proposées par le langage, car ce seul manuel n'y suffirait pas.

Principes de fonctionnement

Nous souhaitons, à la lumière d'exemples utilisant des fonctions prédéfinies du langage ActionScript, faire comprendre les principes généraux de fonctionnement et de manipulation des fonctions.

Le nom des fonctions

Au cours des chapitres précédents, nous avons utilisé un certain nombre de fonctions parmi lesquelles `Math.random()`, `Math.round()`, `addChild()` ou encore `removeChild()`.

Chacune de ces fonctions réalise un calcul, une action spécifique. Avec la fonction `Math.random()`, nous obtenons une valeur calculée au hasard. La fonction mathématique étant déjà programmée, il n'est pas nécessaire d'écrire nous-mêmes la marche à suivre pour obtenir une valeur au hasard. La fonction `Math.round()`, quant à elle, permet d'arrondir une valeur à l'entier supérieur ou inférieur.

L'élément permettant de distinguer chacune de ces deux fonctions est leur nom.

En effet, toute fonction native porte un nom particulier choisi par les concepteurs du langage ActionScript, parce qu'il a un sens. Le nom d'une fonction décrit une action précise.

> **Remarque**
> L'exécution d'une fonction native passe par l'écriture, dans une instruction, du nom de la fonction choisie, suivi de paramètres éventuels placés entre parenthèses.

Pour connaître le nom des différentes fonctions proposées par le langage, la méthode la plus simple consiste à consulter l'aide proposée par l'environnement Flash. Vous pouvez également consulter certains sites spécialisés sur ce langage ou encore lire des livres plus spécifiques relatifs au traitement des données ou de la vidéo sous ActionScript, par exemple.

Mémoriser le résultat d'une fonction

Toute fonction fournit un résultat :

- un nombre tiré au hasard ;
- un clip placé sur la scène ;
- un message affiché dans la fenêtre de sortie.

Le résultat d'une fonction peut donc être soit une action visible à l'écran, soit une valeur que l'on stocke le plus souvent dans une variable afin d'éviter de la perdre et pour l'utiliser dans la suite du programme.

Ainsi, par exemple, l'instruction :

```
var auHasard:Number = Math.random() * 100;
```

a pour résultat de calculer une valeur au hasard comprise entre 0 et 100 et de l'enregistrer grâce au signe d'affectation = dans la variable auHasard.

> **Pour en savoir plus**
>
> Pour plus d'informations sur le signe =, voir le chapitre 1, « Traiter les données », section « Les mécanismes de l'affectation ».

Pour mémoriser le résultat d'un calcul, la fonction est placée dans une instruction d'affectation. La fonction située à droite du signe = est exécutée en premier. Après quoi, la variable située à gauche du signe = récupère la valeur calculée lors de l'exécution de la fonction.

Les paramètres d'une fonction

Observons les instructions suivantes :

```
var auHasard:Number = Math.random()*100;
var resultat:uint = Math.round(auHasard) ;
setChildIndex(unObjet, indice)
```

Chacune de ces instructions est un appel à une méthode particulière. La première fonction ne possède aucune valeur placée entre les parenthèses, alors que les deux suivantes en ont une ou deux. Ces valeurs sont appelées les « paramètres » ou encore les « arguments » d'une fonction.

Les fonctions peuvent posséder de 0 à *n* paramètres.

• La fonction Math.random() ne possède pas de paramètre. Cette fonction donne en résultat une valeur au hasard comprise entre 0.0 et 1.0, indépendamment de toute condition. Aucun paramètre n'est donc nécessaire à son bon fonctionnement.

> **Remarque**
>
> Signalons que même si la fonction n'a pas de paramètre, il reste nécessaire de placer des parenthèses, ouvrante puis fermante, derrière le nom d'appel de la fonction. Toute fonction possède dans son nom d'appel des parenthèses.

• La fonction Math.round()ne comporte qu'un seul paramètre. Il s'agit de la valeur dont on souhaite extraire l'arrondi. La fonction ne sait exécuter ce calcul que pour une seule valeur à la fois.

Il est également possible de placer entre les parenthèses une expression mathématique ou une autre fonction, plutôt qu'une simple valeur. Ainsi, l'expression `Math.round (Math.random()*10)` arrondit à la valeur inférieure ou supérieure une valeur tirée au hasard, sans que celle-ci n'ait été stockée au préalable.

Observons que le paramètre placé entre parenthèses dans la fonction `Math.round()` ne peut être que de type `Number`.

Pour en savoir plus

Pour plus d'informations, voir chapitre 1, « Traiter les données », section « La notion de type ».

En effet, il n'est pas permis de placer en paramètre de la fonction `Math.round()` un caractère, une suite de caractères ou un booléen. Par exemple, le fait d'écrire `Math.round("Quatre.cinq")` entraîne une erreur en cours de lecture, l'ordinateur ne sachant pas transformer le terme « `Quatre.cinq` » en la valeur numérique 4.5 (message d'erreur : `Contrainte implicite d'une valeur du type String vers un type sans rapport Number.`).

Remarque

Dans l'appel de la fonction, le type des paramètres doit être respecté selon le modèle décrit par ActionScript, sous peine d'obtenir une erreur lors de l'exécution.

• La fonction `setChildIndex(nomDeL'objet, niveau)` possède deux paramètres. Ces paramètres sont séparés par une virgule. Le premier indique le nom de l'objet dont on souhaite modifier le niveau d'affichage, le second fournit la nouvelle position de l'objet dans la liste d'affichage.

Si les valeurs passées aux paramètres `nomDeL'objet` et `niveau` sont inversées dans l'appel de la fonction (`setChildIndex(niveau, nomDeL'objet)`), le lecteur Flash ne peut modifier le niveau d'affichage. Une erreur de type : `Echec de la contrainte de type : conversion de niveau` apparaît. Le programme ne peut être exécuté.

Remarque

Dans l'appel de la fonction, l'ordre des paramètres doit être respecté, sous peine d'obtenir un résultat différent de celui attendu.

Les fonctions étudiées dans cette section sont celles prédéfinies par ActionScript. Le programmeur les utilise en connaissant le résultat qu'il souhaite obtenir.

ActionScript offre aussi au programmeur la possibilité d'écrire ses propres fonctions de façon à obtenir différents programmes adaptés au problème qu'il doit résoudre. Nous étudions cette technique ci-après.

Construire ses propres fonctions

Une fonction développée par un programmeur s'utilise de la même façon qu'une fonction prédéfinie. Elle s'exécute en plaçant l'instruction d'appel à la fonction dans le programme.

Mais, pour que l'ordinateur puisse lire et exécuter les instructions composant la fonction, il convient de la définir, c'est-à-dire d'établir la liste des instructions qui vont lui permettre de réaliser le comportement attendu.

Définir une fonction

La définition d'une fonction s'effectue au travers d'une syntaxe bien précise qui permet de spécifier le nom d'appel de la fonction ainsi que les instructions qui la composent.

Syntaxe

Pour définir une fonction, il convient d'utiliser la syntaxe suivante :

```
// ❶ En-tête de la fonction
function nomDeLaFonction(parametre1:type, parametre2:type, …):type
{
// ❷ Définition du corps de la fonction
}
```

❶ Le nom d'une fonction est défini grâce à un *en-tête de fonction* qui est composé :

* Du mot-clé `function` qui débute l'en-tête afin de préciser au lecteur Flash que les instructions suivantes concernent la définition d'une nouvelle fonction.

* Du nom de la fonction, choisi par le développeur afin d'identifier cette fonction. Ce nom est ensuite utilisé pour appeler cette même fonction.

> **Remarque**
> Le nom d'une fonction est choisi de façon à représenter et résumer tout ce qui est réalisé par son intermédiaire. Bien évidemment, il est fortement déconseillé de choisir un nom identique à celui d'une fonction définie par le langage.

* De parenthèses ouvrante et fermante encadrant une suite de paramètres séparés par des virgules. Le type de chacun des paramètres doit être spécifié, comme pour une déclaration de variables. L'utilisation des paramètres est décrite plus bas, à la section « Les paramètres d'une fonction » de ce chapitre.

* D'un type précédé de « : » afin de préciser le type de la valeur retournée par la fonction. La notion de résultat de fonction est étudiée plus loin, à la section « Le résultat d'une fonction » de ce chapitre.

❷ Une fois le nom de la fonction défini, il est nécessaire de l'associer aux instructions décrivant le comportement de la fonction. Pour cela, l'en-tête de la fonction est placé au-dessus du *corps* de la fonction, déterminé par les accolades ouvrante et fermante ({ et }). Le corps d'une fonction est essentiellement composé de déclarations de variables et d'instructions d'affectation, de tests, de répétitions, d'appels à des fonctions, etc.

Exemple

Pour ce premier exemple, nous choisissons de vous présenter une fonction très simple :

```
function disBonjour():void{
   trace("Bonjour à tous ! ");
}
```

Cette fonction est composée d'une seule instruction affichant le texte « Bonjour à tous ! » à l'aide de la commande trace(). Elle a pour nom disBonjour(), elle ne possède aucun paramètre entre ses parenthèses et ne fournit pas de résultat, de valeur à mémoriser, comme peut en fournir, par exemple, la fonction Math.random(). C'est pourquoi nous avons placé le terme :void juste après la parenthèse fermante.

Extension web

Vous pourrez tester cet exemple en exécutant le fichier PremiereFonction.fla, sous le répertoire Exemples/chapitre7.

Exécuter une fonction

Si vous exécutez le programme tel quel, c'est-à-dire sans autre instruction que celle définissant la fonction, vous ne verrez rien apparaître à l'écran, outre le panneau de fond habituel. La fenêtre de sortie n'apparaît pas, ni le message « Bonjour à tous ! ».

Pourquoi ?

La fonction disBonjour() est correctement définie mais elle n'est pas appelée. Pour ce faire, nous devons placer dans le script une instruction qui indique que nous souhaitons exécuter les instructions placées à l'intérieur de la fonction. Il s'agit de l'instruction d'appel d'une fonction.

Syntaxe

L'instruction d'appel d'une fonction construite par vos propres soins s'effectue comme suit :

```
nomDeLaFonction(parametre1, parametre2, …);
```

La fonction est appelée par son nom suivi de parenthèses ouvrante et fermante. Ces parenthèses peuvent contenir des valeurs séparées par des virgules selon la définition de la fonction. Le type des valeurs doit correspondre à celui des paramètres déclarés lors de la définition de la fonction.

Si la fonction est définie sans paramètre, l'appel à la fonction s'effectue en plaçant les parenthèses vides derrière le nom de la fonction.

Exemple

L'appel à la fonction `disBonjour()` est réalisé par l'instruction suivante :

```
disBonjour();
```

Pour cet exemple, l'instruction d'appel est placée à la suite de la définition de la fonction. Elle aurait pu être placée avant, sans que cela change quoi que ce soit au résultat de l'exécution. Le programme affiche dans la fenêtre de sortie le message « `Bonjour à tous !` ».

Question

Que se passe-t-il si l'on appelle la fonction `disBonjour()` en oubliant de la définir ?

Réponse

L'appel à une fonction non définie ne provoque pas d'erreur. L'instruction `disBonjour()` est exécutée et elle échoue en silence. Dans d'autres langages tels que le C ou Java, le fait d'utiliser une fonction inconnue (non définie) provoque une erreur de compilation. Le programme ne peut être exécuté. Flash est beaucoup plus permissif en exécutant les instructions qu'il connaît, tout en laissant de côté celles qu'il ne comprend pas. Mais cela ne veut pas dire pour autant que le script réalise ce que l'on souhaite faire.

Comment placer les fonctions dans un script

Avec les fonctions, nous voyons apparaître la notion de fonctions *appelées* et de programmes *appelant* des fonctions.

Dans notre exemple, la fonction `disBonjour()` est appelée par le script courant. Pour des raisons pédagogiques, nous avons choisi d'écrire toutes les instructions seulement sur le calque `script` de la première image du scénario principal. Nous appelons ce script le « script courant » ou encore le « script principal ».

Remarque

Il est possible d'écrire des scripts sur d'autres images-clés du scénario principal ou encore sur des occurrences de symbole ou de bouton. Dans ce cas, les variables déclarées à l'intérieur de ces scripts ne sont connues que d'eux-mêmes. Il existe toutefois des mécanismes permettant d'accéder à ces variables.

Toute fonction peut appeler ou être appelée par une autre fonction. Ainsi, rien n'interdit que la fonction `disBonjour()` soit appelée par une autre fonction définie ailleurs dans le script.

Les fonctions sont des programmes distincts les uns des autres. Elles sont définies séparément et placées avant ou après le script courant. L'ordre d'apparition des fonctions dans le script principal importe peu et est laissé au choix du programmeur.

Pour des raisons de clarté, nous choisissons dans cet ouvrage de définir les fonctions avant le script principal. Ainsi, l'exemple précédent s'écrit de la façon suivante :

```
// Définition de fonction
function disBonjour():void{
  trace("Bonjour à tous !");
}
// Script courant
disBonjour();
```

En examinant la structure générale de ce programme, nous observons qu'il existe deux blocs d'instructions, l'un étant imbriqué dans l'autre, comme illustré à la figure 7-1.

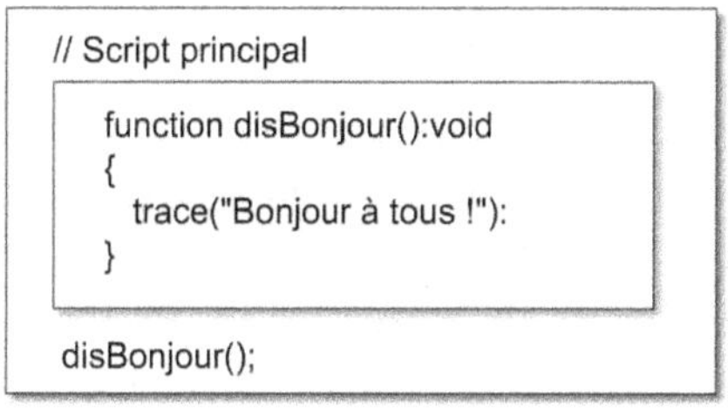

Figure 7-1

La fonction disBonjour() est imbriquée dans le script principal.

Influence de la structure d'un script sur son comportement

Un script est donc constitué d'un script principal et d'un ensemble de fonctions définissant chacune un bloc d'instructions indépendant.

En réalité, il existe trois principes fondamentaux qui régissent la structure d'un programme écrit en ActionScript. Ces principes sont détaillés ci-dessous.

1. Un programme contient :
   - un ensemble de fonctions définies par le programmeur ;
   - des instructions de déclaration de variables ;
   - des instructions élémentaires (affectation, test, répétition…) ;
   - des appels à des fonctions, prédéfinies ou non.

2. Les fonctions contiennent :
   - des instructions de déclaration de variables ;
   - des instructions élémentaires (affectation, test, répétition…) ;
   - des appels à des fonctions, prédéfinies ou non.

3. Chaque fonction est comparable à une boîte noire dont le contenu n'est pas visible en dehors de la fonction.

De ces trois propriétés découlent les notions de visibilité des variables, de variables locales et de variables globales. Concrètement, ces trois notions sont attachées au lieu de déclaration des variables, comme l'illustre la figure 7-2.

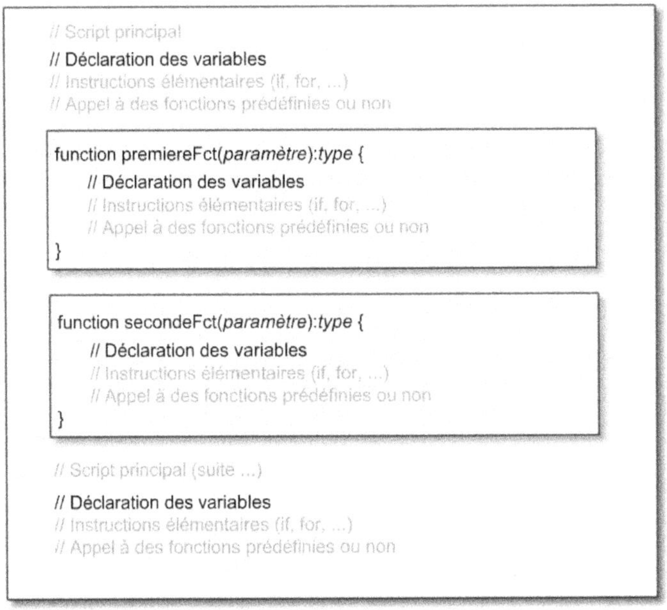

```
// Script principal
// Déclaration des variables
// Instructions élémentaires (if, for, ...)
// Appel à des fonctions prédéfinies ou non

    function premiereFct(paramètre):type {
        // Déclaration des variables
        // Instructions élémentaires (if, for, ...)
        // Appel à des fonctions prédéfinies ou non
    }

    function secondeFct(paramètre):type {
        // Déclaration des variables
        // Instructions élémentaires (if, for, ...)
        // Appel à des fonctions prédéfinies ou non
    }

// Script principal (suite ...)
// Déclaration des variables
// Instructions élémentaires (if, for, ...)
// Appel à des fonctions prédéfinies ou non
```

Figure 7-2
Les variables peuvent être déclarées à l'intérieur ou à l'extérieur des fonctions, avant ou après elles.

Pour mieux comprendre ces différents concepts, nous allons observer un programme composé d'un script principal, de deux fonctions, initialise() et double(), ainsi que d'une variable nommée valeur. La fonction initialise() a pour objectif d'initialiser la variable valeur, tandis que la fonction double() multiplie par 2 le contenu de la variable valeur.

Pour chaque exemple, la variable valeur est déclarée en un lieu différent du programme. À partir de ces variations, le programme fournit un résultat différent que nous analysons.

La visibilité des variables

Après étude des trois propriétés énoncées ci-dessus, nous observons qu'un script est constitué d'instructions, dont des instructions de déclaration de variables et de fonctions. Il existe, de fait, une notion d'extérieur et d'intérieur aux fonctions.

De plus, la troisième propriété exposée ci-dessus exprime le fait qu'une fonction ne peut pas utiliser, dans ses instructions, une variable déclarée dans une autre fonction. Pour mieux visualiser cette propriété, examinons le programme ci-dessous.

Exemple : Visibilite.fla

```
function initialise():void{
    var valeur:uint = 2;
    trace("Valeur = " + valeur + " dans initialise() ");
}

function double():void{
    valeur = valeur * 2;
    trace("Valeur = " + valeur + " dans double() ");
}

// Script principal
initialise();
double();
```

Dans ce programme, la fonction double() cherche à modifier le contenu de la variable valeur, alors que celle-ci est déclarée et initialisée à 2 dans la fonction initialise().

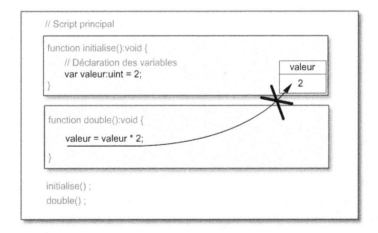

Figure 7-3
Une variable déclarée dans une fonction ne peut être utilisée par une autre fonction.

Cette modification n'est pas réalisable, car la variable valeur n'est définie qu'à l'intérieur de la fonction initialise(). Elle est donc *invisible* depuis la fonction double(). Les fonctions sont, par définition, des blocs distincts. La fonction double() ne peut agir sur la variable valeur qui n'est visible qu'à l'intérieur de la fonction initialise().

C'est pourquoi le fait d'écrire l'instruction valeur = valeur * 2; dans la fonction double() a pour résultat d'afficher le message d'erreur La variable valeur n'est pas définie dans la fenêtre de sortie. La variable valeur n'est pas définie dans la fonction double(). Le lecteur Flash ne peut multiplier une variable non déclarée par une valeur numérique.

Variable locale à une fonction

La deuxième propriété énoncée précédemment établit qu'une fonction est formée d'instructions élémentaires, et notamment d'instructions de déclaration de variables.

Par définition, une variable déclarée à l'intérieur d'une fonction est dite « variable locale à la fonction ». Dans l'exemple précédent, la variable valeur est locale à la fonction initialise().

Les variables locales n'existent que pendant le temps de l'exécution de la fonction. Elles ne sont visibles ni depuis une autre fonction, ni depuis le script principal.

Cependant, le programmeur débutant qui souhaite modifier à tout prix la variable valeur va chercher à contourner, dans un premier temps, le problème précédent en déclarant une seconde variable valeur dans la fonction double(). De cette façon, la variable valeur est définie et connue des deux fonctions. Examinons plus précisément ce que réalise un tel programme.

Exemple : VariableLocale.fla

```
function initialise():void{
    var valeur:Number = 2;
    trace("Valeur = " + valeur + " dans initialise() ");
}

function double():void{
    var valeur:Number;
    valeur = valeur * 2;
    trace("Valeur = " + valeur + " dans double() ");
}

// Script principal
initialise();
double();
```

Pour bien comprendre ce qu'effectue ce programme, construisons le tableau d'évolution de chaque variable déclarée dans le programme VariableLocale.fla.

Pour en savoir plus

Voir chapitre 1, « Traiter les données », section « Les mécanismes de l'affectation ».

Puisque les fonctions initialise() et double() sont des blocs d'instructions séparés, le lecteur Flash crée un emplacement mémoire pour chaque déclaration de la variable valeur. Il existe deux cases mémoire valeur distinctes portant le même nom. Elles sont distinctes parce qu'elles ne sont pas déclarées aux même endroits. Le tableau des variables déclarées pour chaque bloc est le suivant :

Variable locale à initialise()	valeur
var valeur:Number = 2;	2

Variable locale à double()	valeur
var valeur:Number;	NaN

La variable locale à la fonction `double()` est déclarée mais non initialisée, elle est donc considérée comme `NaN` par le lecteur Flash, c'est-à-dire de type `Not a Number`. Même si elle porte le même nom que la variable déclarée dans la fonction `initialise()`, elle ne contient pas la même valeur.

Ainsi, le programme réalise les actions suivantes :

- appeler la fonction `initialise()` qui affiche le contenu de la variable `valeur` définie à l'intérieur de cette fonction, soit 2 ;

- sortir de la fonction `initialise()` et détruire la variable `valeur` locale à cette fonction ;

- retourner au script principal et appeler la fonction `double()` qui affiche le contenu de la variable `valeur` définie à l'intérieur de cette fonction, soit `NaN` « `Valeur = NaN dans double()` » dans la fenêtre de sortie. Multiplier une variable `NaN` par une valeur numérique a pour résultat de rendre la variable `NaN` .

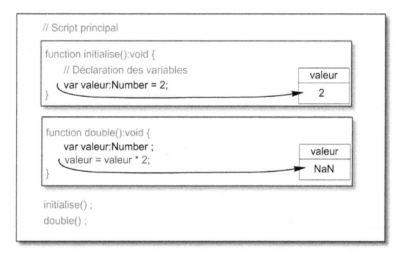

Figure 7-4

Toute variable déclarée à l'intérieur d'une fonction est une variable locale propre à cette fonction.

La variable `valeur` est déclarée deux fois dans chacun des deux blocs d'instructions et nous constatons que la fonction `double()` ne change pas le contenu de la variable `valeur` déclarée dans la fonction `initialise()`. En réalité, même si ces deux variables portent le même nom, elles sont totalement différentes et leur valeur est stockée dans deux cases mémoire distinctes.

Remarque

En déclarant la variable `valeur` avec le type `uint`, le lecteur Flash initialise la variable `valeur` à 0 dans la fonction `double()`. L'exécution du programme a pour résultat d'afficher « `Valeur = 0 dans double()` » dans la fenêtre de sortie.

En cherchant à résoudre une erreur de visibilité des variables, nous n'avons pas écrit la fonction qui modifie la valeur d'une variable définie en dehors d'elle-même. Cette modification est impossible dans la mesure où la variable valeur n'est connue que de la fonction dans laquelle elle est déclarée, et d'aucune autre.

Variable globale au script principal

En examinant plus attentivement la première propriété définie au tout début de cette section, nous constatons que le script courant contient également des instructions de déclaration, en dehors de toute fonction. Les variables ainsi déclarées sont appelées variables « globales ». Elles sont définies pour l'ensemble du script et sont visibles depuis toutes les fonctions.

Exemple : VariableGlobale.fla

```
function initialise():void{
   valeur = 2
   trace("Valeur = " + valeur + " dans initialise() ");
}

function double():void{
   valeur = valeur * 2;
   trace("Valeur = " + valeur + " dans double() ");
}

// Script principal
var valeur:uint;
initialise();
double();
trace("Valeur = " + valeur + " dans le script courant ");
```

La représentation par blocs du programme (voir figure 7-5) montre que la variable valeur est visible tout au long du programme.

Puisque la variable valeur est déclarée à l'extérieur des fonctions initialise() et double(), elle est définie comme étant une variable globale au script courant. La variable valeur existe tout le temps de l'exécution du script et les fonctions définies en son sein peuvent l'utiliser et modifier son contenu.

L'exécution du programme a pour résultat :

```
valeur = 2 dans initialise()
valeur = 4 dans double()
valeur = 4 dans le script courant
```

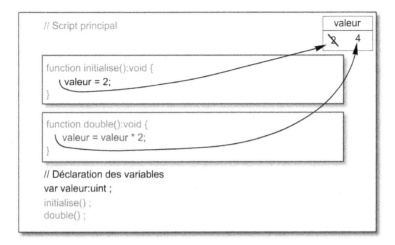

Figure 7-5

Une variable déclarée en dehors de toute fonction est appelée variable globale.

Remarque

La variable `valeur` n'est plus déclarée à l'intérieur des deux fonctions, mais dans le script principal. La déclaration des variables globales peut s'effectuer avant ou après la définition des fonctions.

La variable `valeur` étant une variable globale, l'ordinateur ne crée qu'un seul emplacement mémoire. Le tableau d'évolution de la variable est le suivant :

Variable globale	valeur
`valeur = 2 // dans la fonction initialise(`	2
`valeur = 4 // dans la fonction double()`	4
`valeur = 4 // dans le script courant`	4

Puisqu'il n'existe qu'une seule case mémoire nommée `valeur`, celle-ci est commune à toutes les fonctions du programme, qui peuvent y déposer une valeur. Lorsque la fonction `double()` place 4 dans la case mémoire `valeur`, elle écrase la valeur 2 que la fonction `initialise()` avait précédemment placée.

En utilisant le concept de variable globale, nous pouvons écrire une fonction qui modifie le contenu d'une variable définie en dehors de la fonction.

Quelques précisions sur les variables globales

Puisque les variables locales ne sont pas modifiables depuis d'autres fonctions et que, à l'inverse, les variables globales sont vues depuis toutes les fonctions du programme, le programmeur débutant aura tendance, pour se simplifier la vie, à n'utiliser que des variables globales.

Or, l'utilisation abusive de ce type de variables comporte plusieurs inconvénients que nous détaillons ci-dessous.

Déclarer plusieurs variables portant le même nom

L'emploi systématique des variables globales peut être source d'erreurs, surtout lorsqu'on prend l'habitude de déclarer des variables portant le même nom. Observons le programme suivant :

```
function initialise():void{
   var valeur:uint = 2
   trace("Valeur = " + valeur + " dans initialise() ");
}
// Script principal
var valeur:uint = 0;
trace("Valeur = " + valeur + " avant initialise() ");
initialise();
trace("Valeur = " + valeur + " après initialise() ");
```

Dans ce programme, la variable valeur est déclarée deux fois, une fois comme variable globale et une autre fois comme variable locale à la fonction initialise().

Remarque

Rien n'interdit de déclarer plusieurs fois une variable portant le même nom dans des blocs d'instructions différents. Toutes les instructions définies à l'intérieur d'un couple d'accolades { et } constituent un bloc d'instructions.

Le fait de déclarer deux fois la même variable n'est cependant pas sans conséquence sur le résultat du programme.

Dans la fonction initialise(), les deux variables valeur coexistent et représentent deux cases mémoire distinctes. Lorsque l'instruction valeur = 2 est exécutée, le lecteur Flash ne peut placer la valeur numérique 2 dans les deux cases mémoire à la fois. Il est obligé de choisir. Dans un tel cas, la règle veut que ce soit la variable locale qui soit prise en compte et non la variable globale.

Le résultat final du programme est le suivant :

```
valeur = 0 avant initialise()
valeur = 2 dans initialise()
valeur = 0 après initialise()
```

La modification n'est valable que localement. Lorsque le programme retourne au script principal, la variable locale n'existe plus. Le programme affiche le contenu de la variable globale, soit 0.

De l'indépendance des fonctions

Comme nous l'avons déjà observé (voir la section « Algorithme paramétré »), une fonction est avant tout un sous-programme indépendant, capable d'être exécuté autant de fois que nécessaire et traitant des données différentes.

En construisant des fonctions qui utilisent des variables globales, nous créons des fonctions qui ne sont plus des modules de programmes indépendants, mais des extraits de programmes travaillant tous sur le même jeu de variables.

Cette dépendance aux variables globales nuit au programme, car il est nécessaire, pour réutiliser de telles fonctions, de modifier tous les noms des variables globales de façon à les rendre compatibles avec les nouveaux programmes.

Par exemple, la fonction `double()` ne double que le contenu de la variable `valeur` et d'aucune autre. Pour doubler le contenu d'une variable portant un autre nom, nous devons soit écrire une autre fonction utilisant ce nouveau nom de variable, soit affecter la valeur de la nouvelle variable à `valeur`.

En cas de développement de logiciels importants, comportant des centaines de milliers d'instructions, la transformation et l'amélioration des fonctionnalités du programme se trouvent fortement compromises. L'ensemble du code doit être examiné précisément afin de déterminer où se trouve la variable globale concernée par la transformation envisagée.

Dans ce cadre, il convient de prendre en compte les règles suivantes :

- utiliser les variables globales en nombre limité, le choix de ce type de variable s'effectuant en fonction de l'importance de la variable dans le programme. Une variable est considérée comme globale lorsqu'elle est commune à un grand nombre de fonctions ;

- écrire un programme de façon modulaire, chaque fonction travaillant de façon indépendante, à partir de valeurs transmises à l'aide des techniques étudiées à la section suivante.

Les fonctions communiquent

L'emploi systématique des variables globales peut être, comme nous venons de le voir, source d'erreurs. Pour limiter leur utilisation, il existe des techniques simples, qui font que deux fonctions communiquent le contenu d'une case mémoire locale de l'une des fonctions à une case mémoire locale de l'autre.

Ces techniques sont basées sur le paramétrage des fonctions et sur le retour de résultat.

Pour mieux cerner le fonctionnement de chacune de ces techniques, reprenons les deux fonctions `initialise()` et `double()` et examinons comment doubler le contenu de la variable `valeur` sans utiliser de variables globales. Pour simplifier et être plus concis dans nos explications, nous supposons que la fonction `double()` est appelée par la fonction `initialise()`.

Le passage de paramètres par valeur

Notre contrainte est cette fois de n'utiliser que des variables locales. Ainsi, la variable valeur est locale à la fonction initialise() et, pour multiplier par deux cette valeur, la fonction double() doit effectivement connaître le contenu de la variable valeur.

La fonction initialise() doit communiquer le contenu de la variable valeur à la fonction double(). Cette communication est réalisée en passant le contenu de la variable au paramètre de la fonction double(). Examinons le programme ci-après.

Exemple : ParValeur.fla

```
function initialise():void{
    var valeur:uint = 2;
    trace("valeur = " + valeur + " avant double() ");
    double(valeur);
    trace("valeur = " + valeur + " après double() ");
}

function double(valeur:uint):void{
    trace("valeur = " + valeur + " dans double() ");
    valeur = valeur * 2;
    trace("valeur = " + valeur + " dans double() ");
}

// Script principal
initialise();
```

Dans ce programme, deux variables valeurs sont déclarées. La première est locale à la fonction initialise(), tandis que la seconde est locale à la fonction double(). Cependant, comme la seconde est déclarée dans l'en-tête de la fonction, elle est considérée non seulement comme variable locale à la fonction, mais surtout comme paramètre formel de la fonction double().

> **Remarque**
> * Le **paramètre formel** définit la forme de la variable que l'on doit passer en paramètre. Pour bien comprendre cela, rappelons-nous de l'algorithme de l'œuf poché ou des pâtes, dans lequel nous avons utilisé une variable premierIngrédient prenant la forme de l'œuf ou des pâtes suivant ce que l'on souhaitait obtenir.
> * Le **paramètre réel** ou encore **paramètre effectif** correspond à la valeur fournie lors de l'appel de la fonction double()(). C'est la valeur de ce paramètre qui est transmise au paramètre formel lors de l'appel de la fonction.

De cette façon, lorsque la fonction double() est appelée depuis la fonction initialise() avec comme valeur de paramètre le contenu de valeur (soit 2), la variable valeur locale de double() prend la valeur 2 (voir figure 7-6).

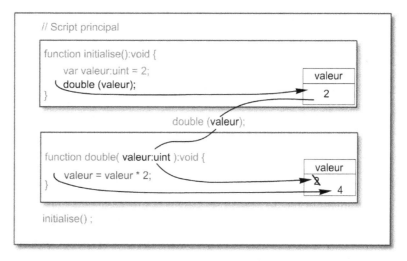

Figure 7-6

Grâce au paramètre, le contenu d'une variable locale à la fonction appelante (initialise()) est transmis à la fonction appelée (double()).

Ensuite, la variable valeur locale à la fonction double() est multipliée par deux grâce à l'instruction valeur = 2 * valeur;. La variable valeur vaut donc 4 dans la fonction double(). Lorsque le programme sort de la fonction double() et retourne à la fonction initialise(), il détruit la variable locale de la fonction double() et affiche le contenu de la variable valeur locale à la fonction initialise(), soit encore 2.

Résultat de l'exécution

```
valeur = 2 avant double()
valeur = 2 dans double()
valeur = 4 dans double()
valeur = 2 après double()
```

Grâce au paramètre de la fonction double(), le contenu de la variable valeur locale à la fonction initialise() est transmis à la fonction double(). Une fois la fonction exécutée, nous constatons que la variable valeur de la fonction initialise() n'est pas modifiée pour autant.

Remarque

Lorsqu'une fonction communique le contenu d'une variable à une autre fonction par l'intermédiaire d'un paramètre, on dit que le paramètre est « passé par valeur ». Ce type de transmission de données ne permet pas de modifier, dans la fonction appelante, le contenu de la variable passée en paramètre.

En effet, la valeur passée en paramètre est copiée dans la case mémoire associée au paramètre. Même si celui-ci porte le même nom que la variable, il s'agit de deux cases
mémoire distinctes. La modification reste donc locale à la fonction. Pour que la modification soit prise en compte, il existe deux techniques :

- le retour de résultat (voir la section « Le résultat d'une fonction » ci-après) ;

- le passage de paramètres par référence (voir la section « Le passage de paramètres par
référence » ci-après).

Syntaxe liée aux paramètres

Les paramètres d'une fonction sont définis dans l'en-tête de la fonction. Leur nombre est
variable et dépend des besoins propres à la tâche réalisée par la fonction.

La syntaxe d'écriture de l'en-tête d'une fonction varie selon qu'elle possède ou non des
paramètres.

Fonction avec plusieurs paramètres

Ainsi, lorsqu'une fonction possède plusieurs paramètres, ceux-ci sont séparés par une
virgule lors de leur déclaration. L'en-tête d'une fonction prend alors la forme suivante :

```
function quelconque(a:uint, c:String, t:Boolean):void
```

> **Remarque**
> Derrière chaque paramètre est placé son type, même si deux paramètres consécutifs sont de type
> identique.

Lors de l'appel à une fonction possédant plusieurs paramètres, les valeurs sont transmises aux paramètres dans l'ordre d'apparition dans la liste. La première valeur fournie lors
de l'appel est passée au premier paramètre défini dans l'en-tête, la seconde valeur est
passée au second paramètre…

Ainsi, l'instruction d'appel à la fonction quelconque() :

```
quelconque(10, "fraises", true):void;
```

a pour résultat de placer la valeur 10 dans la variable a, la chaîne de caractères "fraises"
dans la variable c et la valeur true dans la variable t.

> **Question**
> Que se passe-t-il si l'en-tête d'une fonction nommée max() est écrit de la façon suivante :
>
> ```
> function max(a, b:uint)
> ```

Réponse

Le lecteur Flash ne détecte pas d'erreur alors qu'aucun type n'est précisé pour le paramètre a. De ce fait, il est possible d'appeler la fonction comme suit :

```
max("un",2);
```

Ce qui a priori n'a pas de sens ; la fonction max() recherche la plus grande des deux valeurs passées en paramètres. La comparaison de deux valeurs n'est valide que si elle s'effectue sur des variables de même type. Pour être certain que les valeurs passées en paramètres correspondent aux paramètres formels, vous devez définir le type de tous les paramètres. L'en-tête de la fonction max() doit être défini comme suit :

```
function max(a:uint, b:uint)
```

Dans ce cas, l'appel de la fonction avec "un" en premier paramètre entraîne une erreur de type « Incompatibilité de types ».

Fonction sans paramètre

Une fonction peut ne pas avoir de paramètre. Son en-tête ne possède alors aucun paramètre entre parenthèses comme la fonction disBonjour() présentée en premier exemple de la section Définir une fonction.

Le résultat d'une fonction

Pour garder le résultat de la modification du contenu d'une variable en sortie de fonction, une technique consiste à retourner la valeur calculée par l'intermédiaire de l'instruction return.

Examinons le programme ci-dessous qui utilise cette technique.

Exemple : ResultatFonction.fla

```
function initialise():void{
    var valeur:uint = 2;
    trace("valeur = " + valeur + " avant double() ");
    valeur = double(valeur);
    trace("valeur = " + valeur + " après double() ");
}

function double(v:uint):uint{
    var resultat:uint;
    trace("v = " + v + " dans double() ");
    resultat = v * 2;
    trace("resultat = " + resultat + " dans double() ");
    return resultat;
}

// Script principal
initialise();
```

Ici, le contenu de la variable `valeur` est passé au paramètre `v` de la fonction `double()`. Puisque le paramètre formel (`v`) correspond à une case mémoire distincte de la variable effectivement passée (`valeur`), il est plus judicieux de le déclarer sous un autre nom d'appel que celui de la variable, de façon à ne pas les confondre.

> **Remarque**
>
> En général, et tant que cela reste possible, nous avons pour convention de donner comme nom d'appel du paramètre formel la première lettre du paramètre réel. Pour notre exemple, `valeur` est le paramètre réel. Le paramètre formel s'appelle donc `v`.

Une fois le calcul réalisé à l'intérieur de la fonction `double()`, la valeur résultante placée dans la variable `resultat` est transmise à la fonction `initialise()` qui a appelé la fonction `double()`. Cette transmission est réalisée grâce à l'instruction `return resultat`. Le contenu du résultat est alors placé dans la variable `valeur` grâce au signe d'affectation `=`, comme l'illustre la figure 7-7.

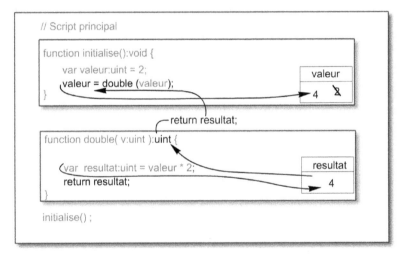

Figure 7-7

Grâce au retour de résultat, le contenu d'une variable locale à la fonction appelée double() est transmis à la fonction appelante initialise().

Résultat de l'exécution

```
valeur = 2 avant double()
v = 2 dans double()
resultat = 4 dans double()
valeur = 4 après double()
```

Grâce à la technique du retour de résultat et du passage de paramètre par valeur, les fonctions peuvent échanger les contenus de variables. Les variables locales sont donc exploitables aussi facilement que les variables globales, tout en évitant les inconvénients liés à ces dernières.

Syntaxe liée au retour de résultat

L'instruction `return` est utilisée pour terminer une fonction. Lorsque le lecteur Flash rencontre l'instruction `return`, il sort de la fonction en ignorant les éventuelles instructions restantes. Il retourne à la fonction ou au script qui a appelé la fonction en gardant en mémoire la valeur à retourner.

L'instruction `return` permet donc la transmission d'une valeur d'une fonction à une autre fonction.

Fonction avec résultat

Comme nous l'avons observé lors de la définition de la fonction `double()`, toute fonction fournissant un résultat contient un `return` placé dans le corps de la fonction. De plus, l'entête de la fonction possède obligatoirement un type qui correspond à celui du résultat retourné.

Si une fonction retourne en résultat une variable de type `uint`, son en-tête s'écrit :

```
function nomdelafonction():uint
```

Remarque

Une fonction ne retourne qu'une et une seule valeur. L'instruction `return  a,  b;` ne provoque pas d'erreur, mais elle échoue en silence et aucune valeur n'est transmise au programme appelant.

Lorsqu'une fonction fournit plusieurs résultats, la transmission des valeurs ne peut se réaliser par l'intermédiaire de l'instruction `return`. Il est nécessaire dans ce cas d'employer la technique du passage de paramètres par référence décrite en section suivante.

Question

Que se passe-t-il si l'on écrit l'en-tête de la fonction `double()` de la façon suivante :

```
function double (valeur:uint):Boolean {
    // Des instructions
    return valeur;
}
```

Réponse

Le lecteur Flash affiche le message d'attention (*Warning*) suivant :

```
Warning: void utilisée alors qu'une valeur booléenne est attendue.
L'expression va être transtypée comme booléenne.
```

Ce message ne constitue pas une erreur de syntaxe pour le lecteur Flash. L'animation est exécutée. Le lecteur Flash signale cependant que la variable valeur est transformée automatiquement en booléen, soit 1 si valeur est non nulle au moment du return.

Fonction sans résultat

Une fonction peut ne pas fournir de résultat. Tel est, en général, le cas des fonctions utilisées pour l'affichage de messages. Par exemple, la fonction disBonjour() ne fournit pas de résultat.

Dans ce cas, l'en-tête function disBonjour():void mentionne que la fonction disBonjour() ne retourne pas de résultat grâce au mot-clé void placé derrière les parenthèses de la fonction.

Si une fonction ne retourne pas de résultat, son en-tête est de type void, et l'instruction return ne figure pas dans le corps de la fonction.

Question

Que se passe-t-il si l'on insère l'instruction suivante à la fin de la fonction initialise() ?

```
function initialise():void {
  // Des instructions
  return valeur;
}
```

Réponse

Le lecteur Flash affiche le message d'erreur suivant :

```
La valeur renvoyée doit être de type undefined.
```

Il faut entendre par là que l'instruction return ne peut retourner de valeur, l'en-tête de la fonction initialise() précisant qu'elle ne retourne pas de résultat (void). Dans ce cas, l'instruction return ne peut pas figurer dans le corps de la fonction.

Le passage de paramètres par référence

Avec la technique du passage de paramètres par référence, les valeurs transmises en paramètres et modifiées par la fonction le sont également pour le script principal. Il est ainsi possible de changer plusieurs valeurs au sein d'une fonction et de transmettre ces transformations à la « variable » passée en paramètre.

La grande différence entre le passage de paramètres par valeur et celui par référence se situe dans le fait que l'on passe, en paramètre d'une fonction, non plus une simple variable (de type uint, ou Boolean), mais l'adresse d'une case mémoire. Grâce à cela, les modifications apportées sur l'objet passé en paramètre et réalisées à l'intérieur de la méthode sont visibles en dehors même de la méthode.

Doubler les valeurs d'un tableau

Pour comprendre en pratique le mécanisme du passage de paramètres par référence, examinons plus attentivement le programme suivant :

```
// ❶ Définition de la fonction double()
function double(tmp:Array):void{
  for (var i:uint = 0 ; i < tmp.length ; i++)
    tmp[i] = 2 * tmp[i];
}


// ❷ Déclaration du tableau unTableau
var unTableau:Array = new Array(100, 200, 300, 400);
var i:uint;
// Affichage du contenu du tableau unTableau
trace ("Avant l'appel de la fonction double()");
for (i = 0 ; i < unTableau.length ; i++)
   trace("unTableau[ " + i +  " ] = " + unTableau[i]);

// ❸ Appel de la fonction double()
double(unTableau);

// Affichage du contenu du tableau unTableau
trace ("Après l'appel de la fonction double()");
for (i = 0 ; i < unTableau.length ; i++)
   trace("unTableau[ " + i +  " ] = " + unTableau[i]);
```

❶ Le paramètre tmp de la nouvelle fonction double() est de type Array. Il s'agit d'un paramètre formel représentant un tableau quelconque. L'opérateur new n'est pas appliqué à ce tableau, aucun espace mémoire supplémentaire n'est donc alloué. La valeur réellement passée en paramètre est l'adresse du tableau (pour notre exemple, unTableau) fournie lors de l'appel de la fonction, et non toutes les valeurs contenues dans le tableau (voir figure 7-8).

❷ L'opérateur new réserve 4 espaces mémoire et détermine l'adresse mémoire du tableau unTableau. Ce dernier est initialisé aux valeurs 100, 200, 300 et 400. La première boucle affiche alors les valeurs :

```
Avant l'appel de la fonction double()
unTableau[ 0 ] = 100
unTableau[ 1 ] = 200
unTableau[ 2 ] = 300
unTableau[ 3 ] = 400
```

❸ Lors de l'appel de la fonction `double()` depuis le script principal, le paramètre `tmp` prend pour valeur l'adresse du tableau `unTableau` (voir figure 7-8).

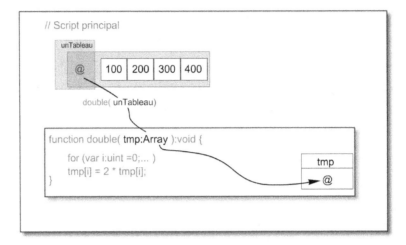

Figure 7-8

La valeur passée en paramètre de la fonction double() correspond à l'adresse du tableau unTableau.

Le tableau `tmp` contient uniquement l'adresse du tableau `unTableau`. Ainsi, accéder à la case `tmp[i]` revient à accéder, par l'intermédiaire de son adresse, à la case `unTableau[i]` (voir figure 7-9). L'instruction :

```
tmp[i] = 2 * tmp[i];
```

a donc pour effet de doubler les valeurs du tableau se situant à l'adresse @, c'est-à-dire les valeurs du tableau `unTableau`.

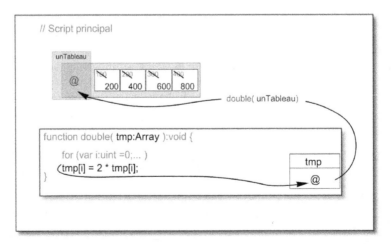

Figure 7-9

Le tableau tmp utilise la même référence que le tableau unTableau.

Après exécution de la fonction `double()`, la seconde boucle `for` du script principal affiche :

```
Après l'appel de la fonction double()
unTableau[ 0 ] = 200
unTableau[ 1 ] = 400
unTableau[ 2 ] = 600
unTableau[ 3 ] = 800
```

Le tableau `unTableau` a été modifié par l'intermédiaire du tableau `tmp`.

Au final, nous constatons que la modification du tableau `tmp`, déclaré comme paramètre de la fonction `double()`, entraîne la modification du tableau `unTableau` alors qu'aucune instruction n'a réellement porté sur ce dernier.

Ainsi, grâce à la technique du passage de paramètres par référence, tout objet passé en paramètre d'une fonction voit, en sortie de la fonction, ses données transformées par cette dernière.

Une palette de couleur

L'objectif de cet exemple est de créer un outil permettant d'afficher une couleur et son code hexadécimal. L'application présente une zone centrale qui affiche un carré de couleur tandis que six boutons de couleurs rouge, vert et bleu offrent la possibilité d'ajouter ou de retirer de la couleur rouge, vert et bleu respectivement (voir figure 7-10) au carré. Sous la zone centrale est affiché le code couleur de cette dernière.

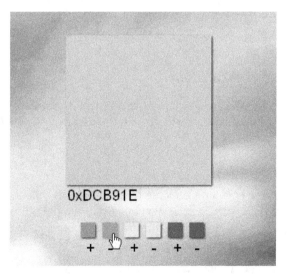

Figure 7-10

Les boutons sont utilisés pour ajouter ou retirer de la couleur.

Pour réaliser cette application, nous étudierons, en plus des notions associées aux couleurs :

- les notions de variables locales et globales ;
- la mise en place de fonctions avec paramètre et/ou sans résultat.

Rechercher les actions répétitives

La meilleure façon de détecter les instructions susceptibles d'être placées à l'intérieur d'une fonction est de rechercher, dans la structure de l'application, les actions répétitives ainsi que les différents objets qui peuvent être créés et utilisés de façon similaire.

Pour notre application, observons que :

- les six boutons ainsi que la zone de couleur centrale sont similaires. Même si tous ces objets ne sont pas de même taille, chacun affiche une forme carrée, coloriée de façon spécifique et présentant une zone de texte dans sa partie inférieure. La création d'une telle forme peut donc être réalisée par l'intermédiaire d'une fonction (voir la section « La fonction creerUneForme() ») ;
- les objets présents sur la scène sont tous de couleurs différentes. De plus, la couleur varie dans la zone centrale, lorsque l'utilisateur clique sur un des boutons. Pour modifier la couleur des objets, il est nécessaire de calculer le code hexadécimal de la couleur souhaitée. Ce calcul est réalisé à l'aide de la fonction creerUneCouleur() présentée ci-après ;
- cliquer sur un des boutons a pour effet d'augmenter ou de diminuer la quantité de rouge, de vert ou de bleu dans la zone centrale. Ces actions sont réalisées à l'aide des fonctions plusDeCouleur() et moinsDeCouleur() décrites plus bas dans ce cette section.

La fonction creerUneCouleur()

La fonction creerUneCouleur() est utilisée pour calculer le code hexadécimal d'une couleur à partir de la quantité de rouge, de vert et de bleu avec laquelle on souhaite peindre.

Créer la fonction

Le calcul d'une couleur s'effectue à l'aide de trois valeurs de type uint représentant la quantité de rouge, de vert et de bleu que l'on souhaite utiliser. Ces quantités varient entre 0 et 255. Il convient donc de définir trois paramètres pour la fonction creerUneCouleur(), représentant les quantités de rouge, de vert et de bleu.

Une fois le code couleur créé, celui-ci doit être transmis au script principal afin qu'il puisse connaître la couleur de la zone à modifier. La fonction creerUneCouleur() doit donc retourner en résultat une valeur qui correspond au code hexadécimal de la couleur recherchée. Cette valeur est de type String.

Pour toutes ces raisons, l'en-tête de la fonction a pour forme :

```
function creerUneCouleur(rouge:uint, vert:uint, bleu:uint):String
```

Ensuite, le corps de la fonction regroupe l'ensemble des instructions permettant le calcul du code hexadécimal de la couleur décrite par les valeurs passées en paramètres. La fonction creerUneCouleur() est définie ci-après.

Code source de la fonction creerUneCouleur()

```
function creerUneCouleur(rouge:int, vert:int, bleu:int):String {
  // ❶ Déclaration et initialisation de tmp
  var tmp:String = "0x";
  // ❸ Test de la quantité de rouge
  if (rouge < 16) {
    tmp = tmp + "0";
  }
  // ❷ Calcul en base 16
  tmp = tmp + rouge.toString(16).toUpperCase();
  // ❸ Test de la quantité de vert
  if (vert < 16) {
    tmp = tmp+"0";
  }
  tmp = tmp+vert.toString(16).toUpperCase();
  // ❸ Test de la quantité de bleu
  if (bleu < 16) {
    tmp = tmp + "0";
  }
  tmp = tmp + bleu.toString(16).toUpperCase();
  // ❹ retourner la valeur contenue dans tmp au programme appelant
  return tmp;
}
```

Le code d'une couleur est une valeur hexadécimale composée de 6 lettres (RRVVBB) précédée des caractères 0x afin de préciser qu'il s'agit bien d'une valeur hexadécimale.

Les deux premières valeurs (RR) définissent la quantité de rouge, les secondes (VV) la quantité de vert et les troisièmes (BB) la quantité de bleu. Les quantités de couleur sont calculées non pas en base 10, mais en base 16 pour obtenir un code hexadécimal. Les valeurs varient donc de 00 (pas de couleur) à FF (au maximum de couleur).

À partir des valeurs rouge, vert et bleu passées en paramètres, valeurs codées en base 10, la fonction calcule un code obtenu par juxtaposition des termes 0x suivi de la valeur de rouge puis de la valeur de vert et, pour finir de la valeur de bleu. Chacune de ces valeurs est calculée en base 16. Pour obtenir ce code, la technique utilise la démarche suivante.

❶ Le code hexadécimal commence toujours par le terme "0x", c'est pourquoi nous initialisons la variable tmp à "0x". Par la suite, tmp est utilisée pour stockée la suite des valeurs hexadécimales du rouge, du vert et du bleu.

Les valeurs sont placées dans tmp, les unes à la suite des autres grâce à la technique d'accumulation. En écrivant :

```
tmp = tmp + "0" ;
```

ou encore

```
tmp = tmp + rouge.toString(16).toUpperCase();
```

La valeur précédemment stockée est conservée et la nouvelle valeur est accolée à la suite, puisqu'il s'agit de chaîne de caractères.

Pour en savoir plus

L'addition de mots, appelée « concaténation », est étudiée au chapitre 1, « Traiter les données », section « Addition de mots » et au chapitre 3, « Communiquer ou interagir », section « Une calculatrice pour faire des additions ». La technique de l'accumulation est décrite au chapitre 4, « Faire des choix », section « Les techniques de programmation incontournables ».

---

❷ La première valeur à coder en hexadécimal est le rouge. Le calcul d'une valeur décimale en base 16 est réalisé par la méthode toString(), en plaçant la valeur 16 en paramètre de la méthode. Le paramètre indique au compilateur que la transformation de valeur rouge en chaîne de caractères s'effectue en utilisant la base 16.

La valeur obtenue est ensuite transformée en majuscule grâce à la méthode toUpperCase(). La valeur hexadécimale fournie par la méthode toString() est une chaîne de caractères. Il est donc possible de transformer les caractères en majuscule en utilisant la méthode native toUpperCase() de la classe String.

❸ Un traitement particulier est réalisé pour les valeurs de couleur inférieures à 16. En effet, le code hexadécimal d'une valeur comprise entre 0 et 15 varie de 0 à F, mais le code d'une couleur compris entre 0 et 16 varie de 00 à 0F. Un 0 est placé avant la valeur hexadécimale. Le test (if valeur < 16) tmp = tmp + "0" a pour résultat de placer un 0 à la suite des valeurs contenues dans tmp. Ainsi, si rouge vaut par exemple 12, il sera placé dans tmp, 0x dans un premier temps, grâce à l'initialisation (❶) puis, 0 puisque rouge est inférieur à 16 (❸) et enfin C qui est la valeur hexadécimale de 12 (❷).

Les valeurs de vert et de bleu sont ensuite ajoutées à la variable tmp en utilisant un traitement similaire à celui du rouge. Pour finir, lorsque le code est entièrement calculé, la fonction transmet au programme appelant la valeur enregistrée tmp à l'aide de l'instruction return (❹).

Appeler la fonction

Le calcul d'un code couleur s'effectue à différents moments de l'application.

Tout d'abord, pour calculer la couleur initiale de la zone centrale et celle des six boutons. Ensuite, à chaque fois que l'on clique sur un des boutons pour ajouter ou retirer de la couleur et modifier ainsi la zone centrale.

L'instruction `creerUneCouleur()` se situe donc à plusieurs endroits dans le programme.

- À la création de la zone de couleur centrale dont la couleur est initialement mauve foncé. Les paramètres de la fonction `creerUneCouleur()` ont pour valeurs 125, 100 et 125 pour le rouge, le vert et le bleu respectivement. Ces valeurs définissent les quantités de rouge, vert et bleu initiales. Elles seront amenées à être modifiées à chaque fois que l'utilisateur clique sur l'un des six boutons. Pour faire en sorte que les quantités de couleur soient accessibles à chaque clic sur l'un des boutons, les valeurs 125, 100 et 125 sont enregistrées dans des variables globales nommées respectivement `valeurDeRouge`, `valeurDeVert` et `valeurDeBleu`. Ainsi, à chaque fois qu'une quantité de couleur sera modifiée, nous modifierons l'une de ces trois variables.

- À la création des six boutons. Chaque bouton est de couleur constante pour chacune des catégories ajout ou suppression de couleur. Les trois couleurs sont créées avec une valeur maximale dans sa tonalité, soit 255. Ainsi, par exemple, la couleur du bouton rouge est créée grâce à l'instruction :

```
var rougeBtn:String =creerUneCouleur(255, 0, 0);
```

- À l'intérieur des gestionnaires d'événements `MouseEvent.MOUSE_UP`, pour augmenter ou diminuer la quantité de couleur de rouge, de vert ou de bleu à chaque fois que l'utilisateur clique sur l'un des boutons de l'interface. La fonction `creerUneCouleur()` est appelée afin de calculer le code couleur associé au clic. La fonction utilise alors en paramètres, les variables globales `valeurDeRouge`, `valeurDeVert` et `valeurDeBleu` de façon à conserver les bonnes quantités de couleur entre chaque clic, quelque soit la couleur modifiée.

Extension web

Vous trouverez le code source de cet exemple dans le fichier `codeCouleur.fla`, sous le répertoire `Exemples/chapitre7`.

La fonction creerUneForme()

La fonction `creerUneForme()` est utilisée pour créer un carré de couleur et de taille variable. Le carré s'affiche n'importe où sur la scène. Un texte s'affiche en dessous du carré.

Créer la fonction

Nous devons paramétrer la fonction `creerUneForme()` de façon à lui permettre de créer des carrés avec une zone de texte variable. La forme créée peut être placée n'importe où sur la scène. Les paramètres de la fonction sont donc la position en x et y du coin supérieur droit du carré, la longueur du côté, la couleur ainsi que le texte à afficher.

Une fois créée, chaque zone doit être manipulable par le script principal. La fonction doit retourner en résultat l'objet créé.

Pour cela, l'en-tête de la fonction définit six paramètres comme suit :

```
function creerUneForme(nx:uint, ny:uint, c:int, teinte:String,
➥label:String):MovieClip
```

Les trois premiers paramètres (nx, ny et c) sont de type uint, ils correspondent respectivement aux positions horizontale et verticale du bord supérieur gauche du carré et à la longueur du côté. Les deux derniers paramètres, teinte et label, sont de type String. Ils sont utilisés pour modifier la couleur du carré et décrire le texte à afficher sous le carré.

Ensuite, le corps de la fonction regroupe l'ensemble des instructions permettant la création, le positionnement et le coloriage du carré (❶), l'affichage du texte (❷). La forme ainsi créée est transmise au programme appelant par l'intermédiaire de l'instruction return (❸).

Pour en savoir plus

L'affichage d'une forme carrée avec ombre ainsi que celui d'une zone de texte est décrite au chapitre 2, « Les symboles », section « Gestion de la liste d'affichage ».

Code source de la fonction creerUneForme()

```
function creerUneForme(nx:uint, ny:uint, c:int, teinte:String, label:String):MovieClip {
   // Créer un conteneur pour le carré et le texte
   var boite:MovieClip = new MovieClip();
   // ❶ Créer un carré en nx, ny de côté c et de couleur teinte
   var carre:Sprite = new Sprite();
   // ❹ Colorier le carré avec la couleur passée en paramètre
   carre.graphics.beginFill(parseInt(teinte));
   carre.graphics.drawRect(nx, ny, c, c);
   carre.graphics.endFill();
   // Le carré est ombré
   carre.filters = [new DropShadowFilter(2)];
   // Afficher le carré dans la boîte
   boite.addChild(carre);
   // ❷ Créer une zone de texte
   var leTexte:TextField = new TextField();
   // Modifier le format de texte par défaut
   leTexte.defaultTextFormat = format;
   // Positionner le champ de texte en bas à gauche
   leTexte.x=nx;
   leTexte.y=ny+c;
   // La hauteur du texte est de 24 pixels
   leTexte.height = 24;
   // Placer le texte passé en paramètre dans la zone de texte
   leTexte.text = label;
   // Afficher la zone de texte dans la boîte
   boite.addChild(leTexte);
   // ❸ La boîte obtenue est retournée au programme appelant
   return boite;
}
```

> **Remarque**
>
> La couleur passée en paramètre est de type `String`, alors que la méthode `beginFill()` n'accepte en paramètres que des valeurs numériques positives. C'est pourquoi, la chaîne de caractères `teinte` (❹) est transformée en valeur numérique par l'intermédiaire de la méthode `parseInt()`.

Appeler la fonction

La fonction `creerUneForme()` est appelée plusieurs fois dans l'application.

1. Pour créer la zone de couleur centrale. L'appel à la fonction s'effectue de la façon suivante :

```
var valeurDeRouge:int = 125;
var valeurDeVert:int = 100;
var valeurDeBleu:int = 125;
var couleur:String = creerUneCouleur(valeurDeRouge, valeurDeVert, valeurDeBleu);
var carreCentre:MovieClip ;
carreCentre = creerUneForme(largeur/2-taille*4, hauteur/2-taille*5, taille*10,
                            couleur,couleur);
addChild(carreCentre);
```

L'objet `carreCentre` représente la zone centrale qui est un carré de côté égal à 100 pixels. La couleur d'affichage du carré est calculée à partir d'une quantité de rouge égale à 125, de vert égale à 100 et de bleu égale à 125. Le texte affiché sous la zone coloriée correspond au code hexadécimal de la couleur d'affichage du carré.

2. À l'intérieur d'une boucle `for` pour créer de façon automatique les six boutons + et - pour chacune des couleurs rouge, verte et bleue.

```
var rougeBtn:String =creerUneCouleur(255, 0,0);
var vertBtn:String =creerUneCouleur(0,255, 0);
var bleuBtn:String =creerUneCouleur(0,0,255);
// ❶ listeBtn stocke la liste des boutons une fois ceux-ci créés
var listeBtn:Array = new Array();
// ❷ listeCouleur stocke la liste des couleurs
//    des boutons dans leur ordre de création
var listeCouleur:Array = [ rougeBtn, rougeBtn, vertBtn, vertBtn, bleuBtn,  bleuBtn];
for (var i:uint= 0; i < listeCouleur.length; i ++) {
    // ❹ Vérifie le numéro du bouton dans la liste
    if (i%2 == 0) {
    // ❸ Création des boutons +
    listeBtn[i]=creerUneForme((taille+ecart)*i+largeur/2-6*taille/2,
                              hauteur/2+150, taille,
                              listeCouleur[i], "+");
    } else {
    // ❸ Création des boutons -
    listeBtn[i]=creerUneForme((taille+ecart)*i+largeur/2-6*taille/2,
```

```
                                            hauteur/2+150, taille,
                                            listeCouleur[i], "-");
        }
        listeBtn[i].buttonMode = true;
        // ❺ On enregistre la couleur du bouton dans
        // une propriété nommée teinte
        listeBtn[i].teinte = listeCouleur[i];
        addChild(listeBtn[i]);
    }
```

Chaque bouton créé à l'intérieur de la boucle est enregistré dans un tableau nommé listeBtn (❶ et ❸). Le tableau listeCouleur est créé et initialisé pour automatiser la création des boutons à l'intérieur de la boucle for (❷ et ❸). L'ordre des couleurs de bouton correspond à l'ordre d'affichage des boutons sur la scène.

Grâce au test if (i%2 == 0) (❹), le texte situé en dessous du bouton devient le signe + ou -. En effet, les boutons d'indice 0, 2 et 4 dans le tableau listeBtn correspondent au bouton d'ajout de couleur, alors que les boutons d'indice 1, 3 et 5 sont utilisés pour diminuer la couleur correspondant au bouton de soustraction.

Observez également, la façon dont les boutons sont positionnés sur l'axe des X. La variable taille correspond à la longueur du côté, ecart, au nombre de pixels entre chaque bouton. Ce calcul permet d'obtenir les 6 boutons centrés en x sur la scène.

Remarque

La couleur spécifique de chaque bouton est enregistrée dans la propriété teinte (❺) de chaque objet créé par la méthode creerUneForme(). Cette propriété est ensuite utilisée au sein des méthodes d'ajout ou de suppression de couleur, afin de savoir quelle teinte doit être augmentée ou diminuée.

Pour en savoir plus

La définition de propriété d'objet est étudiée plus précisément au chapitre 8, « Les classes et les objets », section « Construire et utiliser ses propres classes ». L'ajout d'une propriété est traité au chapitre 9, « Les principes du concept objet », section « Les classes dynamiques ».

---

3. Pour finir, la méthode creerUneForme() est appelée à chaque fois que la couleur de la zone centrale est modifiée par un clic sur l'un des 6 boutons de l'interface (❷). Ces appels s'effectuent à l'intérieur des gestionnaires d'événements MouseEvent.MOUSE_UP associés aux 6 boutons de l'application.

```
// ❶ Si le carré central existe, on le supprime
if (carreCentre != null) {
    removeChild(carreCentre);
}
// ❷ Créer le carré avec une nouvelle couleur
carreCentre = creerUneForme(largeur/2-taille*4, hauteur/2-taille*5, taille*10,
                                    couleur,couleur);
addChild(carreCentre);
```

À chaque appel de la méthode `creerUneForme()`, un objet de type `MovieClip` est créé en mémoire. Pour chaque nouvelle couleur affichée, un nouveau carré vient se superposer à l'ancien. Pour éviter de créer un trop grand nombre d'objets inutiles dans la liste d'affichage (les carrés précédents sont cachés par les suivants, donc invisibles), nous devons supprimer le carré central, à chaque fois que l'utilisateur clique sur l'un des six boutons. Cette suppression (❶) s'effectue à l'intérieur du test `if (carreCentre != null)` afin d'être sûr de détruire un objet présent en mémoire. Une fois détruit, l'objet `carreCentre` est créé avec une nouvelle couleur (❷) en faisant appel à la méthode `creerUneForme()`.

Ces instructions sont placées à l'intérieur des méthodes `plusDeCouleur()` et `moinsDeCouleur()` décrites ci-après.

Extension web

Vous trouverez le code source de cet exemple dans le fichier `CodeCouleurV1.fla`, sous le répertoire `Exemples/chapitre7`.

Les fonctions plusDeCouleur() et moinsDeCouleur()

À chaque clic sur l'un des boutons de l'application, la couleur du carré central est modifiée. Si l'utilisateur clique sur l'un des trois boutons +, la quantité de couleur correspondant au bouton augmente, s'il clique sur un des trois boutons -, la quantité de couleur diminue. Les fonctions `plusDeCouleur()` et `moinsDeCouleur()` réalisent ces deux opérations, augmentation ou diminution de quantité de couleur.

Les deux fonctions utilisent le même type d'algorithme. L'une incrémente la dose de couleur, tandis que l'autre la décrémente. C'est pourquoi nous n'examinerons ici que la fonction `plusDeCouleur()`.

Créer la fonction

La fonction `plusDeCouleur()` n'est exécutée que lorsque l'utilisateur clique sur l'un des boutons. Elle correspond à une action suite à un événement de type `MouseEvent.MOUSE_UP`. La fonction prend donc en paramètre un objet de type `Event`, afin de récupérer les informations relatives à l'événement émis. La fonction `plusDeCouleur()` ne fournit pas de résultat.

Pour toutes ces raisons, l'en-tête de la fonction s'écrit :

```
function plusDeCouleur(e:Event):void
```

Ensuite, le corps de la fonction regroupe l'ensemble des instructions modifiant la couleur du carré central.

La première instruction est utilisée pour savoir quel bouton vient d'être cliqué. Elle permet d'obtenir une référence sur le bouton qui a reçu l'événement (❶). Connaissant cette référence, la propriété `cible.teinte` contient alors le code couleur du bouton cliqué, soit "0xFF0000" pour le bouton rouge, "0x00FF00" pour le bouton vert et "0x0000FF" pour le bouton vert.

Remarque

La propriété teinte est initialisée au moment de la création des boutons. Elle mémorise le code couleur du bouton en cours de création.

Suivant la teinte (❷), la quantité de couleur concernée est incrémentée de 5 (pas = 5), si la couleur est à son maximum (elle dépasse 255), la couleur reste égale à 255 (❸).

Remarque

Pour la fonction moinsDeCouleur() le test ne s'effectue pas sur la maximum de couleur mais sur le minimum. Si la couleur devient plus petite que 0, elle reste égale à 0.

Une fois la quantité de couleur augmentée, le code de la nouvelle couleur est calculé (❹) et un nouveau carré est affiché (❺).

Code source de la fonction plusDeCouleur()

```
function plusDeCouleur(e:Event):void {
   // ❶ Récupérer la référence du bouton qui a été cliqué
   var cible:MovieClip = e.currentTarget as MovieClip;
   // Déplacer le bouton vers le bas
   // et vers la droite au moment du clic
   cible.x--;
   cible.y--;
   var pas:int=5;
   // ❷ Suivant la teinte du bouton
   switch (cible.teinte) {
     // ❸ Si le bouton est rouge
     case "0xFF0000" :
       // Si la quantité de rouge est plus petite que 255
       if (valeurDeRouge < 255) {
           // La quantité de rouge augmente de 5
           valeurDeRouge+= pas;
       } else {
         // Si la quantité dépasse 255, elle reste égale à 255
         valeurDeRouge = 255;
       }
     break;
     // ❸ Si le bouton est vert
     case "0x00FF00" :
       // Si la quantité de vert est plus petite que 255
       if (valeurDeVert < 255) {
           // La quantité de vert augmente de 5
           valeurDeVert+= pas;
```

```
      } else {
        // Si la quantité dépasse 255, elle reste égale à 255
        valeurDeVert = 255;
      }
    break;
    case "0x0000FF" :
      // ❸ Si la quantité de bleu est plus petite que 255
      if (valeurDeBleu < 255) {
          // La quantité de bleu augmente de 5
          valeurDeBleu+= pas;
      } else {
        // Si la quantité dépasse 255, elle reste égale à 255
      valeurDeBleu = 255;
    }
  }
  // ❹ Calculer la nouvelle couleur
  couleur = creerUneCouleur(valeurDeRouge, valeurDeVert, valeurDeBleu);
  // Si la carré central existe, le supprimer
  if (carreCentre != null) {
    removeChild(carreCentre);
  }
  // ❺ Créer un carré avec une nouvelle couleur
  carreCentre = creerUneForme (largeur/2-taille*4, hauteur/2-taille*5, taille*10,
                               couleur,couleur);
  // Afficher le carré
  addChild(carreCentre);
}
```

Extension web

Vous trouverez le code source de cet exemple dans le fichier `CodeCouleurV1.fla`, sous le répertoire `Exemples/chapitre7`.

Appeler la fonction

Les deux fonctions `plusDeCouleur()` et `moinsDeCouleur()` sont exécutées lorsque l'utilisateur clique sur l'un des six boutons de l'application. Ces deux fonctions correspondent à des actions à réaliser suite à un événement de type « clic de souris ». Elles sont appelées par l'intermédiaire des gestionnaires d'événements `MouseEvent.MOUSE_UP`.

Les deux fonctions sont donc placées, pour chaque bouton créé, en paramètres de la méthode `addEventListener()`, comme suit :

```
for (var i:uint= 0; i < listeCouleur.length; i ++) {
   if (i%2 == 0) {
      // Si le bouton est un bouton +
      listeBtn[i] = creerUneForme((taille+ecart)*i+largeur/2 - 6*taille/2,
                                  hauteur/2 +150, taille,listeCouleur[i]  ,"+");
```

```
        listeBtn[i].addEventListener(MouseEvent.MOUSE_UP, plusDeCouleur);
    } else {
        // Si le bouton est un bouton -
        listeBtn[i] = creerUneForme((taille+ecart)*i +largeur/2 - 6*taille/2,
                                    hauteur/2 + 150, taille, listeCouleur[i] ,"-");
        listeBtn[i].addEventListener(MouseEvent.MOUSE_UP, moinsDeCouleur);
    }
    listeBtn[i] .buttonMode = true;
    listeBtn[i].teinte = listeCouleur[i];
    addChild(listeBtn[i] );
}
```

Ainsi, suivant le bouton créé, bouton d'ajout de couleur ou de suppression, le gestionnaire d'événement associé fait appel à la méthode plusDeCouleur() ou moinsDeCouleur(), respectivement.

Mémento

Dans le langage ActionScript, les algorithmes paramétrés s'appellent des « fonctions » ou encore des « méthodes ».

ActionScript propose un ensemble de fonctions prédéfinies parmi lesquelles se trouvent des fonctions telles que Math.round() pour calculer l'arrondi du nombre placé entre parenthèses, ou encore setChildIndex() pour modifier le niveau d'affichage d'un objet.

L'étude des fonctions natives du langage montre que :

- pour exécuter une fonction, il est nécessaire d'écrire dans une instruction le nom de la fonction choisie, suivi des paramètres éventuels, placés entre parenthèses ;

- toute fonction possède, dans son nom d'appel, des parenthèses ouvrante et fermante ;

- le type et l'ordre des paramètres dans l'appel de la fonction doivent être respectés, sous peine d'obtenir une erreur de compilation ou d'exécution.

Le langage ActionScript offre en outre au programmeur la possibilité d'écrire ses propres fonctions. Pour cela, vous devez :

- préciser les instructions composant la fonction, en les plaçant dans le corps de la fonction. Ce dernier est déterminé par des accolades { et } ;

- associer le nom de la fonction aux instructions à l'aide d'un en-tête qui précise le nom de la fonction, le type des paramètres (appelés « paramètres formels ») et le type de résultat retourné. Cet en-tête se rédige sous la forme suivante :

```
function nomDeLaFonction(paramètres):type
```

- établir les paramètres utiles à l'exécution de la fonction en les déclarant à l'intérieur des parenthèses placées juste après le nom de la fonction.

Lorsqu'une fonction possède plusieurs paramètres, ceux-ci sont séparés par une virgule. Devant chaque paramètre est placé son type, même si deux paramètres consécutifs sont de type identique. Par exemple :

```
function intialise(couleur:String, x:uint, y:uint):void
```

Lorsqu'une fonction n'a pas de paramètre, son en-tête ne possède aucun paramètre entre parenthèses ;

- préciser le type du résultat fourni par la fonction dans l'en-tête de la fonction, et placer l'instruction `return` dès que le résultat doit être transmis au programme appelant la fonction.

Toute fonction fournissant un résultat possède une instruction `return` placée dans le corps de la fonction. Par exemple :

```
function leTiers(valeur:int):Number {
 return valeur/3;
}
```

L'en-tête de la fonction possède obligatoirement un type qui correspond au type de résultat retourné. Notons qu'une fonction ne retourne qu'une et une seule valeur.

Si une fonction ne retourne pas de résultat, son en-tête est de type `void` et l'instruction `return` ne figure pas dans le corps de la fonction.

Une fonction peut être appelée (exécutée) depuis une autre fonction ou depuis le script principal. L'appel d'une fonction est réalisé en écrivant une instruction composée du nom de la fonction suivi, entre parenthèses, d'une liste de paramètres. Par exemple :

```
var resultat:Number = leTiers(12);
intialise("0x30EAF3", 200, 250)
```

Les valeurs passées en paramètres lors de l'appel de la fonction sont appelées les « paramètres réels », ou encore les « paramètres effectifs ».

Exercices

L'objectif de cette série d'exercices est de réaliser une application qui se présente sous la forme suivante :

Au lancement de l'application, 10 bulles sont affichées sur la scène, toutes de couleurs différentes. Un bouton Lancer permet de démarrer l'animation. Les bulles se déplacent dans tous les sens avec leur propre vitesse. Elles rebondissent sur le bord de la scène. Le bouton Stopper arrête l'animation.

Les bulles, les boutons et le calcul de la couleur des bulles sont créés par l'intermédiaire de fonctions. Le lancement et l'arrêt de l'animation sont également réalisés par l'intermédiaire de fonctions associées à des gestionnaires d'événements.

Vous pourrez réaliser cette application étape par étape, en suivant la suite des exercices proposée ci-après.

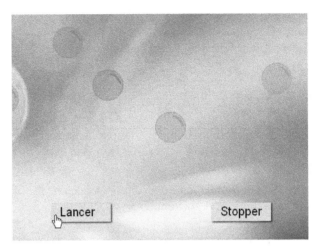

Figure 7-11

Lorsque l'utilisateur clique sur le bouton Lancer, les bulles se déplacent et rebondissent sur les bords. Elles s'arrêtent lorsque l'on clique sur le bouton Stopper.

Extension web

Pour vous faciliter la tâche, le fichier `Exercice7.fla`, à partir duquel nous allons travailler, se trouve dans le répertoire `Exercices/SupportPourRéaliserLesExercices/Chapitre7`. Dans ce même répertoire, vous pouvez accéder aux différentes applications telles que nous souhaitons les voir fonctionner (`Exercice7_1.swf` à `Exercice7_6.swf`) une fois réalisées.

Comprendre l'utilisation des fonctions

☞ **Exercice 7.1**

À la lecture du programme suivant :

```
function creerUneBulle(nx:Number,ny:Number,couleur:uint):BulleClp {
  var uneBulle = new BulleClp();
  uneBulle.x = nx;
  uneBulle.y =ny ;
  uneBulle.viteX =  Math.random()*10+10;
  uneBulle.viteY =  Math.random()*10+10;
  uneCouleur = new ColorTransform();
  uneCouleur.color = couleur;
  objetAcolorier = new Transform(uneBulle);
  objetAcolorier.colorTransform = uneCouleur;
  return uneBulle;
}

var laBulle:BulleClp = creerUneBulle(100, 200, 0xFF0000);
addChild(laBulle);
```

Déterminez :

1. Quel est l'en-tête de la fonction ?

2. Combien de paramètres formels possède-t-elle ? Donnez leur type.

3. Quel est le type du résultat fourni ?

4. Quelles sont les instructions du script principal ? Quels sont les paramètres réels de la fonction ?

5. Après avoir mis en correspondance les paramètres réels et les paramètres formels, expliquez le rôle de la fonction. Décrivez l'affichage réalisé par le script principal.

6. À l'aide d'une boucle `for`, créez une dizaine de bulles placées au hasard sur la scène. Chaque bulle est stockée dans un tableau nommé `listeBulle`.

Écrire une fonction simple

☞ **Exercice 7.2**

1. Écrire une fonction `auHasardEntre()` qui calcule une valeur au hasard comprise entre deux valeurs passées en paramètre de la fonction.

> **Remarque**
>
> Le calcul d'une valeur comprise entre deux valeurs `max` et `min` s'obtient par la formule suivante :
>
> `valeurAuHasard * ( max - min) + min`
>
> où `valeurAuHasard` est une valeur tirée au hasard entre 0 et 1. De cette façon, si `valeurAuHasard` vaut 0, la valeur obtenue est égale à `min` et si `valeurAuHasard` vaut 1, la valeur obtenue est égale à `max`.

L'en-tête de la fonction s'écrit comme suit :

```
function auHasardEntre (min:Number, max:Number):Number
```

La variable `valeurAuHasard` est obtenue à l'aide de la fonction `Math.random()`.

2. Tester la fonction `auHasardEntre()` en affichant dans la fenêtre de sortie dix valeurs comprises entre 100 et 255.

☞ **Exercice 7.3**

1. L'objectif de cet exercice consiste à écrire une fonction `creerUneCouleurAuHasard()`, laquelle calcule une couleur au hasard. Les valeurs de rouge, vert et bleu sont chacune comprises entre une valeur minimale et une valeur maximale.

La valeur d'une couleur s'écrit sous la forme d'une chaîne de caractères dont le format est : `"0xRRVVBB"`

Les termes RR, VV et BB correspondent à des valeurs numériques écrites en code hexa-décimal. Pour obtenir cette chaîne, vous devez :

- écrire une fonction nommée creerUneCouleurAuHasard() qui utilise 6 paramètres minR, maxR, minV, maxV, minB et maxR afin de calculer au hasard les quantités de rouge, vert et bleu comprises entre le minimum et le maximum pour chacune des couleurs. Vous utiliserez pour cela la fonction auHasardEntre() de l'exercice 7.2 ;

- transformer chacune des valeurs aléatoires obtenues en code hexadécimal en appliquant la méthode toString(16) sur chacune des valeurs tirées au hasard ;

- assembler chacune de ces valeurs par concaténation, en prenant soin de débuter la chaîne de caractères par le terme 0x. Enregistrer cette chaîne dans une variable (couleur) de type String (voir la fonction creerUneCouleur() à la section « Une palette de couleur » de ce chapitre) ;

- la fonction retourne en résultat le code couleur ainsi obtenu ;

- le script principal affiche le code d'une dizaine de couleurs tirées au hasard. Pour chacune d'entre elles, les quantités de rouge sont comprises entre 100 et 255, entre 100 et 170 pour le vert et entre 50 et 155 pour le bleu ;

- quelles valeurs doit-on passer en paramètres de la fonction pour obtenir une valeur de rouge au hasard ?

☞ **Exercice 7.4**

Le coloriage d'un objet issu de la bibliothèque s'écrit à l'aide des instructions suivantes :

```
// Créer un objet de type ColorTransform
var ct:ColorTransform= new ColorTransform();
// Indiquer que la couleur de coloriage est uneCouleur
ct.color = parseInt(uneCouleur);
// Créer un objet de type Transform et indiquer que l'objet à colorier est unObjet
var tr = new Transform(unObjet);
// Colorier l'objet avec la couleur
tr.colorTransform = ct;
```

Écrire la fonction colorier() sachant que son appel s'effectue comme suit :

```
colorier(uneBulle, uneCouleurAuHasard) ;
```

Transmettre le résultat d'une fonction à une autre fonction

☞ **Exercice 7.5**

Regroupez les trois fonctions des exercices précédents dans un même fichier et faites en sorte d'afficher au hasard sur la scène une dizaine de bulles différentes, de couleur rouge.

Pour obtenir des bulles de couleurs différentes, vous devez :

1. Calculer chaque couleur à l'aide de la méthode creerUneCouleurAuHasard().

2. Transmettre la couleur obtenue à la fonction `creerUneBulle()`.

3. Au sein de la fonction `creerUneBulle()`, appeler la fonction `colorier()` en passant en paramètre la bulle en cours de création et la couleur.

4. Enfin, créer, dans le script principal, 10 bulles de couleur rouge, à l'aide d'une boucle `for`.

Attribuer une fonction à un gestionnaire d'événement

☞ **Exercice 7.6**

Chaque bulle se déplace au hasard sur la scène en rebondissant sur les bords. Le déplacement des bulles est réalisé à l'aide d'un gestionnaire d'événement `Event.ENTER_FRAME`.

1. Pour chaque bulle créée dans la boucle `for`, définir un gestionnaire d'événement `Event.ENTER_FRAME`, en nommant l'action à réaliser `laBulleRebondit`.

2. En vous inspirant de l'exercice 4.3 réalisé au chapitre 4, « Faire des choix », écrire la fonction `laBulleRebondit()`, en prenant soin de récupérer la référence de la bulle qui reçoit l'événement `Event.ENTER_FRAME`. Chaque bulle a sa propre vitesse variant entre 10 et 20, selon l'axe des X et des Y. Ces vitesses sont recalculées à chaque fois que la bulle rebondit sur l'un des bords de la scène.

☞ **Exercice 7.7**

Les deux boutons sont créés par l'intermédiaire d'une fonction nommée `creerUnBouton()`.

1. En vous inspirant de la fonction `creerUneForme()` étudiée à la section « Une palette de couleur » de ce chapitre, écrivez la fonction `creerUnBouton()` sachant que :
   – chaque bouton est positionnable n'importe où sur la scène ;
   – la couleur est fixée à `0xCCCCCC` ;
   – la hauteur et la largeur du bouton sont variables ;
   – le texte placé au centre du bouton est variable ;
   – la fonction `creerUnBouton()` retourne en résultat le bouton qu'elle vient de créer.

   Afin de vérifier le bon fonctionnement de la fonction `creerUnBouton()` :

2. Créez et affichez un bouton `btnLance`, à 1/3 de la largeur de la scène, vers le bas, avec le texte « Lancer ».

3. Créez et affichez un bouton `btnArret`, à 2/3 de la largeur de la scène, vers le bas, avec le texte « Stopper ».

☞ **Exercice 7.8**

Les deux actions réalisées par les deux boutons Lancer et Stopper sont traitées par des gestionnaires d'événements de type `MouseEvent.MOUSE_UP`.

1. Ajoutez les deux gestionnaires d'événements `MouseEvent.MOUSE_UP` aux boutons `btnLance` et `btnArret`. Les actions sont nommées `lancer` et `arreter` respectivement.

2. Écrivez la fonction `lancer()` qui ajoute à chaque bulle créée le gestionnaire `Event.ENTER_FRAME`, réalisé au cours de l'exercice 7.4.

3. Écrivez la fonction `arreter()` qui supprime pour chaque bulle créée le gestionnaire `Event.ENTER_FRAME`, réalisé au cours de l'exercice 7.4.

Le projet mini site

La mise en place des fonctions au sein du projet mini site va simplifier la lecture du code et sa mise à jour. Grâce aux fonctions nous pourrons aussi :

visualiser une partie du contenu des pages, à savoir les vignettes présentant sous un format réduit, les photos, les animations ou les vidéos à visualiser ;

afficher le titre des rubriques et des pages.

Gestion des éléments graphiques

Lorsque nous examinons le code écrit au cours des chapitres précédents, nous observons que certaines actions relativement similaires se répètent tout au long de l'application. Ce sont par exemple la création des éléments graphiques ou encore leur mise à jour.

La fonction creerUneForme()

Écrivons la fonction `creerUneForme()` en observant que les opérations pour créer une liste de rubriques ou encore une liste de pages utilisent le même jeu d'instructions. Les quelques réflexions suivantes vous aideront à écrire au mieux la fonction `creerUneForme()`.

- La définition de l'en-tête de la fonction passe par l'observation des instructions de créations des pages, rubriques et minis rubriques. Notez que dans le jeu de créations des rubriques, ... seuls les noms des objets, leur taille et leur positionnement changent.

- La fonction crée localement un objet `tmp` de type `MovieClip` au sein duquel est dessinée la zone rectangulaire.

- La couleur, la position, la taille ainsi que son coefficient de transparence sont modifiées à l'aide des paramètres définis dans l'en-tête de la fonction.

- Le numéro de la rubrique doit être également stocké en ajoutant une propriété `numero` à l'objet `tmp`.

- Au final la fonction retourne en résultat l'objet `tmp` au programme appelant.

Une fois la fonction définie, retournez au script principal afin d'appeler la fonction `creerUneForme()`. Notez que :

- les objets retournés par la fonction sont stockés dans les tableaux `listePages[i]`, `listeRubriques[i]` et `listeMinis[i]`, pour `i` variant de 0 au nombre de rubriques ;

- les valeurs passées en paramètre reprennent pour chaque objet créé, celles utilisées dans le programme écrit au cours du chapitre précédent (positionnement, couleur…).

La fonction initialiserUneForme()

Lorsque l'utilisateur clique sur le titre du site ou sur une des minis rubriques, une nouvelle page s'affiche en utilisant des transitions de déplacement et/ou d'agrandissement des formes. Pour que ces transitions fonctionnent correctement, chaque forme doit être replacée à sa position initiale, avec sa taille initiale au début de la transition. La fonction `initialiserUneForme()` réalise ces opérations.

La fonction `initialiserUneForme()` est très semblable à la fonction `creerUneForme()`. Cependant elle ne crée pas de nouvelle forme en mémoire. Elle ne fait que mettre à jour les propriétés de la forme dont le nom est passé en paramètre.

Les propriétés mises à jour sont `x`, `y`, `width` et `height`. La propriété `alpha` est automatiquement placée à `0` et la propriété `visible` à `true`.

L'appel à la fonction `initialiserUneForme()` est réalisé lorsque l'utilisateur clique :

- sur une rubrique ou une mini rubrique. Les pages sont réinitialisées de façon à être centrées et diminuées au centième de leur valeur par défaut ;

- sur le titre. Les pages sont réinitialisées de façon à être centrées et diminuées au centième de leur valeur par défaut. Les rubriques sont placées au hasard sur la scène avant de se déplacer à nouveau sur la scène.

Gestion du contenu

Lorsqu'une page s'affiche, les vignettes associées aux rubriques `Photos`, `Animes` et `Videos` apparaissent selon la page sélectionnée.

La fonction afficheVignette()

La fonction `afficheVignette()` reprend une grande partie des instructions de la fonction `afficherLesPhotos()` utilisée pour afficher l'ensemble des photos du trombinoscope étudié en section « Le trombinoscope – 2ᵉ version » du chapitre 6 « Collectionner les objets ».

La seule différence réside dans le fait qu'ici, les vignettes à afficher ne sont pas les mêmes d'une page à une autre. Il est donc nécessaire de passer en paramètre de la fonction le nom de la rubrique auquel appartiennent les vignettes. La position de la première vignette à afficher ainsi que le nombre de vignette, doivent être également placés en paramètre de la fonction.

Remarque

Le nom de la rubrique passé en paramètre est utilisé pour construire l'URL de chargement des photos.

Le corps de la fonction regroupe ensuite les instructions permettant l'affichage des vignettes en lignes et en colonnes comme indiqué en section « Afficher une liste de photos » du chapitre 6.

Chaque vignette chargée est à l'écoute des événements `MouseEvent.MOUSE_OVER` et `MouseEvent.MOUSE_OUT` afin de voir leur intensité diminuer lorsque la souris les survole. Ensuite, l'intégralité des vignettes est placée dans un conteneur de type `Sprite`.

Une fois rempli, le conteneur est retourné en résultat, à la fonction appelante.

La fonction `afficheVignette()`est appelée lorsque la page à visualiser a fini d'être affichée. Les instructions d'appel de la fonction sont à placer dans le gestionnaire `agrandirPageEnY()` comme suit :

```
boiteAvignettes = afficheVignette(listeNoms[cible.numero], nbElt[cible.numero], 30,
                                  finalYPage+30);

addChild(boiteAvignettes );
```

> **Remarque**
> Le tableau nbElt est un nouveau tableau, créé en même temps que la liste des couleurs et des noms de rubrique. Il contient le nombre de vignettes à afficher pour chaque rubrique.

> **Pour en savoir plus**
> Le gestionnaire agrandirPageEnY() est étudié à la section « Le projet mini site » du chapitre 6 « Collectionner des objets ».

La fonction effacer()

Lorsque l'utilisateur clique à nouveau, soit sur le titre, soit sur une mini rubrique, alors que les vignettes de la page courante sont affichées, les vignettes ne s'effacent pas. Nous devons les supprimer.

Pour effacer les vignettes, il suffit de les supprimer de la liste d'affichage. Cette liste est stockée dans la l'objet `boiteAvignettes` que vous aurez pris soin de déclarer au même niveau que les listes de page, de rubrique, etc.

La suppression des vignettes doit être effective à différents moments de l'application. Aussi nous vous proposons d'écrire la fonction `effacer()` suivante :

```
function effacer(cible:Sprite):Sprite {
  // Si la cible existe
  if (cible != null) {
  // La supprimer de la liste d'affichage
    removeChild(cible);
  }
  // Retourner la valeur null
  return null;
}
```

L'appel à la fonction `effacer()` s'effectue alors comme suit :

```
boiteAvignettes = effacer(boiteAvignettes) ;
```

à l'intérieur des gestionnaires `clicSurRubrique()` et `clicSurTitre()`.

L'utilisation de la fonction `effacer()` permet non seulement d'effacer l'objet passé en paramètre mais aussi de le supprimer de la mémoire en l'initialisant à `null`.

Gestion du texte

Chaque rubrique et chaque page affichent leur titre à la verticale sur le bord droit de la zone colorée. Il n'existe pas de propriété ni de méthode propre à ActionScript 3 pour écrire un texte verticalement. La fonction `creerTexteVertical()` réalise cette opération.

La fonction creerTexteVertical()

À la différence du titre du site « mini site » qui est enregistré sous forme d'un symbole au sein de la bibliothèque, les titres des rubriques sont créés dynamiquement, lors de la création des rubriques.

La fonction `creerTexteVertical()` prend donc en paramètre le nom de la rubrique, ainsi que sa position et sa couleur. La taille de la police varie selon que le texte est créé pour une rubrique ou une page. La taille de la police doit être également passée en paramètre de la fonction.

La fonction `creerTexteVertical()` est relativement complexe. Nous vous proposons de l'examiner par vous-même afin de mieux la comprendre.

```
function creerTexteVertical(nt:String, nx:Number, ny:Number, nc:uint,
                            taille:uint):Sprite {
    // Créer un format d'écriture en prenant compte de la taille et de la couleur du
    // texte à créer.
    var format:TextFormat = new TextFormat("Arista", taille);
    format.color=nc;
    format.align = TextFormatAlign.CENTER;
    format.leading  = -8;
    // Créer un tableau de caractères à partir du texte fourni en paramètre
    var leTexte:Array =new Array();
    for (var i:Number=0; i < nt.length; i++) {
        leTexte[i] = nt.charAt(i);
    }
    // Insérer un caractère de passage à la ligne (\n) entre chaque caractère du tableau
    var textVertical :String = leTexte.join("\n");
    // Créer une zone de texte dynamique et placer le texte muni des caractères \n dans
    // la propriété texte
    var tmp:TextField =  new TextField();
```

```
tmp.text = textVertical;
tmp.defaultTextFormat = format;
tmp.selectable = false;
tmp.height = tmp.textHeight -100;
tmp.autoSize = TextFieldAutoSize.CENTER;
tmp.embedFonts = true;
tmp.x = nx;
tmp.y = ny;
// Créer un filtre, les valeurs passées en paramètre de DropShadowFilter sont celles
// utilisées par les propriétés Filtre du clip TitreClp
tmp.filters = [new DropShadowFilter(0, 45,0X000000,1,5,5,1.64,3)];
// Créer un conteneur pour y insérer le texte et un fond transparent
// Le fond transparent est placé sur le texte, le fond est utilisé pour éviter que
// le curseur ne se transforme en flèche lorsque la souris passe sur le texte.
var boite:Sprite = new Sprite();
var fond:Sprite = new Sprite();
fond.graphics.beginFill(0xFFFFFF);
fond.graphics.drawRect(0, 0,  tmp.textWidth+10,tmp.textHeight);
fond.graphics.endFill();
fond.x = nx ;
fond.y = ny;
fond.alpha = 0;
addChild(fond);
boite.addChild(tmp);
boite.addChild(fond);
return boite;
}
```

Nous avons inséré quelques commentaires pour vous indiquer la raison d'être de certaines instructions. Quelques propriétés sont utilisées sans commentaire, à vous d'aller chercher dans la documentation fournie avec Flash, pour comprendre leur utilité. Cela fait aussi partie du métier de programmeur que de savoir rechercher une information dans la documentation…

Afficher les titres

La création des titres de rubrique est réalisée au moment de la création des rubriques comme suit :

```
// Pour chaque rubrique, créer un titre portant le nom de la rubrique, positionner
//   le à droite de la rubrique
listeTitreRubrique[i] = creerTexteVertical(listeNoms[i], largeurRubrique -50, 20,
                                           listeCouleurs[i], 55);
// placer le titre dans la liste d'affichage de la rubrique
listeRubriques[i].addChild(listeTitreRubrique[i]);
```

La création des titres de pages est réalisée lorsque la page a fini de s'afficher. Les instructions sont à placer dans le gestionnaire `agrandirPageEnY()` comme suit :

```
// Créer un titre portant le nom de la rubrique, positionner le à droite de la page
titrePage = creerTexteVertical(listeNoms[cible.numero], largeurPage-80,
                               finalYPage+10, listeCouleurs[cible.numero],70);
// afficher le titre
addChild(titrePage);
```

Le titre d'une page est placé dans la liste principale d'affichage de l'application. Il convient donc d'effacer le titre dès que l'utilisateur clique sur le titre du site ou sur une mini rubrique. Vous pouvez, à cette fin, utiliser la fonction `effacer()` décrite à la section précédente.

8

Les classes et les objets

Tout au long de cet ouvrage, nous avons écrit de nombreux programmes qui utilisent des objets au sens de la programmation orientée objet. Nos bulles de savon ou encore les photos du trombinoscope sont plus que de simples variables, ce sont des objets à part entière.

Dans ce chapitre, nous examinerons de façon très précise ce que sont un objet et une classe, ainsi que les notions de programmation qui y sont attachées.

Pour mieux comprendre les principes fondamentaux de la notion d'objet, nous étudierons en section « La classe Date, une approche vers la notion d'objet », comment créer et gérer des objets définis par le langage ActionScript. À partir de cette étude, nous analyserons les instructions qui font appel aux objets étudiés afin d'en comprendre les principes de notation et d'utilisation.

Nous examinerons ensuite à la section « Construire et utiliser ses propres classes » comment définir de nouveaux types de données. Pour cela, nous déterminerons les caractéristiques syntaxiques d'une classe et observerons comment manipuler des objets à l'intérieur d'une application et comment utiliser les méthodes qui leur sont associées.

Afin de clarifier les explications sur des concepts relativement complexes, vous trouverez dans ce chapitre des exemples que nous avons voulu simples et concis. Ces programmes n'utilisent pas de symboles graphiques ni d'événements. Ils ont été écrits afin d'éclairer, à chaque fois, un point précis du concept abordé. L'utilisation plus graphique de la programmation orientée objet est abordée au cours du chapitre 9, « Les principes du concept objet ».

La classe Date, une approche vers la notion d'objet

Le langage ActionScript propose un grand nombre d'outils pour manipuler les données ou traiter l'information disponible au sein d'une animation. Dans cette section, nous examinons comment traiter les dates.

Traitement des dates

Afficher la date ou l'heure à l'instant où l'application est exécutée est une opération qui est demandée dans de multiples situations. De la même façon, certaines applications traitant de la gestion de personnel ou d'abonnés à un service, sollicitent, de la part des utilisateurs, la saisie de leur date de naissance.

Toutes ces opérations requièrent donc des outils pouvant interroger le système de l'ordinateur pour connaître la date et l'heure à un instant donné, ou encore de créer une variable pouvant contenir à la fois le jour, le mois et l'année de naissance d'une personne.

Cet outil est fourni par le langage ActionScript sous la forme d'une classe nommée Date.

Déclaration d'un objet de type Date

Pour obtenir une variable de type Date, il convient de la déclarer comme suit :

```
var aujourdHui:Date = new Date();
```

Cette déclaration permet de créer une variable appelée aujourdHui qui contient les valeurs correspondant à l'heure, au jour, au mois et à l'année de l'instant où l'instruction est exécutée.

La déclaration suivante :

```
var anniv:Date = new Date(1993, 3, 16);
```

est une autre façon d'obtenir une variable spécifiant une date donnée, le premier paramètre correspondant à l'année, le second au mois et le troisième au jour.

Remarque

Les mois de l'année sont numérotés de 0 à 11. La valeur 3 correspond donc au mois d'avril. Si l'année est comprise entre 0 et 99, celle-ci est automatiquement placée entre 1900 et 1999.

Avec le type Date, les trois valeurs correspondant au jour, au mois et à l'année sont enregistrées sous un seul nom de variable, par exemple aujourdHui ou anniv.

Le type Date n'est donc pas un type simple mais structuré : les variables aujourdHui et anniv ne sont pas de simples cases mémoire contenant le jour, le mois, l'année et l'heure de la date, elles contiennent l'adresse de la case sous laquelle se trouvent les informations relatives à la date (voir figure 8-1). Cette opération est réalisée grâce à l'opérateur new.

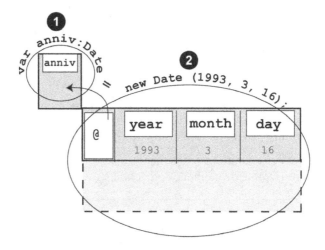

Figure 8-1

Pour chaque objet créé, l'opérateur new réserve un espace mémoire suffisamment grand pour y stocker les données de la classe. L'adresse est alors déterminée.

L'opérateur new

La déclaration d'une variable de type Date s'effectue en deux étapes :

```
var anniv:Date = new Date(1993, 3, 16);
```

❶ La première étape consiste à définir le nom de la case mémoire (voir figure 8-1-❶). Dans notre exemple, la case mémoire porte le nom anniv. À cet instant, les informations caractérisant l'objet anniv ne peuvent être stockées, car l'espace mémoire servant à ce stockage n'est pas encore réservé.

❷ Au cours de la seconde étape, l'opérateur new est appliqué au constructeur Date() afin de :

• calculer et réserver l'espace mémoire nécessaire pour stocker les données (date, jour, mois, heure…) passées en paramètres ;

• déterminer l'adresse où seront stockées ces informations (voir figure 8-1-❷).

Cette adresse est enregistrée dans la case mémoire anniv grâce au signe d'affectation « = ».

Pour en savoir plus

Le terme Date() placé directement derrière l'opérateur new est appelé un « constructeur ». Il s'agit d'une fonction particulière de la classe dont nous parlerons plus précisément à la section « Construire un type Personne » de ce chapitre.

Remarque

Les variables de type Date ne contiennent pas directement l'information qui les caractérise, mais seulement l'adresse où trouver cette information. Dès lors, ces variables ne s'appellent plus des variables mais des objets.

Les objets, au sens de la programmation objet, ne sont pas des variables de type simple (Number, Boolean, etc.). Ils correspondent à un type qui permet de regrouper plusieurs données sous une même adresse.

Les différentes méthodes de la classe Date

Une fois la date calculée, nous devons avoir la possibilité de la modifier, soit parce que l'utilisateur se rend compte qu'il s'est trompé lors de la saisie des valeurs, soit parce que nous voulons calculer une nouvelle date à partir de celle fournie par l'application.

Pour réaliser ces opérations (consulter et ou modifier une date), le langage ActionScript propose un ensemble de méthodes prédéfinies.

> **Remarque**
> Les méthodes d'une classe sont comparables aux fonctions, mais la terminologie objet les appelle « méthodes ».

Consulter ou modifier une date

Il existe un grand nombre de méthodes associées à la classe Date. Parmi celles-ci nous trouvons :

Méthode	Opération
getDate()	Retourne le jour du mois, en fonction de l'heure locale.
getMonth()	Retourne le mois, en fonction de l'heure locale.
getFullYear()	Renvoie l'année sous la forme de quatre chiffres, en fonction de l'heure locale.
getHours()	Retourne l'heure, en fonction de l'heure locale.
getTime()	Retourne le nombre de millisecondes écoulées depuis le premier janvier 1970 à minuit, temps universel.
setDate()	Définit le jour du mois, en fonction de l'heure locale, et envoie les nouvelles informations horaires, en millisecondes.
setMonth()	Définit le mois, en fonction de l'heure locale, et renvoie les nouvelles informations horaires, en millisecondes.
setFullYear()	Définit l'année complète, en fonction de l'heure locale, et renvoie les nouvelles informations horaires, en millisecondes.
setTime()	Définit la date, en millisecondes, et renvoie les nouvelles informations horaires, en millisecondes.
toString()	Renvoie une chaîne de caractères représentant la date et l'heure stockées dans l'objet Date sur lequel la méthode est appliquée.

> **Remarque**
> Les méthodes commençant par set sont utilisées pour modifier une date, alors que celles débutant par get permettent de récupérer tout ou partie de la date..

Exemple d'utilisation de dates

L'exemple suivant utilise quelques méthodes du tableau précédent.

```
// ❶ Déclaration de l'objet anniv
var anniv:Date = new Date(1996, 3, 16);

// ❷ Définition du tableau des mois
var mois:Array = ["janvier", "février", "mars", "avril", "mai",
                  "juin", "juillet", "août", "septembre",
                  "octobre", "novembre", "décembre"];

// ❸ Affichage du mois de l'année de naissance
trace("Mois n° "+ anniv.getMonth());

// ❹ Affichage de la date de naissance
trace(" Date de naissance : " + anniv.getDate() + " " +
      mois[anniv.getMonth()]+ " " + anniv.getFullYear());

// ❺ Affichage de l'année de la date de naissance
trace("Elle est née en "+ anniv.getFullYear());

// ❻ Modification de l'année de naissance
anniv.setFullYear(1993);
trace("Je me suis trompée, elle est née en "+ anniv.getFullYear());
```

Extension web

Vous pourrez tester cet exemple en exécutant le fichier `LaClasseDate.fla`, sous le répertoire `Exemples/chapitre8`.

---

❶ L'objet `anniv` est initialisé à 1996 pour l'année, à 3 pour le mois et à 16 pour le jour.

❷ Le tableau `mois` est composé de la liste des mois de l'année. Le mois de janvier est placé à l'indice 0, le mois de décembre à l'indice 11, ce qui permet d'associer correctement les numéros du mois à leurs noms. Le mois de janvier a pour valeur 0 dans la classe `Date` (voir ❹).

❸ L'application affiche, dans la fenêtre de sortie, la valeur correspondant au mois enregistré dans l'objet `anniv` soit :

```
Mois n° 3
```

---

❹ L'application affiche, dans la fenêtre de sortie, la date de naissance soit :

```
Date de naissance : 16 avril 1996
```

L'instruction `anniv.getMonth()` retourne la valeur 3, ce qui correspond à l'indice du mois d'avril dans le tableau `Mois`.

❺ L'application affiche, dans la fenêtre de sortie, l'année de naissance soit :

```
Elle est née en 1996
```

---

❻ L'instruction `anniv.setFullYear(1993)` modifie l'année de naissance. La valeur placée en paramètre est comprise entre 0 et 99, la nouvelle valeur enregistrée est 1993.

❹ L'application affiche, dans la fenêtre de sortie, la nouvelle date de naissance soit :

```
Je me suis trompée, elle est née en 1993
```

Question

Que se passe-t-il si l'utilisateur saisit une date erronée, par exemple le 29 février 2005 ?

Réponse

Le lecteur Flash rectifie de lui-même l'erreur, en calculant la date la plus proche de celle demandée. Ainsi, si l'on crée la date :

```
var mauvaiseDate:Date = new Date(2005, 1, 29);
```

La date enregistrée dans `mauvaiseDate` sera le 1er mars 2005.

Question

Que se passe-t-il lorsque l'on crée la date suivante ?

```
var motDate:Date = new Date(2005, "février", 29);
```

Réponse

Le terme `"février"` n'est pas une valeur numérique, mais une suite de caractères, le lecteur Flash signale une erreur de type « Incompatibilité de types. ». L'application ne peut s'exécuter.

Appliquer une méthode à un objet

L'observation des exemples précédents montre que l'appel d'une méthode de la classe `Date` ne s'écrit pas comme une simple instruction d'appel à une méthode (fonction), telle que nous l'avons étudiée jusqu'à présent.

Comparons l'appel à une méthode de la classe `Math` à celui d'une méthode de la classe `Date`.

Par exemple, pour calculer la valeur absolue d'une variable x, les instructions sont les suivantes :

```
var x:Number = 4;
var y:Number = Math.abs(x);
```

Pour retrouver le mois d'une date donnée, les instructions sont :

```
var aujourdHui:Date = new Date();
var mois:Number = aujourdHui.getMonth();
```

Comme nous le constatons, dans le premier cas, la fonction `Math.abs()` s'applique à la variable `x`, en passant la valeur de `x` en paramètre. En effet, les variables `x` et `y` ne sont pas des objets au sens de la programmation objet. Elles sont de type `Number` et représentent simplement le nom d'une case mémoire dans laquelle l'information est stockée. Aucune méthode, aucun traitement n'est associé à cette information.

Dans la seconde écriture, la méthode `getMonth()` est appliquée à l'objet `aujourdHui` par l'intermédiaire d'un point (.) placé entre le nom de l'objet et la méthode. L'objet `aujourdHui` ne peut être considéré comme une variable. Il est de type `Date`. L'information représentée par ce type n'est pas simple. Elle représente (voir figure 8-2) les éléments suivants :

• d'une part, une référence (une adresse) vers un ensemble de valeurs stockées dans plusieurs cases mémoire distinctes ;

• d'autre part, un ensemble de méthodes propres qui lui sont applicables. Ces méthodes sont l'équivalent d'une boîte à outils qui opère uniquement sur les objets de type `Date`.

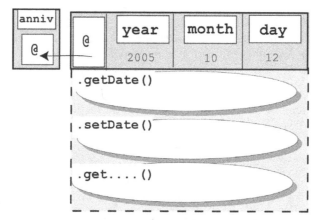

Figure 8-2

Un objet est défini par une adresse sous laquelle sont stockées les données et les méthodes.

Question

Les instructions suivantes sont-elles valides ?

```
var x:Number = x.Math.sqrt();

var mois:Number = getMonth(mois);
```

Réponse

Aucune des deux instructions n'est valide. En effet, dans la première instruction, la fonction `Math.sqrt()` est appliquée à `x` qui n'est pas un objet, mais une variable de type `Number`.

Dans la seconde instruction, la méthode `getMonth()` est employée comme une simple fonction, alors qu'elle ne peut être appelée qu'à travers un objet de type `Date`.

Autrement dit, une classe représente un type constitué à la fois de données (informations, propriétés) et d'outils (méthodes).

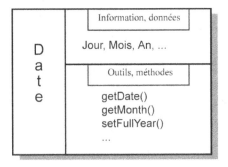

Figure 8-3
La classe Date définit l'association de données et de méthodes.

Quelle qu'elle soit, une classe correspond à un type, qui spécifie une association de données (informations ou valeurs de tous types) et de méthodes (outils d'accès et de transformation des données). Ces méthodes, définies à l'intérieur d'une classe, ne peuvent s'appliquer qu'aux données de cette même classe.

Grâce à cette association, une classe permet la définition de nouveaux types de données, qui structurent l'information à traiter (voir la section « Construire et utiliser ses propres classes » de ce chapitre).

Principes de notation

À cause de cette différence fondamentale de représentation de l'information, l'emploi des méthodes à travers les objets utilise une syntaxe particulière.

Pour un objet de type Date, cette syntaxe est la suivante :

```
// Déclaration et initialisation
var objet:Date = new Date(liste des paramètres éventuels);
// La méthode s'applique à objet
objet.nomDeLaMéthode(liste des paramètres éventuels);
```

Pour appliquer une méthode à un objet, il suffit de placer derrière le nom de l'objet un point suivi du nom de la méthode et de ses paramètres.

Remarque

Par convention :

- Tout nom de méthode commence par une minuscule.
- Si le nom de la méthode est composé de plusieurs mots, ceux-ci voient leur premier caractère passer en majuscule.
- Le nom d'une classe commence toujours par une majuscule.

Grâce à cette écriture, l'objet est associé à la méthode de façon à pouvoir modifier l'information (les données) contenue dans l'objet. Cette technique permet de récupérer les différentes données modifiées localement par une méthode. Elle est le principe de base du concept d'objet, décrit et commenté au chapitre suivant.

Construire et utiliser ses propres classes

L'étude de la classe Date montre qu'une classe correspond à un type de données. Ce type est composé de données et de méthodes les exploitant. La classe Date est un type prédéfini du langage ActionScript.

Le langage ActionScript propose un grand nombre de types prédéfinis (classes natives). Ces classes sont des outils précieux et efficaces, qui simplifient le développement des applications. Différentes classes sont examinées au cours des chapitres suivants.

L'intérêt des classes réside aussi dans la possibilité de définir des types structurés, propres à un programme. Grâce à cette faculté, le programme se développe de façon plus sûre, les objets qu'il utilise étant définis en fonction du problème à résoudre.

Avant d'étudier réellement l'intérêt de la programmation objet et ses conséquences sur les modes de programmation (voir le chapitre 9, « Les principes du concept objet »), nous examinerons dans les sections suivantes comment créer des types spécifiques et comment utiliser les objets associés à ces nouveaux types.

Définir une classe et un type

Définir une classe, c'est construire un type structuré de données. Avant de comprendre les avantages d'une telle construction, nous abordons ici la notion de type structuré (et donc de classe) d'un point de vue syntaxique.

Pour définir un type, il suffit d'écrire une classe qui, par définition, est constituée de données et de méthodes (voir figure 8-3). La construction d'une classe est réalisée selon les deux principes suivants :

1. **Définition des données** à l'aide d'instructions de déclaration de variables et/ou d'objets. Ces variables sont de type simple, tel que nous l'avons utilisé jusqu'à présent (Number, etc.) ou de type composé, prédéfini ou non (String, Date, etc.).

   Ces données décrivent les caractéristiques de l'objet que l'on souhaite définir. Elles sont aussi communément appelées « champ », « attribut » ou « membre de la classe ».

2. **Construction des méthodes** définies par le programmeur. Ce sont les méthodes associées aux données. Elles se construisent comme de simples fonctions, composées d'un en-tête et d'instructions, comme nous l'avons vu aux chapitres précédents.

   Ces méthodes représentent tous les traitements et comportements de l'objet que l'on cherche à décrire.

En définissant de nouveaux types, nous déterminons les caractéristiques propres aux objets que l'on souhaite programmer. Un type d'objet correspond à l'ensemble des données traitées par le programme, regroupées par thème.

Un objet peut être une personne, si l'application à développer gère le personnel d'une société, ou un livre, s'il s'agit d'un programme destiné à la gestion d'une bibliothèque. Signalons que l'objet personne peut aussi être utilisé dans le cadre d'un logiciel pour bibliothèque, puisqu'un lecteur empruntant un livre est aussi une personne.

Construire un type Personne

Examinons, sur un exemple simple, la démarche de construction d'un type structuré. Observons pour cela comment construire les types de données qui décrivent au mieux la représentation d'une personne.

Cette réalisation passe par deux étapes : rechercher les caractéristiques propres à toute personne et définir le comportement d'une personne.

Rechercher les caractéristiques propres à toute personne

D'une manière générale, toute personne est définie par son nom et son prénom. Il peut être nécessaire dans certains cas, de connaître sa date de naissance.

Les caractéristiques d'une personne sont donc :

• le prénom ;

• le nom ;

• la date de naissance, c'est-à-dire les valeurs correspondant au jour, au mois et à l'année de naissance.

Toutes ces données sont représentables à l'aide de chaînes de caractères et de valeurs numériques enregistrées dans un objet de type Date.

Pour déclarer les données d'une personne, nous écrivons les déclarations suivantes :

```
// Définition du prénom
public var prenom:String;
// Définition du nom
public var nom:String;
// Définition de la date de naissance
public var dateNaissance:Date;
```

Pour en savoir plus

Le terme public est expliqué au chapitre 9, « Les principes du concept objet », section « Les objets contrôlent leur fonctionnement ».

Définir le comportement d'une personne

D'un point de vue informatique, le premier comportement d'un objet, quel qu'il soit, est sa création. Toute classe possède une méthode qui permet de créer des objets en spécifiant pour chacun les valeurs caractéristiques de cette classe.

Remarque

Les méthodes qui ont pour objectif de créer un objet en indiquant une valeur spécifique à chaque attribut de la classe sont appelées des « constructeurs ». Ces méthodes ont la particularité de porter le même nom que la classe.

Le constructeur de la classe `Personne` est donc le premier comportement à définir (voir la méthode `Personne()` dans le code source ci-dessous).

Ensuite, un comportement attendu d'une personne est qu'elle soit en mesure de se présenter, c'est-à-dire de donner son nom, son prénom (voir la méthode `sePresente()` dans le code source ci-dessous), et d'indiquer son âge (voir la méthode `getAge()` dans le code source ci-dessous).

La classe descriptive du type Personne

En ActionScript, une classe est définie dans un fichier d'extension `.as`.

Pour éditer un fichier d'extension `.as` dans l'environnement Flash, il suffit de sélectionner l'item Nouveau du menu Fichier. Lorsque la boîte de dialogue Nouveau document apparaît, double-cliquez sur la rubrique Fichier ActionScript.

Après avoir créé un document nommé `script-1`, insérez les instructions ci-après et sauvegardez le fichier sous le nom `Personne.as`.

Extension web

Vous trouverez le fichier `Personne.as`, sous le répertoire `Exemples/chapitre8`.

```
// Définition du package
package {
  // Définition de la classe Personne
  public class Personne {
    // Définition des attributs de la classe
    public var prenom:String;
    public var nom:String;
    public var dateNaissance:Date;

    // Définition de la fonction constructeur
    public function Personne ( p:String, n:String, j:Number, m:Number, a:Number) {
      prenom = p;
```

```
        nom = n
        dateNaissance = new Date(a, m, j);
    }


    // Définition du comportement sePresente()
    public function sePresente():String {
        var age:Number = getAge()
        return "Je m'appelle " + prenom + " " + nom + "\nJ'ai " + age + " ans ";
    }


    // Définition de la méthode calculant l'âge de la personne
    public function getAge():Number {
        var aujourdHui:Date = new Date();
        var age:Number =
            aujourdHui.getFullYear() - dateNaissance.getFullYear();
        return age;
    }
  } // Fin de la classe Personne
} // Fin du package
```

- Le package

    En ActionScript 3.0, une classe est toujours définie à l'intérieur d'un package. Les packages sont utilisés pour regrouper les classes par thème. À l'intérieur d'un package, sont rassemblées les classes de même fonctionnalité.

    Ainsi, par exemple, toutes les classes définissant des objets à afficher comme Shape, Sprite ou encore MovieClip sont définies dans le package flash.display. Ce qui veut dire que le fichier MovieClip.as dans lequel sont définies les propriétés et méthodes de la classe MovieClip, est enregistré dans le répertoire flash/display du code source de l'application Flash. Le package dans lequel est définie la classe MovieClip a pour nom flash.display grâce aux instructions :

```
package flash.display {
    // Définition de la classe MovieClip
}
```

- placées à l'intérieur du fichier MovieClip.as.

    Dans le jargon informatique, on dit alors que le package flash.display constitue une bibliothèque. Les classes de la bibliothèque flash.display sont disponibles pour n'importe quelle autre classe après importation de cette dernière dans votre classe personnalisée. Il est possible d'importer une seule classe d'un package en spécifiant le nom de la classe à importer, par exemple :

```
import flash.display.MovieClip ;
```

- L'instruction :

```
import flash.display.* ;
```

rend disponible toutes les classes du package `flash.display`, à la classe dans laquelle l'instruction d'import est écrite.

> **Remarque**
> Les instructions d'`import` se situent dans le bloc d'instructions `package {…}`, juste avant l'instruction `public class …`

Un package ne possède pas obligatoirement de nom. Ici, la classe `Personne` est définie à l'intérieur d'un package sans nom comme suit :

```
package {
  // Import de bibliothèques
  public class Personne {
    // Instructions
  }
}
```

Dans ce cas, on dit que la classe `Personne` fait partie du package de niveau supérieur.

- La classe

Ensuite, la classe `Personne`, décrite à l'intérieur d'un fichier appelé `Personne.as`, définit un type de données composé de trois attributs caractéristiques d'une personne, à savoir son nom, son prénom et sa date de naissance, ainsi que trois comportements différents (`Personne()`, `sePresente()` et `getAge()`).

Le lecteur Flash comprend que les attributs et les méthodes décrivant une `Personne` sont écrits à l'intérieur d'une classe, grâce aux instructions `public class … { }` qui entourent la déclaration des propriétés et la définition des méthodes :

```
  public class Personne {
    // Définition des attributs
    // Définition des méthodes
}
```

> **Remarque**
> Le nom figurant immédiatement après le terme `class` définit le nom de la classe, il correspond obligatoirement au nom du fichier dans lequel sont enregistrées les instructions.

Une classe définit donc un bloc constitué d'instructions et représentable sous la forme suivante (voir figure 8-4) :

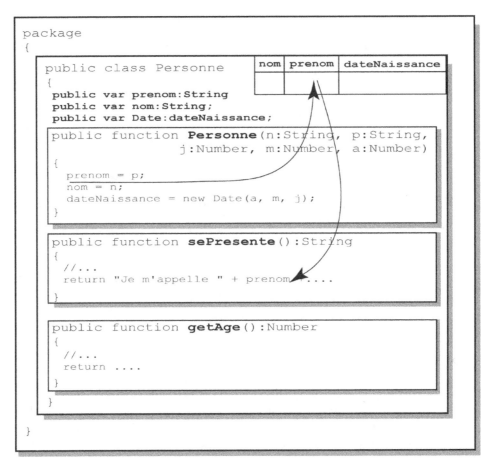

Figure 8-4

*Les données nom, prenom et dateNaissance du type Personne sont déclarées en dehors de toute
fonction. N'importe quelle modification de ces données est donc visible par l'ensemble des méthodes
de la classe.*

Quelques observations

Suivant la description de la figure 8-4, nous constatons que les données nom, prenom et
dateNaissance sont déclarées en dehors de toute fonction. Par conséquent, chaque
méthode a accès aux valeurs qu'elle contient à tout moment, soit pour les consulter, soit
pour les modifier.

Les méthodes sePresente() et getAge() ne font que consulter le contenu des données nom,
prenom et dateNaissance pour les afficher ou les utiliser en vue d'obtenir un nouveau résultat.

Au contraire, la méthode Personne() change le contenu des données nom, prenom et
dateNaissance. Ces modifications, réalisées à l'intérieur d'une méthode, sont aussi visibles
depuis les autres méthodes de la classe.

> **Remarque**
>
> La méthode `getAge()` calcule l'âge d'une personne, elle ne modifie pas les propriétés de l'objet. C'est pourquoi nous avons choisi d'utiliser le terme `get`, à l'instar des méthodes de la classe `Date`.

Il existe donc deux types de méthodes : celles qui permettent d'accéder aux données de la classe et celles qui modifient ces données.

> **Pour en savoir plus**
>
> Voir la section « Les méthodes d'accès aux données » du chapitre 9, « Les principes du concept objet ».

Bien entendu, une classe est définie pour être utilisée dans un script (une application) d'extension `.fla`. Nous abordons plus en détail cette opération ci-après.

Définir un objet

Après avoir défini un nouveau type structuré, l'étape suivante consiste à écrire une application qui utilise effectivement un objet de ce type. Pour cela, le programmeur doit déclarer les objets utiles à l'application et faire en sorte que l'espace mémoire nécessaire soit réservé.

Déclarer un objet

Cette opération simple s'écrit comme une instruction de déclaration, à la différence près que le type de la variable n'est plus un type simple prédéfini, mais un type structuré, tel que nous l'avons construit précédemment. Ainsi, dans :

```
// Déclaration d'un objet chose
var chose:TypeDel'Objet;
```

`TypeDel'Objet` correspond à une classe définie par le programmeur. Dans notre exemple, la déclaration d'une personne `untel` est réalisée par l'instruction :

```
var untel:Personne;
```

Cette déclaration crée une case mémoire, nommée `untel`, destinée à contenir une référence vers l'adresse où sont stockées les informations concernant la personne `untel`. À ce stade, aucune adresse n'est encore déterminée.

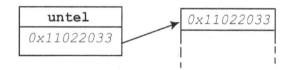

Figure 8-5

La déclaration d'un objet réserve une case mémoire destinée à contenir l'espace mémoire où seront stockées les informations. L'espace mémoire et l'adresse ne sont pas encore réservés pour réaliser ce stockage.

Réserver l'espace mémoire

C'est l'opérateur new qui, comme nous l'avons remarqué lors de l'étude de la classe Date, est chargé de la réservation de l'espace mémoire. Lorsqu'on applique cet opérateur à un objet, il évalue combien d'octets lui sont nécessaires pour stocker l'information contenue dans la classe (propriétés et méthodes de la classe), et détermine l'adresse sous laquelle ces informations seront stockées.

L'opérateur new fait appel au constructeur de la classe afin d'initialiser correctement les propriétés de l'objet à construire.

```
// Réserver de l'espace mémoire pour l'objet chose
chose = new TypeDel'Objet();
```

Dans notre exemple, la réservation de l'espace mémoire pour définir une personne untel s'écrit :

```
untel = new Personne("Elena", "T.", 16, 3, 1993);
```

Notons qu'il est possible de déclarer et de réserver de l'espace mémoire en une seule instruction :

```
var untel:Personne = new Personne("Elena", "T.", 16, 3, 1993);
```

Lors de cette réservation, les valeurs passées en paramètres de la fonction constructeur initialisent les propriétés de l'objet untel qui a pour prénom et nom Elena T., et dont la date de naissance est le 16 avril 1993 (voir figure 8-6).

Remarque

L'objet ainsi défini est un représentant particulier de la classe, caractérisé par l'ensemble de ses données. Dans le jargon informatique, on dit que l'objet untel est une « instance » ou encore une « occurrence » de la classe Personne. Les données qui le caractérisent, à savoir nom, prenom et dateNaissance, sont appelées des « variables d'instance ».

Une instance est donc, en mémoire, un programme à part entière, composé de variables et de fonctions. Sa structure est telle qu'elle ne peut s'exécuter et se transformer (c'est-à-dire modifier ses propres données) qu'à l'intérieur de cet espace. C'est pourquoi elle est considérée comme une entité indépendante ou « objet »

Les instances (occurrences) ont été abordées plusieurs fois au cours des chapitres précédents, notamment au cours du chapitre 2, « Les symboles », section « Les différentes façons de créer des occurrences ».

Un symbole placé dans la bibliothèque d'une animation Flash peut être considéré comme l'équivalent graphique d'une classe décrite par un script. Tout comme l'instance d'une classe (Personne) possède des propriétés (nom, prenom...) et des méthodes (getAge(), sePresente()), l'occurrence d'un symbole (MovieClip) possède des propriétés (x, y...) et des méthodes (gotoAndPlay()...).

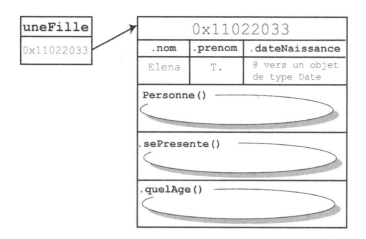

Figure 8-6

Pour chaque objet créé, l'opérateur new réserve un espace mémoire suffisamment grand pour y stocker les données et les méthodes descriptives de la classe. L'adresse est alors déterminée.

Manipuler un objet

Un objet (une occurrence) ainsi défini est entièrement déterminé par ses données et ses méthodes. Il est dès lors possible de modifier les valeurs qui le caractérisent et d'exploiter ses méthodes.

Accéder aux données de la classe

Pour accéder à une donnée de la classe de façon à la modifier, il suffit d'écrire :

```
// Accéder à un membre de la classe
chose.nomDeLaDonnee = valeur du bon type;
```

en supposant que le champ nomDeLaDonnee soit défini dans la classe correspondant au type de l'objet chose.

Dans notre exemple, la modification du nom et du prénom de untel s'écrit de la façon suivante :

```
untel.prenom = "Nicolas";
untel.nom = "C.";
```

Les cases mémoires représentant les variables d'instance (nom, prenom et dateNaissance) de l'objet untel sont accessibles *via* l'opérateur point (.).

Remarque

La propriété dateNaissance d'une personne n'est pas directement accessible. Ainsi, pour définir l'année de naissance d'une personne, il convient d'utiliser la méthode setFullYear() de la classe Date comme suit :

```
untel.dateNaissance.setFullYear(1996);
```

Accéder aux méthodes de la classe

Pour appliquer une méthode de la classe à un objet particulier, la syntaxe utilise le même principe de notation :

```
// Appliquer une méthode à l'objet chose
chose.nomDeLaMethode(liste des paramètres éventuels);
```

en supposant que la méthode ait préalablement été définie pour le type de l'objet chose. Dans notre exemple, l'application de la méthode getAge() à l'objet untel s'écrit :

```
var age:Number = untel.getAge();
```

Remarque

En choisissant des noms de méthodes appropriés, la compréhension des instructions en programmation objet devient très intuitive.

Une application qui utilise des objets Personne

L'exemple suivant montre comment exploiter, dans une application, l'ensemble des données et des méthodes définies dans la classe Personne.

Exemple : code source complet

Extension web

Vous trouverez l'application CreerDesPersonnes.fla, sous le répertoire Exemples/chapitre8.

```
// ❶ Créer une instance uneFille
var uneFille:Personne = new Personne("Elena", "T.", 16, 3, 1993);
// ❷ Utiliser les méthodes de la classe Personne
trace(uneFille.sePresente());
trace("âge : " + uneFille.getAge());

// ❸ Créer une instance garçon avec des valeurs nulles
var garcon:Personne = new Personne("","", 0, 0, 0);
// ❹ Modifier les propriétés de l'occurrence garçon
unGarcon.nom = "C.";
unGarcon.prenom = "Nicolas";
// ❺ Utiliser les méthodes de la classe Date
unGarcon.dateNaissance.setDate(10);
unGarcon.dateNaissance.setFullYear(1996);
unGarcon.dateNaissance.setMonth(6);
// ❻ Utiliser les méthodes de la classe Personne
trace(unGarcon.sePresente());
```

Le code source est enregistré sous le nom CreerDesPersonnes.fla, dans le même répertoire que Personne.as.

Exécution d'une application multifichier

L'application, décrite dans le fichier `CreerDesPersonnes.fla`, utilise le type `Personne` défini dans le fichier `Personne.as`. Deux fichiers distincts sont donc nécessaires pour écrire un programme qui utilise des objets `Personne`.

Bien que cela puisse paraître curieux pour un débutant, l'application `CreerDes-Personnes.fla` s'exécute correctement malgré cette séparation des fichiers. Examinons comment fonctionne l'ordinateur dans un tel cas.

L'exécution d'une animation dans l'environnement Flash s'effectue en deux temps :

- la phase de lecture du script avec transformation en code binaire ;
- la phase d'exécution de l'animation.

Lorsque l'application est conçue avec plusieurs fichiers, ces deux phases sont également indispensables.

Lecture de scripts multifichiers

Lorsque vous testez une animation, le lecteur Flash transforme le script en un code binaire directement compréhensible par l'ordinateur (voir le chapitre introductif « À la source d'un programme », section « Exécuter l'animation »).

> **Remarque**
>
> La phase de transformation d'un code source en un exécutable binaire est appelée dans le jargon informatique la « phase de compilation ». C'est à ce stade que le lecteur Flash détecte les éventuelles erreurs de syntaxe.

Si votre script est défini sur plusieurs fichiers, la question se pose de savoir comment Flash examine l'ensemble de ces fichiers.

Pour simplifier la tâche de la personne qui développe des applications, le lecteur Flash est construit de façon à retrouver les différents scripts nécessaires à l'exécution.

Au cours de la compilation, le lecteur Flash constate de lui-même, au moment de la déclaration des objets, que l'application utilise des objets d'un type non prédéfini par le langage ActionScript.

À partir de ce constat, il recherche, dans le répertoire où se trouve l'application qu'il compile, le fichier dont le nom correspond au nouveau type qu'il vient de détecter et dont l'extension est `.as`. Tout script définissant une classe ActionScript a pour nom celui de la classe (du type) qu'il définit.

Dans notre exemple, en compilant l'application `CreerDesPersonnes.fla`, le lecteur Flash détecte le type `Personne`. Il recherche alors le fichier `Personne.as` dans le répertoire où se trouve l'application.

- S'il trouve ce fichier, il le compile également. En fin de compilation, deux fichiers ont été traités, `CreerDesPersonnes.fla` et `Personne.as`. Si le compilateur ne détecte aucune erreur, il intègre le code binaire associé à la classe `Personne` au fichier `CreerDesPersonnes.swf` au moment de l'exportation.

- S'il ne trouve pas le fichier `Personne.as`, il signale une erreur de compilation qui indique qu'il ne peut charger la classe correspondant au type déclaré (`Ce type est introuvable ou n'est pas une constante de compilation : Personne`).

Pour corriger cette erreur, il est possible d'indiquer au lecteur Flash quels sont les répertoires susceptibles de contenir des scripts.

Le chemin de classe (classpath)

Par défaut, le lecteur Flash examine le chemin de classe global défini par l'environnement Flash et recherche les scripts annexes à l'application, soit :

- dans le répertoire où se trouve le fichier `.fla` à exécuter ;
- dans le répertoire `/Program Files/Adobe/Adobe Flash CS4/fr/First Run/Classes`.

Il est possible de modifier le chemin de classe global en supprimant ou en ajoutant de nouveaux répertoires où le lecteur Flash pourra rechercher les scripts annexes. Pour cela, vous devez :

- sélectionner l'item Préférences du menu Modifier. Le panneau Préférences ci-après apparaît :

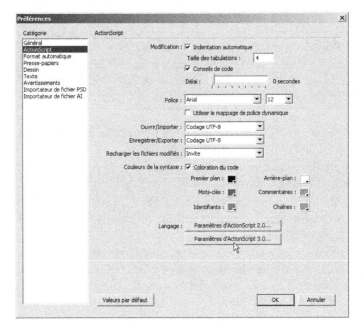

Figure 8-7

Le panneau Préférences

- sélectionner la rubrique ActionScript située dans la partie gauche du panneau, puis cliquer sur le bouton ActionScript situé en bas à droite du panneau pour faire apparaître la boîte de dialogue Paramètres d'ActionScript 3.0 (voir figure 8-8).

- Lorsque la boîte de dialogue Paramètres d'ActionScript 3.0 s'affiche (voir figure 8-8), l'ajout d'un chemin de classe s'effectue en cliquant sur le bouton +, la suppression sur le bouton –.

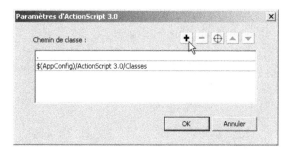

Figure 8-8

La boîte de dialogue Paramètres d'ActionScript

La modification du chemin de classe global reste valide pour toutes les applications et les scripts à venir. Si vous souhaitez modifier le chemin de classe pour un document en particulier, la démarche est la suivante :

- Sélectionnez l'item Paramètres de publication du menu Fichier. Le panneau Paramètres de publication ci-après apparaît.

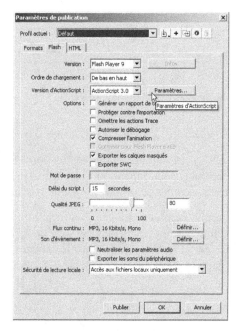

Figure 8-9

Le panneau Paramètres de publication

- Sélectionnez l'onglet Flash.

- Cliquez sur le bouton Paramètres... situé à droite du champ Version d'ActionScript. La boîte de dialogue Paramètres d'ActionScript 3.0 apparaît (voir figure 8-10).

- L'ajout d'un chemin de classe spécifique au document s'effectue en cliquant sur le bouton +, la suppression sur le bouton –.

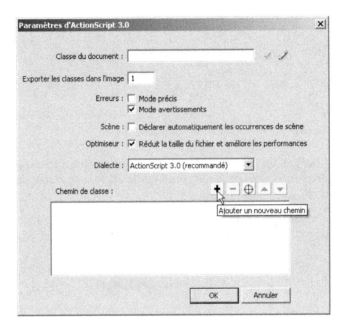

Figure 8-10

La boîte de dialogue Paramètres d'ActionScript 3.0

Analyse des résultats de l'application CreerDesPersonnes.fla

Au cours des sections précédentes, nous avons observé que tout objet déclaré contenait l'adresse où sont stockées les informations relatives à cet objet. Ainsi, pour accéder aux données et méthodes de chaque objet, il suffit de passer par l'opérateur « . ».

Grâce à cette nouvelle façon de stocker l'information, les transformations d'un objet par l'intermédiaire d'une méthode de sa classe sont visibles pour tous les objets de la même classe. Autrement dit, si une méthode fournit plusieurs résultats, ces modifications sont visibles en dehors de la méthode et pour toute l'application.

Pour mieux comprendre cette technique, examinons comment s'exécute le programme CreerDesPersonnes.

❶ Créer une instance uneFille :

```
var uneFille:Personne = new Personne("Elena", "T.", 16, 3, 1993);
```

L'occurrence `uneFille` est créée grâce au constructeur de la classe `Personne`. Le nom, le prénom et la date de naissance sont passés en paramètres du constructeur. Ces valeurs sont alors directement enregistrées dans les propriétés de l'objet `uneFille`.

❷ Utiliser les méthodes de la classe `Personne` :

```
trace(uneFille.sePresente());
trace("âge : " + uneFille.getAge());
```

La méthode `sePresente()` appliquée à l'objet `uneFille` retourne en résultat une chaîne de caractères qui contient les valeurs enregistrées dans les propriétés de l'occurrence, soit :

```
Je m'appelle Elena T.
J'ai 16 ans
```

La méthode `getAge()` calcule et retourne l'âge à partir de la date de naissance enregistrée dans la propriété `dateNaissance` de l'occurrence `uneFille` et la date courante. La fonction `trace()` affiche :

```
âge : 16 ans
```

❸ Créer une instance `unGarcon` :

```
var unGarcon:Personne = new Personne("","", 0, 0, 0);
trace(unGarcon.sePresente());
```

L'occurrence `unGarcon` est créée grâce au constructeur de la classe `Personne`. Des valeurs vides sont passées en paramètres pour les chaînes de caractères et nulles pour les valeurs numériques.

L'affichage provoqué par l'appel de la méthode `sePresente()` appliquée à l'objet `unGarcon` est alors le suivant :

```
Je m'appelle
J'ai 108 ans
```

Aucun affichage ne peut être réalisé pour le prénom et le nom de l'objet `unGarcon` puisque les valeurs passées en paramètres du constructeur sont vides (`""`). L'année 0 du mois 0 du jour 0 correspond au 31 décembre de l'année 1899, l'âge obtenu après calcul est donc de 108 ans (en supposant que l'application ait été exécuté en 2007).

Remarque

Si aucune valeur n'est passée en paramètre du constructeur comme suit :

```
var unGarcon:Personne = new Personne();
```

le lecteur Flash détecte une erreur du type : Non-correspondance du nombre d'arguments sur `Personne$init()`. Le constructeur `Personne()` ne peut être appelé sans aucune valeur passée en paramètre.

---

❹ Modifier les propriétés de l'occurrence unGarcon :

```
unGarcon.nom = "C.";
unGarcon.prenom = "Nicolas";
```

Les chaînes de caractères "Nicolas" et "C." sont directement enregistrées dans les propriétés nom et prenom de l'occurrence unGarcon grâce au signe d'affectation.

❺ Utiliser les méthodes de la classe Date :

```
unGarcon.dateNaissance.setDate(10);
unGarcon.dateNaissance.setFullYear(1996);
unGarcon.dateNaissance.setMonth(6);
```

La propriété dateNaissance est de type Date. Pour modifier le jour, le mois et l'année de naissance, il convient d'appliquer les méthodes setDate(), setMonth() et setFullYear() à la propriété dateNaissance.

❻ Utiliser les méthodes de la classe Personne :

```
trace(unGarcon.sePresente());
```

La méthode sePresente() appliquée à l'objet unGarcon retourne en résultat une chaîne de caractères qui contient les valeurs enregistrées dans les propriétés de l'occurrence, soit :

```
Je m'appelle Nicolas C.
J'ai 13 ans
```

Observons que le constructeur Personne() modifie le contenu des trois variables d'instance nom, prenom et dateNaissance de l'objet uneFille. Cette transformation est visible en dehors de l'objet lui-même, puisque la méthode sePresente() affiche à l'écran le résultat de cette modification (voir figure 8-11).

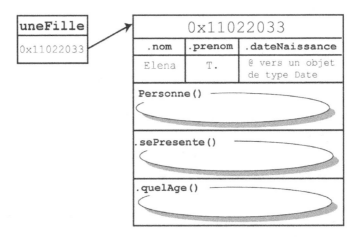

Figure 8-11

Les méthodes appliquées à un objet exploitent les données relatives à cet objet.

Mémento

La classe `Date` est une classe prédéfinie du langage ActionScript, qui facilite la manipulation des dates dans une application. Les instructions :

```
var anniv:Date = new Date(1996, 3, 16);
var annee:Number = anniv.getFullYear();
anniv.setFullYear(1993);
```

ont pour résultat de créer un objet `anniv` dont la valeur correspond à la date du « 16 avril 1993 ». La méthode `getFullYear()` appliquée à l'objet `anniv` permet d'enregistrer la valeur de l'année contenue dans l'objet `anniv`, dans la variable `annee`. La méthode `setFullYear()` modifie l'année enregistrée dans l'objet `anniv`.

L'étude des objets de type `Date` montre qu'une classe est une association de données (information ou valeur de tout type) et de méthodes (outils d'accès et de transformation des données).

Le langage ActionScript offre la possibilité au programmeur de développer ses propres classes en utilisant la structure syntaxique suivante :

```
package {
  public class Memento {
    // Définition des propriétés
    public resume:String;
    // Définition des méthodes et du constructeur
    public function Memento(){
      // Instructions
    }
    public quelResume():String {
      // Instructions
    }
  } // Fin de la classe Memento
} // Fin du package
```

La classe `Memento` est enregistrée dans un fichier obligatoirement nommé `Memento.as`.

Un objet de type `Memento` est utilisé dans une application (fichier d'extension `.fla`) en le déclarant comme suit :

```
var nouveau:Memento = new Memento();
```

La variable `nouveau` est appelée un objet. L'accès aux propriétés ainsi qu'aux méthodes de la classe se fait par l'intermédiaire de l'opérateur point (`.`), comme le montre l'exemple suivant :

```
nouveau.resume = "Chapitre8 : Les classes et les objets";
trace(nouveau.quelResume());
```

Exercices

Utiliser les objets de la classe Date

☞ **Exercice 8.1**

> **Extension web**
>
> Pour vous faciliter la tâche, le fichier `Exercice8_1.fla`, à partir duquel nous allons travailler, se trouve dans le répertoire `Exercices/SupportPourRéaliserLesExercices/Chapitre8`. Dans ce même répertoire, vous pouvez accéder à l'application telle que nous souhaitons la voir fonctionner (`Exercice8_1.swf`) une fois réalisée.

Écrivez un programme qui affiche le jour de votre date de naissance.

1. Le jour, le mois et l'année de votre date de naissance sont saisis à l'aide de 3 zones de texte de saisie (voir code source).

2. Après saisie, construisez un objet `anniversaire` de type `Date`, dont les valeurs correspondent à votre date de naissance.

3. Recherchez, dans la classe `Date`, la méthode qui permet de récupérer le jour de la semaine correspondant à votre date de naissance.

4. Affichez le jour de votre date de naissance en clair (lundi, mardi…) dans une zone de texte dynamique.

> **Remarque**
>
> Lorsque l'utilisateur saisit le mois de naissance, il ne sait pas qu'ActionScript numérote les mois de 0 à 11. Vous devez faire en sorte que le mois saisi corresponde au bon mois pour ActionScript.

Créer une classe d'objets

☞ **Exercice 8.2**

L'objectif est de définir une représentation d'un objet `Livre`.

1. Sachant qu'un livre est défini à partir de son titre, du nom et du prénom de l'auteur, d'une catégorie (Policier, Roman, Junior, Philosophie, Science-fiction…), d'un numéro ISBN et d'un code d'enregistrement alphanumérique unique (voir exercice 8.3 ci-après), définissez les données de la classe `Livre`.

2. Écrivez une application `Bibliotheque` qui crée un objet `livrePoche` de type `Livre` dont les références sont les suivantes :

   – Titre : L'arrangement ;

   – Catégorie : Roman ;

- Numéro ISBN : 2234023858 ;

- Nom de l'auteur : Kazan ;

- Prénom de l'auteur : Elia ;

Consulter les variables d'instance

☞ **Exercice 8.3**

Définition des comportements d'un objet de type `Livre` :

1. Dans la classe `Livre`, décrivez la méthode `afficherUnLivre()` qui affiche les caractéristiques du livre concerné.

2. Modifiez l'application `Bibliotheque` de façon à afficher les caractéristiques de l'objet `livrePoche`.

3. Le code d'enregistrement d'un livre est construit à partir des deux premières lettres des champs : nom et prénom de l'auteur, de la catégorie du livre ainsi que des deux derniers chiffres du code ISBN. Écrivez la méthode `calculerLeCode()` qui permet de calculer ce code.

> **Remarque**
> Vous pouvez utiliser la méthode `substring` de la classe `String` pour extraire une sous-chaîne d'un mot.

4. Modifiez l'application `Bibliotheque` de façon à calculer et afficher le code de l'objet `livrePoche`.

Analyser les résultats d'une application objet

☞ **Exercice 8.4**

Pour bien comprendre ce que réalise l'application `FaireDesTriangles`, observez les deux programmes suivants.

- Le fichier `Triangle.as`

```
package {
 public class Triangle {
  public var x:Array = new Array(3);
  public var y:Array = new Array(3);
  public var couleur:String;
  public function Triangle(nxa:Number, nya:Number, nxb:Number, nyb:Number,
                          nxc:Number, nyc:Number, nc:String) {
    couleur = nc;
    x[0] = nxa;
```

```
      y[0] = nya;
      x[1] = nxb
      y[1] = nyb;
      x[2] = nxc;
      y[2] = nyc;
    }

    public function afficher():void  {
     for (var i:Number=0; i < x.length; i++){
      trace("x[" + i + "] = \t" +  x[i] + " \ty[" + i + "] = "+y[i]);
     }
     trace("-----------------------------------------------");
    }
    public function deplacer(nx:Number, ny:Number):void{
     for (var i:Number=0; i < x.length; i++){
       x[i] = x[i]+nx;
       y[i] = y[i]+ny;
     }
    }
  } // Fin de la classe Triangle
}
```

- Le fichier CreerUnTriangle.fla

```
var unTriangle:Triangle =new Triangle(0,0,100,0,50,100,"0xFF00FF");
unTriangle.afficher();
unTriangle.deplacer(100, 0);
unTriangle.afficher();
```

1. Quel est le programme qui correspond à l'application ?

2. Quel est le programme définissant le type Triangle ?

3. Recherchez les attributs de la classe Triangle et donnez leurs noms.

4. Combien de méthodes sont définies dans la classe Triangle ? Donnez leurs noms.

5. Quels sont les objets utilisés par l'application CreerUnTriangle ? Que valent les tableaux x et y après exécution de l'instruction de déclaration ?

6. Sur la représentation graphique de la figure 8-12, placez, pour l'objet unTriangle, les valeurs initiales ainsi que le nom des méthodes.

7. À l'appel de la méthode déplacer(), comment les valeurs sont-elles affectées aux attributs des objets concernés ? Modifiez les cases concernées sur la représentation graphique.

8. Quel est le résultat final de l'application ?

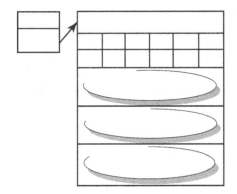

Figure 8-12
Représentation graphique de l'objet unTriangle

La classe Carre

☞ **Exercice 8.5**

En vous inspirant de la classe Triangle et de l'application CreerUnTriangle précédentes :

1. Écrivez la classe Carre, sachant que tout rectangle est une forme géométrique possédant :
   – une position en x et en y ;
   – un côté ;
   – une couleur.
2. Définissez les méthodes Carre(), afficher() et déplacer().
3. Écrivez l'application CreerUnCarre qui crée un rectangle unCarre en 200, 200 de côté égal à 150 pixels, de couleur jaune (0xFFFF00). L'application affiche les coordonnées de unCarre avant et après un déplacement de 200 sur l'axe des Y.

Créer un menu interactif

☞ **Exercice 8.6**

Un menu est composé d'un ensemble d'items.

1. Écrivez la classe Item sachant qu'un item regroupe les informations suivantes :
   – le clip représentant le fond de l'item et un champ de texte dynamique pour afficher le label. Le clip est défini dans la bibliothèque de l'application et se nomme ItemMenuClp ;
   – un tableau regroupant des informations telles que le nom du label à placer sur l'item, ainsi que le nombre de photos à afficher pour ce label ;
   – une valeur définissant la vitesse de déplacement de l'item au moment du déroulement du menu ;

     – un item doit pouvoir s'afficher ou s'effacer, écrire l'en-tête des méthodes associées. La classe `Item` possède un constructeur.

> **Remarque**
>
> Vous pourrez nommer, par exemple, les propriétés `cetItem`, `info` et `vitesse`, les méthodes `afficher()` et `effacer()`.

  2. Un menu est constitué :

     – d'un en-tête (de type `Item`) ;

     – d'une liste d'items (de type `Array`) ;

     – d'un booléen décrivant l'état d'affichage du menu (enroulé ou déroulé) ;

     – d'un constructeur et de méthodes nommées `aDerouler()`, `aEnrouler()` et `ajouterUnItem()`.

Dans le fichier `Menu.as`, écrivez la classe `Menu`, dans laquelle vous définirez les propriétés décrites ci-dessus ainsi que l'en-tête des méthodes proposées.

Le projet mini site

Nous allons ici réexaminer l'ensemble de la structure des données du mini site afin de définir ses principaux éléments sous forme de classes.

Il s'agira principalement de définir les propriétés et les comportements généraux pour chacune des classes, sans entrer réellement dans le détail du code. Le codage sera réalisé dans le prochain chapitre, lorsque nous aurons approfondi nos connaissances en matière de programmation objet.

> **Extension web**
>
> Vous trouverez les corrigés de cette partie du projet dans le répertoire `Projet/Chapitre8`.

Le mini site est composé de simples zones colorées rectangulaires, réactives au clic de souris. Que ce soit les rubriques de la page d'accueil, les mini rubriques ou encore les pages finales, chacun de ces éléments est défini par une forme rectangulaire et un titre.

Nous examinerons tout d'abord comment définir les premières pierres à l'édifice de l'application, les classes `Forme` et `TitreTexte`. Nous étudierons ensuite comment construire les classes `Rubrique`, `Mini` et `Page` à partir des deux classes de base.

La classe Forme

Une forme est une zone rectangulaire colorée. Elle contient les propriétés suivantes :

• la largeur, la hauteur et la couleur de la zone à dessiner ;

- un numéro représentant sa position dans l'ordre de création ;
- un nom correspondant au nom d'une rubrique.

La classe Forme possède un constructeur. Sachant qu'une forme doit également pouvoir s'afficher et se dessiner, écrire l'en-tête des méthodes associées.

Remarque

Vous pourrez par exemple nommer les propriétés largeur, hauteur, numero et couleur, les méthodes sAfficner(), seDessinner(). La méthode sAfficher() trace le contenu des propriétés dans la fenêtre de sortie alors que la méthode seDessiner() affiche la zone colorée sur la scène.

Dans le fichier Forme.as, écrire la classe Forme, dans laquelle vous définirez les propriétés décrites ci-dessus ainsi que l'en-tête des méthodes proposées.

La classe TitreTexte

Un titre est défini à partir de son format et du texte qui le forme. Il contient les propriétés suivantes :

- couleur, largeur de la zone de texte, taille de la police ;
- nom de la police et le contenu textuel ;
- format de type TextFormat.

Pour connaître le contenu d'un titre, il est intéressant de définir également la méthode sAfficher() qui trace le contenu des propriétés dans la fenêtre de sortie. La classe TitreTexte propose également deux méthodes dessinerVertical() et dessinerHorizontal() pour afficher le nom des rubriques verticalement ou horizontalement, à partir d'un point passé en paamètre.

Dans le fichier TitreTexte.as, écrire la classe TitreTexte, dans laquelle vous définirez les propriétés décrites ci-dessus ainsi que l'en-tête des méthodes proposées.

La classe Rubrique

Une rubrique est composée d'une forme et d'un titre. Elle connaît également le nombre de vignettes qui lui sont associées. Elle contient les propriétés suivantes :

- forme de type Forme ;
- titre de type TitreTexte ;
- nombreElt de type uint ;
- largeurRubrique et hauteurRubrique de type uint.

La classe Rubrique possède un constructeur qui met à jour ses propriétés et définit la position d'affichage de la rubrique à créer.

Dans le fichier `Rubrique.as`, écrire la classe `Rubrique`, dans laquelle vous définirez les propriétés décrites ci-dessus ainsi que l'en-tête du constructeur.

La classe Mini

Une mini rubrique est composée d'une forme et d'un titre. Elle connaît également le nombre de vignettes qui lui sont associées. Elle contient les propriétés suivantes :

- `forme` de type `Forme` ;

- `titre` de type `TitreTexte` ;

- `nombreElt` de type `uint` ;

- `largeurMini` et `hauteurMini` de type `uint`.

La classe `Mini` possède un constructeur qui met à jour ses propriétés et définit la position d'affichage de la mini rubrique à créer, en fonction de son numéro de création.

Dans le fichier `Mini.as`, écrire la classe `Mini`, dans laquelle vous définirez les propriétés décrites ci-dessus ainsi que l'en-tête du constructeur.

La classe Page

Une page est composée d'une forme et d'un titre. Elle connaît également le nombre de vignettes qui lui sont associées. Elle contient les propriétés suivantes :

- `forme` de type `Forme` ;

- `titre` de type `TitreTexte` ;

- `nombreElt` de type `uint` ;

- `largeurPage` et `hauteurPage` de type `uint`.

La classe `Page` possède un constructeur qui met à jour ses propriétés et définit la position d'affichage de la rubrique à créer.

Dans le fichier `Page.as`, écrire la classe `Page`, dans laquelle vous définirez les propriétés décrites ci-dessus ainsi que l'en-tête du constructeur.

L'application ProjetChapitre8

L'application `ProjetChapitre8.fla` crée les rubriques, les pages et les minis rubriques, sans les afficher sur la scène. Elle utilise les constructeurs des classes `Rubrique`, `Mini` et `Page`.

L'affichage du contenu des propriétés des objets créés s'effectue par l'intermédiaire des méthodes `sAfficher()` des deux classes `Forme` et `TitreTexte`. Les valeurs s'affichent dans la fenêtre de sortie.

9

Les principes
du concept « objet »

Au cours du chapitre précédent, nous avons examiné comment mettre en place des objets à l'intérieur d'un script. Cette étude a montré combien la structure générale des programmes se trouvait modifiée par l'emploi des objets.

En réalité, les objets sont beaucoup plus qu'une structure syntaxique. Ils sont régis par des principes essentiels qui constituent les fondements de la programmation objet. Dans ce chapitre, nous étudierons l'ensemble de ces principes.

Nous examinerons ainsi les différentes façons de définir une propriété au sein d'une classe et d'une application (voir la section « Le traitement des propriétés d'une classe »).

Nous expliquerons ensuite (section « Les objets contrôlent leur fonctionnement ») le concept d'encapsulation des données et nous examinerons pourquoi et comment les objets protègent leurs données.

Puis, nous définirons la notion d'héritage entre classes (section « L'héritage »). Nous observerons combien cette notion est utile puisqu'elle permet de réutiliser des programmes tout en apportant des variations dans le comportement des objets héritants.

Pour finir, nous réaliserons une application qui met en œuvre, de façon plus concrète, toutes les notions abordées au cours de ces deux derniers chapitres et qui utilise des clips d'animation et des gestionnaires d'événements.

Le traitement des propriétés d'une classe

Les propriétés d'une classe dessinent la structure de base des objets utilisés par une application. Dans cette section nous allons examiner les différentes façons de définir et de manipuler les données d'une classe.

Les données statiques

En définissant un type ou une classe, le développeur crée un modèle qui décrit les fonctionnalités des objets utilisés par le programme. Les objets sont créés en mémoire à partir de ce modèle, par copie des données et des méthodes.

Cette copie est réalisée lors de la réservation des emplacements mémoire grâce à l'opérateur new qui initialise les données de l'objet et fournit, en retour, l'adresse où se trouvent les informations stockées.

En réalité, nous allons voir que la programmation objet implique différentes façons de réserver un espace mémoire. Pour cela, nous allons examiner la différence de comportement entre une variable d'instance et une donnée statique.

Il existe deux façons de déclarer les propriétés d'une classe.

• La première consiste à déclarer une propriété comme nous l'avons fait jusqu'à présent.

```
public classPersonne {
  public var nom:String;
  // …
}
```

Dans ce cas, la propriété est appelée « variable d'instance ». Dans notre exemple, la propriété nom est une variable d'instance de la classe Personne.

• La seconde consiste à déclarer une variable en mode statique, comme suit :

```
public class Personne {
  public static var nbPersonne:Number;
  // …
}
```

Le mot-clé static placé en amont de la déclaration de la variable indique au lecteur Flash que la variable ainsi déclarée est une variable statique. Dans cette situation, le lecteur Flash réserve un unique espace mémoire pour y stocker la valeur associée. Cet espace mémoire est communément accessible pour tous les objets du même type.

Remarque

Lorsque le mot-clé static n'apparaît pas, l'interpréteur réserve, à chaque appel de l'opérateur new, un espace mémoire pour y charger les données décrites dans la classe. Il existe autant d'espaces mémoire associés que d'objets créés.

Les données statiques sont appelées « variables de classe ». Dans notre exemple, la propriété nbPersonne est une variable de classe de la classe Personne.

Exemple : compter des personnes

Pour bien comprendre la différence entre une donnée static et une donnée non static, modifions la classe Personne, afin de pouvoir connaître le nombre d'objets de type Personne créés en cours d'application.

Pour ce faire, l'idée est d'insérer dans la fonction constructeur une instruction qui permet d'incrémenter un compteur de personnes.

La variable représentant ce compteur doit être indépendante des objets créés, de sorte que sa valeur ne soit pas réinitialisée à zéro à chaque création d'objet. Cette variable doit cependant être accessible pour chaque objet de façon qu'elle puisse s'incrémenter de 1 à chaque fois qu'un objet est construit.

Pour réaliser ces contraintes, le compteur de personnes doit être une variable de classe, c'est-à-dire une variable déclarée avec le mot-clé static. Examinons tout cela dans le programme suivant.

```
// Définition de la classe Personne
public classPersonne {
  // Définition des attributs de la classe
  public var prenom:String;
  public var nom:String;
  public var dateNaissance:Date;
  public static var compteur:Number= 0;

  // Définition de la fonction constructeur
  public function Personne( p:String, n:String, j:Number, m:Number, a:Number) {
    prenom = p;
    nom = n
    dateNaissance = new Date(a, m, j);
    compteur++;
  }

  // et toutes les autres méthodes de la classe Personne définies
  // au chapitre précédent
} // Fin de la classe Personne
```

Extension web

Vous pourrez tester cet exemple en exécutant le fichier CreerDesPersonnes.fla, sous le répertoire Exemples/Chapitre9/Static.

Les données définies dans la classe Personne sont de deux types :

- les variables d'instance : nom, prenom et dateNaissance ;

- la variable de classe : compteur.

Seul le mot-clé static permet de différencier leur catégorie.

Grâce au mot-clé static, la variable de classe compteur devient un espace mémoire commun, accessible par tous les objets créés. Pour utiliser cette variable, il suffit de l'appeler par son nom véritable, c'est-à-dire compteur, si elle est utilisée dans la classe Personne ; ou Personne.compteur, si elle l'est en dehors de cette classe.

Exécution de l'application CompterDesPersonnes

Pour mieux saisir la différence entre les variables d'instance (non static) et les variables de classe (static), observons comment fonctionne l'application CompterDesPersonnes.

```
var uneFille:Personne = new Personne("Elena", "T.", 16, 3, 1993);
trace("Personne créée : " + Personne.compteur);
trace(uneFille.sePresente());

var unGarcon:Personne = new Personne("Nicolas","C.", 10, 6, 1996);
trace("Personne créée : " + Personne.compteur);
trace(unGarcon.sePresente());
```

Dans ce programme, deux objets de type Personne sont créés à partir du modèle défini par la classe Personne. Chaque objet est un représentant particulier, une instance de la classe Personne, avec un nom, un prénom et une date de naissance spécifique pour chaque objet créé.

Lorsque l'objet uneFille est créé en mémoire, grâce à l'opérateur new, les données nom, prenom et dateNaissance sont créées. La variable de classe compteur est elle aussi créée en mémoire et sa valeur est initialisée à 0.

À l'appel du constructeur, les valeurs des variables nom, prenom et dateNaissance de l'instance uneFille sont initialisées à l'aide des valeurs passées en paramètres du constructeur. La variable de classe compteur est incrémentée de 1 (compteur++). Le nombre de personnes est alors de 1 (voir l'objet UneFille, décrit à la figure 9-1).

De la même façon, l'objet unGarcon est créé en mémoire grâce à l'opérateur new. Les données nom, prenom et dateNaissance sont, elles aussi, initialisées à l'aide des valeurs passées en paramètres du constructeur.

Pour la variable de classe compteur, en revanche, cette initialisation n'est pas réalisée. La présence du mot-clé static fait que la variable de classe compteur, qui existe déjà en mémoire, ne peut être réinitialisée directement par l'interpréteur.

Il y a donc, non pas réservation d'un nouvel emplacement mémoire, mais préservation du même emplacement mémoire, avec conservation de la valeur calculée à l'étape précédente, soit 1.

Après initialisation des données nom, prenom et dateNaissance de l'instance unGarcon, l'instruction compteur++ fait passer la valeur de Personne.compteur à 2 (voir l'objet unGarcon décrit à la figure 9-1).

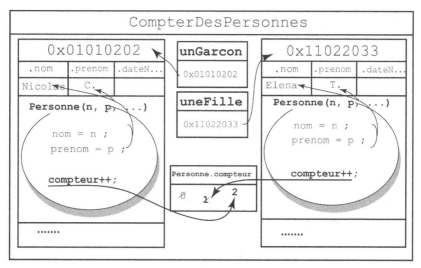

Figure 9-1

La variable de classe Personne.compteur est créée en mémoire, avec l'objet uneFille.

N'existant qu'en un seul exemplaire, la variable de classe `compteur` permet de compter le nombre de personnes créées par l'application. L'incrémentation de cette valeur est réalisée indépendamment de l'objet, la variable étant commune à tous les objets créés.

Remarque

Les variables statiques sont surtout utilisées pour définir des constantes communes et accessibles par un ensemble de classes. Nous nous servirons de cette technique de programmation pour réaliser le mini site à la fin de ce chapitre.

Les classes dynamiques

Lorsque vous créez votre propre classe, les données et méthodes sont définitivement définies dans le fichier d'extension `.as`. Par défaut, il n'est pas possible d'ajouter une nouvelle propriété ou une nouvelle méthode par programme.

Ainsi, l'ajout direct de la propriété `telephone` à l'objet `uneFille` de type `Personne`, depuis l'application `creerUnePersonne` :

```
var uneFille:Personne = new Personne("Elena", "T.", 16, 3, 1993);
uneFille.telephone = "01 22 16 10 01";
trace(uneFille.sePresente());
trace("Mon numéro de téléphone : " + uneFille.telephone);
```

a pour conséquence de générer une erreur au moment de la compilation. Cette erreur indique qu'il n'existe pas de propriété nommée `telephone`.

L'ajout d'une propriété ou d'une méthode par programme n'est réalisable qu'avec des classes dynamiques. Pour rendre une classe dynamique, il suffit de placer le mot-clé `dynamic` devant le mot-clé `class` lors de la définition de la classe.

Extension web

Vous pourrez tester cet exemple en exécutant le fichier `CreerDesPersonnes.fla`, sous le répertoire `Exemples/Chapitre9/Dynamic`.

Par exemple, pour rendre dynamique la classe `Personne`, il suffit d'écrire dans le fichier `Personne.as` :

```
public dynamic class Personne {
// Définition des attributs de la classe
// Définition des méthodes
}
```

L'ajout simple du terme `dynamic` suffit à rendre exécutable l'instruction `uneFille.telephone = "01 22 16 10 01"`. La fenêtre de sortie affiche alors le résultat suivant :

```
Je m'appelle Elena T.
J'ai 12 ans
Mon numéro de téléphone : 01 22 16 10 01
Je m'appelle Nicolas C.
J'ai 9 ans
```

De cette façon, la propriété `telephone` est ajoutée à la classe `Personne` et toute personne peut désormais avoir un numéro de téléphone.

La classe MovieClip

Bien que cela semble plus logique et plus cohérent de définir une propriété ou une méthode directement dans le fichier de définition de la classe, les classes dynamiques sont parfois très pratiques.

L'exemple le plus courant concerne la classe `MovieClip`. En effet, cette dernière est une classe dynamique. Elle autorise l'ajout de propriétés et de méthodes par programme.

Au cours des exemples et des exercices précédents (voir par exemple les exercices 6.1 et 6.6 du chapitre 6, « Collectionner des objets »), nous avons utilisé plusieurs fois la faculté d'ajout de propriétés par programme.

Par exemple, pour le jeu de bulles, lorsque nous définissons les propriétés `valeurBulle` et `vitesse` pour chaque bulle créée :

```
for (var i:Number; i < = 10; i++) {
    listeBulle[i] = new BulleClp();
    listeBulle[i].vitesse =  Math.random()*5+10;
    listeBulle[i].valeur =  Math.round( Math.random()*5);
    addChild(listeBulle[i]);
}
```

nous ne faisons qu'ajouter deux nouvelles propriétés au clip `BulleClp`. De cette façon, chaque bulle créée possède sa propre vitesse de déplacement sur la scène et sa propre valeur de gain lorsque le curseur l'atteint.

L'ajout de nouvelles propriétés à un objet de type `MovieClip` permet donc la définition, à moindre coût de développement :

- de valeurs spécifiques à un clip d'animation ;

- de comportements propres à chaque clip présent sur la scène (vitesse de déplacement, donnée à afficher lors d'un clic…).

Les objets contrôlent leur fonctionnement

L'un des objectifs de la programmation objet est de simuler, à l'aide d'un programme informatique, la manipulation des objets réels par l'être humain. Les objets réels forment un tout et leur manipulation nécessite la plupart du temps un outil ou une interface de communication.

Par exemple, quand nous prenons un ascenseur, nous appuyons sur le bouton d'appel pour ouvrir les portes ou pour nous rendre jusqu'à l'étage désiré. L'interface de communication est ici le bouton d'appel. Nul n'aurait l'idée de prendre la télécommande de sa télévision pour appeler un ascenseur.

De la même façon, la préparation d'une omelette nécessite de casser des œufs. Pour briser la coquille d'un œuf, nous pouvons utiliser l'outil couteau. Un marteau pourrait également être utilisé mais son usage n'est pas vraiment adapté à la situation.

Comme nous le constatons à travers ces exemples, les objets réels sont manipulés par l'intermédiaire d'interfaces *appropriées*. L'utilisation d'un outil inadapté fait que l'objet ne répond pas à nos attentes ou qu'il se brise définitivement.

Tout comme nous manions les objets réels, les applications informatiques utilisent des objets virtuels définis par le programmeur. Cette manipulation nécessite des outils aussi bien adaptés que nos outils réels. Sans contrôle sur le bien-fondé d'une manipulation, l'application risque de fournir de mauvais résultats, ou pire, de cesser brutalement son exécution.

La notion d'encapsulation

Pour réaliser l'adéquation entre un outil et la manipulation d'un objet, la programmation objet utilise le concept d'encapsulation.

Remarque

Par ce terme, il faut entendre que les données d'un objet sont protégées, tout comme le médicament est protégé par la fine pellicule de sa capsule. Grâce à cette protection, il ne peut y avoir de transformation involontaire des données de l'objet.

L'encapsulation passe par le contrôle des données et des comportements de l'objet. Ce contrôle est établi à travers la protection des données (voir section suivante) et l'accès contrôlé aux données (voir section « Les méthodes d'accès aux données »).

La protection des données

Le langage ActionScript fournit les niveaux de protection suivants pour les membres d'une classe (données et méthodes) :

- Protection `public`. Les membres (données et méthodes) d'une classe déclarés `public` sont accessibles par tous les objets de l'application. Les données peuvent être modifiées par une méthode de la classe, d'une autre classe ou depuis le script principal.

- Protection `private`. Les membres de la classe déclarés `private` ne sont accessibles que par les méthodes de la même classe. Les données ne peuvent être initialisées ou modifiées que par l'intermédiaire d'une méthode de la classe. Les données ou méthodes ne peuvent être appelées par un autre script.

Par défaut, lorsque les données sont déclarées sans type de protection, leur protection est `public`. Elles sont alors accessibles depuis toute l'application.

Protéger les données de la classe Personne

Pour protéger les données de la classe `Personne`, il suffit de remplacer le mot-clé `public` précédant la déclaration des variables d'instance par le mot `private`. Observons la nouvelle classe `Personne` dont les données sont ainsi protégées.

```
package {
  // Définition de la classe Personne
  public classPersonne {
    // Définition des attributs de la classe
    private var prenom:String;
    private var nom:String;
    private var dateNaissance:Date;

    // Définition de la fonction constructeur
    public function Personne ( p:String, n:String, j:Number, m:Number, a:Number)
      prenom = p;
      nom = n
      dateNaissance = new Date(a, m, j);
    }

    // Définition du comportement sePresente()
    public function sePresente():String {
```

```
      var age:Number = getAge()
      return "Je m'appelle " + prenom + " " + nom + "\nJ'ai " + age + " ans ";
  }


  // Définition de la méthode calculant l'âge de la personne
  public function getAge():Number {
    var aujourdHui:Date = new Date();
    var age:Number =
         aujourdHui.getFullYear() - dateNaissance.getFullYear();
    return age;
  }
 }
}
```

Extension web

Vous pourrez tester cet exemple en exécutant le fichier `CreerDesPersonnesPrivees.fla`, sous le répertoire `Exemples/Chapitre9/DonneesPrivees`.

Les données `nom`, `prenom` et `dateNaissance` de la classe `Personne` sont protégées grâce au mot-clé `private`. Étudions les conséquences d'une telle protection sur la phase de compilation de l'application `CreerDesPersonnesPrivees`.

```
var unGarcon:Personne = new Personne("", "", 0, 0, 0);
trace(unGarcon.sePresente());
unGarcon.nom = "C.";
unGarcon.prenom = "Nicolas";
unGarcon.dateNaissance.setDate(10);
unGarcon.dateNaissance.setFullYear(1996);
unGarcon.dateNaissance.setMonth(6);

trace(unGarcon.sePresente());
```

Compilation de l'application creerDesPersonnesPrivees

Les données `nom`, `prenom` et `dateNaissance` de la classe `Personne` sont déclarées privées. Par définition, elles ne sont donc pas accessibles en dehors de la classe où elles sont définies.

Or, en écrivant dans le script principal l'instruction `unGarcon.nom = "C.";` le programmeur demande d'accéder, depuis le script `CreerDesPersonnesPrivees`, à la valeur de `nom`, de façon à la modifier. Cet accès est impossible, car `nom` est défini en mode `private` dans la classe `Personne`. C'est pourquoi le compilateur indique une erreur du type : « `Impossible de créer la propriété nom sur Personne.` » Le compilateur indique la même erreur pour les propriétés `prenom` et `dateNaissance` qui sont également définies en mode privé.

> **Question**
>
> Que se passe-t-il si l'on place le terme `private` devant la méthode `sePresente()` ?
>
> **Réponse**
>
> Lors de la compilation du fichier `CreerDesPersonnesPrivees`, le message d'erreur « La propriété `sePresente est introuvable sur Personne et il n'existe pas de valeur par défaut` » s'affiche.
>
> En effet, si la méthode `sePresente()` est définie en `private`, elle n'est plus accessible depuis l'extérieur de la classe `Personne`. Il n'est donc pas possible de l'appeler depuis le script principal `CreerDes PersonnesPrivees`.

Les méthodes d'accès aux données

Lorsque les données sont totalement protégées, c'est-à-dire déclarées `private` à l'intérieur d'une classe, elles ne sont plus accessibles depuis une autre classe ou depuis le script principal. Pour connaître ou modifier la valeur d'une donnée, il est nécessaire de créer, à l'intérieur de la classe, des méthodes d'accès à ces données.

Les données privées ne peuvent être consultées ou modifiées que par des méthodes de la classe où elles sont déclarées.

Ainsi, grâce à l'accès aux données par l'intermédiaire de méthodes appropriées, l'objet permet, non seulement la consultation de la valeur de ses données, mais aussi l'autorisation ou non, suivant ses propres critères, de leur modification.

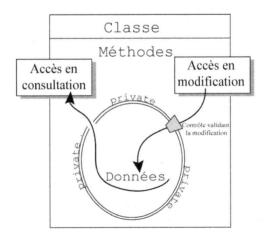

Figure 9-2

Lorsque les données d'un objet sont protégées, l'objet vérifie lui-même la validité des données.

Les méthodes get et set

Comme le montre la figure 9-2, il existe deux types de méthodes, celles dont l'accès est :

- En *consultation*. La méthode fournit la valeur de la donnée mais ne peut la modifier. Ce type de méthode est aussi appelé « accesseur » en consultation. Ces méthodes ont par convention un nom qui commence par le terme get.

- En *modification*. La méthode modifie la valeur de la donnée. Cette modification est réalisée après validation par la méthode. On parle aussi « d'accesseur en modification ». Ces méthodes ont par convention un nom qui commence par le terme set.

Dans notre exemple, il est possible de créer autant de méthodes d'accès en consultation et en modification qu'il existe de propriétés. Ainsi, nous obtenons les méthodes suivantes :

```
// ❶ Méthode d'accès en lecture (get)
// Récupérer le prénom
public function getPrenom():String {
  return prenom;
}
// Récupérer le nom
public function getNom():String {
  return nom;
}
// Récupérer la date de naissance
public function getDateNaissance():String {
  return dateNaissance.getDate() + "/" + dateNaissance.getMonth()
                            + "/" + dateNaissance.getFullYear();
}

// ❷ Méthode d'accès en écriture (set)
// Modifier le prénom
public function setPrenom(p:String):void {
  prenom = p;
}
// Modifier le nom
public function setNom(n:String):void {
  nom = n;
}
// ❸ Modifier la date de naissance
public function setDateNaissance(dn:String):void {
  var tmp:Array = new Array();
  tmp = dn.split("/",3);
  dateNaissance = new Date(tmp[2], tmp[1], tmp[0]);
}
```

Extension web

Vous pourrez tester cet exemple en exécutant le fichier CreerDesPersonnes.fla, sous le répertoire Exemples/Chapitre9/MethodesGetEtSet.

❶ Les méthodes d'accès en lecture (méthode get) retournent en résultat la valeur stockée dans la propriété appropriée. Ainsi, par exemple, la valeur stockée dans la propriété prenom est transmise, grâce au return, au programme qui fait appel à la méthode getPrenom(). La méthode getDateNaissance() retourne la date de naissance d'une personne sous la forme d'une chaîne de caractères où le jour, le mois et l'année sont présentés sous la forme jj/mm/aaaa.

❷ Les méthodes d'accès en écriture (méthode set) sont utilisées pour modifier les valeurs déjà enregistrées dans les propriétés de l'objet. Les nouvelles valeurs sont passées en paramètres de la méthode.

❸ La méthode setDateNaissance() prend en paramètre une chaîne de caractères de la forme jj/mm/aaaa. Les valeurs numériques associées au jour, au mois et à l'année sont extraites de la chaîne grâce à la méthode split() qui est une méthode native de la classe String.

L'instruction dn.split("/", 3) recherche, dans la chaîne dn, tous les caractères identiques au caractère / qu'elle considère comme élément séparateur de sous-chaînes. Elle extrait les 3 sous-chaînes placées entre les séparateurs et les retourne sous forme d'un tableau. Les trois valeurs ainsi déterminées sont utilisées pour construire la propriété dateNaissance.

Ainsi, l'application :

```
// ❶ Création de l'objet unGarcon
var unGarcon:Personne = new Personne("", "", 0, 0, 0);
trace(unGarcon.sePresente());
// ❷ Initialisation des propriétés de l'objet unGarcon
unGarcon.setNom("C.");
unGarcon.setPrenom("Nicolas");
unGarcon.setDateNaissance("10/06/1996");
// ❸ Consultation des propriétés de l'objet unGarcon
trace("Je m'appelle "+ unGarcon.getPrenom() + " " + unGarcon.getNom());
trace("J'ai " + unGarcon.getAge() + " ans");
```

permet de modifier et d'afficher les nouvelles propriétés de l'objet unGarcon sans que cela ne génère d'erreurs d'accès aux membres de la classe Personne.

❶ L'occurrence unGarcon est créée grâce au constructeur de la classe Personne. Aucune valeur n'est passée en paramètre du constructeur. Les propriétés de l'objet unGarcon sont par défaut initialisées à 0 et undefined. L'affichage provoqué par l'appel de la méthode sePresente() appliquée à l'objet unGarcon est alors le suivant :

```
Je m'appelle
J'ai 108 ans
```

❷ Les chaînes de caractères Nicolas et C. sont enregistrées dans les propriétés nom et prenom de l'occurrence unGarcon par l'intermédiaire des méthodes setPrenom() et setNom(). La date de naissance est définie à l'aide de la méthode setDateNaissance().

❸ Le contenu des propriétés de l'occurrence `unGarcon` est obtenu par l'intermédiaire des méthodes `getPrenom()` et `getNom()`. La commande `trace()` affiche :

```
Je m'appelle Nicolas C.
J'ai 13 ans
```

Le contrôle des données

Les méthodes d'accès en modification utilisent des mécanismes de contrôle pour assurer la validité des valeurs transmises en paramètres de la méthode.

Ainsi, dans l'exemple suivant, nous prenons pour hypothèse que l'année de naissance d'une personne ne peut jamais être supérieure à l'année en cours. Cette condition doit être vérifiée pour toutes les méthodes qui peuvent modifier la date de naissance d'une personne.

Comme nous l'avons déjà observé au cours de ce chapitre, les méthodes `sePresente()` et `getAge()` ne font que consulter le contenu de la propriété `dateNaissance`.

En revanche, les méthodes de type `set…()` et le constructeur `Personne()` modifient le contenu des propriétés de la classe. Les méthodes `setNom()` et `setPrenom()` n'ont pas d'influence sur la donnée `dateNaissance`. En revanche, les méthodes `setDateNaissance()` et `Personne()` doivent vérifier la validité de la date de naissance, de sorte que cette dernière ne puisse être définie après l'année en cours. Examinons la classe `Personne` suivante qui prend en compte ces nouvelles contraintes :

Extension web

Vous pourrez tester cet exemple en exécutant le fichier `CreerDesPersonnesControlees.fla`, sous le répertoire `Exemples/Chapitre9/ControleDesDonnees`.

```
package {
  // Définition de la classe Personne
  public class Personne {
    // Définition des attributs de la classe
    private var prenom:String;
    private var nom:String;
    private var dateNaissance:Date;

    // ❶ Méthode vérifiant la validité de la date de naissance
    public function valideDateNaissance ():Boolean {
      var aujourdHui:Date = new Date();
      var cetteAnnee:Number  = aujourdHui.getFullYear();
      var anneeNaissance:Number = dateNaissance.getFullYear();
      if (cetteAnnee  < anneeNaissance) return false;
      else return true;
    }
```

```
      public function setDateNaissance(dn:String):void {
        var tmp:Array = new Array();
        tmp = dn.split("/",3);

        dateNaissance = new Date(tmp[2], tmp[1], tmp[0]);
        // ❷ Vérifier si la date de naissance est valide
        if ( ! valideDateNaissance()) {
          dateNaissance = new Date();
      }
    }
// Définition du comportement sePresente()
// Définition de la méthode calculant l'âge de la personne
  } // Fin de la classe PersonneControle
}
```

❶ La méthode valideDateNaissance() contrôle la date de naissance stockée dans la propriété dateNaissance. Si l'année correspondant à cette date est supérieure à l'année en cours, cela signifie que la date fournie en paramètre du constructeur est erronée, la méthode valideDateNaissance() retourne la valeur false. La méthode retourne true dans tous les autres cas.

❷ La méthode setDateNaissance() fait appel à la méthode valideDateNaissance() après avoir enregistré les données dans la propriété dateNaissance. Le test if (! valideDateNaissance()) utilise la négation grâce à l'opérateur « ! ». Il se traduit littéralement par « Si la date de naissance n'est pas valide » alors enregistrer comme date de naissance, la date du jour où l'application est exécutée.

La fonction constructeur

Le constructeur d'une classe modifie également les propriétés de la classe puisqu'il est appelé au moment de la construction de l'objet. Les valeurs passées en paramètres de la fonction constructeur sont utilisées pour initialiser les propriétés de l'objet en cours de construction.

Par souci de cohérence et afin de faciliter la maintenance du code, il est fortement conseillé d'initialiser les propriétés à l'intérieur du constructeur à l'aide des méthodes set…(). De cette façon, si la mise à jour d'une propriété demande un nouveau contrôle et donc l'ajout de nouvelles instructions, la modification du code ne s'effectuera que pour la méthode set…().

En utilisant cette technique de programmation, le constructeur de la classe Personne s'écrit désormais :

```
// Définition de la fonction constructeur
public function Personne( p:String, n:String, dn:String) {
  setNom(n);
  setPrenom(p);
  setDateNaissance(dn);
}
```

Chaque propriété est initialisée avec la méthode d'accès en écriture qui lui est propre. La propriété nom l'est par la méthode setNom(), prenom par setPrenom()...

La méthode setDateNaissance() initialise la date de naissance à partir d'une chaîne de caractères de type jj/mm/aaaa. Modifions le constructeur de façon à ce que le paramètre correspondant à la date de naissance soit une chaîne de caractères et non plus trois valeurs numériques.

Remarque

Le format jj/mm/aaaa présente l'avantage d'être usuel pour écrire une date. L'erreur qui consistait à intervertir le jour avec le mois ou l'année dans le constructeur précédent peut être plus facilement évitée.

La méthode setDateNaissance() vérifiant par elle-même la validité de la date, il n'est pas besoin d'ajouter de nouvelles instructions de contrôle au sein du constructeur.

Exécution de l'application CreerDesPersonnesControlees

Pour vérifier que tous les objets Personne contrôlent bien leur date de naissance, examinons l'exécution de l'application suivante :

```
// ❶ Créer un objet uneFille avec le bon format de date
var uneFille:Personne = new Personne("Elena", "T.", "16/03/1993");
trace(uneFille.sePresente());
// ❷ Créer un objet unGarcon avec le bon format de date
var unGarcon:Personne = new Personne("Nicolas","C.", "10/06/2200");
trace(unGarcon.sePresente());
```

❶ L'occurrence uneFille est créée grâce au constructeur de la classe Personne. La date de naissance est valide puisque 1993 est située avant l'année en cours. La méthode valideDateNaissance() retourne true. La propriété dateNaissance n'est pas modifiée. Le script affiche :

```
Je m'appelle Elena T.
J'ai 16 ans
```

---

❷ L'occurrence unGarcon est créée avec une date de naissance erronée, 2200 est situé après l'année en cours. La méthode valideDateNaissance() retourne false. La propriété dateNaissance est donc modifiée, sa valeur devient la date courante. Le script affiche :

```
Je m'appelle Nicolas C.
J'ai 0 ans
```

Des méthodes invisibles

Comme nous l'avons observé précédemment, les données d'une classe sont généralement déclarées en mode private. Les méthodes, quant à elles, sont le plus souvent déclarées public, car ce sont elles qui permettent l'accès aux données protégées. Dans certains cas particuliers, il peut arriver que des méthodes soient définies en mode private. Elles deviennent alors inaccessibles depuis les classes extérieures.

Ainsi, le contrôle systématique des données est toujours réalisé par l'objet lui-même, et non par l'application qui utilise les objets. Par conséquent, les méthodes qui ont pour charge de réaliser cette vérification peuvent être définies comme méthodes internes à la classe puisqu'elles ne sont jamais appelées par l'application.

Par exemple, le contrôle de la validité de la date de naissance n'est pas réalisé par l'application CreerDesPersonnesControlees, mais correspond à une opération interne à la classe Personne. La méthode valideDateNaissance() peut donc être définie en mode privé comme suit :

```
private function valideDateNaissance ():Boolean {
    var aujourdHui:Date = new Date();
    var cetteAnnee:Number  = aujourdHui.getFullYear();
    var anneeNaissance:Number = dateNaissance.getFullYear();
    if (cetteAnnee  < anneeNaissance) return false;
    else return true;
}
```

> **Remarque**
>
> La méthode valideDateNaissance() est appelée « méthode d'implémentation » ou encore « méthode métier » car elle est déclarée en mode privé. Son existence n'est connue d'aucune autre classe. Seules les méthodes de la classe Personne peuvent l'exploiter et elle n'est pas directement exécutable par l'application. Elle est cependant très utile à l'intérieur de la classe où elle est définie.

L'héritage

L'héritage est le dernier concept fondamental de la programmation objet étudié dans ce chapitre. Ce concept permet la réutilisation des fonctionnalités d'une classe, tout en apportant certaines variations spécifiques de l'objet héritant.

Avec l'héritage, les méthodes définies pour un ensemble de données sont réutilisables pour des variantes de cet ensemble. Par exemple, si nous supposons qu'une classe Lecteur définit un ensemble de comportements propres aux personnes inscrites à une bibliothèque, alors :

• Les comportements décrits par la classe Personne peuvent être réutilisés par la classe Lecteur, qui rassemble également des personnes. Cette réutilisation est effectuée sans avoir à modifier les instructions de la classe Personne.

• Il est possible d'ajouter d'autres comportements spécifiques aux objets Lecteur. Ces nouveaux comportements sont valides uniquement pour la classe Lecteur et non pour la classe Personne.

La relation « est un »

En pratique, pour déterminer si une classe B hérite d'une classe A, il suffit de savoir s'il existe une relation « est un » entre B et A. Si tel est le cas, la syntaxe de déclaration est la suivante :

```
public classB extends A {
// Données et méthodes de la classe B
}
```

Dans ce cas, on dit que :

• B est une sous-classe de A ou encore une classe dérivée de A.

• A est une super-classe ou encore une classe de base.

Un Lecteur « est une » Personne

En supposant qu'un Lecteur est une Personne qui possède un numéro d'abonné et qui ne peut emprunter que trois livres à la fois, la classe Lecteur s'écrit de la façon suivante :

```
package {
  // Définition de la classe Lecteur
  public classLecteur extends Personne{
  // Définition des attributs de la classe
   private var numAbonne:String;
   private var listeLivres:Array;

   // Méthode d'accès en lecture
   public function getNumAbonne():String {
     return numAbonne;
   }

   public function getListeLivres():Array {
      return listeLivres;
   }

   // Méthode d'accès en écriture
   public function setNumAbonne(n:String):void {
      numAbonne = n;
   }

   public function setListeLivres(l1:String, l2:String, l3:String):void {
      listeLivres = new Array(l1, l2, l3);
   }

   // Définition de la fonction constructeur
   public function Lecteur( p:String, n:String, dn:String,
                           num:String, l1:String,
                           l2:String, l3:String) {
```

```
        super(p, n , dn);
        setNumAbonne(num);
        setListeLivres(l1, l2, l3);
    }

    // Définition du comportement sePresente()
    override public function sePresente():String {
        var annonce:String = "\nNuméro : " + numAbonne ;
        annonce += "\nListe des livres empruntés :";
        for(var i:Number = 0; i < listeLivres.length; i++)
            annonce += "\n\t"+listeLivres[i];
        return annonce;
    }
  }
}
```

Extension web

Vous pourrez tester cet exemple en exécutant le fichier `CreerDesLecteurs.fla`, sous le répertoire `Exemples/Chapitre9/Heritage`.

Un lecteur est une personne (`Lecteur extends Personne`) qui possède :

- un numéro d'abonné (`private var numAbonne:String`) ;

- une liste de livres (`private var listeLivres:Array`) ;

- des comportements propres aux personnes soit, par exemple, quand le lecteur se présente, il fournit son nom et son prénom et son âge ;

- des comportements propres aux lecteurs soit, par exemple, quand le lecteur se présente, il fournit également son numéro d'abonné ainsi que la liste des livres qu'il a empruntés.

Les méthodes de la classe `Personne` restent donc opérationnelles pour les objets `Lecteur`.

En examinant de plus près les classes `Lecteur` et `Personne`, nous observons que :

- La notion de constructeur existe aussi pour les classes dérivées (voir section « Le constructeur d'une classe héritée »).

- La fonction `sePresente()` existe sous deux formes différentes dans la classe `Lecteur` et la classe `Personne`. Il s'agit là du concept de polymorphisme (voir section « Le polymorphisme »).

Le constructeur d'une classe héritée

Les classes dérivées possèdent leurs propres constructeurs, appelés par l'opérateur `new`, comme dans :

```
var uneLectrice:Lecteur = new Lecteur("Elena", "T.",
                               "16/03/1993", "0102030405",
```

```
                                    "La plaisanterie",
                                    "Le mystère de la chambre jaune",
                                    "Peter Pan" );
    trace(uneLectrice.sePresente()););
```

Pour construire un objet dérivé, il est indispensable de construire tout d'abord l'objet associé à la classe mère. Pour créer un objet Lecteur, nous devons définir son nom, son prénom et sa date de naissance. Le constructeur de la classe Lecteur doit appeler le constructeur de la classe Personne. Cet appel s'effectue par l'intermédiaire de l'outil super().

Grâce à cet outil, le constructeur de la classe mère est appelé depuis le constructeur de la classe, comme suit :

```
    public function Lecteur(p:String, n:String, dn:String, num:String,
                          l1:String, l2:String, l3:String) {
    // ❶ Appeler le constructeur de la classe Personne
       super(p, n , dn);
    // ❷ Initialiser les données propres au Lecteur
       setNumAbonne(num);
       setListeLivres(l1, l2, l3);
    }
```

De cette façon, le terme super() représente le constructeur de la classe supérieure, les valeurs relatives au nom, au prénom et à la date de naissance sont passées en paramètres (❶) et permettent d'initialiser les propriétés de la classe mère, lors de son appel.

Ensuite, les données spécifiques au lecteur sont enregistrées à l'intérieur des propriétés numAbonne et listeLivres (❷).

Ainsi, l'objet uneLectrice est construit par appel du constructeur de la classe Personne à l'intérieur du constructeur de la classe Abonne.

Remarque

Le terme super est obligatoirement la première instruction du constructeur de la classe dérivée.

Le polymorphisme

La notion de polymorphisme découle directement de l'héritage. Par polymorphisme, il faut comprendre qu'une méthode peut se comporter différemment suivant l'objet sur lequel elle est appliquée.

Dans notre exemple, la méthode sePresente() est décrite dans la classe Personne et dans la classe Abonne. Lorsqu'une méthode est définie à la fois dans la classe mère et dans la classe fille, le lecteur Flash exécute en priorité la méthode de la classe fille.

Le choix s'effectue par rapport à l'objet sur lequel la méthode est appliquée. Observons l'exécution du programme suivant :

```
    // ❶ Créer un lecteur
    var uneLectrice:Lecteur = new Lecteur("Elena", "T.",
                                    "16/03/1993", "0102030405",
```

```
                                    "La plaisanterie",
                                    "Le mystère de la chambre jaune",
                                    "Peter Pan" );
trace(uneLectrice.sePresente()););
// ➋ Créer une personne
var unGarcon:Personne = new Personne("Nicolas", "C.", "10/06/1996");
trace(unGarcon.sePresente());
```

➊ L'appel du constructeur de l'objet uneLectrice réalise un objet de type Lecteur. Lorsque cet objet se présente, le lecteur Flash utilise la méthode sePresente() de la classe Lecteur. l'application affiche :

```
Numéro : 01020304
Liste des livres empruntés :
La plaisanterie
Le mystère de la chambre jaune
Peter Pan
```

L'affichage des nom, prénom et de l'âge a disparu.

➋ L'objet unGarcon est ensuite créé puis affiché à l'aide de la méthode sePresente() de la classe Personne. unGarcon étant de type Personne, les données s'affichent comme suit :

```
Je m'appelle Nicolas C.
J'ai 13 ans
```

Appeler la méthode de la classe supérieure

Afin d'afficher les nom, prénom et âge d'un lecteur, il est nécessaire d'appeler la méthode sePresente() de la classe mère, avant d'afficher les caractéristiques d'un lecteur. Pour appeler la méthode définie dans la classe supérieure, la solution consiste à utiliser le terme super, afin de permettre au lecteur Flash de rechercher la méthode à exécuter en remontant dans la hiérarchie.

La nouvelle méthode sePresente() s'écrit comme suit :

```
// Définition du comportement sePresente()
override public function sePresente():String {
    var annonce:String = super.sePresente();
    annonce += "\nNuméro : " + numAbonne;
    annonce += "\nListe des livres empruntés :";
    for(var i:Number = 0; i < listeLivres.length; i++)
      annonce += "\n\t"+listeLivres[i];
    return annonce;
  }
```

Dans notre exemple, super.sePresente() permet d'appeler la méthode sePresente() de la classe Personne. Cette instruction retourne la chaîne de caractères contenant les nom, prénom et âge du lecteur. Cette chaîne est enregistrée dans la chaîne de caractères

---

Remarque

Le terme `override` doit obligatoirement être placé devant le nom de la fonction écrite dans la classe fille (ici `Lecteur`) sous peine d'obtenir l'erreur : `Neutralisation d'une fonction non marquée override` en cours de compilation.

---

annonce. Le reste des caractéristiques du lecteur est ensuite placé à la fin de la chaîne `annonce` par concaténation (`+=`).

Grâce à cette technique, si la méthode d'affichage pour une `Personne` est transformée, cette transformation est automatiquement répercutée pour un `Lecteur`.

Une personne se présente avec sa photo

L'objectif de cet exemple est d'améliorer les programmes donnés en exemple précédemment afin d'afficher, cette fois-ci, les informations relatives à une personne non plus à l'aide de la commande `trace()`, mais par l'intermédiaire de sa photo. L'application finale se présente ainsi (voir figure 9-3) :

Figure 9-3

Au survol de la souris, la photo fournit les informations concernant la personne qu'elle représente.

La réalisation de cette application passe par les étapes suivantes :

1. Modifier la classe `Personne` de façon à ce qu'elle hérite de la classe `Sprite`.

2. Ajouter une propriété `photo` à la classe `Personne`.

3. Créer et afficher la photo de deux objets `uneFille` et `unGarcon` de type `Personne` depuis l'application `UnePersonneEtSaPhoto.fla`.

4. Définir, dans la classe `Personne.as`, le comportement `sAffiche()` qui a pour résultat de placer sur la scène une photo.

5. Définir les comportements au survol de la souris sur une photo afin d'afficher une bulle d'information ou de l'effacer.

Hériter de la classe Sprite

Lorsqu'une classe personnalisée hérite de la classe `Sprite` elle bénéficie, en plus des propriétés et des méthodes qui la définissent, des propriétés et des méthodes natives de la classe `Sprite`. Elle hérite par exemple des propriétés (`x`, `y`...), des méthodes (`startDrag()`...) et des gestionnaires d'événements.

La classe Personne hérite de la classe Sprite

Pour que la classe `Personne` hérite de la classe `Sprite`, il suffit de modifier l'en-tête de définition de la classe `Personne` comme suit :

```
public class Personne extends Sprite {
// Définition des propriétés et des méthodes
}
```

De plus, nous devons insérer une nouvelle propriété de type `Loader` qui sera le support d'affichage de la photo de la personne. Nous nommons cette propriété `photo`.

La classe `Personne` se présente maintenant de la façon suivante :

```
public class Personne extends Sprite {
   private var prenom:String;
   private var nom:String;
   private var dateNaissance:Date;
   private var photo: Loader;

// Définition des méthodes
}
```

La propriété `photo` est de type `Loader`. En effet, la classe `Loader` fournit les outils qui vont nous permettre de charger dynamiquement le fichier image de type JPG correspondant à la photo d'une personne.

Créer des personnes avec photo

Extension web

Vous pourrez tester cet exemple en exécutant le fichier `UnePersonneEtSaPhoto.fla`, sous le répertoire `Exemples/Chapitre9/Sprite`.

L'appel du constructeur

Tout comme pour les exemples décrits au cours des sections précédentes, la création d'une personne est réalisée par le constructeur de la classe `Personne`. Ainsi, par exemple, l'application UnePersonneEtSaPhoto.fla crée deux personnes, uneFille et unGarcon, à l'aide des instructions :

```
var uneFille:Personne = new Personne("Elena", "L.", "16/04/1993");
var unGarcon:Personne = new Personne("Nicolas", "C.", "10/07/1996");
```

L'appel du constructeur n'a pas changé par rapport aux différents constructeurs Personne() décrits dans ce chapitre. Pourtant, il existe en réalité deux différences fondamentales :

1. Le constructeur est chargé d'initialiser la nouvelle propriété photo. Un nouveau paramètre indiquant le chemin d'accès à la photo ainsi que le nom du fichier aurait pu être ajouté en paramètre du constructeur.

   Pour initialiser la nouvelle propriété photo, nous avons choisi de nommer le nom du fichier correspondant à la photo avec le prénom de la personne. Ainsi, pour notre exemple, la photo d'Elena a pour nom Elena.jpg. Puisque le prénom correspond au premier paramètre du constructeur, il n'est nul besoin, pour notre cas, d'ajouter un nouveau paramètre indiquant le nom du fichier photo.

   Ce faisant, à l'appel du constructeur, la photo est présente en mémoire et peut être ensuite affichée.

2. L'objet retourné par le constructeur (stocké dans uneFille ou unGarcon) est de type Personne et peut aussi être manipulé comme un Sprite puisque la classe Personne hérite de la classe Sprite. Les objets uneFille et unGarcon, une fois créés, sont donc positionnés sur la scène, en modifiant leurs propriétés x et y. Ils s'affichent en les plaçant dans la liste d'affichage de l'application grâce à la fonction addChild() (voir la section « Afficher et positionner les personnes » plus bas dans ce chapitre).

La définition du constructeur

Dans la classe Personne.as, le constructeur est modifié afin d'initialiser correctement la propriété photo. Examinons plus attentivement son code :

```
public function Personne ( p:String, n:String, dn:String) {
    // Initialiser la propriété photo
    setPhoto(p + ".jpg"); }
    // Initialiser les autres propriétés de la classe
    setNom(n);
    setPrenom(p);
    setDateNaissance(dn);
}
```

La propriété photo de l'objet en cours de création est initialisée grâce à la méthode setPhoto(p+".jpg"). Le paramètre de la fonction indique à la méthode setPhoto() que le fichier à charger a pour nom : le prenom de la personne (stocké dans le paramètre p) suivi de l'extension .jpg.

> **Remarque**
>
> Le fichier d'extension .jpg se situe dans le répertoire où se trouve l'application en cours d'exécution. Ainsi, pour notre exemple, les deux fichiers Elena.jpg et Nicolas.jpg sont situés dans le même réper- toire que l'application UnePersonneEtSaPhoto.fla. Si vous souhaitez placer les photos dans un sous- répertoire nommé par exemple Photos, l'appel à la méthode setPhoto() aura pour forme :
>
> ```
> setPhoto("Photos/" + p + ".jpg"); }
> ```

Le code de la méthode setPhoto() est le suivant :

```
public function setPhoto(url:String):void {
    // ❶ La propriété photo est créée
    photo= new Loader();
    // ❷ Le fichier est chargé
    photo.load(new URLRequest(url));
    // ❸ Lorsque le chargement de la photo est terminé,
    //     un événement de type Event.COMPLETE est émis
    //     la méthode auComplet est exécutée
    photo.contentLoaderInfo.addEventListener(Event.COMPLETE, auComplet);
}
// La méthode auComplet appelle la méthode sAffiche()
private function auComplet(evt:Event):void {
    sAffiche(photo);
}
```

❶ La propriété photo est de type Loader, la classe Loader offrant tous les outils nécessai- res au chargement d'un fichier image. La propriété photo est créée en mémoire en faisant appel à l'opérateur new suivi du constructeur de la classe Loader.

❷ Le fichier image est chargé en mémoire par l'intermédiaire de la méthode load() défi- nie par la classe Loader. La méthode load() demande en paramètres le chemin d'accès ainsi que le nom du fichier à charger. La validité du chemin ainsi que le contrôle de l'existence du fichier sont vérifiés grâce au constructeur URLRequest(). Si le chargement réussit, un événement complete est émis.

❸ Un gestionnaire d'événement Event.COMPLETE est ajouté à la propriété photo afin d'affi- cher cette dernière lorsque le chargement est terminé. L'affichage de la photo est réalisé par la méthode sAffiche() décrite ci-après.

Afficher la photo et les données d'une personne

Le code de la fonction sAffiche() se présente maintenant de la façon suivante :

```
// Dans tmp se trouve la photo chargée par setPhoto()
public function sAffiche(tmp:Loader):void {
    // ❶ La photo chargée est ajoutée à la liste d'affichage
    addChild(tmp);
    // ❷ Définition des gestionnaires d'événements
    //    au survol de la souris sur la photo
    tmp.addEventListener(MouseEvent.MOUSE_OVER, auSurvol);
```

```
    tmp.addEventListener(MouseEvent.MOUSE_OUT, alExterieur);
    // ❸ Création et positionnement de l'infobulle
    //    l'infobulle n?est pas encore affichée
    info = new BulleClp();
    info.x = 2*tmp.width/3;
    info.y = tmp.height/3;
    // ❹ Les nom, prenom et age sont récupérés par les méthodes
    //    en get et placés dans le champ de texte labelOut
    info.labelOut.text = "Je m'appelle " + getPrenom() + " "
                       + getNom() +"\net j'ai "+ getAge() + " ans";
}
// ❷ Définition de l'action auSurvol (méthode privée)
private function auSurvol(event:MouseEvent):void {
    // Au survol de la souris, l'infobulle est placée
    // dans la liste d'affichage
    addChild(info);
}
// ❷ Définition de l'action alExterieur (méthode privée)
private function alExterieur(event:MouseEvent):void {
    // Lorsque le curseur de la souris ne survole plus la photo
    // l'infobulle est supprimée de la liste d'affichage
    removeChild(info);
}
```

❶ L'affichage de la photo est réalisé en ajoutant celle-ci à la liste d'affichage, grâce à l'instruction `addChild(tmp)`. L'objet `tmp`, placé en paramètre de la fonction `sAffiche()`, contient toutes les informations relatives à la photo chargée par l'intermédiaire de la méthode `setPhoto()`.

❷ Au survol du curseur de la souris sur la photo, une infobulle apparaît, puis disparaît lorsque le curseur sort de la photo. L'affichage de l'infobulle fournissant le nom, le prénom et l'âge de la personne s'effectue lorsque le curseur de la souris survole l'objet dans lequel a été chargée la photo, soit `tmp`. Si le curseur de la souris sort de l'infobulle, cette dernière est effacée.

Ces deux actions se traduisent par la mise en place de gestionnaires d'événements `MouseEvent.MOUSE_OVER` et `MouseEvent.MOUSE_OUT`. Les actions à mener à réception de ces deux événements sont respectivement `auSurvol()` et `alExterieur()`. Pour afficher l'infobulle relative à chaque personne, la méthode `auSurvol()` ajoute l'objet `info` à la liste d'affichage alors que pour effacer cette même infobulle, la méthode `alExterieur()` le supprime. L'objet `info` est créé par la méthode `sAffiche()` comme suit.

❸ L'objet `info` est créé à partir du clip `BulleClp` présent dans la bibliothèque de l'application en utilisant l'opérateur `new`. Il est placé sur la scène au deux tiers de la largeur de la photo et à un tiers de la hauteur.

❹ Les informations concernant les nom, prénom et âge de la personne sont placées dans le champ de texte dynamique labelOut de l'objet info. Les valeurs sont récupérées par les méthodes d'accès en consultation getPrenom(), getNom() et getAge().

Remarque

La classe Personne fait appel à un certain nombre de classes définies par le langage ActionScript 3.0. Il convient d'importer ces classes pour éviter des erreurs de compilation. L'import est réalisé en insérant les instructions suivantes :

```
// Importer la classe Sprite et Loader
import flash.display.*;
// Importer la classe MouseEvent
import flash.events.*;
// Pour charger la classe URLRequest
import flash.net.URLRequest;
```

à l'intérieur du package mais en dehors de la classe Personne.

Afficher et positionner les personnes

La photo d'une personne est une propriété de la classe Personne. Pour afficher la photo des objets uneFille et unGarcon, il convient de placer ces deux objets dans la liste d'affichage, sous peine de ne jamais voir s'afficher les photos correspondantes.

L'affichage et le positionnement des photos sont réalisés par l'application UnePersonneEtSaPhoto.fla comme suit :

```
var largeur:Number = stage.stageWidth;
var hauteur:Number = stage.stageHeight;
var taillePhoto:Number = 100;
var ecart:Number = 10;

var uneFille:Personne = new Personne("Elena", "L.", "16/04/1993");
var unGarcon:Personne = new Personne("Nicolas", "C.", "10/07/1996");
// ❶ Positionner les objets uneFille et unGarcon
uneFille.x = largeur/2-taillePhoto-ecart;
uneFille.y = (hauteur-taillePhoto)/2;
unGarcon.x = largeur/2+ecart;
unGarcon.y = (hauteur-taillePhoto)/2;
// ❷ Afficher les objets uneFille et unGarcon
addChild(uneFille);
addChild(unGarcon);
```

Une fois créés, les objets uneFille et unGarcon sont centrés sur la scène (❶), en modifiant leurs propriétés x et y. Ils s'affichent (❷) en les plaçant dans la liste d'affichage de l'application grâce à la fonction addChild().

Si l'on regarde un peu plus attentivement le résultat de l'application, nous nous apercevons que l'infobulle relative au premier objet (uneFille) est masquée par la photo de l'objet unGarcon comme le montre la figure 9-4.

Figure 9-4
L'infobulle d'Eléna s'affiche en dessous de la photo de Nicolas.

En effet, l'objet unGarcon est placé dans la liste d'affichage après l'objet uneFille puisque l'instruction addChild(unGarcon) est placée après l'instruction addChild(uneFille). Pour corriger ce petit problème, nous vous proposons plusieurs solutions :

1. Une solution assez catégorique consiste à faire en sorte que l'infobulle ne vienne jamais empiéter sur les bords de la photo, comme le montre la figure 9-5.

Figure 9-5
Les informations s'affichent sous la photo.

2. La seconde solution consiste à afficher les objets de la droite vers la gauche puisque la bulle d'affichage empiète sur le bord droit de la photo. Ce résultat est obtenu très simplement en ajoutant l'objet `unGarcon` avant `uneFille` dans la liste d'affichage, comme suit :

```
// Afficher la photo de droite avant celle de gauche
addChild(unGarcon);
addChild(uneFille);
```

3. La dernière solution fait en sorte d'afficher le dernier objet créé « sous » l'objet précédent. Cette méthode, un peu plus complexe, est réalisée grâce aux instructions suivantes :

```
var conteneur:Sprite = new Sprite();
addChild(conteneur);
conteneur.addChildAt(uneFille,0);
conteneur.addChildAt(unGarcon,0);
```

Les objets affichés sont tous ajoutés au niveau 0 de la liste d'affichage par l'intermédiaire de la méthode `addChildAt()`. En effet, si l'on ajoute un objet au niveau 0 de la liste d'affichage, l'objet se situe au niveau le plus bas. Ici, l'objet `uneFille` est placé tout en bas dans la liste d'affichage de l'objet `conteneur`. Lorsqu'on ajoute ensuite l'objet `unGarcon` (également au niveau 0) de l'objet `conteneur`, l'objet `uneFille` est déplacé d'un cran vers le haut dans la liste d'affichage de l'objet `conteneur`, il se situe alors au-dessus de l'objet `unGarcon`, l'infobulle n'est plus masquée par la photo de l'objet `unGarcon`.

Remarque

Nous avons volontairement placé les objets `uneFille` et `unGarcon` dans un `conteneur` pour éviter d'ajouter ces objets à la liste d'affichage principale qui contient le fond d'écran ainsi que les légendes associées à l'exemple. Ajouter l'objet `uneFille` au niveau 0 de la liste principale aurait eu pour effet de remonter le fond et les légendes d'un cran. La photo d'Eléna aurait été masquée par ces derniers.

Pour en savoir plus

L'affichage des objets sur la scène est étudié plus précisément au chapitre 2, « Les symboles », section « Gestion de la liste d'affichage ».

Ainsi, cet exemple relativement simple nous montre qu'avec la programmation orientée objet, les objets manipulés par les applications se comportent de façon autonome : toute photo créée s'affiche et se présente avec les informations qui lui ont été transmises au moment de sa création. Cette opération s'effectue par l'intermédiaire d'instructions très simples comme l'appel à une méthode (`sePresente()`) de la classe (`Personne`) définissant l'objet (`uneFille` ou `unGarcon`).

Mémento

L'objectif principal de la programmation objet consiste à écrire des programmes qui contrôlent par eux-mêmes le bien-fondé des opérations qui leur sont appliquées. Ce contrôle est réalisé grâce au principe d'*encapsulation* des données. Par ce terme, il faut comprendre que les données d'un objet sont protégées, de la même façon qu'un médicament est protégé par la fine capsule qui l'entoure. L'encapsulation passe par :

- le *contrôle des données* et des comportements de l'objet à travers les niveaux de *protection* ;

- l'*accès* contrôlé aux données ;

- la notion de *constructeur* de classe.

Le langage ActionScript propose deux niveaux de protection : public et private. Lorsqu'une donnée est totalement protégée (private ❶), elle ne peut être modifiée que par les méthodes de la classe où la donnée est définie.

```
package {
  public class Memento {
    // ❶ Définition de données privées
    private donnee:type
    // ❷ Consulter une donnée
    public function getDonnee():type {
     return donnee;
    }
    // ❸ Modifier une donnée
    public function setDonnee(nvldonnee:type):void {
      donnee = verfication(nvldonnee);
    }
    // ❹ Constructeur
    public function Memento(){
      donnee = verification(donnee);
    }
    // ❺ Méthode métier vérifiant la validité des données
    private verification(tmp:type):type {
      // Si tmp n'est pas valide, le modifier pour qu'il le soit
      return tmp;
    }
  }
}
```

On distingue les méthodes qui consultent la valeur d'une donnée sans pouvoir la modifier (*accesseur en consultation* – ❷) de celles qui modifient après contrôle et validation la valeur de la donnée (*accesseur en modification* – ❸).

Le constructeur (❹) est une méthode particulière, déclarée uniquement public, qui porte le même nom que la classe où il est défini. Il permet le contrôle et la validation des données dès leur initialisation par l'intermédiaire de méthodes définies en mode privé (*méthode métier* – ❺).

L'*héritage* permet la réutilisation des objets et de leur comportement, tout en apportant de légères variations. Il se traduit par le principe suivant : une classe B hérite d'une classe A (B étant une sous-classe de A) lorsqu'il est possible de mettre la relation « est un » entre B et A.

De cette façon, toutes les méthodes, ainsi que les données déclarées `public` de la classe A sont applicables à la classe B. La syntaxe de déclaration d'une sous-classe est la suivante :

```
public classB extends A {
    // Données et méthodes de la classe B
}
```

Exercices

Un menu déroulant

L'objectif de cette suite d'exercices est d'écrire une classe Menu qui, à l'appel de son constructeur, place sur la scène l'en-tête d'un menu. Lorsque l'utilisateur clique sur l'en-tête (voir figure 9-6-❶), le menu se déroule en proposant un ensemble d'items sélectionnables (voir figure 9-6-❷).

Le thème du menu, le label des items ainsi que leur nombre sont entièrement paramétrables.

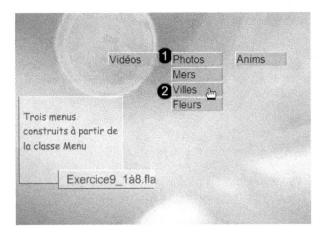

Figure 9-6

Lorsque l'utilisateur clique sur l'en-tête (❶) du menu, ce dernier déroule la liste des items (❷) qui lui est associée.

Extension web

Pour vous faciliter la tâche, les symboles proposés pour chacun des exercices sont définis dans le fichier `Exercice9_1.fla`, situé dans le répertoire `Exercices/SupportPourRéaliserLesExercices/Chapitre9`. Dans ce même répertoire, vous pouvez accéder à l'application telle que nous souhaitons la voir fonctionner (`Exercice9_*.swf`, * variant de 1 à 8) une fois réalisée.

Pour obtenir un menu déroulant, vous devez procéder en plusieurs étapes à réaliser en suivant les exercices ci-après.

☞ **Exercice 9.1**

La première pierre à l'édifice d'un menu déroulant est l'affichage d'un item, à une position donnée, avec des comportements qui diffèrent en fonction des événements produits par la souris.

Nous supposons que l'item portant le label Photo est créé à l'aide des trois instructions suivantes :

```
var rubrique:Array = new Array ("Photo", 3);
var unItem:Item = new Item(250, 250, rubrique);
addChild(item);
```

où :

- unItem correspond au nom de l'occurrence ;

- 250 et 250, à la position du clip en x et en y ;

- rubrique, au tableau dans lequel est défini le texte à placer sur l'item et une valeur correspondant, par exemple, à un nombre de photos à afficher.

Reprenez la classe Item, écrite au chapitre précédent (voir exercice 8-6) et :

1. Étendez la classe Item à la classe Sprite.

2. Définissez la propriété cetItem de type ItemMenuClp (voir la bibliothèque du fichier Exercice9_1.fla destiné au support).

3. Modifiez le constructeur afin de créer et d'afficher une occurrence du symbole ItemMenuClp, puis enregistrer cette dernière dans la propriété cetItem.

4. Positionnez la propriété cetItem à l'aide des coordonnées écrites en paramètres du constructeur. Placez le nom de la rubrique fournie en paramètre du constructeur par l'intermédiaire du tableau rubrique, dans le champ de texte dynamique labelOut.

5. En utilisant les possibilités des classes dynamiques (ItemMenuClp est un MovieClip qui est elle-même une classe dynamique), ajoutez deux nouvelles propriétés au clip cetItem que vous nommerez label et nbElt.

6. Exécutez le programme Exercice9_1.fla avec la nouvelle classe Item et vérifiez que l'item Photo s'affiche correctement.

☞ **Exercice 9.2**

Modifiez le constructeur de la classe Item et définissez les gestionnaires d'événements MouseEvent.MOUSE_OUT, MouseEvent.MOUSE_OVER et MouseEvent.MOUSE_UP de façon à ce que lorsque :

1. Le curseur de la souris survole l'item Photo, celui-ci paraîsse plus clair.

2. Le curseur sort de l'item, celui apparaisse normalement.

3. L'utilisateur clique sur l'item, un texte apparaît dans la fenêtre de sortie, indiquant le label de l'item et le nombre d'éléments nbElt enregistrés pour ce label (voir figure 9.6).

Exécutez le programme Exercice9_2.fla avec la nouvelle classe Item et vérifiez que l'item Photo s'affiche et réagit correctement en fonction des actions de l'utilisateur.

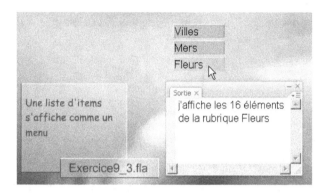

Figure 9-7

Lorsque l'utilisateur clique sur l'item Photo, un message indiquant le nom du label et le nombre d'éléments associés au label s'affiche dans la fenêtre de sortie.

Exercice 9.3

Dans le fichier Exercice9_3.fla, copiez la fonction creerRubrique() suivante :

```
function creerRubrique(nom:String, nbElt:Number):Array {
    var theme:Array = new Array(nom, nbElt);
    return(theme);
}
```

1. À l'aide de cette fonction, créez 3 rubriques nommées Villes, Mers, et Fleurs, chacune composées de 10, 12 et 16 éléments respectivement. Enregistrez ces 3 rubriques dans un tableau nommé, par exemple, rubriqueP. La rubrique Villes et sa valeur seront stockées à l'indice 0 du tableau rubriqueP, la rubrique Mers et sa valeur à l'indice 1, etc.

2. À l'aide d'une boucle for, créez autant d'items qu'il y a d'éléments dans le tableau rubriqueP. Faites en sorte que chaque item créé soit placé l'un en dessous de l'autre, comme le montre la figure 9-7.

Remarque

La position sur la scène est directement liée à l'indice de l'élément dans le tableau rubriqueP.

3. Exécutez le programme Exercice9_3.fla et vérifiez que chaque item s'affiche et réagit correctement en fonction des actions de l'utilisateur. Par exemple, si l'utilisateur clique sur l'item Fleurs, le message « J'affiche les 16 éléments de la rubrique Fleurs » doit apparaître dans la fenêtre de sortie.

☞ **Exercice 9.4**

Un Menu est défini par les propriétés et les méthodes suivantes (voir la classe Menu construite au chapitre précédent, à la section « Exercice - Créer un menu interactif » :

```
package {
  import flash.display.*;
  import flash.events.*;
  // Définition de la classe Menu extends Sprite
  public class Menu extends Sprite{
    // Définition des attributs de la classe
    private var entete:ItemMenuClp;
    private var listeItems:Array;
    public var estVisible:Boolean = false;
    private function aDerouler(nbr:Number):void{
      // Le menu déroule les items et devient visible
    }
    private function aEnrouler(nbr:Number):void{
      // Le menu enroule les items et devient
      //invisible (sauf l'en-tête)
    }
    private function ajouterUnItem(rubrique:Array):void{
      // Créer et ajouter un item à la liste listeItems
    }
    // Définition de la fonction constructeur
    public function Menu(nom:String,nx:Number, ny:Number, l:Array){
      // Le menu est constitué d'un en-tête et d'une suite d'items
    }
  }
}
```

1. En vous inspirant des exercices précédents, et en examinant les paramètres du constructeur Menu(), écrivez les instructions de l'application Exercice9_4.fla, qui créent le menu Photo, composé de 3 items correspondant aux rubriques Villes, Mers, et Fleurs, chacune composée de 10, 12 et 16 éléments respectivement.

2. Dans le fichier Menu.as, modifier le constructeur sachant qu'à son appel, l'application :

   – affiche l'en-tête du menu à la position fournie en paramètre. L'en-tête est une occurrence du symbole ItemMenuClp qui a pour label le nom fourni en premier paramètre du constructeur ;

   – crée le tableau listeItems défini comme propriété de la classe Menu ;

– à l'aide d'une boucle `for`, crée autant d'items qu'il y a d'éléments dans le tableau fourni en dernier paramètre du constructeur. Utilisez pour cela la méthode `ajouterUnItem()` en veillant à passer les bons paramètres.

Remarque

Pour rendre l'effet de déroulement du menu, les items sont placés sous l'en-tête du menu. L'en-tête doit donc être créé à un niveau de profondeur supérieur à celui des items. Pour cela, vous devez utiliser la méthode 3 proposée en section « Afficher et positionner les personnes » de ce chapitre. Cette méthode consiste à placer chaque élément au niveau 0 par l'intermédiaire de la méthode `addChildAt(unItem, 0)`. De cette façon, le premier élément placé dans la liste d'affichage se trouve toujours au-dessus des éléments suivants.

---

3. La méthode `ajouterUnItem()` crée un item à l'aide du constructeur de la classe `Item`. La position de l'item au moment de sa création est identique à celle de l'en-tête. Chaque item est créé au niveau 0 de la liste d'affichage. Une fois l'item créé, la nouvelle occurrence est enregistrée dans le tableau `listeItems` grâce à la méthode `push()`.

4. Exécutez le programme `Exercice9_4.fla` et vérifiez que l'en-tête du menu s'affiche correctement. Que se passe-t-il lorsque vous cliquez sur l'en-tête du menu ? Pourquoi ? Comment faire pour que les items n'apparaissent plus sous l'en-tête du menu et qu'ils ne réagissent plus au clic de souris ?

☞ **Exercice 9.5**

À ce stade de la programmation, l'en-tête du menu ne réagit pas aux actions de l'utilisateur. Modifier le constructeur `Menu()` de façon à ce que :

1. L'intensité de la couleur de l'en-tête varie en fonction des événements `MouseEvent.MOUSE_OUT` et `MouseEvent.MOUSE_OVER` réceptionnés par l'objet `entete`.

2. Les méthodes `aEnrouler()` et `aDerouler()` soient appelées selon l'état du menu (enroulé ou non). Pour cela, vous devez mettre en place un mécanisme de drapeau, en utilisant la propriété `estVisible` de la classe `Menu`.

   – Si `estVisible` est à `false`, le menu est à dérouler. Appelez la méthode `aDerouler()`. La propriété `estVisible` passe alors à `true`.

   – Si `estVisible` est à `true`, le menu est à enrouler. Appelez la méthode `aEnrouler()`. La propriété `estVisible` passe à `false`.

3. Afin de vérifier le bon fonctionnement du drapeau, modifier les méthodes `aEnrouler()` et `aDerouler()` pour qu'elles affichent, dans la fenêtre de sortie, un commentaire indiquant si le menu se déroule ou s'enroule.

4. Exécutez le programme `Exercice9_5.fla` et vérifiez que l'en-tête du menu s'affiche et réagit correctement aux actions de l'utilisateur.

☞ **Exercice 9.6**

Lorsque l'utilisateur clique sur l'en-tête du menu, celui-ci doit se dérouler. Le déroulement et l'affichage du menu sont réalisés par la méthode aDerouler().

1. La technique consiste à parcourir l'ensemble de la liste des items (listeItems), et pour chaque item de la liste appeler la méthode afficher() de la classe Item. La méthode afficher() prend en paramètre la position finale en y de l'item. Cette position est calculée en fonction de l'indice de l'item dans le tableau listeItems (voir exercice 9.3).

Remarque

La position initiale de l'item et sa hauteur sont calculées en récupérant les propriétés .y et .height de l'en-tête.

---

2. La méthode afficher() est définie dans le fichier Item.as. Le déplacement des items est visible. La propriété visible de l'item concerné doit être réinitialisée à true. Pour visualiser le déplacement :

   – mettez en place un gestionnaire d'événement Event.ENTER_FRAME sur l'item en cours de traitement. L'action à mener est réalisée par la méthode seDeplaceVersLeBas() ;

   – stockez la position finale passée en paramètre de la fonction afficher() dans une nouvelle propriété privée de la classe Item que vous nommerez positionFinale ;

   – l'item se déplace vers le bas en incrémentant la propriété y de l'item en cours de traitement, à l'aide de la propriété vitesse ;

   – le déplacement s'arrête lorsque la position de l'item dépasse la valeur enregistrée dans la propriété positionFinale ;

   – pour être sûr que l'item se positionne à la position indiquée en paramètre, initialisez la propriété y de l'item à la valeur positionFinale et supprimez l'écoute de l'événement Event.ENTER_FRAME.

3. Exécutez le programme Exercice9_6.fla et vérifiez que l'en-tête du menu s'affiche et se déroule correctement lorsque l'utilisateur clique sur l'en-tête du menu.

☞ **Exercice 9.7**

Le menu doit maintenant s'enrouler lorsque l'on clique à nouveau sur l'en-tête. L'enroulement du menu est réalisé par la méthode aEnrouler(). La technique est identique à celle réalisée par la méthode aDerouler().

1. Parcourez l'ensemble de la liste des items (listeItems) et pour chaque item de la liste, appelez la méthode effacer() de la classe Item. La méthode effacer() prend en paramètre la position finale en y de l'item, c'est-à-dire la position en y de l'en-tête.

2. La méthode effacer() est définie dans le fichier Item.as. Pour visualiser le déplacement :

- mettez en place un gestionnaire d'événement Event.ENTER_FRAME sur l'item en cours de traitement. L'action à mener est réalisée par la méthode seDeplaceVersLeHaut() ;

- stockez la position finale passée en paramètre de la fonction effacer() dans la propriété privée de la classe Item nommée positionFinale ;

- l'item se déplace vers le haut en décrémentant la propriété y de l'item en cours de traitement, à l'aide de la propriété vitesse ;

- le déplacement s'arrête lorsque la position de l'item dépasse la valeur enregistrée dans la propriété positionFinale ;

- pour être sûr que l'item se positionne à la position indiquée en paramètre, initialisez la propriété y de l'item à la valeur positionFinale et supprimez l'écoute de l'événement Event.ENTER_FRAME ;

- l'item en cours de traitement redevient invisible.

3. Exécutez le programme Exercice9_7.fla et vérifiez que l'en-tête du menu s'affiche, se déroule et s'enroule correctement lorsque l'utilisateur clique dessus.

☞ **Exercice 9.8**

Lorsque le menu est déroulé, il doit s'enrouler lorsque l'on clique soit sur l'en-tête, soit sur un des items ou ailleurs sur la scène.

Pour enrouler le menu lorsque l'utilisateur clique ailleurs que sur le menu, il convient de mettre en place un écouteur d'événement lié au focus de la souris.

> **Remarque**
> Dans le jargon informatique, on dit qu'un objet « a le focus », lorsqu'il a été sélectionné par un clic de souris. Ainsi, par exemple, pour écrire dans une fenêtre, il faut avoir cliqué dessus car la réception des événements clavier n'est possible que si la fenêtre a le focus.

Le focus n'est donné qu'à un seul et unique objet à l'écran. Ainsi, si l'en-tête du menu perd le focus, cela signifie que l'utilisateur a cliqué ailleurs sur la scène (sur un item, un autre menu ou sur le fond de l'écran). Dans toutes ces situations, le menu doit s'enrouler.

Pour détecter la perte de focus, utilisez un gestionnaire d'événement de type FocusEvent.FOCUS_OUT. La mise en place du gestionnaire s'effectue comme suit :

```
entete.addEventListener(FocusEvent.FOCUS_OUT, unClicAilleurs);
```

1. La tâche principale du gestionnaire est d'enrouler le menu en cours dès qu'il reçoit un clic de souris. Quelles sont les instructions à placer au sein de la méthode unClicAilleurs() ?

2. Exécutez le programme Exercice9_8.fla et vérifiez que l'en-tête du menu s'affiche, se déroule et s'enroule correctement lorsque l'utilisateur clique ailleurs que sur l'en-tête.

Le projet mini site

Les classes `Forme`, `TitreTetxe`, `Rubrique`, `LesMinis` et `Page` réalisées au chapitre précédent vont nous être d'une grande aide pour réaliser la nouvelle version du mini site.

Il s'agit ici de comprendre quels sont les enchaînements de création des objets et la façon dont ils s'associent pour réaliser les bonnes interactions. Pour cela, vous devez réaliser les étapes décrites ci-après.

Extension web

Pour vous faciliter la tâche, tous les fichiers nécessaires à la réalisation du projet se trouvent dans le répertoire `Projet/SupportPourRéaliserLeProjet/Chapitre9`. Dans ce même répertoire, vous pouvez accéder à l'application telle que nous souhaitons la voir fonctionner (`ProjetChapitre9.swf`) une fois réalisée.

Les éléments de base

Comme nous l'avons observé au chapitre précédent, le mini site utilise deux classes de base pour se construire : la classe `Forme` et la classe `TitreTexte`.

Examinons comment dessiner sur la scène un objet de type `Forme` ou de type `TitreTexte`.

La classe Forme

Reprenez la classe `Forme` définie au chapitre précédent et transformez-la, en remarquant que :

- la classe `Forme` hérite de la classe `Sprite` ;

- la méthode `seDessiner()` reprend les instructions de la fonction `creerUneForme()` étudiée au chapitre 7, « Les fonctions », section « Le projet mini site » ;

- la forme est créée en (0, 0) et réagit aux événements de type `MouseEvent.MOUSE_OVER` et `MouseEvent.MOUSE_OUT`.

La classe TitreTexte

Reprenez la classe `TitreTexte` définie au chapitre précédent et modifiez-la en observant que :

- la classe `TitreTexte` hérite de la classe `Sprite` ;

- la méthode `dessinerVertical()` reprend les instructions de la fonction `creerTexteVertical()` étudiée au chapitre 7, « Les fonctions », section « Le projet mini site ».

La méthode `dessinerHorizontal()` est utilisée pour afficher le nom des rubriques lors du survol des mini rubriques. Cette méthode a beaucoup de points communs avec la méthode `dessinerVertical()`. Les différences résident dans le fait qu'il convient de :

- ne pas transformer le contenu puisque le texte s'affiche horizontalement ;

- ne pas ajouter un fond, le curseur ne se transformant en main qu'au survol des mini rubriques et non du texte.

Police embarquée

Si vous n'utilisez pas une fonte par défaut (Arial, Times…), vous devez « embarquer » la police de caractères au sein de l'application. Pour cela, il convient de réaliser les étapes suivantes :

- importez la police dans la bibliothèque, en cliquant droit dans la barre de navigation du panneau Bibliothèque. Dans le menu contextuel, sélectionnez l'item Nouvelle police. Sélectionnez la police à embarquer et attribuez-lui un nom. Pour notre exemple, la police embarquée est Arista et se nomme `AristaFont` ;

- définissez une liaison, en cliquant droit sur le nom de la police qui apparaît au sein de la bibliothèque. Dans le menu contextuel, sélectionnez l'item Liaison et choisissez un nom de classe comme propriété de liaison. Pour notre exemple, la classe porte également le nom d'`AristaFont` ;

- dans le constructeur de la classe `TitreTexte`, insérez les lignes suivantes :

```
Font.registerFont( AristaFont );
Font.registerFont( ApplicationDomain.currentDomain.getDefinition(
          "AristaFont") as Class);
```

La méthode `registerFont()` est utilisée pour enregistrer une classe de police définie à l'intérieur de la bibliothèque, dans la liste globale de polices.

Remarque

Afin d'éviter une erreur de compilation, vous devez importer la bibliothèque `flash.system` au sein de la classe `TitreTexte`.

Pour finir, la propriété `embedFonts` de la zone de texte utilisée pour afficher le titre de la rubrique ou de la page doit être initialisée à `true`.

La classe MiniSite ou comment créer la page d'accueil

La classe `MiniSite` est le point de départ du lancement du site. Cette nouvelle classe va nous permettre de définir l'ensemble des propriétés du site et son mode de construction.

Propriétés de la classe MiniSite

Le mini site est construit à partir de valeurs « constantes » qui définissent :

- la taille des différents éléments du site (rubrique, page…) ;
- le nom et la couleur de chacun des éléments ;
- la quantité d'information à afficher par page (nombre de photos, de vidéos…).

L'ensemble de ces valeurs est défini par l'intermédiaire de variables `public` et `static` puisqu'elles seront utilisées par les différentes classes du mini site. Ainsi par exemple, vous pouvez définir la variable `largeurMini` comme suit :

```
public static var largeurMini:Number = 20;
```

En déclarant la propriété `largeurMini` de cette façon, nous pouvons l'utiliser au sein de n'importe quelle autre classe, en écrivant `MiniSite.largeurMini` au lieu de `largeurMini`.

Pour définir et initialiser correctement ces variables, reportez-vous au programme `ProjetChapire7.fla`.

Le mini site possède également deux autres propriétés nommées `listeRubriques` et `listeTitreRubrique` de type `Array`. Ces propriétés sont initialisées au sein du constructeur `MiniSite()`.

Construction de la classe MiniSite

Le constructeur de la classe `MiniSite` a pour rôle d'afficher le titre du site ainsi que les rubriques qui apparaissent en transparence tout en se déplaçant.

Remarque

Le site est créé et affiché grâce aux instructions :

```
var site:MiniSite = new MiniSite(largeur, hauteur);
addChild(site);
```

Ces instructions sont placées au sein de l'application `ProjetChapitre9.fla`. Les paramètres `largeur` et `hauteur` sont initialisées à la largeur et la hauteur de la scène respectivement.

Dans le programme `ProjetChapire7.fla`, reprenez les instructions de création du titre du site, ainsi que celles qui initialisent les tableaux `listeRubriques` et `listeTitreRubrique`. Insérez ces lignes dans le constructeur de la classe `MiniSite` en observant que :

- les deux paramètres du constructeur sont utilisés pour initialiser les variables statiques telles que `largeurRubrique`, `hauteurRubrique`, etc. ;

- la création du titre ainsi que les gestionnaires d'événements `MouseEvent.MOUSE_OVER` et `MouseEvent.MOUSE_OUT` utilisent exactement le même jeu d'instructions que celui écrit dans le projet du chapitre 7. Seul le gestionnaire `MouseEvent.MOUSE_UP` diffère, nous l'examinons plus précisément dans la section ci-après ;

- le tableau `listeRubriques` est initialisé à l'aide du constructeur de la classe `Rubrique` et le tableau `listeTitreRubrique` avec le constructeur de la classe `TitreTexte` comme suit :

```
for (i = 0; i < listeNoms.length; i++) {
  listeTitreRubrique[i] = new TitreTexte(100,listeCouleurs[i], 55,
                                      "Arista", listeNoms[i]);
  var posX:Number = Math.random()*(largeurScene +2*largeurRubrique)
                                - largeurRubrique;
```

```
    var posY:Number = Math.random()*(hauteurScene + 2*hauteurRubrique)
                            - hauteurRubrique;
    listeRubriques[i] = new Rubrique(i, posX, posY, listeCouleurs[i],
                            nbElt[i], listeTitreRubrique[i]);
    addChild(listeRubriques[i]);
}
```

Cliquer sur le titre « mini site »

Lorsque l'utilisateur clique sur le titre, les rubriques se positionnent à nouveau au hasard et se déplacent vers leur position respective.

Écrivez le gestionnaire `clicSurTitre()` afin qu'il :

- supprime de la liste d'affichage, les rubriques créées précédemment ;
- crée de nouvelles rubriques positionnées au hasard sur la scène ;
- place les nouvelles rubriques dans la liste d'affichage.

La classe Rubrique

Reprenez la classe `Rubrique` développée au chapitre précédent, et complétez-la, en observant que :

- les rubriques se construisent en utilisant le constructeur de la classe `Forme` ;
- la forme créée est stockée dans la propriété `forme` de la classe `Rubrique` alors que le titre passé en paramètre du constructeur est placé dans la propriété `titre` ;
- la propriété `forme` est positionnée grâce aux paramètres `nx` et `ny` du constructeur ;
- le titre est placé dans la liste d'affichage de `forme`.

Le déplacement des rubriques

Les rubriques se déplacent dès leur création en ajoutant le gestionnaire d'événement `Event.ENTER_FRAME` au sein du constructeur `Rubrique()`.

L'action à mener est définie par la méthode `seDeplacerVers()` qui reprend en grande partie les instructions de la fonction portant le même nom et définie dans l'application `ProjetChapire7.fla`.

Remarque

Vous devez utiliser les variables définies dans la classe `MiniSite`, pour calculer les positions finales des rubriques.

Cliquer sur une rubrique

Le gestionnaire `MouseEvent.MOUSE_UP` est défini lorsque chaque rubrique a trouvé sa position finale. L'action à mener est `clicSurRubrique()`.

La méthode `clicSurRubrique()` réalise plusieurs actions.

• Effacer les rubriques présentes sur la scène. Cette action est réalisée par la méthode `rendreInvisibleLesRubriques()`, comme suit :

```
private function rendreInvisibleLesRubriques():void {
  for (var i:Number= 0; i < parent.numChildren; i++) {
    if ( parent.getChildAt(i) is Rubrique ) {
       parent.getChildAt(i).visible= false;
    }
  }
}
```

La méthode calcule le nombre d'enfants créés par le parent de la classe `Rubrique` (soit le nombre de sœurs de la classe `Rubrique`). Si parmi la liste des soeurs, une est de type `Rubrique`, alors celle-ci devient invisible.

Remarque

L'opérateur `is` est utilisé pour déterminer le type de l'objet évalué. Il est employé comme opérateur de comparaison dans une structure de test de type `if-else`.

• Créer et afficher une page centrée et réduite au centième de sa taille initiale.

• Pour lancer l'ouverture de la page sélectionnée, ajouter le gestionnaire d'événement `Event.ENTER_FRAME` sur la page en cours de création. L'action à mener est la méthode `afficherPage()`. Cette dernière s'écrit comme suit :

```
private function afficherPage(e:Event):void {
  var cible:Page = e.currentTarget as Page;
  cible.agrandirPageEnX();
}
```

L'événement `Event.ENTER_FRAME` est capté par la page en cours de création. La cible est donc traitée comme étant de type `Page`. En typant la cible de la sorte, il devient possible d'appliquer la méthode `agrandirPageEnX()` à la cible puisque cette méthode est définie au sein de la classe `Page`.

• Ajouter le gestionnaire d'événement `Event.COMPLETE` sur la page en cours de création. L'action à mener est la méthode `sArreter()`. Cette dernière utilise le même ciblage que la méthode `afficherPage()`. Elle a pour tâche de détruire le gestionnaire d'événement `Event.ENTER_FRAME`.

La classe Page

Reprenez la classe `Page` développée au chapitre précédent, et complétez-la, en observant que :

• une page se construit en utilisant le constructeur de la classe `Forme` ;

- la forme créée est stockée dans la propriété `forme` de la classe `Page` alors que le titre passé en paramètre du constructeur est placé dans la propriété `titre` ;

- la propriété `forme` est positionnée grâce aux paramètres `nx` et `ny` du constructeur ;

- pour s'afficher, une page utilise les mêmes méthodes `agrandirPageEnX()` et `agrandirPageEnY()` que celles définies dans l'application `ProjetChapire7.fla` ;

- le titre de la page ne s'affiche que lorsque la transition d'une page à une autre est terminée. L'instruction plaçant le titre dans la liste d'affichage de la page s'écrit juste avant l'émission de l'événement `Event.COMPLETE`, indiquant que la page a fini son déplacement.

Remarque

Les objets de type `Page` ne réagissent pas aux événements de type `MouseEvent.MOUSE_OVER` et `MouseEvent.MOUSE_OUT` alors qu'ils sont composés d'une « forme » réagissant à ces événements. Pour éviter cela, modifiez le constructeur `Forme()` en ajoutant un nouveau paramètre qui indique si la forme à créer réagit ou non aux événements `MOUSE_OVER` et `MOUSE_OUT`. Ce paramètre est de type `Boolean`.

Cliquer sur le titre « mini site »

Lorsque l'utilisateur clique sur le titre, la page affichée disparaît pour laisser apparaître les rubriques se déplaçant vers leur position respective.

Modifiez le gestionnaire `clicSurTitre()` de la classe `MiniSite` pour y ajouter l'appel à une méthode que vous nommerez `supprimerLesPages()`. Cette fonction parcourt la liste d'affichage courante et supprime les enfants de type `Page`.

Les mini rubriques

Les mini rubriques s'affichent lorsqu'une page du site a terminé son affichage. Avant d'être affichées, les mini rubriques sont créées en mémoire par le constructeur de la classe `Page`. Elles ne sont créées qu'une seule fois avec la première page à afficher.

Pour ne créer les mini rubriques qu'une seule fois, vous devez utiliser le code suivant :

```
if (lesMinisRubriques == null) {
   lesMinisRubriques = new LesMinis();
   addChild(lesMinisRubriques);
}
```

L'objet `lesMinisRubriques` est défini comme propriété `static` de la classe `Page`.

Ainsi, la première fois qu'une page est créée, l'objet `lesMinisRubriques` est `null`, il se crée en mémoire grâce à l'opérateur `new`. Ensuite, l'objet ne pourra plus jamais être créé, puisque étant `static`, il garde en mémoire la référence sur l'objet créé la première fois.

> **Remarque**
>
> Lorsque l'internaute clique sur le titre MiniSite, la page en cours d'affichage est supprimée. La propriété lesMinisRubriques reste pourtant non null. L'affichage d'une nouvelle page n'entraîne pas ensuite l'affichage des mini rubriques. Pour corriger ce défaut d'affichage, il convient de « forcer » l'initialisation de la propriété lesMinisRubriques à null, dans la fonction supprimerLesPages() de la classe MiniSite.

Construction des mini rubriques

La classe LesMinis possède deux propriétés nommées listeForme et listeTitre de type Array. Ces propriétés sont initialisées au sein du constructeur LesMinis(). Écrivez les instructions le composant, en observant que :

- les propriétés listeForme et listeTitre contiennent la liste des formes et des titres correspondant aux rubriques créées. Les éléments du tableau sont initialisés à l'aide des constructeurs des classes Forme et TitreTexte ;

- le nombre d'éléments du tableau est obtenu à l'aide de la propriété static listeNoms de la classe MinSite ;

- chaque forme est placée à partir de sa position finale et de la place qu'elle occupe dans le tableau ;

- le titre des mini rubriques n'est affiché que lorsque la souris survole un élément du tableau. L'affichage du texte utilise la méthode dessinerHorizontal() de la classe TitreTexte.

Afficher les mini rubriques

L'affichage des mini rubriques n'est réalisé que lorsque l'affichage de la page est terminé. Cet affichage est réalisé par l'intermédiaire de la méthode afficherLesMinis().

Écrivez, dans la classe LesMinis, la méthode afficherLesMinis() en remarquant que :

- lorsque les mini rubriques s'affichent, celle correspondant à la page sélectionnée n'est pas affichée. Le numéro de la mini rubrique invisible doit être passé en paramètre de la méthode ;

- la méthode parcourt le tableau listeForme. Elle ajoute ensuite chaque élément du tableau à la liste d'affichage et le rend visible. Une fois la liste parcourue, la méthode rend invisible l'élément correspondant au numéro passé en paramètre.

Cliquer sur une mini rubrique

Le gestionnaire MouseEvent.MOUSE_UP est défini lorsque la liste des mini rubriques est créée. L'action à mener est clicSurMini().

La méthode clicSurMini() réalise plusieurs actions qui sont, en grande partie, identiques à celles décrites par la méthode clicSurRubrique() définie par la classe Rubrique.

- Écrivez la méthode clicSurMini() en vous inspirant de la méthode clicSurRubrique().

- Ajoutez le gestionnaire `MouseEvent.MOUSE_UP` pour chaque élément du tableau.

- Avant de faire apparaître une nouvelle page, supprimez la précédente à l'aide d'une fonction que vous nommerez `supprimerLesPages()`. Cette fonction parcourt la liste d'affichage du parent et supprime les enfants de type `Forme` et `TitreTexte`, la première fois qu'une page est affichée. Elle supprime ensuite les enfants de type `Page`.

10

Le traitement
de données multimédias

Au cours de ce chapitre, nous examinerons plus particulièrement les techniques d'importation et de manipulation des données en cours d'exécution d'une animation Flash.

Le langage ActionScript est doté d'outils puissants et relativement simples pour lire des informations enregistrées dans des fichiers externes à l'application. Ces informations peuvent se présenter sous différentes formes, par exemple, le son, la vidéo ou le texte.

Au cours de la section « Le son », nous étudierons comment traiter le son associé à un événement et comment charger une musique en flux continu (*streaming*).

Ensuite, à la section « La vidéo », nous examinerons et analyserons les différentes étapes à réaliser pour importer un flux vidéo « à la volée ».

À la section « Le texte », nous développerons toutes les techniques d'importation de l'information textuelle, qu'il s'agisse d'un simple texte ou d'une information enregistrée sous la forme d'une paire « variable-donnée ». Pour cela, nous traiterons des différents formats de fichier et plus particulièrement le format XML.

Enfin, à la section « Les tweens », nous expliquerons comment rendre une application plus attractive grâce à des animations prédéfinies. À partir d'exemples pratiques, nous examinerons ainsi les différentes formes de tweens proposées par Adobe, ou par des éditeurs tels que Caurina ou GreenSock.

Le son

L'intégration du son avec ActionScript est aussi simple que le chargement d'une image. Le langage fournit toute une gamme d'outils permettant la lecture d'un son, qu'il soit associé à un événement précis ou lu en flux continu (*streaming*). L'intégration de sons s'effectue par l'intermédiaire des classes Sound et SoundChannel.

Les classes Sound et SoundChannel

La classe Sound est une classe native du langage ActionScript. Elle est plus particulièrement utilisée pour importer et charger des sons en cours d'exécution. Les outils de la classe SoundChannel offrent, quant à eux, la possibilité de piloter le curseur de lecture du son et de contrôler le volume sonore.

Ces deux classes sont composées de propriétés et de méthodes. Nous présentons dans les sections suivantes les méthodes, les propriétés et les gestionnaires d'événements les plus utilisés.

Les méthodes des classes Sound et SoundChannel

Tableau 10-1 – Les méthodes de la classe Sound

Méthodes	Opération
Sound()	Constructeur de la classe, il retourne l'adresse d'un objet sur lequel pourront s'appliquer les méthodes décrites ci-après.
load(url)	Charge le fichier MP3 spécifié en paramètre, dans l'objet Sound sur lequel est appliquée la méthode.
play(debut, boucle)	Lit le son associé depuis le début si aucun paramètre n'est spécifié, ou en commençant à l'endroit précisé par le paramètre debut. Le paramètre boucle est une valeur numérique optionnelle qui détermine combien de fois le son doit être répété. La méthode crée un objet SoundChannel pour lire le son.
close()	Ferme le flux et stoppe le téléchargement des données.

Tableau 10-2 – Les méthodes de la classe SoundChannel

Méthodes	Opération
SoundChannel()	Crée un canal de lecture du son. Le canal est associé au son à l'aide de la méthode play() décrite dans la classe Sound.
stop()	Arrête la lecture du son dans le canal.

Nous présentons ici des exemples très simples afin d'observer la façon dont on utilise les objets des classes `Sound` et `SoundChannel`. Deux exemples plus démonstratifs sont étudiés aux sections « Associer un son à un événement » et « Un lecteur MP3 ».

Exemple

```
// ❶ Créer un objet de type Sound
var music:Sound = new Sound();
// ❷ Créer un canal de lecture du son
var canal:SoundChannel = new SoundChannel();
// ❸ Charger le fichier LaMusique.mp3
music.load(new URLRequest("Sons/laMusique.mp3"));;
// ❹ Lancer la lecture du morceau de musique et l'associer au canal
canal = music.play();
```

❶ Un objet `music` de type `Sound` est créé à l'aide du constructeur `Sound()`.

❷ Un objet `canal` de type `SoundChannel` est créé à l'aide du constructeur `SoundChannel()`.

❸ La méthode `load()` charge le fichier `Sons/LaMusique.mp3` dans l'objet `music`. La méthode `load()` demande en paramètres le chemin d'accès ainsi que le nom du fichier à charger. La validité du chemin ainsi que le contrôle de l'existence du fichier sont vérifiés grâce au constructeur `URLRequest()`.

❹ La méthode `play()` lance la lecture chargée dans l'objet `music` et l'associe au `canal` de lecture

Les propriétés des classes Sound et SoundChannel

Tableau 10-3 – Les propriétés des classes Sound et SoundChannel

Propriétés	Opération
`length`	Pour connaître la durée d'un son (classe `Sound`).
`bytesLoaded`	Correspond au nombre d'octets disponibles en cours de chargement (classe `Sound`).
`bytesTotal`	Correspond au nombre total d'octets que contient l'objet sur lequel est appliqué la propriété (classe `Sound`).
`position`	Position actuelle de la tête de lecture dans le son (classe `SoundChannel`).
`soundTransform`	Pour modifier le volume sonore ainsi que la balance (classe `SoundChannel`)

Exemple

L'expression suivante :

```
canal.position / music.length
```

est utilisée pour calculer le temps d'écoute par rapport à la durée totale du fichier son. Ce calcul est utilisé plus loin dans cette section, pour afficher la barre de progression de lecture d'un fichier MP3.

Le résultat de cette expression n'est vraiment précis que si les données audio sont totalement chargées avant le début de la lecture. En effet, la propriété music.length indique la taille des données audio actuellement chargées, et non pas la taille éventuelle du fichier audio entier. Pour suivre la progression de la lecture d'un son diffusé alors qu'il est en cours de chargement, nous devons estimer la taille éventuelle du fichier audio entier. Cette estimation est réalisée par le calcul suivant :

```
estimation = music.length / (music.bytesLoaded / music.bytesTotal)
```

Le calcul du temps d'écoute par rapport à la durée du morceau est alors obtenu par l'expression :

```
canal.position / estimation
```

Les événements des classes Sound et SoundChannel

Tableau 10-4 – Les événements des classes Sound et SoundChannel

Gestionnaire d'événement	Opération
Event.COMPLETE	L'événement Event.COMPLETE est émis lorsque le fichier son a été totalement téléchargé (classe Sound).
Event.ID3	L'événement ID3 est utilisé pour récupérer des informations telles que le nom de l'artiste, le titre du morceau ou encore l'année d'enregistrement (classe Sound).
Event.SOUND_COMPLETE	L'événement Event.SOUND_COMPLETE est émis automatiquement lorsque la lecture d'un son est terminée (classe SoundChannel).

Exemple

```
music.addEventListener(Event.ID3, quelID3);
function quelID3(e:Event):void {
  for( var propriete in music.id3 ){
     trace( propriete + " : "+ music.id3[propriete] );
  }
}
```

Au chargement du fichier MP3 à l'aide des méthodes load(), le gestionnaire d'événement Event.ID3 réceptionne les métadonnées faisant partie d'un fichier MP3, lorsqu'elles existent.

La boucle for…in, placée à l'intérieur du gestionnaire, affiche l'intégralité de ces données dans la fenêtre de sortie.

Associer un son à un événement

Les sons associés à un événement (clic de souris, apparition d'un nouvel objet…) sont des sons très courts qui ne pèsent que quelques kilo-octets (entre 10 et 30 Ko). Il est donc tout à fait possible de les intégrer directement dans le fichier source (fichier d'extension .fla).

Examinons comment réaliser cette intégration en reprenant l'exemple de la photo interactive.

> **Pour en savoir plus**
>
> La classe Personne est étudiée à la section « Une personne se présente avec sa photo » du chapitre 9, « Les principes du concept objet ».

L'objectif de cet exemple est de faire en sorte que la photo émette un son en même temps qu'elle affiche l'infobulle. L'exemple reprend le code de la classe Personne réalisée au cours du chapitre précédent.

> **Extension web**
>
> Vous pourrez tester cet exemple en exécutant le fichier UnSonSurLaPhoto.fla, sous le répertoire Exemples/chapitre10. Les fichiers son se trouvent dans le répertoire Exemples/chapitre10/Sons.

La mise en place d'un son d'événement s'effectue en trois temps :

- importation du son dans la bibliothèque de l'animation ;
- création d'un objet de type Sound ;
- lecture du son au déclenchement de l'événement.

Importer un son dans la bibliothèque

L'import direct de sons (au format .mp3) dans la bibliothèque de l'application s'effectue très simplement, en :

- sélectionnant l'item Importer – Importer dans la bibliothèque du menu Fichier de l'environnement Flash ;
- choisissant le fichier au format .mp3 correspondant au son que vous souhaitez entendre dans la boîte de dialogue Importer dans la bibliothèque. Vous pouvez, par exemple, sélectionner le fichier son0.mp3 se trouvant dans le répertoire Exemples/chapitre10/Sons.

Après validation, l'élément sélectionné apparaît dans la bibliothèque (tapez F11 pour faire apparaître le panneau Bibliothèque).

Le symbole de type son doit être visible pour le script qui va l'appeler. Pour cela, cliquez droit sur le symbole associé au son dans le panneau Bibliothèque et sélectionnez l'item Liaison.

La fenêtre Panneau de Liaison apparaît. Cochez la case Exporter pour ActionScript et entrez comme identifiant le nom son0.

> **Remarque**
>
> Par défaut, Flash propose comme nom de liaison, le nom du fichier audio importé (son0.mp3). Si le nom du fichier contient un point, vous devez le remplacer par un nom ne contenant pas de point (son0). ActionScript n'autorise pas le caractère point dans les noms de classe.

Figure 10-1

La fenêtre Panneau de liaison s'obtient en cliquant droit sur l'élément son0, placé dans la bibliothèque.

Créer et lire le son au bon moment

Lorsque la bulle apparaît, un son est émis. L'émission du son s'effectue lorsque l'événement MouseEvent.MOUSE_OVER est perçu par le clip associé à la photo.

Dans la classe Personne, nous devons donc insérer les lignes suivantes à l'intérieur de la méthode auSurvol() :

```
private function auSurvol(event:MouseEvent):void {
   addChild(info);
   // ❶ Création d'un objet de type son0
   var unSon:son0 = new son0();
   // ❷ Le son est joué
   unSon.play();
}
```

Au survol de la photo, un objet de type son0 est créé à l'aide de l'opérateur new (❶). Le type est directement lié au nom que vous avez choisi lors de l'exportation du son pour Action-Script. Le son est ensuite lancé grâce à la méthode play() appliquée à l'occurrence unSon (❷).

Un lecteur MP3

Il existe d'autres types de sons que ceux liés à un événement, les sons d'ambiance ou encore la musique. Généralement, ces fichiers sont très lourds, malgré la compression MP3. Il n'est donc pas conseillé de les charger au sein même de l'application, celle-ci deviendrait trop lourde à télécharger.

La seule façon d'éviter les difficultés liées au poids des animations est de charger la musique en cours d'exécution de l'application.

Remarque

Lorsqu'un fichier, une image, un son ou une vidéo n'est pas enregistré dans la bibliothèque du fichier source, mais est lu à partir d'un fichier extérieur à l'application et chargé en cours d'exécution, on dit que les données sont chargées « à la volée » .

Examinons cette technique sur un exemple, le lecteur MP3.

Extension web

Vous pourrez tester cet exemple en exécutant le fichier `LecteurMp3.fla`, sous le répertoire `Exemples/chapitre10`. Les fichiers son se trouvent dans le répertoire `Exemples/chapitre10/Sons`.

Cahier des charges

Le lecteur MP3 est doté de 3 boutons – `lire`, `faireUnePause` et `stopper` (voir figure 10-2).

- Le bouton `lire` lance la lecture du fichier MP3. Il disparaît au premier clic pour laisser apparaître le bouton `faireUnePause`.

- Le bouton `faireUnePause` interrompt la lecture de la musique lorsque l'on clique dessus. Le bouton `faireUnePause` disparaît, pour laisser apparaître le bouton `lire`. Lorsque le bouton `lire` est à nouveau enfoncé, la lecture reprend son cours là où elle s'était arrêtée.

- Le bouton `stopper` n'apparaît qu'une fois la lecture de la musique lancée. Lorsque l'on clique dessus, la lecture de la musique s'arrête. Le bouton `stopper` est alors remplacé par le bouton `lire`. Lorsque ce dernier est à nouveau enfoncé, la lecture reprend au tout début du morceau.

Le lecteur MP3 possède également :

- un curseur permettant de monter ou de diminuer le volume sonore ;

- une barre de progression, afin de visualiser le temps écoulé depuis le lancement de la lecture du morceau de musique.

L'ensemble de l'interface – boutons, barre de progression, curseur de volume – est défini à l'intérieur d'un symbole nommé `ControleurClp`, comme le montre la figure 10-2.

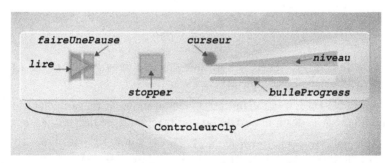

Figure 10-2
Le symbole ControleurClp est composé de 6 symboles définissant l'interface utilisateur.

Une occurrence du symbole `ControleurClp` est créée à l'aide de l'opérateur `new`, comme suit. Nous la nommons `controleur` :

```
var controleur:ControleurClp = new ControleurClp();
```

L'accès au bouton `lire` est réalisé par l'expression `controleur.lire`, l'accès au curseur par `controleur.curseur`.

Charger un son à la volée

Après la création des éléments de l'interface utilisateur, l'opération suivante consiste à créer puis charger un son se trouvant sur le disque dur de votre machine (ou du serveur). Ces deux opérations sont réalisées par les instructions suivantes :

```
var music:Sound = new Sound();
music.load(new URLRequest("Sons/laMusic.mp3"));
```

La première instruction crée un objet nommé `music`, de type `Sound`. La seconde instruction charge, dans l'objet `music`, le fichier fourni en paramètre du constructeur de la classe `URLRequest("Sons/laMusic.mp3")`.

Lancer la lecture

La lecture de fichier MP3 débute lorsque l'utilisateur clique sur le bouton `lire`. Les instructions lançant la lecture de la musique se placent dans le gestionnaire d'événement de l'objet `controleur.lire` comme suit :

```
// ❶ Définition du canal audio
var canal:SoundChannel = new SoundChannel();
controleur.lire.addEventListener(MouseEvent.MOUSE_UP, pourLire);
function pourLire(e:MouseEvent):void {
    // ❶ Lancer la lecture et l'associer à un canal
    canal = music.play(sePoserOu);
    // Afficher les boutons faireUnePause et stopper
    controleur.stopper.visible = true;
    controleur.faireUnePause.visible = true;
    // Effacer le bouton lire
    controleur.lire.visible = false;
}
```

La méthode `play()` lance la musique chargée dans l'objet `music` à partir de la position enregistrée dans la variable `sePoserOu`.

La variable `sePoserOu` est initialisée à 0 au moment de sa déclaration ; elle sera ensuite modifiée par le gestionnaire du bouton `faireUnePause` décrit ci-après.

La première fois que l'utilisateur clique sur le bouton `lire`, la musique est donc jouée à partir du début du fichier. Il est possible d'ajouter un second paramètre à la méthode `play()` pour indiquer le nombre de fois où la musique doit être lancée.

Pour en savoir plus

La gestion de l'affichage des boutons, leur apparition et leur disparition sont traitées au chapitre 3, « Communiquer ou interagir », section « Exercice 3.4 ».

Une fois lancée, la musique peut être arrêtée momentanément ou définitivement. La gestion du curseur de lecture est réalisée par l'intermédiaire de la classe SoundChannel. En effet, chaque son lu dans une application Flash doit être associé à un canal audio (❶) que l'on peut alors contrôler à l'aide de ses propriétés et méthodes. L'association canal-son ne s'effectue réellement qu'au moment où le son est joué (❷).

Faire une pause

Le bouton faireUnePause est utilisé pour arrêter la musique au moment où l'utilisateur clique dessus. Le bouton lire remplace alors le bouton faireUnePause. La musique reprend son cours si l'utilisateur clique sur le bouton lire.

Le gestionnaire d'événement de l'objet controleur.faireUnePause s'écrit comme suit :

```
controleur.faireUnePause.addEventListener(MouseEvent.MOUSE_UP, pourFaireUnePause);
function pourFaireUnePause(e:MouseEvent):void {
  // ❶ Récupérer la position du curseur de lecture
  sePoserOu= canal.position;
  // ❷ Arrêter la lecture
  canal.stop();
  controleur.faireUnePause.visible = false;
  controleur.lire.visible = true;
}
```

La position de la tête de lecture est enregistrée (❶) dans la variable globale sePoserOu au moment où l'utilisateur clique sur le bouton faireUnePause. La valeur est récupérée à l'aide de la propriété position de l'objet canal initialisé au moment du lancement de la lecture du morceau de musique.

Ensuite, la lecture du fichier MP3 est stoppée (❷). Les instructions suivantes ont pour rôle de remplacer le bouton faireUnePause par le bouton lire.

La reprise de la lecture se fait obligatoirement par l'intermédiaire du bouton lire, le bouton faireUnePause ayant disparu.

La reprise de lecture du son s'effectue donc depuis le gestionnaire MouseEvent.MOUSE_UP du bouton controleur.lire à partir de la position enregistrée dans la variable sePoserOu. Cette dernière est calculée d'après la valeur enregistrée dans la variable globale sePoserOu et qui vient d'être modifiée par le gestionnaire MouseEvent.MOUSE_UP associé au bouton controleur.faireUnePause.

Cela fait, la musique reprend son cours à l'endroit où l'utilisateur l'avait arrêtée en cliquant sur le bouton faireUnePause.

Arrêter la musique

Pour arrêter la musique, deux méthodes sont possibles :

• soit l'utilisateur clique de lui-même sur le bouton stopper. Dans cette situation, le comportement de l'interface utilisateur est décrit par le gestionnaire d'événement de l'objet controleur.stopper ;

- soit la tête de lecture arrive à la fin du fichier MP3. Le comportement de l'interface utilisateur est décrit ici par le gestionnaire d'événement Event.SOUND_COMPLETE associé à l'objet canal.

Observons cependant que, dans chacune des deux situations, le fonctionnement de l'interface utilisateur est identique : les deux boutons faireUnePause et stopper s'effacent et le bouton lire réapparaît.

C'est pourquoi nous rassemblons l'ensemble des instructions réalisant ces actions au sein de la fonction remiseAZero() comme suit :

```
function remiseAZero():void {
  sePoserOu = 0;
  // Afficher le bouton lire
  controleur.lire.visible = true;
  // Effacer les deux autres boutons
  controleur.faireUnePause.visible = false;
  controleur.stopper.visible=false;
  canal.stop();
}
```

En réinitialisant la variable sePoser à 0, nous nous assurons de la reprise de la lecture de la musique au début du morceau, lorsque l'utilisateur cliquera à nouveau sur le bouton lire.

Les deux gestionnaires Event.SOUND_COMPLETE et MouseEvent.MOUSE_UP associés aux objets controleur.stopper. et canal font ensuite appel à la méthode remiseAZero() comme suit :

```
canal.addEventListener(Event.SOUND_COMPLETE, auSonLu);
function auSonLu(e:Event):void {
  remiseAZero();
}
controleur.stopper.addEventListener(MouseEvent.MOUSE_UP, pourStopper);
function pourStopper(e:MouseEvent):void {
  remiseAZero();
}
```

> **Remarque**
>
> L'ajout de l'écouteur sur l'objet canal associé à l'événement Event.SOUND_COMPLETE doit être réalisé juste après l'initialisation du canal, au sein de la méthode pourLire().

Changer le volume

L'augmentation ou la diminution du volume sonore s'effectue par l'intermédiaire de l'occurrence curseur, définie à l'intérieur du symbole ControleurClp.

Les instructions réalisant l'association déplacement du curseur-changement du volume sonore sont les suivantes :

```
// ❶ Définition des positions initiales
var initX:Number = controleur.niveau.x;
```

```
var initY:Number = controleur.niveau.y;
var longueur:Number = controleur.niveau.width;
// ❷ Définition du volume sonore
var changeVolume:SoundTransform = new SoundTransform(1, 0);
var volumeSon:Number = changeVolume.volume;
// Positionner le curseur du volume en fonction du volume sonore du fichier MP3
controleur.curseur.x = initX + longueur * volumeSon - controleur.curseur.width;
controleur.curseur.y = initY ;
// ❸ Gestion du déplacement du curseur
controleur.curseur.addEventListener(MouseEvent.MOUSE_DOWN, auPress);
function auPress(e:MouseEvent):void {
  var zoneDeplacement:Rectangle = new Rectangle((initX, initY,
                          longueur - controleur.curseur.width, 0) ;
  controleur.curseur.startDrag(false, zoneDeplacement);
  controleur.curseur.gotoAndStop("clique");
  // ❹ Lorsque la souris se déplace, calculer le volume
  controleur.curseur.addEventListener(MouseEvent.MOUSE_MOVE, auDeplacement);
}
function auDeplacement(e:MouseEvent):void {
  volumeSon = (controleur.curseur.x - initX)/longueur;
  changeVolume.volume = volumeSon;
  canal.soundTransform = changeVolume;
}
// ❺ Quand l'utilisateur relâche le bouton de la souris
controleur.curseur.addEventListener(MouseEvent.MOUSE_UP, auRelachement);
stage.addEventListener(MouseEvent.MOUSE_UP, auRelachement);
function auRelachement(e:MouseEvent):void {
  controleur.curseur.gotoAndStop("normal");
  controleur.curseur.stopDrag();
  controleur.curseur.removeEventListener(MouseEvent.MOUSE_MOVE, auDeplacement);
}
// ❻ Modifier l'apparence du curseur du volume
controleur.curseur.addEventListener(MouseEvent.MOUSE_OVER, auSurvol);
function auSurvol(e:MouseEvent):void {
  controleur.curseur.gotoAndStop("survol");
}
controleur.curseur.addEventListener(MouseEvent.MOUSE_OUT, alExterieur);
function alExterieur(e:MouseEvent):void {
 controleur.curseur.controleur.curseur.gotoAndStop("normal");
}
```

❶ Les variables initX, initY et longueur sont utilisées pour définir l'espace de déplacement du curseur. La variable longueur intervient également dans le calcul du volume sonore (voir ❹).

❷ Pour récupérer le volume sonore d'un fichier MP3, nous devons utiliser la classe SoundTransform. Cette classe contient des propriétés relatives au volume et à la balance horizontale d'un son. Les paramètres du constructeur SoundTransform(0,1) correspondent à un volume sonore maximal (1) et une balance centrée (0).

Ces valeurs sont enregistrées dans un objet nommé `volumeSon`. Le volume du son correspondant au volume sonore avant toute intervention sur le curseur est récupéré par l'intermédiaire de la propriété `volume` de l'objet `volumeSon`. Grâce à cette valeur, le curseur `controleur.curseur` est placé au niveau sonore correspondant au volume défini au moment du lancement de l'application.

❸ Lorsque l'utilisateur clique sur le curseur, ce dernier se déplace uniquement sur l'axe des X, entre `initX` et `initX+longueur`. Le déplacement sur l'axe des Y est nul (0). Le curseur est placé en `initY`.

❹ La modification du volume sonore est réalisée par l'intermédiaire de la propriété `volume` de l'objet `volumeSon` et la propriété `soundTransform` de l'objet `canal`. Un volume sonore égal à 0 correspond à un son coupé, un volume égal à 1 à un son maximal.

L'association curseur-volume est réalisée en calculant la position du curseur (occurrence `controleur.curseur`) par rapport à la barre de niveau (occurrence `controleur.niveau`). Si le curseur est placé à l'origine du niveau, le volume vaut 0, s'il est situé à l'extrémité droite du niveau (`controleur.niveau.width`), le son vaut 1. Cette valeur est obtenue en calculant l'expression :

```
positionCouranteDuCurseur / longueurDuNiveau
```

La position courante du curseur est obtenue par l'intermédiaire du gestionnaire d'événement `MouseEvent.MOUSE_MOVE` sur le curseur. Ainsi, la valeur `controleur.curseur.x` au sein de l'action `auDeplacement()` correspond à la position courante du curseur.

Après calcul, le volume sonore est modifié en initialisant tout d'abord la propriété `volume` de l'objet `volumeSon` à la valeur calculée à l'aide de l'expression `positionCouranteDuCurseur / longueurDuNiveau` puis en modifiant la propriété `soundTransform` de l'objet `canal`.

❺ Lorsque le bouton de la souris est relâché, le curseur ne se déplace plus. Ainsi, l'instruction `stopDrag()` interrompt son déplacement. Le bouton de la souris peut être relâché à tout moment, que le pointeur de la souris soit sur le curseur de volume ou en dehors. C'est pourquoi, la détection de l'événement `MouseEvent.MOUSE_UP` est réalisée à la fois par l'objet `controleur.curseur` et par la scène (`stage`) sur lequel se trouve le `controleur`.

Remarque

La méthode `removeEventListener()` détruit le gestionnaire d'événement `MouseEvent.MOUSE_MOVE` afin d'éviter de surcharger inutilement le lecteur Flash.

---

❻ Le curseur `controleur.curseur` n'est pas de type `Bouton` mais de type `Clip`. En effet, seul un clip peut être déplacé avec la méthode `startDrag()`. Pour modifier l'apparence du curseur en fonction de la position de la souris, nous devons définir les gestionnaires `MouseEvent.MOUSE_OVER` et `MouseEvent.MOUSE_OUT` de l'objet `controleur.curseur` afin d'indiquer quelle image du clip afficher. Ce dernier possède 3 images nommées `normal`, `survol` et `clique`. L'image `clique` est utilisée dans le gestionnaire `MouseEvent.MOUSE_DOWN`.

Voir la lecture progresser

Afin de rendre ce modeste lecteur MP3 un peu plus convivial, nous ajoutons une barre de progression qui indique le temps d'écoute. Une ligne rouge nommée bulleProgress voit sa taille (longueur) augmenter au fur et à mesure que la musique est écoutée.

```
controleur.bulleProgress.addEventListener(Event.ENTER_FRAME, barreProgresse);
function barreProgresse(e:Event):void {
  var longueurEstimee:int = Math.ceil(music.length /
              (music.bytesLoaded / music.bytesTotal));
  controleur.bulleProgress.scaleX = canal.position / longueurEstimee;
}
```

La mise en place de la barre de progression s'effectue très simplement, en calculant le temps d'écoute par rapport à la durée estimée du morceau de musique. Cette valeur est obtenue (comme nous l'avons vu en section précédente) par l'expression :

```
canal.position / longueurEstimee
```

L'effet de progression dans le temps est obtenu en augmentant la dimension horizontale de la ligne, grâce à la propriété scaleX. La valeur de changement d'échelle correspond au temps d'écoute par rapport à la durée totale du morceau.

Pour visualiser le changement d'échelle de l'occurrence bulleProgress, nous devons insérer ce calcul à l'intérieur du gestionnaire d'événement Event.ENTER_FRAME. Ce dernier n'est appelé que lorsque le morceau de musique est joué, c'est-à-dire quand l'utilisateur a cliqué sur le bouton controleur.lire. L'ajout du gestionnaire d'événement Event.ENTER_FRAME est donc à placer à l'intérieur du gestionnaire MouseEvent.MOUSE_UP de l'objet controleur.lire.

Lorsque la musique cesse d'être jouée, soit parce que la fin du morceau est atteinte, soit parce que l'utilisateur a cliqué sur le bouton stopper ou faireUnePause, la barre de progression doit cesser d'avancer.

Pour chacun de ces cas, nous devons détruire le gestionnaire d'événement Event.ENTER_FRAME en utilisant l'instruction :

```
if ( controleur.bulleProgress != null)
  controleur.bulleProgress.removeEventListener(Event.ENTER_FRAME, barreProgresse);
```

Cette instruction est placée dans la fonction remiseAZero().

Lorsque le morceau de musique arrive à sa fin ou s'il est arrêté parce que l'utilisateur a cliqué sur le bouton stopper, la barre de progression doit revenir à sa position initiale.

Pour cela, nous devons placer l'instruction :

```
controleur.bulleProgress.scaleX = 0.01;
```

à l'intérieur de la fonction remiseAZero() afin de rendre la ligne si petite qu'elle en devient invisible.

La vidéo

Avec le progrès des nouvelles technologies et l'accès simplifié à un réseau Internet haut débit, l'utilisation de vidéos au sein de pages web devient de plus en plus courante.

Depuis la version Flash MX, Flash propose un format et une compression optimale pour charger des vidéos de très bonne qualité que l'on peut visionner en flux continu.

L'importation d'une vidéo consiste tout d'abord à transformer des fichiers aux formats divers (.mov, .mpeg ou .avi) en fichiers au format .flv – Flash Video ou .f4v (voir section « Intégrer la vidéo dans Flash »).

Ensuite, lorsque ces derniers sont prêts à l'emploi, ils sont chargés dans une application qui les contrôle et qui communique avec eux. Ces opérations sont réalisées par l'intermédiaire de classes telles que les classes NetConnection et NetStream (voir section « Manipuler un flux vidéo à la volée »).

Intégrer la vidéo dans Flash

Les formats .flv et .f4v sont utilisés par Flash pour intégrer un flux vidéo au sein d'une animation Flash.

Le format .flv est apparu avec le Flash Player 6 alors que le format .f4v n'existe que depuis le Flash Player 9. La grande différence entre ces deux formats réside dans la présence ou non de métadonnées (en anglais *metadata*). Ainsi, avec le format .f4v, il devient possible d'intégrer des balises indiquant, par exemple, la durée, la taille ou encore les droits de propriété de la vidéo.

Si votre vidéo est au format .avi ou .mpeg, vous devez la convertir en utilisant l'application Adobe Media Encoder, installée avec l'environnement Flash.

Créer un fichier FLV

Voici la marche à suivre pour obtenir un fichier au format .f4v.

1. Ouvrez l'application Adobe Media Encoder. Dans la fenêtre qui apparaît (voir figure 10-3), cliquez sur le bouton Ajouter et sélectionnez le fichier vidéo à encoder.

2. En cliquant sur le bouton Réglages, vous pouvez modifier le format de codage, définir le codage, préciser la qualité de la vidéo et réduire sa taille (voir figure 10-4).

3. Après validation des réglages, le codage démarre lorsque vous cliquez sur le bouton Démarrer la file d'attente.

Une barre de progression du traitement apparaît alors en bas de la fenêtre indiquant le temps et la progression de l'opération.

À la suite de cette action, l'application Adobe Media Encoder a créé et enregistré un fichier au format .f4v dans le même répertoire que celui où se trouve la vidéo initiale.

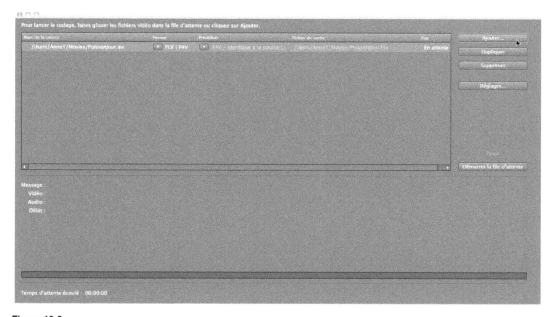

Figure 10-3

Sélection du fichier vidéo

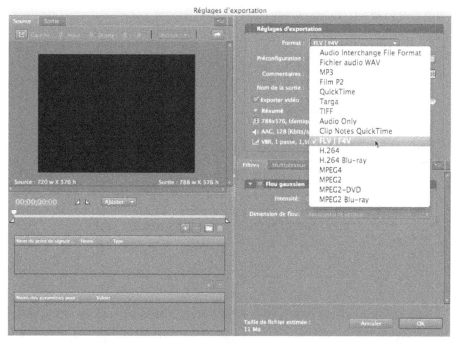

Figure 10-4

Définition du codage et de la qualité de la vidéo

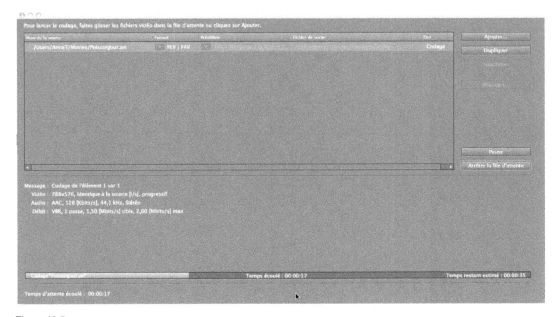

Figure 10-5

Progression du codage

Manipuler un flux vidéo à la volée

Lorsque le fichier au format .f4v est prêt à l'emploi, l'objectif n'est pas de l'intégrer directement dans le fichier .fla, mais de le charger dynamiquement dans une animation.

La lecture des fichiers .f4v à la volée offre plusieurs avantages par rapport à l'intégration d'une vidéo dans un document Flash. Le poids du document est très faible et l'affichage ainsi que la gestion de la mémoire sont plus performants. De plus, les deux cadences d'affichage – vidéo et animation Flash – deviennent indépendantes.

Le moyen le plus direct pour visualiser et contrôler la lecture d'un fichier .f4v est d'utiliser les classes NetConnection et NetStream *via* un objet de type Video.

Remarque

Flash propose toute une gamme de composants qui simplifient la gestion de la vidéo (voir la classe FLVPlayBack dans l'aide en ligne par exemple). Ces composants ont été écrits pour éviter aux concepteurs graphiques d'avoir à programmer. Notre objectif étant ici d'apprendre à programmer, nous choisissons de ne pas les utiliser.

La classe NetConnection

La classe NetConnection permet d'accéder aux fichiers .f4v en flux continu, stockés sur votre disque dur ou sur un serveur autorisant la gestion de flux vidéo en streaming.

La classe NetConnection offre pour cela un constructeur et la méthode connect().

- Le constructeur `NetConnection()` crée un objet `NetConnection` qu'il convient d'utiliser avec un objet `NetStream` (voir section « La classe NetStream » ci-après). L'appel du constructeur s'écrit comme suit :

```
var seConnecter:NetConnection = new NetConnection();
```

- La méthode `connect()` ouvre une connexion locale lorsque la valeur passée en paramètre vaut `null`. Elle s'applique à un objet de type `NetConnection`, comme suit :

```
seConnecter.connect(null);
```

La classe NetStream

La classe `NetStream` fournit des méthodes et des propriétés afin de charger et de lire des fichiers `.f4v`. Elle offre aussi la possibilité de suivre la progression du chargement du fichier et d'en contrôler sa lecture (arrêt, pause, etc.).

Les méthodes de la classe `NetStream` les plus utilisées sont :

Tableau 10-5 – Les méthodes les plus utilisées de la classe NetStream

Méthodes	Opération
`NetStream(connection:NetConnection)`	Constructeur de la classe, il retourne l'adresse d'un objet sur lequel pourront s'appliquer les méthodes décrites ci-après. L'objet créé est un flux de diffusion en continu qui permet de lire des fichiers `.f4v` à l'aide de l'objet `NetConnection` spécifié en paramètre.
`pause(booléen)`	Lors du premier appel de la méthode (sans paramètre), la lecture est interrompue. À l'appel suivant, la lecture reprend.
`play(nom)`	Commence la lecture du fichier dont l'URL est passée en paramètre. L'affichage des données s'effectue par l'intermédiaire d'un objet `Video`.
`seek(offset)`	Recherche l'image-clé la plus proche du nombre de secondes spécifié (`offset`) à partir du début du flux.

Ainsi, par exemple, la création d'un flux vidéo s'effectue par l'intermédiaire des instructions suivantes :

```
var seConnecter:NetConnection = new NetConnection();
seConnecter.connect(null);
var unFlux:NetStream = new NetStream(seConnecter);
```

Les propriétés de la classe `NetStream` les plus utilisées sont :

Tableau 10-6 – Les propriétés les plus utilisées de la classe NetStream

Propriétés	Opération
`bufferLength`	Nombre de secondes de données enregistrées dans la mémoire tampon.
`bytesLoaded`	Nombre d'octets de données ayant été chargés dans le lecteur.
`bytesTotal`	Taille totale, en octets, du fichier chargé dans le lecteur.
`time`	Position de la tête de lecture, en secondes.

L'expression suivante :

```
unFlux.bytesLoaded * 100 / unFlux.bytesTotal
```

calcule le pourcentage d'octets chargés dans le lecteur par rapport au nombre total d'octets contenus dans le fichier. Ce calcul est utilisé pour afficher une barre de progression du chargement d'un fichier vidéo.

L'événement le plus utilisé de la classe NetStream est NetStatusEvent.NET_STATUS. Cet événement est appelé à chaque changement d'état ou chaque fois qu'une erreur est émise pour l'objet NetStream.

L'événement NetStatusEvent.NET_STATUS est utilisé, par exemple, pour détecter la fin de lecture d'une vidéo. La démarche est la suivante :

```
// Définition du gestionnaire d'événement
unFlux.addEventListener(NetStatusEvent.NET_STATUS, quelStatus);
// Action à mener à réception de l'événement
function quelStatus(e:NetStatusEvent):void {
    // Affichage des informations concernant l'état du flux
    trace(e.info.code)
    // Si la lecture de la vidéo est terminée
    if (e.info.code == "NetStream.Play.Stop") {
        // Revenir au point de départ
        unFlux.seek(depart);
        // Mettre en pause le flux
        unFlux.pause();
    }
}
```

Lorsqu'une vidéo est en cours de lecture, un certain nombre d'événements est émis concernant l'état de la lecture de la vidéo. Ainsi, la constante NetStream.Buffer.Empty indique que les données ne sont pas reçues suffisamment rapidement pour commencer la lecture. Le flux de données est interrompu tant que la mémoire tampon n'est pas rechargée. Une fois l'opération terminée, un message NetStream.Buffer.Full est envoyé et la lecture du flux continu reprend. La constante NetStream.Buffer.Stop précise quant à elle que la lecture de la vidéo s'est arrêtée.

La classe Video

Une fois chargé, le flux vidéo ne peut être visualisé qu'au travers d'un objet de type Video que l'on crée de la façon suivante :

```
var laVideo:Video = new Video();
laVideo.attachNetStream(unFlux);
laVideo.x = positionEnX ;
laVideo.y = positionEnY ;
addChild(laVideo);
```

Un objet `laVideo` de type `Video` est créé à l'aide de l'opérateur `new`. Le flux est associé à l'objet `laVideo` en utilisant la méthode `attachNetStream()`. Il est positionné sur la scène en initialisant les propriétés `x` et `y` de l'occurrence `laVideo` aux valeurs souhaitées.

Pour finir, l'affichage de la vidéo est réalisé en plaçant cette dernière dans la liste d'affichage avec `addChild()`.

Un lecteur vidéo

Tout comme un morceau de musique s'écoute, une vidéo se regarde. Dans cet exemple, nous allons reprendre et modifier l'interface utilisateur développée pour le lecteur MP3 afin de visualiser une vidéo chargée en streaming.

Extension web

Vous pourrez tester cet exemple en exécutant le fichier `LecteurVideo.fla`, sous le répertoire `Exemples/chapitre10`. Les fichiers vidéo sont placés dans le répertoire `Exemples/chapitre10/Videos`.

Cahier des charges

L'interface utilisateur fonctionne comme pour le lecteur MP3.

- Le bouton `controleur.lire` lance la lecture de la vidéo.
- Le bouton `controleur.faireUnePause` arrête momentanément la lecture jusqu'à ce que l'utilisateur clique à nouveau sur le bouton `lire`.
- Le bouton `controleur.stopper` arrête la lecture et replace la tête de lecture au début de la vidéo.
- L'occurrence `controleur.curseur` permet de modifier le volume sonore.
- La barre de progression `controleur.barreProgress` visualise le temps de lecture par rapport à la durée totale du film.

Pour en savoir plus

L'objet `controleur` est décrit plus précisément à la section précédente, « Un lecteur MP3 ».

La seule différence réside dans l'ajout d'un écran afin de pouvoir visualiser les vidéos (voir figure 10-6).

Figure 10-6

Un objet Video nommé ecran est ajouté au contrôleur.

Charger une vidéo à la volée

Pour charger une vidéo dynamiquement, nous devons tout d'abord créer un flux vidéo afin de relier la lecture du fichier vidéo avec l'objet de visualisation. Cette opération est réalisée grâce aux instructions suivantes :

```
var depart:Number=0;
// ❶ Créer une connexion
var seConnecter:NetConnection = new NetConnection();
seConnecter.connect(null);
// ❷ Créer un flux
var unFlux:NetStream = new NetStream(seConnecter);
// ❸ Lancer et interrompre la lecture du flux
unFlux.play("Videos/PoissonJour.flv");
unFlux.pause();
```

❶ Le constructeur `NetConnection()` crée l'objet `seConnecter`. La connexion est établie par la méthode `connect()` qui ouvre une connexion locale permettant de lire les fichiers à partir d'une adresse HTTP fournie en paramètre, ou à partir du système local de fichiers, si le paramètre vaut `null`.

> **Remarque**
>
> Pour obtenir une connexion vers un flux vidéo sur une adresse HTTP, vous devez avant tout vérifier si le site l'autorise.

❷ La mise en place du flux s'effectue par l'intermédiaire d'un objet de type `NetStream`, construit à partir de l'objet `seConnecter`.

❸ Une fois la connexion réalisée, nous lançons la lecture du flux avec la méthode `play()` pour l'interrompre immédiatement après avec la méthode `pause()`. La reprise de la lecture s'effectue ensuite lorsque l'utilisateur clique sur le bouton de lecture du contrôleur.

Créer un écran vidéo

Pour visualiser le flux chargé à l'étape précédente, il convient de définir une zone de visualisation à l'aide de la classe `Video`.

L'ajout d'un écran vidéo au clip `controleurClp`, s'effectue très simplement à l'aide des instructions suivantes :

```
// ❶ Définir un support pour visualiser la vidéo
var ecran:Video = new Video();
// ❷ Associer le flux à l'écran
ecran.attachNetStream(unFlux);
// ❸ Positionner l'écran sur la scène
ecran.x = -controleur.width/3 + ecart;
ecran.y = -controleur.height/3 + ecart;
// ❹ Placer l'écran à l'intérieur du contrôleur
controleur.addChild(ecran);
```

L'objet ecran (❶) de type Video est utilisé pour visualiser le flux auquel il est associé, grâce à la méthode (❷) attachNetStream(). Après avoir positionné correctement l'occurrence ecran (❸), cette dernière est ajoutée à la liste d'affichage du controleur (❹) à l'aide de la méthode addChild().

Toutes les manipulations du flux vidéo sont effectuées par la suite sur l'objet unFlux.

Lancer la lecture

La connexion établie, le flux est relié à un objet Video, mais ce n'est pas pour autant que nous visualisons la vidéo !

Pour cela, nous devons lancer la lecture du fichier en cliquant sur le bouton controleur.lire. Le gestionnaire d'événement du bouton s'écrit :

```
controleur.lire.addEventListener(MouseEvent.CLICK, pourLire);
function pourLire(e:MouseEvent):void {
  controleur.stopper.visible = true;
  controleur.faireUnePause.visible = true;
  controleur.lire.visible = false;
  unFlux.resume();
  controleur.bulleProgress.addEventListener(Event.ENTER_FRAME, barreProgresse);
}
```

La méthode resume() reprend la lecture du flux vidéo mis en pause (ici Videos/poissonJour.flv) dès son chargement. La méthode resume() est appliquée à l'objet unFlux, ce qui permet d'envoyer les données contenues dans le fichier vers le flux vidéo qui lui-même est attaché à l'objet de visualisation controleur.ecran.

Faire une pause

Lorsque l'utilisateur clique sur le bouton faireUnePause, la lecture du fichier s'arrête au moment du clic. Le bouton lire remplace le bouton faireUnePause. La lecture de la vidéo reprend son cours si l'utilisateur clique à nouveau sur le bouton lire.

Le gestionnaire de l'événement controleur.faireUnePause s'écrit comme suit :

```
// Le bouton Pause
controleur.faireUnePause.addEventListener(MouseEvent.MOUSE_UP, pourFaireUnePause);
function pourFaireUnePause(e:MouseEvent):void {
  unFlux.pause();
  controleur.lire.visible = true;
  controleur.faireUnePause.visible = false;
  controleur.stopper.visible=false;
  controleur.stopper.visible = true;
}
```

La méthode `pause()` interrompt la lecture d'un flux la première fois qu'elle est appelée. Au prochain appel, la lecture reprend son cours là où elle s'était arrêtée.

> **Remarque**
>
> Faire une pause sur un flux vidéo se traite d'une façon totalement différente de faire une pause sur un flux sonore. Ici, nous n'avons pas besoin de connaître le temps écoulé depuis le début de la lecture de la vidéo. La méthode `pause()` gère d'elle-même la position courante de la tête de lecture.

La reprise de la lecture du flux vidéo est réalisée par le bouton `lire` grâce à la méthode `resume()` qui fait en sorte que la vidéo reprenne son cours à l'endroit où l'utilisateur l'avait arrêtée en cliquant sur le bouton `faireUnePause`.

Arrêter la lecture

Tout comme pour la musique, il existe deux façons d'arrêter la lecture d'une vidéo :

- soit l'utilisateur clique de lui-même sur le bouton `stopper`. Dans cette situation, le comportement de l'interface utilisateur est décrit par le gestionnaire d'événement de l'objet `controleur.stopper` ;

- soit la tête de lecture arrive à la fin du fichier vidéo. Le comportement de l'interface utilisateur est décrit ici par le gestionnaire d'événement `NetStatusEvent.NET_STATUS`.

Observons cependant que, dans chacune de ces deux situations, le fonctionnement de l'interface utilisateur est identique : les deux boutons `faireUnePause` et `stopper` s'effacent et le bouton `lire` réapparaît.

Nous avons donc rassemblé l'ensemble des instructions réalisant ces opérations au sein de la fonction `remiseAZero()` comme suit :

```
function remiseAZero():void {
   unFlux.pause();
   unFlux.seek(0);
   controleur.lire.visible = true;
   controleur.faireUnePause.visible = false;
   controleur.stopper.visible=false;
}
```

La méthode `seek()` a pour résultat de replacer la tête de lecture en début de fichier, puisque 0 est placé en paramètre de la méthode.

Les deux gestionnaires `controleur.stopper.` et `NetStatusEvent.NET_STATUS` font ensuite appel à la méthode `remiseAZero()` comme suit :

```
controleur.stopper.addEventListener(MouseEvent.MOUSE_UP, pourStopper);
function pourStopper(e:MouseEvent):void {
   // Revenir au point de départ et mettre en pause le flux
   remiseAZero();
}
unFlux.addEventListener(NetStatusEvent.NET_STATUS, quelStatus);
```

```
function quelStatus(e:NetStatusEvent):void {
  // Si la lecture de la vidéo est terminée
  if (e.info.code == "NetStream.Play.Stop") {
    // Revenir au point de départ et mettre en pause le flux
    remiseAZero();
  }
}
```

La détection de la fin du fichier vidéo est réalisée par le gestionnaire d'événement NetStatusEvent.NET_STATUS. Les messages émis par le flux vidéo sont accessibles par l'intermédiaire de l'objet e passé en paramètre de l'action quelStatus(). La propriété à examiner a pour nom info.code.

Lorsque le fichier est lu dans sa totalité, le code reçu par le gestionnaire NetStatusEvent.NET_STATUS est NetStream.Play.Stop. Ainsi, grâce au test :

```
if (e.info.code == "NetStream.Play.Stop")
```

l'application lecteurVideo détecte d'elle-même la fin du fichier. Elle replace alors la tête de lecture en début de fichier et réinitialise l'interface utilisateur.

Changer le volume

La gestion du volume sonore s'effectue par l'intermédiaire de l'objet controleur.curseur.

Les instructions réalisant l'association déplacement du curseur-changement du volume sonore sont identiques à celles utilisées par le lecteur MP3, seul l'objet sur lequel est appliqué le changement du volume sonore diffère. Ce n'est plus ici l'objet canal mais unFlux qui est impliqué dans la transformation. La méthode qui associe déplacement du curseur et modification du volume sonore est la suivante :

```
function auDeplacement(e:MouseEvent):void {
  volumeSon = (controleur.curseur.x -initX)/longueur;
  changeVolume.volume = volumeSon;
  unFlux.soundTransform = changeVolume;
}
// Voir ensuite le code source du lecteur MP3
```

La gestion du niveau sonore s'effectue ensuite comme pour le lecteur MP3 (voir section « Un lecteur MP3 », paragraphe « Changer le volume »).

Voir la lecture progresser

La mise en place de la barre de progression de la lecture s'effectue en calculant le temps de lecture par rapport à la durée totale de la vidéo. Le temps de lecture en cours est obtenu par la propriété time de l'objet unFlux.

Le temps total est, pour notre exemple, enregistré dans la variable tempsTotal. Cette dernière est une variable globale déclarée et initialisée à une valeur moyenne des vidéos présentées en exemple.

L'effet de progression dans le temps est obtenu en augmentant la dimension horizontale de la ligne, grâce à la propriété scaleX de l'objet bulleProgress comme suit :

```
controleur.bulleProgress.addEventListener(Event.ENTER_FRAME, barreProgresse);
function barreProgresse(e:Event):void {
  controleur.bulleProgress.scaleX = unFlux.time/tempsTotal;
}
```

Pour visualiser le changement d'échelle de l'occurrence bulleProgress, le gestionnaire d'événement Event.ENTER_FRAME n'est appelé que lorsque la vidéo est lue, c'est-à-dire quand l'utilisateur a cliqué sur le bouton controleur.lire. Le gestionnaire d'événement Event.ENTER_FRAME est donc placé à l'intérieur du gestionnaire MouseEvent.CLICK associé au bouton controleur.lire.

Lorsque la vidéo cesse d'être lue soit parce que la fin est atteinte, soit parce que l'utilisateur a cliqué sur le bouton stopper ou faireUnePause, la barre de progression cesse d'avancer.

Pour chacun de ces cas, nous détruisons le gestionnaire d'événement Event.ENTER_FRAME en utilisant l'instruction :

```
if ( controleur.bulleProgress != null) {
  controleur.bulleProgress.removeEventListener(Event.ENTER_FRAME, barreProgresse);
}
```

Cette instruction est placée dans la fonction remiseAZero().

Lorsque la vidéo arrive à sa fin ou si elle est arrêtée parce que l'utilisateur a cliqué sur le bouton stopper, la barre de progression doit revenir à sa position initiale.

Pour cela, nous plaçons l'instruction :

```
controleur.bulleProgress.scaleX=0.01;
```

à l'intérieur de la fonction remiseAZero() afin de rendre la ligne si petite qu'elle en devient invisible.

Le texte

Après le son et la vidéo, nous examinons comment importer, dans une animation, une information enregistrée dans un fichier texte.

Le chargement dynamique de contenu textuel est très utilisé pour modifier le contenu d'un site, par exemple, sans avoir à entrer directement dans le fichier source de l'application (fichier d'extension .fla).

Il existe plusieurs formes de données textuelles :

• il y a le simple texte formant un contenu chargé de sens. Ce sont par exemple les articles de journaux, les poésies ou encore un paragraphe de ce livre. Nous étudions le chargement texte éditorial à la section « Charger un texte à la volée » ci-après ;

- les fichiers texte peuvent également contenir une information manipulable sous la forme de paires variable-valeur. Cette forme de fichier est très utile pour envoyer des données à l'application en cours d'exécution. Ces données sont utilisées pour indiquer à l'application les ressources dont elle a besoin pour afficher son contenu (couleur, type de fonte…). Nous analysons le chargement de variables à la section « Charger des variables et leur valeur » ci-après.

L'intégration de données textuelles au sein d'une animation est réalisée par l'intermédiaire de la classe URLLoader. Tout comme la classe Sound ou NetStream, la classe URLLoader est composée de méthodes, de propriétés et de gestionnaires d'événements. Nous les étudions ci-après à partir d'exemples permettant l'affichage d'un texte dans une fenêtre munie d'une scrollBar (voir section « Charger un texte à la volée ») ou la création de photos affichant des informations lues depuis un fichier externe (voir section « Charger des variables et leur valeur »).

Charger un texte à la volée

L'objectif de ce premier exemple est d'afficher une zone de texte munie d'une barre de défilement (scrollBar) sur sa droite. Le texte affiché est lu à partir d'un fichier texte enregistré dans le répertoire Textes.

> **Extension web**
>
> Vous pourrez tester cet exemple en exécutant le fichier LireUnTexte.fla, sous le répertoire Exemples/chapitre10. Les fichiers texte sont placés dans le répertoire Exemples/chapitre10/Textes.

La mise en place de cet exemple s'effectue en plusieurs temps. Les étapes consistent à :

- créer un format d'affichage définissant la fonte, la taille et la couleur des caractères ;
- créer une zone de texte par programme et l'associer à une scrollBar ;
- charger le texte lu depuis un fichier externe dans la zone de texte.

Créer un format d'affichage

La création d'un format de texte est réalisée par l'intermédiaire de la classe TextFormat et de son constructeur, puis en modifiant les propriétés souhaitées de l'objet créé comme suit :

```
// Créer un format de texte
var unFormat:TextFormat = new TextFormat();
// Modifier les propriétés du format de texte
unFormat.font = "Arial";
unFormat.size = 14;
unFormat.align = "left";
unFormat.color = 0x333333;
```

L'objet unFormat est créé à l'aide du constructeur TextFormat(). L'utilisation du format unFormat, tel qu'il est défini, a pour conséquence d'afficher le texte en Arial de taille 14, avec un alignement à gauche. La couleur du texte est gris foncé.

Pour résumer, les propriétés les plus courantes d'un format de texte sont les suivantes :

Tableau 10-7 – Les propriétés les plus utilisées d'un TextFormat

Propriétés	Opération
font	font est une chaîne de caractères indiquant le nom de la police de caractères à utiliser.
size	size est un nombre définissant la taille, en points, de la police de caractères.
color	color est un nombre en hexadécimal définissant la couleur de la police.
bold	bold est un booléen. S'il vaut true, les caractères sont affichés en gras.
italic	italic est un booléen. S'il vaut true, les caractères sont affichés en italique.
underline	underline est un booléen. S'il vaut true, les caractères sont soulignés.
align	align est utilisé pour aligner à gauche, à droite, centrer ou justifier le texte. Ces alignements sont définis respectivement par les constantes left, right, center et justify.
leftMargin	leftMargin est une valeur numérique précisant en nombre de points la taille de la marge gauche.
rightMargin	rightMargin est une valeur numérique précisant en nombre de points la taille de la marge droite.

Créer une zone de texte

La création et la modification des propriétés d'une zone de texte sont réalisées par les instructions suivantes :

```
// ❶ Créer une zone de texte
var unTexte:TextField = new TextField();
// Positionner le champ de texte
unTexte.x = largeurFixe/4 ;
unTexte.y = hauteurFixe/3 ;
// Définir la taille de la zone de texte
unTexte.width = 2*largeurFixe/3;
unTexte.height = hauteurFixe/4;
// ❷ Modifier le format du texte
unTexte.defaultTextFormat = unFormat;
// ❸ Modifier les propriétés de la zone de texte
unTexte.selectable = false;
unTexte.wordWrap = true;
unTexte.multiline = true;
unTexte.background = false;
unTexte.border = false;
unTexte.type = "dynamic";
// Afficher la zone de texte
addChild(unTexte);
```

❶ La zone de texte est créée à partir de la classe `TextField`. L'occurrence `unTexte` est créée en utilisant l'opérateur `new`. La zone de texte est positionnée sur la scène, en modifiant les propriétés `x` et `y` de l'objet `unTexte`. `largeurFixe/4` et `hauteurFixe/3` sont des valeurs indiquant les coordonnées sur l'axe des X et des Y du nouveau champ de texte. La taille de la zone de texte est définie en modifiant les propriétés `width` et `height` de l'objet `unTexte` qui déterminent la largeur et la hauteur du nouveau champ de texte, respectivement.

❷ La définition de format d'affichage de la zone de texte est mise en place en modifiant la propriété `defaultTextFormat` de la zone de texte `unTexte`. Ici, la zone de texte a pour format d'affichage le format `unFormat` défini à l'étape précédente.

❸ Les propriétés les plus courantes d'une zone de texte sont les suivantes :

Tableau 10-8 – Les propriétés les plus courantes d'un TextField

Propriétés	Opération
type	`type` définit le type de la zone de texte. S'il vaut `dynamic`, la zone de texte ne peut être modifiée par l'utilisateur, et s'il vaut `input` la zone de texte devient un champ de saisie.
border	`border` est un booléen qui indique si la zone de texte contient une bordure (`true`) ou non (`false`).
background	`background` est un booléen qui indique si la zone de texte possède un fond (`true`) ou non (`false`).
password	`password` est un booléen qui indique si la zone de texte est un champ de saisie de mot de passe (`true`). Dans ce cas, la saisie des caractères est masquée. Lorsque le mode mot de passe est activé, les commandes `Couper` et `Copier` et leurs raccourcis clavier ne fonctionnent pas.
multiline	`multiline` est un booléen qui indique si la zone de texte est multiligne (`true`) ou sur une seule ligne (`false`).
selectable	`selectable` est un booléen qui indique si une zone de texte est sélectionnable (`true`). Si `selectable` est `false`, le texte ne peut être sélectionné ni à la souris ni au clavier ni avec Ctrl+C.
wordWrap	`wordWrap` est un booléen qui indique si la zone de texte comporte un retour à la ligne (`true`).
mouseWheelEnable	`mouseWheelEnable` est un booléen qui indique si le lecteur Flash doit automatiquement faire défiler une zone de texte multiligne lorsque le pointeur de la souris clique sur la zone de texte et que l'utilisateur actionne la molette de la souris. Par défaut, cette valeur est `true`.
restrict	`restrict` indique le jeu de caractères qu'un utilisateur peut saisir dans une zone de texte de saisie. Si la valeur de la propriété `restrict` est `null`, vous pouvez entrer n'importe quel caractère. Si c'est une chaîne vide, aucun caractère ne peut être entré. Si c'est une chaîne de caractères, vous ne pouvez entrer que les caractères de la chaîne dans la zone de texte.
maxChars	`maxChars` est un nombre qui indique le nombre maximal de caractères qu'une zone de texte peut contenir.

Créer une barre de défilement

Pour mettre en place une barre de défilement, nous utilisons le composant `fl.controls.UIScrollBar` proposé par l'environnement Flash. Les instructions de création d'une barre de défilement sont les suivantes :

```
// Importer le composant UIScrollBar
import fl.controls.UIScrollBar;
// ❶ Créer un composant mx.controls.UIScrollBar
var uneScrollBarre:UIScrollBar = new UIScrollBar();
// ❷ Attacher la barre de défilement au texte
uneScrollBarre.scrollTarget = unTexte;
uneScrollBarre.height = unTexte.height;
uneScrollBarre.move(unTexte.x + unTexte.width+5, unTexte.y);
// Afficher la barre de défilement
addChild(uneScrollBarre);
```

❶ L'objet `uneScrollBarre` est créé en utilisant le constructeur de la classe `UIScrollBar`.

Remarque

L'objet `fl.controls.UIScrollBar` doit être défini dans la bibliothèque de votre application. Pour cela, il vous suffit d'ouvrir le panneau Composant (ctrl + F7 ou commande + F7) et de faire glisser le composant `UIScrollBar` sur la scène. Le composant est alors enregistré dans la bibliothèque. Vous devez supprimer l'occurrence placée sur la scène.

---

❷ L'objet `uneScrollBarre` est associé à la zone de texte par l'intermédiaire de la propriété `scrollTarget`. La propriété `height` ajuste ensuite la taille (en hauteur) de la barre de défilement à la zone de texte. La méthode `move()`, quant à elle, positionne la barre de défilement à droite de la zone de texte (`unTexte.x + unTexte.width`) et à la même hauteur (`unTexte.y`).

Lire le texte à partir d'un fichier

La zone de texte munie d'une barre de défilement et d'un format d'affichage est définie. Il ne nous reste plus qu'à lire le fichier contenant le texte, pour le placer dans la zone de texte. Ces opérations sont réalisées par les instructions suivantes :

```
// ❶ Création d'un objet de type URLLoader
var infosTexte:URLLoader = new URLLoader();
infosTexte.load(new URLRequest("Textes/LaProgrammationObjet.txt"));
// ❷ Définition du gestionnaire Event.COMPLETE
infosTexte.addEventListener(Event.COMPLETE, auChargement);

function auChargement(e:Event):void {
   unTexte.text = URLLoader(e.target).data;
  uneScrollBarre.update();
}
```

❶ Le chargement dynamique d'un fichier texte est réalisé par la classe `URLLoader`. Le constructeur `URLLoader()` crée un objet `infosTexte` qui fournit les outils nécessaires pour récupérer les informations stockées dans un fichier. La méthode `load()` est le premier outil à utiliser pour charger les informations contenues dans le fichier dont le chemin d'accès est indiqué en paramètre du constructeur `URLRequest("Textes/LaProgrammationObjet.txt")`.

Remarque

Le fichier `LaProgrammationObjet.txt` ne contient rien d'autre que le texte à afficher. Il est enregistré en utilisant le codage UTF-8( ).

---

❷ Le gestionnaire d'événement `Event.COMPLETE` est invoqué lorsque les données sont chargées. Le texte contenu dans le fichier est enregistré dans la zone de texte dynamique `unTexte.text`, créée précédemment. La barre de défilement est associée au texte nouvellement chargé grâce à la méthode `update()` appliquée à l'objet `uneScrollBarre`.

Charger des variables et leur valeur

Les fichiers texte peuvent également contenir une information manipulable sous la forme de paires variable-valeur. Cette forme de fichier est très utile pour transmettre, en cours d'exécution, des valeurs utilisées par l'application.

Le chargement de variables et des valeurs associées fait également appel à la classe `URLLoader`. Les informations sont enregistrées dans un fichier texte, codées au format UTF-8.

Pour spécifier au lecteur Flash, quelles sont les variables et quelles sont les valeurs associées, les informations doivent être écrites avec une syntaxe bien précise, encodée à la manière d'une URL.

Par exemple, pour définir les données d'une personne, la syntaxe est la suivante :

```
prenom=Elena&nom=T%2E&dateNaissance=16%2F04%2F1993
```

Les noms des variables sont toujours précédés du signe `&` (excepté le nom de la première variable) et la valeur associée est précédée du signe `=`. Ici nous avons trois variables `prenom`, `nom` et `dateNaissance` qui contiennent respectivement `Elena`, `T.` et `16/04/1993`.

Remarque

Tout caractère qui n'est pas un chiffre ou une lettre de l'alphabet (non accentué) ou un espace, doit être converti en une séquence d'échappement hexadécimal. Ainsi le caractère `"."` a pour séquence `%2E`, le caractère `"/"` a pour séquence `%2F`.

La liste des séquences les plus courantes est la suivante :

Tableau 10-9 – Les séquences hexadécimales les plus courantes

Caractère	Séquence	Caractère	Séquence	Caractère	Séquence
<espace>	%20 ou +	*	%2A	>	%3E
!	%21	+	%2B	?	%3F %
"	%22	`	%2C	@	%40
#	%23	-	%2D	[	%5B
$	%24	.	%2E	\	%5C
%	%25	/	%2F	]	%5D
&	%26	:	%3A	^	%5E
'	%27	;	%3B	_	%5F
(	%28	<	%3C	|	%7C
)	%29	=	%3D	~	%7C

Les données sont lues et interprétées comme étant de type String, il n'est donc pas besoin de placer les valeurs Elena, T. et 16/04/93 entre guillemets.

Lire un jeu de données

Examinons sur un exemple simple, comment lire le fichier de données Elena.txt contenant la ligne :

```
prenom=Elena&nom=T%2E&dateNaissance=16%2F04%2F1993
```

L'objectif est de lire les données enregistrées dans le fichier Elena.txt et d'afficher la photo correspondante. Une zone de texte précisant le nom du fichier contenant les informations est placée sous la photo (voir figure 10-7). Si le fichier n'a pu être chargé, la zone de texte affiche « Impossible de charger : Textes/Elena.txt ».

Extension web

Vous pourrez tester cet exemple en exécutant le fichier LireDesValeurs.fla, sous le répertoire Exemples/chapitre10. Les fichiers texte sont placés dans le répertoire Exemples/chapitre10/Textes.

Figure 10-7

Les données d'une personne sont chargées depuis un fichier extérieur à l'application.

Lire le fichier de données

La lecture des données s'effectue de la même façon que la lecture d'un fichier de texte. Elle est réalisée par l'intermédiaire d'un objet de type URLLoader. Les données sont chargées à l'appel de la méthode load() qui prend en paramètre le nom du fichier à lire, *via* le constructeur de la classe URLRequest().

La récupération des variables et des valeurs s'écrit alors comme suit :

```
var uneInfo:URLLoader = new URLLoader();
// ❶ Le texte chargé est traité comme variable
uneInfo.dataFormat = URLLoaderDataFormat.VARIABLES;
uneInfo.load(new URLRequest("Textes/Elena.txt"));
// ❷ Définition du gestionnaire Event.COMPLETE
uneInfo.addEventListener(Event.COMPLETE, auChargement);

function auChargement(e:Event):void {
  var donneesChargees:URLLoader = URLLoader(e.target);
  var uneFille:Personne = new Personne(donneesChargees.data.prenom,
                                donneesChargees.data.nom,
                                donneesChargees.data.dateNaissance);
  uneFille.x = largeurFixe/2 - taillePhoto;
  uneFille.y = (hauteurFixe - taillePhoto)/2;
  addChild(uneFille);
  // ❸ Afficher une information
  afficherTexte("Infos chargées depuis Textes/Elena.txt",
              largeurFixe/2 - taillePhoto,
              (hauteurFixe +taillePhoto)/2);
}
// ❹ Définition du gestionnaire IOErrorEvent.IO_ERROR
uneInfo.addEventListener(IOErrorEvent.IO_ERROR, siErreur);
function siErreur(e:Event):void {
  afficherTexte("Impossible de charger Textes/Elena.txt",
              largeurFixe/2 - taillePhoto,
              (hauteurFixe +taillePhoto)/2);
}
```

❶ L'occurrence uneInfo doit être configurée pour que le texte chargé soit interprété non pas comme un simple texte mais, comme des variables encodées comme une URL. Pour cela, nous initialisons la propriété dataFormat avec la constante URLLoaderDataFormat.VARIABLES.

❷ Lors du chargement des données *via* la méthode load(), le gestionnaire d'événement Event.COMPLETE est utilisé pour charger les données. Si le chargement des données s'est bien déroulé, un objet uneFille de type Personne, est créé en utilisant les informations – nom, prénom et date de naissance – lues dans le fichier Elena.txt et en les plaçant en paramètres du constructeur Personne(). En cas de difficulté de chargement, un événement de type IOErrorEvent.IO_ERROR est émis (voir ❹).

Les termes donneesChargees.data.prenom, donneesChargees.data.nom et donneesChargees.data.dateNaissance sont définis à partir des noms de variables décrits dans le fichier texte (terme précédé du signe &). Les valeurs qu'elles contiennent sont également fournies par le fichier texte (terme précédé du signe =).

Une fois l'objet uneFille créé, il est positionné sur la scène puis affiché par l'intermédiaire de la méthode addChild().

❸ La méthode afficherTexte(), décrite ci-après, est utilisée pour afficher un message dans une zone de texte. Ce message confirme ou infirme le bon déroulement du chargement des données.

❹ Lorsque le lecteur Flash rencontre une erreur fatale entraînant l'arrêt du téléchargement, un événement de type IOErrorEvent.IO_ERROR est émis. La méthode siErreur() est exécutée pour afficher un texte indiquant l'échec du chargement des données.

La méthode afficherTexte()

La méthode afficherTexte() reprend les instructions de création de format de texte et de zone de texte décrites à la section « Charger un texte à la volée » de ce chapitre.

```actionscript
// ❶ Création du format
var unFormat:TextFormat = new TextFormat();
unFormat.font = "Arial";
unFormat.size=14;
unFormat.align="left";
unFormat.color=0x333333;
// ❷ Définition de la méthode afficherTexte()
function afficherTexte(leTexte:String, nx:Number, ny:Number):void {
  // Créer un champ de texte à la volée
  var unTexte:TextField = new TextField();
  // Modifier le format de texte par défaut
  unTexte.defaultTextFormat = unFormat;
  // Positionner le champ de texte
  unTexte.x=nx ;
  unTexte.y=ny ;
  unTexte.width = taillePhoto+ecart;
  unTexte.height =  taillePhoto;
  unTexte.selectable = false;
  unTexte.wordWrap = true;
  unTexte.multiline = true;
  unTexte.background = false;
  unTexte.border = false;
  unTexte.type = "dynamic";
  unTexte.text = leTexte;
  addChild(unTexte);
}
```

❶ Le format de texte `unFormat` est défini comme variable globale du script. Pour éviter de créer le même format d'affichage à chaque appel de la méthode, il n'est pas conseillé d'inclure ces instructions dans la méthode `afficherTexte()`.

❷ Le premier paramètre de la méthode (`leTexte`) contient le message à afficher dans la zone de texte à créer. Les paramètres `nx` et `ny` sont utilisés pour placer la zone de texte sur la scène.

Structurer les données

Lorsque les données sont chargées dans un objet de type `LoadVars`, les variables portant le même nom sont écrasées au fur et à mesure du chargement. Ainsi, par exemple, si les données :

```
prenom=Elena&nom=T%2E&dateNaissance=16%2F04%2F1993
```

```
prenom=Nicolas&nom=C%2E&dateNaissance=10%2F07%2F1996
```

sont enregistrées dans le même fichier ressources, seules les informations concernant `Nicolas` seront retenues. Les variables (`prenom`, `nom`...) portant le même nom, le prénom `Nicolas`, vient effacer le prénom `Elena`, le nom `C`. efface `T`....

Remarque

Nous appelons un « fichier ressource », un fichier contenant des informations dont l'objectif est de modifier la présentation de l'animation en cours d'exécution.

Si l'on souhaite afficher plusieurs personnes à partir de données fournies par un fichier ressources, nous devons :

- soit créer des noms de variables différents, par exemple :

```
p0=Elena&n0=L%2&dn0=16%2F04%2F1993
```

```
p1=Nicolas&n1=C%2&dn1=10%2F07%2F1996
```

- soit créer un fichier `Repertoire.txt` contenant les noms des fichier ressources, par exemple :

```
contact1=Elena&contact2=Nicolas
```

Puis lire chaque fichier relatif aux contacts enregistrés dans le fichier `Repertoire.txt` (soit `Elena.txt` et `Nicolas.txt`).

Chacune des deux méthodes ayant ses avantages et ses inconvénients, nous avons choisi de vous présenter une implémentation de la seconde solution.

Extension web

Vous pourrez tester cet exemple en exécutant le fichier `LireUnEnsembleDeDonnees.fla`, sous le répertoire `Exemples/chapitre10`. Les fichiers texte sont placés dans le répertoire `Exemples/chapitre10/Textes`.

Le fichier Repertoire.txt et les autres

Le fichier `Repertoire.txt` contient les informations suivantes :

```
contact1=Elena&contact2=Nicolas
```

Le fichier `Elena.txt` :

```
prenom=Elena&nom=T%2E&dateNaissance=16%2F04%2F1993
```

Le fichier `Nicolas.txt` :

```
prenom=Nicolas&nom=C%2E&dateNaissance=10%2F07%2F1996
```

La lecture du fichier `Repertoire.txt` et le chargement des données sont réalisés par le jeu d'instructions suivant :

```
uneInfo.load(new URLRequest("Textes/Repertoire.txt"));
uneInfo.dataFormat = URLLoaderDataFormat.VARIABLES;
uneInfo.addEventListener(Event.COMPLETE, auChargementRepertoire);
function auChargementRepertoire(e:Event):void {
  var donneesChargees:URLLoader = URLLoader(e.target);
  // Afficher les infos de contact1
  lireEtAfficherInfo("Textes/"+donneesChargees.data.contact1+".txt",
                     largeurFixe/2 - taillePhoto - ecart,
                     (hauteurFixe - taillePhoto)/2);
  // Afficher les infos de contact2
  lireEtAfficherInfo("Textes/"+donneesChargees.data.contact2+".txt",
                     largeurFixe/2 + ecart,
                     (hauteurFixe- taillePhoto)/2);
}
```

Les variables `donneesChargees.data.contact1` et `donneesChargees.data.contact2` contiennent les prénoms des deux personnes dont on souhaite afficher la photo. Ces variables sont utilisées pour définir le chemin d'accès aux fichiers contenant les informations relatives à chacune des personnes à créer (`Textes/"+donneesChargees.data.contact1+".txt`).

La méthode `lireEtAfficherInfo()` est ensuite utilisée pour créer et afficher les photos des personnes enregistrées dans le répertoire.

La méthode lireEtAfficherInfo()

```
function lireEtAfficherInfo(nomFichier:String, nx:Number, ny:Number):void {
  var tmp:URLLoader = new URLLoader();
  tmp.addEventListener(Event.COMPLETE, auChargement);
  tmp.load(new URLRequest(nomFichier));
  tmp.dataFormat = URLLoaderDataFormat.VARIABLES;
  tmp.addEventListener(IOErrorEvent.IO_ERROR, siErreur);
  function auChargement(e:Event):void {
```

```
     var donneesChargees:URLLoader = URLLoader(e.target);
     var unePersonne:Personne = new  Personne(donneesChargees.data.prenom,
                                      donneesChargees.data.nom,
                                      donneesChargees.data.dateNaissance);
     unePersonne.x = nx;
     unePersonne.y = ny;
     afficherTexte("Infos chargées depuis " + nomFichier, nx, ny +taillePhoto);
     addChild(unePersonne);
   }
  function siErreur(e:Event):void {
    afficherTexte("Impossible de charger : " + nomFichier, nx, ny+taillePhoto);
  }
 }
```

La méthode lireEtAfficherInfo() reprend la même technique de lecture du fichier ressources, technique présentée au cours de la section « Lire un jeu de données » de ce chapitre. Elle est appelée deux fois au sein du gestionnaire d'événement auChargementRepertoire().

- La première fois, pour lire le fichier Textes/Elena.txt. Si les données sont correctement chargées, la méthode affiche la photo d'Éléna à l'aide du constructeur de la classe Personne et une zone de texte indiquant l'emplacement du fichier ressources (afficherTexte()).

- La seconde fois, pour lire le fichier Textes/Nicolas.txt. Si les données sont correctement chargées, la méthode affiche la photo de Nicolas et une zone de texte indiquant l'emplacement du fichier ressources (afficherTexte()).

Remarque

Les deux actions auChargement() et siErreur() sont définies à l'intérieur de la méthode lireEtAfficherInfo(). De cette façon, les paramètres nomFichier, nx et ny sont connus des deux actions et varient en fonction du contact à afficher.

Le fait d'ajouter un nouveau contact, dans le fichier Repertoire.txt, nous oblige à modifier le gestionnaire auChargementRepertoire() pour y insérer un nouvel appel à la méthode lireEtAfficherInfo(). Il n'est donc pas possible d'automatiser l'ajout de données externes à une animation sans intervenir dans le code source.

La mise en place de fichiers ressources composés de données écrites sous la forme de paires variable-valeur n'est pas toujours des plus simples. Si les données à traiter sont plus complexes ou plus imbriquées, leur manipulation par l'intermédiaire d'un simple gestionnaire Event.COMPLETE devient très vite un casse-tête chinois.

Au cours de la section suivante, nous observons combien l'utilisation du format de fichier XML simplifie la gestion dynamique des données.

XML, ou comment organiser des données

Nous venons de l'observer une nouvelle fois, la structure d'un programme, son efficacité et sa simplicité d'utilisation dépendent fortement de la structure des données et des outils proposés pour les manipuler. Dans cette section, nous étudions le format XML et observons combien son organisation facilite la mise en place d'applications dynamiques.

Le format XML (*eXtensible Markup Language*) est un langage de description de données, formé de balises propres au développeur. Il permet d'enregistrer des informations dans une structure logique relativement simple et facilement accessible par le lecteur Flash.

Nous utilisons tous les jours des données structurées :

* lorsque nous prenons un livre, nous savons que ce dernier contient des informations comme le titre, le nom de l'auteur, le nom de l'éditeur, etc. Un livre possède également une quatrième de couverture, des chapitres, des sections, une table des matières, un index… ;

* lorsque nous ouvrons un répertoire, nous nous attendons à trouver une liste de personnes possédant chacune une ou plusieurs adresses, un ou plusieurs numéros de téléphone et des caractéristiques propres.

Le format ainsi que l'organisation des données sont propres aux objets utilisés. Ils nous assurent que l'information est rapidement accessible, interprétée et comprise. Ainsi, nous ne cherchons pas le numéro de téléphone d'un ami dans le sommaire de notre roman préféré.

XML en quelques mots

Le format XML offre la possibilité d'organiser les données en les nommant et les agençant selon une hiérarchie propre à la structure que nous souhaitons mettre en place. Pour cela, le langage XML utilise une syntaxe assez proche du langage HTML, composée de balises et d'attributs.

Pour simplifier notre exposé, nous examinons ces concepts à partir d'exemples qui vous permettront de mieux comprendre la structure générale d'un fichier XML et son utilisation sous Flash.

Structure d'un fichier XML

Un fichier XML est constitué de balises. Leur nom est choisi par vos propres soins en fonction de ce que vous souhaitez décrire. Par exemple, pour réaliser un répertoire téléphonique, la toute première balise peut s'écrire :

```
<Repertoire>
        Description des personnes avec leurs numéros de téléphone
</Repertoire>
```

Pour signifier qu'un mot est une balise, nous l'entourons des signes < et >. La balise `<Repertoire>` est appelée balise ouvrante, et la balise `</Repertoire>`, balise fermante. Le couple `<Repertoire>` `</Repertoire>` s'appelle un nœud.

La description des personnes contenues dans le répertoire s'effectue également par l'intermédiaire de balises comme suit :

```
<Repertoire>
  <Personne nom="T." prenom="Elena" dateNaissance="16/04/1993" />
  <Personne nom="C." prenom="Nicolas" dateNaissance="10/07/1996" />
  <Personne nom="Y." prenom="Margoline" dateNaissance="22/02/1974" />
  <Personne nom="R." prenom="Lamy" dateNaissance="18/01/1970" />
</Repertoire>
```

Dans cet exemple, observons que :

- l'ensemble des balises `<Personne … />` est placé à l'intérieur du nœud `<Repertoire>` `</Repertoire>`. On dit alors que le nœud `<Repertoire>` `</Repertoire>` constitue le nœud racine du fichier XML ;

> **Remarques**
> Un fichier XML ne peut et ne doit contenir qu'un seul nœud racine. Toute nouvelle balise doit être insérée à l'intérieur du nœud racine.

- les balises `<Personne … />` sont considérées comme les nœuds enfants du nœud racine `<Repertoire>` `</Repertoire>`. Dans cet exemple, le nœud racine possède quatre nœuds enfants (`Elena`, `Nicolas`, `Margoline` et `Lamy`).

   Un fichier XML définit donc une arborescence constituée d'un nœud racine et de nœuds enfants, eux-mêmes pouvant définir également de nouveaux nœuds enfants ;

- les termes `nom`, `prenom` et `dateNaissance` définis au sein du nœud `<Personne… />` sont appelés des « attributs ». Chaque nœud peut en posséder un nombre illimité. Ils sont utilisés pour transmettre des paires variable-valeur à l'application Flash (voir section « Lire un fichier XML » plus loin dans ce chapitre).

Règles syntaxiques

L'écriture et la construction d'un fichier XML sont régies par un certain nombre de règles qu'il convient de suivre, sous peine d'obtenir des erreurs de syntaxe et/ou des erreurs d'interprétation lors du chargement du fichier par le lecteur Flash.

Les règles d'écriture d'un fichier XML sont les suivantes :

- quel que soit le mode de saisie du fichier XML, ce dernier doit être enregistré en utilisant le codage UTF-8. Pour cela, vous devez examiner attentivement les options d'enregistrement lors de la première sauvegarde du fichier ;

- un fichier XML a pour extension `.xml` ;

- aucune balise ne peut commencer par XML ;
- l'utilisation des majuscules et/ou minuscules doit être respectée entre les balises ouvrante et fermante ;
- à chaque balise ouvrante doit correspondre une balise fermante ;
- il ne peut y avoir qu'un seul nœud racine ;
- l'insertion d'espace, de tabulation et de saut de ligne n'a aucune influence sur la bonne lecture des données.

En respectant chacune de ces quelques règles, vous vous assurez de construire une arborescence XML cohérente et d'écrire un fichier XML au bon format.

Lire un fichier XML

Maintenant que nous savons construire une arborescence XML, examinons comment récupérer les informations qu'elle contient sous Flash.

Le chargement et la gestion de données XML au sein d'un script ActionScript s'effectuent par l'intermédiaire des classes URLLoader et XML.

Les classes XML

La classe XML permet d'analyser, de créer et de manipuler des arborescences de documents XML.

Propriétés et méthodes de la classe XML

Les propriétés et méthodes les plus couramment utilisées sont les suivantes :

Tableau 10-10 – Les propriétés et méthodes les plus utilisées de la classe XML

Propriétés	Opération
ignoreWhitespace)	Si la propriété ignoreWhitespace vaut true, les caractères « espace » placés au début et à la fin des balises de texte sont ignorés lors de l'analyse de l'arbre XML.
XML()	Constructeur de la classe XML, il retourne l'adresse d'un objet sur lequel pourront s'appliquer les méthodes décrites ci-après.
attribute()	Renvoie la valeur de l'attribut correspondant au nom passé en paramètre de la méthode.
attributes()	Renvoie la liste des attributs associés à l'objet XML sur lequel est appliqué la méthode.
contains()	Compare l'objet XML à la valeur passée en paramètre. La méthode renvoie true s'il y a correspondance.
elements()	Décrit les éléments d'un objet XML. Un élément se compose d'une balise de début et d'une balise de fin,
name()	Indique le nom complet de l'objet XML.
toString()	Renvoie l'objet XML sous forme de chaîne.

Parcourir une liste d'éléments XML

Les données XML sont rarement constituées d'une seule balise. Par essence, l'information contenue dans un fichier XML définit une suite de données et de valeurs que l'ont peut traiter comme une liste à parcourir. La classe XMLList est très utile pour examiner chaque élément d'un arbre XML.

Le parcours d'une liste est le plus souvent réalisé à l'aide d'une boucle for… in, comme suit :

```
var listeElements:XMLList = new XMLList();
var donneesXMLLuesDansUnFichier:XML;
listeElements = donneesXMLLuesDansUnFichier.elements();
for each (var elt:XML in listeElements) {
  // Afficher un élément de la liste
  trace(elt.attribute("prenom") + elt.attribute("numero") );
}
```

La boucle for ainsi écrite n'utilise plus de compteur de boucles ni de tests de fin de boucle. Ceux-ci sont gérés de façon transparente pour le programmeur.

La liste listeElements est parcourue élément par élément, du premier jusqu'au dernier élément. La liste listeElements est composée de la suite de toutes les balises définies au sein du fichier XML grâce à l'instruction :

```
listeElements = donneesXMLLuesDansUnFichier.elements();
```

La valeur de chacun des éléments est enregistrée tour à tour dans la variable elt qui est ensuite affichée. Plus simplement, vous pouvez traduire cette nouvelle boucle for en utilisant la formule suivante :

« Pour chaque valeur de la liste listeElements, afficher la valeur des attributs prenom et numero ».

Nous présentons ci-après, les méthodes, les propriétés et les gestionnaires d'événements les plus utilisés pour traiter des données XML. Les deux exemples servant de support à cette présentation reprennent la classe Personne définie au chapitre précédent.

Afficher une liste XML de personnes

Extension web

Vous pourrez tester cet exemple en exécutant le fichier uneListeDePersonnesXML.fla, sous le répertoire Exemples/chapitre10. Les fichiers au format XML sont placés dans le répertoire Exemples/chapitre10/XML.

L'objectif est d'afficher le trombinoscope d'un ensemble de personnes. Les données relatives à chaque personne sont stockées dans un fichier XML nommé listePersonnes.xml se présentant sous la forme suivante :

```
<Repertoire>
  <personne nom="T." prenom="Elena" dateNaissance="16/04/1993" />
```

```
    <personne nom="C." prenom="Nicolas" dateNaissance="10/07/1996" />
    <personne nom="Y." prenom="Margoline" dateNaissance="22/02/1974" />
    <personne nom="R." prenom="Lamy" dateNaissance="18/01/1970" />
</Repertoire>
```

Charger une liste de personnes

Le chargement des données XML s'effectue *via* un objet de type URLLoader. Les données sont ensuite transférées par l'intermédiaire d'un objet de type XML.

Le chargement du fichier s'effectue de la même façon que pour le chargement de données textuelles ou de variables. Seule la propriété dataFormat diffère. Cette dernière est initialisée avec la constante URLLoaderDataFormat.TEXT afin d'indiquer au lecteur Flash que les données à charger sont au format textuel.

- L'objet chargeurXML est créé par le constructeur de la classe URLLoader à l'aide de l'instruction :

```
var chargeurXML:URLLoader = new URLLoader();
```

- Le type des données à charger est précisé en initialisant la propriété dataFormat, comme suit :

```
chargeurXML.dataFormat = URLLoaderDataFormat.TEXT;
```

- Le fichier est ensuite chargé à l'aide de la méthode load() qui prend en paramètre, *via* le constructeur de la classe URLRequest(), le nom du fichier XML que l'on souhaite utiliser.

```
chargeurXML.load(new URLRequest("XML/listePersonnes.xml"));
```

> Dans cet exemple, nous chargeons les données enregistrées dans le fichier listePersonnes.xml.

- Pour finir, les données ne peuvent être traitées qu'après leur chargement effectif. Nous devons donc définir le gestionnaire d'événement Event.COMPLETE comme suit :

```
chargeurXML.addEventListener(Event.COMPLETE, gestionXML);
function gestionXML (e:Event):void {
  // Traitement des données XML
}
```

Récupérer les informations relatives à chaque personne

Lorsque les données sont chargées, le gestionnaire Event.COMPLETE est en mesure de les examiner afin de créer et d'afficher les photos relatives à chaque personne enregistrée dans le fichier listePersonnes.xml.

L'action gestionXML s'écrit comme suit :

```
function gestionXML(e:Event):void {
  // ❶ Tester l'extraction des données
  try {
    // ❸ Crée un objet XML et un objet XMLList
    var donneesLues:XML = new XML(e.target.data);
```

```
        var listeAttributs:XMLList = new XMLList();
        // ❹ Rechercher les attributs de la balise Personne
        listeAttributs = donneesLues..personne.attributes();
        var listeNom:Array = new Array();
        var listePrenom:Array = new Array();
        var listeDate:Array = new Array();
        var listePersonne:Array = new Array();
        // ❺ Selon l'attribut, stocker la valeur
        //      dans le tableau approprié
        for each (var elt:XML in listeAttributs) {
          if(elt.name() == "nom") listeNom.push(elt.toString());
          if(elt.name() == "prenom") listePrenom.push(elt.toString());
          if(elt.name() == "dateNaissance") listeDate.push(elt.toString());
        }
        // ❻ Créer les personnes pour chaque élément de la liste de nom
        for(var i:int=0; i < listeNom.length; i++) {
          listePersonne [i] = new Personne(listePrenom[i], listeNom[i], listeDate[i]);
          listePersonne[i].x = largeurPhoto*i + (largeur - listeNom.length*largeurPhoto)/2;
          listePersonne[i].y = (hauteur -largeurPhoto) /2;
          // On affiche les éléments les uns en dessous des autres
          boite.addChildAt(listePersonne[i],0);
        }
      }
    }
    // ❷ Si l'extraction échoue
    catch (e:TypeError) {
      trace("Imposible de charger le XML");
      trace(e.message);
    }
  }
```

La lecture du fichier XML et l'extraction des données s'effectuent au travers d'un outil de gestion d'erreurs. Cet outil est composé d'un bloc try (en français essayer) et d'un bloc catch (en français capturer). Les blocs sont exécutés de la façon suivante.

❶ Si aucune erreur n'est transmise par les différentes instructions composant le bloc try, l'action est réalisée à partir des instructions du bloc try.

❷ Si une erreur est propagée par l'une des instructions du bloc try, les instructions placées dans le bloc catch sont exécutées. Un message indiquant le type d'erreur détectée est affiché dans la fenêtre de sortie. Le fichier XML n'est pas traité.

❸ Les objets de type XML (donneesLues) et XMLList (listeAttributs) sont créés afin d'utiliser les méthodes d'extraction des données proposées par les concepteurs du langage ActionScript.

L'intégralité des données enregistrées dans le fichier listePersonnes.xml est placée dans l'objet donneesLues grâce au paramètre evt.target.data placé en paramètre du constructeur XML(). L'extraction des données est ensuite réalisée à partir du nœud <personne>, grâce à l'expression donneesLues..personne.

> **Remarque**
>
> L'opérateur double point (". .") est un outil très pratique pour accéder à un nœud d'élément profondément imbriqué dans la hiérarchie d'un arbre XML. Il permet l'accession à un nœud en particulier, sans avoir à connaître le chemin d'accès à ce nœud, ni son niveau d'imbrication.

Sachant que la méthode `attributes()` appliquée à un objet de type `XMLList` renvoie la liste des valeurs d'attributs associée à cet objet, nous obtenons ici la liste de tous les attributs des balises `<personne>`, sous la forme d'une liste d'éléments XML.

❹ Le parcours de la liste des attributs est réalisé par l'intermédiaire d'une boucle `for… in`. Ainsi, pour chaque élément `elt` de la liste `listeAttributs`, les valeurs associées aux attributs sont enregistrées dans les tableaux appropriés, grâce à la série de tests `if`.

Le nom de l'attribut (`nom`, `prenom` ou `dateNaissance`) est extrait de l'objet `elt`, par l'intermédiaire de la méthode `name()`, alors que la valeur de l'attribut est extraite à l'aide de la méthode `toString()`.

Selon le nom de l'attribut (`nom`, `prenom` ou `dateNaissance`) la valeur associée est enregistrée dans le tableau approprié, `listeNom`, `listePrenom` ou `listeDate` respectivement.

❺ Enfin, pour chaque élément enregistré dans la liste de noms, le constructeur de la classe `Personne` est appelé avec en paramètres les données enregistrées dans les listes de nom, de prénom et de date de naissance. Les photos sont ensuite positionnées de façon à montrer les photos centrées horizontalement et verticalement. Elles sont ensuite affichées du niveau le plus bas vers le niveau le plus haut pour éviter de voir la bulle d'information cachée par la photo suivante.

> **Pour en savoir plus**
>
> La classe `Personne` est définie au cours du chapitre 9 « Les principes du concept objet », section « Les objets contrôlent leur fonctionnement », paragraphe « Une personne se présente avec sa photo ». L'affichage des photos est également expliqué à la section « Afficher et positionner les personnes » du chapitre 9.

Les niveaux de hiérarchie

Le fichier `listePersonnes.xml` décrit une liste de personnes à l'aide d'une arborescence très simple : un nœud racine et une liste d'enfants possédant chacun ses caractéristiques propres (attributs).

Les données utilisées par une application Flash sont en réalité plus complexes que cela. Elles sont, le plus souvent, organisées dans une structure arborescente composée de nœuds et de sous-nœuds.

Ainsi, par exemple, la mise en place d'un répertoire téléphonique demande de définir une arborescence un peu plus complexe, où chaque personne de la liste possède à son tour une liste d'objets – une ou plusieurs adresses, un ou plusieurs numéros de téléphone.

Un répertoire téléphonique

Dans notre exemple, nous supposons que chaque personne est enregistrée dans le répertoire avec les numéros de téléphone qu'elle possède. Le fichier XML (Repertoire.xml) définissant le répertoire téléphonique se présente sous la forme suivante :

```
<repertoire>
  <personne nom="T." prenom="Elena" dateNaissance="16/04/1993">
    <telephone type="domicile" numero="01 02 03 04 05" />
    <telephone type="portable" numero="06 02 03 04 05" />
  </personne>
  <personne nom="C." prenom="Nicolas" dateNaissance="10/07/1996">
    <telephone type="domicile" numero="01 11 12 13 14" />
    <telephone type="portable" numero="06 11 12 13 14" />
  </personne>
  <personne nom="Y." prenom="Margoline" dateNaissance="22/02/1974">
    <telephone type="domicile" numero="01 21 22 23 24" />
    <telephone type="portable" numero="06 21 22 23 24" />
    <telephone type="bureau" numero="01 11 22 33 44" />
  </personne>
  <personne nom="R." prenom="Lamy" dateNaissance="18/01/1970">
    <telephone type="domicile" numero="01 31 32 33 34" />
    <telephone type="portable" numero="06 31 32 33 34" />
    <telephone type="bureau" numero="01 55 66 77 88" />
    <telephone type="fax" numero="01 41 42 43 44" />
  </personne>
</repertoire>
```

Sous le nœud racine `<repertoire> </repertoire>` sont définis quatre nœuds `<personne> </personne>` pour chacun desquels existe une liste de numéros de téléphone `<telephone… />` (voir figure 10-8).

L'arbre XML est donc constitué d'une première liste de nœuds (`<personne> </personne>` - figure 10-8-❶), enfants du nœud racine (`<repertoire> </repertoire>`). Chaque nœud enfant est à son tour parent d'une liste de nœuds (`<telephone> </telephone>` - figure 10-8-❷).

L'accès à un élément ou à une liste d'éléments de l'arbre est réalisé en utilisant les notations suivantes :

- pour retrouver la liste des personnes du répertoire, il suffit d'utiliser l'expression : `donneesLues.personne` (voir figure 10-8-❶). La propriété `personne` correspond à la balise `<personne>` du répertoire. L'objet `donneesLues` est l'objet XML dans lequel sont placées les informations lues depuis le fichier `Repertoire.xml` ;

- pour obtenir la liste des numéros de téléphone de Margoline (voir figure 10-8-❷), vous devez utiliser l'expression : `donneesLues.personne[2].telephone`. Margoline est définie en troisième place, dans le répertoire. Elle se situe donc à l'indice `2` de la propriété `personne` ;

- l'expression `donneesLues.personne[0].telephone[0].@numero` est utilisée pour obtenir le numéro de téléphone du domicile d'Éléna (voir figure 10-8-❸). Éléna est définie en première place dans le répertoire, son numéro de téléphone domicile est également défini en première place, dans la liste des téléphones. Les deux informations sont donc toutes les deux définies à l'indice 0, des propriétés personne et telephone, respectivement.

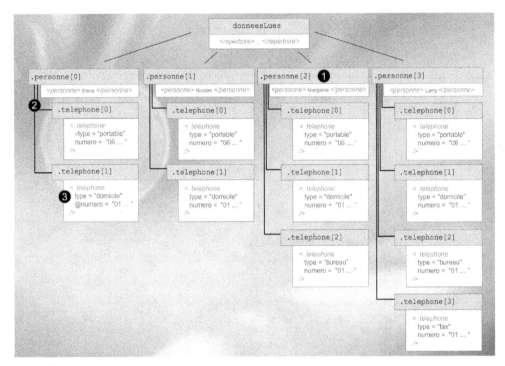

Figure 10-8

Arborescence XML des données enregistrées dans le fichier Repertoire.xml

---

Remarque

Notez l'expression @numero qui permet d'obtenir la valeur de l'attribut numéro. L'opérateur @ est utilisé pour accéder à la valeur d'un attribut, en spécifiant le nom de l'attribut immédiatement après l'arobase.

Le nombre d'éléments d'un niveau de hiérarchie n'est pas directement accessible. Pour l'obtenir, nous devons le calculer en parcourant le niveau souhaité à l'aide d'une boucle for… in.

La fonction calculerLongueur() suivante réalise cette opération :

```
function calculerLongueur(liste:XMLList):uint {
  var compteur:uint = 0;
  for each (var elt:XML in liste) {
    compteur++;
  }
  return compteur;
}
```

La longueur de la liste liste passée en paramètre de la fonction est calculée en incrémentant la variable locale compteur, lors du parcours de la liste à l'aide de la boucle for… in. Lorsque la liste est entièrement parcourue, la valeur du compteur est retournée au programme appelant grâce à l'instruction return.

Le paramètre de la fonction correspond à la branche XML dont nous souhaitons calculer la longueur. L'accès à une branche en particulier s'obtient à l'aide de la méthode elements(). En effet, cette méthode a l'avantage de ne retourner que les nœuds enfants immédiats d'un objet XML. Elle ne descend pas plus loin dans l'arborescence. Ainsi, pour calculer le nombre de numéros de téléphone de Lamy, il suffit d'écrire :

```
var listeEnfant:XMLList = new XMLList();;
listeEnfant = donneesLues.personne[3].elements();
nbTelephone = calculerLongueur(listeEnfant);
```

La méthode elements() appliquée à l'objet donneesLues.personne[3] retourne la liste des téléphones de Lamy. La méthode calculerLongueur() retourne donc la valeur 4.

Rechercher un élément du répertoire

La recherche d'un élément particulier de la liste s'effectue soit :

- en utilisant directement le chemin d'accès à l'élément. Nous devons alors connaître exactement l'ordre d'enregistrement des éléments dans l'arbre. Cette technique n'est pas réalisable dans le cas d'une gestion dynamique de contenu ;

- en parcourant l'intégralité de l'arbre et en testant les informations lues afin de trouver le renseignement recherché.

Par exemple, pour obtenir la liste de tous les téléphones portables du répertoire, la technique consiste à parcourir les listes de tous les téléphones de toutes les personnes enregistrées dans le répertoire, afin d'en extraire les numéros dont le type est portable, comme le montre le jeu d'instructions suivant :

```
function gestionXML(e:Event):void {
  try {
    var nbPersonne:uint = 0;
    var nbTelephone:uint = 0;
    var nom, prenom, dateNaissance, type, numero:String;
    var unePersonne:Personne;
    var elt:XML;
    // Crée un objet XML et deux objets XMLList
    var donneesLues:XML = new XML(e.target.data);
    var listePersonne:XMLList = new XMLList();
    var listeTelephone:XMLList = new XMLList();
    // Rechercher les enfants de la balise donneesLues
    listePersonne = donneesLues.elements();
    nbPersonne = calculerLongueur(listePersonne);
    // ❶ Pour chaque personne de la liste
```

```
      for (var i:int=0; i < nbPersonne; i++) {
        // Récupérer le prénom
        prenom = donneesLues.personne[i].@prenom;
        // Rechercher les enfants de la balise personne
        listeTelephone = donneesLues.personne[i].elements();
        nbTelephone=calculerLongueur(listeTelephone);
        // ❷ Pour chaque téléphone de la liste
        for (var j:int=0; j <nbTelephone; j++) {
          // Afficher le prénom et le numéro de téléphone
          type = donneesLues.personne[i].telephone[j].@type;
          if (type == "portable" ) {
            numero = donneesLues.personne[i].telephone[j].@numero;
            trace("Portable de  " + prenom + " : " + numero);
          }
        }
      }
    } catch (e:TypeError) {
    trace("Imposible de charger le XML");
    trace(e.message);
    }
  }
```

Le parcours de l'arbre est réalisé par une double boucle imbriquée (❶ et ❷). La première parcourt la liste des personnes (listePersonne), la seconde, la liste des téléphones (listeTelephone). La liste listePersonne contient la liste des enfants de donneesLues (listePersonne = donneesLues.elements()) et la liste listeTelephone contient celle des enfants de donneesLues.personne (listeTelephone = donneesLues.personne[i].elements()).

Pour chaque téléphone de chaque personne enregistrée dans la l'arbre XML, le programme teste s'il existe un attribut dont la valeur correspond à "portable" (❸). Dans ce cas, il affiche le prénom (donneesLues.personne[i].@prenom) et le numéro (donneesLues.personne[i].telephone[j].@numero) de la personne correspondante.

Remarque

L'utilisation des objets prenom, type, numero, listePersonne et listeTelephone n'est pas obligatoire. Elle a l'avantage de simplifier grandement l'écriture et la compréhension du code.

Au final, l'application affiche dans la fenêtre de sortie, les messages suivants :

```
Portable de Elena : 06 02 03 04 05
Portable de Nicolas : 06 11 12 13 14
Portable de Margoline : 06 21 22 23 24
Portable de Lamy : 06 31 32 33 34
```

Les tweens

Le terme « tween » se traduit en français par « interpolation ». Initialement, les interpolations sont des opérations mathématiques qui permettent de construire des courbes à partir d'un nombre fini de nombres.

Dans le cas de Flash, les tweens sont des objets prédéfinis au sein d'une classe qui, lorsqu'ils sont utilisés, permettent d'appliquer aux propriétés d'un objet une suite de valeurs, laquelle est calculée à partir d'une courbe mathématique, sur un temps donné. Ces courbes représentent des mouvements plus ou moin élastiques, avec ou sans accélération.

Grâce à ces interpolations, nous allons réaliser très facilement des animations et des transitions agréables à regarder, l'objectif associé étant de rendre nos applications Flash plus conviviales.

Les tweens en quelques mots

C'est Robert Penner qui, au début des années 2000, a développé pour la première fois les tweens, sur la base des théories mathématiques associées aux interpolations linéaires, polynomiales ou autres.

Selon la formule mathématique utilisée, les mouvements obtenus sont de deux types : soit élastiques, avec plus ou moins de rebonds, soit linéaires, avec des accélérations plus ou moins rapides.

Les tweens proposés sur le marché

La classe Tween, développée par Robert Penner, a été achetée par Adobe (anciennement Macromédia). Très prisée pour sa facilité de mise en œuvre et sa rapidité à obtenir des mouvements variés, elle est aujourd'hui concurrencée par d'autres éditeurs tels que Caurina ou GreenSock – ces derniers proposent des méthodes d'interpolations sous forme de bibliothèques téléchargeables.

Toutes ces bibliothèques ont été développées selon des critères d'optimisation plus ou moins élaborés, certaines se distingant par leur légèreté et leur rapidité.

Pour ne pas jeter la pierre à une bibliothèque en particulier, ni en porter une autre aux nues, nous avons choisi de vous les présenter toutes les trois, à travers des exemples pratiques. À vous de choisir ensuite celle qui vous conviendra le mieux.

La bibliothèque Tween

La bibliothèque Tween est celle qui est proposée par Adobe. Elle est installée avec Flash sous le package `fl.transitions`.

Import

Pour utiliser les tweens, vous devez insérer en début de programme, les deux instructions suivantes :

```
import fl.transitions.Tween;
import fl.transitions.easing.*;
```

La première instruction permet d'importer la classe Tween, au sein de laquelle sont définies les propriétés et les méthodes qui vont vous permettre de lancer et d'arrêter une interpolation.

La seconde instruction, quant à elle, permet d'importer les six différents modèles d'interpolations : Back, Bounce, Elastic, None, Regular et Strong.

Avec le modèle Back, l'objet animé dépasse sa position finale pour y revenir ensuite. Grâce aux modèles Bounce et Elastic, nous obtenons des mouvements aux effets élastiques et avec des rebonds. Le modèle Regular déplace un objet de façon linéaire et constante, tandis que le modèle Strong ajoute une accélération au déplacement.

Comme nous le verrons dans les prochaines sections, les mouvements peuvent être ajoutés en début (easeIn), en fin (easeOut) ou « en début et fin » (easeInOut) d'interpolation.

Créer un tween

Pour transformer les propriétés d'un objet suivant un mouvement d'interpolation, il suffit de créer un objet de type Tween, de la façon suivante :

```
var unTween:Tween = new Tween(objet, propriété, typeAnime, initiale, finale,
                              durée, enSeconde );
```

L'objet unTween est créé à l'aide du constructeur de la classe Tween qui comporte sept paramètres :

- objet. Ce paramètre correspond à l'objet sur lequel est appliquée l'animation ;

- propriété. Si l'on souhaite déplacer l'objet sur l'axe des X, le paramètre propriété sera égal à "x". Pour faire tourner l'objet par rapport à l'axe des Y, le paramètre propriété prendra la valeur "rotationY" (Flash CS4) ;

- typeAnime. Selon la valeur choisie (Back.easeOut, Elastic.easeIn...), l'animation effectuée suit le mouvement demandé ;

- initiale. Il s'agit de la valeur initiale de la propriété concernée par l'animation (Number) ;

- finale. Il s'agit de la valeur finale de la propriété concernée par l'animation (Number) ;

- durée. Cela correspondant au temps de visualisation de l'animation (Number) ;

- enSeconde. Il s'agit de la valeur booléenne optionnelle indiquant comment la durée de l'interpolation est calculée : soit en nombre de secondes (true), soit en nombre d'images (false).

> **Remarque**
>
> Il est possible d'appliquer un même mouvement à plusieurs propriétés en même temps. Il suffit pour cela de créer de nouveaux objets de type Tween qui modifient chacun la propriété souhaitée. Les instructions de création de ces nouveaux tweens sont placées les unes à la suite des autres.

Enchaîner les tweens

Pour mieux comprendre l'intérêt des tweens et leur facilité d'emploi, reprenons le premier exemple de cet ouvrage (voir la section « Qu'est-ce qu'un programme en Flash ? » du chapitre introductif « À la source d'un programme »). Exerçons-nous à faire rebondir la bulle de savon entre le bord supérieur de la fenêtre et le bouton de lancement de l'animation.

> **Extension web**
>
> Vous pourrez tester cet exemple en exécutant le fichier animBulleTween.fla, sous le répertoire Exemples/chapitre10/lesTweens.

Lancer la bulle vers le haut

La bulle se déplace vers le haut avec une accélération en début de déplacement. Son mouvement s'arrête lorsqu'elle sort en partie de la scène, c'est-à-dire lorsqu'elle dépasse le bord supérieur de la fenêtre.

La traduction littérale de ce mouvement, sous forme de Tween, s'écrit comme suit :

```
var versLeHaut:Tween ;
versLeHaut = new  Tween(bSavon,"y",Strong.easeIn, posInit,0,3,true);
```

- Le premier paramètre du constructeur de la classe Tween correspond à l'objet à déplacer, c'est-à-dire bSavon.

- La bulle de savon se déplace vers le haut, sur l'axe des Y, le second paramètre est donc initialisé à "y".

> **Remarque**
>
> Attention le paramètre propriété est de type String. La propriété à modifier doit être placée entre guillemets ("y", "scaleX", "alpha"...).

Le déplacement est accéléré en début d'interpolation, c'est pourquoi le troisième paramètre est défini en Strong.easeIn.

Le déplacement s'effectue de la position initiale de la bulle (posInit) jusqu'à l'origine de la scène (0). De cette façon, la bulle sort de moitié de la scène, le point de référence étant placé au centre de la bulle.

Pour finir, l'animation se déroule sur 3 secondes, le dernier paramètre étant initialisé à true.

Faire rebondir la bulle sur le bouton de lancement

La bulle se déplace vers le bas avec un rebond en fin de parcours. Son mouvement s'arrête lorsqu'elle arrive à nouveau sur le bouton de lancement.

Le tween réalisant ce mouvement s'écrit comme suit :

```
var versLeBas:Tween ;
versLeBas = new Tween(bSavon,"y",Bounce.easeOut,bSavon.y,posInit,2,true);
```

• Les deux premiers paramètres sont identiques au tween créé à l'étape précédente.

• Ici, le mouvement n'est plus une accélération mais un rebond, le troisième paramètre est donc initialisé à Bounce.easeOut. Le rebond s'effectuant en fin de parcours, nous utilisons la propriété easeOut au lieu de easeIn.

• La position initiale de la bulle correspond à la position finale obtenue par le premier tween, soit bSavon.y.

• La position finale de la bulle correspond à sa position initiale avant son lancement, soit posInit.

• Le mouvement est un peu plus rapide que le précédent. Il s'effectue sur 2 secondes.

Enchaîner les interpolations

La première accélération est réalisée lorsque l'utilisateur clique sur le bouton de lancement. Nous devons donc insérer le tween versLeHaut, au sein du gestionnaire MouseEvent.MOUSE_CLICK, comme suit :

```
// Placer un écouteur de l'événement CLICK sur btnJouer
btnJouer.addEventListener(MouseEvent.CLICK,auClic);
var versLeHaut:Tween ;
// Définir les actions à réaliser lorsque l'on clique sur btnJouer
function auClic(e:MouseEvent):void {
    versLeHaut = new Tween(bSavon,"y",Strong.easeIn,posInit,0,3,true);
}
```

> **Remarque**
>
> L'instruction de déclaration du tween versLeHaut doit être placée en dehors du gestionnaire auCLic(), même si sa création par l'opérateur new s'effectue au sein même du gestionnaire. En effet, la durée de vie du tween en mémoire peut être plus longue que la durée d'exécution de la fonction auCLic(). Ainsi, si vous déclarez un tween à l'intérieur d'une fonction, celui-ci disparaîtra à la fin de l'exécution de la fonction, alors que l'animation ne sera pas forcément terminée. Il en résulte un arrêt brutal du mouvement ; l'objet animé ne termine pas sa course.

Lorsque la bulle arrive sur le bord supérieur de la scène, elle doit redescendre avec un mouvement de rebond. Pour lancer ce nouveau mouvement, nous devons savoir si la bulle a fini son premier mouvement. Pour cela nous devons ajouter un écouteur d'événement sur le tween `versLeHaut` comme suit :

```
versLeHaut.addEventListener(TweenEvent.MOTION_FINISH, retomber);
```

De cette manière, le tween `versLeHaut` détecte la fin de son mouvement, grâce à l'écoute de l'événement `TweenEvent.MOTION_FINISH`. Il peut alors initier le second mouvement au sein de la fonction `retomber()` comme suit :

```
var versLeBas:Tween ;
function retomber(e:TweenEvent):void {
  versLeBas = new Tween(bSavon,"y",Bounce.easeOut,bSavon.y,posInit,2,true);

}
```

Remarque

- Notez que l'événement e passé en paramètre de l'écouteur est de type `TweenEvent`.
- La mise en place d'un écouteur sur l'événement `TweenEvent.MOTION_FINISH`, nécessite l'import de la bibliothèque `fl.transitions.TweenEvent`.

Code complet de animBulleTween.fla

Les tweens `versLeHaut` et `versLeBas` s'insèrent dans le code ActionScript 3.0 initial de la façon suivante :

```
import fl.transitions.Tween;
import fl.transitions.TweenEvent;
import fl.transitions.easing.*;

// Récupérer la hauteur et la largeur de la scène
var largeur:uint = stage.stageWidth;
var hauteur:uint = stage.stageHeight;
// Déclaration des deux tweens comme variables globales du script
var versLeHaut:Tween;
var versLeBas:Tween;
// Positionner le bouton btnJouer
btnJouer.x = largeur / 2;
btnJouer.y = hauteur  - 50;
// Positionner la bulle
bSavon.x = largeur / 2;
bSavon.y = btnJouer.y  - 30;
// Mémoriser la position initiale de la bulle
var posInit:Number = bSavon.y;
```

```
// Placer un écouteur de l'événement CLICK sur btnJouer
btnJouer.addEventListener(MouseEvent.CLICK,auClic);

// Définir les actions à réaliser lorsque l'on clique sur btnJouer
function auClic(e:MouseEvent):void {
  // Lancer la bulle vers le haut avec une accélération en début d'animation
  // La bulle sort de moitié de la scène, le point de référence étant placé au centre
  // de la bulle
  versLeHaut=new Tween(bSavon,"y",Strong.easeIn,posInit,0,3,true);
  // Écouter la fin du mouvement pour exécuter le tween suivant
  versLeHaut.addEventListener(TweenEvent.MOTION_FINISH, retomber);
}
function retomber(e:TweenEvent):void {
  // La bulle redescend pour se positionner à nouveau sur le curseur,
  // avec un mouvement de rebond en fin d'animation
  versLeBas=new Tween(bSavon,"y",Bounce.easeOut,bSavon.y,posInit,2,true);
}
```

La bibliothèque Tweener

Les tweens proposés par la bibliothèque Caurina, sont téléchargeables depuis l'adresse :
http://code.google.com/p/tweener/downloads/list.

Déploiement

Une fois téléchargée, décompressez l'archive `tweener_1_31_74_as3.zip`. Placez ensuite le répertoire décompressé `caurina` dans votre système de fichiers, pour qu'il soit accessible par tous les programmes Flash que vous serez suceptible de contruire à l'avenir.

Pour la version Flash CS3, il suffit de copier le répertoire `caurina` dans le répertoire `Flash CS3/Configuration/ActionScript 3.0/Classes`.

Pour la version Flash CS4, vous devez :

• créer un répertoire `Classes` sous l'arborescence `Flash CS4/Common/Configuration/ActionScript 3.0` ;

• copier le répertoire `caurina` dans le répertoire `Classes` que vous venez de créer ;

• dans l'interface Flash CS4, sélectionner l'item Préférences du menu Edition (PC) ou du menu Flash (Mac), puis choisir la catégorie ActionScript, dans la liste située à gauche du panneau Préférences. Pour finir, cliquer sur le bouton Paramètres d'ActionScrip 3.0, comme le montre la figure 10.9.

• Dans le panneau Paramètres avancés d'ActionScript 3.0, ajouter un nouveau chemin de classe en cliquant sur le bouton + de la zone `Chemin source` (voir figure 10-10). Ce nouveau chemin a pour nom `$(AppConfig)/ActionScript 3.0/Classes`.

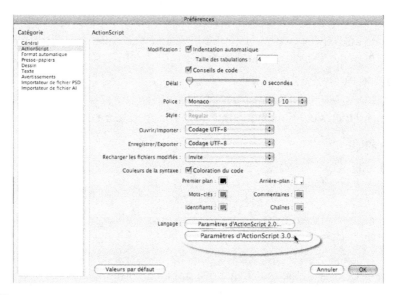

Figure 10-9

Le panneau Préférences

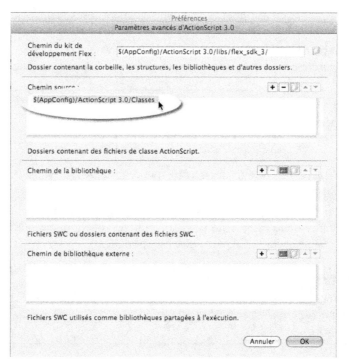

Figure 10-10

Le panneau Paramètres avancés d'ActionScript 3.0

Import

Pour utiliser les tweens de la bibliothèque Caurina, vous devez insérer, en début de programme, l'instruction suivante :

```
import caurina.transitions.*;
```

Le rôle de cette instruction est d'importer la classe Tweener, au sein de laquelle sont définies les propriétés et les méthodes qui vont vous permettre de lancer une interpolation.

Créer un tween

Avec la classe Tweener, appliquer une interpolation sur un objet s'écrit comme suit :

```
Tweener.addTween(objet, {propriété:finale , time:durée, transition: typeAnime,
                 onComplete:action});
```

La mise en place d'une animation sur un objet s'effectue par l'intermédiaire de la fonction Tweener.addTween().

La fonction Tweener.addTween() comporte une série de paramètres dont le premier, objet, correspond à l'objet sur lequel est appliquée l'animation. Sont ensuite placées entre accolades les différentes valeurs que nous souhaitons voir varier au cours de l'animation :

- propriété:finale. Pour agrandir l'objet sur l'axe des X, le paramètre propriété est égal à scaleX. Pour faire tourner l'objet par rapport à l'axe des X, le paramètre propriété prend la valeur "rotationX" (uniquement avec Flash CS4). La valeur finale correspond à la valeur finale de la propriété concernée par l'animation (Number).

- transition:typeAnim. Selon la valeur choisie (linear, easeInSine, easeInElastic, easeOutElastic...), la transition effectuée suit le mouvement demandé.

Pour en savoir plus

Retrouvez tous les types de mouvements de la bibliothèque Caurina sur : *http://hosted.zeh.com.br/twee-ner/docs/en-us/*.

- time:durée. La valeur durée correspond au temps de visualisation de l'animation en secondes (Number).

- onComplete:action. À réception de l'événement onComplete, une action est réalisée. Cette dernière est décrite sous la forme de fonction, comme nous le verrons dans la prochaine section. Ce paramètre est optionnel.

Remarque

Il est possible d'appliquer un même mouvement sur plusieurs propriétés simultanément. Il suffit pour cela d'ajouter les propriétés souhaitées entre les accolades de la méthode Tweener.addTween(), en les séparant pas des virgules.

Des tweens sur une photo

Examinons sur un exemple simple comment utiliser les tweens de la classe Tweener. Il s'agit ici d'afficher une suite d'icônes qui réagit de façon « agréable » au survol de la souris. Les interpolations sont réalisées au sein de la classe `Icone` alors que l'application `IconeTweener.fla` affiche les icônes sur la scène.

> **Extension web**
>
> Vous pourrez tester cet exemple en exécutant le fichier `IconeTweener.fla`, sous le répertoire `Exemples/chapitre10/lesTweens`. La classe `Icone.as` se trouve également dans le répertoire `Exemples/chapitre10/lesTweens`.

La classe Icone

La classe `Icone` a pour rôle de charger la photo passée en paramètre du constructeur. Une fois chargée et affichée, deux écouteurs d'événements sur `MouseEvent.MOUSE_OVER` et `MouseEvent. MOUSE_OUT` sont créés afin de définir la réaction des icônes au survol de la souris.

Les écouteurs s'écrivent ainsi :

```
photo.addEventListener(MouseEvent.MOUSE_OVER, surOver);
photo.addEventListener(MouseEvent.MOUSE_OUT, surOut);

private function surOver(e:MouseEvent):void {
   var cible:Loader = e.currentTarget as Loader;
   // ❶ Ajouter un tweener pour agrandir la photo
   Tweener.addTween(cible, {scaleX:1.2, scaleY:1.2, time:0.8,
                   transition:"easeOutExpo", onComplete:afficheInfo});
}
private function afficheInfo():void {
   // ❷ Faire apparaître la bulle info
   info.visible = true;
}
private function surOut(e:MouseEvent):void {
   var cible:Loader = e.currentTarget as Loader;
   // ❸ Ajouter un tweener pour diminuer la photo
   Tweener.addTween(cible, {scaleX:1, scaleY:1, time:1, transition:"easeOutElastic",
                   onComplete:effaceInfo});
}
private function effaceInfo():void {
   // ❹ Faire disparaître la bulle info
   info.visible = false;
}
```

❶ Lorsque la photo chargée (de type `Loader`) capture l'événement `MouseEvent.MOUSE_OVER`, un tween est ajouté à cette même photo. Ce tween réalise une transition avec une accélération exponentielle en fin d'animation (`easeOutExpo`), laquelle s'effectue sur les deux propriétés `scaleX:1.2` et `scaleY:1.2`. Cela a pour effet d'agrandir la photo dans un mouvement continu tout en ajoutant une légère accélération en fin de mouvement.

❷ La transition terminée, l'événement `onComplete` est capuré. L'action réalisée (`afficheInfo()`) permet d'afficher une info-bulle contenant l'URL de la photo survolée.

❸ Lorsque la photo chargée (de type `Loader`) capture l'événement `MouseEvent.MOUSE_OUT`, un tween est ajouté à cette même photo. Ce tween réalise une transition avec une accélération élastique en fin d'animation (`easeOutElastic`), laquelle s'effectue sur les deux propriétés `scaleX:1` et `scaleY:1`. Cela a pour effet de réduire la photo.

❹ La transition terminée, l'événement `onComplete` est capuré. L'action réalisée (`effaceInfo()`) rend invisible l'info-bulle.

Code complet de Icone.as

Les gestionnaires d'événement s'insèrent dans la classe `Icone.as` initiale de la façon suivante :

```
package {
  // Importer les Tweener de caurina
  import caurina.transitions.*;
  import flash.display.*;
  import flash.events.*;
  import flash.net.URLRequest;
  // Définition de la classe Icone
  public class Icone extends Sprite {
    private var photo:Loader;
    private var urlPhoto:String;
    private var info:InfoClp;
    // Définition de la fonction constructeur
    public function Icone( nUrl:String) {
      setUrlPhoto(nUrl);
      setInfo();
      setPhoto();
    }
    // Stocker l'url de la photo dans urlPhoto
    public function setUrlPhoto(nUrl:String):void {
      urlPhoto = nUrl;
    }
    // Créer une info-bulle contenant l'url de la photo et la rendre invisible
    public function setInfo():void {
      info = new InfoClp();
      info.labelOut.text = urlPhoto;
      addChild(info);
      info.visible = false;
    }
    // Charger la photo
    public function setPhoto():void {
      photo= new Loader();
      photo.load(new URLRequest(urlPhoto));
      photo.contentLoaderInfo.addEventListener(Event.COMPLETE, auComplet);
    }
    private function auComplet(evt:Event):void {
      addChildAt(photo,0);
      // Déplacer le point de référence de la photo en son centre
      photo.content.x = -photo.width/2;
```

```
                photo.content.y = -photo.height/2;
                photo.addEventListener(MouseEvent.MOUSE_OVER, surOver);
                photo.addEventListener(MouseEvent.MOUSE_OUT, surOut);
            }
        private function surOver(e:MouseEvent):void {
            var cible:Loader = e.currentTarget as Loader;
            Tweener.addTween(cible, {scaleX:1.2, scaleY:1.2, time:0.8,
                            transition:"easeOutExpo", onComplete:afficheInfo});
            }
        private function surOut(e:MouseEvent):void {
            var cible:Loader = e.currentTarget as Loader;
            Tweener.addTween(cible, {scaleX:1, scaleY:1, time:1,
                            transition:"easeOutElastic", onComplete:effaceInfo});
            }
        private function afficheInfo():void {
            info.visible = true;
            }
        private function effaceInfo():void {
            info.visible = false;
            }
        }
    }
```

> **Remarque**
>
> Pour rendre le changement d'échelle de la photo plus agréable à l'œil, il convient de réaliser l'agrandissement ou la réduction par rapport au centre de la photo et non par rapport à son coin supérieur gauche. C'est pourquoi, une fois le chargement de la photo terminé, la fonction auComplet() se charge de déplacer la photo de la moitié de sa largeur vers la gauche (-photo.width/2) et de la moitié de sa hauteur vers le haut(-photo.height/2). De cette façon, l'origine de la photo se touve au centre de la photo.

Enfin, l'application IconeTweener.fla affiche les icônes grâce aux instructions suivantes :

```
var uneFille:Icone = new Icone("../Photos/Margoline.jpg");
var unGarcon:Icone = new Icone("../Photos/Lamy.jpg");
addChild(unGarcon) ;
addChild(uneFille) ;
```

La bibliothèque GreenSock

Les tweens proposés par le package GreenSock, sont téléchargeables depuis l'adresse : *http://www.greensock.com/tweenlite/*.

Déploiement

Une fois téléchargée, décompressez l'archive greensock-as3.zip. Placez ensuite le répertoire greensock-as3 (situé au sein du répertoire greensock-as3 décompressé) dans votre système de fichiers, de façon à ce qu'il soit accessible par tous les programmes Flash que vous serez susceptible de construire à l'avenir.

Pour la version Flash CS3, il suffit de copier le dossier `greensock-as3` dans le répertoire `Flash CS3/Configuration/ActionScript 3.0/Classes`.

Pour la version Flash CS4, vous devez, par exemple :

- créer un répertoire `ImportFlash` dans le répertoire d'accueil associé à votre compte ;
- copier le répertoire `greensock-as3` dans le répertoire `ImportFlash` que vous venez de créer ;
- sélectionner, dans l'interface Flash CS4 et CS5, l'item Préférences du menu Édition (PC) ou du menu Flash (Mac), puis sélectionner la catégorie `ActionScript`, dans la liste située à gauche du panneau Préférences. Pour finir, cliquer sur le bouton `Paramètres d'ActionScript 3.0`, comme le montre la figure 10-9 ;
- ajouter, dans le panneau Paramètres avancés d'ActionScript 3.0, un nouveau chemin de classe en cliquant sur le bouton `Localiser le fichier SWC` de la zone `Chemin de la bibliothèque` (voir figure 10-11). Ce nouveau chemin a pour nom `/users/VotreNom/ ImportFlash/greensock-as3 /greensock.swc` sur Mac ou `c:/Documents and Settings/ VotreNom/ImportFlash/greensock-as3 /greensock.swc` sur PC.

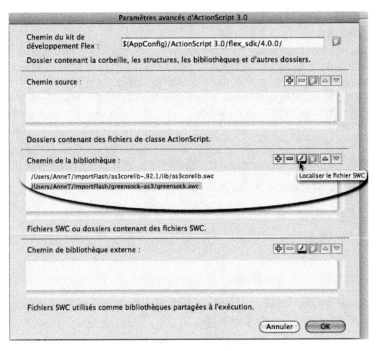

Figure 10-11

Le panneau Paramètres avancés d'ActionScript 3.0

Import

Pour utiliser les tweens de la bibliothèque GreenSock, vous devez insérer en début de programme les deux instructions suivantes :

```
import com.greensock.*;
import com.greensock.easing.*;
```

La première instruction a pour rôle d'importer les classes au sein desquelles sont définies les propriétés et les méthodes qui vont nous permettre de lancer une interpolation.

Tout comme pour la classe Tween d'Adobe, la seconde instruction permet d'importer les différents modèles d'interpolations (Back.easeIn, Bounce.easeOut, Elastic.easeInOut...). La bibliothèque GreenSock propose un très grand nombre d'interpolations, applicables sur de nombreux objets.

Pour en savoir plus:

Retrouvez tous les types d'interpolations de la bibliothèque éditée par GreenSock sur : *http://www.greensock.com/tweenlite/*.

Créer un tween

Avec la classe TweenLite, appliquer une interpolation sur un objet s'écrit de la façon suivante :
```
TweenLite.to(objet, durée {propriété:finale, ease:typeAnime, onComplete:action});
```

La mise en place d'une animation sur un objet s'effectue par l'intermédiaire de la fonction TweenLite.to().

La fonction TweenLite.to() comporte une série de paramètres dont le premier, objet, correspond à l'objet sur lequel est appliquée l'animation. Le second paramètre indique la durée de l'animation en secondes (Number). Sont ensuite placées entre accolades, les différentes valeurs que nous souhaitons faire varier au cours de l'animation.

- propriété:finale. Pour modifier la transparence de l'objet, le paramètre propriété est égal à alpha. Pour faire tourner l'objet par rapport à l'axe des X, le paramètre propriété prend la valeur "rotationX" (uniquement avec Flash CS4). La valeur finale correspond à la valeur finale de la propriété concernée par l'animation (Number).

- ease:typeAnim. Selon la valeur choisie (Back.easeIn, Bounce.easeOut, Elastic.easeInOut...), la transition effectuée suit le mouvement demandé.

- onComplete:action. À réception de l'événement onComplete, une action est réalisée. Cette dernière est décrite sous la forme d'une fonction, comme nous le verrons dans la prochaine section. Ce paramètre est optionnel.

Remarque

Il est possible d'appliquer un même mouvement sur plusieurs propriétés simultanément. Il suffit pour cela d'ajouter les propriétés souhaitées entre les accolades de la méthode TweenLite.to(), en les séparant pas des virgules.

Des tweens sur une personne

Il s'agit, pour cet exemple, d'afficher, à l'aide d'un tween de la classe `TweenLite`, la fiche descriptive d'une personne lorsque l'on clique sur sa photo. Les photos et leur description sont créées à partir de la classe `Personne`, développée dans les chapitres précédents. Les interpolations sont réalisées au sein de cette classe.

Extension web

Vous pourrez tester cet exemple en exécutant le fichier `DesPersonnesAvecTweens.fla` sous le répertoire `Exemples/chapitre10/lesTweens`. Selon la version Flash utilisée, ouvrez l'application se trouvant dans le sous-répertoire `CS3` ou `CS4`.

La fiche descriptive d'une personne s'affiche lorsque l'on clique sur sa photo. Elle s'efface ensuite quand on clique dessus une nouvelle fois. Selon la version Flash utilisée, la fiche apparaît de manière différente.

Flash CS3

Avec Flash CS3, nous vous proposons de faire apparaître la fiche dans un mouvement de rebond du haut de la fenêtre, jusqu'à ce qu'elle se place sur la photo de la personne concernée.

Le tween réalisant ce mouvement s'écrit dans la classe `Personne`, comme suit :

```
TweenLite.to(info, 1.5, { y:cible.y, ease:Bounce.easeOut});
```

Où :

- `info` correspond à la fiche descriptive de la photo sur laquelle l'utilisateur a cliqué ;

- l'animation se déroule sur `1.5` secondes ;

- l'objet est déplacé de sa position initiale à la position de la photo concernée (`y:cible.y`), avec un mouvement de rebond en fin d'animation (`Bounce.easeOut`).

Remarque

La position initiale de la fiche descriptive est définie à l'appel de la méthode `setInfo()` par le constructeur `Personne()`. Pour plus d'informations, voir la section « Code complet de Personne.as » développée ci-après.

Le mouvement est réalisé lorsque l'utilisateur clique sur une photo. L'ajout du tween est inséré dans le gestionnaire d'événement `surDown` comme suit :

```
photo.addEventListener(MouseEvent.MOUSE_DOWN, surDown);
private function surDown(e:MouseEvent):void {
  var cible:Loader = e.currentTarget as Loader;
  TweenLite.to(info, 1.5, { y:cible.y, ease:Bounce.easeOut, onComplete:surDownInfo});
}
```

La fiche descriptive s'efface par la suite, à l'initiative de l'utilisateur qui clique dessus. Pour réaliser ce mouvement, nous ajoutons la propriété onComplete:surDownInfo au tween décrit précédemment (voir code en italique).

La méthode surDownInfo() ajoute un gestionnaire d'événement MouseEvent.MOUSE_DOWN sur la fiche afin d'appeler la méthode effaceInfo(). Cette dernière permet de remonter la fiche au-dessus de la scène.

```
private function surDownInfo():void {
   info.addEventListener(MouseEvent.MOUSE_DOWN, effaceInfo);
}
private function effaceInfo(e:MouseEvent):void {
   TweenLite.to(info, 1.5, { y:-info.height*4, ease:Strong.easeOut});
}
```

La méthode effaceInfo() crée un tween sur l'objet info afin de remonter cet objet au-dessus de la scène (y:-info.height*4), avec un mouvement accéléré en fin d'animation (ease:Strong.easeOut).

Flash CS4

Avec Flash CS4, nous vous proposons de faire apparaître la fiche dans un mouvement de rotation selon l'axe des Y afin de voir la fiche tournée comme on tourne la page d'un livre.

Le tween réalisant ce mouvement s'écrit au sein de la classe Personne comme suit :

```
TweenLite.to(info, 1.2, {rotationY:0, alpha:1, ease:Bounce.easeOut,
                         onComplete:surDownInfo});
```

Où :

- info correspond à la fiche descriptive de la photo sur laquelle l'utilisateur a cliqué ;
- l'animation se déroule sur 1.2 secondes ;
- l'objet est tourné de 90° à partir de sa position initiale (rotationY:0), avec un mouvement de rebond en fin d'animation (Bounce.easeOut) ;
- l'objet est rendu visible (alpha:1) par un mouvement de rebond en fin d'animation (Bounce.easeOut).

Remarque

La position initiale de la fiche descriptive est définie à l'appel de la méthode setInfo() par le constructeur Personne(). Pour plus d'informations, voir la section « Code complet de Personne.as » développée à la suite de cet exposé.

Le mouvement est réalisé lorsque l'utilisateur clique sur une photo. Le tween est ajouté au gestionnaire d'événement surDown comme suit :

```
photo.addEventListener(MouseEvent.MOUSE_DOWN, surDown);
private function surDown(e:MouseEvent):void {
   var cible:Loader = e.currentTarget as Loader;
```

```
    TweenLite.to(info, 1.5, {rotationY:0, alpha:1, ease:Bounce.easeOut,
                            onComplete:surDownInfo});
}
```

Ensuite, la fiche descriptive revient à sa position initiale lorsque l'utilisateur clique dessus. Pour réaliser ce mouvement, nous ajoutons la propriété `onComplete:surDownInfo` au tween décrit précédemment (voir code en italique).

La méthode `surDownInfo()` ajoute un gestionnaire d'événement `MouseEvent.MOUSE_DOWN` sur la fiche afin d'appeler la méthode `effaceInfo()`. Cette dernière tourne la fiche dans le sens inverse.

```
private function surDownInfo():void {
   info.addEventListener(MouseEvent.MOUSE_DOWN, effaceInfo);
}
private function effaceInfo(e:MouseEvent):void {
   TweenLite.to(info, 1.2, {rotationY:90, alpha:0, ease:Strong.easeOut});
}
```

La méthode `effaceInfo()` crée un tween sur l'objet `info` afin de tourner cet objet dans le sens inverse (`rotationY:0`) tout en lui imprimant un mouvement accéléré en fin d'animation (`ease:Strong.easeOut`). L'objet est également rendu transparent (`alpha:0`) dans un même mouvement.

Code complet de Personne.as

```
package {
   import gs.TweenLite;
   import gs.easing.*;
   // Les imports  sont identiques à celle de la classe Personne décrite au cours des
   // chapitres précédents
   public class Personne extends Sprite {
   // Les propriétés sont identiques à celle de la classe Personne décrite au cours
   // des chapitres précédents
   public function Personne( p:String, n:String, dn:String) {
      setNom(n);
      setPrenom(p);
      setDateNaissance(dn);
      setInfo();
      setPhoto("../Photos/"+p+".jpg");
   }
   public function setInfo():void {
      info = new InfoClp();
      info.labelOut.text = prenom + " " + nom + "\n" + dateNaissance;
      addChild(info);
      // Version CS4
      info.rotationY=90; ().
      info.alpha = 0;
```

```
    // Version CS3
    info.y = -info.height*4;
    info.x = photo.x;


  }
  public function setPhoto(url:String):void {
     photo= new Loader();
     photo.load(new URLRequest(url));
     photo.contentLoaderInfo.addEventListener(Event.COMPLETE, auComplet);
  }
  private function auComplet(evt:Event):void {
     addChildAt(photo,0);
     photo.addEventListener(MouseEvent.MOUSE_OVER, auSurvol);
     photo.addEventListener(MouseEvent.MOUSE_OUT, alExterieur);
     photo.addEventListener(MouseEvent.MOUSE_DOWN, surDown);
  }
  private function surDown(e:MouseEvent):void {
     // Version CS4
     TweenLite.to(info, 1, {rotationY:0, alpha:1, ease:Bounce.easeOut,
                        onComplete:surDownInfo});
     // Version CS3
     TweenLite.to(info, 1.5, {y:cible.y, ease:Bounce.easeOut,
                        onComplete:surDownInfo});
  }
  private function surDownInfo():void {
     info.addEventListener(MouseEvent.MOUSE_DOWN, effaceInfo);
  }
  private function effaceInfo(e:MouseEvent):void {
     // Version CS4
     TweenLite.to(info, 1, {rotationY:90, alpha:0, ease:Bounce.easeOut});().
     // Version CS3
     TweenLite.to(info, 1.5, {y:-info.height*4, ease:Strong.easeOut});().
  }
  // Les fonctions en set et les gestionnaires auSurvol et alExterieur sont identiques
  // à ceux de la classe Personne
  // décrite au cours des chapitres précédents
  }
}
```

Mémento

Le son

L'importation du son sous Flash est réalisée par l'intermédiaire de la classe Sound.

```
// Création d'un objet de type Sound
var music:Sound = new Sound();
// Chargement du fichier LaMusique.mp3 dans l'objet music
music.load(new URLRequest("Sons/laMusic.mp3"));
// La musique est lancée
music.play();
```

Le fichier LaMusique.mp3 est enregistré dans le répertoire Sons.

La vidéo

L'importation d'une vidéo sous Flash nécessite que cette dernière soit codée au format .f4v. L'importation s'effectue par l'intermédiaire des classes NetConnection, NetStream et d'un objet Video contrôlé par ActionScript.

```
// Création d'un objet de type netConnection
var seConnecter:NetConnection = new NetConnection();
// La connexion est établie localement
seConnecter.connect(null);
// Création d'un objet de type NetStream
var unFlux:NetStream = new NetStream(seConnecter);
// Le flux vidéo est rattaché à un écran
// Définir un support pour visualiser la vidéo
var ecran:Video = new Video();
// Associer le flux à l'écran
ecran.attachNetStream(unFlux);
// La vidéo uneVideo.flv est lancée
unFlux.play("Videos/uneVideo.flv");
```

L'objet ecran sur lequel est attaché le flux vidéo est une occurrence de la classe Video. Le fichier uneVideo.flv est enregistré dans le répertoire Videos.

Le texte

Des valeurs associées à des noms de variables sont transmises au lecteur Flash par l'intermédiaire de la classe URLLoader.

```
// Création d'un objet de type URLLoader
var uneInfo:URLLoader = new URLLoader();
uneInfo.load(new URLRequest("Textes/Memento.txt"));
// Définition du gestionnaire Event.COMPLETE
infosTexte.addEventListener(Event.COMPLETE, auChargement);
```

```
function auChargement(e:Event):void {
    trace("La valeur lue = " + URLLoader(e.target).data);
}
```

Le fichier `Memento.txt` est enregistré dans le répertoire `Textes` au format UTF-8. Il contient la ligne **valeur=16**.

Le format XML

Avec le format XML, les données sont structurées sous la forme d'un arbre composé d'une racine unique et de nœuds enfants.

```
<memento>
  <enfant nom="Nicolas" />
  <enfant nom="Elena" />
</memento>
```

Le nœud `<memento> </memento>` est la racine de l'arbre XML et `<enfant> </enfant>` sont les nœuds enfants de la racine.

Des données enregistrées au format XML sont transmises au lecteur Flash grâce à la classe `URLLoader`. Elles sont traitées par l'intermédiaire de la classe `XML`.

```
var listeElements:XMLList = new XMLList();
var donneesXMLLuesDansUnFichier:XML = new XML();
listeElements = donneesXMLLuesDansUnFichier.elements();
for each (var elt:XML in listeElements) {
  // Afficher un élément de la liste
  trace(elt.attribute("nom") );
}
```

Le fichier `Memento.xml` est enregistré dans le répertoire `XML` avec le codage UTF-8. L'accès à un élément ou à une liste d'éléments de l'arbre est réalisé par l'intermédiaire d'une boucle `for… in`.

Les Tweens

Avec les tweens, les objets se déplacent de façon élastique ou grâce à des mouvements plus ou moins accélérés. Plusieurs bibliothèques existent sur le marché pour créer un tween, lequel différera selon la bibliothèque utilisée.

Pour créer un tween avec la classe `Tween` d'Adobe :

```
var unTween:Tween = new Tween(objet, propriété, typeAnime, initiale, finale,
                              durée, enSeconde );
```

Pour créer un tween avec la bibliothèque proposée par Caurina :

```
Tweener.addTween(objet, {propriété:finale , time:durée, transition: typeAnime,
                 onComplete:action});
```

Pour créer un tween avec la bibliothèque proposée par GreenSock :

```
TweenLite.to(objet, durée, {propriété:finale, ease:typeAnime, onComplete:action});
```

Exercices

Le lecteur MP3 2ᵉ version

Il s'agit ici d'améliorer l'interface utilisateur du lecteur MP3 étudié dans ce chapitre (voir section « Le son », paragraphe « Un lecteur MP3 »). Le nouveau lecteur MP3 possède les fonctionnalités suivantes :

- afficher le titre de la chanson ;
- éteindre ou allumer le son ;
- avancer au morceau suivant ;
- retourner au morceau précédent ;
- répéter la lecture.

Ces fonctionnalités sont illustrées par une nouvelle interface se présentant de la façon suivante :

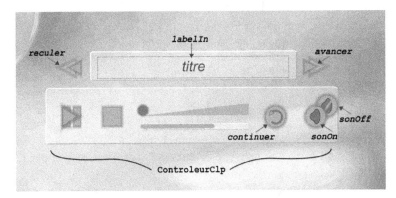

Figure 10-12
La nouvelle interface utilisateur du lecteur MP3

Extension web

Pour vous faciliter la tâche, le fichier `LecteurMp3V2.fla` à partir duquel nous allons travailler, se trouve dans le répertoire `Exercices/SupportPourRéaliserLesExercices/Chapitre10`. Dans ce même répertoire, vous pouvez accéder à l'application telle que nous souhaitons la voir fonctionner (`LecteurMp3V2.swf`) une fois réalisée.

☞ **Exercice 10.1**

1. Affichez, dans la zone de texte `labelIn` de l'objet `controleur`, le nom du fichier son lu.

2. En utilisant le gestionnaire d'événement `onID3`, affichez le titre de la chanson dans la zone de texte `labelIn` de l'objet `controleur`.

Remarque

Le titre d'une chanson est stocké dans la propriété `id3.TIT2` de l'objet `music`. Cette propriété n'est pas toujours renseignée, c'est pourquoi nous affichons, tout d'abord, le nom du fichier lu.

---

3. Par défaut, le clip `sonOff` est visible et `sonOn` invisible, ils sont placés l'un en dessous de l'autre.

   – Lorsque l'utilisateur clique sur `sonOff`, celui-ci disparaît pour laisser apparaître `sonOn` et le son est coupé.

   – Lorsque l'utilisateur clique sur `sonOn`, celui-ci disparaît pour laisser apparaître `sonOff` et le volume sonore revient à la valeur qu'il avait avant d'être coupé.

☞ **Exercice 10.2**

1. Le lecteur MP3 lit une suite de titres, fournie par un fichier XML.

   • Créez un fichier `listeMusic.xml` contenant la liste des morceaux de musique à écouter. Les balises pourront être définies comme suit :

```
<titre nom="uneMusique.mp3"/>
```

   • Dans le script, chargez le fichier `listeMusic.xml` et construisez un tableau (`listeMusic[]`) mémorisant la liste des morceaux de musique.

   • Chargez ensuite le morceau de musique correspondant à l'indice `0` du tableau `listeMusic[]`.

Remarque

Lorsqu'un fichier son est totalement chargé et lu, il n'est plus possible de charger un nouveau fichier audio dans ce même objet. Pour charger un nouveau son, créez un autre objet `Sound` dans le gestionnaire `Event.SOUND_COMPLETE`, comme suit :

```
function auSonLu(e:Event):void {
    music = new Sound();
    // Charger un nouveau morceau
}
```

---

2. Lorsque le morceau de musique courant arrive à sa fin, chargez le morceau suivant dans la liste.

☞ **Exercice 10.3**

1. Lorsque l'utilisateur clique sur le bouton `controleur.avancer` :

   - l'indice du tableau `listeMusic[]` est incrémenté de 1 ;

   - le morceau de musique correspondant au nouvel indice est chargé ;

   - l'interface utilisateur est réinitialisée – l'utilisateur doit cliquer à nouveau sur le bouton `controleur.lire` pour entendre le nouveau morceau ;

   - que doit-on faire lorsque l'indice du tableau `listeMusic[]` est plus grand que le nombre de morceaux de musique défini dans la liste ?

2. Lorsque l'utilisateur clique sur le bouton `controleur.reculer` :

   - l'indice du tableau `listeMusic[]` est décrémenté de 1 ;

   - le morceau de musique correspondant au nouvel indice est chargé ;

   - l'interface utilisateur est réinitialisée – l'utilisateur doit cliquer à nouveau sur le bouton `controleur.lire` pour entendre le nouveau morceau ;

   - que doit-on faire lorsque l'indice du tableau `listeMusic[]` devient plus petit que 0 ?

☞ **Exercice 10.4**

Lorsque l'utilisateur clique sur le bouton `controleur.continuer`, le lecteur MP3 lit la liste des morceaux de musique en continu.

- Le bouton `controleur.continuer` diminue de taille pour indiquer que l'option lecture en continu est sélectionnée. Au clic suivant, le bouton revient à sa taille d'origine.

- Un drapeau `encore` change d'état (`true` ou `false`) à chaque fois que l'utilisateur clique sur le bouton `controleur.continuer`.

- Dans le gestionnaire d'événement `Event.SOUND_COMPLETE` :

  – lorsque l'indice du tableau `listeMusic[]` est plus grand que le nombre de morceaux de musique défini dans la liste, et que le drapeau `encore` vaut `true`, l'indice du tableau est réinitialisé à 0 ;

  – la musique continue à jouer si l'indice du tableau est inférieur au nombre de morceaux de musique défini dans la liste ;

  – sinon la musique s'arrête et l'interface utilisateur est réinitialisée – l'utilisateur doit cliquer à nouveau sur le bouton `controleur.lire` pour entendre le premier morceau de la liste. Que se passe-t-il lorsque l'utilisateur clique à nouveau sur le bouton `lire` ? Comment résoudre le problème ?

Le répertoire téléphonique

☞ **Exercice 10.5**

L'objectif de cet exercice est d'afficher les photos et la liste des numéros de téléphone des personnes définies dans le fichier `Repertoire.xml` (voir section « Lire un fichier XML », paragraphe « Les niveaux de hiérarchie ») comme le montre la figure 10-13.

Figure 10-13

Le répertoire téléphonique

1. Chargez le fichier `Repertoire.xml` et construisez un tableau (`listePersonne[]`) mémorisant la liste des personnes enregistrées dans le répertoire.

2. Pour chaque élément du tableau `listePersonne[]` :
   – créez une personne à partir des données fournies par le fichier XML et afficher sa photo ;
   – listez les numéros de téléphone de chaque personne et affichez-les en utilisant un format d'écriture et une zone de texte créée à la volée ;
   – positionnez la zone de texte directement sous la photo.

Remarque

Pour afficher la liste des numéros de téléphone, reprendre le code de la méthode `afficherTexte()` présenté à la section « Le texte », paragraphe « Créer une zone de texte » de ce chapitre.

Le trombinoscope – 3e version

Dans cette série d'exercices (exercices 10-6 à 10-11), nous vous proposons d'améliorer sensiblement le trombinoscope étudié dans les chapitres précédents.

Une photo est ajoutée au trombinoscope à partir des données enregistrées dans un fichier XML. Au survol d'une photo, celle-ci réagit de façon agréable à l'œil. Lorsque l'utilisateur clique sur une photo, une fiche comportant toutes les informations relatives à la personne correspodante apparaît en glissant de la gauche vers la droite (voir figure 10-14).

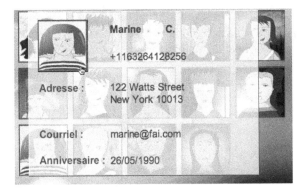

Figure 10-14

Le trombinoscope 3ᵉ version

Extension web

Pour vous faciliter la tâche, tous les fichiers nécessaires à la mise en place de l'application (Agenda.xml...), se trouvent dans le répertoire Chapitre10/Exercices/SupportPourRéaliserLesExercices. Dans ce même répertoire, vous pouvez accéder à l'application telle que nous souhaitons la voir fonctionner (Exercice10_11.swf) une fois réalisée.

☞ **Exercice 10.6**

Le fichier Agenda.xml est structuré de la façon suivante :

```
<Repertoire>
  <personne prenom="Elena" nom="T."
    anniversaire="16/04/1993"
    courriel="lna@fai.fr"
    rue="7 rue du Paradis"
    ville="75012 Paris"
    photo="../Photos/Elena.jpg"
    telephone="+33601020204"
  />
  <personne prenom="Nicolas" nom="A."
    anniversaire="10/07/1996"
    courriel="nico@fai.fr"
    rue="24 av du Papillon"
    ville="75013 Paris"
    photo="../Photos/Nicolas.jpg"
    telephone="+33600700700"
  />
  …
</Repertoire>
```

Copiez le fichier `Exercice10_6.fla` situé dans le répertoire `Chapitre10/Exercices/ SupportPourRéaliserLesExercices` dans votre répertoire de travail.

1. Modifiez le fichier de façon à lire le fichier XML `Agenda.xml` et affichez dans la fenêtre de sortie le prénom et la ville de chaque personne enregistrée dans le fichier.

2. Pour faciliter les prochains développements de l'application, stockez les informations extraites du fichier XML dans des tableaux nommés `lPrenom`, `lNom`, `lAnniv`, `lCourriel`, `lRue`, `lVille`, `lPhoto`, `lTel`.

☞ **Exercice 10.7**

Pour afficher les photos des personnes extraites du fichier XML, copiez, dans votre répertoire de travail, la classe `Icone.as` développée à la section « Les tweens – La bibliothèque Tweener » de ce chapitre.

1. Ajoutez une propriété `numero` à la classe `Icone` et modifiez le constructeur de façon à passer un entier en second paramètre.

2. Écrivez la fonction `setNumero()` afin d'initaliser la propriété `numero` à la valeur passée en second paramètre du constructeur. De la même façon, écrivez la fonction `getNumero()` qui retourne la valeur de la propriété `numero`.

3. Pour que chaque icône indique clairement que la photo a été chargée, insérez dans le gestionnaire `auComplet()`, l'instruction :

```
dispatchEvent(new Event(Event.COMPETE));
```

☞ **Exercice 10.8**

Copiez le programme `Exercice10_6.fla` en `Exercice 10_8.fla`.

Pour afficher les icônes les unes à la suite des autres dès que l'icône précédente n'est plus affichée, vous devez :

1. Créer une liste d'icônes nommée `lIcone`. La taille de la liste correspond au nombre de personnes stockées dans l'agenda.

2. Après enregistrement des données de l'agenda dans les tableaux, créer une icône de la façon suivante :

```
lIcone[cptr] = new Icone(lUrl[cptr], cptr);
lIcone[cptr].addEventListener(Event.COMPLETE, afficherPhoto);
```

où `cptr` est un entier initialisé à 0 en début de programme.

3. Écrire la méthode `afficherPhoto()` de sorte que :

- chaque icône s'affiche les unes à la suite des autres sur l'axe des X ;
- lorsqu'une icône sort de la fenêtre, sa position sur l'axe des Y soit décalée vers le bas, de la hauteur d'une icône et, sa position sur l'axe des X soit remise à la position initiale des photos sur l'axe des X ;

- une nouvelle icône soit ensuite créée avec un `cptr` incrémenté de 1 (seulement si `cptr` est plus petit que le nombre de personnes stockées dans le fichier XML) ;
- la nouvelle icône ainsi créée écoute l'événement `Event.COMPLETE` pour être affichée et pour commencer le traitement de l'icône suivante.

☞ **Exercice 10.9**

Pour afficher les fiches associées aux différentes photos, il convient de les créer. Pour cela :

1. Examinez dans la bibliothèque du fichier `Exercice10_8.fla` le symbole `FicheClp`. Ce symbole contient des zones de texte dynamique pour le nom, le prénom, la date de naissance... Dans le panneau de propriétés, repérez les noms des zones de texte ainsi que le nom de l'occurrence représentant la photo.

2. Créez la classe `Fiche.as` de façon à passer en paramètre du constructeur, toutes les informations relatives à une personne (nom, prénom, anniversaire, adresse...).

3. Créez une propriété `laFiche` de type `FicheClp` et une propriété `photo` de type `Loader`.

4. Écrivez les fontions `setNom()`, `setPrenom()`... de sorte qu'elles initialisent les zones de texte dynamique aux valeurs passées en paramètre du constructeur. Par exemple, la fonction `setNom()` s'écrit :

```
public function setPrenom(np:String):void {
   laFiche.prenom.text = np;
}
```

5. La méthode `setPhoto()` charge la photo dont l'URL est passée en paramètre du constructeur. Lorsque le chargement est complet, elle l'affiche dans l'occurrence `photo` de la propriété `laFiche`.

☞ **Exercice 10.10**

Copiez le programme `Exercice10_8.fla` en `Exercice 10_10.fla`.

Pour afficher les fiches lorsque l'utilisateur clique sur une photo, vous devez :

1. Créer une liste de fiches nommée `lFiche`. La taille de la liste correspond au nombre de personnes stockées dans l'agenda.

2. Créer chaque fiche en même temps que l'icône, de la façon suivante :

```
lFiche[cptr] = new Fiche(
                lPrenom[cptr], lNom[cptr],lAnniv[cptr], lRue[cptr],
                lVille[cptr], lTel[cptr],
                lCourriel[cptr], lUrl[cptr]);
```

où `cptr` est un entier initialisé à 0 en début de programme.

3. Positionner chaque fiche à l'endroit où se trouve la première icône.

4. Mettre en place un gestionnaire d'événement sur chaque icône, qui appelle la fonction `afficherInfo()`, sur `MouseEvent.MOUSE_DOWN`.

5. La méthode `afficherInfo()` récupère le numéro de l'icône sélectionnée par l'intermédiaire de la méthode `getNumero()`. Elle affiche ensuite la fiche correspondant à ce numéro, tout en lui associant un gestionnaire d'événement `effacerInfo()`. Ce dernier a pour action d'effacer la fiche lorsque l'utilisateur clique dessus.

☞ **Exercice 10.11**

Copiez le programme `Exercice10_10.fla` en `Exercice 10_11.fla`.

L'affichage et la supression des fiches sont réalisés par l'intermédiaire de tweens. Pour cela vous devez suivre les consignes suivantes :

1. Afficher et positionner les fiches en dehors de la scène – à gauche, centrées sur la hauteur.

2. Dans la méthode `afficherInfo()`, créer un tween qui se déplace de la gauche vers la droite, la fiche appropriée sur l'axe des X dans un mouvement élastique.

3. Dans la méthode `effacerInfo()`, créer un tween qui replace à gauche la fiche sélectionnée dans un mouvement accéléré en fin de parcours.

Le projet mini site

Pour finir ce projet, nous utilisons toutes les techniques étudiées au cours de ce chapitre. Les transformations à apporter sont les suivantes :

- les rubriques `Photos`, `Animes`, `Videos` et `Infos` sont créées à partir de données lues dans un fichier ressource au format XML ;

- les pages `Photos`, `Animes` et `Videos` présentent une série de vignettes sur la partie gauche de la page. Lorsque l'internaute clique sur l'une d'entre elles, une photo, une animation ou un lecteur vidéo apparait en grand format sur la partie droite de la page ;

- lorsque le curseur de la souris survole une vignette des pages `Photos`, `Animes` et `Videos`, une infobulle apparaît. Les informations contenues dans l'infobulle sont extraites d'un fichier texte ;

- les vidéos sont intégrées à l'intérieur d'une interface utilisateur définie au sein d'une classe définie à cet effet ;

- la page `Infos` diffère des autres pages. Elle ne contient pas de vignettes, mais uniquement des informations textuelles. Ces informations sont extraites d'un fichier XML.

Sur le CD-Rom

Pour vous faciliter la tâche, le fichier `ProjetChapitre10.fla` à partir duquel nous allons travailler, se trouve dans le répertoire `Projet/SupportPourRéaliserLeProjet/Chapitre10` du CD-Rom livré avec l'ouvrage. Dans ce même répertoire, vous pouvez accéder à l'application telle que nous souhaitons la voir fonctionner (`ProjetChapitre10.swf`) une fois réalisée.

Créer le mini site avec XML

Les rubriques Photos, Animes, Videos et Infos sont créées à partir de données lues dans un fichier ressource au format XML, nommé Ressources.xml.

Le fichier Ressources.xml définit les éléments à afficher pour chaque page du site. Pour créer le site à partir du fichier ressource, vous devez :

- définir la liste des noeuds du fichier Ressources.xml sachant que chaque rubrique est définie par un nœud ayant pour attribut le nom de l'en-tête, la couleur en hexadécimal et un nombre correspondant au nombre de vignettes pour les pages Photos, Animes et Videos. Pour le page Infos, le nombre de vignettes est nul ;

- dans l'application ProjetChapitre10.fla, charger le fichier Ressource.xml et enregistrer l'arbre XML pour le passer ensuite en paramètre du constructeur de la classe MiniSite ;

- en vous inspirant de l'exemple présenté en section « Un répertoire téléphonique » de ce chapitre, modifier le constructeur de la classe MiniSite de sorte qu'il mette à jour les propriétés listeCouleurs, noms et nbElt, à partir des valeurs extraites de l'arbre XML.

> **Remarque**
> Les propriétés listeCouleurs, noms et nbElt ne sont plus initialisées lors de leur déclaration.

Exécuter l'animation et vérifier que les 4 rubriques s'affichent correctement.

Charger le contenu multimédia

Chaque page possède son propre contenu. Les contenus des pages Photos, Animes et Videos sont assez similaires. Ils présentent tous trois un côté gauche avec des vignettes et un côté droit avec une zone de visualisation grand format. Pour toutes ces raisons, nous choisissons d'écrire une classe spécialisée dans le chargement de contenus multimédias. Cette classe est nommée ChargeurPhotoAnimeVideo.

Le chargeur de contenus multimédias est appelé lorsque la page s'affiche. Il se crée à l'aide des instuctions suivantes :

```
switch (titre.contenu) {
   case "Photos" :
   case "Animes" :
   case "Videos" :
   chargeurMmedia= new ChargeurPhotoAnimeVideo(titre.contenu, cible.nombreElt);
   break;
}
```

Ces instructions sont placées dans le constructeur de la classe Page. Le chargeur n'est placé dans la liste d'affichage qu'un fois la page totalement affichée en utilisant la méthode addChild(). L'objet chargeurMmedia est déclaré comme objet static de la classe Page.

La classe ChargeurPhotoAnimeVideo

La classe `ChargeurPhotoAnimeVideo` s'occupe de présenter le contenu multimédia sous forme de vignettes interactives. Elle possède trois propriétés qui vont nous permettre de stocker :

- le type du contenu à charger (`typeContenu`) ;
- l'élément à visualiser en grand format (`grandFormat`) ;
- l'infobulle (`bulleInfo`).

Le constructeur de la classe `ChargeurPhotoAnimeVideo` réalise les actions suivantes :

- initialiser la propriété `typeContenu` à la valeur qui lui est passée en paramètre ;
- afficher les vignettes associées au thème de la page ;
- créer, sans l'afficher, l'objet `bulleInfo` à partir du symbole `InfoBulleClp` placé dans la bibliothèque de l'application. Ce clip contient un champs de texte dynamique nommé `labelOut`.

Les vignettes

L'affichage des vignettes utilise la méthode `afficheVignettes()` présentée au chapître 7, section « Le projet mini site ».

Survoler une vignette

Lorsque le curseur de la souris survole une vignette, une infobulle apparaît, et le niveau de transparence de la vignette diminue progressivement dans un mouvement accéléré en fin de course. Le texte affiché est chargé depuis un fichier texte nommé `Infos`*i*`.txt`, où *i* correspond au numéro de la vignette survolée. Le fichier texte se trouve dans le répertoire correspondant au nom de la page affichée.

La mise en place du chargement du contenu textuel et son affichage dans l'infobulle s'effectue en trois temps :

- charger le fichier `Infos`*i*`.txt` dans le gestionnaire `surOver()` ;
- lorsque le contenu textuel a fini d'être chargé, placer ce dernier dans la zone de texte dynamique nommé `labelOut` ;
- afficher l'infobulle un peu en dessous du curseur de la souris.

Lorsque le curseur de la souris sort de la vignette, l'infobulle devient invisible. La vignette redevient opaque avec la même accélération.

Cliquer sur une vignette

Lorsque l'internaute clique sur une vignette, le contenu correspondant à la vignette sélectionnée est chargé puis affiché. L'action à mener suite à un clic sur vignette est nommée `surUp()`.

La méthode surUp() réalise les actions suivante, selon le typre du contenu :

- construire le chemin d'accès au fichier à charger en ajoutant à la fin, l'extension .jpg, .swf ou .f4v ;

- appeler la méthode chargerPhotoOuAnim() ou chargerVideo(), en passant en paramètre le nom de la page, la position de la souris lors du clic et une position se situant à droite de la page.

Charger les photos ou les animations

Le chargement d'une photo ou d'une animation est réalisée par la méthode chargerPhotoOuAnim(). Cette méthode possède cinq paramètres.

- Le premier correspond au chemin d'accès au fichier à charger. Ce paramètre est utilisé par la méthode load() du chargeur (type Loader) afin de charger la photo ou l'animation. Le chargeur est créé et inséré dans la liste d'affichage du clip grandFormat, comme suit :

```
var aCharger:Loader=new Loader();
aCharger.load(new URLRequest(url));
grandFormat=new MovieClip();
grandFormat.addChild(aCharger);
```

- Les quatres paramètres suivants sont utilisés pour déplacer le contenu grandFormat lors de son affichage. Les deux premiers paramètres correspondent au point de départ du déplacement, les deux derniers au point d'arrivée.

Le déplacement du contenu est réalisé par la méthode seDeplacerVers(), identique à celle utilisée par la classe Rubrique.

- Les positions finales sont enregistrées dans les propriétés finalX et finalY que vous aurez pris soin d'ajouter à l'objet grandFormat. Ces propriétés sont ensuite utilisées par la méthode seDeplacerVers().

Charger une vidéo

Le chargement d'une vidéo est réalisé par la méthode chargerVideo(). La méthode est pratiquement identique à la la méhode chargerPhotoOuAnim(), seul le support de chargement diffère. Au lieu d'employer un objet de type Loader, nous utilisons un objet de type LecteurVideo.

Remarque

Vous trouverez la classe LecteurVideo dans le répertoire Projet/SupportPourRéaliserLeProjet/Chapitre10. Cette classe reprend le code du lecteur vidéo étudié au cours de ce chapitre en section « Un lecteur de vidéo ». Pour éviter une erreur de compilation, vous devez insérer le clip ControleurClp dans la bibliothèque de l'application projetChapitre10.fla.

Le lecteur est créé en écrivant :

```
grandFormat = new MovieClip();
MiniSite.laVideo = new LecteurVideo(url);
grandFormat.addChild(MiniSite.laVideo);
```

L'url passé en paramètre du constructeur LecteurVideo, indique le chemin d'accès au fichier vidéo de format .flv.

Une fois créé, le lecteur vidéo est inséré dans la liste d'affichage du clip grandFormat. Ce dernier est ensuite affiché avec la même technique que pour les photos ou les animations. Les coordonnées de début et de fin de déplacement sont initialisées à l'aide des valeurs transmises en paramètre de la fonction chargerVideo().

Arrêter une vidéo

Il convient d'arrêter la lecture d'une vidéo :

- si l'on clique à nouveau sur vignette de la page Videos. Dans ce cas, le lecteur doit être réinitialisé et supprimé de la liste d'affichage, comme suit :

```
if (MiniSite.laVideo != null) {
    MiniSite.laVideo.remiseAZero();
    grandFormat.removeChild(MiniSite.laVideo);
}
```

- lorque l'internaute clique sur le titre ou une mini rubrique. Dans cette situation, le flux vidéo doit être arrêté.

- Cette action est réalisée en fermant directement le flux défini au sein de la classe LecteurVideo, comme suit :

```
if (LecteurVideo.unFlux != null) {
    LecteurVideo.unFlux.close()
}
```

Charger le contenu textuel

La page Infos diffère des autres pages du site. Elle ne contient pas de vignettes, mais des informations textuelles éventuellement cliquables.

Structure du contenu textuel

L'information contenue dans la page Infos est enregistrée dans un fichier XML dont la structure est la suivante ;

```
<projet>
  <info type="lien" titre="un lien : " contenu="http://www.unsite.fr"/>
  <info type="texte" titre="une info non cliquable : " contenu="Bonjour !!!"/>
  <info type="mail" titre="Envoyer un courrier :" contenu="nom@unSite.fr"/>
</projet>
```

L'attribut type indique si les informations stockées dans l'attribut contenu est :

- un lien cliquable qui ouvre :
  - soit le navigateur pour afficher la page relative au lien défini par la l'attribut contenu. L'attribut type vaut lien ;

– soit le logiciel de messagerie de l'utilisateur afin qu'il puisse envoyer un message à l'adresse indiquée par l'attribut contenu. L'attribut type vaut mail.

• Un simple texte présentant une information spécifique.

Le chargement et l'affichage des informations contenus dans le fichier Infos.xml sont réalisés par la classe ChargeurInfo.

La classe ChargeurInfo

Le constructeur de la classe ChargeurInfo :

• construit le chemin d'accès au fichier Infos.xml, à partir du nom de la page passé en paramètre du constructeur ;

• ouvre et charge le fichier Infos.xml ;

• lorsque le fichier est totalement chargé, la méthode gestionInfo() est appelée.

La méthode gestionInfo()

La méthode gestionInfo() parcourt l'arbre XML et traite chaque attribut des balises info de la façon suivante :

• si l'attribut type vaut "texte" alors deux objets de type TitreTexte sont créés afin d'afficher horizontalement le titre et le contenu en noir. La couleur de la puce placée à gauche du texte, est initialisée à une couleur rouge ;

• si l'attribut type vaut "lien" alors deux objets de type TitreTexte sont créés afin d'afficher horizontalement le titre en noir puis le contenu en bleu. La couleur de la puce placée à gauche du texte, est initialisée à la même couleur bleue ;

L'objet associé au contenu écoute l'événement MouseEvent.MOUSE_UP, l'action à mener est clicSurLien() ;

• si l'attribut type vaut "mail" alors deux objets de type TitreTexte sont créés afin d'afficher horizontalement le titre en noir puis, le contenu en bleu turquoise. La couleur de la puce placée à gauche du texte, est initialisée à une couleur bleu turquoise.

L'objet associé au contenu écoute l'événement MouseEvent.MOUSE_UP, l'action à mener est clicSurMail() ;

• les puces sont créées, coloriées et placées en début de chaque ligne, en utilisant le constructeur de la classe Forme.

Remarque

Lorsque le curseur de la souris passe sur un lien cliquable, la forme du curseur doit se transformer en main. Modifiez la classe TitreTexte de façon à créer un fond pour les textes horizontaux. Ajouter un nouveau paramètre de type booléen à la fonction dessinerHorizontal() qui précisera si le curseur change de forme ou non suivant sa valeur.

Cliquer sur un lien

Lorsque l'internaute clique sur un lien, deux actions sont possibles .

- L'action `clicSurLien()` dont la structure est la suivante :

```
private function clicSurLien(e:MouseEvent) {
   // Récupérer l'objet sur lequel on a cliqué
   var cible:TitreTexte = e.currentTarget  as TitreTexte;
   // Construire l'url à partir du contenu associé à la cible
   var request:URLRequest = new URLRequest(cible.contenu);
   try {
     // Ouvre une fenêtre du naviqgteur à l'url indiquée en paramètre
     navigateToURL(request);
   } catch (e:Error) {
     // traitement des erreurs
   }
}
```

- L'action `clicSurMail()` dont la structure est la suivante :

```
private function clicSurMail(e:MouseEvent) {
   // Récupérer l'objet sur lequel on a cliqué
   var cible:TitreTexte = e.currentTarget  as TitreTexte;
try {
   // Construire l'adresse mail à partir du contenu associé à la cible
   var quelMail:String =
       "mailto:" + cible.contenu +
       "?subject=Une question en AS3&body=Bonjour,";
   // Ouvre une fenêtre de messagerie à l'adresse mail indiquée en paramètre
   navigateToURL( new URLRequest(quelMail),"_blank");
   } catch (e:Error) {
   // traitement des erreurs
   }
}
```

Afficher la page Infos

Le chargeur de contenu textuel est appelé lorsque la page est en cours de création à l'aide des instuctions suivantes :

```
switch (titre.contenu) {
  case "Infos" :
    chargeurXML= new ChargeurInfo(titre.contenu ) ;
    addChild(chargeurXML);
  break;
    case "Photos" :
    case "Animes" :
    case "Videos" :
   //  charger les contenus multimédias
  break;
}
```

Ces instructions sont placées dans le constructeur de la classe Page. Le chargeur n'est placé dans la liste d'affichage qu'un fois la page totalement affichée en utilisant la méthode addChild(). Tout comme l'objet chargeurMmedia, l'objet chargeurXML est déclaré comme objet static de la classe Page.

Pour effaccr les contenus multimédias ou textuels au chargement d'une nouvelle page, les objets voient leur propriété visible mise à false, s'ils ne sont pas null, avant d'être à nouveau affichés.

11

Carte postale vidéo et animation

L'objectif de ce dernier chapitre n'est pas d'aborder de nouvelles techniques de programmation mais plutôt de consolider nos acquis en programmation orientée objet et en algorithmique en construisant une application multimédia, autonome ou publiable sur le Web.

Nous examinerons les fonctionnalités de cette application, une carte postale vidéo, au cours de la section « Cahier des charges » ; nous apprendrons également à la structurer ainsi qu'à organiser nos techniques de développement.

Au cours des sections suivantes, nous construirons au fur et à mesure les classes nécessaires au bon fonctionnement de l'application. Pour cela nous revisiterons l'extraction de données à partir de fichiers XML (section « Extraction des données XML »), la visualisation de vidéos à travers le composant FLVPlayBack (section « La vidéo ») ainsi que l'animation de textes grâce aux Tweens des éditeurs GreenSock (section « Le texte »).

Chacune de ces notions et fonctionnalités sera mise en œuvre à l'aide de classes autonomes et interdépendantes. La carte postale vidéo sera lancée par l'intermédiaire d'une classe principale appelée classe Main et publiée sur le Web ou transformée en application autonome, afin d'être visible de tous ses lecteurs (section « Publication »).

Cahier des charges

L'application mise en œuvre au cours de ce chapitre est une carte postale (voir figure 11-1) qui intègre une vidéo originale avec un texte animé, comme présentée à l'adresse suivante : *http://www.annetasso.fr/CartePostale*.

Figure 11-1

Carte postale vidéo

La carte postale est une vidéo lue en flux continu. Lorsque son chargement est suffisant, un texte animé apparaît dans la partie inférieure de la carte, caractère par caractère, de la gauche vers la droite. Lorsque la lecture est terminée, le générique est publié. Les caractères s'affichent comme sur un panneau d'affichage des horaires de vols dans un aéroport, sur le fond noir de la vidéo.

Les objectifs de cet exemple sont multiples. Il s'agit avant tout, d'appendre à organiser nos méthodes de développement (section « Structure de l'application »), ainsi qu'à consolider nos acquis en programmation objet. Ensuite, une carte postale est par essence envoyée à un destinataire. Le but est donc, également, d'apprendre à publier une application sur le Web ou encore à la transformer en application autonome, pour la rendre visible de tous ses destinataires.

Structure de l'application

Pour construire l'application, nous séparons les données du code AS3, en créant quatre répertoires distincts. Le répertoire racine se nomme `CartePostale` et contient trois sous-répertoires nommés respectivement `Scripts`, `Videos` et `XML`. Comme son nom l'indique, le répertoire :

- `Scripts` contient tous les fichiers scripts de l'application, le fichier d'extension `.fla`, les fichiers de classe d'extension `.as` ainsi que le fichier exécutable d'extension `.swf`.

- `Videos` contient la ou les vidéos jouées par la carte postale.

- `XML` contient un fichier ressource de format XML au sein duquel sont enregistrées des informations comme l'URL de la vidéo à jouer ou encore le message à afficher sous la vidéo.

Extension web

Vous pourrez tester cet exemple en exécutant le fichier `CartePostale.swf`, sous le répertoire `Exemples/chapitre11/CartePostale/Scripts`.

Les fichiers de scripts

Le répertoire Scripts contient plusieurs fichiers de scripts qui jouent chacun leur rôle dans la création de la carte postale. Voyons plus précisément quelles sont leurs fonctionnalités.

Le fichier CartePostale.fla

Le fichier CartePostale.fla est le fichier principal de l'application, qui contient les éléments de présentation de la carte postale. Ce fichier, une fois compilé, est nommé CartePostale.swf ; il correspond à l'application exécutable.

Les objets graphiques utiles à l'application sont définis au sein de la bibliothèque du fichier CartePostale.fla. Nous y trouvons (voir figure 11-2), le composant FLVPlayBack, le fond et le fond ombré de la carte postale ainsi que les deux polices de caractères embarquées Courier et Krungthep.

Pour en savoir plus

La mise en place de polices embarquées est expliquée à la section « Le projet minisite – police embarquée » du chapitre 9 « Les principes du concept objet ».

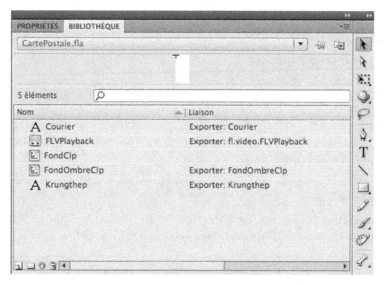

Figure 11-2

Bibliothèque de l'application CartePostale.fla

Pour ajouter le composant FLVPlayBack à la bibliothèque, vous devez ouvrir la fenêtre Composants de l'interface Flash, en sélectionnant l'item Composants du menu Fenêtre. Puis, dans la fenêtre Composants, déroulez la liste Vidéos (voir figure 11-3) et double-cliquez sur le composant FLVPlayBack. Le composant est alors ajouté dans la bibliothèque et placé sur la scène. Vous devez supprimer ce dernier puisque nous insérerons la vidéo par programme dans la carte postale. Seule la présence du composant FLVPlayBack dans la bibliothèque est nécessaire et suffisante.

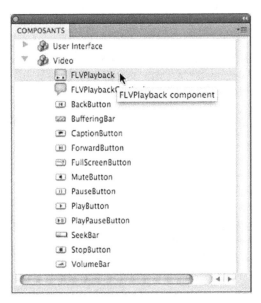

Figure 11-3

La fenêtre Composants

Les symboles FondClp et FondOmbreClp sont deux symboles représentant le bord blanc de la carte postale. Pour faire en sorte qu'il y ait une ombre, nous devons tout d'abord créer le symbole FondClp qui représente un simple rectangle blanc légèrement plus grand que la taille de la vidéo, surtout en hauteur pour voir les messages s'afficher. L'ajout de l'ombre s'effectue de la façon suivante :

- Créez le symbole FondOmbreClp et placez-y, par simple glisser-déposer, une occurrence de FondClp.

- Sélectionnez l'occurrence de FondClp et choisissez dans le panneau Propriétés du symbole associé, l'option Filtre (voir figure 11-4-❶).

- Ajoutez une ombre en cliquant sur le symbole représentant un calque dans le coin inférieur gauche du panneau (voir figure 11-4-❷).

- Sélectionnez l'item Ombre Portée (voir figure 11-4-❸). Vous pouvez alors modifier les paramètres de couleur, de flou et d'angle de l'ombre portée.

Pour en savoir plus

La création d'une ombre portée par programme est étudiée à la section « La vidéo – Ombre portée » de ce chapitre.

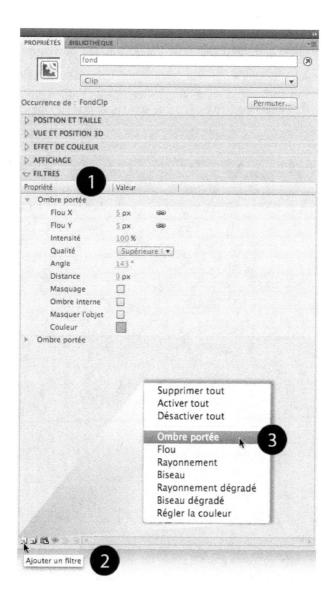

Figure 11-4

Ajouter une ombre avec l'interface de Flash

L'objectif est maintenant de séparer les ressources graphiques du code AS3. Aussi, dès à présent, le fichier CartePostale.fla ne contiendra plus aucune ligne de code. Il n'est utilisé que pour stocker les symboles nécessaires au bon déroulement de l'application.

Nous devons cependant, établir une liaison entre le fichier CartePostale.fla et les différents scripts qui nous permettront de visualiser la vidéo ou encore d'animer les caractères. Cette liaison s'effectue par l'intermédiaire de la propriété Classe définie au sein du panneau Propriétés de la scène. Il suffit de renseigner le champ Classe en donnant le nom de la classe qui sera le point d'entrée de l'application (voir figure 11-5).

Le plus souvent, pour des raisons historiques à la programmation, cette classe est nommée Main (traduire par Principale). Ainsi, lorsque l'application CartePostale.fla est exécutée, le compilateur recherche dans le répertoire courant de l'application, un fichier nommé Main et d'extension .as.

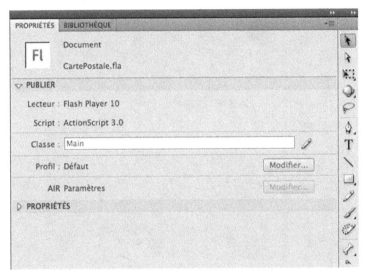

Figure 11-5
La classe Main est définie comme classe du document CartePostale.fla.

Les fichiers d'extension .as

Le fichier Main.as définit la classe Main, point d'entrée principal de l'application. Les instructions contenues au sein de cette classe ont pour effet :

- de lire le fichier ressource XML et d'en extraire les données. Le format du fichier XML est décrit à la section « Les fichiers de contenus multimédias » plus bas dans ce chapitre. La lecture du fichier est réalisée par la classe ExtractionXML.as. L'étude de cette classe est réalisée à la section « Extraction des données XML » dans ce chapitre ;

- d'afficher la vidéo à l'intérieur de la carte postale et de la lancer en flux continu. Le traitement de la vidéo est réalisé par l'intermédiaire de la classe CarteVideo.as qui est décrite plus précisément à la section « La vidéo » plus loin dans ce chapitre ;

- de lancer l'animation des différents messages. L'animation des caractères est traitée par la classe Caractere.as alors que l'affichage des messages est réalisé par l'intermédiaire de la classe Message.as. Ces deux classes sont construites à la section « Le Texte » dans ce chapitre.

Les fichiers de contenus multimédias

Les données externes à l'application, à savoir la vidéo et les messages que l'on souhaite afficher sur la carte postale, sont rangés dans les répertoires Videos et XML respectivement.

La vidéo est au format F4V. C'est un fichier nommé Vacances.f4v.

Pour en savoir plus

La conversion des fichiers vidéos au format F4V ou FLV est décrite à la section « La vidéo – intégrer la vidéo dans Flash » du chapitre 10 « Le traitement de données multimédias ».

Le fichier XML contient toutes les informations variables qui feront que l'application CartePostale.swf pourra afficher d'autres vidéos et/ou d'autres textes sans devoir recompiler l'application. Le fichier XML a pour nom Ressources.xml.

La structure du fichier XML se présente comme suit :

```
<CartePostale>
  <Video url="../Videos/Vacances.f4v"
          largeur="640"
          hauteur="360"
          sens="verticale" />
  <Message> Bonnes </Message>
  <Message> Vacances !!! </Message>
  <Signature> Réalisation : Anne Tasso </Signature>
  <Signature> Musique : Pascal Lengagne </Signature>
</CartePostale>
```

Le nœud racine de la structure XML est nommé CartePostale. Sous cette racine, sont définies trois balises :

- Video qui possède quatre attributs définissant l'URL de la vidéo à visualiser (url), sa taille (largeur et hauteur) et la façon dont elle va s'afficher (sens) ;

- Message qui contient le ou les messages à afficher en cours de lecture de la vidéo ;

- Signature qui définit le contenu du générique de fin de la carte postale.

Déroulement de l'application

Le point d'entrée de l'application est la classe Main. Celle-ci appelle dans un premier temps la classe ExtractionXML.as afin d'en extraire toutes les informations présentées précédemment.

Cet appel est effectué comme suit :

```
package {
  import flash.events.Event;
  import flash.display.Sprite;
  import flash.display.Stage;
  public class Main extends Sprite {
```

```
// ❶ Constructeur de la classe Main
public function Main() {
  if (stage) {
   init();
  } else {
   addEventListener(Event.ADDED_TO_STAGE,init);
  }
 }
 // ❷ Définition de la méthode init()
 private function init(e:Event=null):void {
  removeEventListener(Event.ADDED_TO_STAGE,init);
  var extraireDonnees:ExtractionXML = new ExtractionXML("../XML/Ressources.xml");
 }
}
}
```

Remarque

La classe Main doit obligatoirement hériter de la classe Sprite. En effet, la classe Main est le point d'entrée de l'application. De fait, elle doit être capable d'afficher des éléments graphiques et d'écouter des événements. En héritant de la classe Sprite, la classe Main hérite de toutes ces fonctionnalités.

---

❶ L'exécution de la classe Main commence par l'exécution de son constructeur, soit la méthode Main(). Les instructions qui composent cette dernière ont pour objectif de vérifier que l'objet stage (traduire par scène) est présent en mémoire avant de réaliser une quelconque autre action. En effet, dès que l'on utilise des classes, en AS3, on se retrouve très vite confronté au fait que le moteur de calcul tente d'exécuter des instructions alors que le moteur de rendu n'a pas encore construit la scène.

Ainsi grâce au test, nous vérifions que si l'objet stage est bien présent, la méthode init() est appelée sans paramètre (c'est-à-dire avec en paramètre de valeur null). En revanche, si la scène n'est pas encore construite, l'application se met à l'écoute de l'événement Event.ADDED_TO_STAGE. Lorsqu'elle le reçoit, cela signifie que la scène existe ; elle exécute alors la méthode init(), par l'intermédiaire du gestionnaire d'événement.

❷ Pour des raisons d'optimisation, la méthode init() détruit l'écouteur d'événement qui lui a permis d'être exécutée. Arrive ensuite la partie la plus intéressante pour notre application, la construction de l'objet extraireDonnees. Grâce à cette instruction, nous allons extraire les données du fichier XML dont l'URL est fournie en paramètre du constructeur de la classe ExtractionXML.

Ainsi écrite, la classe Main ne réalise pas encore l'intégralité de l'application. La vidéo n'est pas chargée, le texte ne s'affiche et ne s'anime pas.

Pour des raisons pédagogiques, nous préférons construire la classe Main au fur et à mesure de l'évolution de nos besoins et de nos connaissances. C'est pourquoi, nous présenterons en fin de chacune des sections ci-après, une version mise à jour de la classe Main.

Extraction des données XML

La classe ExtractionXML est appelée par l'intermédiaire de son constructeur, depuis la classe Main. Examinons comment elle est construite.

L'extraction des données XML reprend pour beaucoup les concepts étudiés au cours du chapitre 10 « Le traitement de données multimédias ». Nous n'allons pas reproduire les explications précédentes ; les commentaires glissés au sein du code sont suffisamment explicites pour comprendre la présence de chacune des instructions. Cependant, les points méritant quelques informations supplémentaires sont traités à la suite du code.

```
package {
  import flash.display.Loader;
  import flash.events.*;
  import flash.net.*;
  public class ExtractionXML extends EventDispatcher {
    // Propriétés
    private var url:String;
    private var messages:Array;
    private var signatures:Array;
    private var largeur:int;
    private var hauteur:int;
    private var sens:String;
      // ❶ Constructeur de la classe ExtractionXML
    public function ExtractionXML(nu:String) {
      // Créer un chargeur de fichier
      var chargeurXML:URLLoader=new URLLoader();
      // Spécifier le format du fichier TEXT - BINARY
      chargeurXML.dataFormat=URLLoaderDataFormat.TEXT;
      // Charger le fichier passé en paramètre
      chargeurXML.load(new URLRequest(nu));
      // Au chargement complet du fichier XML, extraire les données à l'aide
      // de la méthode extraire()
      chargeurXML.addEventListener(Event.COMPLETE, extraire);
    }

  // ❷ Extraire les données de l'arbre XML
  private function extraire(evt:Event):void {
    // try-catch : Traitement des erreurs de lecture de fichier
    try {
      // Récupérer les données du fichier sous la forme d'un arbre XML
      var donneesLues:XML=new XML(evt.target.data);
      // Créer les tableaux où seront stockées les informations extraites
      messages = new Array();
      signatures = new Array();
      var elt:XML;
      // ❸ Parcourir l'arbre XML en recherchant les différentes balises Video, Message
      for each (elt in donneesLues..Video.attributes()) {
        if (elt.name()=="url") {
```

```actionscript
      // Extraire l'attribut url de la balise Video et stocker son contenu
      // dans la propriété url
    url=elt.toString();
    }
    if (elt.name()=="largeur") {
     // Extraire l'attribut largeur de la balise Video et stocker son contenu
     // dans la propriété largeur
     largeur=parseInt(elt.toString());
    }
    if (elt.name()=="hauteur") {
     // Extraire l'attribut hauteur de la balise Video et stocker son contenu
     // dans la propriété hauteur
     hauteur=parseInt(elt.toString());
    }
    if (elt.name()=="sens") {
     // Extraire l'attribut sens de la balise Video et stocker son contenu
     // dans la propriété sens
     sens = elt.toString();
    }
   }
   // Extraire le texte inséré dans la balise Message et stocker son contenu
   // dans le tableau messages
   for each (elt in donneesLues..Message) {
    messages.push(elt.toString());
   }
   // Extraire le texte inséré dans la balise Signature et stocker son contenu
   // dans le tableau signatures
   for each (elt in donneesLues..Signature) {
    signatures.push(elt.toString());
   }
   // ❹ Envoyer un événement lorsque l'extraction des données est terminée
   dispatchEvent(new Event("extractionOK"));
  } catch (err:TypeError) {
   trace("Erreur : " +err);
  }
 }
// ❺ Définition des méthodes en get, pour retourner les informations extraites
public function getUrl():String {
 return url;
}
public function getMessages():Array {
 return messages;
}
public function getSignatures():Array {
 return signatures;
}
public function getLargeur():int {
 return largeur;
}
```

```
public function getHauteur():int {
  return hauteur;
}
public function getSens():String {
  return sens;
  }
 }
}
```

Remarque

La classe `ExtractionXML` hérite de la classe `EventDispatcher`. En effet, elle n'a pas vocation à être affichée. Elle traite les données XML pour les extraire. Il est donc inutile qu'elle hérite de la classe `Sprite`. Par contre, comme nous le verrons ci-après, la classe `ExtractionXML` devra être en mesure d'émettre des événements ; c'est pourquoi nous l'étendons à la classe `EventDispatcher`.

❶ Le constructeur `ExtractionXML()` charge le fichier XML dont l'URL est passée en paramètre. À réception de l'événement `Event.COMPLETE`, il extrait les données en appelant la méthode `extraire()`.

❷ La méthode `extraire()` est appelée dès que le fichier XML est chargé. Elle crée tous les objets nécessaires au stockage des données extraites, puis elle parcourt l'arbre XML à l'aide de plusieurs boucles `for each`.

❸ La première boucle `for each` parcourt la liste des attributs de la balise `Video` (`for each (elt in donneesLues..Video.attributes())`) et enregistre les valeurs dans les variables correspondantes, en fonction du résultat des tests sur le nom des attributs.

Les deux boucles suivantes (`for each (elt in donneesLues..Messages)` et `for each (elt in donneesLues..Signature)`) parcourent les balises `Message` et `Signature`. Elles mémorisent les textes contenus au sein des balises, dans les tableaux `messages` et `signatures`, respectivement.

❹ Le parcours des boucles terminé, toutes les données sont extraites du fichier XML. Il convient alors d'avertir la classe `Main` que les données sont disponibles à la consultation afin qu'elle puisse à son tour, utiliser ces informations. C'est ce que permet l'envoi d'un événement `extractionOK`, grâce à l'outil `dispatchEvent()`.

❺ La récupération des données s'effectue grâce à des méthodes d'accès en consultation (méthodes en `get`). Ces méthodes ont pour rôle de retourner au programme appelant le contenu des propriétés dont elles portent le nom. Elles sont utilisées par la classe `Main` comme le montre le code décrit à la section ci-après.

Pour en savoir plus

La notion de méthodes d'accès en consultation est étudiée à la section « Les objets contrôlent leur fonctionnement – les méthodes get et set » du chapitre 9 « Les principes du concept objet ».

Le fichier Main.as

Une fois les données extraites du fichier XML, la classe Main doit être en mesure de les traiter afin, par exemple, de lancer la vidéo. Ce traitement ne pourra être effectif qu'à partir du moment où l'événement extractionOK aura été perçu. Pour cela, la méthode init() de la classe Main doit être modifiée de la façon suivante.

```
private function init(e:Event=null):void {
   removeEventListener(Event.ADDED_TO_STAGE,init);
   var extraireDonnees:ExtractionXML = new ExtractionXML("../XML/Ressources.xml");
   extraireDonnees.addEventListener("extractionOK",lancerCartePostale);
}
```

Afin d'écouter l'événement extractionOK, nous créons un gestionnaire d'événement sur l'objet extraireDonnees qui, à réception de cet événement, lance la vidéo, par l'intermédiaire de la méthode lancerCartePostale().

La méthode lancerCartePostale() définit au sein de la classe Main, s'écrit alors comme suit :

```
// Définition de la propriété laCarte
private laCarte : CarteVideo ;
private function lancerCartePostale(e:Event):void {
 // Récupérer l'extracteur de données XML
  var cible:ExtractionXML=e.currentTarget as ExtractionXML;
  laCarte = new CarteVideo(cible.getUrl(),
                           cible.getLargeur(),
                           cible.getHauteur(),
                           cible.getSens());
  addChild(laCarte);
}
```

La récupération des données, comme l'URL de la vidéo ou encore sa taille, est effectuée grâce aux instructions du type cible.getUrl() ou encore cible.getHauteur(). La cible est un objet de type ExtractionXML. Il est donc possible de consulter les propriétés de cet objet via les méthodes getUrl() ou getHauteur().

Ces données obtenues, l'application est alors en mesure de jouer la vidéo. L'affichage et le lancement de cette dernière sont effectués par l'intermédiaire de la classe CarteVideo que nous détaillons à la section ci-après.

La vidéo

Toutes les informations relatives à la vidéo (URL, taille, sens d'affichage) sont maintenant connues de la classe Main et doivent être transmises à la classe CarteVideo. Cette transmission est réalisée en passant les valeurs en paramètres du constructeur de la classe CarteVideo.

Examinons plus précisément cette nouvelle classe.

```
package {
 import flash.events.*;
 import flash.net.*;
 import fl.video.*;
 import flash.display.Sprite;
 import flash.filters.*;
 public class CarteVideo extends Sprite {
  // Déclaration des propriétés associées au flux vidéo
  private var film:FLVPlayback;
  private var urlVideo:String;
  // Déclaration des propriétés associées à la forme de la carte
  private var carte:FondOmbreClp;
  private var boite:Sprite;
  private var largeurScene:int;
  private var hauteurScene:int;
  private var largeurVideo:int;
  private var hauteurVideo:int;
  // ❶ Le constructeur
  public function CarteVideo(nurl:String, nlv:int, nhv:int, ns:String) {
   setUrlVideo(nurl);
   setLargeurVideo(nlv);
   setHauteurVideo(nhv);
   setSens(ns);
   if (stage) {
    init();
   } else {
    addEventListener(Event.ADDED_TO_STAGE, init);
   }
  }
  private function init(e:Event = null):void {
   removeEventListener(Event.ADDED_TO_STAGE, init);
   setLargeurScene(stage.stageWidth);
   setHauteurScene(stage.stageHeight);
   setFilm();
   setCarte();
  }
  // ❷ Mise en place de la vidéo
  public function setFilm():void {
   // Création d'un objet FLVPlayback
   film = new FLVPlayback();
   film.addEventListener(VideoEvent.COMPLETE, aLaFin);
   film.addEventListener(VideoEvent.PLAYING_STATE_ENTERED, auDebut);
   film.autoPlay=false;
   film.source=urlVideo;
   film.playWhenEnoughDownloaded();
   film.width=largeurVideo;
   film.height=hauteurVideo;
   boite= new Sprite();
```

```
    boite.filters=[new DropShadowFilter(3,45,0X000000,1,3,3,1,
    ➥BitmapFilterQuality.HIGH)];
    addChild(boite);
    boite.addChild(film);
    if (sens == "verticale") boite.rotation=-90;
    boite.x = (largeurScene - boite.width)/2;
    boite.y = (hauteurScene +boite.height-20)/2;
    }
  // ❸ Mise en place de la carte postale
  public function setCarte():void {
    //  Initialisation du fond de la carte
    carte = new FondOmbreClp();
    addChild(carte);
    carte.x=( largeurScene - carte.fond.width) /2+20;
    carte.y=10;
    carte.fond.addChild(boite);
    }
  // ❹ Mise en place gestionnaire d'événement associé à la lecture de la vidéo
  private function auDebut(e:VideoEvent):void {
    film.removeEventListener(VideoEvent.PLAYING_STATE_ENTERED, auDebut);
    dispatchEvent(new Event("chargementVideoOK"));
    }
  private function aLaFin(e:VideoEvent):void {
    film.removeEventListener(VideoEvent.COMPLETE, aLaFin);
    dispatchEvent(new Event("finVideoOK"));
    }
    // ❶ Méthodes en set - modifier les propriétés de la classe
    public function setLargeurVideo(tmp:int):void {
      largeurVideo=tmp;
      }
    public function setHauteurVideo(tmp:int):void {
      hauteurVideo=tmp;
      }
    public function setLargeurScene(tmp:int):void {
      largeurScene=tmp;
      }
    public function setHauteurScene(tmp:int):void {
      hauteurScene=tmp;
      }
    public function setUrlVideo(tmp:String):void {
      urlVideo=tmp;
      }
    public function setSens(tmp:String):void {
      sens=tmp;
      }
  }
}
```

Avant d'entrer dans le détail des méthodes composant cette classe, examinons son fonctionnement.

❶ La vidéo est lancée depuis la classe Main, par l'intermédiaire du constructeur de la classe CarteVideo. Ce dernier initialise les propriétés passées en paramètre, en utilisant les méthodes en set (méthodes d'accès en écriture). Il vérifie ensuite que la scène existe pour lancer la méthode init().

> **Pour en savoir plus**
>
> La notion de méthodes d'accès en écriture est étudiée à la section « Les objets contrôlent leur fonctionnement – les méthodes get et set » du chapitre 9 « Les principes du concept objet ».

La méthode init() initialise les propriétés comme la largeur de la scène. Ces propriétés ne peuvent être initialisées que lorsque la scène est réellement construite. Enfin, la méthode init() lance l'affichage de la vidéo (setFilm()) puis du fond de la carte postale (setCarte()).

❷ La mise en place de la vidéo est réalisée par la méthode setFilm() qui utilise un composant de type FLVPlayback. La mise en œuvre de ce composant est étudiée plus précisément à la section « La méthode setFilm() » ci-après.

❸ Le fond de la carte postale est créé par la méthode setCarte() qui utilise une occurrence nommée carte de type FondOmbreClp défini dans la bibliothèque du fichier CartePostale.fla. La vidéo est ajoutée à cette occurrence grâce à l'instruction carte.fond.addChild(boite). L'objet boite est initialisé par la méthode setFilm() et contient la vidéo à jouer.

❹ Lorsque la vidéo est lancée ou lorsqu'elle se termine, des événements sont émis afin d'indiquer à la classe Main, que les messages ou le générique de fin doivent être lancés. La gestion de ces événements est décrite à la section « La méthode setFilm() » ci-après.

La méthode setFilm()

La méthode setFilm() lance la vidéo en flux continu.

Nous décrivons ici une technique différente de celle étudiée au chapitre 10 « Le traitement de données multimédias » de la section « La vidéo ». Celle-ci présente l'avantage d'être plus rapide à mettre en œuvre grâce à l'utilisation d'un composant préfabriqué nommé FLVPlayback.

> **Pour en savoir plus**
>
> Le composant FLVPlayback propose par défaut une interface d'utilisation (fonctions play, pause, stop, …) que nous n'utiliserons pas dans cette section. Ces fonctionnalités sont traitées en exercice, en fin de chapitre.

Créer un objet de type FLVPlayback

La vidéo est jouée via le composant FLVPlayback proposé par l'interface de Flash. L'instruction :

```
film = new FLVPlayback();
```

permet la création par programme d'un objet de type FLVPlayback nommé film. Cet objet est déclaré comme propriété de la classe CarteVideo (voir code source de la classe CarteVideo présenté précédemment).

> **Remarque**
>
> Si vous ne prenez pas soin d'insérer le composant dans la bibliothèque du fichier ressource CartePostale.fla, le compilateur détectera une erreur indiquant qu'il ne trouve pas le type FLVPlayback. Seule la présence du composant dans la bibliothèque permet de corriger cette erreur. Pour intégrer le composant dans la bibliothèque, voir la section « Structure de l'application » plus haut dans ce chapitre.

Par défaut, la vidéo est lancée dès que la propriété source est initialisée à l'URL de la vidéo à jouer (film.source = urlVideo). Or, lorsqu'une vidéo est publiée sur le Web, il est conseillé d'attendre un certain temps de chargement avant de la jouer, ceci afin d'éviter des arrêts non contrôlés en cours de lecture. Les instructions suivantes vont permettre de lancer la vidéo uniquement lorsque cette dernière aura été suffisamment téléchargée.

```
// Indiquer quelle vidéo doit être lue
film.source=urlVideo;
// Interdire de jouer la vidéo dès que le programme connaît son URL
film.autoPlay=false;
// Jouer la vidéo lorsqu'une quantité suffisante de cette dernière est téléchargée
film.playWhenEnoughDownloaded();
```

Ajouter une ombre à la vidéo

Pour créer une ombre autour de la vidéo, nous devons placer la vidéo dans un conteneur (boite) sur lequel nous appliquons un effet d'ombre comme suit :

```
// Créer un conteneur
boite= new Sprite();
// Associer le filtre d'ombre portée au conteneur
boite.filters=[new DropShadowFilter(3,45,0X000000,1,3,3,1,
➥ BitmapFilterQuality.HIGH)];
// Afficher le conteneur (et son ombre)
addChild(boite);
// Afficher la vidéo dans le conteneur
boite.addChild(film);
```

Les paramètres du constructeur DropShadowFilter sont dans l'ordre :

• distance, dont la valeur par défaut est 4. Ce paramètre correspond à la valeur, en pixels, du décalage de l'ombre. Valeur choisie pour l'exemple : 3.

- **angle**, dont la valeur par défaut est = 45. Ce paramètre définit l'angle de l'ombre. Il peut varier entre 0 et 360°. Valeur choisie pour l'exemple : 45.

- **couleur**, dont la valeur par défaut est 0. Ce paramètre initialise la couleur de l'ombre au format hexadécimal (0xRRGGBB). Valeur choisie pour l'exemple : 0x000000.

- **alpha**, dont la valeur par défaut est 1. Ce paramètre correspond à la transparence variant entre 0.0 et 1.0. Si le paramètre vaut 0, l'ombre sera totalement transparente. Valeur choisie pour l'exemple : 1.

- **flouEnX** et **flouEnY** définissent la quantité de flou à ajouter horizontalement et verticalement. Leur valeur par défaut est 4 et peut varier entre 0 et 255. Valeurs choisies pour l'exemple : 3 pour les deux paramètres de flou.

- **intensité**, valeur utilisée pour augmenter plus ou moins l'intensité de l'ombre. Plus la valeur est élevée, plus le contraste entre l'ombre et l'arrière-plan est grand. La valeur par défaut est 1 et peut varier entre 0 et 255. Valeur choisie pour l'exemple : 1.

- **qualité**, décrit la qualité d'application du filtre. Le filtre peut être appliqué une seule fois (BitmapFilterQuality.LOW), deux fois (BitmapFilterQuality.MEDIUM) ou trois fois (BitmapFilterQuality.HIGH). Valeur choisie pour l'exemple : BitmapFilterQuality.HIGH.

Enfin, la vidéo se lisant dans le sens vertical, le conteneur boite est tourné de 90° puis centré horizontalement.

```
if (sens == "verticale") boite.rotation=-90;
   boite.x = (largeurScene - boite.width)/2;
   boite.y = (hauteurScene + boite.height-20)/2;
}
```

Remarque

Par défaut la taille d'un objet de type FLVPlayback est de 320 x 240. La vidéo présentée en exemple n'est pas standard, puisqu'elle a été tournée verticalement. Nous devons modifier la largeur et la hauteur en initialisant les propriétés width et height aux valeurs spécifiées dans le fichier Ressources.xml.

Lorsque la vidéo est en cours de chargement

Une fois la vidéo suffisamment téléchargée, il est temps de lancer l'affichage du message associé à la carte postale. Cette opération est réalisée par la classe Main, puisque les données (les messages) sont extraites et mémorisées depuis cette classe.

Afin de prévenir la classe Main que le moment est venu d'afficher le message, nous procédons comme lors de l'extraction des données XML, en envoyant un événement chargementVideoOK comme suit :

```
// Écouter si la vidéo débute sa lecture et, si tel est le cas, exécuter la méthode
// auDebut()
film.addEventListener(VideoEvent.PLAYING_STATE_ENTERED, auDebut);
// Envoyer un événement chargementVideoOK
```

```
private function auDebut(e:VideoEvent):void {
   film.removeEventListener(VideoEvent.PLAYING_STATE_ENTERED, auDebut);
   dispatchEvent(new Event("chargementVideoOK"));
}
```

Lorsque la vidéo est terminée

De la même façon, lorsque la vidéo a fini d'être jouée, il convient de lancer le générique.
Afin de prévenir la classe Main que ce moment est venu, nous envoyons un événement
finVideoOK comme suit :

```
film.addEventListener(VideoEvent.COMPLETE, aLaFin);
private function aLaFin(e:VideoEvent):void {
   film.removeEventListener(VideoEvent.COMPLETE, aLaFin);
   dispatchEvent(new Event("finVideoOK"));
}
```

Ces deux événements chargementVideoOK et finVideoOK doivent être perçus à leur tour par
la classe Main, afin qu'elle puisse de son côté, charger l'animation des textes.

Le fichier Main.as

La classe Main est donc transformée en insérant deux écouteurs d'événements au sein de
la méthode lancerCarteVideo(), comme suit :

```
private function lancerCartePostale(e:Event):void {
   var cible:ExtractionXML=e.currentTarget as ExtractionXML;
   laCarte = new CarteVideo(cible.getUrl(),
                            cible.getLargeur(),
                            cible.getHauteur(),
                            cible.getSens());
   // ❶ Récupérer le texte avant de l'afficher
   listeMessages = cible.getMessages() ;
   listeSignatures = cible.getSignatures() ;
   // ❷ Écouter les événements de lancement et de fin de lecture de la vidéo
   laCarte.addEventListener("chargementVideoOK", lancerMessage);
   laCarte.addEventListener("finVideoOK", lancerGenerique);
   addChild(laCarte);
}
private function lancerMessage (e:Event):void {
   laCarte.removeEventListener("chargementVideoOK", lancerMessage);
   cptrMot=0;
   // ❸ Lancer l'animation des messages
   afficheMessage(listeMessages[cptrMot], true);
}
private function lancerGenerique (e:Event):void {
   // ❹ Lancer l'animation du générique
   laCarte.removeEventListener("afficherSignature", lancerGenerique);
   cptrMot=0;
   afficheMessage(listeSignatures[cptrMot], false);
}
```

❶ Avant de lancer l'animation du texte, nous devons mémoriser les chaînes de caractères extraites du fichier XML grâce au deux méthodes getMessages() et getSignatures(). Les deux tableaux listeMessages et listeSignatures sont définis comme propriété de la classe Main.

❷ Ensuite, l'écoute des événements émis par la carte vidéo s'effectue par la mise en place de deux écouteurs d'événements, sur l'objet laCarte.

❸ et ❹ Selon l'événement reçu, l'animation du texte est réalisée par la méthode afficheMessage() avec en paramètre soit le premier message extrait du fichier XML (listeMessages[cptrMot]) soit la première signature (listeSignatures[cptrMot]) du générique. Le second paramètre de la méthode afficheMessage() indique au programme la façon dont seront animés les caractères : déplacement les uns à la suite des autres (true) ou animation des caractères à la façon d'un tableau d'affichage des vols (false).

Mais avant d'examiner plus en détail la méthode afficheMessage() étudions tout d'abord comment animer un caractère.

Le Texte

L'affichage des messages et du générique s'effectue en deux temps :

- Le premier temps consiste à afficher des caractères tirés au hasard jusqu'à trouver le caractère effectivement présent dans le message. Cette animation est réalisée par la classe Caractere présentée à la section « Animer un caractère » ci-après.

- Le second temps permet non plus d'animer un seul caractère mais de prendre en compte l'intégralité du message pour afficher les caractères qui le constituent soit avec un glissement horizontal (message), soit sans déplacement (générique). Cette animation est réalisée par la classe Message présentée à la section « Animer un message » ci-après.

Animer un caractère

Pour animer un caractère comme sur un tableau d'affichage des vols dans un aéroport, nous devons être en mesure de créer une suite de caractères dont le premier correspond à un caractère tiré au hasard dans l'alphabet et le dernier au caractère à afficher.

Pour créer cette suite de caractères, l'idée est d'utiliser un tween de la bibliothèque GreenSock qui travaille avec des tableaux.

Former une suite de valeurs numériques

La bibliothèque TweenLite de GreenSock propose un tween nommé endArray qui, partant d'une valeur initiale et d'une valeur finale stockées dans deux tableaux distincts, calcule toutes les valeurs intermédiaires pour passer de la première valeur à la dernière.

L'appel du tween s'effectue comme suit :

```
TweenPlugin.activate([EndArrayPlugin]);
var tableauDebut:Array=[0,0];
var tableauFin:Array=[10,20];
TweenLite.to(tableauDebut, 2, {endArray:tableauFin});
```

> **Remarque**
>
> Le tween endArray ne fonctionne qu'à la condition qu'il soit activé par l'intermédiaire d'un plug-in. Cette activation est réalisée par la méthode TweenPlugin.activate().

À l'exécution du programme, le tween calcule, grâce à l'activation et au paramètre {endArray:tableauFin}, toutes les valeurs intermédiaires entre 0 et 10 pour tableauDebut[0] et entre 0 et 20 pour tableauDebut[1]. Le nombre de valeurs intermédiaires calculées dépend de la vitesse (2 dans l'exemple) passée en paramètre de la méthode TweenLite.to().

Pour consulter les valeurs intermédiaires, nous devons modifier les instructions précédentes comme suit :

```
var tableauDebut:Array=[0,0];
var tableauFin:Array=[10,20];
TweenLite.to(tableauDebut, 2, {endArray:tableauFin, onUpdate:afficheInfo});
function afficheInfo( ):void {
   trace(Math.round(tableauDebut[0]) + "   " + Math.round(tableauDebut[1]));
}
```

La méthode afficheInfo() est appelée à chaque fois que le tween est mis à jour. Notez que les valeurs intermédiaires sont stockées dans le tableau initial tableauDebut.

L'exécution a pour résultat d'afficher la suite de valeurs numériques suivante :

```
1    3
2    4
3    5
4    7
...
9    19
10   19
10   20
```

Grâce au tween endArray, nous sommes donc en mesure de générer une suite de valeurs numériques dont la valeur finale correspond à celle que nous souhaitons.

Cependant, l'objectif final est d'afficher non pas une suite de valeurs numériques mais une suite de caractères. Il nous reste donc à modifier le code pour transformer ces valeurs numériques en caractères.

Code numérique d'un caractère

Cette transformation est relativement aisée si l'on considère qu'un caractère est également représenté par une valeur numérique entière appelée code Unicode.

En utilisant les méthodes proposées par le langage, il est facile de passer de la valeur numérique au caractère et, inversement, du caractère au code Unicode (valeur numérique).

Ainsi, la méthode `charCodeAt()` retourne en résultat le code Unicode d'un caractère alors que la méthode `fromCharCode()` permet d'obtenir le caractère associé à une valeur numérique passée en paramètre.

Ainsi, par exemple, si `mot` contient la chaîne de caractères `"Bonjour"`, l'exécution de l'instruction :

```
var code:int = mot.charCodeAt(0) ;
```

a pour résultat d'afficher le code Unicode de la lettre `B`. En effet, `B` est la première lettre de `Bonjour` et la valeur `0` passée en paramètre de la méthode `charCodeAt()`, correspond à l'indice du premier caractère dans la chaîne de caractères `mot`. Cette instruction place la valeur `66` dans la variable `code`.

À l'inverse, l'instruction :

```
var lettre:String = String.fromCharCode(65) ;
```

revient à placer la lettre `A` dans la variable `lettre`. Car si `B` a pour valeur numérique `66` alors la lettre `A` a pour valeur `65` et la lettre `C`, `67`.

Former une suite de caractères

Sachant traduire un caractère en valeur numérique et, inversement, une valeur en caractère, examinons comment créer une suite de caractères à l'aide du tween `endArray`.

Le tween `endArray` travaille à partir de tableaux de valeurs numériques contenant le jeu des valeurs initiales et finales. Or ces valeurs sont de simples caractères. Nous devons donc écrire une méthode qui convertit un caractère en une valeur numérique stockée dans un tableau.

Nommons cette méthode `convertToNumber()` dont le code s'écrit comme suit :

```
private function convertToNumber(tmp:String):Array {
  var valeurNumerique:Array = new Array(1);
  valeurNumerique[0] = tmp.charCodeAt(0);
  return valeurNumerique;
}
```

La méthode `convertToNumber()` convertit un seul caractère à la fois ; c'est pourquoi le tableau `valeurNumerique` ne contient qu'une seule case (`new Array(1)`). Elle retourne en résultat le code Unicode du caractère passé en paramètre.

Ensuite, afin de visualiser les valeurs intermédiaires calculées par le tween, nous devons écrire une méthode qui convertit une valeur numérique, stockée au sein d'un tableau, en un caractère. Nous appelons cette méthode `convertToString()` et l'écrivons comme suit :

```
private function convertToString(tmp:Array):String {
  var valeur:int = tmp[0];
  var codeCaractere:String=String.fromCharCode(valeur);
  return codeCaractere;;
}
```

Les valeurs numériques calculées par le tween `endArray` sont retournées sous la forme d'un tableau de valeurs réelles. Il convient donc de transformer ce tableau en une valeur entière puisque le code Unicode d'un caractère correspond toujours à une valeur entière. Cette conversion est réalisée par l'instruction :

```
var valeur:int = tmp[0];
```

Pour finir, examinons comment effectuer le calcul des caractères intermédiaires entre la lettre A et la lettre F. Pour cela, nous devons initialiser le `tableauDebut` au code numérique de la lettre A et le `tableauFin` au code numérique de la lettre F, comme suit :

```
var tableauDebut:Array=convertToNumber("A");
var tableauFin:Array=convertToNumber("F");
```

La suite des caractères est ensuite calculée en utilisant le tween `endArray` de la façon suivante :

```
TweenLite.to(tableauDebut, 2, {endArray:tableauFin, onUpdate:afficheInfo});
function afficheInfo( ):void {
   trace(convertToString(tableauDebut));
}
```

Le calcul des caractères intermédiaires est réalisé comme pour le calcul des valeurs numériques ; seul l'affichage du résultat diffère. Au lieu d'afficher la valeur numérique issue du tween, nous affichons la valeur convertie en caractère, grâce à la méthode `convertToString()`.

L'exécution de ce nouveau code a pour résultat d'afficher la suite des caractères :

```
A
B
B
C
...
F
```

> **Remarque**
>
> Le nombre de caractères intermédiaires varie en fonction de la vitesse passée en paramètre à la méthode `TweenLite.to()`. Ce nombre correspond au temps d'exécution du tween, en seconde.

Construire un caractère qui s'anime tout seul

Nous savons maintenant construire une suite de caractères. Traduisons à présent cela en programmation orientée objet en écrivant la classe `Caractere` dont le cahier des charges est le suivant :

- Partant d'un caractère tiré au hasard, nous devons afficher une suite de caractères jusqu'à afficher celui que l'on souhaite.

- Le nombre de caractères intermédiaires n'est pas toujours identique.

- La police de caractères diffère selon qu'il s'agit d'afficher un message ou le générique.

Compte tenu de toutes ces remarques, la classe Caractere possède au moins cinq propriétés qui correspondent respectivement :

- Au caractère initial, affiché au tout début de l'animation. La propriété est nommée debut. Elle est de type Array.

- Au caractère final, correspondant au caractère final à afficher. La propriété est nommée fin. Elle est de type Array.

- Au temps d'exécution du tween. La propriété est nommée vitesse. Elle est de type int.

- Au type du caractère à afficher. La propriété est nommée generique. Elle est de type Boolean ; si elle vaut true le caractère s'affiche avec la police de caractères du générique (courier new), sinon la police utilisée est celle choisie pour afficher les messages (Krungthep).

- Aux champs de texte dynamique où le caractère s'affiche. La propriété est nommée zoneDeTexte. Elle est de type TextField.

Le constructeur de la classe Caractere s'écrit alors comme suit :

```
public function Caractere(nd:String, nf:String, nv:int, nt:Boolean) {
    // ❶ Initialisation des propriétés de la classe
    setDebut(nd);
    setFin(nf);
    setGenerique(nt);
    setVitesse (nv);
    // ❷ Création d'une zone de texte
    setZoneDeTexte();
    // Activation du plug-in EndArray
    TweenPlugin.activate([EndArrayPlugin]);
    // ❸ Animation du texte à l'aide d'un tween
    texteAnim = new TweenLite(debut,vitesse,
                        {endArray:fin,ease:Strong.easeOut,
                        onUpdate:afficheInfo,
                        onComplete:envoieEvt});
}
```

❶ L'initialisation des propriétés est réalisée par les méthodes en set (setDebut(), setFin(), …) . L'initialisation des propriétés debut et fin consiste à les transformer en leur code Unicode à l'aide de la méthode convertToNumber(). Par exemple, la méthode setDebut() s'écrit comme suit :

```
public function setDebut(tmp:String):void {
    debut = convertToNumerique(tmp);
}
```

❷ La méthode setZoneDeTexte() définit le format d'affichage de la zone de texte associée au caractère. Elle reprend toutes les notions abordées au chapitre 9 « Les principes du concept objet », à la section « Le projet minisite – police embarquée ». Elle prend en compte la valeur de la propriété generique afin d'utiliser la police de caractère appropriée. La méthode setZoneDeTexte() s'écrit comme suit :

```
public function setZoneDeTexte():void {
    zoneDeTexte = new TextField();
    // Mise en place des polices embarquées
    Font.registerFont(ApplicationDomain.currentDomain.getDefinition(
                     "Krungthep") as Class);
    Font.registerFont(ApplicationDomain.currentDomain.getDefinition(
                     "Courier") as Class);
    // Création des formats d'affichage
    var format:TextFormat = new TextFormat();
    if (generique) { // Format d'affichage du générique
     format.size=20;
     format.font="Courier New";
     format.bold=true;
     format.color=0x999999;
    } else { // Format d'affichage du message
     format.size=22;
     format.font="Krungthep";
     format.color=0xFFFFFF;
     // Placer une ombre sur le caractère de type message
     zoneDeTexte.filters=[new DropShadowFilter(3,45,0X000000,1,3,3,1,3)];
    }
    // Définir et créer la zone de texte
    zoneDeTexte.defaultTextFormat=format;
    zoneDeTexte.selectable=false;
    // Charger une police embarquée
    zoneDeTexte.embedFonts=true;
    zoneDeTexte.autoSize=TextFieldAutoSize.LEFT;
    addChild(zoneDeTexte);
   }
```

❸ L'animation des caractères est réalisée par le tween endArray. À chaque mise à jour (onUpdate) du tween, le nouveau caractère calculé est placé dans la zone de texte zoneDeTexte grâce à la méthode afficheInfo() :

```
private function afficheInfo( ):void {
    var msg:String=convertToString(debut);
    zoneDeTexte.text=msg;
 }
```

Lorsque le dernier caractère est affiché, l'événement onComplete est traité et la méthode envoieEvt() est exécutée. Cette dernière a pour mission d'émettre un événement caractere OK, de façon à pouvoir lancer l'animation d'un autre caractère si besoin est. La méthode envoieEvt() s'écrit comme suit :

```
private function envoieEvt():void {
    dispatchEvent(new Event("caractereOK"));
 }
```

Animer un message

Sachant animer un caractère à la façon d'un panneau d'affichage d'aéroport, examinons maintenant comment étendre cette fonctionnalité à un mot, une phrase.

Pour cela, créons la classe Message qui a pour rôle de traiter des phrases entières et non plus de simples caractères. Elle propose deux types d'animation :

- L'animation caractères par caractères. Dans ce cas, chaque caractère glisse de la gauche vers la droite, pour arriver à la position qui correspond sa place dans le message à afficher. Tout au long du glissement, la suite des caractères continue de s'afficher comme sur un tableau des horaires de vols (voir section « Animer le texte caractère par caractère » plus bas dans cette section).

- L'animation simultanée de l'ensemble des caractères du message. L'intégralité du message s'affiche avec des caractères différents tirés au hasard. Le message ne devient compréhensible que lorsque chaque caractère termine son animation et affiche le caractère final (voir section « Animer le texte dans son intégralité » plus bas dans cette section).

Dans chacune des deux animations proposées, nous devons commencer par tirer un caractère au hasard pour débuter l'affichage de la suite des caractères. Nous étudions comment réaliser ce tirage au sort dans la section qui suit.

Tirer un caractère au hasard

Nous avons appris au cours des précédents chapitres à calculer une valeur prise au hasard entre deux valeurs minimale et maximale (voir chapitre 7 « Les fonctions » section « Exercices – écrire une fonction simple »).

La fonction aleatoire() présentée ci-après retourne en résultat une valeur calculée au hasard entre min et max.

```
private function aleatoire(min:Number, max:Number):Number {
    return min + Math.random()*(max-min);
}
```

Pour obtenir un caractère, et non une valeur numérique, l'idée est de créer un tableau contenant la suite des caractères alphabétiques puis, de tirer au hasard une valeur numérique comprise entre 0 et le nombre de caractères. Le caractère obtenu au hasard est celui qui est stocké dans le tableau à cette valeur (indice).

Ainsi, en supposant que nous tirions au hasard la valeur 0, le caractère obtenu serait A, puisque A est le premier caractère dans le tableau contenant la suite des caractères alphabétiques.

La première étape consiste donc à créer le tableau contenant la suite des caractères. Cette opération est réalisée par la méthode setAlphabet(), comme suit :

```
private function setAlphabet():void {
   // Créer un tableau pour stocker l'alphabet, alphabet est défini comme propriété
   // de la classe
   alphabet=new Array(nbCaracteres);
   var a:uint=0;
   // Parcourir l'ensemble des codes Unicode de l'alphabet
   for (var i:int=65; i<123; i++) {
     // Récupérer le caractère associé au code Unicode
    alphabet[a]=String.fromCharCode(i);
     a++;
   }
}
```

Le code Unicode de la lettre A vaut 65, celui de B, 66, … Pour mémoriser la suite des caractères alphabétiques, il suffit donc de créer une boucle for variant de 65 jusqu'à 123 (code Unicode de la lettre z).

La variable a est utilisée comme compteur de boucle et surtout comme indice du tableau alphabet. Sa valeur varie de 0 à 57. Le tableau alphabet contient donc cinquante-huit caractères, soit le jeux des caractères majuscules et minuscules, plus quelques caractères alphanumériques comme le caractère [ou \, situés entre la lettre Z et la lettre a dans la table Unicode des caractères.

La seconde étape, pour obtenir un caractère aléatoire compris entre la lettre A et la lettre z, est d'utiliser l'instruction :

```
caractereAleatoire=alphabet[Math.round(aleatoire(0,nbCaracteres))];
```

En effet, la fonction aleatoire() retourne une valeur comprise entre 0 et nbCaracteres. Celle valeur est arrondie et devient l'indice du tableau alphabet. Le caractère correspondant à cet indice, dans le tableau alphabet, est ensuite stocké dans la variable caractereAleatoire.

Animer le texte caractère par caractère

L'animation des messages sur la carte postale est initiée par une méthode nommée setAnimMessage(), composée des instructions suivantes :

```
public function setAnimMessage(nt:String):void {
   motAafficher=nt;
   placeCaractere(motAafficher.charAt(cptrCar));
}
```

La méthode setAnimMessage() mémorise dans motAafficher, propriété de la classe Message, le contenu du message à afficher qui lui a été passé en paramètre. Elle appelle ensuite, la méthode placeCaractere() avec pour paramètre le premier caractère du message à animer (la propriété cptrCar est initialisée à 0 dès sa déclaration).

La méthode placeCaractere() est composée des instructions suivantes :

```
private function placeCaractere(tmp:String):void {
   // Calcul d'un caractère aléatoire
```

```
caractereAleatoire=alphabet[Math.round(aleatoire(0,nbCaracteres))];
// ❶ Création du caractère à afficher
leCaractereAffiche=new Caractere(caractereAleatoire,tmp,aleatoire(4,6),false);
// Le caractère s'affiche sur le calque le plus bas
addChildAt(leCaractereAffiche,0);
// ❷ Positionnement du caractère sur la scène en fonction de sa place dans le mot
if (cptrCar==0) {
  // Le premier caractère est placé à l'origine sur l'axe des X
  posX=0;
} else if (cptrCar < motAafficher.length) {
  // Les caractères suivants sont espacés de 20 pixels
  posX+=20;
}
// ❸ Le déplacement du caractère est traité par un tween
texteAnim=new TweenLite(leCaractereAffiche,2,{x:posX,
                        ease:Strong.easeOut,
                        onComplete:caractereSuivant});
}
```

❶ Un objet de type `Caractere` est créé avec, respectivement en paramètre, un caractère tiré au hasard pour débuter l'animation, le caractère que l'on souhaite voir afficher en fin d'animation, un temps d'animation variable (entre 4 et 6 secondes) et le mode d'affichage (`false` pour les caractères qui ne sont pas de type générique). Le caractère ainsi créé est affiché au niveau le plus bas (`addChildAt(…, 0)`), pour le voir glisser en dessous des caractères précédemment affichés.

❷ Le caractère affiché est positionné en fonction de sa place dans le message à afficher, grâce à la variable `posX` qui est incrémentée de 20 pixels à chaque nouvel appel de la méthode `placeCaractere()`. Un compteur de caractères (`cptrCar`) est incrémenté pour savoir si l'on se trouve en début ou en fin de message.

❸ Le glissement du caractère est réalisé par un tween qui déplace chaque caractère depuis la position origine du message jusqu'à sa position dans le message. Le passage à l'animation du caractère suivant est obtenu en traitant l'événement `onComplete` émis par le tween appliqué au caractère en cours de traitement. Ainsi, lorsque le déplacement d'un caractère est terminé, la méthode `caractereSuivant()` est exécutée.

Elle permet de lancer le glissement du caractère suivant comme le montre le code ci-après.

```
private function caractereSuivant():void {
  // Incrémenter le compteur de caractères
  cptrCar++;
  // S'il reste des caractères à traiter dans le mot à afficher
  if (cptrCar<motAafficher.length) {
    // Lancer l'animation du caractère suivant
    placeCaractere(motAafficher.charAt(cptrCar));
  } else {  // Si tout le mot a été traité, émettre un événement motOK
    dispatchEvent(new Event("motOK"));
  }
}
```

Lorsque tous les caractères du message sont positionnés à leur place respective, un événement (motOK) est émis afin d'afficher d'autres messages, s'ils existent. C'est la classe Main qui récupère cet événement et qui lance l'affichage de l'éventuel message suivant (voir section « Le fichier Main.as » plus bas dans ce chapitre).

Animer le texte dans son intégralité

L'animation du générique de fin est réalisée par une méthode nommée setAnimGenerique(), composée des instructions suivantes :

```
public function setAnimGenerique(nt:String):void {
  lesCaracteresAffiches=new Array(nt.length);
  // ❶ Pour tous les caractères du mot à afficher
  for (var i:Number=0; i < nt.length; i++) {
    // Tirer un caractère au hasard
    caractereAleatoire=alphabet[Math.round(aleatoire(0,nbCaracteres))];
    // Créer un caractère à afficher
    lesCaracteresAffiches[i]=new Caractere(caractereAleatoire,
                                    nt.charAt(i),aleatoire(3,8),true);
    addChild(lesCaracteresAffiches[i]);
    // ❷ Positionner le caractère sur la scène en fonction de sa place dans le mot
    if (i==0) {
      posX=0;
    } else {
      posX+=10;
    }
    lesCaracteresAffiches[i].x=posX;
  }
  // ❸ Écouter la fin d'animation du dernier caractère du mot à afficher
  lesCaracteresAffiches[nt.length-1].addEventListener("caractereOK", motSuivant);
}

private function motSuivant(evt:Event):void {
    dispatchEvent(new Event("motOK"));
}
```

❶ Ici les caractères ne sont plus affichés les uns après les autres, mais tous simultanément. Cette quasi-simultanéité est obtenue grâce à la boucle for, qui à chaque itération crée un nouvel objet de type Caractere avec, respectivement en paramètre, un nouveau caractère tiré au hasard pour débuter l'animation, le caractère que l'on souhaite voir afficher en fin d'animation, un temps d'animation variable (entre 3 et 8 secondes) et le mode d'affichage (true pour les caractères qui sont de type générique). À chaque tour de boucle, un caractère est donc créé, affiché et animé. La boucle for est exécutée entièrement par le moteur de calcul, avant que tous les caractères ne soient affichés quasi simultanément par le moteur de rendu.

❷ Chaque caractère affiché est positionné en fonction de sa place dans le message à afficher, grâce à la variable posX incrémentée de 10 pixels à chaque tour de boucle.

❸ Lorsque l'exécution de la boucle est terminée, un écouteur d'événement est mis en place sur le dernier caractère du message afin qu'il puisse réceptionner la fin de son animation (événement `caractereOK` émis par la classe `Caractere`). À réception, un événement (`motOK`) est émis afin d'afficher d'autres messages, s'ils existent. C'est la classe `Main` qui récupère cet événement et qui lance l'affichage d'un éventuel message suivant (voir section ci-après).

Le fichier Main.as

Nous l'avons vu à la section « Le fichier Main.as » précédente, le lancement des animations de texte est réalisé au sein de la classe `Main`, lorsque les événements `chargementVideoOK` ou `finVideoOK` sont perçus par la carte postale. L'événement `chargementVideoOK` est envoyé par la classe `CarteVideo` lorsque le flux vidéo a suffisamment été téléchargé alors que l'événement `finVideoOK` est émis lorsque la vidéo a fini d'être lue.

Les deux instructions suivantes :

```
laCarte.addEventListener("chargementVideoOK", lancerMessage);
laCarte.addEventListener("finVideoOK", lancerGenerique);
```

ont pour résultat d'exécuter les méthodes `lancerMessage()` ou `lancerGenerique()`, en fonction de l'événement perçu par la carte postale. Examinons plus attentivement chacune de ces deux méthodes.

Animation des messages

L'animation des messages débute à l'appel de la méthode `lancerMessage()` dont la structure est la suivante :

```
private function lancerMessage(e:Event):void {
  laCarte.removeEventListener("chargementVideoOK", lancerMessage);
  cptrMot=0;
  afficheMessage(listeMessages[cptrMot],false);
}
```

La fonction `afficheMessage()` affiche le message passé en premier paramètre ainsi que le type d'animation en second paramètre (ici `false`). Lors du premier appel, la variable `cptrMot` vaut 0 ; le message affiché correspond donc au premier texte contenu dans le tableau `listeMessages`.

Animation du générique

L'animation du générique débute lorsque la méthode `lancerGenerique()` est exécutée. Les instructions qui la composent sont les suivantes :

```
private function lancerGenerique(e:Event):void {
  laCarte.removeEventListener("finVideoOK", lancerGenerique);
  cptrMot=0;
  afficheMessage(listeSignatures[cptrMot],true);
}
```

La fonction `lancerGenerique()` est pratiquement identique à la fonction `afficheMessage()`. Elle affiche le texte passé en premier paramètre ainsi que le type d'animation en second paramètre (ici `true`). Lors du premier appel la variable `cptrMot` vaut 0 ; le message affiché correspond donc au premier texte contenu dans le tableau `listeSignatures`.

La fonction afficheMessage()

Selon les paramètres qui lui sont transmis, la fonction `afficheMessage()` affiche les messages de la carte postale ou le générique. Examinons plus attentivement les instructions qui la composent :

```
private function afficheMessage(tmp:String,generique:Boolean):void {
    // ❶ Création d'un objet de type Message
    msg=new Message();   ;
    msg.addEventListener("motOK",motSuivant);
    addChild(msg);
    typeAnim=generique;
    if (generique) {
    // ❷ Afficher un texte comme générique de fin
     msg.setAnimGenerique(tmp);
     msg.x=60;
     msg.y=laCarte.height-120+cptrMot*25;
    } else {
    // ❸ Afficher un message sur la carte postale
     msg.setAnimMessage(tmp);
     msg.x=55+cptrMot*60;
     msg.y=laCarte.height-60+cptrMot*25;
    }
  }
```

❶ Un objet `msg` de type `Message` est créé grâce à son constructeur. Le contenu du message n'est pas transmis directement au constructeur. L'objet `msg` est à l'écoute de l'événement `motOK` afin de pouvoir afficher le message suivant s'il existe.

❷ Le choix du type d'affichage (message ou générique) est réalisé sur le test du second paramètre de la fonction. Si `generique` vaut `true`, le texte à traiter est affiché comme générique de fin. Le contenu du texte est transmis à l'objet `msg` par l'intermédiaire de la méthode `setAnimGenerique()`. Il est ensuite placé sur la carte, en bas de l'écran vidéo.

❸ Si `generique` vaut `false`, le texte est affiché comme message de la carte postale. Le contenu du texte est transmis à l'objet `msg` par l'intermédiaire de la méthode `setAnimMessage()`. Il est ensuite placé en bas de la carte postale, sous l'écran vidéo.

Lorsque l'intégralité du message est affichée, un événement `motOK` est émis par la classe `Message` et réceptionné par l'objet `msg`. La fonction `motSuivant()` est alors exécutée.

```
private function motSuivant(evt:Event):void {
  msg.removeEventListener("OkMot",motSuivant);
  if (typeAnim) {
    if (cptrMot<listeSignatures.length-1) {
```

```
        cptrMot++;
        afficheMessage(listeSignatures[cptrMot],typeAnim);
      }
    } else {
      if (cptrMot<listeMessages.length-1) {
        cptrMot++;
        afficheMessage( listeMessages[cptrMot],typeAnim);
      }
    }
  }
}
```

Pour des raisons d'optimisation, l'écouteur d'événement sur l'objet msg est détruit. Selon la valeur contenue dans la propriété typeAnim (initialisée lors du précédent appel de la méthode afficheMessage()), le message suivant est affiché comme message ou comme générique de fin en réutilisant la méthode afficheMessage() avec de nouveaux paramètres.

L'appel à la méthode afficheMessage() n'est effectué qu'après avoir vérifié que le nombre de messages déjà affichés ne dépasse pas la taille des tableaux listeMessages ou listeSignatures. Si tel est le cas, le compteur cptrMot est incrémenté afin de passer au message suivant.

Déroulement de l'application

Afin de mieux visualiser le déroulement de l'application CartePostale.swf, examinons plus précisément comment elle communique avec toutes les classes qui la constituent.

Une application, lorsqu'elle est écrite avec les concepts de la programmation orientée objet, utilise des techniques de communication multiples pour échanger les données d'une classe à une autre. De ce fait, le déroulement de l'application n'est plus aussi linéaire qu'une simple application basée sur quelques lignes de code placées au sein du fichier d'extension .fla.

La figure 11-6, ci-après, résume graphiquement les différents modes de communication et le déroulement de l'application étudiée au cours de ce chapitre.

❶ La définition de la propriété Classe, au sein du fichier d'extension .fla, permet de relier l'application à la classe principale (Main), point d'entrée du programme. Au lancement de l'application, les premières instructions exécutées sont celles, écrites dans le constructeur de la classe Main.

❷ L'extraction des données stockées au sein d'un fichier XML est réalisée avec la création d'un objet de type ExtractionXML. Les données sont transférées depuis cet objet à la classe Main sur demande de cette dernière, à réception de l'événement extractionOK. Le transfert est effectué par l'intermédiaire de méthodes d'accès en consultation (méthode en get).

❸ La carte vidéo est ensuite créée par la classe CarteVideo. Les données la concernant, extraites du fichier XML, sont fournies à la classe CarteVideo, en paramètre du constructeur. Il s'agit par exemple de l'URL de la vidéo ou encore de sa taille. La vidéo est lancée et deux événements sont émis, un lorsque celle-ci est suffisamment téléchargée (chargementVideoOK) et l'autre lorsque la vidéo se termine (finVideoOK).

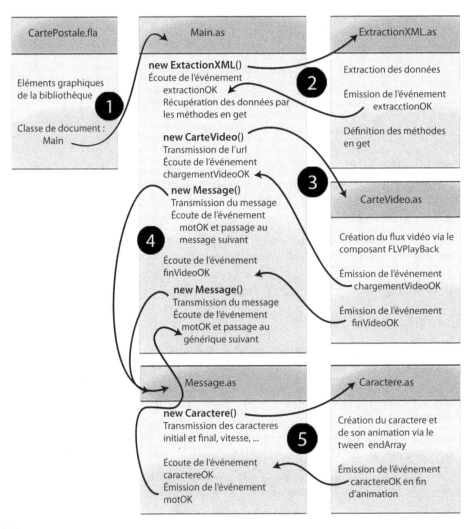

Figure 11-6

Mode de communication entre classes

❹ Le lancement des messages et du générique est effectué à réception des événements chargementVideoOK et finVideoOK respectivement. La gestion des messages est réalisée par la classe Message. Le contenu des messages est fourni à la classe Message par l'intermédiaire des méthodes setAnimMessage() et setAnimGenerique() selon le type du message à animer. La classe Message émet un événement motOK pour signaler à la classe Main de passer à l'affichage du message suivant, s'il existe.

❺ Les messages sont construits avec des caractères en utilisant la classe Caractere qui sait créer une suite de caractères et l'animer à la façon d'un panneau d'affichage des horaires de vols. Le caractère à animer est transmis à la classe Caractere en paramètre de son constructeur. La classe `Caractere` émet un événement `caractereOK`, lorsque l'animation du caractère est terminée. La classe `Message` écoute cet événement pour passer à l'animation du caractère suivant.

Publication

Une carte postale vidéo se doit d'être lue du plus grand nombre de vos amis. Pour la rendre visible, le plus simple est de la publier sur une page web ou de la rendre autonome afin de l'envoyer par courrier électronique (en veillant, bien évidement, à la taille du fichier final) ou encore de la transmettre par clé USB.

Publier pour le Web

Pour publier une application sur Internet, l'interface de Flash propose très simplement dans le menu Fichier, trois items :

- `Paramètres de publication` ;
- `Aperçu avant publication` ;
- `Publier`.

En sélectionnant l'item `Paramètres de publication`, un panneau du même nom apparaît (voir figure 11-7). Sur ce panneau, vous pouvez choisir le nom du fichier final de votre application ou encore le nom de la page HTML, créée à l'issue de la publication. Vous pouvez également modifier le répertoire d'enregistrement des fichiers SWF ou HTML.

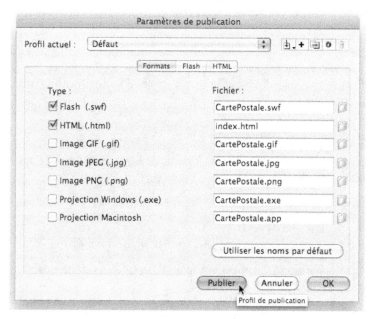

Figure 11-7

Le panneau Paramètres de publication

Dans cet exemple, nous avons choisi d'enregistrer les deux fichiers finaux (SWF et HTML) dans le répertoire où se trouvent les fichiers source de l'application. Le fichier d'extension .swf porte le même nom que celui de l'application alors que le fichier d'extension .html a pour nom index.

En sélectionnant l'item Aperçu avant publication, votre navigateur par défaut ouvre la page index.html et lance l'application. L'URL fournie au navigateur correspond au chemin d'accès au fichier index.html dans le système de fichiers de votre ordinateur.

La sélection de l'item Publier a pour résultat de créer le fichier index.html ainsi que le fichier d'extension .swf associé. Le navigateur par défaut ne s'ouvre pas.

Pour rendre visible la carte postale sur le Web, vous devez ensuite copier via le protocole de transfert FTP (à l'aide de logiciels comme FileZilla, Cyberduck...), les deux fichiers (.html et .swf) sur le serveur de votre choix. Si vous placez ces deux fichiers dans un répertoire nommé CartePostale, la lecture de la carte est obtenue en saisissant l'URL www.votreserveur.fr/CartePostale dans la barre de navigation de votre navigateur préféré. Par défaut, si aucun nom de fichier HTML n'est spécifié dans l'URL, le navigateur ouvre un fichier index.html.

Application autonome

Avec Flash, il est également possible de transformer une application web en une application disponible sur le bureau de votre ordinateur. Cette transformation s'effectue grâce à la technologie AIR (pour *Adobe Integrated Runtime*).

AIR est une technologie fonctionnant sur différents systèmes d'exploitation qui offre la possibilité de créer des applications de bureau multimédia (autrement dit RDA pour *Rich Desktop Application*). De cette façon, l'exécution ne s'effectue plus via un navigateur mais directement, par double-clic sur l'icône de l'application créée par le moteur d'exécution AIR.

Mise en place d'une application AIR

Pour créer une application de bureau à partir de Flash, il suffit de le spécifier au compilateur. Voici la marche à suivre.

Sélectionnez dans le menu Fichier, l'item Paramètres de publication. À l'apparition du panneau Paramètres de publication :

❶ Choisir l'onglet Flash , comme l'indique la figure 11-8-❶.

❷ Puis, à l'apparition des nouveaux paramètres, sélectionnez dans le champ Lecteur, l'item Adobe AIR 1.5 (voir figure 11-8-❷).

La création de l'application au format AIR, est ensuite réalisée en sélectionnant l'item Paramètres AIR…, du menu Fichier pour la version CS4 de Flash et l'item Paramètres d'Adobe AIR2…, pour la version CS5.

Figure 11-8

Sélection du lecteur AIR

Selon la version utilisée, un panneau des paramètres de l'application s'affiche comme le présente la figure 11-9.

Remarque

Même s'ils se présentent différemment, les deux panneaux proposent les mêmes options. Pour la version CS4, les paramètres à modifier sont présentés sur ce seul panneau, alors que pour la version CS5, les paramètres sont organisés sous forme d'onglets Général, Signature, ...

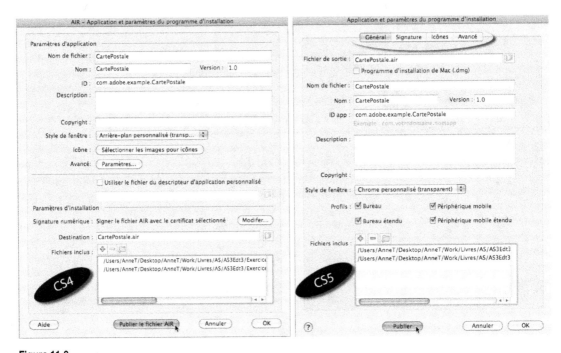

Figure 11-9

Panneau des paramètres d'installation de l'application CS4 et CS5

Pour créer l'application de bureau, il suffit de cliquer ensuite sur le bouton Publier le fichier AIR ou Publier selon la version utilisée.

La première fois que vous créez une application autonome, un certificat doit être élaboré. Un panneau Signature Numérique apparaît alors comme le montre la figure 11-10.

Création d'un certificat

> Signature numérique
>
> Spécifier le certificat numérique qui représente l'identité de l'éditeur de l'application.
>
> ⦿ Signer le fichier AIR avec un certificat numérique
>
> Certificat : [_____] ▾ (Parcourir...) (Créer...)
>
> Mot de passe : [_____]
>
> ☐ Mémoriser le mot de passe pour cette session
> ☑ Horodatage
>
> ○ Préparer un fichier AIR intermédiaire (AIRI) qui sera signé par la suite
>
> (Aide)   (Annuler) (OK)

Figure 11-10

Panneau Signature Numérique

Lors de l'installation d'une application AIR, un certificat justifiant de l'intégrité de votre application est demandé. Pour concevoir une application commerciale vous devez obtenir une véritable certification en passant par des organismes indépendants. Dans notre cas, nous allons créer un simple certificat qui va vous permettre d'auto-signer votre application.

Pour créer un certificat, cliquez sur le bouton Créer (CS4) ou Nouveau (CS5) du panneau Signature numérique. Apparaît alors un nouveau panneau nommé Créer un certificat numérique auto-signé (voir figure 11-11).

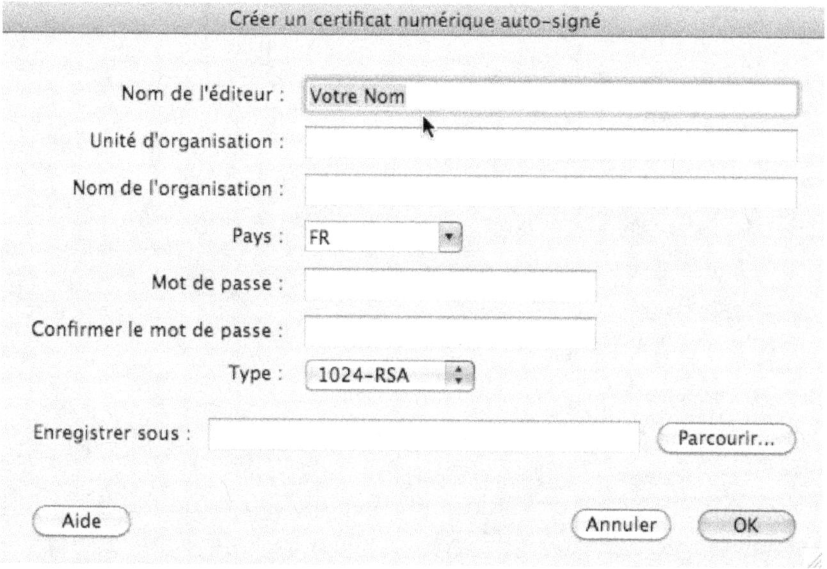

Figure 11-11

Panneau Créer un certificat numérique auto-signé

Renseignez tous les champs du panneau, sans en oublier un seul, puis enregistrez votre certificat dans un répertoire dont vous êtes sûr qu'il ne disparaîtra pas lors d'une mise à jour de logiciels, sous peine d'avoir à le recréer et recompiler votre application.

Une fois enregistré, votre certificat a pour nom mycert.p12.

Vous devrez par la suite associer chaque application AIR nouvellement créée à ce certificat, en cliquant sur le bouton Parcourir du panneau Signature numérique.

Embarquer les données

Avant de publier l'application AIR, il convient également d'y intégrer toutes les données nécessaires à son fonctionnement.

Ces données sont pour notre exemple le fichier XML ainsi que le fichier vidéo au format F4V. Sans cette intégration, l'application de bureau CartePostale ne pourra pas lire le fichier XML ni la vidéo, faute de savoir où se trouvent les données.

Pour embarquer les données au sein de l'application AIR, cliquez (voir figure 11-9) :

• Soit sur le bouton + (plus) du champ Fichiers inclus du panneau Paramètres d'installation de l'application. Dans ce cas, vous importez un seul fichier et vous devez répéter l'opération autant de fois qu'il y a de fichiers à inclure dans l'application.

• Soit sur le bouton dont l'icône représente un dossier avec un signe + vert. Dans ce cas, vous importez tout le dossier avec tous les fichiers qu'il contient.

Pour notre exemple, nous avons choisi d'inclure les répertoires XML et Videos, comme le montre la figure 11-12.

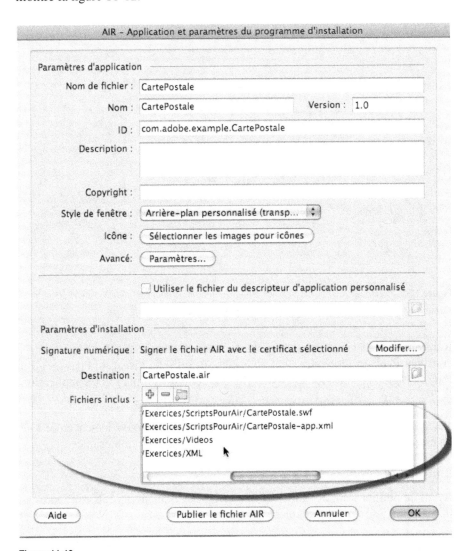

Figure 11-12

Fichiers ou répertoires à inclure

À partir de cette étape, créez votre application de bureau, en cliquant sur le bouton Publier le fichier Air ou Publier selon la version utilisée.

Installation d'une application Air

Une fois publiée au format AIR, l'application est stockée dans un paquet portant le nom de l'application, suivi de l'extension .air. Dans cet exemple, nous obtenons un paquet nommé CartePostale.air.

Installez l'application en double-cliquant sur le paquet. Vous donnez votre accord et précisez le répertoire d'installation Par défaut, l'application est installée dans le répertoire Program Files sur PC ou Applications sur Mac (voir figure 11-13).

L'installation terminée, l'application est lancée.

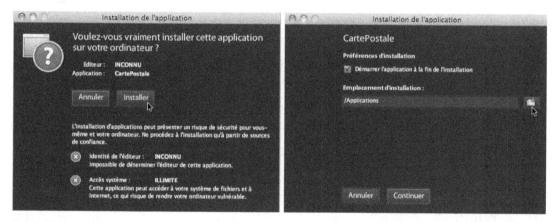

Figure 11-13

Panneaux d'installation de l'application

Personnalisation d'une application AIR

Le panneau des paramètres d'installation permet de personnaliser l'application. Ainsi, il est possible de modifier les icônes par défaut de l'application ou encore la position par défaut de la fenêtre.

- Création d'icônes. Vous devez être en possession de quatre fichiers au format PNG de tailles 128×128, 48×48, 32×32 et 16×16. Ces fichiers contiennent les images représentant l'icône que vous voulez voir apparaître sur votre bureau signifiant que l'application est installée et exécutable.

  La mise en place des icônes s'effectue en cliquant sur le bouton Sélectionner les images pour icônes du panneau Paramètres d'installation en version CS4 ou l'onglet Icônes pour la version CS5.

  Il suffit ensuite de cliquer sur le bouton Dossier et de parcourir votre système de fichiers jusqu'à obtenir le fichier correspondant à la taille de l'icône souhaité (voir figure 11-14).

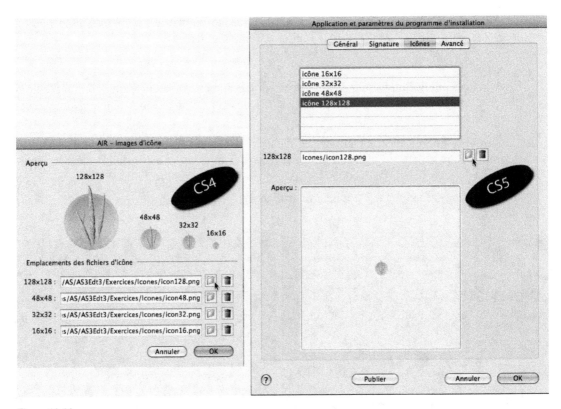

Figure 11-14

Panneaux de modification des icônes

- Positionnement par défaut. Par défaut, le coin supérieur gauche de la fenêtre de l'application est placé au centre de votre écran. Si vous souhaitez modifier cette position, sélectionnez le bouton Paramètres… (CS4) ou l'onglet Avancé (CS5) du panneau Paramètres d'installation.

  Sous la rubrique Paramètres initiaux de la fenêtre du panneau Avancé (voir figure 11-15), vous pouvez modifier la position en X et/ou en Y ainsi que la largeur, la hauteur et la taille maximale autorisée pour la fenêtre de l'application.

- Modification du style de la fenêtre. Vous pouvez modifier le style de la fenêtre principale de votre application en optant par exemple pour l'option Arrière-plan personnalisé (transparence) sous la rubrique Style de fenêtre du panneau Paramètres d'installation.

  En choisissant cette option, la fenêtre d'application n'est plus entourée de bord ni de barre de sélection. Vous ne pouvez plus déplacer la fenêtre à l'aide de la souris ni la fermer en cliquant sur l'icône de fermeture. Pour cela, la seule solution est d'aller dans la barre de menu de l'application (Mac) et de sélectionner l'item Quitter du menu Fichier ou de sélectionner l'icône de l'application dans la barre d'outils (Windows) et de fermer l'application par clic droit.

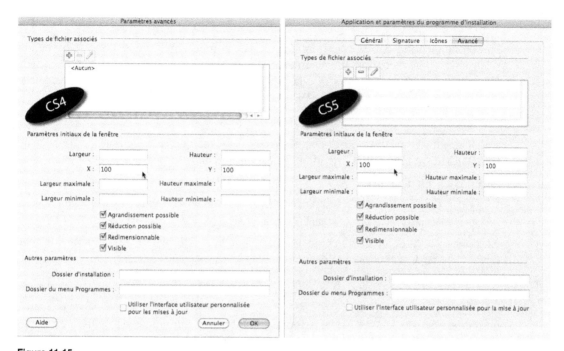

Figure 11-15

Panneaux avancés

Pour en savoir plus

Nous verrons comment déplacer ou fermer la fenêtre d'application à la section « Exercice » ci-après (Exercice 11-6).

Mémento

Composant vidéo

Le composant `FLVPlayback` est un composant préfabriqué de l'AS3. Il est utilisé pour lire des vidéos grâce aux instructions suivantes :

```
var film :FLVPlayback = new FLVPlayback() ;
// Indiquer quelle vidéo doit être lue
film.source=urlVideo;
// Interdire de jouer la vidéo dès que le programme connaît son URL
film.autoPlay=false;
// Jouer la vidéo lorsqu'une quantité suffisante de cette dernière est téléchargée
film.playWhenEnoughDownloaded();
```

Le composant `FLVPlayback` doit être inséré dans la bibliothèque du fichier d'extension `.fla` sous peine d'obtenir une erreur de compilation indiquant que le compilateur ne trouve pas le type `FLVPlayback`.

Gestion d'événements

La communication entre les différentes classes composant l'application est basée sur l'émission et la réception d'événements. La méthode `dispatchEvent()` a pour action d'émettre un événement alors que la méthode `addEventListener()` permet la réception d'un événement. Par exemple :

```
dispatchEvent(new Event("extractionOK"));
```

a pour résultat d'envoyer l'événement `extractionOK` lorsque l'extraction des données du fichier XML est terminée. Cette méthode est insérée dans le classe `ExtractionXML`.

Ensuite, les instructions :

```
var extraireDonnees:ExtractionXML = new ExtractionXML("../XML/Ressources.xml");
extraireDonnees.addEventListener("extractionOK",lancerCartePostale);
```

ont pour résultat de créer un écouteur d'événement sur l'objet `extraireDonnees` de type `ExtractionXML`. À réception de l'événement, la carte postale est lancée.

HTML/Air

La publication sur le Web ou sous forme d'application autonome est réalisée en modifiant les paramètres de publication de l'application Flash.

Pour publier pour le Web, il suffit de sélectionner l'item `Publier` du menu Fichier. Les paramètres de publication sont modifiables en sélectionnant l'item `Paramètres de publication` du menu `Fichier`.

Pour créer une application AIR, le type de lecteur de l'application doit être modifié en sélectionnant le lecteur Adobe AIR 1.5 sous l'onglet `Flash` du panneau Paramètres de publication. La création de l'application au format AIR est ensuite réalisée en sélectionnant l'item `Paramètres AIR…`, du menu `Fichier` pour la version CS4 de Flash et l'item `Paramètres d'Adobe AIR2…`, pour la version CS5.

Exercices

L'objectif des exercices suivants est d'offrir au lecteur de la carte postale, la possibilité de rejouer la vidéo ainsi que l'animation des textes.

Extension web

Pour vous faciliter la tâche, le fichier `CartePostale.fla` à partir duquel nous allons travailler, se trouve dans le répertoire `Exercices/SupportPourRéaliserLesExercices/Chapitre11/Script`. Dans ce même répertoire, vous pouvez accéder à l'application telle que nous souhaitons la voir fonctionner (`CartePostale.swf`) une fois réalisée.

Contrôler la vidéo

Un ensemble de skins est proposé avec le composant `FLVPlayback`, pour interagir sur la vidéo. La skin `SkinOverPlayStopSeekMuteVol` permet, comme son nom l'indique, la gestion des boutons Play et Stop, de la barre de défilement de la vidéo et d'un bouton pour le son.

Remarque

Une skin (traduire par peau) est une enveloppe, un habillage ou encore une proposition de présentation d'interface de manipulation de données (texte, vidéo ou son).

☞ **Exercice 11.1**

1. Placez le fichier `SkinOverPlayStopSeekMuteVol.swf` dans le dossier `Scripts`.

2. Indiquez, dans la classe `CarteVideo` que vous souhaitez utiliser une skin pour l'objet `film` en modifiant la propriété `skin` de la façon suivante :

```
film.skin = "SkinOverPlayStopSeekMuteVol.swf";
```

3. Modifiez la couleur de la skin ainsi que sa transparence en initialisant correctement les propriétés `skinBackgroundColor` et `skinBackgroundAlpha` de façon à obtenir une skin grise légèrement transparente.

4. Qu'observez-vous quant à la position de la skin sur la carte postale ?

Créer sa propre skin

La skin proposée par AS3 ne peut être utilisée lorsque la vidéo est lue verticalement. Elle ne peut pas non plus contrôler l'animation des messages. Pour ces deux raisons, nous créons notre propre skin composée des boutons lecture, pause et stop (voir figure 11-16).

Figure 11-16
Le symbole SkinClp

La skin est décrite par le symbole `SkinClp`. Il contient trois symboles, nommés dans leur panneau de propriétés respectif : `lire`, `pause` et `arret`. Les boutons `lire` et `pause` sont superposés. Le symbole est enregistré dans la bibliothèque du fichier `CartePostale.fla` et exporté.

☞ **Exercice 11.2**

Écrire la classe Skin composée du symbole SkinClp comme seule propriété (nommée forme) et dont les méthodes réalisent les actions suivantes :

1. Le constructeur Skin() écoute l'événement Event.ADDED_TO_STAGE et lance la méthode init() à réception de l'événement.

2. La méthode init() initialise la propriété forme en appelant la méthode setForme().

3. La méthode setForme() positionne la forme en dessous de la carte postale. Pour cela, vous devez l'ajouter à la liste d'affichage du parent.

4. Le bouton lire écoute l'événement MouseEvent.MOUSE_UP et exécute la méthode surLire() à réception de l'événement.

5. Le bouton pause écoute l'événement MouseEvent.MOUSE_UP et exécute la méthode surPause() à réception de l'événement.

6. Le bouton arret écoute l'événement MouseEvent.MOUSE_UP et exécute la méthode surArret() à réception de l'événement.

7. Les méthodes surLire(), surPause() et surArret() font appel toutes les trois à une méthode setInterface() qui prend en paramètres trois booléens correspondant respectivement à l'état de visibilité des boutons lire, pause et arret. Par exemple, l'instruction setInterface(false, true, true) a pour résultat de rendre invisible le bouton lire et de rendre visible les deux autres boutons.

8. Les trois méthodes émettent également un événement qui est respectivement lireOK, pauseOK et arretOK.

☞ **Exercice 11.3**

Notre objectif est ici de contrôler le flux vidéo à l'aide des boutons lire, pause et arret.

1. La barre de contrôle de type Skin est déclarée comme propriété de la classe Main. Elle est nommée controleBarre.

2. La méthode setControleBarre() crée la barre de contrôle et met en place les écouteurs sur les événements lireOK, pauseOK et arretOK.

3. Les actions réalisées à réception des événements visent à contrôler la lecture de la vidéo. Ce contrôle est réalisé par des méthodes d'accès en set à définir au sein de la classe CarteVideo. Par exemple, la méthode surLecture() actionnée à réception de l'événement lireOK s'écrit comme suit :

```
private function surLecture(evt:Event):void {
    laCarte.setLecture();
}
```

Dans la classe CarteVideo, écrivez les méthodes setLecture(), setPause() et setArret(), en sachant que la lecture de la vidéo est lancée par la méthode play(), la pause par la méthode `stop()` et le retour au début du flux vidéo par la méthode `seek(0)`. Ces méthodes sont appliquées à la propriété `film` de type `FLVPlayback`.

☞ **Exercice 11.4**

Lorsque l'utilisateur clique sur le bouton pause, la vidéo n'est plus jouée, mais le texte est toujours animé. Notre objectif est maintenant de contrôler l'animation des messages à l'aide des boutons `lire`, `pause` et `arret`. Ce contrôle est réalisé comme précédemment par la barre de contrôle. Il reste à écrire les méthodes qui contrôlent l'animation des messages et celle des caractères. Examinons tout d'abord comment interagir sur l'animation des messages.

Pour interagir sur l'animation d'un tween de la bibliothèque GreenSock, vous devez le créer via une timeline comme suit :

```
var leTemps:TimelineLite = new TimelineLite();
leTemps.append(new TweenLite(leCaractereAffiche,2,
                             {x:posX,ease:Strong.easeOut,
                             onComplete:caractereSuivant}));
```

Créez l'objet `leTemps` comme propriété de la classe `Message`.

2. La méthode `play()` appliquée à l'objet `leTemps` active l'animation d'un message ; la méthode `stop()` arrête l'animation. Écrivez les méthodes `setLecture()`, `setPause()` et `setArret()` au sein de la classe `Message` pour lancer ou arrêter l'animation des messages.

3. Dans la classe `Main`, modifiez les méthodes `setLecture()`, `setPause()` et `setArret()` pour lancer et arrêter les animations via l'objet `msg` (voir section « Le texte – animer un message »), en utilisant les méthodes développées au point 2.

4. L'arrêt de l'animation de la carte postale a pour résultat de remettre le curseur de lecture de la vidéo au début et d'effacer les messages déjà affichés. Dans la classe `Main`, créez un conteneur (`boiteMsg`) pour l'affichage des messages. Pour effacer les messages, il suffit alors de supprimer le conteneur `boiteMsg`.

5. Le lancement de l'animation après une pause ou un arrêt doit être traité différemment. Après une pause, il suffit de relancer l'animation des messages via la méthode `setLecture()` appliquée à `msg`. Après un arrêt, il convient de recréer le conteneur `boiteMsg` et de relancer l'animation depuis son début grâce à la méthode `afficheMessage()`.

☞ **Exercice 11.5**

Le contrôle de l'animation des messages ne traite pas l'animation des caractères ni celle du générique.

1. En vous inspirant des méthodes développées pour le contrôle de l'animation des messages, écrivez les méthodes de contrôle des caractères, au sein de la classe `Caractere`.

2. Dans la classe `Message`, traitez le contrôle de l'animation des caractères pour les messages en distinguant le cas de l'animation des caractères au sein des messages de celui de l'animation des caractères au sein du générique de fin.

> **Remarque**
>
> Le contrôle de l'animation des caractères du générique est traité par une boucle `for` qui parcourt l'ensemble des caractères du générique.

Créer une application de bureau avec fond transparent

La carte postale est créée comme application de bureau, avec un fond transparent. L'objectif est d'améliorer l'interface pour :

- fermer l'application en cliquant sur un bouton ;
- déplacer la fenêtre à l'aide du curseur de la souris.

La skin se présente sous la forme indiquée dans la figure 11-17.

Figure 11-17
Le symbole SkinClp

Le bouton `quitter` est utilisé pour fermer la fenêtre lorsque l'on souhaite quitter l'application, le bouton `fond` représentant le fond de l'interface. Ce dernier est utilisé comme barre de contrôle de la fenêtre. Il change de couleur à son survol.

> **Extension web**
>
> Pour vous faciliter la tâche, le fichier `CartePostale.fla` à partir duquel nous allons travailler, se trouve dans le répertoire `Exercices/SupportPourRéaliserLesExercices/Chapitre11/ScriptAir`. Dans ce même répertoire, vous pouvez accéder à l'application telle que nous souhaitons la voir fonctionner (`CartePostale`) une fois réalisée.

☞ **Exercice 11.6**

Dans la classe `Skin`, écrivez les instructions telles que :

1. Le bouton `quitter` écoute l'événement `MouseEvent.MOUSE_UP` et exécute la méthode `surQuitter()` à réception de l'événement.

2. Le bouton `fond` écoute l'événement `MouseEvent.MOUSE_UP` et exécute la méthode `surFond()` à réception de l'événement.

3. Ses méthodes `surQuitter()` et `surFond()` font appel aux méthodes `stage.nativeWindow.close()` et `stage.nativeWindow.startMove()`, respectivement.

> **Remarque**
>
> La méthode `stage.nativeWindow.close()` est utilisée pour fermer la fenêtre d'une application alors que la méthode `stage.nativeWindow.startMove()` est employée pour déplacer cette même fenêtre.

4. Le bouton `fond` écoute les événements `MouseEvent.MOUSE_OVER` et `MouseEvent.MOUSE_OUT` et exécute les méthodes `surOver()` et `surOut()` à réception des événements.

5. Les méthodes `surOver()` et `surOut()` réalisent un tween sur `blurFilter` et `dropShadowFilter` afin d'indiquer à l'utilisateur que le fond de l'interface est sensible à la souris.

Index

www.ingramcontent.com/pod-product-compliance
Lightning Source LLC
LaVergne TN
LVHW062259060326
832902LV00013B/1959